# DAS IRAK-KOMPLOTT

Veröffentlichungen
des Institutes für deutsche Nachkriegsgeschichte
BAND XXXIII

In Verbindung mit zahlreichen Gelehrten des In- und Auslandes
herausgegeben von Wigbert Grabert

*Mansur Khan*

# Das IRAK-KOMPLOTT

## *mit 3 Golfkriegen zur US-Weltherrschaft*

GRABERT-TÜBINGEN

Druck und Bindung: Kösel-Druck, Kempten
Satz und Schutzumschlaggestaltung: Grabert-Verlag, Tübingen

Die Deutsche Bibliothek – CIP-Einheitsaufnahme

**Khan, Mansur:**

Das Irak-Komplott : mit 3 Golfkriegen zur US-Weltherrschaft /Mansur Khan.– Tübingen : Grabert-Verlag, 2004
(Veröffentlichungen des Institutes für deutsche Nachkriegsgeschichte ; Bd. 33)

ISBN 3-87847-213-7

NE: Khan, Mansur: [Sammlung];

Institut für deutsche Nachkriegsgeschichte <Tübingen>.
Veröffentlichungen des Institutes. . .

ISBN 3-87847-213-7
ISSN 0564-4186


Postfach 1629, D-72006 Tübingen

Gedruckt in Deutschland

# Inhaltsverzeichnis

## Vorwort – 9

## Einleitung – 15



Teil I

## Die Strategie der amerikanischen Welthegemonie – 35

Teil II

## Von der Golfkrise 1990 bis zum Ende des zweiten Golfkrieges 1991 – 77

Teil III

## Von den US-Sanktionen zum dritten Golfkrieg - 213



Teil IV

## Der dritte Golfkrieg: eine Flucht nach vorn - 281

# Vorwort

Bilder von US-Kampfjets, die Bomben auf Bagdad abwerfen, brennende Ölfelder, amerikanische Truppen auf dem Vormarsch im Irak - wenn man nicht genau wüßte, daß wir uns inzwischen am Beginn des 21. Jahrhunderts befinden, könnte man auf den Gedanken verfallen, man schreibe das Jahr 1991. Damals führten die USA schon einmal Krieg gegen den Irak. Zumindest den Autor dieser Zeilen überkam angesichts der Fernsehbilder vom Frühjahr 2003 ein beunruhigendes Déjà-vu-Gefühl. Nicht nur, daß es überhaupt einen zweiten Golfkrieg der USA gegen den Irak gab - auch die Leute, die ihn führten, schienen dieselben zu sein wie im Jahre 1991. Hatte damals George Bush sen. den Sitz im Weißen Haus inne, so war es diesmal sein Sohn George W. Dick Cheney war damals Verteidigungsminister, heute ist er Vize-Präsident, Colin Powell war 1991 Stabschef der US-Streitkräfte, heute ist er Außenminister.

Auch die treibenden Kräfte im Hintergrund sind heute wie vor zehn Jahren dieselben. Es handelt sich um die gleiche neokonservative Machtelite wie beim Golfkrieg 1991. Heute wie damals werden als strategische und ideologische Köpfe der amerikanischen Irak-Politik Paul Wolfowitz und Richard Perle gehandelt. Wiederum sind es die Republikaner, die auf den Krieg drängten und ihn führten. Wie vor zehn Jahren ist auch die heutige Bush-Administration aufs engste mit der amerikanischen Ölindustrie verbunden, ja von ihr abhängig. Präsident George Bush jr. kommt ebenso aus dem Ölgeschäft wie sein Vater vor ihm. Beide wären niemals Präsidenten geworden, wenn sie sich nicht als vehemente Lobbyisten der mächtigen Ölindustrie und des militärisch-industriellen Komplexes profiliert hätten. Dies zeigt sich unter anderem daran, daß wichtige Mitglieder der Bush-Administration ebenfalls aus dem Ölgeschäft kommen: Vize-Präsident Cheney war im Vorstand der Firma Halliburton, des weltweit größten Ölzulieferungskonzerns, die Nationale Sicherheitsberaterin Condoleezza Rice war zuvor ebenfalls lange auf einflußreichen Posten in der Ölindustrie tätig.

Die beiden Golfkriege der Jahre 1980–1988 und 1991 sowie der Irak-Krieg 2003 waren jahrlang vor Ausbruch der ›heißen‹ Kampfhandlungen in Washington geplant. Zahlreiche Geheimkonferenzen und Pläne im Vorfeld der Waffengänge belegen das auf eindeutige Weise.

Auch im Frühjahr 2003 waren die Gründe, die zur Rechtfertigung des Krieges angeführt wurden, ebenso abwegig und heuchlerisch wie schon 1991. Damals machte Washington ›humanitäre‹ Gründe und das internationale Recht geltend. Obwohl Saddam Hussein nach seinem Einmarsch in

Kuwait, zu dem er von der US-Regierung praktisch eingeladen worden war, mehrmals den Vorschlag machte, sich wieder aus Kuwait zurückzuziehen, ignorierte Washington diese Angebote völlig. Die damalige BUSH-Administration ließ nicht nur jede Möglichkeit ungenutzt, die Golfkrise zu entschärfen, sie arbeitete sogar aktiv an einer Verschärfung des Konflikts. Dies haben amerikanische Militärs und Journalisten inzwischen längst eingeräumt. Washington überzog den Irak dann mit dem bislang intensivsten Luftkrieg der Geschichte – aber nicht wegen der unter der irakischen Besatzung leidenden kuwaitischen Zivilbevölkerung, sondern um den Niedergang des weltpolitischen Hauptrivalen, der Sowjetunion, für die eigenen Zwecke auszunutzen. Für die einzige noch verbliebene Supermacht bot sich damals die einmalige Chance, in der geostrategisch ungemein wichtigen Golfregion zur Hegemonialmacht aufzusteigen und damit den wirtschaftlichen Abstieg, der schon damals drohte, noch einmal abzuwenden.

Es war kein Zufall, daß die Vereinigten Staaten kurz vor dem Golfkrieg 1991 von einer schweren Rezession betroffen wurden. Wie so oft in der amerikanischen Geschichte, sah die Washingtoner Führung den Ausweg aus der Krise in einem Krieg. Auch der militärisch-industrielle Komplex (im folgenden: MIK) sah sich nach dem Fall der Mauer und dem Ende des Kalten Krieges geradezu vom Frieden ›bedroht‹. Viele US-Bürger erwarteten eine massive Abrüstung zur Senkung der gigantischen Militärausgaben, was endlich mehr Geld für Investitionen in der zivilen Wirtschaft freigemacht hätte. Präsident BUSH sen., seit jeher ein ausgewiesener Freund des Militärs, erkannte die Gefahr für den MIK und wußte, daß nur ein spektakuläres Ereignis die Rüstungsausgaben retten könnte. Die Invasion Kuwaits im August 1990 war in dieser Situation der rettende Fingerzeig des Himmels.

Aber auch beim nächsten Golfkrieg im Jahre 2003 sah die Situation nicht viel anders aus. Schon 1993, als der Amtsinhaber im Weißen Haus noch Bill CLINTON hieß, gab es Pläne für einen neuerlichen Krieg gegen den Irak. Die neokonservative Washingtoner Machtelite favorisierte diese Überlegungen damals, fand aber unter CLINTON nicht viel Zustimmung. Ein Grund für die Kriegspläne lag in der Tatsache, daß die Sanktionen nach dem Krieg 1991 SADDAM HUSSEINS Regime nicht zu Fall gebracht hatten. Die Washingtoner Strategen hatten gehofft, daß sich das Regime in Bagdad nach dem vernichtenden Krieg und den Sanktionen nur noch für kurze Zeit würde an der Macht halten können. Aber zahlreiche von der CIA inszenierte Putschversuche im Irak schlugen fehl, so daß die ›Falken‹ in der Umgebung des Präsidenten immer mehr zu der Überzeugung gelangten, daß nur ein neuer Krieg SADDAM HUSSEIN würde beseitigen können.

Heute wie Anfang der neunziger Jahre sind die angeblichen ›Massenvernichtungswaffen‹ (MVW) des Irak ein reines Propagandainstrument der

USA. Nachdem schon im Golfkrieg 1991 der Großteil dieser Waffen vernichtet worden war, taten mehr als acht Jahre schärfster UN-Inspektionen und 12 Jahre drakonischer Sanktionen ihr übriges, um den Irak weitgehend zu entwaffnen. Infolge der Sanktionen starben über 1,5 Millionen Menschen. Selbst der gewesene UN-Chefinspekteur Scott RITTER, ein ehemaliger Angehöriger der Marines, vertrat die Auffassung, der Irak müsse in Sachen Massenvernichtungswaffen als fast völlig entwaffnet gelten. Sogar Ex-US-Verteidigungsminister William COHEN mußte noch vor zwei Jahren einräumen, »daß HUSSEIN keine Gefahr mehr für seine Nachbarn darstelle, weil er wirksam entwaffnet sei. Ein halbes Jahr später sagte die CIA dem amerikanischen Kongreß genau dasselbe«.[1]

In diesem Zusammenhang ist die Frage nicht ganz uninteressant, wie der Irak überhaupt zu seinen Massenvernichtungswaffen kam. Dabei wird nämlich sehr schnell klar, warum amerikanische Medien dieses Thema immer sehr stiefmütterlich behandelt haben. Es war nämlich die US-Regierung selbst, die maßgeblich dazu beitrug, daß der Irak diese Waffen überhaupt bekam. Auch die Feststellung ist in diesem Kontext angebracht, daß die USA der einzige Staat der Welt sind, der bislang atomare Massenvernichtungswaffen eingesetzt hat - zweimal direkt, in Hiroshima und Nagasaki, außerdem indirekt in Form sogenannter ›abgereicherter‹ Uranmunition, und zwar im Irak 1991 und 2003 sowie in Jugoslawien 1999. Die Folgen waren in allen Fällen verheerend. Überhaupt ist die amerikanische Anti-MVW-Politik mittlerweile kontraproduktiv, da sich potentielle Opfer künftiger US-Militärschläge wie Nordkorea und Iran nunmehr geradezu gezwungen sehen, ihre eigenen Atomwaffenprogramme zu beschleunigen, da Atomwaffen offenbar das letzte Mittel sind, mit dem sich die USA von ›präemptiven‹ Militärschlägen abhalten lassen.

Auch die Behauptung, die US-Regierung habe den jüngsten Irakkrieg zur ›Demokratisierung‹ des Landes geführt, ist heuchlerisch, was sich leicht nachweisen läßt. Das ›Demokratie‹-Argument gehört sei eh und je zum Arsenal amerikanischer Kriegspropaganda. Schon im Krieg mit Mexiko 1846–48 wurde es vorgetragen, um den Raub mexikanischen Territoriums ideologisch abzusichern. Auch im Spanisch-Amerikanischem Krieg von 1898 wurde das ›Demokratie‹-Argument bemüht. Allerdings bekam Kuba, um das es bei diesem Krieg hauptsächlich ging, nach dem Waffengang nicht die versprochene ›Demokratie‹, sondern es wurde amerikanisches Protektorat, dem man alle erdenklichen Rechte abnahm.

Auch die jüngere Geschichte hält zahlreiche Beispiele parat, an denen sich nachweisen läßt, wie scheinheilig und verlogen der Demokratie-Vorwand aus dem Munde Washingtons ist. So gut wie alle lateinamerikanischen Länder können ein trauriges Lied davon singen. Ob Panama (das 1989 Opfer einer US-Aggression wurde), Grenada (1983 überfallen), Brasilien (wo die Demokratie 1966 durch einen US-Putsch beendet wurde), Argentinien (dort wurde die demokratisch gewählte Regierung 1973 auf amerikanische Weisung hin beseitigt), Chile und Guatemala (auch dort gab es demokratische Regierungen, die durch US-inszenierte Umstürze beseitigt wurden) oder El Salvador (hier entfachten die USA 1982 einen Bürgerkrieg) - allen wurde hoch und heilig die ›Demokratie‹ versprochen, in Wirklichkeit zogen überall von Washington gestützte Diktaturen ein. Auch in der arabischen bzw. islamischen Welt, in Asien und Afrika standen die Vereinigten Staaten stets auf der Seite von Diktatoren und Potentaten, da auch hier eine tatsächliche Demokratisierung dazu hätte führen müssen, daß die einheimischen Bodenschätze dem Volk, und nicht den amerikanischen Konzernen zum Gewinn gereichten.

Ein anderer bewährter Kriegsvorwand Washingtons sind die sogenannten ›Menschenrechte‹. Allerdings ist es mit den Menschenrechten in den USA nicht weit her; in Guantánamo Bay, wo die US-Army ein ausgedehntes Lager für gefangene Taliban und andere ›Terror‹-Verdächtige unterhält, und im afghanischen Bagram sind inzwischen fünfundzwanzig Gefangene gestorben. Die Internierung Hunderter von Ausländern ohne Prozeß, ja oft ohne jede Anklage, verstößt gegen alle internationalen Gesetze. Selbst der britische Außenmister STRAW mußte einräumen, es sei nicht akzeptabel, daß den Gefangenen ein fairer Prozeß verweigert wird.

Sowohl die Balkankriege der neunziger Jahre und der Kosovokrieg 1999 wurden von den USA immer auch im Namen der ›Humanität‹ geführt. Wenn die Waffen wieder schweigen, bleibt danach aber regelmäßig ein bitterer Nachgeschmack. Das Kosovo wird faktisch noch immer von den ehemaligen Kriegsparteien regiert, demokratische Verhältnisse sucht man dort vergebens. Bosnien-Herzegowina ist ein US- bzw. NATO-Protektorat, das nicht einmal die Kontrolle über seine eigene Währung besitzt. Kroatien war unter Franjo TUDJMAN eher eine Diktatur als eine Demokratie. Auch Serbien und Montenegro werden weit mehr von alten Mafiastrukturen und ex-kommunistischen Bürokraten als von Demokraten regiert. Nur Slowenien schaffte den Sprung zur Demokratie, was aber nicht zuletzt daran lag, daß es von den Kriegen der neunziger Jahre weitgehend verschont blieb.

Das letzte und schlagendste Beispiel bietet Afghanistan. Um gegen dieses Land, eines der ärmsten der Welt, Krieg zu führen, wurde von Washington abermals das Demokratie-Argument bemüht und Verstöße gegen Menschen- und Frauenrechte in den Vordergrund gerückt. Aber auch engagierte Parteigänger der USA können nicht bestreiten, daß sich Washington nach dem militärischen Scheinsieg am Hindukusch keinen Deut um die Herbeiführung ›demokratischer‹ Verhältnisse kümmerte. Mittlerweile müssen die Amerikaner mit den angeblich längst besiegten Taliban verhandeln, um ihre Truppen ohne Gesichtsverlust aus dem Land abziehen zu können. Um ihren Einfluß außerhalb der Hauptstadt Kabul nicht ganz zu verlieren, schlugen sie sich auf die Seite der wenig demokratischen Warlords, von denen es rund ein Dutzend gibt. Einmal mehr zeigt sich, daß Amerika in der sogenannten Dritten Welt noch niemals eine erfolgreiche Demokratisierung bewerkstelligt hat, im Gegenteil: Immer wieder unterstützten die USA Diktaturen aller Art, die dafür Sorge trugen, daß die Demokratie dauerhaft von der Bildfläche verschwand.

Noch ein anderer Fall ist in unguter Erinnerung. Er läßt schlaglichtartig erkennen, welche Art von ›Demokratie‹ den tonangebenden westlichen Eliten für arabische Länder vorschwebt. 1992 gewann die islamische FIS die Wahlen in Algerien, und zwar auf legalem, demokratischen Wege. Doch die Freude des Westens hielt sich in Grenzen. Es wurde alles unternommen, damit die FIS nicht regieren konnte. Die Folge war ein blutiger Bürgerkrieg, der Zehntausende das Leben kostete.

Selbst das vorgebliche Mutterland der Demokratie, die USA, kann sich längst nicht mehr als Musterdemokratie ausgeben. Die Präsidentenwahl des Jahres 2000 war eine reine Farce, die Amerika in bedenkliche Nähe zu den ansonsten so kritisierten und lächerlich gemachten Bananenrepubliken der Dritten Welt brachte. Der Wahlsieger hieß mitnichten George W. BUSH. Nur eine äußerst dubiose Auszählung der Stimmzettel und eine mehr als parteiische Gerichtsentscheidung in Florida machten ihn zum Pseudo-Präsidenten.[2] Die USA täten gut daran, erst vor der eigenen Türe zu kehren, ehe sie andere Länder und deren vermeintliche Demokratiedefizite kritisieren. Fehlende demokratische Verhältnisse sind so ziemlich der letzte Grund, den Washington ins Feld führen dürfte, um Kriege rund um den Globus vom Zaun zu brechen.

Im Vorfeld des Waffengangs vom Frühjahr 2003 zauberte Washington noch ein anderes Argument aus dem Hut, um die Welt von der Notwendigkeit eines neuerlichen Irakkrieges zu überzeugen: SADDAM HUSSEINS Regime, verlautete mit gebetsmühlenhafter Monotonie aus dem Weißen Haus, pflege Verbindungen zum Terrornetz Al-Qaida. Um diesem Argument Nachdruck zu verleihen, behauptete Washington, der Terrorist Mohammad ATTA habe sich vor dem 11. September in Prag mit Kontaktleuten des irakischen Geheimdienstes getroffen. Der vormalige Marine Scott RITTER erklärte längst, daß es ein solches Treffen nie gegeben habe. Auch die Geheimdienste hielten es für »äußerst unwahrscheinlich, daß ein solches Treffen stattfand«. Zudem soll sich ATTA zur fraglichen Zeit in Florida aufgehalten haben.[3] Die Beweislast ist mehr als dürftig.[4]

Auch die allgemeine Behauptung, SADDAM HUSSEINS Regime habe Verbindungen zu Al-Qaida unterhalten, ist lächerlich, denn in Wirklichkeit sind beide Seiten tödlich miteinander verfeindet. Das irakische Regime hat islamische Fundamentalisten stets aufs äußerste bekämpft und fing nicht zuletzt deshalb den jahrelangen Krieg mit dem Iran an. Die von den USA ins Gerede gebrachten Trainingslager im Irak wurden in Wirklichkeit nicht für islamisch-fundamentalistische Terroristen errichtet, sondern genau umgekehrt zu dem Zweck, gegen diese vorzugehen, wie dies im Irak schon mehrmals der Fall gewesen war, etwa gegen die Al-Ansar-Organisation. Hätte SADDAM HUSSEIN wirklich jemals Waffen an die Al-Qaida geliefert, wären diese mit absoluter Sicherheit zuerst gegen sein eigenes Regime zum Einsatz gekommen[5], da dieses in den Augen der Fundamentalisten mindestens genauso schlimm war wie die US-Regierung.

Auch die Behauptung, der Irak würde (oder könne) Massenvernichtungswaffen (MVW) an Terroristen weiterreichen, stand stets auf mehr als wackligen Beinen. Dazu hatte sich Bagdad noch niemals in der Vergangenheit herbeigelassen, zudem mußte SADDAM wissen, daß Washington nur auf einen solchen Vorfall wartete, um ihn als willkommene Rechtfertigung für einen Militärschlag auszunutzen. Abgesehen davon, spricht auch die Erfahrung dagegen, daß ein Mensch wie SADDAM HUSSEIN, dem paranoide Züge nachgesagt wurden und der überall potentielle Feinde witterte, solche Waffen ausgerechnet an Personen weitergegeben haben sollte, über die er dann keine Kontrolle mehr gehabt hätte. Die Gefahr, daß sich diese Waffen dann gegen ihn selbst gerichtet hätten, wäre einfach zu groß gewesen.

Unter dem Strich gilt es festzustellen, daß alle jene Gründe, die die BUSH-Administration wie eine Litanei vorbrachte, um gegen den Irak losschlagen zu können, scheinheilig und falsch waren. Am besten brachte es der Filmregisseur und Bestsellerautor Michael MOORE bei der Oscar-Verleihung 2003 in Hollywood auf den Punkt, als er Präsident BUSH bescheinigte, ein »fiktiver Präsident« zu sein, der die USA durch fiktive Wahlen und mit fiktiven Gründen in den Krieg geführt habe.

# Einleitung

Mehr als 12 Jahre sind vergangen, seitdem der Golfkrieg von 1991 die gesamte Region in Unordnung brachte. Nicht nur, daß der noch kurz nach dem Waffengang hochgelobte ›Friedensprozeß‹ gescheitert ist; auch Washington mußte mittlerweile unumwunden zugeben, daß man in den nächsten Jahren keine positive Entwicklung in Sachen ›Friedensprozeß‹ erwarten könne.[6] Auch die jüngsten ›Friedensbemühungen‹ sind kaum mehr als ein kosmetisches Manöver, um der Welt zu suggerieren, daß die USA und Israel an einem gerechten Frieden für die Palästinenser interessiert seien. Weder die alte noch die neue BUSH-Regierung war bzw. ist an einem solchen Frieden ernsthaft interessiert. Statt dessen verfolgt Washington unbeirrt das Ziel, die Hegemonie über den gesamten Mittleren Osten zu erlangen.

Dies wird nicht etwa von chronischen Amerika-Gegnern behauptet. Das Pentagon selbst räumte diese Ambitionen offen und unverblümt ein. Die *New York Times* vom 8. März 1992 gab die Strategie des Pentagons mit den Worten wieder: »Im Mittleren Osten sowie Südwestasien besteht unser Hauptziel darin, die vorherrschende äußere Macht der Region zu bleiben und den amerikanischen sowie westlichen Zugang zum Öl der Region zu erhalten... Wie durch die irakische Invasion in Kuwait demonstriert wurde, bleibt es von wesentlicher Bedeutung, eine Hegemonialmacht oder den Zusammenschluß von Mächten zu verhindern, die die Region dominieren wollen.«[7]

Solche Hegemonialbestrebungen sind keine neuen Erscheinungen in der amerikanischen Außenpolitik. Schon seit dem Zweiten Weltkrieg sind die USA bestrebt, im Mittleren Osten eine militärische Dauerpräsenz zu erlangen.[8] Damals war Großbritannien noch die führende Kolonialmacht. Allerdings ging England aus dem Zweiten Weltkrieg so geschwächt hervor, daß es nur eine Frage der Zeit war, bis die Amerikaner die englischen Positionen im Nahen und Mittleren Osten übernehmen würden. Schon der Ölreichtum der strategisch hochbedeutsamen Region bot dafür genügend Anreiz. Hinzu kam das enge Verhältnis Washingtons zum soeben gegründeten Judenstaat, den die amerikanische Machtelite damals wie heute als ›stationären Flugzeugträger‹ der USA in der Region betrachtet.

Schon in den siebziger Jahren sprachen sich hochrangige US-Politiker wie Henry KISSINGER – zunächst diskret, später immer unverblümter – für eine militärische Dauerpräsenz im Mittleren Osten aus. KISSINGER hatte in den Jahren der Ölkrise (1973–1975) einen streng vertraulichen Plan entworfen, der unter dem harmlos klingenden Titel *Energy Security* [*Energiesicherheit*] in elitären Kreisen zirkulierte und in dem er für einen Angriff auf Saudi-Arabien plädierte. Ein solches Vorhaben wurde jedoch als allzu riskant eingeschätzt, da die Sowjets eine derartige Intervention wahrscheinlich nicht hingenommen hätten. Der ursprüngliche Plan wurde deshalb modifiziert, und an die Stelle Saudi-Arabiens wurde ein kleineres ölreiches Land im Mittleren Osten gesetzt.[9] Doch auch dieser Plan konnte in Zeiten der Blockkonfrontation nicht verwirklicht werden - bis im Dezember 1991 mit dem Ende der Sowjetunion die letzte Barriere hinfällig wurde, die die hegemonialen Ambitionen der USA bis dahin verhindert hatte. Der Golfkrieg 1991 bescherte den USA einen riesigen Machtzuwachs und beseitigte endgültig die bipolare Weltordnung, die dem globalen Hegemoniestreben der Vereinigten Staaten bis zu diesem Zeitpunkt noch Grenzen gesetzt hatte.

Im folgenden wird zunächst eine historische Übersicht über die amerikanische Kriegspolitik gegeben, anhand deren nachgezeichnet wird, wie skrupellos die Washingtoner Regierung stets rein machtpolitische Ziele verfolgte, während sie vorgab, für Freiheit, Menschenrechte und Demokratie zu den Waffen zu greifen. Fast immer wurde dabei auf den Kunstgriff der Provokation zurückgegriffen, der es Washington erlaubte, sich als Opfer einer ausländischen Aggression zu präsentieren, gegen die schlußendlich nur die militärische Antwort blieb. So hoffte man nicht nur die restliche Welt über die tatsächlichen Kriegsgründe zu täuschen, sondern vor allem die stets kriegsunwillige eigene Bevölkerung.

## 1941–1945: mit Pearl Harbor zur Supermacht

Inszenierte Provokationen ziehen sich wie ein roter Faden durch die gesamte Kriegsgeschichte der USA. Gerade mit Blick auf den 11. September 2001 wurde der Vergleich mit Pearl Harbor auffällig oft zitiert. Tatsächlich wurde der 11. September von der Washingtoner Machtelite in ganz ähnlicher Weise wie der ›Überfall‹ auf Pearl Harbor instrumentalisiert, um einen Kriegsgrund gegen vermeintliche Gegner zu schaffen. Mittlerweile widersprechen sogar amerikanische Historiker der lange geglaubten These, der zufolge die Japaner Pearl Harbor im Dezember 1941 völlig überraschend angegriffen hätten.

Ähnlich wie im Ersten Weltkrieg, war ein amerikanischer Kriegseintritt bei der US-Bevölkerung auch im Zweiten Weltkrieg äußerst unpopulär. Präsident Franklin D. ROOSEVELT wußte, daß er nur durch einen Angriff auf die Vereinigten Staaten Amerika in den Krieg führen konnte, was ihm die Möglichkeit gab, sein CHURCHILL gegebenes Versprechen, an der Seite Englands zu kämpfen, einzulösen. Da HITLER nicht auf die systematischen Provokationen der US-Marine reagierte, ging man dazu über, Japan zu provozieren, indem unter anderem die für Japan lebenswichtigen Öllieferungen eingestellt wurden und jeder japanische Versuch einer diplomatischen Beilegung der Krise abgelehnt wurde. Hinzu kam, daß der amerikanische Geheimdienst schon am 25. September 1940 den diplomatischen Code der Japaner geknackt hatte. Aus Geheimdienstdokumenten geht eindeutig hervor, daß ROOSEVELT schon Wochen vor dem Angriff auf Pearl Harbor über den japanischen Plan genauestens Bescheid wußte. Mehrere US-Geheimdienste warnten ebenfalls wiederholt vor einem japanischen Überraschungsangriff.

Die USA hatten Anfang der vierziger Jahre noch immer mit den Folgen der Großen Depression der dreißiger Jahre zu kämpfen. Ein Krieg war ein zwar zynischer, aber gangbarer Weg aus der Krise. ROOSEVELT gab Befehl, keine Warnung an das Militär weiterzuleiten, damit der ›Überfall‹ auf Pearl Harbor auch programmgemäß stattfinden konnte.[10] Auch die Tagebucheintragungen von US-Kriegsminister STIMSON bestätigen diese Politik der Provokation. Bei STIMSON findet sich der entlarvende Eintrag: »Wir stehen vor dem delikaten Problem, unsere diplomatische Spiegelfechterei so elegant zu vollführen, daß Japan ins Unrecht gesetzt wird und die erste feindselige Handlung unternimmt.«[11] Wieder einmal ging es also um nichts anderes, als den ›Feind‹ so ›delikat‹ zu provozieren, daß er den entscheidenden ersten Schuß abgab. Nach dem Überfall sprach ROOSEVELT von einem »feigen, unprovozierten Angriff«.

Das Ende stand schon fest: Das Menschenpotential der Vereinigten Staaten war fast doppelt so groß wie das japanische, ihr Industriepotential war selbst in einem so schlechten Jahr wie 1938 siebenmal so hoch wie das japanische, und die Staatseinnahmen betrugen das 17fache. Gegen eine solche Übermacht konnte Japan nicht gewinnen.[12]

Der Krieg machte die USA zur Supermacht. Danach rutschten die Russen in die Rolle des Bösewichts - wobei die amerikanische Rüstungsindustrie glänzend verdiente und das produktive Westeuropa an den US-Markt fiel. Damit hatte Amerika nicht nur seine größten Wirtschaftskonkurrenten (Deutschland und Japan) vernichtend geschlagen, sondern auch die Führung der westlichen Welt übernommen.

Pearl Harbor war aber kein Einzelfall. Schon die Indianerkriege wurden oft durch Provokationen vom Zaun gebrochen. Das berüchtigte Massaker am Wounded Knee im Jahre 1890, bei dem 350 Zivilisten mit Schnellfeuerkanonen regelrecht abgeschlachtet wurden, kann als stellvertretendes Beispiel für die Schlachten und Kriege mit den amerikanischen Ureinwohnern gelten. Sie waren durch die Bank von großer Brutalität gekennzeichnet.[13] Nach 1890 war die Indianerbevölkerung, die ehedem friedlich auf dem Territorium der späteren USA lebte, zu großen Teilen ausgerottet. Ihr Vergehen bestand einzig und allein darin, daß sie der Expansion des weißen Mannes im Weg stand. Die Schätzungen über die Opferzahlen dieses neuzeitlichen Kreuzzuges gehen auseinander. Historiker und Experten rechnen heute mit rund sieben Millionen getöteter Indianer.[14] Ein ganzer Kontinent hatte den Besitzer gewechselt, riesige Territorien waren an Washington gefallen. Aber der Hunger der Vereinigten Staaten war unersättlich.

## Der Krieg mit England (1812)

Im Krieg von 1812 ging es unter anderem um jene amerikanischen Neusiedler, die unaufhaltsam in das Gebiet zwischen Ohio und Mississippi vordrangen. Das Territorium war umstritten, da es von Briten wie von Amerikanern beansprucht wurde. Präsident JEFFERSON hatte schon 1807 gedroht: »Falls England uns nicht die verlangte Genugtuung verschafft, werden wir Kanada einnehmen, das der Union beitreten möchte.«[15] Die Washingtoner Regierungsclique plante im Falle eines Krieges mit England schon die Besitzergreifung von Ost- und Westflorida, das zu diesem Zeitpunkt noch zu Spanien gehörte.[16]

Als der Krieg von 1812 später einer Untersuchung von geschichtsrevisionistischer Seite unterzogen wurde, entdeckte »Henry ADAMS... daß Timothy PICKERING und die extremen Anti-Kriegs-Föderalisten eine entscheidende Rolle dabei spielten, die Engländer zur Fortsetzung ihrer gewaltsamen Handelspolitik zu ermutigen, die es dann ihrerseits den amerikanischen Kriegstreibern, den ›warhawks‹, ermöglichte, das Land in den Krieg zu führen. Sie verkehrten JEFFERSONS Handels- und Seefahrtspolitik in geradezu verräterischem Maße... Irving BRANT [hat] in seiner beachtenswerten Biographie MADISONS dargetan, daß dieser tatsächlich nicht gegen seine persönliche Ansicht durch CLAY, CALHOUN und die ›warhawks‹ in den Krieg getrieben wurden, sondern den Entschluß zum Krieg auf Grund eigener Überzeugung faßte«.[17]

Die Kriegsbefürworter begründeten ihr Engagement damals mit dem Argument, für den Export von Tabak, Baumwolle und anderen Produktionsüberschüssen in den Krieg zu ziehen. Aber auch damit gab sich Washington noch nicht zufrieden.

## Die Erbeutung von Texas und der Krieg gegen Mexiko 1819–1848

Als sich Texas 1819 von Mexiko trennte, erhoben die USA sogleich Anspruch auf das riesige Territorium. In diesem Fall griff Washington zur Taktik der Infiltration. Mexiko verbot daraufhin 1830 die voranschreitende Besiedlung durch Amerikaner.[18] 1835 rebellierten ›US-Siedler‹ in Texas gegen die mexikanische Autorität,[19] amerikanische Milizeinheiten eroberten die mexikanische Garnison bei Anahuac und provozierten weitere Konflikte. »Im Sommer 1836 besetzten US-Truppen... das texanische Nacogdoches«.[20] Mexiko protestierte und drohte mit Krieg, falls die USA die Region annektierten.[21] Jahrelange Provokationen von seiten der Vereinigten Staaten führten zur Schlacht um Fort Alamo. Als 1845 die Einverleibung Texas' in die Union bevorstand, erklärte sich Mexiko bereit, die Republik Texas anzuerkennen, wenn sich die USA Texas nicht einverleibten.[22] Die Besiedlung durch Amerikaner ging trotzdem weiter.

## Der Krieg gegen Mexiko 1846–1848

Um einen Krieg herbeizuführen, »beanspruchten die Texaner für ihren neuen Staat Grenzen, für die in der Geschichte auch nicht die geringste Rechtfertigung zu finden war«.[23] Von der neuen Grenzziehung waren Landstriche betroffen, die fruchtbar und reich an Gold- und Silbervorkommen waren.[24] Um den Ausbruch von Feindseligkeiten zu provozieren, erteilte US-Präsident POLK General Zachary TAYLOR den Befehl, weiter nach Süden vorzustoßen. Im März 1846 stand er bei Corpus Christi auf texanischem Boden, also auf mexikanischem Territorium. POLK forderte in seiner Wahlkampagne mit Nachdruck die Annexion von Texas sowie die Besetzung der gesamten Oregon-Region. Da der sich abzeichnende Krieg in der Bevölkerung aber wenig populär war, startete POLK eine Hetzkampagne gegen Mexiko.[25]

Am 25. April kam es endlich zu dem ersehnten Zwischenfall, als TAYLORS Soldaten von den Mexikanern angegriffen wurden.[26] Endlich konnte behauptet werden, die Mexikaner hätten den ersten Schuß abgefeuert, auch wenn sie sich in Wirklichkeit nur verteidigt hatten, da US-Truppen ja auf mexikanischem Gebiet standen. POLK erklärte Mexiko 1846 den Krieg, dessen Ausgang klar war.[27] US-General Ulysses GRANT schrieb später über die amerikanische Provokation: »Die Präsenz von Truppen der USA am Rand des umstrittenen Territoriums, weit entfernt von den mexikanischen Siedlungsgebieten, war nicht ausreichend genug, um Feindseligkeiten zu erzeugen. Wir wurden losgeschickt, um einen Kampf zu provozieren, aber es war wichtig, daß Mexiko ihn begann. Ob der Kongreß einen Krieg erklären würde, war nämlich sehr zweifelhaft. Würde aber Mexiko unsere Truppen angreifen, könnte die Exekutive den Krieg erklären.«[28]

POLK bezeichnete die Entsendung amerikanischer Truppen als notwendige Verteidigungsmaßnahme. Der US-Autor John SCHROEDER vertritt in seinem Buch *Mr. Polk's War* allerdings eine ganz andere Auffassung. SCHROEDER schrieb: »In Wirklichkeit traf das Gegenteil zu: Präsident POLK hatte den Krieg angestiftet, indem er amerikanische Soldaten in ein umstrittenes Gebiet geschickt hatte, welches historisch gesehen von Mexikanern besiedelt und verwaltet war.«[29] Im Zuge des Krieges mit Mexiko verleibten sich die USA mit einem Schlag das ungeheure Territorium ein, das den heutigen Staaten Texas, Arizona, Kalifornien, Nevada, Utah sowie Teilen von New Mexiko, Kansas, Colorado und Wyoming entspricht, insgesamt ein Gebiet, das knapp fünfmal so groß ist wie die heutige Bundesrepublik Deutschland. Mit diesem Raubzug hatten die USA ihr Territorium um 40 Prozent vergrößert, während Mexiko die Hälfte seines Staatsgebietes verlor.[30]

Aber auch mit dieser riesigen Besitzergreifung gaben sich die USA nicht zufrieden. 1861-1865 kam es zum Bürgerkrieg: Er forderte 600 000 Menschenleben und ging - vor allem im Süden - mit furchtbaren Verwüstungen einher. Doch die Rüstungsindustrie profitierte erheblich von diesem über vier Jahre währenden Blutvergießen.

## Der Spanisch-Amerikanische Krieg (1898)

Die spanische Kolonie Kuba war im 19. Jahrhundert die wichtigste spanische Plantagenkolonie. Der amerikanische Handel mit Kuba belief sich auf 50 Millionen Dollar, und die Washingtoner Machtelite hatte längst ihr Auge auf diesen Markt geworfen. Um Kuba übernehmen zu können, betrieb die amerikanische Regierung zunächst einen Wirtschaftskrieg. 1893 bis 1898 waren für die US-Wirtschaft Rezessionsjahre. Ein Absatzmarkt für überschüssige amerikanische Produkte wurde dringend benötigt. Der Krieg um und gegen Kuba war längst konzipiert, aber die spanische Kolonie ließ sich nicht provozieren. Als die Journalisten PULITZER und HEARST von ihrem Reporter auf der Insel berichtet bekamen, daß alles ruhig sei, wollte PULITZER seinen Aufenthalt schon abbrechen. HEARST schickte ihm sofort ein vielsagendes Antworttelegramm zurück: »Bitte bleiben Sie. Liefern Sie Bildmaterial, ich liefere den Krieg.«[31]

HEARST machte sein Versprechen prompt wahr, und die Washingtoner Regierung konnte sich über ein »herrliches« Ereignis freuen: Am 15. Februar 1898 explodierte das US-Schlachtschiff ›Maine‹ im Hafen von Havanna. Die amerikanische Regierung behauptete umgehend, die Spanier seien für die Explosion verantwortlich. Der US-Autor Eustace MULLINS hielt später dagegen, daß Amerikaner für die Explosion gesorgt hätten, und führte einleuchtende Beweise für den Verdacht an, die New Yorker National City Bank habe das Schiff sprengen lassen, um in den Besitz der kubanischen Zuckerindustrie zu gelangen, was nach dem Krieg auch eintraf. Als die Spanier eine unabhängige Untersuchung des Vorfalls verlangten, verhielt sich Washington mehr als seltsam: Die ›Maine‹ und mit ihr alles Beweismaterial wurde kurzerhand versenkt.

Obwohl Spanien alles unternahm, um einem Krieg mit den Vereinigten Staaten aus dem Weg zu gehen, fuhr Washington zweigleisig: Die US-Regierung ließ einerseits ihren Friedenswillen bekunden, bis General WOODFORD aus Spanien kabelte, er könne noch vor dem 1. August 1898 »von Spanien eine Einwilligung in die Unabhängigkeit oder sogar die Einnahme Kubas durch die USA sicherstellen«. Doch Präsident McKINLEY fürchtete nichts mehr als die Möglichkeit einer friedlichen Einnahme Kubas und rief schon einen Tag nach Erhalt der Nachricht nach einer Kriegserklärung. Es wurde ein »herrlicher kleiner Krieg«, wie sich US-Außenminister HAYS ausdrückte. Amerikanische Truppen griffen nicht nur Kuba an, sondern auch gleich die Philippinen, besetzten Puerto Rico und Manila. Der Krieg gegen die Philippinen wurde überaus brutal geführt. Auch hier gaben ökonomische Gründe den Ausschlag. Gleichsam über Nacht wurden die USA zur Kolonialmacht.[32]

## Amerikas Eintritt in die Weltpolitik 1917–1918

1907 kam es in Amerika zu einer schweren Wirtschaftskrise, die bis 1913 anhielt. Die Machtelite hatte WILSON mit großzügigen Spenden zum Präsidenten gemacht. Seine Wiederwahl verdankte er nicht zuletzt dem Bild, das die Öffentlichkeit von ihm hatte: »Er hielt uns vom Krieg fern«, hieß es. 1914 brach in Europa der Weltkrieg aus. Etwa 90 Prozent der Amerikaner waren gegen eine amerikanische Beteiligung an diesem Gemetzel. Da die amerikanische Hochfinanz aber die gigantische Summe von rund 2,3 Milliarden Dollar (damals eine ungeheure Summe) an die europäischen Kriegsparteien Frankreich und Großbritannien ausgeliehen hatte und die Rezession neue Absatzmärkte nötig machte, wurde in Washington fieberhaft nach einem Weg in den Krieg gesucht - dies umso mehr, als mit einem deutschen Sieg alle europäischen Kredite verloren sein würden. Großbritannien ersuchte die Vereinigten Staaten um ein militärisches Eingreifen, da der Krieg für die Entente-Mächte nicht besonders gut lief.

Erneut machten sich die Drahtzieher der amerikanischen Außenpolitik den Kunstkniff einer klassischen Provokation zunutze: Man schickte den Passagierdampfer ›Lusitania‹, der bis oben hin mit Munition vollgestopft war, mit Vorbedacht in Gewässer, in denen bekanntermaßen deutsche U-Boote lauerten. Um ganz sicher zu gehen, verriet man auch noch dem deutschen Geheimdienst diskret den einlaufenden Waffentransport. Die Katastrophe blieb nicht aus, und die ›Lusitania‹ wurde erwartungsgemäß torpediert und versenkt.[33] Über 100 US-Bürger kamen ums Leben. Die öffentliche Meinung in den Vereinigten Staaten kippte, Amerika trat in den Krieg ein. Die wahren Gründe waren ökonomischer Natur, denn es war klar, daß die USA durch einen Sieg auf dem europäischen Kriegsschauplatz ihre wirtschaftliche Position stark aufwerten würden: 1914 noch schuldete Amerika dem Rest der Welt 3,8 Milliarden Dollar, 1919 dagegen schuldeten die Europäer den USA 12,5 Milliarden Dollar. Damit stiegen die Vereinigten Staaten innerhalb von nur fünf Jahren von einer Schuldnernation zur Gläubigernation auf, der die Alte Welt mehr als dreimal soviel schuldete wie vor dem Weltkrieg die USA den Europäern.[34]

## Das Korea-Komplott 1950–1953

Auch nach dem Zweiten Weltkrieg verfinsterte sich der amerikanische Konjunkturhimmel. 1948 war ein ausgesprochenes Rezessionsjahr für die USA. Kein Wunder: Bis 1945 war Krieg der Hauptantriebsmotor der amerikanischen Wirtschaft gewesen, und ohne Krieg war die Rezession praktisch unvermeidbar. Ein neuerlicher Krieg mußte die Wirtschaft wieder ankurbeln.[35] Solche Erwägungen lagen dem diplomatischen Signal zugrunde, das Washington an die Adresse des kommunistischen Nordkorea aussandte, als General MACARTHUR am 1. 3. 1949 die pazifische Grenze der amerikanischen Interessensphäre als eine ›defensive Linie‹ bezeichnete, die von den Philippinen über die japanischen Inseln bis zu den Aleuten nach Alaska verlaufe. Eine glatte Einladung an Nordkorea, denn ganz Korea, auch der nichtkommunistische Süden, blieb bei dieser Grenzziehung einfach außen vor. Um die Sache amtlich zu machen, ließ man US-Staatssekretär ACHESON am 12. 1. 1950 auch noch verkünden, die Doktrin der ›defensiven Linie‹ sei nun offiziell, und: »Es muß klar sein, daß keine Person dieses Gebiet gegen einen militärischen Angriff garantieren kann.« Als sechs Monate später Nordkorea den Süden angriff, beschuldigten republikanische Kritiker ACHESON, die Kommunisten geradezu eingeladen zu haben.[36]

Entgegen der offiziellen Geschichtsschreibung, die Nordkorea für den Kriegsausbruch beschuldigt, belegen Dokumente ganz andere Verantwortlichkeiten am Ausbruch der Feindseligkeiten.

Offiziell brach der Koreakrieg am 25. Juni 1950 aus. »Am Tag des Kriegsausbruchs«, schrieb John GUNTHER in seinem Buch *The Riddle of MacArthur*, »wurde im Hauptquartier MACARTHURS in Tokio ein wichtiges Mitglied der Besatzungsmacht unerwartet ans Telefon gerufen. Der Betreffende kam zurück und flüsterte: Soeben ist eine tolle Geschichte passiert! Die Südkoreaner haben Nordkorea angegriffen.«[37] Eine gewichtige Aussage, denn Autor GUNTHER gilt als ausgewiesener Verehrer MACARTHURS.

Aber es gibt noch mehr Hinweise auf einen südkoreanischen Angriff auf Nordkorea. Sowohl die *New York Times* als auch der Londoner *Daily Herald* meldeten am 26. Juni die Einnahme von Haeju, einer nordkoreanischen Stadt, durch südkoreanische Truppen.[38] Auch der Londoner *Guardian* berichtete am selben Tag, daß US-Sachbearbeiter die Einnahme von Haeju bestätigten. Sogar das südkoreanische Büro für Öffentliche Information bestätigte diese Berichte. Selbst der *New York Herald Tribune* erwähnte in der Ausgabe vom 26. Juni den Vorstoß südkoreanischer Truppen nach Haeju, wo sie große Mengen Ausrüstung erbeutet hätten.[39] Diese brisanten Meldungen verschwanden dann aber urplötzlich aus den westlichen Medien und machten konforme Meldungen über die Aggression durch die Nordkoreaner Platz.

Eine Frage drängt sich bei alledem förmlich auf: Wenn der Norden den Süden wirklich mit so überwältigendem Erfolg überrannt hatte, wie war es den Südkoreanern dann nur einen Tag nach dem massiven Überfall möglich, im Gegenangriff eine nordkoreanische Stadt zu erobern? Diese erstaunliche und jedem militärischen Sachverstand hohnsprechende Tatsache läßt sich nur dadurch erklären, daß die Streitkräfte des Südens eben nicht in schwere ›Verteidigungskämpfe‹ verwickelt waren, wie offiziell behauptet, sondern sich ihrerseits von Anfang an im Angriff befanden.

Die US-Streitkräfte verhängten bald nach Kriegsausbruch eine Zensur über die Berichterstattung aus Fernost, die jedwede Kritik am Krieg untersagte. Dies machte es auch leicht, alle widersprechenden Berichte über den Verlauf der Kämpfe als kommunistische Propaganda abzustempeln, so etwa die Feststellung der nordkoreanischen Seite, man habe nur auf südkoreanische Angriffe am 23. und 24. Juni reagiert. Selbst US-Außenminister Dean ACHESON war »sich nie ganz sicher, daß RHEE [der Diktator Südkoreas] den Angriff der Kommunisten im Jahre 1950 nicht provozierte«. Ähnlich wie im Fall Pearl Harbor soll General MACARTHUR vom Angriff »völlig überrascht« worden sein. Doch das ist höchstunwahrscheinlich. Es war wohl eher so, daß man die Nordkoreaner erst gezielt durch die Südkoreaner provozieren ließ, um als Reaktion den massierten Angriff der Kommunisten herauszufordern. Um so leichter konnten die Vereinigten Staaten dann als Retter auf dem Plan erscheinen.

Auch die mangelnde militärische Vorbereitung des Nordens spricht deutlich gegen einen Angriff auf Südkorea, da für eine Invasion des Südens zwischen 13 und 15 Divisionen hätten einsatzbereit sein müssen. Am 25. Juni, dem Tag des offiziell datierten Kriegsausbruches, waren aber nur ganze sechs Divisionen einsatzbereit, eine Tatsache, die sogar MACARTHURS Stab einräumte. Wenn Nordkorea also tatsächlich einen unprovozierten Überfall geplant hätte, dann schwerlich in einer derart desolaten Verfassung, in der nur etwas mehr als ein Drittel der benötigten Divisionen überhaupt einsatzbereit waren.[40] Im übrigen hatte Nordkorea bereits hinreichend Gelegenheit gehabt, Erfahrungen mit südkoreanischen Aggressionen zu machen: Schon im Juli 1949 war eine Invasion des Südens gegen den Norden gescheitert. Der Norden hatte auch Informationen erhalten, wonach der Süden für Mitte Juni 1950 erneut eine Invasion plane.[41]

Gegen die offizielle Darstellung des Korea-Krieges spricht auch eine entlarvende Aussage aus dem Mund von US-General VAN FLEET: »Korea war ein Segen. Es mußte ein Korea geben, entweder hier oder irgendwo anders in der Welt.«[42] Tatsächlich holte der Krieg die US-Wirtschaft aus der Rezession und führte zu einer spürbaren Erholung der Konjunktur. Außerdem machte er die Kommunisten für jedermann sichtbar zu ›echten‹ Feinden und brachte den Kalten Krieg erst richtig auf Touren. Den Preis dafür bezahlten drei bis vier Millionen Koreaner mit ihrem Leben, und die beiden koreanischen Teilstaaten sollten im Zuge der Kampfhandlungen nachhaltig zerstört werden.[43]

## Der Vietnamkrieg und der Tonkin-Golf-›Zwischenfall‹ 1964–1975

Auch Anfang der sechziger Jahre steckten die Vereinigten Staaten in einer Wirtschaftskrise. Jetzt schrieb sogar die Presse völlig unverblümt, daß Krieg der Ausweg aus dem Dilemma sei. Nachdem die Franzosen 1954 in Nordvietnam vernichtend geschlagen worden waren, standen Wahlen zur Wiedervereinigung Vietnams an, bei denen Beobachter einen Sieg der Kommunisten prophezeiten. Sogar Präsident EISENHOWER ließ sich mit der Prognose vernehmen, 80 Prozent der Vietnamesen würden für die Kommunisten stimmen. Um einen solchen Wahlausgang zu verhindern, sabotierten die USA die von den Vereinten Nationen beantragten Wahlen zur Wiedervereinigung und initiierten einen klammheimlichen Krieg gegen Nordvietnam, der bis 1965 anhalten sollte.

Aber der Widerstand gegen diesen heimlichen Krieg, der offiziell überhaupt nicht geführt wurde, war so stark, daß die Washingtoner Regierung über kurz oder lang einen ›richtigen‹ Krieg führen mußte, wenn dieser gewonnen werden sollte. Wie so oft zuvor, wurde dringend ein passender ›Zwischenfall‹ benötigt, der aller Welt vor Augen führen mußte, wie gefährlich der Feind war. So behauptete Washington im August 1964, daß im Golf von Tonkin der amerikanische Zerstörer ›Maddox‹ von nordvietnamesischen Torpedobooten angegriffen worden sei. Mit diesem ›Zwischenfall‹ fälschte sich Washington die Rechtfertigung für das folgende jahrelange Blutbad zurecht. Als sich später herausstellte, daß der ganze Zwischenfall frei erfunden war und ironischerweise die ›Maddox‹ ihrerseits ein nordvietnamesisches Torpedoboot versenkt hatte, war die amerikanische Öffentlichkeit längst tief in den Krieg verwickelt.

Nach und nach breiteten sich die Kampfhandlungen aus und erfaßten auch Laos und Kambodscha, die auf diese Weise ebenfalls Opfer der amerikanischen Aggression wurden. Allein auf Nordvietnam warfen die USA mehr als dreimal so viele Bomben ab wie die Alliierten auf Deutschland im Zweiten Weltkrieg. Washington scheute sich auch nicht, wie schon im Koreakrieg, völkerrechtlich geächtete Waffen wie Napalm und Giftgas (Agent-Orange) zum Einsatz zu bringen. In Vietnam starben rund drei Millionen Menschen, hauptsächlich Vietnamesen, weitere drei Millionen wurden Flüchtlinge. Die amerikanische Wirtschaft erlebte einen Aufschwung.[44]

## Die Invasion Grenadas 1983: Ein Inselstaat bedroht die USA!

Nachdem die amerikanischen Marines 1983 eine schwere Niederlage erlitten hatten, als auf ihrem Stützpunkt in Beirut eine Lastwagenbombe explodierte und 246 US-Soldaten in den Tod riß, traf Präsident REAGAN eine Entscheidung. Die Öffentlichkeit mußte von diesem nationalen Fiasko abgelenkt werden. Bereits zwei Tage nach dem Anschlag von Beirut gab er den Befehl, den Inselstaat Grenada in der Karibik zu überfallen. Dabei griff REAGAN gewaltig in die Trickkiste, um behaupten zu können, daß sich viele hundert US-Bürger auf Grenada befänden, deren Sicherheit nur durch eine Evakuierung gewährleistet sei. Angeblich planten subversive Elemente einen bevorstehenden Umsturz auf dem Inselstaat.

Als aber selbst der Sprecher des Weißen Hauses zugeben mußte, daß er sich keiner Gefahr für amerikanische Bürger bewußt sei, mußte REAGAN nachlegen und zauberte eine neue Überraschung aus dem Hut. Jetzt ließ er behaupten, vor Grenada werde ein sowjetischer U-Boot-Stützpunkt errichtet. Die US-Medien verbreiteten Berichte über umfangreiche sowjetische Waffenlieferungen. Zwar sollte sich später alles als Medien-Märchen herausstellen, doch Washington hatte den gewünschten Vorwand, um den Inselstaat unter massivem Waffeneinsatz anzugreifen. Wiederum hielt die Zensur, und die Öffentlichkeit wurde über die unvermeidlichen amerikanischen Kriegsverbrechen, die sich auf Grenada ereigneten, erfolgreich im unklaren gelassen. Nachdem die Insel sturmreif beschossen worden war, kam die CIA, um die Bevölkerung über die Vorzüge praktizierter Demokratie aufzuklären. Die Wahlen, bei denen natürlich der US-Kandidat gewann, waren eine reine Farce. Wie man seit den Präsidentschaftswahlen des Jahres 2000 weiß, gilt das allerdings inzwischen auch für das amerikanische Mutterland.[45]

## Libyen 1980–1986: Reagan sieht rot

Als am 5. April 1986 in der Berliner Diskothek ›La Belle‹ eine Bombe explodierte und zwei US-Soldaten in den Tod riß, hatte das politische Washington den Schuldigen schnell ausgemacht: Libyen. Seit langem ist freilich bekannt, daß ein Spezialkommando des israelischen Geheimdienstes Mossad absichtlich falsche Geheimdienstmeldungen an die CIA lieferte, denen zufolge Libyen hinter dem Anschlag stecke. In den USA wurde diese Falschmeldung begeistert aufgegriffen, da Washington ohnehin seit 1980 einen geheimen Krieg gegen das nordafrikanische Land führte und die amerikanischen Medien längst aus reiner Routine jede Menge Propaganda gegen GADDAFI verbreiteten.

Allerdings reichte dies nicht als Vorwand für einen ›heißen‹ Krieg. Also griffen die Drahtzieher im Weißen Haus auch in diesem Fall auf das bewährte Provokationsszenario zurück. Man schickte im März 1986 kurzerhand amerikanische Kampfjets über die von GADDAFI proklamierte ›Todeslinie‹. Als die Libyer am ersten Tag nicht reagierten, kamen die Jets auch an den beiden nächsten Tagen, versenkten drei oder vier Schiffe der Libyer und griffen eine Flugabwehrstellung an. Am zweiten Tag der Angriffe ließ Washington dann verlauten, Libyen habe Raketen auf US-Jets abgefeuert (die freilich nicht trafen). Ein britischer Ingenieur, der damals in Libyen auf einer Radarstation arbeitete, sagte aus, daß die amerikanischen Jets sogar über libysches Festlandterritorium geflogen seien - die Libyer hätten gar keine andere Wahl gehabt, als widerstrebend Raketen abzuschießen.[46] Washington jedenfalls hatte auch diesmal den gewünschten Grund zum Losschlagen. Wie üblich unter Ausschluß des Völkerrechts.

## Der Überfall auf Panama 1989

Im Jahre 1990 sollte der für die USA strategisch wichtige Panama-Kanal teilweise, zehn Jahre später, im Jahre 2000, vollständig an Panama übergehen. Im Lande selbst hatten die Vereinigten Staaten eine Marionette installiert, Diktator NORIEGA. Dieser fiel plötzlich aus seiner Rolle, als er auf die Idee verfiel, aus den geheimen Drogengeschäften der CIA auszusteigen. Soviel Souveränität konnte Washington nicht akzeptieren. Präsident BUSH sen. begann, NORIEGAS Absetzung in die Wege zu leiten, zunächst mit den Mitteln eines Wirtschaftsembargos. Als dies nichts fruchtete und sich NORIEGA hartnäckig im Amt hielt, griff BUSH zu einer Provokation. Er ließ verlauten, US-Soldaten auf Panama seien von panamaischen Soldaten unter Feuer genommen worden. Das stimmte zwar, doch ›vergaß‹ BUSH zu erwähnen, daß die Amerikaner zuvor gezielt panamaische Soldaten provoziert hatten. Was folgte, war das übliche Drehbuch. Das US-Militär drehte die Schraube der Provokation weiter, indem es umfangreiche Manöver auf dem Territorium Panamas abhielt, was an sich schon eine Provokation war. Im Dezember 1989 griffen die USA das kleine Land an, ein glatter Bruch des Völkerrechts, weitere Kriegsverbrechen inklusive. NORIEGA wurde einfach festgenommen und auf Florida interniert. CIA und Einheiten für psychologische Kriegführung gingen unverzüglich nach der Einstellung der Kampfhandlungen daran, die Panamesen über die Vorzüge der Demokratie aufzuklären. Natürlich gewann bei den ersten Wahlen der amerikanische Favorit, unbeschadet der Tatsache, daß eine US-Studie das neue Regime glattweg als ›Fassade‹ bezeichnete.[47]

Der Krieg gegen Panama war der erste illegale Krieg der USA nach dem Ende des Kalten Krieges und ließ erstmals Schlüsse darauf zu, was die Washingtoner Elite von bestehenden Gesetzen und internationalen Verträgen hielt. Ihr krimineller Expansionsdrang sollte jedoch in den folgenden

Jahren nicht auf den lateinamerikanischen ›Hinterhof‹ des eigenen Hauses beschränkt bleiben.

## Die Golfkriege 1980–1988 und 1991/2003

Die Konfrontationspolitik, die im Jahre 1991 zum zweiten Golfkrieg führte, war die logische Konsequenz einer Politik, die Washington schon seit der Revolution von 1958 gegen den Irak betrieb. Die Revolution von 1958, bei der MOSSADEQ im Iran die Macht übernahm, bedeutete das erste erfolgreiche Aufbegehren der Massen gegen die anglo-amerikanische Politik im Nahen und Mittleren Osten und mußte ein Warnschuß für die Ölkartelle sein, denn eine der ersten Maßnahmen des neuen Mannes war die Nationalisierung der iranischen Öfirmen. MOSSADEQ wurde denn auch bald durch ein CIA-Komplott beseitigt.

Aber der Irak zeigte sich weitaus widerspenstiger. Abdel Karim KASSIM, der sozialistische Führer und Mitinitiator der irakischen Revolution, tat drei Dinge, die ihm das anglo-amerikanische Großkapital nie verzieh. Zum einen löste er 1958 den Irak aus dem Bagdad-Pakt heraus, der den Briten unter amerikanischer Schirmherrschaft die militärische Präsenz in der Region sichern sollte. Gleichzeitig begann er einen politischen Flirt mit NASSER, dem damals populärsten Führer der arabischen Welt. Dies geschah zu einem Zeitpunkt - 1958 -, als sich Ägypten und Syrien zu einem einzigen Staat zusammenschlossen. Dies war mehr als nur ein ›Betriebsunfall‹, wie die irakische Revolution von 1958 in westlichen Kreisen oft beschrieben wurde. Die irakische Revolution war im Westen und vor allem in Washington zutiefst verhaßt, weil sie ohne westliche Unterstützung und Geheimdienst-Intrigen zustande gekommen war und weil sie eine der weniger echten sozialistischen Revolutionen überhaupt war. KASSIM begann, das Land im Irak gerecht zu verteilen, Gewerkschaften aufzubauen und Waffen von den Sowjets zu kaufen.[48] 1961 wagte er es sogar, die Ölfirmen seines Landes zu nationalisieren. Außerdem machte er, wie praktisch alle irakischen Führer, territoriale Ansprüche auf kuwaitisches Gebiet geltend. Damit wurde er für Washington und London zum Feind Nummer eins, den es zu beseitigen galt. 1963 gelang es der CIA, KASSIM zu stürzen.[49]

Diese Machenschaft der CIA wurden vom damaligen irakischen Innenminister Ali SALEH ausdrücklich bestätigt, der dem Umsturz sein neues Amt zu verdanken hatte.[50] Der Coup von 1963 brachte SADDAM HUSSEIN an die Macht, der schnell eine brutale Diktatur errichtete und sich persönlich am irakischen Nationaleigentum bereicherte. Für den Westen und vor allem für die kapitalträchtigen Schichten in den Vereinigten Staaten war er ganz der Wunschkandidat, mit dem man schnell lukrative Geschäfte abwickeln konnte.

1979 hatte der Schah im Iran seine Schuldigkeit in den Augen Washingtons getan, nachdem er ein großes Pipelinegeschäft mit den europäischen Kontinentalmächten Deutschland und Frankreich sowie mit der Sowjetunion abgeschlossen hatte. Die Ereignisse von 1953 wiederholten sich, und die anglo-amerikanischen Hintergrundkreise begannen seine Absetzung zu betreiben. Ironischerweise trat an die Stelle des Schahs ein gewisser Ayatollah KHOMEINI, der prompt die Pipelineverträge seines Vorgängers kündigte und sämtliche Kommunisten im Land rabiat verfolgen ließ.

Dennoch erwies sich KHOMEINI bald als ausgesprochener Gegner der USA. Mehrere Versuche, ihn zu ermorden, schlugen fehl. Schließlich versuchte Washington, das neue Regime in Teheran mit einem Krieg massiv unter Druck zu setzen. Dieses Vorgehen folgte der alten Strategie des Gleichgewichts der Kräfte. Henry KISSINGER und andere führende US-Politiker räumten offen ein, daß sie keine Macht in der Region akzeptieren würden, die mächtig genug wäre, den US-Interessen zu schaden. Ein Krieg zwischen den beiden traditionellen Mittelmächten der Region, dem Iran und dem Irak, mußte beide schwächen und würde zwangsläufig die USA und ihren Stellvertreterstaat Israel zu den beherrschenden Mächten am Golf aufsteigen lassen.

## Der Irak-Iran-Krieg 1980–1988

Schon 1980 ermunterten verschiedene US-Politiker den irakischen Diktator SADDAM HUSSEIN zu einem Angriff auf den Iran. Ihm wurde suggeriert, daß der Iran aufgrund der Revolutionswirren militärisch schwach sei und einem irakischen Blitzangriff nicht werde standhalten können. Zur gleichen Zeit lieferte Washington insgeheim Waffen an den Iran und sicherte diesem amerikanische Unterstützung für den Fall eines bewaffneten Konflikts zu. Diese Unterstützung ging sogar so weit, daß die REAGAN-Administration dem Iran versicherte, man werde das Überleben des KHOMEINI-Regimes garantieren. Im Zuge der Iran-Contra-Affäre flogen diese Machenschaften später (1986) auf.

Nichtsdestotrotz gelang es Washington unter anderem über regionale Drittländer, sowohl den Irak als auch den Iran davon zu überzeugen, daß beide in einem Krieg auf die USA zählen könnten. Im September 1980 war es soweit: SADDAM HUSSEIN ging in die Falle, vertraute auf die Hilfe der Vereinigten Staaten und griff in Blitzkriegmanier den Nachbarn Iran an, der angeblich stark geschwächt und kein ernsthafter militärischer Gegner sei.[51]

Dieser Krieg, der als erster von drei Golfkriegen in die Annalen einging, hatte verheerende Auswirkungen und führte zur Verarmung der gesamten Region. Die einzigen wirklichen Nutznießer waren die USA und Israel.

Tatsächlich schwächte das acht Jahre währende Blutvergießen die aufstrebenden Regionalmächte Iran und Irak erheblich und warf sie in ihrer Entwicklung um viele Jahre zurück. Den Vereinigten Staaten und Israel eröffnete sich dadurch die Möglichkeit, eine rigide Politik nach dem Motto »Teile und herrsche« gegen beide Länder zu betreiben. Das Ziel, den Iran wieder unter amerikanische Kontrolle zu bringen, wurde jedoch nicht erreicht. Zumindest Teheran muß seither als ›Totalverlust‹ der amerikanischen Politik angesehen werden.

## Golfkrise und zweiter Golfkrieg 1990–1991

Acht Jahre lang wütete der Krieg zwischen dem Iran und dem Irak. Nach seinem Ende war die irakische Wirtschaft schwer angeschlagen. SADDAM HUSSEIN richtete in den Folgejahren seine Hoffnungen auf ein friedliches Zusammenleben mit den Nachbarstaaten. Er hatte aber nicht mit der Unversöhnlichkeit Washingtons gerechnet. Denn wie sich später herausstellte, begann nun auf massiven Druck der Amerikaner das kleine Nachbarland Kuwait seine Ölforderung ins Maßlose zu steigern. Dies traf den Irak schwer, da die Kuwaitis mit ihrer Überproduktion die Ölpreise in den Keller sacken ließen, was den Wiederaufbau im Irak gefährdete. Schlimmer noch: Kuwait widersetzte sich nicht nur jedem Kompromiß in der Frage des Ölpreises, es forderte außerdem die sofortige Rückzahlung der Unterstützungskredite für den Irak im ersten Golfkrieg, und zwar einschließlich der Zinsen.

Die Stimmung zwischen den beiden Nachbarländern verschlechterte sich rasch. Der Irak steuerte auf den finanziellen Bankrott zu. SADDAM HUSSEIN sah sich zu unmißverständlichen Drohungen an die Adresse Kuwaits veranlaßt.[52] Während sich die Lage zuspitzte, sicherten die USA Kuwait insgeheim ihre Unterstützung für den Fall zu, daß der Irak militärisch aktiv werden sollte.[53] Der ehemalige CIA-Agent John STOCKWELL schrieb, daß »die CIA den Irak aktiv durch Kuwait destabilisiert hatte, was den Irak Territorium, Ölfelder und Milliarden Dollar an Einkommen kostete«.[54] Gleichzeitig wiegte Washington SADDAM Hussein in Sicherheit und betonte wiederholt, man sei an freundschaftlichen Beziehungen zum Irak interessiert. Wieder einmal spielten die USA ein doppeltes Spiel. Ihre Politik der Konspiration zielte bewußt darauf ab, einen Konflikt bzw. einen Krieg zwischen benachbarten Ländern heraufzubeschwören.

Dieser Krieg - der zweite Golfkrieg (1991) - sollte zum bedeutendsten Ereignis im Mittleren Osten seit der Errichtung des Staates Israel 1948 werden. Allerdings ist die Öffentlichkeit mehr als zehn Jahre danach über diese verheerende militärische Auseinandersetzung nach wie vor äußerst mangelhaft informiert. Das hat Gründe: Die weithin gleichgeschalteten Massenmedien des Westens verbreiteten einhellig das Märchen, SADDAM HUSSEIN trage die Alleinschuld an diesem Krieg, denn nach offizieller Version war er es, der Kuwait ›überfiel‹. Doch diese Sichtweise ist unvollständig, einseitig und läuft geradezu auf eine Umkehrung der Tatsachen hinaus.

Dazu einige wenige Hinweise. Die angeblich so kritischen westlichen Medien verschwiegen zum Beispiel die Tatsache, daß noch eine Woche vor dem irakischen Einmarsch in Kuwait, am 25. Juli 1990, die US-Botschafterin im Irak, April GLASPIE, SADDAM HUSSEIN gegenüber ausdrücklich bestätigte, die USA betrachteten den Streit zwischen dem Irak und Kuwait als eine »innerarabische Angelegenheit«. Für SADDAM bedeutete das ›grünes Licht‹ für seine Invasionsabsichten. Ihm war zudem von anderen amerikanischen Politikern, unter anderem von Präsident BUSH, Außenminister James BAKER, Margret TUTWILER, John KELLY und Bob DOLE, mehrmals vertraulich versichert worden, daß der Konflikt um Kuwait in Washington als Angelegenheit betrachtet wurde, aus der sich die USA tunlichst heraushalten würden. Alle diese Zusicherungen sind heute längst aktenkundig.[55]

Ein auf den 22. November 1989 datiertes Dokument, das auf einem Informationsaustausch zwischen der CIA und dem kuwaitischen Geheimdienst basiert und das nach dem Einmarsch in Kuwait von irakischen Soldaten sichergestellt wurde, enthält die ausdrückliche Feststellung, »daß es wichtig ist, von der Verschlechterung der wirtschaftlichen Lage des Iraks zu profitieren, um Druck auf dieses Land auszuüben mit dem Ziel, eine gespannte Situation über den Grenzverlauf zu provozieren. Die CIA hat uns ihren Standpunkt über die geeigneten Mittel vorgetragen, diesen Druck aufrechtzuerhalten«.[56] Das Dokument wurde unter anderem von der UNO und zahlreichen Experten als echt anerkannt.[57]

Ferner veröffentlichte der ehemalige US-Geheimdienstmitarbeiter Craig HULET die sogenannten *White Papers* zur Vorgeschichte des Irakkrieges, aus denen zweifelsfrei hervorgeht, daß der Waffengang seit langem geplant war und unter anderem auf einer Geheimkonferenz in Washington im April 1990 besprochen wurde. Die wesentlichen Inhalte dieser Konferenz, die offiziell nie stattfand, fanden ihre Niederschrift im *Task Force*-Bericht.[58]

Dies sind nur einige der Beweise und Indizien für die konspirative Politik der damaligen BUSH-Administration, die zielbewußt auf einen vernichtenden Krieg gegen den Irak hinarbeitete. Der Buchautor Robin DE RUITER gab dazu das zutreffende Urteil ab: »Selten gab es in der Geschichte einen von den Hintergrundmächten so perfekt inszenierten Konflikt wie den sogenannten ›Golfkrieg‹.«[59] Auch DE RUITER erwähnt den *Task Force*-Bericht [*Task Force Report* 38, aka 212-661-1180], der auf dem erwähnten Geheimtreffen vom April 1990 basiert und »in dem genau beschrieben wurde, was sie mit dem Irak vorhatten«.[60] Auch der seinerzeitige französische Außenminister Claude CHEYSSON vertrat eine ähnliche Auffassung: »SADDAM ist in eine Falle gelaufen«, wurde CHEYSSON zitiert, und: »Die USA waren von Anfang an entschlossen, in den Krieg einzutreten.«[61] Selbst der spätere Bundesaußenminister Joschka FISCHER erwähnte in einer Fernsehsendung kurz das Täuschungsmanöver der US-Botschafterin, die SADDAM HUSSEIN der amerikanischen Neutralität versicherte, und äußerte in diesem Zusammenhang seine Überzeugung, daß der Golfkrieg ein abgekartetes Spiel gewesen war.[62]

Der zweite Golfkrieg brachte den USA die Verwirklichung eines langgehegten geostrategischen Zieles, nämlich die Besitzergreifung vom Mittleren Osten. Auch die Weltpolitik Washingtons läßt inzwischen hinreichend deutlich erkennen, wie konsequent die amerikanische Hintergrundelite ist, wenn es darum geht, den Mittleren Osten gefügig zu machen. Es ist schließlich kein Zufall, daß die einzigen Staaten der Region (einschließlich Nordafrikas), in denen die USA über keine echte militärische Präsenz verfügen, Algerien, Libyen, Sudan, Jemen, Syrien und Iran sind; vier dieser Staaten sind nach amerikanischer Sprachregelung »Terroristenstaaten« (nämlich Libyen, Sudan, Syrien und der Iran), und Libyen ist zudem harschen amerikanischen Wirtschaftssanktionen ausgesetzt.[63] Es ist auch kein Zufall, daß sich seit dem Jahre 1958 vor allem der Irak und Iran (1979) am konsequentesten der amerikanischen Hegemonialpolitik in der Region widersetzten. Daß die USA und Israel 1980 den Irak-Iran-Krieg inszenierten, der gerade diese beiden Mächte erheblich schwächte, paßt ins Bild und ist ebenfalls kein Zufall.

Da der Irak dennoch ein militärischer Faktor von ernst zu nehmendem Gewicht blieb, präparierte Washington für den vormaligen Verbündeten die Kuwait-Falle, die 1991 zu seiner militärischen Vernichtung führte. Aber noch immer war SADDAM HUSSEIN nicht bereit, sich dem Diktat der Vereinigten Staaten und den erbarmungslosen Sanktionen der Vereinten Nationen zu unterwerfen. Erneut schlug die Stunde der Propaganda. Seit dem Amtsantritt von George W. BUSH hämmerte die Propaganda des Weißen Hauses den weithin amerikahörigen Massenmedien der westlichen Welt ein, der Irak sei eine Bedrohung für die ganze Welt, wenn die USA nicht gegen Bagdad losschlügen. Das Ende ist bekannt. Der Krieg ging im Frühjahr 2003 über die Bühne und brachte den USA die Kontrolle über die wichtigste Energieregion der Welt ein.

Dieses Buch liefert Beweise und Indizien, es dokumentiert die über weite Strecken hinweg konspirative Politik Washingtons seit Anfang der siebziger Jahre sowie die Methoden, mit denen drei Golfkriege inszeniert wurden, die die USA nach dem Zusammenbruch der Sowjetunion zur unangefochtenen Weltmacht Nummer eins machten und Washington die Herrschaft über den gesamten Mittleren Osten einbrachten. Denn dies war und ist eines der zentralen Ziele, die die Washingtoner Hintergrundelite seit den Jahren des Kalten Krieges verfolgt.

Auch jene hinlänglich bekannten Sanktionen, zu deren leidenschaftlichsten Befürwortern die amerikanische Regierung stets zählte, sprechen eine unmißverständliche Sprache. Mit den Sanktionen sollten praktisch alle Länder der Welt daran gehindert werden, mit Bagdad Handelsbeziehungen aufzunehmen, da der Irak aufgrund seiner Ölreserven auch nach dem Golfkrieg von 1991 immer noch eine potentielle Regionalmacht darstellte. Diese Sanktionen kamen und kommen einem Völkermord gleich. Sie haben inzwischen mehr Opfer gefordert als der ganze Golfkrieg 1991. In mehr als zwölf Jahren fielen dem Embargo über 1,5 Millionen Menschen zum Opfer, vor allem Kinder. In fast allen Staaten der Welt (mit Ausnahme der USA und Großbritanniens) hatte sich deshalb längst die Einsicht durchgesetzt, die Sanktionen seien kein geeignetes Mittel, um die Diktatur im Irak zu beenden. Im Gegenteil: Es ist bittere Ironie, daß das Embargo die Position SADDAMS noch stärkte.[64]

Und noch etwas muß immer wieder in Erinnerung gerufen werden: Im Irak führten die USA durch den Einsatz von Geschossen mit abgereichertem Uranmantel (DU) einen verdeckten Nuklearkrieg gegen den Irak und seine Bevölkerung. Dieser Krieg und seine Folgen für Mensch und Umwelt läuft auf einen geplanten Völkermord hinaus. Die angeblich so kritischen westlichen Massenmedien haben ihn in den vergangenen fast eineinhalb Jahrzehnten beinahe vollständig verschwiegen.[65]

## Der dritte Golfkrieg 2003

In der Regierung BUSH jr. kursierten lange vor dem 11. September 2001 Pläne für einen neuerlichen Angriff auf den Irak. Als die Anschläge von New York und Washington dann den Anlaß lieferten, wurde dies innerhalb kürzester Zeit offensichtlich, denn: »Am Tag nach dem Terrorangriff plädierte Verteidigungsminister Donald RUMSFELD im Nationalen Sicherheitsrat gegenüber Präsident BUSH für einen Angriff auf den Irak.« Und genau ein Jahr später, am 12. September 2002, verlangte Präsident BUSH von der UN-Vollversammlung »Unterstützung für amerikanische Präventivschläge gegen SADDAM HUSSEIN. . .«[66] Der Kriegskurs der neuen US-Regierung stand damit außer Zweifel. Der alte Bösewicht war auch der neue: SADDAM HUSSEIN. Sein Vergehen war, daß er den Hegemonialplänen und Geschäftsinteressen der amerikanischen Erdölkreise im Weg stand.

Es sollte in diesem Zusammenhang zu denken geben, daß auch die offiziösen Erklärungen zur Vorgeschichte des 11. September derart widersprüchlich sind, daß sie sich nahtlos in die lange Reihe der schon erwähnten amerikanischen Provokationen einreihen. War auch der 11. September nichts als eine gigantische Inszenierung, um die USA ihren weitgesteckten geostrategischen Zielen einen wichtigen Schritt näherzubringen?

Es war vermutlich auch kein Zufall, daß im Jahre 2001 die US-Börse einen ungewöhnlichen Absturz erlebte, der von Fachleuten nur mit der Großen Depression von 1929 verglichen wurde. Wer den ›Krieg gegen den Terror‹ deshalb als verdecktes Manöver betrachtet, um einerseits die US-Wirtschaft vor einem noch heftigeren Absturz zu bewahren und andererseits die amerikanische Machtelite zu bereichern, liegt nach Lage der Dinge richtig. Der 11. September lieferte den Drahtziehern hinter den Kulissen der amerikanischen Politik den langersehnten Vorwand für eine globale Interventionspolitik neuen Zuschnitts. Und auch der militärisch-industrielle Komplex bekam einmal mehr Gelegenheit, den stotternden Wirtschaftsmotor wieder anzukurbeln. Auch alle Freunde des Überwachungsstaates hatten plötzlich Grund zum Jubeln, denn jetzt gingen alle Gesetze, die zuvor immer wieder erfolglos eingebracht worden waren und die auf die vollständige Durchleuchtung der amerikanischen Bürger hinausliefen, problemlos durch. Auch die BUSH-Administration konnte zufrieden sein. Sie konnte dank des 11. September endlich von ihrem massiven Wahlschwindel ablenken, der BUSH jr. zum Sprung ins Weiße Haus verholfen hatte.

Nur der amerikanische Durchschnittsbürger hat weniger Grund zur Freude. Die US-Bevölkerung befindet sich nämlich seit den Anschlägen des Jahres 2001 praktisch in Geiselhaft der eigenen Regierung. Allabendlich wird ihr von den Medien ein beispielloses Bedrohungsszenario aufgetischt, das beim amerikanischen Normalbürger freilich die Bereitschaft fördert, BUSHS gigantische Aufrüstungskampagne zu finanzieren. Widerspruch ist im Amerika BUSHS ein Un-Wort. Die Nation soll ihrem Präsidenten folgen, wo immer er Krieg zu führen gedenkt.

TEIL I

# Die Strategie der amerikanischen Welthegemonie

»Alle Kriegführung basiert auf Täuschung.«
Der chinesische Kriegsphilosoph Sun-Tsu

Es war kein Zufall, daß die USA als weltweit einzige Macht vom Zweiten Weltkrieg in erheblichem Maße profitierten. Nach der Vereinnahmung vormals mexikanischer Gebiete sowie Kubas und der Philippinen traten die Vereinigten Staaten nunmehr in ihre dritte imperiale Phase ein, als sie 1945 in Deutschland und Japan als Besatzungsmacht auftraten. Die amerikanische Machtsphäre erstreckte sich damit faktisch von Holländisch-Indonesien im Pazifik bis Belgisch-Kongo, nicht zu vergessen den eigenen lateinamerikanischen Hinterhof.

Noch vor Kriegsende konzipierten die elitären Kreise der amerikanischen Hochfinanz eine Strategie zur Erlangung der weltweiten Hegemonie. Es wurde ein Plan entworfen, der als *Grand Area Planning* bekannt wurde. »Die Grand Area wird darin als jenes Gebiet bestimmt, das, nach ihren Worten, ›strategisch notwendig [ist], um die Welt zu kontrollieren‹.« Als essentiell wurde dabei insbesondere betrachtet, daß die amerikanische Wirtschaft prosperieren sollte, ohne daß es dabei zu internen Veränderungen bzw. zu einer Umverteilung von Einkommen und Macht innerhalb der USA kommen sollte.

Folgende Regionen wurden ins Auge gefaßt, die von den USA beherrscht werden müßten, damit sie globale Dominanz ausüben könnten: die gesamte westliche Hemisphäre, das ehemalige Britische Empire und der Ferne Osten. Diese Teile der Erde, wurde postuliert, müßten stets für amerikanisches Investitionskapital offen sein. Um diese Position zu erreichen, war aber noch etwas anderes unbedingt notwendig: »Entscheidend für die gesamte Konzeption der *Grand Area* war die Kontrolle des Mittleren Ostens, der... als absolut unentbehrlich für die wirtschaftliche, militärische und politische Kontrolle über den gesamten Globus galt - nicht zuletzt deshalb, weil dort der größte Teil der bekannten Welterdölvorräte lag.«[67]

Um diesem Ziel näherzukommen, starteten die USA bereits in den fünfziger Jahren eine lange Reihe offener und verdeckter Interventionen in der Region, wobei der Sturz der demokratisch gewählten Mossadeq-Regierung 1953 im Iran der wichtigste Schritt war, da diese das Öl des Landes nationalisiert und es damit dem Zugriff der US-Ölfirmen entzogen hatte. Die Interventionspolitik war ein voller Erfolg, da sie schon in diesem Stadium einen Teil des *Grand Area*-Plans verwirklichte: Das Britische Empire im Mittleren Osten wurde durch ein amerikanisches ersetzt.

Dies läßt sich leicht durch die Verschiebung der Ölkontrolle veranschaulichen. Zwischen 1940 und 1967 steigerten die US-Konzerne ihre Kontrolle über das Öl des Mittleren Ostens von 10 auf knapp 60 %, während die britische Kontrolle von 72% 1940 auf ganze 30 % im Jahre 1967 fiel.[68] Schon durch die Suez-Krise 1956 und den darauffolgenden Krieg verlor Großbritannien einen beträchtlichen Teil seines Einflusses in der Region. Anfang der siebziger Jahre war England dann durch die USA praktisch verdrängt worden. Von einer gewissen Bedeutung war nur noch der britische Anteil am iranischen Öl. Doch auch dies sollte sich nach einem weiteren Putsch, diesmal gegen den Schah, deutlich zugunsten der Amerikaner ändern. Die Strategie der *Grand Area* ging auf.

In den siebziger Jahren, am Ende der ›Goldenen Jahre‹ der Nachkriegszeit, drohte erstmals ein relativer Abstieg der amerikanischen Wirtschaft in der internationalen Rangfolge. Jetzt konnte Washington auf die ›Ölwaffe‹ zurückgreifen. Damit wurden auch die wichtigsten Konkurrenten, Deutschland und Japan, und ihre wirtschaftliche Entwicklung für die USA kontrollierbarer, da diese Staaten fast völlig vom importierten Öl abhängig waren, das hauptsächlich von amerikanischen Firmen auf dem Weltmarkt angeboten und verkauft wurde.

## Die Ölwaffe zeigt Wirkung

Nach dem Zweiten Weltkrieg galten die USA als die wirtschaftliche Weltmacht schlechthin. Sie produzierten rund 50 Prozent aller Waren und Dienstleistungen der Welt. Diese einzigartige wirtschaftliche Vormachtstellung hielt bis zum Jahre 1960 an.[69] In den sechziger Jahren ließ die reale Wirtschaftskraft dann zunehmend nach, dennoch galt die US-Ökonomie unverändert als stark, da sie nach wie vor auf den Goldstandard setzte. Dies bedeutete, daß alle US-Dollars, die sich im Ausland in Umlauf befanden, einen garantierten Gegenwert in Gold besaßen. Zu Beginn der siebziger Jahre jedoch begann die Wirtschaftskraft der USA im Vergleich zu Westeuropa und Japan deutlich nachzulassen. Dieser Abstieg veranlaßte Präsident NIXON am 15. August 1971 dazu, den Goldstandard plötzlich zu verlassen.[70]

Zu dieser richtungweisenden Entscheidung hatten Insider in NIXONS Umgebung dem Präsidenten geraten. Dazu zählten Paul VOLCKER als Chef der Federal Reserve Bank und Jack F. BENNETT.[71] NIXONS Entscheidung war das klare Eingeständnis, daß der Dollar schon jahrzehntelang völlig überbewertet gewesen war. Er wurde jetzt zu einer Währung degradiert, die fortan genauso dem üblichen Druck der Märkte ausgesetzt war wie alle anderen Währungen.[72]

Einen solchen Verfall des Dollars wollte die Machtelite aber unter keinen Umständen zulassen. Mit der Ablösung vom Goldstandard stellte sich für die USA die Aufgabe, einen anderen verläßlichen Gegenwert zu finden, über den sie ebenfalls eine Art Monopolstellung ausüben konnten, um auf diesem Wege über die dahinschwindende reale Wirtschaftskraft hinwegzutäuschen. An die Stelle des Goldes sollte nun das Öl für die Weltwirtschaft treten – dies um so mehr, als Öl als Faktor der Weltwirtschaft ohnehin längst viel bedeutsamer war als Gold. Öl sollte den Vereinigten

Staaten somit als Treibstoff der modernen Industriegesellschaften eine neue Ära der ökonomischen Dominanz sichern.

Darum kam es im Mai 1973 zu einem wichtigen Geheimtreffen der berüchtigten Bilderberger-Gruppe im schwedischen Saltsjöbaden. Auf diesem Treffen beriet eine elitäre Gruppe von 84 Personen, alle Spitzenpersönlichkeiten aus Finanz und Politik, wie sich eine Erhöhung des OPEC-Ölpreises um 400 Prozent bewerkstelligen ließ. Henry Kissinger sprach mit einflußreichen Bankiers wie Eric Roll vom Bankhaus S.G. Warburg und George Ball von der Investment-Bank Lehman Brothers, mit Ölchefs wie Robert O. Anderson von Atlantic Richfield Oil Co. oder Lord Greenhill, dem Aufsichtsratsvorsitzenden von BP, über die Möglichkeiten eines solchen »Petrodollar-Recyclings«. Auch einige gewichtige Insider der ›Neuen Weltordnung‹ fehlten nicht: David Rockefeller von der Chase Manhattan Bank sowie Zbigniew Brzezinski, der bald Präsident Carters Sicherheitsberater werden sollte.

Das konspirative Ziel dieser Clique war es, »die ins Wanken geratene Vormachtstellung der anglo-amerikanischen Finanzinteressen wieder zu festigen und ihnen die Kontrolle über die weltweiten Geldströme zurückzugeben«. Der Plan war ebenso einfach wie folgenreich: »Ein globales Ölembargo sollte die Ölversorgung weltweit drastisch verknappen. Das würde die Weltölpreise dramatisch steigen lassen. Da die amerikanischen Ölgesellschaften den Weltmarkt seit 1945 fest in der Hand hatten, war es üblich geworden, die internationalen Ölrechnungen in Dollar zu fakturieren. Mit dem Ölpreis mußte also auch die Nachfrage nach US-Dollar ansteigen. Die steigende Nachfrage nach Dollar würde den Druck vom Dollar nehmen und seinen Wert stützen. Sie würde natürlich auch die Position derer stärken, die Dollars drucken und liefern konnten.«[73]

Auf diese Weise verfolgten die Wallstreet und die US-Regierung die Absicht, auf Umwegen die Welt erneut an den Dollar zu binden. Der Umweg war das Erdöl, der wichtigste Energieträger der Industriegesellschaften. Um die Abhängigkeit aber faktisch wirksam werden zu lassen, bedurfte es einer Ölkrise. Sie war der einzige Kunstgriff des ganzen Komplotts, denn tatsächlich gab es ja genug Öl. Die Krise mußte künstlich herbeimanipuliert werden. William Engdahl zufolge war die ganze Inszenierung ein Husarenstück mit dem Zweck, dem siechen Dollar wieder genügend Stärke einzuflößen, damit er von neuem als unentbehrliche Währung der Welt fungieren konnte. Ein neuer ›kleiner‹ Krieg war vonnöten: der Jom-Kippur-Krieg vom Oktober 1973.

## Der Oktober-Krieg von 1973 und die Ölkrise

Die Ölkrise wurde von den Massenmedien stets als arabischer Racheakt an die Adresse des Westens beschrieben. Das falsche Argument lautete: Da der Westen Israel unterstützte, gab es für die arabischen Staaten keine andere Wahl, als eine Ölpreiserhöhung und einen begrenzten Ölboykott gegen den Westen durchzusetzen. Was in diesem Zusammenhang jedoch immer verschwiegen wurde, waren die geheimen Bilderberger-Treffen und die wichtige OPEC-Konferenz des Jahres 1973. In Wien hatte die Organisation erdölexportierender Länder (OPEC) unter saudischer Führung damals nämlich einen revolutionären Schritt gewagt: Sie forderte von den westlichen Öl-Monopolen die Übergabe aller Konzessionen und Einrichtungen, was auf eine allgemeine Nationalisierung der arabischen Ölindustrie hinausgelaufen wäre. Außerdem verlangte die OPEC einen Ölpreis von 3 Dollar pro Barrel. Bei den westlichen Ölmultis schrillten die Alarmglocken. Denn im Klartext bedeuteten die OPEC-Forderungen, daß die Ölproduzenten des Mittleren Ostens ihr Öl von nun an selbst vermarkten wollten. Da damit der Totalverlust sämtlicher Einnahmen der Ölmultis verbunden gewesen wäre, wiesen diese die Forderung am 11. Oktober 1973 mit Empörung zurück.[74]

Gerade das bis dahin so vasallenhafte Saudi-Arabien bewegte die anderen arabisch-islamischen OPEC-Staaten zum Ölboykott gegen den Westen. Als nämlich Staatsoberhaupt Feisal Bin Abd El Aziz erfuhr, daß Amerika saudisches Öl nach Israel geliefert hatte, als sich arabische Staaten mitten im Jom Kippur Krieg befanden, leitete er den Boykott ein. König Feisal hatte schon 1966 die Absicht gehabt, mit den Sowjets politische und wirtschaftliche Beziehungen aufzunehmen. Außerdem war er über den Umgang der USA mit seinem Land nicht glücklich, er meinte gegenüber seinen Vertrauten, daß die Amerikaner nicht denken sollten, Saudi Arabien politisch und wirtschaftlich »gepachtet« zu haben. Solche Töne mußten in Washington fast Panik ausgelöst haben, zumal die Kuba-Krise gerade gezeigt hatte, wie ernst der Ost-West-Konflikt war. Einen Hauptverbündeten wie Saudi Arabien, zudem noch in der wichtigsten geostrategischen Region der Welt, durfte keinesfalls an den Erzfeind im Osten verlorengehen. Daher kam folgende Nachricht auch nicht allzu überraschend: 1975 wurde König Feisal von Saudi-Arabien von einem jungen scheinbar verwirrten Verwandten ermordet.[75] Noch zuvor hatte der einflußreiche US-Außenminister und Sicherheitsberater Henry Kissinger Feisal gewarnt, sich nicht gegen die US-Interessen in der Region zu richten. Es war offenbar die letzte Warnung für Feisal gewesen, der in den Augen der US-Machtelite viel zu unabhängig geworden war.

Die anglo-amerikanischen Hintergrundkreise hatten allerdings schon längst vorgesorgt, um nicht nur den Forderungen der OPEC den Boden zu entziehen, sondern um sich auf Kosten aller potentiellen Konkurrenten am Öl des Mittleren Ostens schadlos zu halten. Der Kerngedanke war ebenso einfach wie zynisch: Alle ›antiwestlichen‹ Bestrebungen der OPEC sollten durch einen Krieg zunichte gemacht werden. Die Schlüsselrolle bei der Einfädelung des Komplotts fiel wieder einmal einem bewährten Handlanger zu: Henry Kissinger. »Robert Dreyfuss schreibt in seinem 1980 erschienenen Buch *Hostage to Khomeini* (*Geisel unter Khomeini*): ›Das 1973/74er Ölmanöver war ein Werk von Henry Kissinger.‹«[76] Auch Peter Blackwoods investigative Recherchen bestätigen, daß der Krieg des Jahres 1973 auf das Konto Kissingers zurückging und zum Auslöser der Ölkrise wurde.[77]

Kurz vor Ausbruch des Krieges, der am 6. Oktober 1973 mit einem Angriff Ägyptens und Syriens gegen Israel begann, spielte Kissinger seinen Part. Es gelang ihm nämlich in den Wochen unmittelbar vor dem Krieg, Präsident Nixon dazu zu bewegen, ihn auch noch zum Außenminister der Vereinigten Staaten zu machen – bisher war Kissinger ›nur‹ Sicherheitsberater des Präsidenten gewesen. Er hatte dank seiner Ernennung nun Einsicht in alle Geheimdienstberichte, die dem Präsidenten unter die Augen kommen konnten. Als der Watergate-Skandal Nixon lahmlegte, übernahm Kissinger praktisch dessen Rolle; auf dem Feld der Sicherheits- und Verteidigungspolitik konnte er nun schalten und walten, wie er wollte. Engdahl schreibt dazu: »Sämtliche Ereignisse, die zum Kriegsausbruch im Oktober führten, waren jedoch in London und Washington auf der Grundlage der in Saltsjöbaden vereinbarten Strategie eingefädelt worden. Eine zentrale Rolle spielten dabei die geheimen diplomatischen Kanäle auf höchster Ebene, die der Nationale Sicherheitsberater Henry Kissinger aufgetan hatte.«

Kissinger unterhielt auch engste Beziehungen zu den Kriegsparteien Israel, Syrien und Ägypten. Seine berühmte ›Pendeldiplomatie‹ war so angelegt, daß er jeder Seite die Stellungnahmen und Reaktionen der jeweils anderen Seite so übermittelte, daß der Krieg wahrscheinlicher wurde. Außerdem verfügte er über alle Möglichkeiten, die Berichte der US-Geheimdienste über die Mobilmachung der Konfliktpartner zu unterdrücken, ebenso brisante Dossiers befreundeter arabischer Regierungen, die vor der wachsenden Kriegsgefahr warnen wollten. Es überrascht auch nicht, daß das ›Drehbuch‹, das dem Konflikt von 1973 zugrunde lag, genau jenen Richtlinien entsprach, die knapp sechs Monate vor Kriegsausbruch auf dem Bilderberger-Geheimtreffen auf Saltsjäöbaden beschlossen worden waren.[78] Stutzig macht auch die Tatsache, daß ›zufällig‹ genau am Tag des Kriegsausbruchs alle OPEC-Erdölminister zu Verhandlungen mit den Ölgesellschaften in Wien waren.[79] Mit Ausbruch des Krieges wurden jene Erdölminister, die eine Senkung des Ölpreises gefordert hatten, schlagartig entmachtet, da alle damit rechnen mußten, daß in Zeiten des Krieges die Ölpreise steigen würden. Genau dieses Szenario sollte sich übrigens 1980 beim Ausbruch des Golfkriegs wiederholen. An Zufälle mag glauben, wer will.

Die Drahtzieher hinter den Kulissen machten sofort Druck auf alle Beteiligten, unverzüglich die ›Ölwaffe‹ einzusetzen. Davon mußten auch die von ihnen kontrollierten Ölkonzerne profitieren. Eine bessere Koordination von

›oben‹ wäre kaum denkbar gewesen. Einer der wichtigsten Drahtzieher des Komplotts war James E. AKINS, nachmaliger US-Botschafter in Saudi-Arabien, der schon Ende Mai 1972 auf der 8. Erdölkonferenz in Algier in aller Deutlichkeit erklärt hatte, was passieren würde. AKINS hatte vorausgesagt: »Sie können damit rechnen, ›daß die Ölpreise scharf nach oben gehen werden‹.«

AKINS war es auch, der dem damaligen Schah von Iran in einem vertraulichen Gespräch klarmachte, welche verheerenden Auswirkungen ein Ölembargo für Japan und Westeuropa haben würde.[80] Zuerst weigerte sich der Schah jedoch, den Ölpreis zu erhöhen, da er zu Recht befürchtete, dies werde zu einer Gegenaktion der Industrieländer führen, die ihrerseits ihre Produkte verteuern würden. Um so erstaunlicher war es deshalb, daß der Schah am 1. Januar 1974 beim OPEC-Treffen im Iran den Ölpreis von 3,01 Dollar auf 11,65 Dollar anhob.[81] Später stellte sich heraus, daß KISSINGER dahintersteckte, der dem Schah ›geraten‹ hatte, den Ölpreis drastisch zu erhöhen.

Im Februar 1975 vertraute KISSINGER dem Schah im Zürcher Grandhotel ›Dolder‹ noch etwas an: »Die Vereinigten Staaten verstehen den Wunsch des Iran nach höheren Ölpreisen.« Der damalige saudische Ölminister YAMANI teilte dies in einem Brief vom 3. September 1975 an US-Finanzminister SIMON mit, als er diesen wissen ließ: »Ich möchte Ihnen sagen, daß es bei uns Leute gibt, die der Meinung sind, daß die US-Regierung im Grunde nichts gegen eine Erhöhung der Ölpreise einzuwenden hat. Manche Leute glauben sogar, daß Sie aus offensichtlich politischen Gründen Preiserhöhungen wünschen und daß die gegenteiligen Standpunkte, die Sie offiziell vertreten, nur dazu da sind, diese Tatsache zu verschleiern.«

Auch der Ölberater der libyschen Regierung, Taki RIFAI, verwies auf diese komplizenhafte Position der USA, die durch die Steigerung der Ölpreise letztlich vor allem ihre eigenen strategischen Interessen bedienten und daß dieser Plan selbstverständlich im Weißen Haus ausgeheckt worden sei. RIFAI wörtlich: »So ist eine Interessengemeinschaft zwischen den USA, den Erzeugerländern und den Ölgesellschaften zugunsten höherer Preise entstanden – und Europa und Japan waren wegen ihrer fast totalen Energieabhängigkeit wehrlos dagegen.«[82]

Wie erfolgreich diese Doppelstrategie war, zeigte sich, als der erste ›Ölschock‹ die Preise sofort um 70 Prozent ansteigen ließ. Da sich der Ölboykott der arabischen Staaten auch gegen die USA richtete, beauftragte NIXON Anfang 1974 das Finanzministerium, Druck auf die OPEC auszuüben, die überhöhten Ölpreise wieder zu senken. Als diese Weisung einfach abgewiesen wurde, zeigte sich schlagartig, wer der tatsächliche Herr im Weißen Haus war. Ein hoher Beamter der US-Administration schrieb später dazu: »Es waren die Führer der Banken, die diesen Vorschlag beiseite fegten. Sie verlangten mit allem Nachdruck ein ›Recycling‹-Programm, um sich den gestiegenen Ölpreisen anzupassen.« Dieses ›Recycling-Programm‹ sah vor, daß die riesigen zusätzlichen Profite, die den Saudis als Folge der höheren Ölpreise zufielen, zu einem erheblichen Teil die Defizite der US-Regierung decken sollten.[83]

Man muß sich die ganze Tragweite dieser Entscheidungen vor Augen führen. Zwischen 1949 und Ende 1970 lag der Preis für Rohöl aus dem Nahen Osten relativ fest bei 1,90 Dollar pro Barrel; Anfang 1973, mit Ausbruch des Krieges, stieg er auf 3,01 Dollar an. Genau wie es der Bilderberger-Geheimplan vorgesehen hatte, vervierfachte sich dieser Preis Anfang 1974, als der Schah nachgab. Diese drastische Preiserhöhung bereicherte vor allem die Londoner Banken, die Wallstreet sowie die berühmten ›Sieben Schwestern‹, des internationalen Ölkartells, von denen damals fünf amerikanische Firmen, eine englisch (BP) und die letzte britisch-holländisch (Royal-Dutch-Shell) war. Durch das Recycling der Petrodollars wurde die gigantische Schuldenkrise der achtziger Jahre eingeleitet, die fast ausschließlich die Dritte Welt traf.[84]

Der Ölschock war ein schwerer Schlag für die Entwicklungsländer, deren Entwicklung wegen der riesigen Ölkosten nun praktisch zum Erliegen kam. Aber auch Europa - mit Ausnahme Großbritanniens - und Japan waren die Leidtragenden im Öl-Dollar-Machtspiel.

Als einige europäische Staaten in der Folge den Versuch unternahmen, das wichtige Öl entweder mit ihrer eigenen Währung oder im Rahmen eines Warentausches zu kaufen, bissen sie auf Granit. Deutschland oder Frankreich hätten die Mittel für einen solchen Transaktionsmodus ziemlich leicht aufbringen können. So aber waren sie gezwungen, sich erst auf dem Finanzmarkt die nötigen Dollarbestände zu beschaffen - was den Dollarkurs zu ihrem Nachteil weiter hochtrieb.

Der Einsatz der Ölwaffe war damit aber noch nicht beendet. 1975 kam es zu einem OPEC-Treffen, auf dem die erdölexportierenden Länder dazu vergattert wurden, nur noch Dollars als Zahlungsmittel für Öl zu akzeptieren. Einmal mehr wurde deutlich, wer hinter den Kulissen das Sagen hatte, als bekannt wurde, daß die OPEC selbst aufgrund der Kursschwankungen des Dollars gewaltige Verluste hinnehmen mußte.

So war es den anglo-amerikanischen Hintergrund-Lobbyisten gelungen, den Goldstandard durch den Ölstandard zu ersetzen und sich an dieser Umstellung auch noch maßlos zu bereichern. Sie waren mit einer gewissen Berechtigung der Auffassung, mehr Kontrolle über das Öl als über das Gold ausüben zu können.[85] Und im Ergebnis führte das Kalkül zu einschneidenden Konsequenzen: Die Neuregelung bedeutete nämlich sozusagen das Todesurteil für alle ökonomischen Unabhängigkeitsbestrebungen, da die ganze Welt nunmehr gezwungen war, in riesigen Mengen US-Dollars anzukaufen, um damit ihre Energieversorgung sicherzustellen.

Noch eine wichtige Tatsache muß erwähnt werden: der Umstand, daß die Vereinigten Staaten nunmehr über eine fast unumschränkte Geldmacht auf dem Globus verfügten - schließlich lief die Öl-Dollar-Bindung darauf hinaus, daß die Höhe der Ölpreise den Amerikanern ziemlich egal sein konnte. Als Hüter ihrer eigenen Währung befanden - und befinden - sich die USA in der glücklichen Lage, ihre Ölkäufe immer und zu jedem Preis tätigen zu können - im Zweifelsfall einfach durch den Druck von Dollarnoten. Ein vergleichbares Privileg besitzt keine andere Nation, denn alle anderen Länder müssen Güter produzieren und verkaufen, um in den Besitz der begehrten (Öl-)Dollars zu gelangen. Nicht so die USA, die ihre Geldmenge beliebig erhöhen können und so nach Belieben Öl einkaufen können. Noch eines kommt hinzu: Die treibenden Köpfe dieser Konstruktion konnten von Anfang an davon ausgehen, daß ein Großteil der Dollars, die in den Mittleren Osten gingen, umgehend wieder zurückfließen würden.

Es gab sogar eine entsprechende Geheimvereinbarung, die im Dezember 1974 in Saudi-Arabien zwischen dem US-Finanzministerium und der Saudi Arabian Monetary Agency getroffen wurde. Darin wurde vereinbart, daß die Saudis innerhalb von sechs Monaten US-Staatsobligationen mit einer Laufzeit von einem Jahr oder mehr im Gesamtbetrag von rund 2,5 Millarden Dollar über die Federal-Reserve Bank kaufen sollten. Saudi-Arabien kaufte also US-Staatspapiere, um das amerikanische Haushalts- und Leistungsbilanzdefizit zu finanzieren. Auch für den Fall, daß Saudi-Arabien dieses Spiel nicht mehr mitmachen würde, wurde vorgesorgt: Schon 1977 wurde ein US-Gesetz erlassen, das es dem amerikanischen Präsidenten erlaubte, ausländische Guthaben im Ernstfall ohne Zustimmung des Kongresses zu sperren.

1978, als die Araber einen Teil ihrer Anlagen in US-Staatspapieren nicht erneuerten, hätte der US-Präsident von dieser Drohung Gebrauch machen können. Ein Jahr später (1979) war es so weit, als CARTER iranische Konten mit einem Volumen von acht Milliarden Dollar einfrieren ließ.[86] Für die Saudis bedeutete dies, daß sie auf Wunsch Washingtons viel mehr Öl produzierten, als es ihren Interessen entsprach. Sie tauschten dabei ihr wertvolles Öl gegen Papiergeld ein, das ständig an realem Wert verliert, auf US-Konten liegt und im Ernstfall jederzeit gesperrt werden kann.[87]

Unter dem Strich ging die Strategie der Bilderberger freilich nicht ganz auf. Denn das neue Währungssystem erwies sich, wie sich zeigen sollte, als labil und krisenanfällig.[88]

## Die Absetzung des Schahs und der zweite Ölschock (1979)

Der Schah des Iran war 1953 durch einen von der CIA und vom britischen Auslandsgeheimdienst MI6 inszenierten Putsch an die Macht gekommen, nachdem sich der sozialistische Staatschef Mossadeq gegen die anglo-amerikanischen Kapitalinteressen gestellt hatte. Es ist eine Ironie der Geschichte, daß dieselben Geheimdienste ein Vierteljahrhundert später auch den Schah absetzten, als dieser ebenfalls versuchte, sich aus der anglo-amerikanischen Umklammerung zu befeien.

Im Jahre 1978 standen neue Verhandlungen über das nach 25 Jahren auslaufende Ölförderabkommen zwischen der Schah-Regierung und der British Petroleum an. Die Gespräche scheiterten, weil die Briten die Exklusivrechte auf die künftige iranische Ölförderung für sich forderten, ohne Garantien über eine Mindestabnahme an Öl zu geben. Die Iraner blieben hart, da sie ihre Abhängigkeit von dem durch die Briten kontrollierten Ölexport beenden und wie 1953 ihr Öl wieder selbst vermarkten wollten. Käufer dafür gab es genügend: Deutschland, Frankreich und Japan zum Beispiel.[89] Ein Konflikt zwischen dem Iran und Großbritannien schien unvermeidlich.

Was die westliche Hintergrundelite mindestens ebenso sehr beunruhigte, war ein großangelegtes Geschäft zwischen dem Iran, der Bundesrepublik Deutschland und der Sowjetunion. Im April 1975 hatte Deutschland mit dem Generalsekretär der KPdSU, Breschnew, und dem Schah ein beachtliches Dreiecksgeschäft ausgehandelt. Dieses sah vor, daß das ansonsten abgefackelte Erdgas aus den Feldern Bebehan und Gachsaran über eine Pipeline nach Kasachstan und Isfahan in den Süden der Sowjetunion geleitet werden sollte. Dort bestanden erhebliche Probleme mit der Energieversorgung. Im Gegenzug sollte die Sowjetunion Erdgas aus Sibirien nach Westdeutschland leiten. Als Bezahlung würden deutsche Firmen die Röhren für die Pipeline und ein Stahlwerk in Isfahan liefern, während die Sowjetunion an den Iran Industriegüter im Wert von einer Milliarde Rubel liefern würde.

Geostrategisch bedeutete dieses Unternehmen einen herben Schlag gegen amerikanische Interessen in der Region, da der Schah das Geschäft auch als Versicherung gegen mögliche sowjetische Feindseligkeiten betrachtete.[90] Damit wurde der traditionelle ›Schutz‹ des Iran durch das amerikanische Militär hinfällig, was den geostrategischen Interessen Washingtons diametral zuwiderlief. Das ganze Unternehmen, in das auch der mitteleuropäische Hauptverbündete der USA, die Bundesrepublik Deutschland, verstrickt war, bedeutete eine handfeste Bedrohung für den amerikanischen Einfluß. Schon die NATO war schließlich mit dem Hauptzweck gegründet worden, die Sowjets aus Europa herauszuhalten – andernfalls mußten die USA befürchten, in Europa isoliert zu werden. Die US-Machtclique mußte mithin alles daran setzen, um das gigantische Dreiecksgeschäft zum Scheitern zu bringen. 1979 fiel der Schah einem Geheimdienstkomplott Englands und der USA zum Opfer,[91] als er kurz davor stand, das Geschäft mit der Bundesrepublik und den Sowjets abzuschließen, was ihm zugleich mehr Kontrolle über die iranischen Ölexporte eingebracht hätte.

Möglicherweise spielte bei diesem Putsch auch die Befürchtung der Amerikaner eine Rolle, der Schah wolle sich nicht länger nach der US-Ölpreispolitik richten. Tatsächlich produzierten die Iraner chronisch mehr Öl als vereinbart. Ajatollah KHOMEINI erschien als der bessere Kandidat der Amerikaner, denn er sorgte dafür, daß die iranische Ölproduktion die vorrevolutionäre Förderung von sechs Millionen Barrel pro Tag nicht wieder erreichte. Es war dieser Ausfall des iranischen Öls in einem Umfang von etwa 4,5 Million Barrel pro Tag, der der OPEC im Dezember 1987 neue Preiserhöhungen ermöglichte. Dies wurde unter anderem durch einen Beamten des US-Schatzamtes bestätigt. Der Öl-Clan der ROCKEFELLERS und die Lobbyisten der Trilateralen Kommission hatten genau aus diesem Grund auf den Sturz des Schahs gesetzt, da sie davon ausgehen konnten, KHOMEINI werde ihre Ölinteressen vertreten.

Wie sehr diese Kreise von jeder Preiserhöhung profitieren, zeigt ein Rechenbeispiel. Laut Roger FOULKES, Chef-Öl-Analytiker der Argus-Forschungs-Gesellschaft, bedeutete jede Erhöhung um 10 Cent pro Gallone an der Tankstelle für ROCKEFELLER und Co. einen zusätzlichen Gewinn von 150 bis 200 Prozent.[92]

In den achtziger Jahren wurde im übrigen auch bekannt, daß die US-Regierung jede Menge Desinformation betrieb, was die Existenz von Erdöl und anderen nicht erneuerbaren Energieträgern betraf. Infolgedessen verbreitete sich die Mär von den rasch schwindenden Ölreserven und von den angeblich fehlenden Alternativen zum Erdöl. Wie verlogen diese Geschichte war, stellte sich heraus, als Vincent E. MCKELVEY, Direktor des amerikanischen Geologischen Instituts, von der US-Regierung entlassen wurde, nachdem er in einem Artikel der *Washington Post* behauptet hatte, »daß die USA mehr unterirdische Öl- und Gas-Reserven haben, als die CARTER-Administration bereit sei zuzugeben«. MCKELVEYS Studien verwiesen auf gigantische Öl-, Gas- und Kohlereserven in den USA. Unter seiner Leitung kam das Geologische Institut zu einer Schätzung, der zufolge allein die Ölreserven der USA den Bedarf des Landes für die nächsten 500 Jahre deckten. Die Gasreserven reichten sogar für 300 Jahre aus, und Kohle sei in einem Ausmaß vorhanden, daß 1500 Jahre lang keinerlei Energieengpaß zu befürchten sei. Auch eine Studie der Weltbank kam zu dem Ergebnis, daß fast die Hälfte der potentiellen Ölfelder der Welt noch ungenutzt seien.[93] Angesichts solcher Zahlen wird verständlich, warum MCKELVEY entlassen wurde. Sie waren für die Öl- und Gas-Gesellschaften schlechterdings nicht tragbar, denn die Gefahr war mehr als real, daß die Preise ihrer Energieprodukte bei derart gigantischen Vorräten ins Bodenlose stürzten. Die künstlich hochgetriebenen Ölpreise wären angesichts solcher riesigen Überschüsse an Energieträgern nicht mehr haltbar gewesen, und die Machtelite hätte mit einer spürbaren Einbuße ihrer monetären Macht rechnen müssen.

Noch ein Aspekt der amerikanischen Strategie wird in diesem Punkt sichtbar, den US-Strategen immer nur hinter vorgehaltener Hand andeuten: Demnach ist es ein ungeschriebenes Gesetz der amerikanischen Energiepolitik, immer zuerst ausländisches Öl zu verbrauchen, ehe man auf die eigenen Reserven zurückgreift.

Zurück zu den Vorgängen im Iran. Das Chaos, das auf den Sturz des Schahs folgte, trieb die Ölpreise an den Börsen nach oben. Es dauerte bis Mai 1979, bis Khomeini, wie von den USA gewünscht, das Dreiecksgeschäft zwischen der Bundesrepublik, den Sowjets und dem Iran aufkündigte. Dabei mußte jedem Beobachter auffallen, wie exakt koordiniert die ganze Aktion war, denn ausgerechnet zu dem Zeitpunkt, als der Iran wegen der chaotischen Zustände im Inneren den Ölexport aussetzte – Anfang 1979 –, fuhr auch Saudi-Arabien als wichtigster Ölexporteur seine Förderung täglich um 2 Millionen Faß zurück, was die Ölpreise nochmals in die Höhe trieb. Auch BP, Royal Dutch Shell und andere Ölkonzerne beteiligten sich am Rotterdamer Spotmarkt am Preisrennen nach oben.

Die Gründe dafür kamen nie an die Öffentlichkeit. Unter dem Strich verschärfte sich die zweite Ölkrise Ende der siebziger Jahre auf geradezu dramatische Weise.

Die Strategie der Drahtzieher im Hintergrund ging auf: Die Ölimporte wurden in Dollar gehandelt. Der Erdölpreis stieg zunächst um 400 Prozent im Zuge der sogenannten ›ersten Ölkrise‹ 1973 und dann nochmals 1979 im Gefolge des anglo-amerikanischen Putsches gegen den Schah, der im Iran Khomeini an die Macht brachte; diesmal lag die Preissteigerung immerhin bei 140 Prozent.[94] Es war bereits damals ein offenes Geheimnis, daß Khomeini mit tatkräftiger Unterstützung Washingtons an die Macht gelangt war und sich im Gegenzug bereit erklärt hatte, auf gewisse Forderungen der Amerikaner einzugehen.

Dennoch sah die Welt an der Wende von den siebziger zu den achtziger Jahren für die Washingtoner Hintergrundelite nicht rosig aus. Erhebliche finanzielle und monetäre Probleme zeichneten sich am Horizont ab, denn allen Manipulationen zum Trotz fiel der Dollar seit Anfang 1978 dramatisch. Gegenüber anderen starken Währungen verlor er um 15 Prozent an Wert, was gravierend war. Als auch noch der Goldpreis die Rekordmarke von 400 Dollar erreichte, gingen die Araber und andere nennenswerte Kapitaleigner dazu über, ihr Geld lieber in Gold als in Dollar anzulegen.[95] Die Folge war, daß allein 1978 die Araber die stattliche Summe von 11,7 Mrd. Dollar nicht in den amerikanischen Finanzkreislauf reinvestierten.[96] Dabei hatte das Bilderberger-Konzept gerade den Arabern die Rolle zugedacht, die von den USA benötigten Petro-Dollars ständig zu ›recyclen‹, was nichts anderes bedeutete, als sie für die Finanzierung der amerikanischen Schulden aufzuwenden. Für die maßgeblichen Kreise in den USA war die Entwicklung deshalb absehbar: »Schon im September [1978] drohte der Dollar durch den Fußboden zu fallen, als bekannt wurde, daß die saudische Zentralbank ihre US-Schatzanleihen zu verkaufen begann.«[97]

Ein neues Komplott wurde fällig, um die Hegemonie des Dollars zu retten. Diesmal sollte es einen Doppelschlag geben. Dem Ölschock sollte gleich noch ein Finanzschock folgen. Im Oktober 1979 kündigte der neue Chef der Federal Reserve, Paul VOLCKER, an, die Inflation in den USA mit fiskalischen Mitteln beseitigen zu wollen. Dies war freilich ein Täuschungsmanöver, denn die Inflation in den USA war in erster Linie eine Folge der Machenschaften im Zusammenhang mit den künstlich hervorgerufenen Ölkrisen, die zu einer allgemeinen Verteuerung geführt hatten. Außerdem befanden sich 57 Prozent des gesamten Dollarbestandes im europäischen Ausland, was VOLCKERS Strategie von Anfang an zu einer Maßnahme mit begrenzter Wirkung machte.

Gleichwohl ging es dem Washingtoner Macht-Establishment unverändert darum, den angeschlagenen Dollar mit Hilfe von Tricks zur gefragtesten Währung der Welt zu machen. Die amerikanische Finanzpolitik trieb die Zinsen auf den Eurodollarmärkten innerhalb weniger Wochen von 10 auf 16 Prozent und schließlich auf das schwindelerregende Niveau von mehr als 20 Prozent nach oben. Ein empfindlicher Magenschwinger für die Weltwirtschaft, denn infolgedessen erholte sich die Industrieproduktion nicht mehr, und die Entwicklungsländer erlebten nach einer Phase des dauerhaften Wachstums einen empfindlichen Niedergang. Lediglich der Dollar legte über einen Zeitraum von fünf Jahren hinweg einen rekordverdächtigen Aufstieg hin, da die USA nun bereit waren, mehr Zinsen für geliehenes Geld an die Verleiher zurückzuzahlen, und auf diese Weise den Dollarwert nochmals steigen ließen, da die US-Währung aufgrund der hohen US-Zinsrendite für Anleger aus aller Welt attraktiv wurde. Zu alledem kam hinzu, daß die Energiepreispolitik der USA alle Welt völlig unvorbereitet traf. In nur sechs Jahren hatte sich der Ölpreis im Zuge zweier ›Ölschocks‹ um sage und schreibe 1300 Prozent erhöht.[98]

Damit hatte das Washingtoner Machtkartell sozusagen im letzten Moment den Hals aus der Schlinge gezogen. Denn: »Das Erscheinen KHOMEINIS kam sowohl für die trilateralen Banken als auch für die großen Ölgesellschaften in einem bedeutsamen Augenblick. 1979 hatten sie das Problem der Ölschwemme. Die höherentwickelte Technik hatte die Ölsuche und Ölausbeutung wesentlich leichter gemacht, und die systematische Ölpreiserhöhung erwies sich von Tag zu Tag als größeres Problem. Die ROCKEFELLER-Banken benötigten aber diese Erhöhungen, um zahlungsfähig zu bleiben.«[99] Deswegen benötigte die Machtelite dringend einen weiteren Ölschock. Der Umsturz im Iran verursachte ein Chaos, das 1979 den zweiten Ölschock hervorrief. Dieser ließ den Ölpreis auf dem Weltmarkt nochmals

*Die Rückkehr des Schiitenführers KHOMEINI aus dem französischen Exil im Februar 1979. Neun Monate später fand die von KHOMEINEI öffentlich gebilligte Bestürmung der US-Botschaft in Teheran (unten) durch iranische Studenten statt. Der iranisch-irakische Krieg war damit vorprogrammiert, auch die Rolle des SADDAM HUSSEIN als Kriegs-Handlanger der US-Amerikaner. Rechts, v. o.: US-Präsident CARTER und der Schah Reza PAHLEWI, der sein Land am 16. Januar 1979 verlassen hatte.*

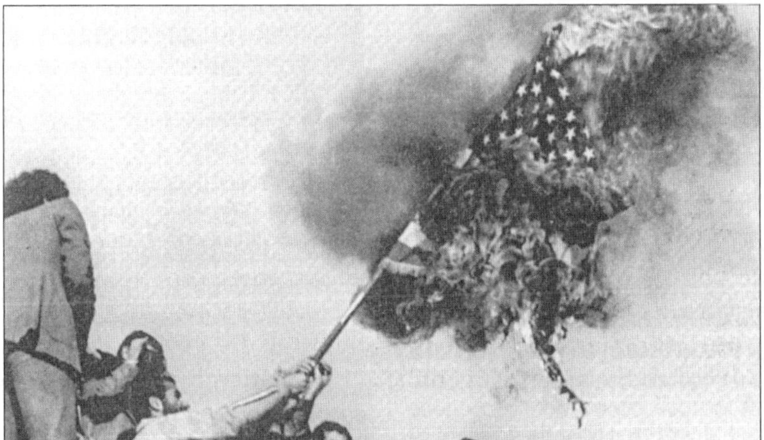

*Saddam Hussein beim Besuch einer Waffenfirma. Zwischen 1980 und 1988 verkaufte das regierende Duo Reagan–Bush Waffen im Wert von 50 Milliarden Dollar an den Irak. Damals (1984) pflegte Rumsfeld noch herzliche Kontakte zum irakischen Diktator.*

*Eine der ersten Kriegshandlungen. Ölleitungen im persischen Abadan werden am 22. 9. 1980 zerstört, und die Iraker besetzen einen Teil der iranischen Ölprovinz Khusistan.*

*·n oben: Oliver* NORTH,
AGANS *notorischer*
*ındlanger im ersten*
*·lfkrieg (siehe Iran-*
*ntra-Skandal im Jahre*
*86).*

*Zwei Kriegsbilder, oben: Iraner an der irakischen Grenze; unten: irakische Soldaten.* BRZEZINSKI *und die Amerikaner hatten* SADDAM HUSSEIN *einen erfolgreichen Blitzkrieg ›prophezeit‹. Doch ab Frühjahr 1982 gelang den Iranern ein massiver Widerstand. Die USA taten in der Folge alles, damit es zu einem beide Kriegsgegner zermürbenden Krieg wurde.*

*Iranische Giftgasopfer im iranisch-irakischen Krieg. Solche Bilder sorgten für weltweite Empörung und erleichterten den neuen außenpolitischen Kurs der Amerikaner: Von jetzt an war Saddam die Verkörperung des Bösen.*
*Rechts: Der offizielle Waffenstillstand (20. 8. 1988) wurde in Bagdad mit großen Freudenkundgebungen gefeiert. Trotz starker Menschenverluste und gigantischer Staatsschulden gelang es Saddam Hussein, den Kriegsausgang in einen totalen Sieg umzumünzen.*

auf 34 Dollar ansteigen. Für die Initiatoren dieser Entwicklung hatte dies den zusätzlichen Vorteil, daß das OPEC-Kartell dadurch in die Knie gezwungen wurde, da es die Ölpreise kaum noch kontrollieren konnte.

Dennoch setzten die USA noch auf zwei weitere Maßnahmen, um den Ölpreis weiter in die Höhe zu treiben: Ende 1979 sperrten sie die iranischen Konten und boykottierten das iranische Öl. Infolgedessen stieg der Ölpreis weiter: auf 45 Dollar.[100] Bei diesem Preisniveau mußten aber selbst die OPEC-Länder fürchten, daß ihr Produkt seine Konkurrenzfähigkeit auf dem Weltmarkt einbüßte. Denn die horrenden Preise würden zwangsläufig dazu führen, daß der Westen auf alternative Energiequellen wie etwa die Atomenergie umsteigen würde. Hinzu kam, daß alle anderen Ölreserven, die nicht dem Zugriff der OPEC unterlagen, für die Abnehmer auf dem Markt immer attraktiver wurden, so etwa das russische Öl oder das Öl der Bohrinseln in der Nordsee.

Saudi-Arabien erkannte die Gefahr und machte daher Front gegen die amerikanische Ölpreispolitik, indem es dazu überging, seine Tagesproduktion von 8,5 auf 10,5 Millionen Barrel zu erhöhen, um die Weltölpreise zu senken. Auf dem OPEC-Treffen im Dezember 1979 in Caracas schlugen die Saudis als führende Ölproduzenten einen Preis von 18 Dollar pro Barrel vor, während andere Teilnehmer die Marke von 28 Dollar favorisierten. Es kam jedoch zu keiner Einigung, und Saudi Arabien sowie Kuwait blieben dabei, weiterhin mehr Öl zu produzieren, als ihnen durch das OPEC-Reglement erlaubt war.[101] Hätten sich die Saudis durchsetzen können, hätte dies die gesamte Konstruktion des hochgeheimen Bilderberger-Komplotts zu Fall bringen können, da ein Preis von nur 18 Dollar für die Umsetzung der weitgespannten Pläne der Insider einfach zu niedrig war. Wie noch zu zeigen sein wird, versuchten einflußreiche amerikanische Hintergrundkreise genau zu diesem Zeitpunkt, Saddam Hussein für einen Angriff auf den Iran zu gewinnen. Dahinter steckte eine strategische Überlegung, denn die Washingtoner Machtelite spekulierte darauf, daß ein solcher Angriff zu einem anhaltenden Krieg zwischen beiden Ländern führen würde, bei denen es sich um den zweit- und den drittgrößten Ölproduzenten der OPEC handelte. Der Konflikt würde zumindest diese beiden gewichtigen Ölproduzenten auf unbestimmte Zeit aus dem Ölgeschäft herauskatapultieren, womit - infolge der Engpässe auf dem Weltmarkt - hohe Ölpreise weiterhin garantiert wären.

Natürlich war bekannt, daß für den 22. September 1980 eine weitere OPEC-Konferenz, diesmal in Wien, geplant war. Und es stand zu befürchten, daß die Saudis bei dieser Gelegenheit erneut ihr Anliegen eines niedrigeren Ölpreises auf die Tagesordnung bringen würden. Aber soweit kam es nicht mehr. Ausgerechnet am Tag des geplanten Konferenzbeginns, am 22. September 1980, brachen am Golf die Feindseligkeiten aus. Alle weiteren Verhandlungen über den Ölpreis erübrigten sich damit.

Für Washington war es dennoch ein Pyrrhussieg. Denn erstmals verzeichnete die US-Regierung 1979 eine negative Handelsbilanz mit dem Rest der Welt. Eine Trendwende kündigte sich an. Die amerikanische Hochzinspolitik, deren Anfänge noch in der Zeit der CARTER-Administration lagen, begann die USA von ausländischen Geldgebern abhängig zu machen. Wiederum erschien ein Stellvertreterkrieg als Ausweg aus der Sackgasse. Er mußte nicht nur den geostrategischen Interessen Washingtons in der hochsensiblen Golfregion dienlich sein, sondern er würde auch der amerikanischen Wirtschaft wieder auf die Beine helfen.

## Der Bernard-Lewis-Plan

Der Orientalist Bernard LEWIS gilt im Westen als Islamexperte. LEWIS war vormals Agent jener Abteilung des britischen Geheimdienstes, die als ›Arabisches Büro‹ bekannt ist. Später wurde er in die USA ›abkommandiert‹ und übernahm Lehraufträge sowohl am Princetown Center for Islamic Studies als auch am CSIS an der Georgetown University. Zum letzteren Institut unterhielt Henry KISSINGER besonders enge Kontakte. Seine Lorbeeren verdiente sich LEWIS allerdings später im Dienst des renommierten Aspen Institute. Von dieser Institution erhielt der bekannte ›Islam-Experte‹ den offiziellen Auftrag, einen Plan zu entwickeln, der es erlauben würde, den Mittleren Osten für die Absichten der amerikanischen Machtelite gefügiger zu machen. Es war die Geburtsstunde des ›Bernard-LEWIS-Plans‹. Er enthielt detaillierte Vorstellungen darüber, wie die islamischen Länder des Nahen Ostens eliminiert werden könnten, um an ihre Stelle einen Flickenteppich diktatorisch regierter Kleinstaaten zu setzen.

Aber der Plan beschränkte sich nicht nur auf den Nahen Osten. Er enthielt auch detaillierte Vorstellungen über eine klammheimliche Aufteilung und Balkanisierung der gesamten Region vom Nahen Osten bis zum indischen Subkontinent. Im britischen Außenministerium zirkulierte LEWIS' Plan als inoffizielles Regierungsprogramm. Unterstützung erhielt er von der Machtelite im britischen Oberhaus um Lord CAYSER, Lord Victor ROTHSCHILD und anderen prominenten Aushängeschildern der britischen Freimaurerei nach Schottischem Ritus, außerdem vom Herzog von KENT. Seine Umsetzung in die Realität wurde mit der Zerstörung des Libanon durch den damaligen amerikanischen Außenminister KISSINGER im Jahre 1975 eingeleitet. Auch die Errichtung des KHOMEINI-Regimes in Teheran war Bestandteil des diabolischen Plans, war das Aspen-Institute doch an federführender Stelle an einem Projekt beteiligt, in dessen Rahmen KHOMEINIS Machtübernahme im Iran betrieben wurde.[102] Die Entscheidung zur Absetzung des Schahs fiel auf dem sogenannten ›Guadeloupe-Gipfel‹ im Januar 1979. Er stellte die Weichen für eine Verschärfung der bestehenden Spannungen zwischen dem Iran und dem Irak und damit in Richtung Krieg. Man erhoffte sich vom Khomeini-Regime, daß es den allgemeinen Zerfallsprozeß in der Region in Übereinstimmung mit dem Lewis-Plans beschleunigen werde. Ausdrücklich hieß es in dem folgenreichen Dokument: »Schiiten würden gegen Sunniten und gemäßigte Moslems gegen fundamentalistische Gruppen aufstehen, separatistische Bewegungen und eigenständige regionale Gebilde wie Kurdistan und Belutschistan würden entstehen.«[103]

Auf einer weiteren Bilderberger-Konferenz, die im Mai 1979 in Österreich stattfand, wurde der Lewis-Plan mehr oder weniger offiziell angenommen, der das Ziel verfolgte, den ganzen Mittleren Osten mit dem Instrument des islamischen Fundamentalismus zu ›balkanisieren‹ und in mehrere kleinere Einheiten aufzusplittern. Lewis schlug vor, der Westen solle alle autonomen ethnischen Gruppen und Minderheiten wie die Kurden, Armenier, die libanesischen Maroniten und Turkvölker usw. ermutigen, sich gegen ihre Regierungen aufzulehnen. Das daraus resultierende Chaos würde einen ›Krisenbogen‹ schaffen, von dem die USA nur profitieren könnten, da sich die Destabilisierung rasch auf die moslemischen Gebiete im Süden der UdSSR ausdehnen werde.[104] Ein hochrangiger Sowjetexperte der CIA räumte damals übrigens unumwunden ein, daß diese Destabilisierung der Sowjetunion eines der Ziele der amerikanischen Außenpolitik war und »daß der ›Islam der große schlafende Riese der Sowjetunion ist, der seine Zeit abwartet, um aufzuwachen‹. . . Khomeini fühlt sich verpflichtet, auch seinen Brüdern jenseits der Grenze den Islam zu verkünden«. Khomeini unterstütze die afghanischen Freiheitskämpfer (Mudjahedin) tatkräftig mit Waffen, gewähre ihnen Schutz gegen die Russen und setze leistungsstarke Sender ein, um die islamische Revolution in die moslemischen Gebiete der Sowjetunion zu exportieren.[105]

Auch mit dem langfristigen Kalkül der US-Öllobby vertrug sich der Lewis-Plan ganz ausgezeichnet. Seit langem hatte diese auch die Ölquellen der Sowjets ins Visier genommen. Eine Destabilisierung der UdSSR würde es den Ölkonzernen ermöglichen, endlich auch im Süden des ›Reichs des Bösen‹ an die begehrten Lagerstätten für Öl und Gas zu gelangen. Unter diesem Aspekt ist auch der erste Afghanistan-Krieg zu sehen.[106] Einer seiner Urheber, der langjährige amerikanische Sicherheitsberater Zbigniew Brzezinski, sollte sehr viel später, fast zehn Jahre nach seinem Ende, ausdrücklich eingestehen, daß der Konflikt am Hindukusch von den Vereinigten Staaten beabsichtigt und eingefädelt worden war, um den Untergang der Sowjetunion einzuleiten.

Der Lewis-Plan stellte ein geradezu geniales Instrument in den Händen der anglo-amerikanischen Hintergrundelite dar, da seine Umsetzung eine Reihe von vorteilhaften Folgen nach sich zog. Der zu erwartende Dauerkonflikt im Mittleren Osten ließ sich unschwer dazu instrumentalisieren,

Boden für die amerikanischen Interessen gutzumachen. Speziell die Inthronisierung KHOMEINIS im Iran trägt die Handschrift des Plans, da bekannt war, daß KHOMEINI seine Revolution tatkräftig über die Grenzen seines Landes hinaus exportieren würde.[107] Weitere Konflikte in der gesamten Region waren damit vorprogrammiert. Auch ein Waffengang zwischen dem Iran und dem Irak, der mit der Installierung KHOMEINIS in Teheran sehr viel wahrscheinlicher wurde, wurde in Washington als ideale Lösung betrachtet, schaltete er doch zwei Regionalmächte, die den amerikanischen Plänen im Weg standen, gleichzeitig aus: den Iran, nachdem sich die islamische Revolution immer unverblümter gegen die Bank- und Ölinteressen der USA zu stellen begonnen hatte, und den Irak, dessen Ölindustrie seit 1972 verstaatlicht war, den US-Konzernen mithin keinerlei Profite einbrachte. In den Washingtoner Planungsbüros wurden bereits weitergehende Szenarien entworfen, die auf einen erneuten Umsturz im Iran hinausliefen, da KHOMEINI immer mehr zu einer akuten Bedrohung der monetären Interessen Amerikas wurde.[108]

Was folgte, lief nach dem üblichen Muster ab. Washington rüstete insgeheim beide Seiten hoch, um hier wie dort genügend militärisches Potential zu schaffen. Zumindest davon konnte die US-Rüstungsindustrie bereits lange profitieren, ehe der erste scharfe Schuß fiel.

## Der Erste Golfkrieg 1980–1988: Amerikas Stellvertreterkrieg am Golf

Nach Peter BLACKWOOD verfolgten die Drahtzieher in London und Washington in der Golfregion mehrere strategische Ziele:

»1. Die Errichtung der Diktatur KHOMEINIS im Iran und die Auslösung des Krieges zwischen Iran und Irak. Dies waren die ersten Schritte zur Verwirklichung des ›Bernard-LEWIS-Planes im gesamten Krisenbogen Naher Osten.«

»2. Waffen- und Rauschgifthandel mit den Contras. Entsprechende Beweise sind vom FBI und US-Justizministerium systematisch unterdrückt und dann von der Tower-Kommission und den Untersuchungen im amerikanischen Kongreß ignoriert worden.«[109]

Zumindest Teheran drohte zeitweilig aus dem Ruder zu laufen, als sich KHOMEINI immer offener antiamerikanisch gebärdete. Washington mußte zur Kenntnis nehmen, daß die islamische Revolution darauf abzielte, die gesamte Region zu ›islamisieren‹, d. h. die eher konservativen und westlich orientierten Regierungen zu stürzen. Dabei handelte es sich immerhin zum Großteil um Verbündete der USA, die am amerikanischen Wirtschaftstropf hingen. Deren Sturz konnte Washington nicht zulassen, hatte es diese Regime doch jahrzehntelang gestützt und am Leben gehalten. Ihr Verschwinden hätte einen drastischen Rückgang des amerikanischen Einflusses in der Region mit sich gebracht. In Washington wurde deshalb der Entschluß gefaßt, auch das Khomeini-Regime zu stürzen. Am plausibelsten erschien dazu ein irakischer Angriff auf den Iran, der mit den Fundamentalisten in Teheran rasch aufräumte.

Aber auch die Sowjets mußten endlich in die Falle gelockt werden: Afghanistan. Ihre Militärmaschine sollte sich im jahrelangen Kleinkrieg am Hindukusch abnutzen, so daß sich die Russen nicht länger den amerikanischen Ambitionen in aller Welt in den Weg stellen konnten. Diese Rechnung ging bekanntlich auf.

Im Zuge des sogenannten Irak-Iran-Krieges gelang es den USA, einen militärischen Fuß in das Geschehen am Golf zu bekommen. Die gesamte Region berührte zentrale geopolitische Interessen der Vereinigten Staaten. Für den Aufstieg Amerikas zur globalen Hegemonialmacht war ihre Kontrolle nachgerade unentbehrlich. Der erste Golfkrieg bot Washington die einzigartige Chance, gleichsam noch im Windschatten des Kalten Krieges die eigene Position in der Ölregion nachhaltig zu zementieren.

Schon der Sturz des Schahs hatte die Beziehungen zwischen dem Iran und dem Irak empfindlich verschlechtert. Gleichzeitig war dieses Ereignis der erste Schritt in Richtung eines Krieges zwischen den beiden wichtigen Golfstaaten. Nach Khomeinis Machtübernahme ging es mit den Beziehungen zwischen den beiden Golfkontrahenten immer mehr bergab. Die Spannungen befanden sich auf dem Siedepunkt, als Khomeini am 8. April 1979 öffentlich zum Sturz der regierenden Baath-Partei im Irak aufrief.[110] Als der Irak rund 15 000 Iraker iranischer Herkunft in den Iran auszuweisen begannen, erhielten sie dort eine militärische Ausbildung und wurden prompt in den Irak zurückgeschickt. Daraufhin wies Bagdad mehrere tausend Schiiten aus.[111] Da der Iran die Schiiten im Irak benutzte, um einen Umsturz zu initiieren, ließ Saddam Hussein schon im März 1980 97 Anhänger der schiitischen Al-Daawa-Organisation hinrichten. Diese Organisation setzte sich größtenteils aus schiitischen Dissidenten zusammen.

Die Empörung im Nachbarland war ungeheuer. Die iranische Führung faßte den Plan, Tarik Azis, Saddam Husseins Vizepräsidenten, zu ermorden. Am 1. April 1980 schlug dieses Komplott allerdings fehl, Azis entkam dem Anschlag. Doch die Beziehungen zwischen beiden Ländern waren endgültig ruiniert, und eine Wiederannäherung war so gut wie ausgeschlossen. Die Konfliktparteien verschanzten sich hinter ihren unversöhnlichen Positionen. Saddam Hussein erklärte den Vertrag von Algier aus dem Jahre 1975, den seine Baath-Partei nach ihrer zweiten Machtübernahme 1979 niemals offiziell anerkannt hatte, für ungültig und verlas eine entsprechende Erklärung im irakischen Staatsfernsehen. Um seine Entschlossenheit zu unterstreichen, zerriß er bei dieser Gelegenheit kamerawirksam das Vertragsdokument.[112] Der Vertrag von Algier stammte noch aus der Ära des Schahs, als der Iran eindeutig die stärkere Macht am Golf war; der Irak hatte damals nicht über ein nennenswertes militärisches Potential verfügt, weshalb Bagdad seinerzeit gar keine andere Wahl gehabt hatte, als den Vertrag zu unterzeichnen.[113]

Doch der Wind hatte sich gedreht. Inzwischen wurde Bagdad von den Amerikanern unterstützt, die den Schulterschluß mit SADDAM suchten, da sich die Islamische Revolution mittlerweile zu einer handfesten Bedrohung für die amerikanischen Interessen gemausert hatte. Nach KHOMEINIS Machtübernahme hatten die mehr als 40 000 US-Soldaten, die zuvor im Iran stationiert gewesen waren, das Land prompt verlassen müssen.[114]

Andererseits war der Iran durch die Revolution geschwächt. Außenpolitisch und diplomatisch hatte sich das junge Regime durch die Geiselnahme an 52 amerikanischen Botschaftsmitgliedern isoliert und seinen wichtigsten Waffenlieferanten, die USA, vor den Kopf gestoßen. Auch in Bagdad blieb nicht verborgen, daß der Nachbar schwächelte, eine Einschätzung, in der iranische Ex-Militärs SADDAM HUSSEIN bestärkten, die nach dem Sturz des Schahs in das Nachbarland geflohen waren. Sie ermutigten SADDAM zum militärischen Losschlagen gegen die schwachen Streitkräfte der Iraner.

SADDAM erkannte, daß er mit einem erfolgreichen Blitzkrieg nicht nur die akute Bedrohung loswerden konnte, die vom Teheraner Mullah-Regime ausging, sondern daß er sich durch einen Militärschlag auch in den Besitz des strategisch wichtigen Shatt el Arab (Fluß) setzen konnte, der die Grenze zwischen den beiden Staaten bildet. Außerdem durfte er hoffen, sich der erdölreichen iranischen Grenzprovinz Khuzistan zu bemächtigen, und dies um so mehr, als ihre Bevölkerung zum überwiegenden Teil aus Arabern bestand. Es stand zu erwarten, daß sie die Iraker als Befreier begrüßen würden. SADDAM streckte diplomatische Fühler in der arabischen Welt aus, um zu sondieren, wie weit die Unterstützung für ein Vorgehen gegen Teheran gehen würde. Er wurde in Saudi-Arabien und Kuwait vorstellig, wo ihm sogleich volle Unterstützung für seinen Kampf um die ›arabische Sache‹ signalisiert wurde.[115]

Die treibende Kraft im Hintergrund blieben bei alledem freilich die USA. Sie benutzten eine Vielzahl diplomatischer Kanäle und Vertrauenspersonen in der gesamten Region, um SADDAM mehr und mehr davon zu überzeugen, er stehe mit einem schnellen Sieg über das Nachbarland vor einer großen Chance. Ranghohe Regierungsmitglieder der US-Regierung versicherten ihm insgeheim, er könne auf die Vereinigten Staaten zählen. Um sein Vertrauen zu gewinnen, belieferten die Amerikaner den Irak mit Waffen und gewährten SADDAM außerdem den einen und anderen Blick in ihre ›Geheimpläne‹, die nicht nur den militärischen Sieg über das KHOMEINI-Regime vorsahen, sondern auch die Inthronisierung einer neuen Regierung, die freundschaftliche und gutnachbarliche Beziehungen sowohl zum Irak als auch zu den Vereinigten Staaten pflegen würde. SADDAM, so schien es, konnte nur gewinnen, wenn er sich auf das militärische Wagnis einließ.

## Der Golfkrieg 1980 – eine amerikanisch-israelische Inszenierung

Auch Saudi-Arabien, die dritte Regionalmacht neben dem Irak und dem Iran, überdies ein Verbündeter Washingtons, rechnete sich Vorteile durch den Krieg aus. Der iranische Einfluß würde durch einen Waffengang nachhaltig eingedämmt, und das fundamentalistische Mullah-Regime würde geschwächt, wenn nicht gar beseitigt werden. Dies lag eindeutig im Interesse der Saudis, die sich durch die Islamische Revolution zunehmend bedroht sahen, stand doch zu befürchten, daß sich die schiitische Minderheit im ölreichen Norden von den Mullahs zur Rebellion gegen Riad anstiften ließ.

Washington verfolgte bei alledem eigene Pläne. Ein ehemaliger REAGAN-Mitarbeiter gab zu Protokoll, daß Washington keinerlei Interesse daran hatte, daß einer der beiden Konfliktpartner als Sieger aus dem Krieg hervorging.[116] Eine Art Mächtegleichgewicht sollte erhalten bleiben; denn nur eine Region mit vielen relativ gleich schwachen Staaten würde sicherstellen, daß Washingtons Einfluß auch weiterhin ungeschmälert blieb. Im Falle eines eindeutigen Sieges eines der beiden Kriegführenden würde dies nicht mehr zutreffen, denn dann drohte das Übergewicht einer neuen Regionalmacht, die Washington erneut im Wege stehen konnte. KISSINGER brachte die Quintessenz der amerikanischen Golfpolitik auf den Punkt, als er über die Kriegsgegner mit kaum zu überbietendem Sarkasmus sagte: »Ich hoffe, sie bringen sich gegenseitig um.« Und: »Zu schade, daß nicht beide verlieren können.«[117]

Der deutsche Journalist Jürgen ROTH berichtet in seinem Buch über die Washingtoner ›Mitternachtsregierung‹ über eine Warnung, die dem Iran zugespielt wurde und die sich auf einen drohenden Krieg mit dem Irak bezog. Es ging um eine Aktion im Dezember 1979: »Westliche Nachrichtendienste melden, daß die irakische Regierung plane, entsprechende Vorbereitungen seien schon getroffen, die iranischen Ölfelder zu besetzen. Außerdem, so die Nachrichtendienste, häufen sich Meldungen, daß militärische Auseinandersetzungen zwischen den irakischen und iranischen Grenztruppen zunehmen.«[118]

Die Teheraner Regierung mußte einsehen, daß sie infolge der blutigen Revolution den schlechteren Stand hatte und in einem Waffengang mit dem Irak den kürzeren ziehen würde. Die Mullahs erklärten sich also zu gewissen Zugeständnissen an den Irak bereit. KHOMEINI machte SADDAM HUSSEIN sogar ein erstaunliches Angebot. »Er schlug ihm vor, die beachtlichen Streitkräfte des Iran und des Irak zu vereinigen, um Jerusalem zu befreien und das palästinensische Heimatland unter dem Banner des Islams wiederherzustellen. Er verwies alle Mossad-Agenten des Landes und überließ den Palästinensern die große israelische Botschaft.« Saddam Hussein, der Israel zwar stets rhetorisch verdammt hatte und angeblich die ›arabische Sache‹ unterstützte, lehnte das Ansinnen rundheraus ab. Er setzte statt dessen auf die israelische Karte, indem er Agenten des Mossad ersuchte, ihm bei der »Ausnutzung des ›iranischen Chaos‹ behilflich zu sein, und gab Hunderte von Millionen dafür aus, irakische Juden für angeblich vor über 15 Jahren verlorenes Besitztum zu entschädigen. . . Der Mossad versprach Hussein, daß solche Großzügigkeit ihm viel Ansehen einbringen würde. Es könnte sogar sein, daß er als Titelbild auf der *Times* erscheinen würde, als Streiter für Frieden und Demokratie. Sie statteten ihn auch mit ›ultra-classified intelligence‹ über Khomeinis Iran aus und sorgten für die Annahme, daß Khomeini im Sterben liege und nur noch ein paar Wochen zu leben habe und daß das Land wieder auseinanderfalle. . . Sie erklärten ihm, daß der Irak nie wieder so eine Gelegenheit haben würde, gleichzeitig Arabistan zurückzuerobern, die Kurden zu bekämpfen, den Iran in einem andauernden Schwächezustand zu halten und den Traum von der Wiedergeburt eines modernen Babylon zu verwirklichen«.[119]

Der Irak erhielt als Zeichen der neuen Unterstützung Waffen aus der UdSSR und Frankreich. Um Saddam davon zu überzeugen, wie leicht es sein würde, in einem praktischen risikolosen Blitzkrieg das ölreiche Gebiet von Khuzistan zu erobern, wo 90 Prozent der iranischen Ölvorräte liegen, machten ihm die CIA und die Führung der iranischen Emigranten in Bagdad »mittels aufgebauschter und falscher Informationen« weis,[120] daß nahezu drei Viertel der iranischen Soldaten desertiert seien, daß mehrere tausend Offiziere geflüchtet oder inhaftiert seien. Die Kurden und Azeris befänden sich in vollem Aufruhr, die Industrieproduktion sei zusammengebrochen, und der Ölverkauf sei drastisch zurückgegangen. Saddam wiegte sich außerdem in dem Glauben, daß die zwei Millionen Araber in Khuzistan sich mit fliegenden Fahnen seiner Armee anschließen würden; ein Trugschluß, wie sich zeigen sollte.[121]

Folgt man der Darstellung Siegwart-Horst Günthers, war die militärische Strategie des Irak von britischen Militärberatern erarbeitet worden. Dabei sollte der Blitzkrieg der Israelis von 1967 kopiert werden. Massive Luftangriffe auf iranische Flugplätze sollten das Regime schon am ersten Tag des Angriffs schwer treffen, worauf es dann im Bodenkrieg eliminiert werden sollte.[122] Alles sah nach einem leichten Spiel aus. Saddam sah sich schon als Herrscher über die Ölprovinz Khuzistan.[123]

Es war die »CIA im Zusammenwirken mit ihren Agenten im Irak, die Erfolg hatte, indem sie Saddam Hussein dazu verleitete, den Iran anzugreifen, wobei ihm versichert wurde, daß man ihm nicht nur helfen werde, die strittige Region (Shat-ul-Arab) zu erobern, sondern daß man überdies einen arabischen Helden aus ihm machen werde. Die CIA fing dann an, Waffen und Munition an Saddam Hussein zu liefern, welcher nun auch versuchte, chemische und biologische Waffen zu produzieren. Auch hier war die CIA zuvorkommend, indem sie half, die nötige Maschinerie hierfür von den USA und Brasilien zu bekommen.«

Dank der Unterstützung durch die CIA war Saddams Kriegsmaschine nun für einen Angriff auf den Iran bestens vorbereitet.[124] Diese Unterstützung war der Öffentlichkeit natürlich nicht bekannt. Die Lieferungen der USA liefen vielmehr verdeckt über Drittländer und beliefen sich auf 50 Milliarden Dollar. Diese Drittländer hießen Ägypten, Jordanien und Kuwait. Dieser massive Waffentransfer stellte einen glatten Verstoß gegen das Waffenembargo dar, das die amerikanische Regierung zuvor selbst gegen den Irak verhängt hatte (Washington hatte den Irak zu einem ›Terrorstaat‹ erklärt!).[125]

Der Zeitpunkt zur Aufnahme diplomatischer Beziehungen - ziemlich genau zwei Monate vor Ausbruch der Feindseligkeiten - war von Washington ebenso präzise wie zweckmäßig gewählt.[126] 1982 strichen die USA den Irak dann ausdrücklich von der Liste der ›Terrorstaaten‹, um bei den Kampfhandlungen ungestört Hilfestellung leisten zu können. 1984 wurden sogar volle diplomatische Beziehungen aufgenommen.[127] Im übrigen erwies Kissinger mit der Einfädelung ausufernder Waffentransfers in Richtung Bagdad auch Israel einen beachtlichen Dienst. Denn auch für Israel kamen der Sturz des Schahs und die Machtübernahme durch Khomeini einem Schock gleich. Unter der Regierung des Schahs war der Iran neben den USA einer der wichtigsten Verbündeten des Judenstaates gewesen. Israel hatte die USA schon Ende der siebziger Jahre vor einem Sturz des Schahs gewarnt, wohl nicht wissend, daß die Washingtoner Machtelite hinter den Kulissen genau darauf hinarbeitete. Israel bezog den überwiegenden Teil seines Öls aus dem Iran. Erst der Kriegsausbruch im September 1980 bot Israel dann wieder die Möglichkeit, die eingefrorenen Beziehungen zwischen beiden Ländern zu reaktivieren. Benjamin Beit-Hallahmi, Professor für Psychologie and der Universität Haifa, beschrieb die israelische Position hierbei wie folgt:

»Der israelische Staat war und ist in der Tat an einem Bündnis mit dem Iran interessiert, trotz der tiefen Kluft, die ihn vom Khomeini-Regime trennt. Für diese strategische Zielsetzung sind drei Gesichtspunkte maßgeblich:

1. Israel sollte seine traditionellen Kontakte zum iranischen Militär weiterpflegen.

2. Solange der Krieg zwischen dem ›arabischen Feindstaat‹ Irak und dem Iran, der unter seinem derzeitigen Regime ebenfalls ein potentieller Feind

ist, weitergeht, kann dies Israel nur zum Vorteil gereichen. Der Irak fällt derzeit, da vollauf mit dem Iran beschäftigt, für jede denkbare arabische Kriegskoalition gegen Israel aus.

3. Der Krieg hat innerhalb der arabischen Welt neue Gräben aufgerissen. Während Syrien und Libyen den Iran unterstützen, haben sich alle anderen arabischen Staaten auf die Seite des Irak geschlagen.«[128]

Allerdings verfügte Israel nicht entfernt über jene Mengen an Waffen und Ersatzteilen, die im Iran gebraucht wurden. Die Israelis griffen deshalb auf ihre Geheimdienst-Verbindungen zur CIA und zu verschiedenen anderen amerikanischen Organisationen zurück, um dennoch das Gewünschte an den Iran liefern zu können. Tel Aviv machte sich, indem es die ebenso heikle wie kompromittierende Aufrüstung des Iran betrieb, zum Handlanger der Vereinigten Staaten.[129]

Unter dem Strich waren jedenfalls beide Kontrahenten für einen längeren Waffengang gerüstet. Besorgt hatten dieses Geschäft – mit verteilten Rollen – Israel und die USA. Der größere Profit lag freilich auf seiten Washingtons, denn letztlich verdienten die USA an der Aufrüstung beider Konfliktparteien. Außerdem war es die ureigene Angelegenheit der Amerikaner, beide Seiten gegeneinander auszuspielen und in einen ›heißen‹ Konflikt zu stürzen, denn das übergeordnete Ziel war die Erringung der regionalen Hegemonie. Eine nicht unerhebliche Rolle spielten dabei gefälschte Informationen, die die Amerikaner unter Verbündeten und Alliierten kursieren ließen, um sie auf diesem Weg an beide Konfliktparteien zu übermitteln. Besonders beliebt waren beispielsweise gefälschte Satellitenbilder über militärische Manöver der Iraner, die den Irakern zugespielt wurden.[130]

Das für Bagdad präparierte Material stellte die Schwächen der iranischen Armee übertrieben stark heraus. Diese Dossiers fanden ihren Weg nach Bagdad über Saudi-Arabien, von wo aus sie auf Anweisung der Amerikaner zu den irakischen Stäben gelangten.[131] Flankierend bedrängten der Emir von Kuwait, der ägyptische Staatspräsident Anwar el Sadat und andere von den USA gestützte arabische Führer Saddam Hussein, die Iraner endlich anzugreifen.[132] In Bagdad selbst stellte sich nach und nach der Eindruck ein, die gesamte arabische Welt sehe im Irak ihren Verteidiger gegen die fundamentalistische Bedrohung. Dennoch versicherte sich Saddam noch eigens der Unterstützung durch Saudi-Arabien,[133] indem er im August 1980 nach Riad und Kuwait flog, wo er sich nicht nur diplomatische Rückendekkung, sondern auch eine zinsfreie Anleihe in Höhe von zwei Milliarden Dollar von den Sabahs holte.[134] Wieder zurück, folgte er der dezenten Empfehlung des amerikanischen Sicherheitsberaters Brzezinski – und gab den Befehl zum Angriff.

Für Washington standen mit dem Golfkrieg zwei ehrgeizige Ziele auf dem Spiel. Nicht nur sollten die beiden Regionalmächte Iran und Irak durch den Waffengang möglichst geschwächt werden, sondern der Irak sollte zudem den Iran für die Installation eines amerikanischen Stellvertreter-Regimes in Teheran reif schießen. Die Mullahs waren längst lästig geworden; sie mußten weg. Natürlich fand der irakische Angriff, der am 22. August 1980 losbrach, die stillschweigende Billigung der US-Regierung.

Die Iraker setzten bei ihrem Aufmarschplan unter anderem auf ein Kontingent schahtreuer Iraner, das im Irak mobilisiert worden war. Mit ihrer Hilfe sollte dann der 1979 abgesetzte iranische Premierminister Schapur Bachtiar aufgefordert werden, unter dem Schutz der irakischen Waffen eine provisorische Regierung zu bilden. Nach dem Krieg gab der ehemalige iranische Präsident Abolhassan Bani-Sadr in einem Gespräch mit den beiden Nahostexperten John Bulloch und Harvey Morris zu Protokoll, daß diese Vorgehensweise mit den Amerikanern abgesprochen worden war und Washingtons Placet bekommen habe. Bani-Sadr sagte bei dieser Gelegenheit außerdem, ihm sei 1980 der Bericht eines Nachrichtendienstes über ein Treffen Saddam Husseins mit Präsident Carters Sicherheitsberater Zbigniew Brzezinski in Jordanien vorgelegt worden, dem zufolge Brzezinski die amerikanische Unterstützung für einen Angriff auf den Iran zugesagt habe.[135] »Brzezinski. . . ermutigte Bagdad öffentlich zum Angriff auf den Iran und zur Rückeroberung der Wasserstrasse des Schatt-al-Arab.«[136] Im übrigen stimmt diese Feststellung auch mit Brzezinskis späterer Erklärung überein, er habe nichts gegen »ein irakisches Vorgehen gegen den Iran« einzuwenden.[137]

Noch mindestens eine weitere - und zwar unparteiische - Quelle belegt das Komplott gegen den Iran. Sie stützt sich auf kuwaitische Dokumente. Demzufolge drängte Brzezinski Saddam bereits Ende 1979 dazu, den Iran anzugreifen.[138] Dies ist kein Zufall, denn es war genau die Zeit, als die Saudis auf der OPEC-Konferenz von Caracas die von den anglo-amerikanischen Ölkonzernen künstlich herbeigeführte Ölkrise beenden wollten, indem sie versuchten, einen Ölpreis von 18 Dollar pro Barrel durchzudrücken. Natürlich blieben diese eigentlichen Kriegstreiber wie immer im Hintergrund, und nur ab und an gelang es solide recherchierenden Journalisten, ihnen die Maske vom Gesicht zu reißen (zu ihnen gehören zum Beispiel Rainer Rupp und Burchard Brentjes mit ihrem Buch über den dritten Golfkrieg vom Jahr 2002).[139]

Zu den Nutznießern des irakischen Angriffes gehörte auch das saudische Regime. Es mußte sich von der islamischen Revolution akut bedroht sehen.[140] Der Nahostexperte Said K. Aburish bemerkte, daß die saudische Position von Washington lebhaft unterstützt wurde: »Doch der Weg des Irak in den Krieg wurde von Saudi-Arabien und von den USA ermutigt und mitgetragen.« Da die Saudis selbst außerstande waren, militärisch gegen den Iran vorzugehen, unterstützten sie »mit beträchtlicher Rückendekkung (sic!) durch Amerika SADDAM HUSSEIN«, um den Krieg wahrscheinlicher zu machen. In langen Gesprächen mit SADDAM wurde erörtert, wie der iranischen Bedrohung am wirksamsten begegnet werden könne. »Im August 1980 wurde ein Geheimabkommen geschlossen, in dem Saudi-Arabien dem Irak garantierte, ›jedwede erforderliche finanzielle Hilfe [zu gewähren], um die notwendigen Schritte zum Schutz seiner nationalen Ehre zu unternehmen‹.«[141]

Der vormalige *ABC*-Redaktionsleiter Pierre SALINGER stellte hierzu fest: »Zweifellos wollten beide Länder (Saudi-Arabien und Amerika), daß SADDAM den Iran angreift. Bevor man sich für die ›irakische Lösung‹ entschied, hatte Präsident CARTERS Sicherheitsberater BRZEZINSKI 1980 öffentlich gedroht, Gewalt gegen den Iran anzuwenden.«

Es gibt noch zahlreiche Stimmen, die die aktive Beteiligung Washingtons am Kriegsausbruch 1980 unterstreichen. Eine von ihnen ist der Ex-Berater von SADDAM Hussein und Autor des Buches *The War in the Gulf and the One After*, der über die irakisch-amerikanischen Verbindungen im Vorfeld des Krieges schreibt: »Wir haben ihnen gesagt, daß wir den Iran angreifen würden; sie wußten es.«[142] Auch Günter NEUBERGER und Michael OPPERSKALSKI heben die amerikanische Strategie hervor, wonach der Iran durch einen von SADDAM HUSSEIN vom Zaun gebrochenen Krieg wieder gefügig gemacht werden sollte: »Verschärft wurde die Situation im Iran weiter durch den kriegerischen Überfall des Irak auf seinen Nachbarn. Der Diktator des Irak, SADDAM HUSSEIN, stimmt in seinen eigentlichen Kriegszielen mit den Plänen des Pentagon völlig überein. Es gelte, so SADDAM wörtlich: ›dem KHOMEINI-Regime das Genick zu brechen. . .‹«[143]

SADDAM wurde das Wagnis dadurch schmackhaft gemacht, daß er sich durch den Überfall des wichtigen Schatt-al-Arab-Flusses bemächtigen könnte. Im Tauziehen um dieses Gebiet hatten die Iraker stets die Position vertreten, die Flußgrenze dort zu belassen, wo sie seit 1937 verlaufen war, nämlich am Ostufer, während die Iraner als die stärkere Seite einen neuen Grenzverlauf durchgesetzt hatten, nämlich in der Flußmitte. Das Ostufer des Schatt-el-Arab war praktisch schon seit den Anfängen des irakischen Staates ein Wunschziel Bagdads gewesen, denn das Land ist faktisch ein Binnenland ohne unmittelbaren Zugang zum Persischen Golf – sowohl aus wirtschaftlichen als aus geostrategisch-militärischen Gründen eine unhaltbare Situation.[144]

Washington sah sich durch den irakischen Alliierten bald in eine heikle Lage gebracht. Denn als die Iraker rasch weiter auf iranisches Gebiet vordrangen, als es den Amerikanern lieb war, mußte Präsident CARTER am 18. Oktober verlauten lassen, »daß ›die irakischen Streitkräfte über die Ziele hinaus gegangen seien‹, die SADDAM HUSSEIN artikuliert hatte, und daß die USA gerne den ›Rückzug seiner vordringenden Streitkräfte sähen‹«.[145] Pikanterweise sollte es sich zehn Jahre später fast genauso anhören, als SADDAM Hussein 1990 Kuwait besetzen ließ.

Natürlich wurde der Kriegsausbruch nicht überall mit Zustimmung gesehen. Die Sowjets zum Beispiel waren ernsthaft besorgt. Auch im Kreml war man sich im klaren darüber, daß der Irak durch die USA und seine arabischen Verbündeten zur Gewaltanwendung ermutigt worden war.[146]

1984 schraubten die USA ihre Unterstützung für den Irak auf ein neues Höchstmaß hoch, indem sie ihre Handelsbeziehungen verstärkten und zum wichtigsten Handelspartner Bagdads wurden. Die amerikanischen Öleinkäufe im Irak erhöhten sich drastisch, gleichzeitig drängte Washington die Europäer und Japaner, das Gleiche zu tun.[147] Aber der Schmusekurs ging noch weiter. Zwei Jahre später, 1986, schickte Washington ein hochrangiges Beraterteam der CIA nach Bagdad, um das irakische Militär dezent zu instruieren.[148] Dabei wurde in den amerikanischen Planungsstäben längst weitergedacht. Noch während die Unterstützung für den Irak lief, wurden bereits Pläne für eine weitergehende westliche Militärintervention in der Region geschmiedet, schien eine solche Intervention doch der einzige verläßliche Weg, nach dem Sturz des Schahs die Kontrolle über die Region zurückzuerlangen. »Kernstück der neuen Interventionsstrategie der USA war der Kriegsplan 1002. Er wurde zu Beginn der REAGAN-Administration entwickelt und sollte die bereits vom vorherigen Präsidenten verkündete CARTER-Doktrin umsetzen.«[149] Es wird zu zeigen sein, daß dieser Plan einige Jahre später zum Drehbuch des zweiten Golfkrieges 1991 wurde.

Said ABURISH faßt zusammen, daß die Rechnung der Amerikaner aufging. Als Ergebnis des ersten Golfkrieges rückte der loyale Vasallenstaat Saudi-Arabien zur Nummer eins im OPEC-Kartell auf – ganz im Sinne Washingtons. »Der Golfkrieg [1980-1988] beinhaltete alle Elemente einer wirtschaftlichen Konspiration, die die Produktion, den Preis und die Verwendung von Öl ausmachen. Die feudalen Regierungen des Golfs finanzierten den ganzen Krieg und erhöhten ihre Öl-Produktion, um den Irak als Ölmacht abzulösen. Die Niederlage des Irak äußerte sich darin, daß Saudi-Arabien 90 Prozent des irakischen OPEC-Ölanteils an sich riß.«[150]

## Iran/Irak – Afghanistan: Stellvertreterkriege für Israel und die USA

SADDAM HUSSEIN war von einem schnellen Sieg über den Iran völlig überzeugt. Seinem Kabinett gegenüber trumpfte er mit der Äußerung auf: »Wie kann uns der Sieg versagt bleiben, wenn die ganze Welt hinter uns steht?«[151] SADDAM schätzte die Dauer des Vormarsches auf ganze vier Tage, dann würden seine Truppen einen totalen Sieg errungen haben.[152] Der irakische Diktator legte mit dieser Einschätzung jene erstaunliche Naivität an den

Tag, die ihn zehn Jahre später auch bei seinem Einmarsch in Kuwait leiten sollte. Er verschwendete offenbar keinen Gedanken an die Möglichkeit, daß seine Unterstützer, allen voran die USA und der Mossad, möglicherweise ganz andere Ziele verfolgten als jene, die ihn bei seinem Krieg mit dem Nachbarland beflügelten.

Das Ende der siebziger Jahre erscheint im Rückblick als eine unruhige Ära, die den Vereinigten Staaten arg zusetzte und ihrer Großmachtposition manchen Dämpfer verpaßte. Ein Gutteil des krisenhaften Szenarios läßt sich allerdings nur mit Blick auf den internationalen Ölmarkt begreifen. Im Januar 1979 wurde der Schah im Iran gestürzt, und im November desselben Jahres wurde die Große Moschee von Mekka von moslemischen Fundamentalisten gestürmt. Im Dezember 1979 marschierten die Sowjets in Afghanistan ein. Letztlich hatten jedoch alle diese Ereignisse überaus positive Auswirkungen auf den Ölpreis. So stellt H. KRONBERGER fest: »Der Ölpreis hatte im Zuge dieser Unruhen wieder einmal einen Höhepunkt erreicht. Er lag 1980 mit 32 Dollar pro Barrel dreimal höher als vor dem Sturz des Schahs.«[153] Dieser sprunghafte Anstieg des Ölpreises beflügelte nicht nur einen sprunghaften Wirtschaftsaufschwung beim Nachbarn Irak, sondern trug maßegblich zu SADDAM HUSSEINS Entschluß bei, den Iran anzugreifen.[154]

In diesem Zusammenhang muß auch die Stellung der amerikanischen Hintergrundelite ein wenig beleuchtet werden. Denn: »Das Erscheinen KHOMEINIS kam sowohl für die trilateralen Banken als auch für die großen Ölgesellschaften in einem bedeutsamen Augenblick. 1979 hatten sie das Problem der Ölschwemme. Die höherentwickelte Technik hatte die Ölsuche und Ölausbeutung wesentlich leichter gemacht, und die systematische Ölpreiserhöhung erwies sich von Tag zu Tag als größeres Problem. Die ROCKEFELLER-Banken benötigten aber diese Erhöhungen, um zahlungsfähig zu bleiben. . . KHOMEINI. . . weigerte sich nicht nur, die Dienste der trilateralen Banken anzunehmen, sondern wollte den ROCKEFELLER-Instituten sogar die iranischen Einlagen entziehen; eine Forderung, die rundweg abgelehnt wurde. . . Nachdem mehrere Mordanschläge fehlschlugen, um KHOMEINI loszuwerden, drängte die Koalition aus Israel, UdSSR und trilateraler CARTER-Regierung den Irak in einen Krieg, von dem sie annahm, daß er KHOMEINI in die Knie zwingen würde. . . Besonders Israel wurde von dem Krieg begünstigt. . . Während HUSSEIN immer noch Millionen in die Taschen des Mossad fließen ließ, bombardierte die israelische Luftwaffe Iraks Kernkraftwerk und setzte es außer Dienst. . . Seine Agenten fungierten als wichtigste Waffenhändler in diesem Konflikt. Damit der Krieg nicht zu schnell zu Ende ging, sorgte Israel dafür, daß ein gewisses Waffengleichgewicht herrschte, indem es über schlecht getarnte Dritte Iran mit der notwendigen Menge wichtigen Ersatzmaterials für Düsenjäger, Anti-Panzer-Raketen und Radarausrüstung versorgte.«[155]

Aber auch Washington spielte, worauf bereits hingewiesen wurde, ein doppeltes Spiel, um beide Akteure zu schwächen. Die REAGAN-Administration startete die eine Initiative unter dem Decknamen ›Staunch‹, die die Regierungen in aller Welt davon abhalten sollte, Waffen an den Iran zu verkaufen. Gleichzeitig tätigte sie aber selbst in großem Umfang Waffenverkäufe an die Mullahs. Dieses kompromittierende Detail wurde erstmals von der libanesischen Zeitung *Al-Shiraa* publik gemacht. Der irakische Vize-Präsident RAMADAN lag also richtig, als er behauptete, daß eine US-Verschwörung gegen den Irak im Gange sei: »Was mehr als anderthalb Jahre lang stattfand, . . . war nicht nur das Verschicken von Waffen an den Iran. Es war Bestandteil einer Verschwörung, einer gefährlichen Verschwörung gegen den Irak.« Und weiter: »Es gab eine Koordination zwischen drei Parteien - Israel, USA und Iran. Sie beinhaltete Geheimdienstinformationen, Kommunikation, Waffen und die Qualität dieser Waffen. . . Die Konspiration. . . begann am 24. Dezember 1986.« RAMADAN war »am wütendsten über die amerikanische Fälschung von Satelliten-Geheimdienst-Informationen, die dem Irak von den USA übergeben wurden«.[156]

Auch das Geiseldrama um die US-Botschaft in Teheran wurde in den Medien immer so dargestellt, als ob dabei nur die Iraner die Bösewichte wären. In Wirklichkeit ging es bei der ganzen Aktion um die Weigerung der ROCKEFELLER-Banken, die iranischen Einlagen in den USA herauszugeben, die sich immerhin auf eine Summe von rund 12 Milliarden Dollar beliefen und die Washington einfach eingefroren hatte. Der Öffentlichkeit gegenüber ließ sich die Geiselkrise freilich glänzend instrumentalisieren, um davon abzulenken, daß in erster Linie die US-Banken für die Zuspitzung der Lage verantwortlich waren. Auch in diesem Fall wurde schlagartig offenbar, wer in den USA tatsächlich das Sagen hat, denn die CARTER-Regierung räumte den Interessen der ROCKEFELLERS einen höheren Stellenwert ein als den Interessen Amerikas und dem Leben der Geiseln. Sie weigerte sich hartnäckig, die beschlagnahmten Guthaben an die neue Teheraner Regierung herauszugeben, welche die Rückzahlung ihrer Auslandsguthaben als Gegenleistung für ein Ende der Geiselkrise verlangte.[157]

Auch die ROCKEFELLER-Dynastie, als deren verläßlichste Strohmänner stets KISSINGER und BRZEZINSKI fungierten, machte ihren ganzen Einfluß geltend, um den Krieg am Golf zu entfachen. Zunächst setzte man in ihren Kreisen auf einen Blitzkrieg zur raschen Absetzung KHOMEINIS. Doch aus dem Blitzkrieg wurde ein zermürbender Abnutzungskrieg, als SADDAMS Truppen völlig unerwartet auf erbitterten Widerstand stießen. Es bedeutete eine herbe Überraschung für die Washingtoner Drahtzieher, daß der Angriff auf KHOMEINIS Iran eine Welle des Patriotismus auslöste, der dem Regime in Teheran Halt und Stärke verschaffte. Nach anfänglichen Erfolgen der Iraker wandelte sich das Bild.

Aus dem Bewegungskrieg wurde ein für beide Seiten verlustreicher Stellungskrieg.

Ölpreiserhöhungen beruhten – und beruhen – stets auf einer Übereinkunft zwischen den großen Ölkonzernen und den New Yorker Banken. Konkret konnte dies etwa bedeuten, daß die Rockefellers dem Schah zu verstehen gaben, er solle zu bestimmten Zeiten die Ölpreise erhöhen – solche stillschweigenden Übereinkünfte sind hinlänglich dokumentiert. Jeder, der sich auch nur oberflächlich in der internationalen Ölpolitik auskennt, weiß, daß die OPEC für die von der Trilaterale beherrschten Banken und die Ölkonzerne einen nützlichen ›Blitzableiter‹ darstellt. Die dezente Zusammenarbeit, die für alle Beteiligten lukrativ und bequem war, funktionierte lange gut und auf Kosten der Verbraucher. Doch dann erschien Khomeini auf der Bühne und bedrohte das Spiel.[158]

Khomeini erwies sich bald als viel gefährlicher als der Schah. Denn er erhob im Zeichen eines rabiaten islamischen Fundamentalismus bald die lautstarke Forderung, die korrupten Ölscheichtümer in der gesamten arabischen Welt abzuschaffen. Ein Alptraumszenario für die anglo-amerikanischen Drahtzieher, denn im Ernstfall bedeutete es, daß fundamentalistische Regime oder Gruppierungen die Kontrolle über die Ölfelder bekämen. Diese könnten dann die Welt mit billigem Öl überschwemmen, die Gewinne für antizionistische Zwecke verwenden, die Preisabsprachen der großen Ölkonzerne unterlaufen und die prowestlichen Eliten im gesamten Mittleren Osten davonjagen.

Es gab nur einen Ausweg: Der Krieg mußte ausgedehnt und in die Länge gezogen werden. Nur so ließ sich die Ölschwemme verhindern, die die Hochpreispolitik der Ölfirmen und Banken bedrohte. Ein namhafter Vertreter der Öllobby, Armand Hammer, schlug vor, einen vernichtenden Schlag zu führen, ehe ›Islamisten‹ wie Khomeini die Kontrolle übernähmen. Hammer betrachtete eine kontrollierte Ölknappheit als gangbaren Weg, um die Ölpreise hoch zu halten. Er riet, »die Bohrfelder bis zum Schwinden der islamischen Revolution unbrauchbar zu machen. Dies könne erreicht werden,... indem man Khomeini zur Blockade der Meeresenge von Hormuz anstachelte«.[159]

Die iranische Regierung hatte mehrmals gewarnt, daß sie Gegenmaßnahmen ergreifen würde, falls der Irak mit ›Exocets‹ (Anti-Schiff-Raketen) beliefert würde. Sollte der Irak gegen die Schiffahrt – vor allem gegen die iranischen und internationalen Tanker – im Persischen Golf vorgehen, um den iranischen Ölfluß zu kappen, werde der Iran seinerseits den ganzen Golf schließen. Der damalige französische Staatspräsident Mitterrand hatte persönlich dafür gesorgt, daß eine Staffel irakischer Piloten für den Einsatz auf dem technisch anspruchsvollen ›Super Etendard‹-Kampfjet ausgebildet wurde. Dieser Jet war für den Verschuß von ›Exocet‹-Raketen ausgelegt.

Tatsächlich flog der Irak in der Folge mit Piloten und Gerät Angriffe auf iranische Öleinrichtungen, die voll und ganz im Sinne der westlichen Drahtzieher waren. Denn erstens schädigten sie systematisch die iranischen Ölraffinerien, was infolge der ausbleibenden Einnahmen die befürchtete Verbreitung der Islamischen Revolution hemmen mußte, und zweitens führten sie wie erwartet zur Schließung des Persischen Golfs, d. h. der Meerenge von Hormuz, was den Ölkonzernen die lange erwartete Benzinpreiserhöhung bringen mußte.[160]

Auf seiten des Iran provozierten die irakischen Luftangriffe heftige Gegenmaßnahmen. Die Iraner stellten nun ihre Taktik dahingehend um, daß sie immer neue ›Menschenwellen‹ gegen die irakischen Linien warfen. Diese sorgten nicht nur in den westlichen Medien für Aufsehen, sondern sie trugen auch auf dem Schlachtfeld selbst zu einem Wechsel des Kriegsglücks bei. SADDAM wurde durch die Änderung der iranischen Taktik völlig verunsichert. Aber auch für die westlichen Beobachter und Militärs kam die neue Gangart der Iraner überraschend. 1984 drohten die irakischen Linien zusammenzubrechen. SADDAM geriet in Panik und ersuchte Saudi-Arabien flehentlich um eine Senkung der Ölfördermengen, damit der Krieg beendet werden konnte. Die Saudis weigerten sich aber. SADDAMS Berater »BAZZAZ sagte dazu: ›Wir wußten, daß sie wollten, daß der Krieg weiterging, aber wir waren von ihrer finanziellen Unterstützung zu abhängig, um uns offen darüber beschweren zu können. Sie richteten sich nach einer Politik der Amerikaner, die auf die Schwächung beider Länder abzielte‹«.[161]

Der Krieg drohte dem Westen aus dem Ruder zu laufen. Es war offensichtlich, daß sich die hochgetriebenen Ölpreise nicht lange würden halten lassen, zumal wenn die Iraner die Oberhand behielten. Das Hintergrundkartell mußte alles daran setzen, daß der Zermürbungskrieg, der für beide Seiten verlustreich war, fortgesetzt wurde.

Den Irakern stand das Wasser bis zum Halse. Sie versuchten geradezu zwanghaft, den großen Alliierten Amerika seinerseits in einen Konflikt mit dem Iran zu verwickeln. Am 17. Mai 1987 kam es zu einem folgenschweren Ereignis. Eine irakische F-1 ›Mirage‹ schoß mit Raketen auf das US-Kriegsschiff ›Stark‹, das während des ›Tankerkrieges‹ kuwaitische Schiffe eskortierte. Von den zwei abgefeuerten ›Exocet‹-Raketen explodierte eine um 10 Uhr 45 und beschädigte die ›Stark‹ schwer. Beide Seiten konnten sich nicht darauf einigen, wo sich die ›Stark‹ zur Zeit des Raketeneinschlags befand, aber Washington akzeptierte die irakische Entschuldigung bereits wenige Stunden später, um 13 Uhr 30, und bezeichnete das Ereignis als »irakischen Fehler«. Die Iraker behaupteten später, der verantwortliche Pilot sei hingerichtet worden. Dieser konnte freilich nicht von amerikanischen Stellen zum Hergang der Ereignisse befragt werden. Ein in Ägypten lebender irakischer Dissident behauptete Anfang 1989, irakische Soldaten seien im Frühjahr 1987 ausdrücklich dazu ermutigt worden, Zwischenfälle zu provozieren, die zu einer direkten Konfrontation zwischen den USA und dem Iran führen könnten.

Infolge der Ereignisse um die ›Stark‹ wurden die USA in den ›Tankerkrieg‹ hineingezogen, in dessen Verlauf die amerikanischen Seestreitkräfte in der Region ihre Vorgehensweise völlig änderten. In den darauffolgenden rund neun Monaten versenkten US-Einheiten demzufolge etwa zwei Drittel der iranischen Marine oder machten sie unschädlich. So wurde der ›Exocet‹-Angriff auf die ›Stark‹ zu einem der für den Ausgang des Golfkrieges maßgeblichen Faktoren, da die Vereinigten Staaten in der Folge selbst in die Kampfhandlungen eingriffen.[162]

Dem Irak kam dieser Kurswechsel natürlich entgegen. Man weiß freilich inzwischen auch, daß der verantwortliche irakische Kampfpilot in Wirklichkeit nicht hingerichtet wurde; Dr. Hasan Ali SHAHZEB-JANG machte auf diese Tatsache aufmerksam. Der Pilot soll vielmehr acht oder zehn Monate nach dem Zwischenfall, bei dem 35 US-Matrosen ums Leben kamen, nach Israel übergelaufen sein, zumal er jüdischer Abstammung gewesen sein soll. Über diese Einzelheiten berichteten seinerzeit zahlreiche Zeitungen. Die politischen Folgewirkungen der ›Stark‹-Affäre waren weniger offenkundig. SADDAM HUSSEIN zumindest verfiel nach dem raschen ›Schwamm-drüber‹ der Amerikaner der Meinung, er könne von jetzt an voll auf die USA rechnen.[163]

Es trifft nämlich zu, daß der Zwischenfall auch den Interessen der amerikanischen Insider entgegenkam, die mehr oder weniger direkt an fünf der sieben weltweit größten Ölkonzerne beteiligt waren.[164] Denn die Ölschwemme auf dem internationalen Markt hörte nun infolge der amerikanischen Mithilfe und der Zerstörung der iranischen Förderanlagen rasch auf. Die Ausfälle wurden durch erhöhte Förderleistungen der Saudis wettgemacht. Dennoch ging die Rechnung der Konzerne nicht ganz auf. Denn trotz des Krieges schafften es die beiden miteinander verfeindeten Ölländer Iran und Irak irgendwie, ihren Ölexport zu steigern. Sie hatten auch gar keine andere Wahl, denn die Öleinnahmen waren die einzige Möglichkeit, an Geld für weitere Waffenkäufe zu gelangen. Dies vertrug sich natürlich überhaupt nicht mit dem Kalkül der Insider, die darauf spekuliert hatten, die Ölpreise würden durch die Verknappung auf dem Weltmarkt automatisch nach oben gehen. Ironischerweise waren die Ölkonzerne selbst daran schuld, daß dieses Problem dramatische Formen annahm, denn die von ihnen selbst erzwungenen Ölpreissteigerungen stärkten jetzt die Kaufkraft der beiden Kriegsparteien. Plötzlich mußte den Amerikanern selbst daran gelegen sein, den Ölpreis wieder zu drücken, damit vor allem der Iran keine zusätzlichen Einnahmen aus seinen Ölverkäufen erzielte und womöglich den Krieg für sich entschied. Die Saudis als treuer Vasallenstaat mußten in die Bresche springen, indem sie angewiesen wurden, ihre Produktion einfach zu verdoppeln, was die Preise entsprechend den amerikanischen Vorstellungen wieder nach unten gehen ließ.[165] Doch infolgedessen fiel der Ölpreis auf die Marke von zehn Dollar pro Barrel, was das Geschäft auch für die US-Konzerne unrentabel machte. Der damalige Vizepräsident George Bush sen. wurde nach Saudi-Arabien geschickt und mußte dort klarstellen, daß ein derart lausiges Preisniveau für die USA inakzeptabel war. Der Ölpreis kletterte daraufhin wieder auf 18 Dollar.[166]

Der erste Golfkrieg war einer der längsten Waffengänge des 20. Jahrhunderts. Er schwächte die beiden Regionalmächte Iran und Irak nachhaltig. Zwar gab es während der acht Jahre währenden Auseinandersetzung Phasen heftigerer und weniger heftiger Kampftätigkeit. Die Opferzahlen waren dennoch gigantisch. Rund eine Million Menschen auf beiden Seiten wurden getötet oder verkrüppelt. Die Kriegskosten veranschlagte Kamran Mofid, ein britischer Wirtschaftswissenschaftler, für den Iran auf 627 Milliarden Dollar, für den Irak auf 561 Milliarden Dollar.[167]

Der amerikanische Plan eines schnellen Blitzsieges über das Teheraner Mullah-Regime war nicht aufgegangen. Die USA wandten sich in der Folge einer ›kleinen Lösung‹ zu, der Eindämmung der islamischen Revolution. Gleichzeitig sollten beide potentielle Regionalmächte am Golf so klein wie möglich gehalten werden. Washington begnügte sich bis zum dritten Golfkrieg im Jahre 2003 mit einer Strategie des ›dual containment‹, einer ›doppelten Eindämmung‹, die sich gleichermaßen gegen Bagdad wie Teheran richtete. Im übrigen galt es zu verhindern, daß die Sowjets wieder ihren Einfluß ausbauten.

Die anglo-amerikanische Elite hatte die Virulenz des fundamentalistischen Islam falsch eingeschätzt. Dem erwähnten ›Bernard-Lewis-Plan‹ zufolge sollte er jenen Teil des Mittleren Osten, der amerikanischer Herrschaft vorerst noch entzogen war, so weit ›balkanisieren‹, daß Washington einstweilen seine Hegemonie über Problemstaaten wie den Iran, Libyen, Syrien und den Libanon ausdehnen konnte. Diese Rechnung war nicht aufgegangen.

Erfolgversprechender war allerdings eine andere Schiene. Der sowjetische Einmarsch in Afghanistan im Dezember 1979 provozierte das Aufflammen eines rigiden islamischen Fundamentalismus, der sich zu den Washingtoner Plänen geradezu kongenial verhielt, weil er sich dazu instrumentalisieren ließ, die Sowjets am Hindukusch ständig zu schwächen. Im übrigen war die sowjetische Intervention kein ›Fehler‹ Moskaus; die amerikanische Hintergrundelite hatte das Afghanistan-Abenteuer der Russen eingefädelt. Jetzt brauchte die CIA nur noch Freiheitskämpfer (Mujahedin) in den arabischen Ländern einzusammeln und sie in den Kampf gegen die gottlosen Russen zu schicken.

## Die Verwirklichung des ›Bernard-Lewis-Plans‹

Die amerikanische Machtelite hatte ihre Ziele mit dem Ausbruch des ersten Golfkrieges 1980–88 teilweise verwirklicht. Dieser auch als Irak-Iran-Krieg bekannte Waffengang schwächte die zwei bedeutendsten Mächte, die in der Vergangenheit in der Golfregion eine von Washington und London unabhängigere Politik hatten betreiben wollen. Auch trug er dazu bei, daß sich die Ölpreispolitik nunmehr größtenteils nach den Vorstellungen der Amerikaner gestaltete. Die größten Profiteure waren die US-Wirtschaft und die Ölkonzerne.

Die islamische Revolution zog schwerwiegende Erschütterungen im gesamten Mittleren Osten nach sich. Der scheinbar plötzliche Sturz des Schahs und die radikale Politik des KHOMEINI-Regimes führten dazu, daß innerhalb kurzer Zeit zwei neue Kriegsschauplätze entstanden: der erste am Golf (1980–88), der zweite in Afghanistan (1980–89), als die Sowjets in das islamisch geprägte Land am Hindukusch einmarschierten. Genau dies hatte auch der ›Bernard-LEWIS-Plan‹ vorgesehen. Es sollte sich zeigen, daß die sowjetische Invasion den amerikanischen Plänen keineswegs zuwiderlief, sondern diese sogar förderte. Kein Geringerer als der langjährige US-Sicherheitsberater Zbigniew BRZEZINSKI räumte dies ausdrücklich ein. In einem Interview vom Jahre 1998, also fast zehn Jahre nach Ende des Afghanistankrieges, gab er zu, daß die offizielle Begründung, warum die USA die afghanischen Mujahedin unterstützten, schlicht und einfach eine Lüge war. »Die Wahrheit war. . ., daß die USA sechs Monate *vor* dem sowjetrussischen Zug die fundamentalistischen Mujahedin unterstützten, obwohl er dennoch glaubte - und dies CARTER mitteilte -, daß ›dies die Sowjets zu einer militärischen Intervention veranlassen würde‹.«[168]

Als BRZEZINSKI gefragt wurde, ob er diese Entwicklung im nachhinein bereue, antwortete er: »Warum bereuen? Diese geheime Operation war eine ausgezeichnete Idee. Sie hatte den Effekt, die Russen in die afghanische Falle zu locken, und Sie wollen, daß ich dies bereue? Am Tag, als die Russen offiziell die Grenze überschritten, schrieb ich an Präsident CARTER: Wir haben jetzt die Gelegenheit, den Russen ihr eigenes Vietnam zu verpassen. In der Tat, für fast 10 Jahre mußte Moskau einen Krieg führen, unhaltbar für die Regierung, ein Konflikt, der die Demoralisierung und das endgültige Auseinanderbrechen des sowjetischen Reiches verursachte.«[169] BRZEZINSKI hatte damit nur eingestanden, was auch der vormalige CIA-Direktor Robert GATES in seinen Memoiren durchblicken ließ, daß nämlich die USA schon sechs Monate vor dem Einmarsch sowjetischer Truppen die Zusammenarbeit mit den Mujahedin gestartet hatten, mit dem Ziel, die Regierung NADSCHIBULLAHS zu destabilisieren und die Sowjets auf diesem Weg zu einem Eingreifen zu veranlassen.[170]

Was Brzezinski in seinem aufschlußreichen Interview penibel verschwieg, war die Tatsache, daß dieses Vorgehen genau jener geheimen Marschroute entsprach, die 1979 von der Trilateralen Kommission festgelegt worden war. Dieses Gremium wurde 1973 vom einflußreichen Bankier David Rockefeller ins Leben gerufen.[171] Rockefeller brachte seinen Ziehsohn Zbigniew Brzezinski auf den Posten des Executive Director der Kommission.[172] Wie es der Zufall wollte, fungierte Brzezinski außerdem als wichtiger Berater des US-Ölkonzerns Amoco, als er sein wegweisendes Buch *Die einzige Supermacht* schrieb.[173] In seiner Beraterfunktion war er unter anderem für die Ölgeschäfte am Kaspischen Meer zuständig - das ist genau jene Gegend, die heute infolge des Zusammenbruchs der UdSSR, den Brzezinski selbst tatkräftig mitinszeniert hatte, als eine der öl- und gasreichsten Regionen der Welt gilt. Durch die Implosion des Sowjetreiches verlor Moskau die Kontrolle über zahlreiche ehemalige Republiken, auch und gerade am Kaukasus. Der Kreis schließt sich: Denn Brzezinski und sein Clan arbeiten schon viele Jahre mit anglo-amerikanischen Ölkonzernen zusammen, die das ehrgeizige Ziel verfolgen, die enormen Ressourcen der Kaukasusregion an sich zu reißen. »Ein zentraler Aspekt der Geopolitik Brzezinskis ist das Ziel, jeglichen Einfluß Rußlands in diesem Teil der früheren Sowjetunion auszuschalten - ohne Rücksicht auf die militärischen Folgen.«[174]

Natürlich war es kein Zufall, daß die Brzezinski-Clique nicht nur die Mujahedin nach Kräften unterstützte, sondern auch ihre Nachfolgeorganisation, die Taliban.[175] Am 2. November 1979 machte Brzezinski eine bemerkenswerte Aussage: »Der islamische Fundamentalismus wird zum Bollwerk gegen den Kommunismus werden.«[176] Eine Aussage von beinahe prophetischer Weitsicht, denn 12 Jahre später zerbrach die Sowjetunion, und einer der zentralen Faktoren dabei war der aussichtslose Krieg in Afghanistan, den die Russen nicht gewinnen konnten und der ihnen von Washingtoner Hintergrundzirkeln wie der Trilateralen Kommission aufgezwungen worden war. Die Amerikaner tanzten wie immer auf mehreren Hochzeiten. Während sie die Sowjets in die Falle des Afghanistan-Krieges tappen ließen, setzten sie gleichzeitig Teheran durch den Krieg am Golf unter Druck. In beiden Fällen ging es in erster Linie um die Kontrolle über das Öl.[177]

Tatsächlich hatte sich Saddam Hussein auch deshalb zu einem Überfall auf den Iran hinreißen lassen,[178] weil er durch die schiitische Revolution sein eigenes Regime bedroht sah; auch die irakische Bevölkerung ist mehrheitlich schiitisch. Am Ende waren alle potentiellen und tatsächlichen Gegner der USA geschwächt oder aus dem Rennen: der Irak, der Iran und zuletzt die Sowjets. Der Lewis-Plan war glänzend aufgegangen.[179]

Nur ein einziges arabisches Land erwies sich immer wieder als lästiger Stolperstein für die amerikanischen Ambitionen: Libyen. Gaddafi unternahm in den achtziger Jahren mehrere Anläufe, um mit dem Iran und Syrien zu einem von Washington unabhängigen Kurs zu gelangen. Außerdem hatte es GADDAFI - wie MOSSADEQ im Iran - gewagt, die Ölindustrie in seinem Land zu verstaatlichen.[180] Das war ein glatter Affront für Washington, und er sollte nicht ohne Folgen bleiben.

## 1986: Krieg gegen Libyen – eine Finte des Mossad

Der frühere Mossad-Agent Victor OSTROVSKY lieferte in seinem bekannten Buch über die »schmutzigen Geschäfte des israelischen Geheimdienstes« detaillierte Informationen darüber, wie Israel 1986 die USA dazu brachte, einen Militärschlag gegen Libyen zu führen. Da Israel GADDAFI im Verdacht hatte, die Palästinenser zu unterstützen, war ein Militärschlag nur eine Frage der Zeit. Allerdings verfügten die Israelis nicht über die militärischen Mittel für einen nachhaltigen Schlag gegen Libyen, so daß die israelische Führung beizeiten auf den Gedanken verfiel, die Amerikaner dafür einzuspannen.

OSTROVSKY berichtet, wie der Mossad vorging, um einen ›Trojaner‹ in Libyen zu installieren: »Ein Trojaner war ein besonderer Kommunikationsapparat, der von Marinekommandos tief im Feindesland angebracht wurde. Der Apparat fungierte als Relaisstation für Mitteilungen, die von der Desinformations-Abteilung des Mossad, kurz LAP genannt, ausgesandt wurden, um den Gegner in die Irre zu führen. Die Konserven-Aufnahmen wurden von einem Schiff der israelischen Marine auf dem offenen Meer ausgesendet. Es benutzte eine nicht entschlüsselbare digitale Übertragung, die nur von dem Trojaner empfangen werden konnte. Der Apparat sendete dann die Meldung erneut auf einer anderen Frequenz, die für offizielle Angelegenheiten im Feindesland benutzt wurde. Sie wurde dann von amerikanischen Horchstationen in England oder sonstwo aufgefangen. Die Amerikaner gingen mit Sicherheit davon aus, daß sie eine echte (in diesem Fall libysche) Meldung aufgefangen hätten. . . Der Trojaner selbst mußte so nahe wie möglich an der üblichen Quelle solcher Meldungen plaziert werden, weil die Amerikaner durch ausgeklügelte trigonometrische Berechnungen die Quelle verifizieren konnten.«[181]

Der verräterische Apparat wurde von zwei Eliteeinheiten der israelischen Armee im libyischen Hinterland plaziert, von der ›Matkal‹-Aufklärungseinheit und der ›Flotilla 13‹ der Marinekommandos. Der ›Trojaner‹ wurde mitten in der Hauptstadt Tripolis verortet. Die Kommandos schafften es sogar, den Apparat hinter einem Apartmentgebäude in der Al-Jamhuriyh-Straße anzubringen, keine drei Blocks von der Babder-Azizia-Kaserne entfernt, von der man wußte, daß sie von GADDAFI als Hauptquartier und Residenz genutzt wurde.[182]

Ab Ende März empfingen die Amerikaner dann wunschgemäß die Nachrichten, die das Trojanische Pferd der Israelis ausstrahlte. Ostrovksy: »Der Mossad sandte eine lange Reihe von terroristischen Befehlen an verschiedene libysche Botschaften in der ganzen Welt. . . Die Nachrichten wurden von den Amerikanern dechiffriert; sie schienen ihnen hinreichend Beweise dafür zu liefern, daß die Libyer hinter terroristischen Aktivitäten in der ganzen Welt steckten, und bestätigten die entsprechenden Berichte des Mossad.«[183]

Als dann auch noch im April 1986 eine Bombe in der Berliner Diskothek ›La Belle‹ explodierte, war der Mossad am Ziel. Laut Ostrovsky hatten die Israelis zwar keinen Anhaltspunkt dafür, wer für die Bombe im ›La Belle‹ verantwortlich war, die einen Amerikaner tötete und zahlreiche weitere verwundete. Aber der Mossad verfügte über Verbindungen zu zahlreichen europäischen Terrororganisationen und wußte, daß es nur eine Frage der Zeit war, bis sich irgendwo ein Bombenattentat ereignete, bei dem es tote Amerikaner geben würde. Ostrovsky führt dazu aus:

»Die Mossad-Spitze rechnete fest mit dem amerikanischen Versprechen, einen Vergeltungsschlag gegen jedes Land zu führen, das nachweislich den Terrorismus unterstütze. Das Trojanische Pferd lieferte den Amerikanern den Beweis, den sie brauchten. . . Die Amerikaner fielen Hals über Kopf auf die List herein und zogen die etwas widerstrebenden Engländer mit sich.

Die Trojanische Operation konnte als Erfolg verbucht werden. Sie führte zu dem Luftschlag, den Präsident Reagan versprochen hatte. Der amerikanische Angriff hatte für den Mossad ein dreifaches Ergebnis. Er brachte einen Deal zur Entlassung der amerikanischen Geiseln im Libanon zum Scheitern, wodurch die Hisbollah in den Augen des Westens Feind Nummer eins blieb. Er war auch eine Botschaft an die gesamte arabische Welt, der noch einmal verdeutlicht wurde, wo die Amerikaner im arabisch-israelischen Konflikt standen. Und drittens ging das Büro daraus als großer Held hervor, der die USA mit lebenswichtigen Informationen für den Kampf gegen den Weltterrorismus versorgt hatte.«[184]

Es wäre gleichwohl falsch zu behaupten, die Amerikaner seien auf den Mossad hereingefallen. Schließlich kursierten in Kreisen der konservativen Reagan-Elite schon seit Anfang der achtziger Jahre geheime Pläne zur Ermordung Gaddafis. Die amerikanischen Medien verbreiteten damals geradezu unerträgliche Propagandamärchen über Ghadafis Verstrickung in den internationalen Terrorismus, ganz ähnlich wie später über Osama bin Laden. Schon 1981 provozierten US-Kampfflugzeuge die Libyer über ihrem eigenen Hoheitsgebiet. Pläne für einen Angriff auf Tripolis lagen schon lange in den Schubladen der amerikanischen Einsatzplaner. Es fehlte nur noch ein spektakulärer terroristischer Vorfall, der sich Gaddafi in die Schuhe schieben ließ.[185]

Der Rest ist bekannt: Am 15. April 1986 bombardierten amerikanische Kampfjets den internationalen Flughafen von Tripolis, die Bab-al-Azizia-Kaserne, die Marinebasis Sidi Bilal, die Stadt Bengasi und den Militärflughafen Bsanina außerhalb der Stadt. Auf libyscher Seite gab es fast 40 zivile Opfer, darunter auch die Adoptivtochter GADDAFIS. Die Amerikaner verloren einen Kampfpiloten, als seine Maschine abgeschossen wurde. Für den Mossad war die ganze Operation ein voller Erfolg. Prompt brach die Hisbollah als Reaktion auf das Bombardement alle Verhandlungen über die Geiseln ab, die sie in Beirut gefangen hielt. Drei von ihnen wurden hingerichtet, eine davon war der Amerikaner Peter KILBURN.[186]

Doch das libysche Intermezzo war nur eine kleine Episode in einem viel größeren Spiel. Ex-Mossad-Mann OSTROVSKY zitiert in seinem Buch einen nicht näher genannten Vertrauensmann namens ›Ephraim‹ mit den Worten: »Nach der Bombardierung von Libyen wird unser Freund GADDAFI für einige Zeit nicht ins Bild kommen. Der Irak und SADDAM HUSSEIN sind das nächste Ziel. Wir fangen an, ihn jetzt als den großen Bösewicht aufzubauen. Das wird einige Zeit brauchen, aber am Ende wird es zweifellos wirken.«[187] Das nächste Opfer stand schon fest. Und wieder würden die Nutznießer Amerikaner und Israelis gleichermaßen sein.

TEIL II

# Von der Golfkrise 1980 bis Ende des zweiten Golfkrieges 1991

Nicht mehr American Way of Life,
sondern American Way of War

## Erste Vorbereitungen für den Golfkrieg in den siebziger Jahren

Der vormalige MI 6-Agent John COLEMAN berichtet in seinem Buch *Diplomacy by Deception* (Diplomatie durch Täuschung), daß der Golfkrieg, der 1991 ›heiß‹ wurde, von amerikanischen Hintergrundkreisen schon in den siebziger Jahren geplant und konzipiert worden war. Es ging sogar so weit, daß das Konfliktszenario der Öffentlichkeit fast buchstäblich unter die Nase gerieben wurde, und zwar in einigen Zeitungsartikeln aus der Feder von James MCCARTNEY. MCCARTNEY zufolge hatte die »geheime Regierung« der Vereinigten Staaten in den frühen siebziger Jahren den Entschluß gefaßt, sich die Kontrolle über das arabische Öl mit Gewalt anzueignen. Ein Vorwand mußte gefunden werden, um eine hinreichend starke amerikanische Militärpräsenz in der Region zu etablieren. Robert TUCKER schrieb im jüdischen *Commentary*-Magazin vom Januar 1975, daß die USA ihre Zurückhaltung bezüglich bewaffneter Interventionen in anderen Staaten aufgeben müßten, und erwähnte in diesem Zusammenhang speziell den Mittleren Osten. TUCKER meinte, um die Kontrolle über das Öl im Mittleren Osten zu erlangen, sei ein Präventivangriff vonnöten, und man solle nicht warten, bis sich eine Krise ereigne, die zu einem solchen Anlaß genutzt werden könne.[188]

George BUSH sen. hielt sich bei der Inszenierung des Golfkrieges von 1991 an James AKINS, der vormals (1973–75) amerikanischer Botschafter in Saudi Arabien gewesen war. AKINS' Ansichten waren sowohl für die REAGAN- als auch für die BUSH-Administration maßgebend. Dennoch wäre es zu hoch gegriffen, in AKINS den ›Architekten‹ der langfristigen US-Politik am Golf zu sehen. Inzwischen konnte nämlich nachgewiesen werden, daß AKINS selbst wiederum nur ein ›Skript‹ umsetzte, das ein anderer verfaßt hatte: Henry KISSINGER. Dieser hatte es unter dem harmlos klingenden Titel *Energy Security* (*Energie-Sicherheit*) zu Papier gebracht. KISSINGERS ursprünglicher Plan sah vor, daß Saudi-Arabien kurzerhand erobert und besetzt werden sollte. Natürlich war dieser Plan viel zu radikal. Er wurde modifiziert, und in der überarbeiteten Fassung fand sich anstelle Saudi-Arabiens ein kleineres, aber nicht weniger ölreiches Land. KISSINGER vertrat die Meinung, daß die Inbesitznahme des arabischen Öls als präventive strategische Maßnahme von der amerikanischen Öffentlichkeit akzeptiert werden würde und sich auch dem Kongreß problemlos vermitteln ließe. COLEMANS Washingtoner Quelle bestätigt, daß Präsident BUSH sofort auf den Komplottplan abfuhr. Er kam dem Präsidenten insofern entgegen, als dieser aufgrund seiner Cheftätigkeit bei der CIA über genügend Erfahrung in Sachen Verschleierung verfügte. »KISSINGERS *Energy Security*-Plan wurde von BUSH benutzt und am Irak zur Anwendung gebracht.«[189] Bekanntlich sagte KISSINGER einmal, das Öl sei zu wichtig, als daß man es den Arabern überlassen könne.

Die Vorbereitungen für einen möglichen Krieg am Golf liefen schon im Jahre 1973 an. In einem abgelegenen Landstrich in der Mojave-Wüste, der als ›Alkali-Canyon‹ bekannt war, fanden Manöver statt, bei denen Kämpfe zwischen US-Marinetruppen und -Landstreitkräften auf der einen Seite und Gegnern in libyschen und irakischen Uniformen auf der anderen Seite simuliert wurden.[190] Pentagon-Strategen ließen sich in der Öffentlichkeit über eine Invasion am Golf und die Besetzung der Ölfelder aus. Saudi-Arabien und Kuwait nahmen diese Pläne so ernst, daß sie ihre Ölfelder verminten. 1977 erklärte US-Senator Henry JACKSON: »Ein Engagement zur Verteidigung der Ölquellen am Golf und für die politische Stabilität der Region ist für die Vereinigten Staaten stets von lebenswichtigem Interesse.«

Dann wurde der Schah gestürzt, und Präsident CARTER verkündete seine berühmte Doktrin, in deren Gefolge das Pentagon die Schaffung einer schnellen Eingreiftruppe speziell für Einsätze am Golf beschloß. Sie erhielt die Bezeichnung ›Rapid Deployment Joint Task Force‹ (RDJTF).[191] Der Verlust des Iran als Hauptverbündeten der USA mußte kompensiert werden. Das Opfer stand bereits fest. Wie schon so oft zuvor, mußte nur noch ein Vorwand gefunden werden, um die Weltöffentlichkeit davon zu überzeugen, daß Amerika im Interesse aller handelte.

## Kriegsvorbereitungen: Die Kampagne des Mossad gegen Saddam und den Irak

Der ehemalige Geheimdienstler Victor OSTROVSKY war der erste, der hochbrisante Informationen über den geheimen Propagandafeldzug des Mossad gegen den Irak öffentlich zur Sprache brachte. Bis 1988 galt der Irak als ein Land, das im Krieg gegen die Teheraner Mullahs nützliche Dienste leistete. Aber gerade in diesem Jahr ging der Krieg zu Ende, und der Irak hörte auf, ein nützlicher Verbündeter des Westens zu sein. Vor allem Israel orientierte sich rasch um. Denn der Irak ging aus dem acht Jahre währenden Ringen gut gerüstet hervor und stellte damit auch für Israel eine potentielle Bedrohung dar. OSTROVSKY erwähnt in diesem Zusammenhang einen klug inszenierten Schachzug des israelischen Geheimdienstes:

»Der Mossad machte das Spiel der Amerikaner mit und gab vor, SADDAM HUSSEIN stürzen zu wollen. Gleichzeitig ließ er aber über die israelische Botschaft in Washington dem irakischen Geheimdienst Informationen über geplante Attentate auf SADDAM HUSSEIN und den Irak zukommen. Der Mossad betrachtete SADDAM HUSSEIN als seinen größten Trumpf in der Region, da er verrückt war und völlig irrationale außenpolitische Entscheidungen traf. Man brauchte nur darauf zu warten, daß er einen dummen Schachzug machte, den der Mossad zum eigenen Vorteil ausnutzen konnte. . . Der erste Schritt wurde im November 1988 unternommen, als der Mossad dem israelischen Außenministerium nahelegte, alle Friedensgespräche mit den Irakern einzustellen. Damals fanden geheime Verhandlungen zwischen Israelis, Jordaniern und Irakern unter der ägyptischen Schirmherrschaft und mit dem Segen der Franzosen und Amerikaner statt. Indem der Mossad diesen Draht durchschnitt, wollte er die Amerikaner glauben machen, daß der Irak andere Pläne hatte, und die Schuld für den Abbruch wurde ihm in die Schuhe geschoben. Im Januar 1989 begann die LAP-Maschine [die Propagandaabteilung; d. Verf.] des Mossad, SADDAM als Tyrannen und als Gefahr für die Welt darzustellen. Der Mossad aktivierte jede vorhandene Möglichkeit an jedem nur denkbaren Ort, von ihren Agenten bei Amnesty International angefangen bis hin zu gekauften Kongreßmitgliedern.«[192]

Die Lügenmaschine entfaltete auf verschiedensten Kanälen ihre Wirkung. Die Grundaussage war einfach: »SADDAM bringt seine eigenen Leute um – was hätten erst seine Feinde zu erwarten?« Fotos von kurdischen Müttern, die ihre toten Babys umklammerten, gingen um die Welt. Natürlich verschwiegen die israelischen Quellen, daß es der Mossad selbst gewesen war, der die Kurden im Irak jahrelang mit Waffen und Beratern versorgt hatte. So gesehen, waren die Übergriffe der irakischen Armee eine Attacke in einem Guerillakrieg, in dem die Kurden auch irakische Soldaten angegriffen hatten.[193]

Allmählich verschärfte der Mossad den Ton. Er weitete die Kampagne zu einem allgemeinen Propagandafeldzug aus, indem er die Massenmedien mit vermeintlichen Insider-Informationen und Hinweisen aus ›zuverlässigen Quellen‹ versorgte. »Berichtet wurde, daß der verrückte Führer des Irak Leute mit bloßen Händen umbrachte und daß er Raketen zum Angriff auf iranische Städte benutzte. Was man aber den Medien zu sagen vergaß, war, daß die meisten Zieleinstellungen für die Raketen vom Mossad mit Hilfe amerikanischer Satelliten geliefert wurden. Der Mossad tat alles, um SADDAM abzusägen, sah sich aber vor, selbst keinen Schaden zu nehmen. Man wollte, daß die Amerikaner die Arbeit machten und SADDAMS riesige Militärmaschinerie zerstörten, damit Israel ihr nicht eines Tages an seinen Grenzen gegenüberstünde.«[194]

Das alles war aber noch viel zu unspektakulär. Also inszenierte der Mossad eine wirklich sensationelle Aktion. Es gelang, mittels Agenten eine irakische Munitionsfabrik in die Luft zu jagen und dies wie einen Unfall erscheinen zu lassen. OSTROVSKY berichtet dazu: »Die Operation verlief sehr erfolgreich, und die Explosion rief die Art von Publizität hervor, die der Mossad erhofft hatte, um die Aufmerksamkeit auf SADDAMS ständiges Bemühen zu richten, eine riesige und mächtige Kriegsindustrie aufzubauen. Der Mossad gab seine ›Erkenntnisse‹ an die westlichen Geheimdienste weiter und ließ die Story von der Explosion in die Presse sickern, wobei die Zahl der Toten mit Hunderten angegeben wurde.«[195]

Damit nicht genug. Der Mossad war auch federführend, als es gelang, den britischen Journalisten iranischer Abstammung Farzad BAZOFT dafür zu gewinnen, als Journalist im Irak zu spionieren. BAZOFT war der ideale Kandidat für eine solche Aktion, da er zuviel über den Mossad herausgefunden hatte. BAZOFT ging also in den Irak und wurde prompt in der Nähe einer Militäranlage unter Spionageverdacht festgenommen. Am 15. März 1990 wurde er trotz britischer Proteste gehenkt. Ein Sprecher der irakischen Regierung kommentierte den Fall mit den Worten:

»Frau THATCHER wollte ihn lebend, wir haben ihr gerade seine Leiche gebracht.« Bei OSTROVSKY ist dazu zu erfahren: »Die Welt war schockiert, aber der Mossad war noch nicht zufrieden. Passend zu der Story von der brutalen Hinrichtung lieferte ein Mossad-Sayan dem ABC-Fernsehen eine Reihe von Dokumenten zusammen mit einer Story aus einer verläßlichen Quelle im Nahen Osten, die von einer Fabrik berichtete, in der Uran hergestellt werde. Die Informationen waren überzeugend, noch mehr die Fotos und die Skizzen. Es sei an der Zeit, die Aufmerksamkeit der Welt auf SADDAMS Massenvernichtungsmittel zu richten.«[196]

Es paßte hervorragend ins Bild, daß der Irak am 5. Dezember 1989 eine Dreistrufenrakete vom Typ ›Al-Arbid‹ gezündet hatte, was in Bagdad natürlich als Riesenerfolg des nationalen Rüstungsprogramms gefeiert wurde. Die irakische Version des Ereignisses besagte, bei der ›Al-Arbid‹ handle es sich um eine Satelliten-Trägerrakete, die in Zusammenarbeit mit dem kanadischen Wissenschaftler Gerald BULL entwickelt worden sei. »Der israelische Geheimdienst wußte, daß der Abschuß, der als großer Erfolg gefeiert wurde, ein totaler Reinfall war und daß das irakische Programm niemals sein Ziel erreichen würde, was man aber wohlweislich für sich behielt. Ganz im Gegenteil wurde der Raketenabschuß übertrieben und wahnsinnig aufgeblasen, und der Welt wurde erzählt, daß jetzt alle Puzzleteile zusammenpassen würden: Hier ist ein Verrückter, was wir ja alle wissen, und er entwickelt nukleare. . . und chemische Waffen. . . Er sei der Mann, der die westlichen Medien verachte, der sie alle als israelische Spione ansehe. Dieser Verrückte werde bald die Fähigkeit besitzen, Raketen von jedem beliebigen Ort im Irak auf jedes beliebige Ziel im Nahen Osten und darüber hinaus abzuschießen.«[197]

Obwohl alles abgekartetes Spiel war, verstand der Mossad keinen Spaß. BULL, über den Gerüchte umliefen, er wolle mit den Irakern auch eine ›Superkanone‹ bauen, wurde eines Tages ermordet in seinem Brüsseler Hotelzimmer aufgefunden. Natürlich steckte der Mossad dahinter. In den Wochen darauf spielten die Israelis der Öffentlichkeit immer neue Details über die Riesenkanone und andere Komponenten der irakischen Kriegsmaschine zu. »Der Mossad überschwemmte die Geheimdienste mit furchterregenden Informationen über die bösen Absichten von SADDAM dem Schrecklichen.«[196]

Victor Ostrovsky faßt seine Erfahrungen mit den Worten zusammen: »Es war klar, worauf der Mossad abzielte. Er wollte, daß der Westen seine Anweisungen durchführte, genau wie in Libyen, das die Amerikaner in einem Ausmaß bombardierten, wie die Israelis es niemals hätten tun können. Schließlich besaß Israel keine Flugzeugträger und keine Luftstreitmacht, wie es die Amerikaner hatten. Sie waren zwar in der Lage, ein Flüchtlingslager in Tunis zu bombardieren, aber dies hier war nicht dasselbe. Für die Mossad-Führung war klar, wenn sie Saddam nur böse genug erscheinen ließ und als Bedrohung des Golf-Öls darstellte, dessen Beschützer er bis dahin gewesen war, dann würden die USA und ihre Alliierten ihm nichts mehr durchgehen lassen und Maßnahmen ergreifen, um seine Armee und sein Waffenpotential zu zerstören, besonders wenn sie glauben würden, daß es die letzte Chance wäre, bevor er in den Besitz von Atomwaffen geriete.«[199]

Israel machte aus seiner Haltung nie ein Hehl. Noch am 5. Dezember 1990, nach dem irakischen Einmarsch in Kuwait, sprach sich die israelische Führung unumwunden für einen US-Schlag gegen Saddam aus. Die Israelis verbanden dies mit der unverhohlenen Drohung, man werde den Irak selbst angreifen und sein Militärpotential zerstören, falls es Washington nicht gelinge, Bagdad zum Rückzug aus Kuwait zu zwingen.[200]

Die Strategie des Mossad ging auf. Sie wurde dadurch begünstigt, daß Bagdad, nach dem Ende des ersten Golfkriegs eine respektable Mittelmacht, nun selbst den Hegemonialplänen Washingtons im Weg stand. Saddam mußte weg.

## Washington ändert den Kurs

Als der Irak-Iran-Krieg am 20. August 1988 mit einem Waffenstillstand zwischen Teheran und Bagdad endete, änderten sich die Beziehungen zwischen Washington und dem Irak schlagartig. Zeitgleich begann sich das Image der Iraker in den USA drastisch zu verschlechtern.[201] Schon am 8. September überraschte das Weiße Haus die Öffentlichkeit mit demonstrativem Entsetzen mit der Nachricht, daß Saddam Giftgas gegen die Kurden eingesetzt habe. Das hatte Saddam freilich auch schon zuvor, während des Krieges gegen den Iran, ausgiebig getan, und zwar mit fatalen Folgen. Doch das war von der ›Weltöffentlichkeit‹ nicht zur Kenntnis genommen worden. Jetzt, wo der Irak vom Alliierten zum Schurkenstaat mutierte, änderte sich dies. Selbst als die Kurden in den Jahren zuvor vor dem Washingtoner UN-Gebäude einen ausgiebigen Hungerstreik inszeniert hatten, interessierte dies niemanden. Nun aber drehte der Wind. Schon wenige Wochen nach der vermeintlichen ›Enthüllung‹ über die Giftgasangriffe im Kurdengebiet sprach sich der Senat im Kongreß eindeutig für Sanktionen gegen

Bagdad aus, die freilich nicht in die Tat umgesetzt wurden. Dennoch wetterte das State Department zwei volle Jahre lang gegen den Irak.

Besonders Saddams Drohung vom 2. April, er werde in einem Konflikt halb Israel mit Giftgas überziehen, sollte sich der Judenstaat gegen den Irak wenden, stempelte den irakischen Diktator auch in amerikanischen Augen zum potentiellen Aggressor.[202] Kurze Zeit nach dieser martialischen Warnung ließ Saddam aber einen arabischen Sachwalter wissen: »Sag' den Vereinigten Staaten, daß unsere Aussage nur für heimische Zwecke gültig ist. Wir haben keine Absicht, Israel Schaden zuzufügen.« Auch diese Äußerung gelangte nie an die Ohren der internationalen Öffentlichkeit. Saddam hatte allen Grund zur Besonnenheit, denn 1981 hatten die Israelis rundweg gegen internationales Recht verstoßen, als sie den irakischen Atomreaktor Osirak bombardiert und zerstört hatten; auch hatte Israel schon im Frühjahr 1990 angedeutet, daß man erneut einen solchen Angriff erwäge.[203] Genau das zu verhindern, bezweckte Saddam mit seiner rabiaten Rhetorik an die israelische Adresse.

Natürlich kam die Botschaft in Washington genau im umgekehrten Sinne an. Der Senat entschied sich einstimmig für Sanktionen gegen Bagdad, die vor allem die Lieferung von Lebensmitteln und Technologie betrafen. Nach dem 8. September 1988 begann für den Irak eine erste wirtschaftliche Durststrecke, die auf das Konto des State Department, weiter Teile der US-Presse und des Kongresses ging.[204]

Nichtsdestotrotz herrschte zwischen Bagdad und Washington alles andere als eine diplomatische Eiszeit. Während die USA nach außen hin Druck auf den Irak ausübten, hatten sie gleichzeitig keine Hemmungen, das Land auch weiterhin mit Technologie zu beliefern, die sowohl zivil als auch militärisch von Bedeutung war. Diese Lieferungen umfaßten etwa moderne, leistungsfähige Computer, Radiogeräte, graphische Rechen- und Simulationsprogramme, mit deren Hilfe sich Raketen konstruieren und ihr Flugverhalten analysieren ließen, Maschinen, Werkzeug und bestimmte Geräte, die die Auswertung von Satellitenbildern erlauben. Sandra Mackey führt weitere Details über diese überaus engen Handelsbeziehungen zwischen den USA und dem Irak auf:

»1990 betrugen die Kredite 1,045 Milliarden, der Preis für die Ankäufe von irakischem Öl 5,5 Milliarden und die Exporte der USA in den Irak 3,6 Milliarden Dollar. Ebenfalls bis 1990 waren technologische Produkte im Wert von 730 Millionen Dollar an den Staat von Saddam Hussein geliefert worden.«[205] Außerdem war »die militärische Zusammenarbeit mit dem Irak... so eng, daß noch im Juli 1990 gemeinsame militärische Manöver der USA und des Irak für Ende 1990 geplant waren.«[206]

Die amerikanische Unterstützung für den Irak hatte, wie gesagt, einen langen Vorlauf. Über Jahre hinweg war die irakische Kriegsmaschine systematisch in den Stand gesetzt worden, einen biologisch-chemischen Krieg führen zu können. Rodney STICH war einer der ersten, der über diese klammheimliche Aufrüstung des Irak informierte. Das Magazin *Spotlight*[207] enthüllte in den späten achtziger Jahren, daß die Filiale der BNL (Banca Nazionale del Lavoro) im US-Bundesstaat Atlanta dem Irak die stattliche Summe von fünf Milliarden Dollar zur Verfügung stellte. Henry GONZALEZ wirkte als Mitglied des Kongresses den Verschleierungsbestrebungen der CIA, des Justizministeriums und des Weißen Hauses entgegen, als er herausfand, daß diese Summe SADDAM in den Stand versetzte, Kuwait zu überfallen. Noch eine weitere US-Zeitung, die kalifornische *Napa Sentinel*, berichtete über diesen Skandal, der den amerikanischen Steuerzahler für die Dauer mehrerer Jahrzehnte mit rund 10 Milliarden Dollar Schulden belasten sollte.[208]

Trotz der dezenten Hilfe aus den USA entwickelten sich die Dinge für SADDAM nicht gut. Nach acht Jahren Krieg war der Irak mit etwa 100 Milliarden Dollar verschuldet, was selbst für ein ölreiches Land einen riesigen Hemmschuh darstellte.[209] Außerdem standen noch immer eine Million Soldaten unter Waffen. Viele von ihnen waren während des Krieges als menschliches Bollwerk gegen die Massenangriffe der Iraner eingezogen worden.[210] SADDAM mußte diese bewaffnete Masse unter Kontrolle halten, denn sie konnte jederzeit zu der Überzeugung gelangen, sein Regime habe das Land mit dem Krieg gegen das Nachbarland in den finanziellen Ruin getrieben.

Anfang 1990 befand sich SADDAM in einer beinahe ausweglosen Lage. Joe STORK und Ann M. LESH beschreiben sie wie folgt: »SADDAM fing an, sich eingekreist zu sehen, und dies nicht nur durch internationale, sondern auch durch regionale Mächte. Im Januar 1990 staute die Türkei den Wasserzufluß auf und schraubte ihn danach hinter dem neuen Atatürk-Staudamm drastisch herunter... SADDAM sprach öffentlich aus, daß bis Juli ein Drittel der irakischen Bevölkerung direkt von den Auswirkungen des Wassermangels betroffen sein werde. Er rückte die türkischen Aktivitäten in den größeren Zusammenhang einer vermeintlichen internationalen Verschwörung gegen den Irak, da die Türkei der NATO angehörte, diplomatische Beziehungen mit Israel unterhielt und sogar angeboten hatte, Wasser nach Israel zu verkaufen. Er erklärte, imperialistische Mächte im Bunde mit Israel benutzten die Türkei, um die wirtschaftliche Entwicklung des Irak zu blockieren und seinen Aufschwung zur führenden Regionalmacht zu verhindern.«[211]

Diese Annahme war gar nicht so weit hergeholt, wie es auf den ersten Blick scheinen mochte. Denn Anfang September 1990 wurde in Washington tatsächlich auf höchster Ebene darüber diskutiert, SADDAM das Wasser abzugraben. Der Atatürk-Staudamm in der Türkei eignete sich dazu hervorragend; mit ihm konnte die Türkei innerhalb weniger Tage die irakischen Lebensadern Euphrat und Tigris trockenlegen, was den Irak 90 Prozent seines Wasserreservoirs kosten würde.[212]

SADDAM befand sich in einer Zwickmühle. Er mußte gleichzeitig mit dem Druck von innen und von außen fertig werden. Die angespannte Wirtschaftslage machte seiner Bevölkerung schwer zu schaffen.

In der Rückschau wird deutlich, daß Washington den Irak bereits während des Krieges gegen den Iran zielstrebig ins Visier geommen hatte. Die amerikanische Machtelite hatte jahrelang ihr bewährtes Doppelspiel mit Bagdad getrieben. Während sie Bagdad mit Waffen und Gerät beliefert hatte, waren Waffen und brisante Geheimdienstinformationen gleichzeitig auch an die iranische Seite gegangen. Es war Teil einer ausgeklügelten Intrige, als der langgediente US-Geheimdienstler Oliver NORTH die Iraner wissen ließ, daß »die USA ihnen helfen würden, den irakischen Staatschef zu stürzen«. NORTH sprach Klartext. Er signalisierte den Mullahs: »[Wir] erkennen auch, daß SADDAM gehen muß.« 1985 erklärte er Vertretern der Teheraner Regierung bei einem Gespräch in Frankfurt sogar, wie dabei vorzugehen sei. NORTH wörtlich: »Eines der Dinge, die wir tun wollen, ist, aktiv darauf hinzuwirken, diesen Krieg zu beenden [Irak-Iran], und zwar so, daß es für alle sehr offensichtlich, daß der Typ, der die Probleme macht, SADDAM ist.«[213] Von diesem Ziel ging Washington bis zum vorerst letzten Irak-Krieg im Frühjahr 2003 nicht ab.

## Politik mit doppeltem Boden: Bush hilft Saddam

1989 war George BUSH sen. erst Vizepräsident der Vereinigten Staaten. In dieser Funktion setzte er sich mit Nachdruck dafür ein, daß die erwähnten fünf Milliarden Dollar über die italienische BNL-Bank (Banca Nazionale del Lavoro) mit Sitz in Atlanta ihren Weg nach Bagdad fanden. Im Irak, genauer gesagt: auf SADDAMS Konto gingen die Gelder kurz nach November 1989 ein. Die ganze Angelegenheit war schon deshalb reichlich skandalös, weil amerikanische Beamte zuvor beklagten, daß der Irak wegen seiner gigantischen Schulden das Geld nie werde zurückzahlen können. Im Falle der zu erwartenden Zahlungsunfähgikeit hätte dann der US-Steuerzahler für den riesigen Kredit einstehen müssen.

Offiziell sollte der Finanztransfer dazu dienen, daß der Irak endlich landwirtschaftliche Produkte kaufen konnte. Natürlich war das ein reines Ablenkungsmanöver, denn jeder, der Augen im Kopf hatte, wußte, daß SADDAM die fünf Milliarden prompt in Waffen umsetzen würde.[214] Ironischerweise waren das genau jene Waffen, die später die UNO-Inspekteure bei ihren Kontrollen finden würden. Doch das ist eine andere Geschichte.

Im November 1989 genehmigte das Weiße Haus also die Bankanleihen für den Irak. Mehr als eine Expertise warnte die BUSH-Regierung ausdrücklich davor, daß der Irak das Geld für Kriegszwecke benutzen würde, aber der Präsident und seine Berater ließen sich nicht irremachen und beharrten auf ihrem Kurs. Als besonders makaber sollte sich in diesem Zusammenhang die Tatsache erweisen, daß einige Tranchen der Kreditsumme dafür verwendet wurden, um jene Giftgasbestände einzukaufen, mit denen später Dörfer in den Kurdengebieten belegt wurden.[215] Der Löwenanteil des Giftgases wurde von den Cardeon Industries in Chile produziert. Das Unternehmen ist nichts anderes als eine Zweigstelle der CIA.[216]

Es zeigte sich auch, daß amerikanische Beamte Technologie-Listen manipuliert hatten, die dem Kongreß vorgelegt wurden, der die Genehmigung für Exporte an den Irak erteilen mußte. Rodney STICH schreibt dazu: »Beweise enthüllen, daß Präsident BUSH entschlossen war, den Irak aufzurüsten, um ihm einen Angriff auf seine Nachbarstaaten zu ermöglichen.«[217] Und weiter: »Eines der aufgetauchten Dokumente, die das Weiße Haus eindringlich davor warnten, daß der Irak insgeheim Technologien, die von den USA zur Verfügung gestellt wurden, benutzte, um seine chemischen, nuklearen, biologischen und ballistischen Raketenkapazitäten auszubauen, wurde von Staatssekretär James A. BAKER verfaßt.«[218]

Das Magazin *Spotlight* konnte die langjährige Verwicklung einiger hochrangiger US-Politiker in die heimliche Aufrüstung des Irak anhand überzeugender Beweise dokumentieren. So schrieb das Magazin beispielsweise in ihrer Ausgabe vom 9. November 1992 über die unheilvolle Rolle Henry KISSINGERS:

»Schon 1984 waren Kissinger Associates [Teilhaber] in ein Arrangement involviert, bei dem es darum ging, einige Bankanleihen an den Irak weiterzuleiten, um dessen Rüstungsanschaffungen zu finanzieren. Für diese Finanzierung stand eine kleine, kaum bekannte Filiale der Firma Fiat bereit. Der Bericht bezog sich auf einen vertraulichen Report, der vom ›Centre Des Etudes Transatlantiques‹ (CETRA) für die Wirtschafts-Planungsgruppe der EU vorbereitet wurde. Es ging dabei um eine Abmachung der Kissinger Associates, die den Verkauf von fünf Millionen Minen und anderem Kriegsmaterial an den Irak einschloß. Die BNL wurde für diese Transaktion benutzt. Damals wurden eine Milliarde Dollar durch sie hindurchgeschleust. Zur gleichen Zeit wurden die amerikanischen Steuerzahler mit Milliarden belastet, um die Waffenkäufe beider Seiten des Irak-Iran-Kriegs zu finanzieren. Interessanterweise wurden Präsident BUSHS Nationaler Sicherheitsberater, Brent SCOWCROFT, sowie Lawrence EAGLEBURGER von der Kissinger Associates gesponsert. SCOWCROFT fungierte als Nationaler Sicherheitsberater unter BUSH, während EAGLEBURGER Staatssekretär war.«

Weiter heißt es in der *Spotlight*-Berichterstattung: »Die Angaben der CETRA beweisen die geplanten Machenschaften bei der Finanzierung und Unterstützung von kriegswichtigen Lieferungen an den Irak. Diese wurde von den KISSINGER Associates eingefädelt, lange bevor die Filiale der BNL in Atlanta involviert wurde.«[219]

Auch der Journalist John Connolly recherchierte und stieß auf brisante Zusammenhänge. Er veröffentlichte einige Ergebnisse seiner Nachforschungen im *Spy Magazine*. Ihm zufolge fungierte als wichtige Schaltstelle bei der klammheimlichen Hochrüstung der Iraker die Wackenhut Corporation. Sie lieferte die für die Herstellung von chemischen Waffen nötigen Komponenten an Bagdad. Genau diese Chemiewaffen waren es, die sowohl Bush sen. als auch Bush jr. gebetsmühlenhaft breittraten, um einen Grund für Saddams Beseitigung zu haben. John Connolly wörtlich: »Nach einer sechsmonatigen Untersuchung, bei der wir mit mehr als 300 Leuten sprachen, glauben wir zu wissen, daß der [Wackenhut-]Lastwagen Geräte enthielt, die nötig sind, um chemische Waffen herzustellen, und wohin dieser [im Winter 1990] fuhr: in Saddam Husseins Irak. Der Wackenhut-Konzern – eine öffentliche Handelsfirma mit starken Verbindungen zur CIA und Regierungsverträgen im Wert von 200 Millionen Dollar im Jahr – ging auf Nummer sicher, daß Saddam Hussein seine Geräte in einwandfreiem Zustand erhielt.«[220]

Der Zeitpunkt dieser Geschäftsaktion ist bedeutsam und nicht ohne einen widerlichen Beigeschmack: Winter 1990/91. Der irakische Einmarsch in Kuwait lag erst wenige Monate zurück, und offiziell herrschte in Washington eine Sprachregelung, der zufolge Saddam mindestens so schlimm wie Hitler war. Trotzdem bekam Saddam, was er wollte – Gerätschaften zur Herstellung chemischer Massenvernichtungswaffen. Allein dieser Coup mußte ihn in der Annahme bestärken, die USA stünden trotz allem fest zu ihm und würden ihn zumindest nicht angreifen. Hinzu kam, daß George Wackenhut ein persönlicher Freund von US-Präsident Bush sen. war, der die Wahlkämpfe des Bush-Clans immer großzügig gesponsert hatte. Henry Kissinger war bei alledem nur noch das ausführende Organ. Er ließ es sich nicht nehmen, die Finanzierung der Waffenlieferungen durch eine kaum bekannte Filiale von Fiat zu arrangieren.[221]

Wie sehr die Bush-Administration bemüht war, den Irak auf ›kritisches‹ Niveau hochzurüsten, stand seinerzeit sogar in der hochangesehenen *Washington Post*. In einem ausführlichen Beitrag des Blattes wurden Handelsunterlagen erwähnt, die dem Kongreß übergeben worden waren – fünfzehn Tage, ehe der Irak am 2. August in Kuwait einmarschierte. Der Artikel bestätigt, daß die Bush-Regierung Lizenzen im Wert von 4,8 Millionen Dollar für modernste Technologieprodukte an den Irak verkaufte. Diese Handelspolitik wurde nicht nur bis einen Tag vor der Invasion Kuwaits fortgesetzt, als das Weiße Haus leistungsfähige Datenübertragungsgeräte im Wert von 695 000 US-Dollar an Bagdad verkaufte,[222] sondern bis in den Winter 1990/91. Ein schlagkräftigerer Beweis für das doppelte Spiel Washingtons läßt sich kaum denken. Denn Präsident Bush verfügte aus den zahlreichen Geheimdienstquellen längst über hinreichende Informationen, wonach die Iraker im Begriff standen, in Kuwait einzurücken. Nichtsdestoweniger hielt er die Unterstützung für Saddam noch bis zum Tag des Überfalls aufrecht. Sogar gemeinsame irakisch-amerikanische Manöver gab es noch bis kurz vor dem Einmarsch in Kuwait. Alles zusammengenommen, ist nur ein Schluß möglich: Saddam sollte bis zuletzt in dem Glauben bleiben, Amerika stehe verläßlich an seiner Seite.

## Saddam, George Bush und die CIA: mafiöse Netze im Schatten der offiziellen Politik

Saddam Hussein war ein uralter Zögling der CIA und der US-Politik. Erstmals von sich reden gemacht hatte Saddam schon im Oktober 1959, als er als Achtzehnjähriger zusammen mit anderen Terroristen einen Anschlag auf den damaligen irakischen Staatspräsidenten Kassem verübte. Das Attentat mißlang, Saddam floh über Syrien nach Beirut in die britische Botschaft, doch die Engländer wußten anscheinend nicht, was sie mit dem jugendlichen Attentäter anfangen sollten, und vermittelten ihn an die US-Botschaft weiter. Der Kontakt mit der CIA kam schnell zustande, sie übernahm Saddams Ausbildung. Außerdem redeten ihm die Geheimdienstler ein, daß er im Falle eines neuerlichen Putschversuches in seiner Heimat voll auf die Hilfe der CIA rechnen könne.

1963 war es soweit. Diesmal war Saddam erfolgreich. Tatsächlich signalisierten die USA und Großbritannien dezent ihre Unterstützung, hatte es der irakische Staatspräsident Aref doch gewagt, die Banken, Versicherungen und mehr als 30 Unternehmen zu verstaatlichen.[223] Seither haben zahlreiche Nahost-Experten wie Patrick Seale, Hanna Batatu, Muhammad Heikal, Marion und Peter Sluglett, Heather Deegan und Kassems ehemaliger Informationsminister Ismael Aref immer wieder bestätigt, daß der Putsch von 1963 ebenso wie derjenige von 1968 zum Gutteil auf das Konto der CIA ging. Die CIA lieferte sogar die schwarzen Listen für die unvermeidlichen Säuberungsaktionen unter Saddams Putschisten. Die Opfer des Umsturzes wurden auf 5000 geschätzt. »Entgegen allen Vorschriften offenbarte das US-Außenministerium Stunden, nachdem die Rebellion begonnen hatte, die Komplizenschaft der CIA am Coup, lange bevor das Resultat gegen Kassem sicher war. Es gab seinem Geschäftsträger in Bagdad die Anweisung, mit den Rebellen Verbindung aufzunehmen und ihnen Anerkennung auszusprechen.« Das damalige Mitglied des Sicherheitsrats Robert Komer berichtete an John F. Kennedy: »Der Coup ist ein Vorteil für unsere Seite.« James Akins, damals politischer Attaché in Bagdad, stimmte dieser Beurteilung zu: »Aufgrund des ba'athistischen Coups erfreuen wir uns besserer Beziehungen zum Irak.« Noch deutlicher wurde der irakische Innenminister Ali Saleh Sa'adi, der die Machtergreifung des Jahres 1968 mit der Feststellung kommentierte: »Wir kamen durch das CIA-Gefolge an die Macht.«

Der tiefere Grund für den Umsturz war einfach: KASSEM und AREF hatten es gewagt, die Ölindustrie des Landes zu verstaatlichen. Als KASSEM durch den brutalen Putsch beseitigt wurde, kamen die Ölfirmen wieder zurück - Shell, BP, Bechtel, Parsons, Mobil und andere - und nahmen ihr Ölgeschäft wieder auf.[224]

SADDAM HUSSEIN wurde schnell zum idealen Geschäftspartner der Amerikaner. Der Chicagoer Journalist Sherman SKOLNICK fand in geheimen Gerichtsdokumenten Hinweise, wonach George BUSH sen. und SADDAM HUSSEIN 250 Milliarden Dollar in Form von Golföl-Rückzahlungen (*Kickbacks*) aufgeteilt hatten, die durch die skandalträchtige BCCI-Bank transferiert wurden. SKOLNICK: »Dies sind keine Transaktionen von Regierung zu Regierung. Dies sind private Transaktionen zwischen BUSH als Individuum und SADDAM als Individuum - Transaktionen im Wert von Milliarden von Dollars... Der Fall wurde unter der Bezeichnung ›Fall Nr. 90 C 6863, Governors of the Federal Reserve System‹ aufgearbeitet.« Die SKOLNICK vorliegenden Dokumente lassen erkennen, daß private Transaktionen im Umfang von 250 Milliarden Dollar in Sachen Ölgeld von der gesamten Golfregion an SADDAM HUSSEIN gezahlt wurden. Zehn lange Jahre war SADDAM der große Geldeintreiber am Persischen Golf. Die OPEC-Ölproduzenten mußten stattliche 25 Prozent der von den westlichen Ölfirmen gezahlten Summen an SADDAM bezahlen, und das Geld ging durch die Federal Reserve Bank in den USA. Es gab mehr als eine Billion Dollar für den Wert des Öls, das zwischen 1980 und 1990 vom Golf in den Westen verschifft wurde. Aus diesen Öl-Geschäften erhielt SADDAM HUSSEIN Rückzahlungen in der gigantischen Höhe von 250 Milliarden Dollar, die von BUSH sen. und jenen Ölfirmen arrangiert wurden, die wiederum mit BUSH [der damals Chef von Pennzoil war] verbunden waren. SADDAM teilte diese Rückzahlungen der Ölfirmen mit George BUSH und anderen. Ein klarer Fall von illegaler Vorteilsnahme.[225]

Daß SADDAM damals Amerikas ›bevorzugter‹ Tyrann war, stand sogar in einer späteren offiziellen Stellungnahme der US-Regierung zu lesen. Sie fiel etwas vulgär aus, denn ein Regierungsmitglied drückte sich in der Angelegenheit recht drastisch aus: »Wir wußten, daß SADDAM HUSSEIN ein Hurensohn ist, aber er war unser Hurensohn.«[226] Vor allem sollte er sich als beliebig einsetzbarer strategischer Trumpf erweisen.

## Washingtons Griff nach dem irakischen Erdöl

Es ging bei allem, was sich in den letzten dreißig Jahren zwischen Washington und Bagdad abspielte, immer ums Erdöl. Das zeigt auch ein wichtiges Ereignis, über das die etablierten Medien bis heute eisernes Schweigen bewahren. Im Juni 1989 reiste eine hochrangige Delegation des amerikanisch-irakischen Wirtschaftsforums auf Einladung Saddam Husseins nach Bagdad. Der Delegation gehörten u. a. Alan Stoga von der bereits erwähnten Beraterfirma Kissinger Associates an, außerdem Vorstandsmitglieder von Bankers Trust, Mobil Oil, Occidental Petroleum sowie anderen multinationalen US-Firmen. Bei den Gesprächen in Bagdad ging es um das Projekt des Badusch-Staudamms. Dabei handelte es sich um ein gewaltiges Bewässerungsprojekt, das auf eine Investitionssumme von 40 Milliarden Dollar veranschlagt wurde und das den Irak innerhalb von fünf Jahren von allen Nahrungsmittelimporten unabhängig gemacht hätte. Bis zu diesem Zeitpunkt war das Land auf teure Lebensmittelimporte angewiesen.

Überdies hatte der Irak die amerikanischen Gesellschaften eingeladen, in einen großen petrochemischen Komplex, Düngemittelbetriebe, ein Stahlwerk und ein Fahrzeugwerk zu investieren, um so die Entwicklung des Landes zu fördern. Die Amerikaner wollten aber nicht darauf eingehen. Sie bestanden vielmehr darauf, Saddam müsse zuerst seine Staatsschulden in Ordnung bringen und zu diesem Zweck seine nationale Ölindustrie mindestens zu einem großen Teil ›privatisieren‹. Saddam lehnte ab.

Daß es die US-Geschäftsleute auf die irakischen Ölreserven abgesehen hatte, kam nicht von ungefähr. Denn Untersuchungen hatten ergeben, daß im irakischen Wüstensand die ergiebigsten Ölreserven der Welt lagerten (nur die in der Sowjetunion vermuteten sollten noch größer sein). Der einzige Fehler der irakischen Vorkommen bestand darin, daß sie sich noch nicht unter amerikanischer Kontrolle befanden. Die Gespräche im Juni 1989 scheiterten, und eine der Folgen war, daß ein Kredit, den Präsident Bush sen. bereits zugesagt hatte und der ein Volumen von 2,3 Milliarden Dollar haben sollte, kurzerhand einbehalten wurde. Die Auswirkungen waren verhängnisvoll. Denn die Sperrung des wichtigen Kredits ausgerechnet zu einem Zeitpunkt, da das Land ohnehin praktisch pleite war, bedeutete, daß Bagdad Anfang 1990 plötzlich und unerwartet von allen westlichen Bankkrediten abgeschnitten war. Dies mußte unweigerlich dazu führen, daß sich die Wirtschaftskrise verschärfte.[227]

George Schultz war Ende der achtziger Jahre ein gutinformierter Insider der Washingtoner Szene. Offenbar wußten Leute wie Schultz schon damals mehr als andere, gerade was die Zukunft des Irak anging. Schultz hatte seinerzeit einen Posten beim Bechtel-Konzern inne, einem multinationalen Konstruktionsgiganten, der im Irak Geschäfte machte. Im Frühjahr 1990 riet Schultz seinem Unternehmen, sich lieber aus dem Irak zurückzuziehen: »Ich sagte, etwas wird im Irak ziemlich schiefgehen, und wenn Bechtel dann dablieb, würde es ebenfalls in die Luft fliegen. Deswegen riet ich ihnen, abzuziehen.«

Nun kann ein multinationaler Konzern wie Bechtel, der mit seinen Aufträgen im Irak Millionenumsätze machte, diese nicht Hals über Kopf in den Sand setzen und seine Präsenz an einem wichtigen Geschäftsstandort nicht kurzfristig beenden. Es sei denn, man verfügt über hieb- und stichfeste Informationen. George Schultz verfügte offenbar über solche Informationen, denn Bechtel hätte sich niemals aus dem gewinnträchtigen irakischen Markt zurückgezogen, wenn es nicht triftige Gründe dafür gegeben hätte.[228] Schultz hatte bereits unter Reagan wichtige Posten innegehabt, deshalb konnten die Bechtel-Chefs sicher sein, daß man sich auf seine Winke verlassen konnte. Der Konzern stammte ursprünglich aus San Francisco und machte sich unter anderem als ›global player‹ im Chemie- und Atomkraftwerksbau einen Namen. Mitte der achtziger Jahre stieg Bechtel dann in das lukrative Geschäft mit den Irakern ein, indem der Konzern Saddams Kriegsmaschine mit B- und C-Waffentechnologie versorgte. Geliefert wurde sogenannte Dual-Technologie, das heißt, die gelieferten Komponenten ließen sich sowohl für zivile als auch für militärische Zwecke verwenden. Von militärischer Bedeutung war beispielsweise, daß sich mit den Bechtel-Maschinen Munition, Ersatzteile und elektronische Bauteile herstellen ließen; letztere sind zum Bau von Panzern, Kampfflugzeugen und Raketen unentbehrlich.

Unmittelbar vor dem Golfkrieg schloß sich Bechtel auch noch mit dem Chemieriesen ASEA Brown-Boveri zusammen, um ein milliardenschweres Chemiewerk außerhalb von Bagdad aus dem Boden zu stampfen. Kennern der Materie war diese Anlage unter der Bezeichung ›Petrochemical Complex II‹ bekannt. Die Iraker mußten an den gelieferten Anlagen nur ein klein wenig herummanipulieren, und schon hatte Saddam eine produktionsbereite Senfgasfabrik.

Bechtel fungierte in jenen Jahren offenbar geradezu als Sammelbecken dubioser Hintergrund-Drahtzieher. Denn nicht nur war George Schultz während der Reagan-Ära Konzernchef gewesen; auch Reagans Verteidigungsminister Caspar Weinberger hatte bei Bechtel den Posten eines Hauptanwalts (General Counsel) bekleidet.[229]

## Kuwaits Wirtschaftskrieg gegen den Irak (1990)

Im Jahre 1988 kam es zwischen Kuwait und dem Irak zu fortschreitenden Spannungen wegen der gemeinsamen Grenze. Nur einen Tag nach dem Ende des Ersten Golfkrieges, am 8. August 1988, brach Kuwait den OPEC-Vertrag, indem es seine Erdölproduktion drastisch steigerte. Dies betraf vor allem das zwischen Bagdad und Kuwait umstrittene Ölfeld von Rumeila, das als Grenze zwischen beiden Ländern angesehen wurde. Der Publizist Martin Petrosch hielt jedoch schon sehr früh die Tatsache fest, daß die

Ölvorkommen aus den Rumeila-Lagerstätten, die in den späten sechziger Jahren entdeckt worden waren, »zu 98 Prozent auf irakischem Territorium [liegen], nur etwa zwei Meilen reichen auf kuwaitisches Gebiet«.[230]

Der erste Golfkrieg bescherte dem Irak eine riesige Verschuldung, die sich vor dem 2. August 1990 auf mindestens 80 Milliarden Dollar belief. Dies war fast das Doppelte des Bruttosozialprodukts (1989), doch zu dieser Summe kamen noch die astronomischen Kriegskosten aus dem ersten Golfkrieg hinzu, die sich auf sage und schreibe 230 Milliarden Dollar für den Wiederaufbau im Lande beliefen. Der Irak gab rund 23 Milliarden Dollar pro Jahr im Ausland aus. Davon entfielen drei Milliarden auf die Anschaffung von Lebensmitteln, neun Milliarden auf Importe, fünf Milliarden auf Rüstungsgüter, fünf Milliarden auf den Schuldendienst und eine Milliarde auf die Arbeitsleistung von Ausländern. Aus den Öleinkünften erhielt Bagdad 13 Milliarden Dollar; der Irak verschuldete sich also jährlich mit zehn Milliarden zusätzlich, ehe an den Wiederaufbau des Landes auch nur gedacht werden konnte.[231]

Um die bedrohliche finanzielle Situation zu entschärfen und neue Kredite aufzutreiben, bereiste der irakische Vizepremier Saadun HAMADI die Golfstaaten. Er wies auf den Verfall des Ölpreises hin, nachdem die OPEC auf Drängen Kuwaits seit Sommer 1988 dreimal die Förderquoten erhöht hatte. Aus der Sicht Bagdads bedeutete das Vorgehen Kuwaits eine Provokation, ja einen glatten Verrat. Denn das zusätzliche Öl vergrößerte die ohnehin schon vorhandene Überproduktion und führte zu massiven Preisstürzen auf dem Weltmarkt. Tatsächlich fiel der Rohölpreis infolge der kuwaitischen Ölpolitik von 21 auf 11 Dollar. Allein dadurch sanken die Einnahmen der Iraker, die zu über 90 Prozent auf Erdölexporte angewiesen waren, um 14 Milliarden Dollar.

Doch damit gaben sich die Kuwaiter noch nicht zufrieden. Im März 1989 verlangten sie eine weitere Erhöhung ihrer OPEC-Quote um ungeheuerliche 50 Prozent. Zwar wurde diese Forderung im Juni von der OPEC zurückgewiesen. Doch den kuwaitischen Ölminister Scheich Ali AL-KHALIFA veranlaßte dieser Schritt seiner Kollegen nur zu der Ankündigung, sein Land werde sich fortan überhaupt nicht mehr an die festgelegten Ölquoten halten und ab sofort zwei Millionen Barrel pro Tag fördern.[232] Das Autorenduo Pierre SALINGER/Eric LAURENT erwähnt in diesem Zusammenhang die Drohung der Kuwaitis, die strittigen Ölfelder von Rumeila stärker auszubeuten, was für den Irak unannehmbar war: »Dem Land drohte regelrecht der Erstickungstod.«[233]

Als der irakische Gesandte HAMMADI von einer Verlautbarung des kuwaitischen Erdölministers nach Bagdad zurückkehrte, mußte er einräumen, daß das Nachbarland die hochgeschraubten Förderquoten bis Oktober 1990 beibehalten werde. Dies bedeutete eine zusätzliche Bürde für den Irak, die kaum tragbar war. Die jährlichen irakischen Öleinnahmen beliefen sich auf 9,5 bis 10 Milliarden Dollar. Diese Zahlen ließen Bagdad nicht den geringsten Spielraum, um den Verbindlichkeiten gegenüber Kuwait nachzukommen. Der Bankrott schien unausweichlich. Diese Zwangslage konnte auch nicht durch die maximale Ölförderung aller irakischen Lagerstätten ausgeglichen werden, ganz abgesehen davon, daß dies ebenfalls eine Überschreitung der OPEC-Quoten bedeutet hätte.

Die irakischen Einnahmen lagen im Jahr etwa bei 13 Milliarden Dollar, denen Ausgaben in Höhe von ungefähr 24 Milliarden Dollar gegenüberstanden. Die Auslandsschulden lagen bei ungefähr 100 Milliarden Dollar. Das Gebot der Stunde war der Wiederaufbau des Landes, doch dieser, schätzten westliche Ökonomen, würde 20 Jahre dauern, auch dann, wenn der ganze Ölreichtum dafür verwendet würde.[234] Vor Ausbruch des Krieges mit dem Iran war Saddam suggeriert worden, der Waffengang würde allenfalls vier oder fünf Tage dauern. Tatsächlich hatte das Ringen acht Jahre lang gedauert. Die Kosten dafür waren auch nicht annähernd kalkulierbar.

Der Krieg, den Bagdad gegen die Teheraner Mullahs führte, lag auch im kuwaitischen Sicherheitsinteresse. Das hinderte die Kuwaitis allerdings nicht daran, ihre Grenzen stillschweigend nach Norden zu verschieben und 900 Quadratmeilen Landes zu besetzen - inklusive des Ölfeldes von Rumeila -, das dem Irak gehörte. Mit Hilfe einer speziellen Schrägbohrtechnologie, die das amerikanische Bohrtechnik-Unternehmen Santa Fe Drilling Corporation geliefert hatte, konnten die Kuwaitis auch Öl aus jenen Lagerstätten abpumpen, die unbestritten auf irakischem Gebiet lagen. [235] »Der spezielle Punkt, der den Irak gegen Kuwait aufbrachte, waren illegale Schrägbohrungen, die die Scheichs über das eigene Territorium hinaus betrieben. Durch das Anzapfen des nachbarlichen Ölfelds konnte das Emirat jährlich sechs Milliarden Dollar zusätzlich einnehmen, Summen also, die Bagdad im gleichen Moment verlorengingen.«[236] Auf dem Höhepunkt des Irak-Iran-Krieges ging die Unverfrorenheit der Kuwaitis dann so weit, daß sie dieses Öl an die irakischen Kunden verkauften, die Bagdad wegen des Krieges nicht selbst beliefern konnte.[237]

Heikel waren an den kuwaitisch-irakischen Beziehungen aber nicht nur der fortgesetzte Ölraub und die chronische Überproduktion der Kuwaitis, die die irakischen Erlöse drückte. Bagdad beschuldigte das kleine Nachbarland außerdem, es unterhalte Militärposten auf irakischem Territorium; außerdem hätten die Kuwaitis schon seit dem Jahre 1980 irakisches Öl im Gegenwert von mehr als 2,4 Milliarden Dollar aus den Ölfeldern von Rumeila abgezweigt.

Said Aburish merkt dazu an: »Kuwaits Maßnahmen wurden als Eingriff in die Souveränität des Irak angesehen und hätten das Staatseinkommen um runde 4 Milliarden Dollar jährlich reduziert. Eine derartige Entwicklung hätte den finanziellen Zusammenbruch für das Land bedeutet und untergrub das Ansehen Saddam Husseins bei seinem Volk.«[238]

Für Mißhelligkeiten zwischen beiden Ländern sorgten aber auch die fortgesetzten kuwaitischen Zahlungsaufforderungen wegen der Hilfeleistungen im Golfkrieg. Bagdad versuchte, die Angelegenheit auf sich bewenden zu lassen, und interpretierte die erste Mahnung aus Kuwait als bloße Formsache. Als die Kuwaitis aber hartnäckig blieben und ihr Geld zurückforderten, reagierte die irakische Seite mit der wahrheitsgemäßen Auskunft, daß kein Geld vorhanden sei. Dennoch bestanden die Kuwaitis auf der sofortigen Rückzahlung von immerhin acht Milliarden Dollar und setzten sich mit der Lloyd's-Bank in London in Verbindung, um die irakische Schuldverschreibung in voller Höhe zu kassieren.

Hätten die Kuwaitis damit Erfolg gehabt, wäre es für Bagdad unmöglich geworden, weitere dringend benötigte Gelder auf dem internationalen Markt aufzutreiben. Den Löwenanteil seiner Verpflichtungen schuldete der Irak den Saudis und Kuwait. Tatsächlich hatten die Kuwaitis während des Krieges 13 Milliarden Dollar an Bagdad überwiesen, nachdem die islamische Revolution im Iran indirekt auch Kuwait bedroht hatte. Saudi-Arabien hatte sogar 22 Milliarden Dollar,[239] einer anderen Quelle zufolge sogar 30 Milliarden Dollar,[240] auf Saddams Konten überwiesen. Doch im Gegensatz zu den Saudis verlangten die Kuwaitis ihr Geld zuzüglich der angefallenen Zinsen zurück.[241] Ihre Rückforderungen wurden übrigens nicht nur in Bagdad als Provokation empfunden. Es war allgemein bekannt, daß die Iraker für Wohlstand und Sicherheit der übrigen Golfstaaten bluteten, während die Kuwaitis gleichzeitig das höchste Pro-Kopf-Einkommen der Welt genossen. Zu allem Überfluß stieß Kuwait die Iraker kurz nach dem ersten Golfkrieg auch noch vor den Kopf, indem es den iranischen Außenminister Velayati in aller Heimlichkeit zu einem Besuch einlud; außerdem wurden die Kontakte zur CIA intensiviert.[242] Dieser Kurswechsel kam für die gesamte Region ziemlich überraschend, hatten die Kuwaitis doch seit der islamischen Revolution stets eine strikt anti-iranische Position und gleichzeitig immer Distanz zu den Vereinigten Staaten gewahrt. Wenig später verstiegen sie sich sogar dazu, der irakischen Zivilluftfahrt die Überflugrechte über kuwaitischem Territorium zu sperren.[243]

Die Situation wurde dadurch noch verkompliziert, daß der irakische Zugang zum Golf durch die beiden kuwaitischen Inseln Bubiyan und Wahhab blockiert ist. Kuwait unternahm nichts, um die Inseln auszubauen, während die Iraker rund eine Milliarde Dollar investiert hatten, um die Häfen von Umm Qasr und Khor Zubair in der Nähe der beiden Inseln auszubauen.

Es gab mithin ein ganzes Bündel ungelöster Probleme, als Saddam zwei Wochen nach dem Ende des Golfkriegs, am 7. August 1988, seinen Innen-

Der Lieblingsfeind der REAGAN-Administration: Revolutionsführer Moammar GADDAFI.

*REAGANS letzter Coup vor seinem Abgang 1986: der Überfall auf GADDAFIS Libyen. Oben rechts: Bombenopfer in Tripoli. Unten:* Spiegel-*Karte des Unternehmens.*

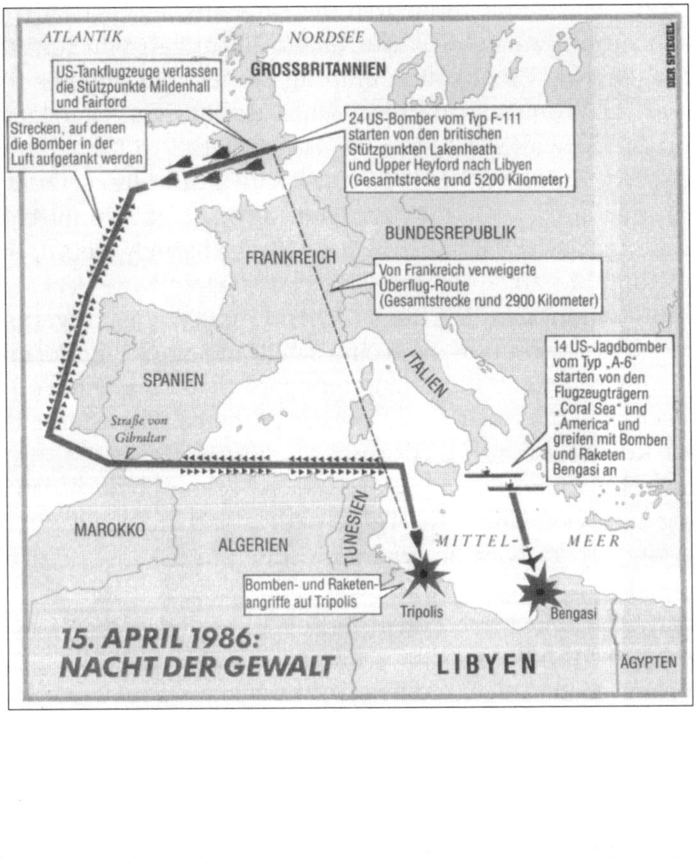

*Die Golfkrise: Am 6. 8. 1990 beschloß der Sicherheitsrat der Vereinten Nationen Sanktionen gegen den Irak. Zur Einhaltung der Sanktionen brachten die USA innerhalb von 2 Monaten 2000 Panzer, 1000 Hubschrauber, 700 Kampfflugzeuge und 50 Kriegsschiffe in die Golfregion. Das war die ›Operation Wüstenschild‹. Obige Karte zeigt die Kräfteverhältnisse im Mittleren Osten – Stand August 1990.*

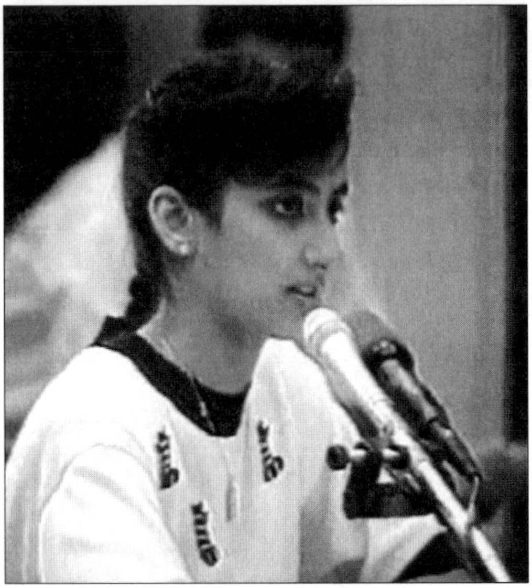

*Sie spielte eine entscheidende Rolle: ›Nayirah‹, eigentlich die Tochter des kuwaitischen Botschafters in den USA. ›Nayirahs‹ Schilderung vom angeblichen Babymord in Kuwait-City landete auf Platz vier der VNR-Hitliste für das Jahr 1990 und erreichte 35 Millionen Zuschauer. Ein Kriegsgrund war gefunden.*

*MUBARAK und SADDAM HUSSEIN 1990. Verhielt sich der proamerikanisch eingestellte ägyptische Präsident gegenüber seinem arabischen ›Kollegen‹ loyal?*

*1. 8. 1990: Nachdem Saddam über Botschaferin A. Glaspie sozusagen einen Blankoscheck von den USA bekommen hat, rollen irakische Panzer in Kuwait-Stadt.*

minister Samir Abdul WAHHAB nach Kuwait schickte, um Gespräche zur Lösung der Grenz-, Insel-, Öl- und Schuldenfragen einzuleiten. Dies war zweifellos eine Geste des Entgegenkommens, denn die Kuwaitis selbst hatten jahrelang eine Lösung des Grenzproblems angemahnt, hatte Bagdad Kuwait doch niemals als souveränen Staat anerkannt. Um so größer war die Überraschung, als der irakische Minister jetzt in Kuwait auf völliges Desinteresse stieß.[244]

Die Iraker unternahmen mindestens drei ernsthafte Versuche, um ihre Grenzstreitigkeiten mit den Kuwaitis beizulegen. Der letzte fand noch im Mai 1990 auf der Konferenz arabischer Staatsoberhäupter statt.[245] Allerdings wußte die irakische Seite nicht, daß hinter dem kuwaitischen Blockadekurs die Amerikaner standen. Washington wühlte hinter den Kulissen bereits nach Kräften, um die Spannungen zwischen beiden Nachbarländern zu verschärfen.[246] So bemühte sich Bagdad nicht nur erfolglos um einen Ausgleich mit den Kuwaitis, sondern mußte sich auch noch eine handfeste Brüskierung gefallen lassen. Im Juni 1990 bemühten sich die Iraker neuerlich um diplomatische Fortschritte, indem sie eine Konferenz der Regierungschefs von Irak, Kuwait, Qatar, den Vereinigten Arabischen Emiraten und Saudi-Arabien einberiefen. Die Kuwaiter verweigerten sich und empfingen statt dessen demonstrativ den iranischen Außenminister.

Noch immer gab Bagdad nicht auf. Einen Monat später, im Juli 1990, konnte auf der Konferenz in Jidda wenigstens eine regionale Abmachung über die Senkung der Ölförderquoten und die Anhebung der Preise erreicht werden. Aber nur eine Stunde später erklärte der kuwaitische Vertreter völlig überraschend, daß sich sein Land nur für drei Monate an die Vereinbarung halten würde. Unmittelbare Folge war ein krasser Kurssturz des irakischen Dinars um satte 50 Prozent. »Kuwait hatte dem Irak praktisch einen Wirtschaftskrieg erklärt.«[247]

Auf der Landkarte nimmt sich das Ölland Kuwait neben seinem irakischen Nachbarn wie ein Zwerg aus. Der kuwaitische Provokationskurs ergab denn auch nur dann einen Sinn, wenn man in Rechnung stellte, daß die Kuwaitis Rückendeckung von seiten einer stärkeren Macht erhielten. Die Spur führte nach Washington, und irgendwann mußten das auch die Iraker merken, zumal die Kuwaitis gar kein Hehl aus ihren Verbindungen machten. Der ehemalige MI 6-Agent John COLEMAN schreibt dazu: »Es gibt gute Gründe für die Annahme, daß der Streit zwischen dem Irak und Kuwait über das von den AL-SABAHS gestohlene Öl des Rumeila-Ölfeldes sowie die systematische Sabotage der irakischen Wirtschaft durch Verschleudern des gestohlenen Öls unterhalb der OPEC-Preise von der CIA in Verbindung mit den Kissinger-Associates betrieben wurde.«[248] Präziser drückt es der ehemalige CIA-Agent John STOCKWELL in seinem Buch *The Praetorian Guard – The U.S. Role in the New World Order* aus. Er kommt zu dem Schluß: »Die

CIA hatte den Irak mittels Kuwait systematisch destabilisiert, das kostete diesen Staat Territorium, Ölfelder und Milliarden Dollar an Einkommen.«[249]

Noch immer suchte die irakische Seite nach Wegen, um die Krise zu entschärfen. Sie machte einen neuerlichen Vorschlag, der den Kuwaitis außerordentlich weit entgegenkam. Bagdad verlangte zur Kompensation des gestohlenen Öls ein 99jähriges Pachtmandat über die Hälfte des Bubiyan-Ölfelds und die Entlassung Warbahs, eines weiteren Ölgebiets, in die Souveränität (der Besitz der beiden Ölfelder war von jeher ein Zankapfel zwischen den beiden Anrainern gewesen). Außerdem forderte Bagdad die Tilgung seiner Schulden und einen Kredit in Höhe von zehn Milliarden Dollar. Der Vorschlag schloß sogar die langersehnte Anerkennung der kuwaitischen Landesgrenzen durch den Irak ein.

Saddams Geduld war nicht grenzenlos. Deshalb konnte er es sich nicht verkneifen, seiner Offerte noch einige deutlichere Worte hinterherzuschikken: »Wenn Worte uns nicht mehr schützen können, dann haben wir keine andere Wahl, als zu Taten zu greifen, um unsere Rechte zu schützen.« Saddam hielt seine Rede am 17. Juli. Um ihr größeren Nachdruck zu verleihen, hatte er seine Truppen in Richtung der kuwaitischen Grenze in Marsch gesetzt.[250]

Das Gesprächsangebot aus Bagdad war eine reelle Sache. Recht viele andere Möglichkeiten, den drohenden Bankrott abzuwenden, gab es freilich auch nicht mehr. Kuwait war zu diesem Zeitpunkt eines der reichsten Länder der Welt, das Pro-Kopf-Einkommen seiner Bürger rangierte an der absoluten Weltspitze.[251] Außerdem gab es in Kuwait einen Reservefonds für künftige Generationen, der ein Volumen von mindestens 100 Milliarden Dollar hatte (nach einigen Schätzungen sogar 250 Milliarden) und der von der Kuwait Investment Authority mit Sitz in London verwaltet wurde. Allein die kuwaitische Herrscherfamilie, die Al-Sabahs, verfügten über ein Vermögen von fast 60 Milliarden Dollar. Unter dem Strich bedeuteten diese Zahlen, daß die kuwaitische Regierung, die faktisch gleichbedeutend mit der Herrscherfamilie Al-Sabah war, auf direktem oder indirektem Wege die unglaubliche Summe von 160 Milliarden Dollar kontrollierte. Hinzu kamen aber noch jährlich mehr als sechs Milliarden Dollar, die durch die kuwaitischen Investitionen im Ausland erwirtschaftet wurden – diese Summe überstieg sogar noch die Einkünfte aus den Ölverkäufen.[252] Alles zusammengenommen, war die irakische Forderung mehr als moderat. Die Kuwaitis hätten sie sozusagen aus der Portokasse begleichen können. Mehr noch: Sie hätten einen Krieg verhindern können und dabei nicht einmal Abstriche an ihrem Wohlstand hinnehmen müssen. Doch zu diesem Zeitpunkt waren die Würfel längst gefallen.

## Falsches Spiel: Kuwait und die USA vor dem Golfkrieg

Als sich die Lage am Golf im Sommer 1990 zuspitzte, zeigte sich bald, daß sich die Kuwaitis auf der sicheren Seite wußten. Sie setzten ostentativ auf die amerikanische Karte und ließen dies auch die Iraker wissen. Immer wieder deuteten kuwaitische Politiker auf den verschiedenen Krisengipfeln an, man habe »mächtige Freunde«. Auf dem Treffen in Jidda sagte Kuwaits Außenminister Scheich SABAH wörtlich: »Wir werden nicht [auf die Iraker] reagieren. . . Wenn es ihnen nicht gefällt, laßt sie unser Territorium besetzen. . . wir werden die Amerikaner herholen.«[253]

Das war eine Bestätigung aus höchstem Munde. Sie wiegt im Rückblick schwerer als die zitierten Äußerungen der beiden ehemaligen Geheimdienstler, denn sie lief auf eine glatte Provokation Bagdads hinaus. Gleichzeitig war nun kein Zweifel mehr daran möglich, daß Kuwait und die USA einen geheimen Wirtschaftskrieg gegen den Irak führten. Der Nahostexperte Milton VIORST unterstrich dies schon sehr früh in einem Artikel im *New Yorker*, in dem er Ali AL-BEDAH, einen kuwaitischen Geschäftsmann und pro-demokratischen Aktivisten, mit den Worten zitiert: »Ich glaube, daß die Königsfamilie ohne den Druck seitens der Amerikaner niemals Schritte unternommen hätte, um SADDAM zu provozieren.«[254] Auch der kuwaitische Politikwissenschaftler Dr. Mussama AL-MUBARAK kommt in VIORSTS Beitrag zu Wort und bestätigt die Wühlarbeit der ›mächtigen Freunde‹: »Ich weiß nicht, was die Regierung dachte, aber sie ist auf eine äußerst harte Linie eingeschwenkt, was mich vermuten läßt, daß die Entscheidungen nicht in Kuwait allein getroffen wurden. Ich nehme an, daß Kuwait sich in diesen Angelegenheiten ganz selbstverständlich mit Saudi-Arabien und Großbritannien abstimmt, ebenso mit den Vereinigten Staaten.«

VIORST sprach außerdem sowohl mit amerikanischen als auch mit kuwaitischen Regierungsmitgliedern. Der kuwaitische Außenminister Scheich Al-Salem AL-SABAH räumte freimütig ein, daß nach dem Ende des iranisch-irakischen Krieges US-General SCHWARTZKOPF zu regelmäßigen Besuchen nach Kuwait kam. AL-SABAH wörtlich: »SCHWARTZKOPF war einige Male hier, um sich mit dem Kronprinzen und dem Verteidigungsminister zu treffen. Es wurden Routinebesuche daraus, um die militärische Zusammenarbeit zu erörtern, und als die Krise mit dem Irak bereits ein Jahr schwelte, wußten wir, daß wir uns auf die Amerikaner verlassen können.« Diese Einschätzung wird auch von einer amerikanischen Quelle in Kuwait bestätigt: »SCHWARZTKOPF kam vor dem Krieg zu Besuchen hierher, vielleicht einige Male im Jahr. Er war ein politischer General, an sich etwas Ungewöhnliches. Er engagierte sich persönlich sehr stark und war mit allen Ministern in Kuwait praktisch per du.«[255] In den ersten fünf Monaten des Jahres 1990 stattete auch CIA-Chef William WEBSTER dem Emir von Kuwait drei Geheimbesuche ab.[255]

Ein Dokument, das später von irakischen Soldaten in Kuwait City entdeckt und sichergestellt wurde, beseitigte im nachhinein alle Zweifel an den konspirativen Absichten der amerikanischen und der kuwaitischen Machtelite. Das Dokument, datiert vom 22. November 1989, wurde weder von der kuwaitischen Exilregierung noch von der US-Regierung jemals dementiert. Es rückt die Ursachen der neuerlichen Golfkrise schlagartig in ein entlarvendes Licht. Glaubt man dem Journalistik-Professor Michael Emery, dann übergaben die Iraker das Dokument kurz nach dem Einmarsch in Kuwait der Presseagentur Reuter. Es handelte sich um einen Brief General FahdAhmed Al-Fahds, Sicherheitschef des Emirs, an den kuwaitischen Innenminister. In dem Brief berichtet der General, der bei der Einnahme von Kuwait City ums Leben kam, daß er selbst sowie ein weiterer kuwaitischer Sicherheitsbeamter in Übereinstimmung mit dem Emir »vom 12. bis 18. November das Hauptquartier der CIA besucht« hätten. Nachdem er betont hat, daß die USA »besonderen Wert auf absolute Geheimhaltung des Besuchs legten, um bei unseren Brüdern im Golfkooperations-Rat [Iran und Irak] keine Empfindlichkeiten aufkommen zu lassen«, führte der General acht Hauptpunkte an, in denen beide Seiten übereinstimmten und auf die man sich im Rahmen eines privaten Treffens mit CIA-Chef William Webster am 14. November verständigt habe.[257]

Nach der Zustimmung zu einer engeren Zusammenarbeit zwischen dem Kuwaiti State Security Department (KSSD) und der CIA schrieb der General an den Innenminister seines Landes. Diese Zusammenarbeit sah eine Hilfe der USA bei der EDV-Ausstattung der KSSD-Büros vor als Gegenleistung für Informationen über die »Bewaffnung und die sozialpolitischen Strukturen des Iran und Irak«.[258] Dieses wichtige Dokument wurde dem damaligen UN-Generalsekretär Perez de Cuellar vorgelegt. Es bestätigt das Zusammentreffen von Fahd Ahmed Al-Fahd, dem kuwaitischen Direktor der Staatssicherheit, und CIA-Chef William Webster und richtet sich wie gesagt an den Innenminister. Paragraph 5 des Memorandums lautet:

»Wir stimmen mit der amerikanischen Seite in der Einschätzung überein, daß es wichtig ist, von der Verschlechterung der wirtschaftlichen Lage des Irak zu profitieren, um Druck auf dieses Land auszuüben mit dem Ziel, eine gespannte Situation über den Grenzverlauf zu provozieren. Die CIA hat uns ihren Standpunkt über die geeigneten Mittel vorgetragen, diesen Druck aufrechtzuerhalten. Ihre Verantwortlichen haben uns gesagt, daß eine weitgehende Zusammenarbeit stattfinden müsse unter der Bedingung, daß diese Aktivitäten auf höchster Ebene koordiniert würden.«[259]

Aber der kuwaitische General berichtet noch mehr: Er erwähnt die Intensivierung der Zusammenarbeit zwischen dem Kuwaiti State Security Department (KSSD) und der CIA, die sich auch auf amerikanische Unterstützung bei der EDV-Ausstattung der KSSD-Büros erstreckt; letzteres als

Gegenleistung für kuwaitische Information über die »Bewaffnung und die sozialpolitischen Strukturen des Iran und Irak«.[260]

Der stellvertretende irakische Premierminister und Minister für Auswärtige Angelegenheiten, Tarik AZIZ, schickte das Dokument am 24. Oktober 1990 an den damaligen Generalsekretär der Vereinten Nationen, Perez DE CUELLAR. In seinem Begleitschreiben sprach AZIZ Klartext: »Dieses gefährliche Dokument beweist die zwischen dieser Regierung [Kuwait] und der Regierung der Vereinigten Staaten existierende Verschwörung, um die Situation im Irak zu destabilisieren. . . Es ist unvorstellbar, daß ein Regime wie jenes, das vordem in Kuwait an der Macht war, sich in ein Komplott dieses Ausmaßes gegen ein so großes und mächtiges Land wie den Irak einlassen konnte, ohne die Unterstützung und den Schutz einer Großmacht zu genießen. Diese Macht ist keine andere als die Vereinigten Staaten. . . Es handelte sich in Wirklichkeit um eine organisierte Verschwörung, an der sich die ehemaligen Herrscher Kuwaits mit Unterstützung der Vereinigten Staaten in der festumrissenen Absicht beteiligten, die Wirtschaft des Irak zu destabilisieren, seine Verteidigungsfähigkeit gegen die imperialistischen Pläne Israels und die Aggression der arabischen Welt zu untergraben. Dafür sollte das politische System des Irak ausgehöhlt und die Hegemonie der Vereinigten Staaten über die Region, insbesondere über die Ölressourcen, verstärkt werden.«[261]

Die CIA stritt die Authentizität des Dokuments natürlich ab und behauptete, über den Irak sei bei der Begegnung überhaupt nicht gesprochen worden.[262] Zahlreiche Experten sind dagegen von der Echtheit des Schriftstücks überzeugt. Auch der jordanische König hielt es für absolut authentisch, nachdem er den Brief am 19. Februar gelesen hatte.[263] Sogar die Teilnehmer der arabischen Verhandlungsdelegationen bei den Vereinten Nationen bestätigten indirekt die Authentizität seines Inhaltes, indem sie beichteten, »daß sich die Kuwaitis. . . mit Enthusiasmus an einer von westlichen Geheimdiensten gegen den Irak ins Leben gerufenen verdeckten Wirtschaftskampagne beteiligten«.[264] Selbst die *Los Angeles Times* wollte ihren Lesern nicht die Mär von einer Fälschung der Iraker auftischen und argumentierte völlig korrekt, daß der Inhalt noch viel krasser ausgefallen wäre, wenn die Iraker tatsächlich ihre Zuflucht zu einem gefälschten Dokument genommen hätten.[265]

Immerhin erklärt der Brief, warum die Kuwaitis auf SADDAMS Drohungen im Sommer 1990 so locker, ja geradezu provozierend reagierten. Zum Beispiel der kuwaitische Außenminister Scheich Sabah AHMED am 30. Juli 1990, also nur zwei Tage vor der irakischen Invasion, der auf einer Krisenkonferenz mit den Jordaniern alles andere als besorgt wirkte. Der Scheich wörtlich: »Wir werden nicht [auf den Irak] reagieren. . . Wenn dies ihnen nicht gefällt, laßt sie unser Land besetzen. . . Wir werden die Amerikaner mit ins Spiel bringen.«[266] Zu spät bemerkte der Scheich, daß er sich mit dieser Äußerung einen schlimmen Fauxpas geleistet hatte, und fügte rasch hinzu: »Nun, ihr wißt was an dieser Sache unangenehm ist. . ., es ist die israelisch-amerikanische Dimension.«[267]

Aber noch in derselben Woche konnte ein anderer Vertreter der kuwaitischen Herrscherfamilie, nämlich kein Geringerer als der Kronprinz, seinen Mund ebenfalls nicht halten. Er sagte unumwunden, daß man seit jeher alles über die amerikanischen Absichten wisse.[268] Und er habe seinen ranghöchsten Offizieren mitgeteilt, falls eine Invasion stattfände, sollten sie die Iraker für 24 Stunden aufhalten, denn dann kämen ohnehin die Amerikaner und andere ausländische Truppen und würden die Iraker wieder vertreiben.[269]

Es gibt noch weitere Zeugen für das amerikanisch-kuwaitische Komplott. Der kuwaitische Öl- und Finanzminister ließ nach dem Krieg die Äußerung fallen, die USA hätten Kuwait niemals im Stich gelassen, denn er selbst habe dafür gesorgt: »Wir wußten, daß die USA uns nicht den Irakern ausliefern würden. Ich verbrachte zuviel Zeit in Washington, um diesen Fehler zu machen, und erhielt ständige Besuche hier [in Kuwait]. Die amerikanische Politik war klar. Nur SADDAM verstand sie nicht.«[270]

Noch auf der Konferenz von Jidda am 31. Juli, die die Kuwaitis eigentlich als letzte Chance für eine friedliche Beilegung der Krise hätten begreifen müssen, benahmen sich die Kuwaitis den Irakern gegenüber auffallend trotzig und lehnten alle Vorschläge Bagdads ab. Das Gipfeltreffen geriet zum Fiasko, und die Kuwaitis provozierten die Delegation aus Bagdad am laufenden Band. Nichtsdestotrotz saß SADDAM HUSSEIN zur gleichen Zeit mit gepackten Koffern in Bagdad, jederzeit bereit, selbst nach Jidda zu fliegen. Da ließ der Emir von Kuwait drei Stunden vor Beginn des Treffens mitteilen, er werde die Reise nicht antreten und sich durch den Kronprinzen vertreten lassen. Auch dies war eine grobe Beleidigung, denn der Kronprinz war in der Regierungshierarchie eine vergleichsweise kleine Nummer. SADDAM interpretierte die neuerliche Wendung der Kuwaitis mit Recht als »tödliche Beleidigung«. Er entschied, gleichfalls nicht abzureisen, und schickte ebenfalls nur die Nummer Zwei seiner Regierung, Issat IBRAHIM, nach Jidda.[271]

Dem Journalistik-Professor Michael EMERY gelang es, an eine Kopie der offiziellen Einladung zur Jidda-Konferenz heranzukommen, die von König FAHD an den Emir von Kuwait geschickt worden war. Im Kopf der Einladung befand sich eine handgeschriebene Notiz des Emirs an den kuwaitischen Vertreter auf der Konferenz, Kronprinz Scheich SA'AD. Der kurze Vermerk gab Scheich SA'AD zu verstehen, auf Wünsche der Saudis oder der Iraker nach arabischer Solidarität nicht einzugehen. Außerdem hatte FAHD geschrieben, daß das Ignorieren der irakischen Forderungen und, als Konsequenz daraus, die Androhung einer Invasion durchaus im Sinne »unserer

Freunde in Washington, London und Ägypten« liege. Der Emir schloß mit den vielsagenden Worten: »Sei unerschütterlich in Deinen Gesprächen. Wir sind stärker, als sie denken. Ich wünsche Dir Erfolg.«[272]

Damit bestätigte sogar die oberste politische Führung des schwerreichen Öllandes, daß es eine handfeste Komplizenschaft zwischen Kuwait und den USA gegen den Irak gab.

Was das entlarvende Dokument vom November 1989 angeht, bleibt noch ein pikantes Detail nachzutragen. Als der kuwaitische Außenminister auf einer arabischen Gipfelkonferenz im August 1990 mit dem Schreiben konfrontiert wurde, fiel er in Ohnmacht. Nach dem Vorangegangenen liegt der Schluß nahe, daß dies nicht an der Konstitution des Ministers lag.[273]

Der entscheidende Schlüssel zur irakischen Invasion und damit zur Entfesselung des zweiten Golfkrieges lag in Kuwait. Das sollte sich auch durch die nachfolgenden Ereignisse bestätigen. Die kuwaitische Herrscherfamilie stand immer auf der sicheren Seite. Sie forderte den Übergriff der Iraker vorsätzlich heraus, mußte riskieren, daß das kleine Land innerhalb kürzester Zeit von den Truppen SADDAMS besetzt sein würde – und konnte sich dennoch ihrer Sache ganz sicher sein. Niemals hätte sie sich auf ein solches selbstmörderisches Abenteuer eingelassen, wenn Washington nicht längst weitreichende Garantien abgegeben hätte.

Der Fortgang der Ereignisse nach der irakischen Invasion hat dies hinreichend klar bestätigt. Einen der entlarvendsten Hinweise lieferte Jordaniens König HUSSEIN. Er sorgte für Aussehen mit der Aussage, er habe unmittelbar vor der irakischen Invasion, nämlich in derselben Woche, erfahren, daß der kuwaitische Kronprinz eine Reihe höherer Militäroffiziere zusammengerufen hatte, um ihnen ihre Aufgabe zu erklären. Sie sollten die Iraker 24 Stunden lang aufhalten, dann würden die Amerikaner und andere ausländische Streitkräfte kommen und die Lage wieder bereinigen.[274]

Es gibt aber noch weitere Indizien dafür, daß alles ein abgekartetes Spiel war: »Die Herrscherfamilie hatte vorher Bescheid gewußt und war mitsamt ihrem Rolls-Royce-Fuhrpark, ihren Juwelen und anderen Wertsachen außer Landes geflohen. Ein früherer Regierungsbeamter aus Kuwait bemerkte dazu im Londoner Exil mit Bitterkeit: ›Die CIA informierte die königliche Familie rechtzeitig, um außer Landes zu gehen. Aber die AL-SABAHS [die kuwaitische Herrscherfamilie; d. Verf.] vergaßen geflissentlich, das kuwaitische Militär von der bevorstehenden Invasion in Kenntnis zu setzen.‹«[275] ›Vergessen‹ ist in diesem Zusammenhang das falsche Wort. Heiko FLOTTAU bestätigt: »Obwohl die Irakis schon seit Wochen Truppen an den Grenzen Kuwaits konzentriert hatten, war die Hälfte der kleinen kuwaitischen Armee auf Urlaub, die andere Hälfte hatte keine Munition. . . So kam es, daß kaum Widerstand geleistet wurde und daß zu den ersten Flüchtlingen die SABAHS selber gehörten.«[276]

Man kann sich des häßlichen Verdachts nicht erwehren, daß die kuwaitische Armee von der eigenen Regierung ans Messer geliefert wurde. Denn die Staatsspitze war eingeweiht, und dennoch ließ sie es zu, daß die halbe Armee gar nicht erst antrat und die andere Hälfte keine Munition hatte. Es gibt nur eine Erklärung: Man sollte absolut sicher sein, daß die irakische Invasion gelang. Sie lag im höchsten Interesse Washingtons. Die kuwaitischen Streitkräfte durften sie schlechterdings nicht durch hinhaltenden Widerstand vereiteln. Kuwait war ein Geschenk auf dem Silbertablett.

Will man dem *ABC*-Korrespondenten John COOLEY Glauben schenken, dann war einer der Hauptgründe, warum sich der Emir und seine Familie rechtzeitig vor der irakischen Invasion in Sicherheit bringen konnten, ein ballonartiges Boden-Frühwarngerät. Dieses Gerät aus amerikanischer Fertigung wurde im ersten Golfkrieg zur Warnung vor anfliegenden Kampfflugzeugen verwendet. Am 2. August 1990 registrierte es den irakischen Vormarsch auf Kuwait.[277] Jetzt lief alles nach Drehbuch ab: SADDAM biß zu, nachdem ihn die amerikanische Geheimdiplomatie immer wieder darin bestärkt hatte, die ganze Angelegenheit sei eine ›innerarabische‹ und SADDAM solle sie so rasch als möglich aus der Welt schaffen. In Wirklichkeit hatten die Amerikaner Kuwait schon kurz nach dem iranisch-irakischen Krieg geheime Zusicherungen für den Fall eines irakischen Übergriffs gemacht[278] und unternahmen alles, eine Verständigung zwischen den beiden Nachbarländern zu torpedieren. Washington hatte sogar eigens ein Beraterteam nach Bagdad geschickt, das SADDAM dringend empfahl, der OPEC endlich höhere Ölpreise abzunötigen.[279] Am 2. August 1990, als die Panzer endlich rollten, ging die Rechnung auf.

## Öl ins Feuer: die amerikanische Ölpreispolitik

Daß die BUSH-Administration dezenten Druck ausübte, um SADDAM zu einer härteren Gangart in Sachen Ölpreise anzuspornen, ist gut dokumentiert. In diesem Fall hatten die Lügen ziemlich kurze Beine, denn der Londoner *Observer* brachte die Wahrheit schon am 21. Oktober, ganze zweieinhalb Monate nach dem Einmarsch in Kuwait, an die Öffentlichkeit, und zwar in einem Hintergrundbericht aus der Feder von Helga GRAHAM. Dort ist ausdrücklich die Rede davon, daß die BUSH-Regierung SADDAM ermutigt habe, auf höhere Ölpreise zu drängen, und das bereits ziemlich früh: sieben Monate vor der Invasion Kuwaits. Der Bericht des *Observer* zitiert eine hochrangige US-Quelle, der zufolge im Rahmen einer Konferenz in New York im Januar 1990 diskret beschlossen worden sei, daß der Irak von den anderen OPEC-Förderländern höhere Ölpreise fordern solle.

Es gibt sogar Protokolle dieser Abmachung zwischen der BUSH-Regierung und SADDAM, von denen nach dem irakischen Einmarsch in Kuwait

Abschriften aufgetaucht sind, die ihren Weg an die Öffentlichkeit fanden. Sie bestätigen den dezenten Rückhalt der Amerikaner für Bagdads Ölkurs. In den Dokumenten ist davon die Rede, daß US-Präsident Bush einen Geheimkurier geschickt habe, der sich unter Ausschluß der Öffentlichkeit mit einem Top-Vertrauten Saddams traf. Bei dem Abgesandten handelte es sich um einen ehemaligen US-Botschafter, der zugleich Mitglied im berüchtigten Council on Foreign Relations (CFR) ist und der von Bush schon des öfteren den Auftrag erhalten hatte, sich mit hohen irakischen Funktionären zu treffen. Der Bote ließ Saddams Mann also wissen, daß der Irak auf höhere Ölpreise pochen solle, um sich aus seiner prekären Wirtschaftslage zu befreien. Dieser Ratschlag bezog sich auf Untersuchungen des Washingtoner Center for Strategic and International Studies (Zentrum für Strategische und Internationale Studien), einer Behörde, die gute Verbindungen in den Irak hatte; Saddam wurde nahegelegt, sich diese Studien näher anzusehen.

Jedenfalls führten diese Kontakte dazu, daß Saddam, der mit dem Rükken zur Wand stand, die Empfehlung aus Washington annahm und seine Truppen an der kuwaitischen Grenze aufmarschieren ließ. Helga Graham schlußfolgert in ihrem Bericht *(Exposed: Washington's Role in Saddam's Oil Plot)* zu Recht, daß alle Indizien für eine Komplizenschaft der USA sprächen und daß es keineswegs eine Fehlkalkulation Saddams war, die den Golfkrieg auslöste. Die vorliegenden Dokumente ergäben ein allzu klares Bild der aktiven amerikanischen Unterstützung für Saddam.[280] »Die USA unterstützten tatsächlich den Irak und Saudi-Arabien, um den Ölpreis in die Höhe zu treiben, während sie Kuwait und die Arabischen Emirate ermutigten, ihre (Öl)produktion zu erhöhen. Außerdem ermutigten die USA Kuwait, in der Territorialfrage hart zu bleiben.«[281] Dies mußte unweigerlich zu einem Konflikt zwischen dem Irak und Kuwait führen.

Natürlich waren die Washingtoner Planer über die Situation im Irak genauestens informiert. Sie konnten sicher sein, daß Saddam ihre Empfehlung in puncto Ölpreis aufgreifen würde. In seinem Land lebten 700 000 Menschen, die nach dem Krieg gegen den Iran ohne Arbeit dastanden. Die Armee konnte nur einen Teil dieser Massen aufnehmen. Die Lage wurde gefährlich. Am 6. Januar 1990 wurde ein Anschlag auf Saddam verübt, das nur um Haaresbreite fehlschlug.[282]

Im März 1990 wurde eine Handvoll irakischer Offiziere in Washington vorstellig, um Rückendeckung für einen Putsch gegen Saddam zu erhalten. Die US-Regierung war an einer solchen Lösung jedoch nicht interessiert, und die Putschisten verzichteten auf ihr Unternehmen.[283] Washington wollte keinen Regimewechsel in Bagdad, sondern einen neuen Krieg am Golf. Dabei hätten die Chancen für einen Umsturz nicht einmal schlecht gestanden. Denn auch die irakische Bevölkerung hoffte auf eine politische Liberalisierung, wie sie in fast ganz Osteuropa und im benachbarten Jordanien stattgefunden hatte. Aber SADDAM stand mit dem Rücken zur Wand und konnte keinen Fußbreit nachgeben, denn sein Regime stand vor dem Ruin. Reformen wie im Ostblock hätten seiner Herrschaft den sicheren Garaus gemacht. Er war sich darüber im klaren, daß er die Bevölkerung nur durch ein außergewöhnliches Ereignis wieder hinter sich bringen konnte: Ein erfolgreicher Krieg gegen das extrem reiche Kuwait würde ihn aller Sorgen entledigen, die Bevölkerung würde hinter ihm stehen, und seine Sorgen würden sich mit einem Schlag in nichts auflösen.[284]

Beweisen läßt sich dieses Raubzug-Kalkül zwar nicht. Aber selbst amerikanische Stellen sprachen während und nach der Krise immer wieder davon, Bagdad wolle versuchen, das besetzte Kuwait als eine Art Faustpfand ins Spiel zu bringen, um die Herrscherfamilie und den Westen zu einem Entgegenkommen in den drängenden wirtschaftlichen Fragen zu bewegen. »Eine Zusammenfassung der irakischen Vorschläge, die von einem demokratischen Mitglied des Kontrollausschusses für die Nachrichtendienste und den Kongreß erstellt wurde, kam zu dem Ergebnis, daß eine ernsthafte Prüfung der Vorschläge seitens der USA einen Krieg hätte vermeiden können. Es hieß darin: ›Die Iraker waren offensichtlich der Meinung, daß sie mit der Invasion Kuwaits weltweit die Aufmerksamkeit auf sich lenken, eine Verbesserung ihrer wirtschaftlichen Lage aushandeln und sich dann wieder zurückziehen könnten. . . [Eine] diplomatische Lösung, die auch den Interessen der Vereinigten Staaten gedient hätte, wäre durchaus schon zu Beginn der Invasion möglich gewesen.‹«[285]

## Finanzielle Verstrickungen zwischen Kuwait und den USA

Es gab noch einen weiteren gravierenden Kriegsgrund: die Abhängigkeit der USA vom Petrodollarreichtum der Kuwaitis. Aufgrund der anfälligen Wirtschaft und der desolaten Außenhandelsbilanz waren – und sind – die Vereinigten Staaten auf Gedeih und Verderb auf Investitionen aus dem Ausland angewiesen. Den schwerreichen Ölländern kommt dabei von jeher eine bevorzugte Rolle zu. Bei Peter Dale SCOTT heißt es dazu:

»Präsident BUSH bestand auf der Wieder-Einsetzung der kuwaitischen AL-SABAH-Familie als Schlüsselbedingung für die Beilegung der Golfkrise. Der Grund dafür liegt nicht nur in der Aufrechterhaltung der US-Kontrolle über Kuwaits Öl. Ebenso wichtig: Washington will die Kontrolle über den anhaltenden Öl-Zufluß sicherstellen – auch den Zufluß kuwaitischer Petrodollars in die hungrigen Anlagemärkte der USA und anderer Industrienationen. . . Im Mittleren Osten gibt es Stimmen, die. . . glauben, daß möglicherweise 250 Milliarden US-Dollar allein in die Wirtschaftssysteme Großbritanniens und der USA investiert worden sind. Die Jahre, in denen sie jene Petrodollars umsichtig investierten, haben den AL-SABAHS einen erheblichen politischen Einfluß in Washington verschafft. Kuwait investierte auch in die politisch einflußreiche Houston-Ölgemeinschaft, die sich anschickte, BUSHS Präsidentschafts-Wahlkampf zu finanzieren. Die Petrodollars von Kuwait, verstärkt um jene aus Saudi-Arabien und den anderen Golf-Ölscheichtümern, stellen jetzt einen herausragenden Faktor in den von Defiziten heimgesuchten Wirtschaftssystemen der USA und Großbritanniens sowie jener Großbanken und Korporationen dar, bei denen arabische Investoren als bedeutende Minoritätsteilhaber firmieren.«[286]

Auch Jack NELSON-PALLMEYER erwähnt die eklatante Abhängigkeit der USA von den Kuwaitis:

»Der Golfkrieg ereignete sich im Kontext erheblicher US-Haushaltsdefizite und Spar- und Darlehensskandale – jener tieferen Krise, die das amerikanische Bankwesen beeinflußt und die am Anfang einer wirtschaftlichen Rezession steht. . . Kurz gesagt, die USA verteidigen Regierungen, die in erheblichem Maße auf Ungleichheit gegründete Gesellschaften aufrechterhalten, weil diese ihre überschüssigen Öleinkommen dazu nutzen, um das US-Haushaltsdefizit und die US-Geschäfte und -Banken zu finanzieren.«[287]

## Der zweite Golfkrieg rettet die US-Wirtschaft

Als SADDAM HUSSEINS Einmarsch in Kuwait am 2. August die Golfkrise auslöste, hatte dies zunächst keinen Einfluß auf die ökonomische Situation in den Vereinigten Staaten. Ende 1990 machte sich die Rezession jedoch unweigerlich bemerkbar. Die Lage wurde bedrohlich, als die Preise zu fallen begannen, was es immerhin in den letzten 50 Jahren nicht mehr gegeben hatte. Das Weihnachtsgeschäft war das katastrophalste seit vielen Jahren, und die Arbeitslosenzahlen stiegen rapide auf 6,1 Prozent. Die Sorgen mehrten sich, daß einige der großen Banken und Versicherungsfirmen bankrott gehen würden, was dann tatsächlich eintraf. Über die Hälfte der staatlichen und städtischen Verwaltungsbehörden sahen sich plötzlich mit gravierenden Budgetdefiziten konfrontiert. Einschneidende Kürzungen der sozialen und öffentlichen Ausgaben schienen unumgänglich, Massenentlassungen drohten. Henry AARON vom Washingtoner Brookings Institute meinte sogar: »Ich glaube, man müßte zur Großen Depression [der 1930er Jahre; d. Verf.] zurückkehren, um eine ähnliche Misere zu finden.«[288]

Die Zahl der Arbeitslosen stieg weiter und erreichte den Rekordstand von 7,6 Millionen, was einer Marke von 6 Prozent entsprach. Gleichzeitig sank der Dollar unter den Stand von DM 1,47. Douglas KELLNER liefert in seinem Buch *The Persian Gulf TV War* ein umfassendes Bild des Katastrophenszenarios und listet die wichtigsten Krisenmomente auf: astronomische Verteidigungsausgaben, eine schwere Bankenkrise [Savings & Loan], verursacht durch die Deregulationspolitik der Republikaner, eine miserable öffentliche Stimmung, hervorgerufen durch grassierende Obdachlosigkeit, Arbeitslosigkeit, verfallende Städte mit epidemischer Kriminalität und Drogenabhängigkeit [Bush hatte zu dieser Zeit seinen angekündigten Krieg gegen die Drogen verloren]; ein nationales Gesundheitswesen fehlte völlig.[289] Immer mehr Wirtschaftsbranchen beklagten Absatzeinbußen, und der Zusammenbruch der Spar- und Darlehenskassen kam die USA teurer zu stehen als der gesamte Zweite Weltkrieg, der das Land kaum mehr als 200 Milliarden Dollar gekostet hatte.[290]

Schon warnten die ersten Stimmen vor einem drohenden politischen Chaos. Bush brauchte dringend irgendeine Entlastung, um politisch zu überleben. Er brauchte irgend etwas, was die Nation wieder hinter ihn scharen würde und von den ständigen Finanzskandalen ablenkte. George Bush sen. war unter Ronald Reagan acht Jahre lang Vizepräsident gewesen. Niemand wußte besser als er, was im Krisenfall zu tun war. Reagan hatte es vorgemacht, als er 1986 gegen jedes Völkerrecht Libyen bombardieren ließ und das Wahlvolk zu Begeisterungsstürmen hingerissen hatte.[291] 1983 hatte er Grenada überfallen lassen, und die Öffentlichkeit jubelte ebenfalls.[292] Auch sein Krieg gegen Nicaragua, den der Kongreß nicht abgesegnet hatte, brachte ihm beim Wahlvolk steigende Sympathiewerte ein.[293]

Es war naheliegend, daß auch Bush bald das geeignete Ventil für seine innenpolitischen Probleme fand. Er machte indirekt Saddam Hussein für die amerikanische Rezession verantwortlich, als er Mitte November 1990 sagte, die Rezession sei eine Folge der steigenden Ölpreise, die durch die Golfkrise verursacht worden seien. Damit hatte Bush Saddam Hussein den Schwarzen Peter zugeschoben und den Verantwortlichen für die belastenden Wirtschaftsprobleme seiner Regierung gefunden. Wie zynisch diese Argumentation war, wird deutlich, wenn man sich vergegenwärtigt, daß es die Washingtoner Elite selbst war, die seit den siebziger Jahren die Ölpreise chronisch manipulierte, um größtmögliche Profite einzufahren, während alle anderen den Schaden hatten (Übrigens wurde dieselbe Argumentation auch nach dem 11. September 2001 bemüht, als den ›Terroristen‹ die Schuld für die ökonomische Misere angelastet wurde. Dabei war für jedermann offensichtlich, daß die Anschläge nicht die Ursache der ökonomischen Probleme waren, auch wenn sie sie teilweise verschlimmerten. Zumindest kurzfristig konnte das Washingtoner Macht-Establishment dank der Anschläge vom 11. September von den eigenen Dauerskandalen, die sich mit Namen wie Enron und Worldcom verbinden, ablenken.)

Die amerikanische Wirtschaft vernahm die Signale und begann sich auf den kommenden Golfkrieg einzustellen. Das Wirtschaftsmagazin *Business Week* diagnostizierte mit seherischem Unterton: »Wenn man die Lehren der Geschichte betrachtet. . ., wird ein langer Krieg die Vereinigten Staaten aus ihrem wirtschaftlichen Tief ziehen.« Und: »Steigende Auftragsziffern für das Militär machen den Großteil der im Dezember vergebenen Aufträge aus... Die Militärausgaben sind einer der wenigen starken Bereiche unserer Wirtschaft... Die Ausgaben für einen Golfkrieg sind die einzige Waffe einer antizyklischen Fiskalpolitik und außerdem die politisch akzeptabelste.«

Selbst für den unvorteilhaften Fall, daß der Krieg sehr kurz sein würde, prognostizierte ein Analytiker der *Business Week*, werde es zweifellos das ersehnte Wachstum geben - und für die Wahlaussichten des Präsidenten einen kräftigen ›boost‹.[294] Auch die große Tageszeitung *USA Today* titelte mit fetten Lettern: »Die Wall Street betrachtet den Krieg als gute Nachricht«. Im Text hieß es: »An der Wall Street herrscht kaltblütige Übereinstimmung darüber, daß auch dieser Krieg, wie alle Kriege zuvor, die Aktienpreise nach oben treiben wird.« Der Börsenexperte John MANLEY ermunterte Leser und Anleger mit der zynischen Empfehlung: »Für Leute, die langfristig anlegen wollen, wäre es ganz falsch, aus Furcht vor einem Krieg Aktien zu meiden. Historisch gesehen, waren Kriege für die Aktienkurse nie schlecht.«[295]

Tatsächlich zeigte schon der erste Kriegstag, wie recht die Fachleute hatten. Der Dow Jones stieg um phänomenale 114 Punkte, das war der zweithöchste Anstieg, der an der Wall Street jemals an einem Handelstag registriert worden war. Nach zwei Tagen Krieg - an denen nach Schätzungen bis zu 100 000 Iraker umkamen - schnellte der Index auf satte 145 Punkte. Jede Bombe, jeder getötete Iraker am Golf machte an der Wall Street die Aktionäre reicher. Auch an der Frankfurter Börse wurden dank des Golfkrieges Rekordumsätze gemacht. Auf grausige Weise behielt in jenen Tagen der österreichische Volkswirtschaftler und Soziologe Joseph SCHUMPETER (1883–1950) recht, der den Kapitalismus einmal als »fortgesetzten Prozeß kreativer Zerstörung« bezeichnet hatte.[296]

Im nachhinein kann der Aufschwung, von dem die US-Wirtschaft infolge des zweiten Golfkrieges erfaßt wurde und der das Land vor einer noch gravierenderen Rezession bewahrte, kaum übertrieben werden. Wie kaum etwas anderes unterstreicht dieser Umstand die Tatsache, in welchem Maße die amerikanische Wirtschaft vom militärisch-industriellen Komplex abhängig geworden war. Präsident BUSH hatte sich vom Beginn seiner Amtszeit an gegen Rüstungskürzungen gewehrt.[297] Der ehemalige CIA-Agent John STOCKWELL berichtet sogar, BUSH habe über die Jahre hinweg vorsätzlich und kontinuierlich die Rüstungsausgaben der Sowjets übertrieben. Als er 1976 CIA-Direktor wurde, baute er eine rechtslastige Gruppe innerhalb der CIA auf, deren Aufgabe es war, übertriebene Berichte über die Rüstung der Sowjetunion zu liefern, um dadurch die eigene Rüstungsmaschine am Laufen und die Rüstungsgegner in Schach zu halten.[298]

Dennoch kam es dazu, daß im Februar 1990 sowohl innerhalb der Regierung als auch im Kongreß die hitzigsten Debatten in der jüngeren Geschichte der USA um die Militärausgaben ausgetragen wurden. Im Juni kursierten Berichte in den Medien, wonach die Spannungen zwischen Kongreß und Pentagon eskalierten; es ging um den Entwurf für einen der »richtungsweisendsten« Verteidigungsetats der letzten zwei Jahrzehnte, den der Kongreß soeben vorbereitete.[299] Einen Monat später hatte das Senate Armed Services Subcommittee, also der Verteidigungsausschuß des Senats, beschlossen, die Truppenstärke fast dreimal so stark zu dezimieren, als dies von der Bush-Administration vorgeschlagen wurde. Ausmaß und Einzelheiten der Kürzungen ließen erkennen, daß Bush auf dem besten Wege war, seinen Kampf um die Militärausgaben zu verlieren.[300] Gleichzeitig fielen seine Sympathiewerte bei den Wählern von 73 Punkten im Februar auf 60 Punkte am 11. Juli.[301]

Noch eine Woche vor dem irakischen Einmarsch in Kuwait drückte der Verteidigungsausschuß des Senats ohne eine Gegenstimme seine Entscheidung durch, den teuren Stealth-Bomber B2 rundweg abzulehnen.[302] Die Fraktion der Rüstungsgegner und Widersacher des militärisch-industriellen Komplexes gewann Oberwasser.

Sechs Wochen später hatte sich die Situation völlig gewandelt. Jetzt waren es die Rüstungsbefürworter, die auftrumpften. John Stockwell, ehemaliger Mitarbeiter der CIA, erinnert sich: »Innerhalb von sechs Wochen verkündete Präsident Bush, daß die Golfkrise eine komplette Neuvorlage des Tarnkappenbomber-Projekts rechtfertige, ebenso des ›Star Wars‹-Programms sowie weiterer strategischer Raketen- und verwandter Systeme. In der Zwischenzeit nutzte das militärische Establishment. . . die Golfkrise mit Erfolg, um die Wiederherstellung des Rüstungsbudgets in der Rekordhöhe von 300 Milliarden Dollar zu betreiben und um jeglichen Gedanken einer Friedensdividende auszuräumen.«[303]

Einmal mehr wird an diesem Beispiel deutlich, in welchem Ausmaß der militärisch-industrielle Komplex von der Invasion Kuwaits profitierte. Nicht nur das extrem teure B-2-Bomberprojekt wurde wieder aufgenommen; innerhalb von nur sechs Wochen wurde die gesamte amerikanische Rüstungspolitik auf den Kopf gestellt. Das damals noch unter der Bezeichnung ›Star Wars‹ laufende Weltraumrüstungsprogramm sowie andere Raketenabwehrprogramme (NMD) wurden wieder hervorgeholt und bescherten der Rüstungsindustrie prompt lukrative Riesenaufträge. Fast schlagartig stieg das Verteidigungsbudget auf die Marke von über 300 Milliarden Dollar und erreichte damit wieder den Stand wie zu Hochzeiten des Kalten Krieges. Auch die vielgepriesene ›Friedensdividende‹ war mit dem irakischen Einmarsch in Kuwait von einem Tag zum anderen ›tot‹.

Die Wortführer der Rüstungslobby hatten allen Grund zum Jubeln, und das taten sie auch, obschon hinter verschlossenen Türen. Einer dieser Anlässe war eine Versammlung von Rüstungsmanagern in Milwaukee. Der

Vizepräsident der Tagung, Jim Roberts, begrüßte seine Gäste mit einer entlarvenden Floskel, die die neue Rolle der Rüstungsbranche treffend illustrierte: »Thank you, Saddam Hussein!« Die Anwesenden jubelten.[304] Einen ähnlichen Ton schlug Manfred Sadiowski an, der Herausgeber der Zeitschrift *Military Technology,* als er den Leitartikel in der Oktoberausgabe seines Magazins mit den Worten übertitelte: »Well Done, Saddam!« (»Gut gemacht, Saddam!«) Sadiowski stellte befriedigt fest, daß »Schurken« wie Saddam Hussein die beste Rechtfertigung für die Aufstockung der Rüstungsausgaben seien und dazu beitrügen, daß weniger Regierungspropaganda für Rüstungsprojekte nötig sei. Sadiowski wörtlich: »In dem Moment, . . . als zu viele Menschen unsere Streitkräfte als nutzlose Relikte eines lange zurückliegenden Kalten Krieges abtaten, fanden wir plötzlich. . . eine neue Mission für sie.«[305]

Die Aufträge kamen nicht nur aus den USA. Überaus großzügig orderte zum Beispiel auch Saudi-Arabien. Am 19. August 1990, nur zwei Wochen nach dem Überfall auf Kuwait, berichtete die *Los Angeles Times* über den Verkauf von 24 F-15 Kampfflugzeugen an die Saudis, eine Order, die Hersteller McDonnell-Douglas eine Summe von rund 1,2 Milliarden Dollar einbringen würde. Weitere Abmachungen mit Riad folgten. Im Zuge dieser Übereinkünfte wurden noch im August 1990 Verträge mit einem Umfang von über 40 Milliarden Dollar mit den Saudis ausgehandelt. Es war das bislang größte zwischenstaatliche Rüstungsgeschäft der Geschichte.[306]

Selbst in der Bundesrepublik wurden verschiedentlich die tatsächlichen Zusammenhänge gewittert. Die Strategie der Bush-Regierung, den ökonomischen Niedergang durch einen erfolgreichen Waffengang am Golf zu stoppen, wurde sogar Gegenstand einer ARD-Meldung. Washington verbinde mit dem Krieg die Hoffnung, daß die beiden aufstrebenden Wirtschaftskonkurrenten Japan und Deutschland auf ihrem Weg an die Weltspitze noch einmal aufgehalten werden könnten.[307]

Die Rechnung des Weißen Hauses ging schon sehr bald auf. Am 1. März, nach dem Golfkrieg, standen nach Meinungsumfragen 91 Prozent der Amerikaner hinter Bush. Dieser selbst orakelte in einer Ansprache an die Nation, die USA hätten sich durch den Sieg über den Irak »verwandelt«. Bush behauptete: »Wir hören so oft über unsere jungen Menschen, die deprimiert seien, daß unsere Kinder unseren Erwartungen nicht entsprächen, daß unsere Schulen versagten, daß amerikanische Produkte und amerikanische Arbeiter nur zweitrangig seien. Nun, glauben Sie das nicht. Die Amerikaner, die wir in der Operation ›Wüstensturm‹ sahen, besaßen jedenfalls erstklassiges Talent.«[308]

Es war die alte amerikanische Masche, um von den tatsächlichen Problemen abzulenken. Es war die Zeit, als Bush ständig von unangenehmen Nachfragen zur Bankenkrise heimgesucht wurde. Sein eigener Sohn Neil war seit langem bis über beide Ohren in einen Skandal verstrickt. Der Präsident höchstselbst und eine Reihe hochrangiger Republikaner waren mit Charles Keating befreundet, einer der Schlüsselfiguren im sogenannten ›Savings & Loan‹-Skandal. Keatings Finanzimperium ging bankrott und ruinierte zahllose Investoren. Noch die ›mid term‹-Kongreßwahlen 1990 hatten Bush und die Republikaner wegen der Budgetstreitigkeiten verloren. Weiner (1991) behauptete sogar, daß Bush einen »heimischen Polit-Kollaps von historischen Ausmaßen« einstecken mußte[309] und daß er einen Krieg regelrecht brauchte, um sein politisches Schicksal wieder in den Griff zu bekommen.[310] Bei dem Banken- und Versicherungsskandal standen immerhin 500 Milliarden Dollar auf dem Spiel, eine ungeheure Summe.[311]

Wäre das Ganze nicht viel zu ernst, könnte man auf den Gedanken verfallen, Bushs Vorgehensweise sei dem Drehbuch einer Filmkomödie entlehnt, die die Naivität, ja Dummheit der Öffentlichkeit karikiert. Die Rollen, die Bush sen. und Bush jr. spielten – und immer noch spielen –, gleichen sich nämlich wie ein Ei dem anderen. Das Motto der Handlung ist in beiden Fällen völlig identisch: »Was mache ich, wenn es eng wird?« Es ist auch kein Zufall, daß beide Bushs während ihrer Amtszeit von gigantischen Finanzskandalen heimgesucht wurden. Beide brauchten eine dramatische außenpolitische Krise, möglichst von weltweiten Ausmaßen, um sich daran wie Münchhausen am eigenen Schopf aus dem Sumpf zu ziehen. Die Golfkrise 1990/91 war für Bush sen. ein Geschenk des Himmels – allerdings eines, das das Weiße Haus nach Kräften herbeiinszeniert hatte. Zehn Jahre später, unter Bush jr., wiederholte sich das Spiel. Auch dieser brauchte dringend etwas ganz Großes, als ihm in den Medien fortwährend Inkompetenz und die Verstrickung in die Bankenkrise vorwarfen. Schon standen hochnotpeinliche Untersuchungen bevor, in deren Mittelpunkt die Frage stand, mit welchen Mitteln Bush die Präsidentschaftswahlen des Jahres 2000 gewonnen hatte. Da kam dem Bush-Clan von neuem der Zufall zur Hilfe, und es kam zu den Anschlägen vom 11. September 2001. Hier wie dort präsentierte sich das Weiße Haus der Öffentlichkeit als völlig unbeteiligt. Sogar der passende Bösewicht war 1990 und 2001 derselbe: Saddam Hussein. Bush sen. brauchte ihn, um die ›Friedensdividende‹ loszuwerden und der Rüstungsindustrie kräftig unter die Arme zu greifen, Bush jr. wußte schon bald nach dem 11. September, daß der eigentliche Drahtzieher hinter Osama bin Laden und Al-Qaida Saddam Hussein ›war‹. Auch in diesem Fall profitierte die Rüstungsindustrie auf geradezu paradiesische Weise vom Schreckgespenst des ›Terrors‹.

Es ist nicht uninteressant, die langjährigen Verbindungen zwischen Saddam und dem Bush-Clan etwas näher zu betrachten; dasselbe gilt übrigens auch für die Querverbindungen zwischen dem Weißen Haus und Top-Terrorist Osama bin Laden. In beiden Fällen verstand es der Bush-Clan hervorragend, die künftigen Welt-Bösewichte erst mit allen Mitteln hochzurüsten und sie dann der Weltöffentlichkeit als apokalyptische Bedrohung zu präsentieren. Als sie die Schmutzarbeit für Uncle Sam verrichtet hatten, wanderten sie von der ›guten‹ in die ›böse‹ Schublade und wurden zum Abschuß freigegeben. Die afghanischen Freiheitskämpfer hatten ihren Part im amerikanischen Spiel gut gespielt und die Russen in einen jahrelangen Kleinkrieg verwickelt. Nach dem Zusammenbruch der UdSSR wurden sie nicht mehr gebraucht, dafür brauchte das Weiße Haus nun neue Feinde. Flugs wurden aus Freiheitskämpfern Terroristen (›Al-Qaida‹), und die Welt war wieder in Ordnung.

Im Irak das gleiche Spiel. SADDAM HUSSEIN wurde unterstützt, solange er half, die Mullahs in Teheran kleinzuhalten. Danach wurde er lästig und konnte praktischerweise selbst bekämpft werden. Noch praktischer war, daß sich unter SADDAMS Namen alte und neue Feinde der USA gleichermaßen subsumieren ließen; SADDAMS Verstrickung in die Anschläge vom 11. September war schließlich offenkundig.

Im Falle SADDAM wie im Falle Osama BIN LADEN fällt auf, daß Washington nie richtig an einer persönlichen Ergreifung der beiden Erzschurken interessiert war. Warum auch – beide hätten neugierigen Journalisten und Untersuchungsrichtern viel zu viele peinliche Details berichten können. Also blieb Osama BIN LADEN in den afghanischen Bergen, und die Ergreifung SADDAM HUSSEINS im Dezember 2003 war eher ein Zufallstreffer. Die wahre Geschichte der Kungelei zwischen der CIA und den Oberschurken der letzten Jahrzehnte muß erst noch geschrieben werden.

## Insidergeschäfte vor dem Golfkrieg

Im Vorfeld des Golfkriegs von 1991 wurde ein brisantes Insidergeschäft abgeschlossen. Einer der Geschäftspartner war nämlich der heutige (Stand: Frühjahr 2004) amerikanische Präsident George W. BUSH. Aus bislang unerfindlichen Gründen gelang es einer relativ kleinen und mehrfach gescheiterten Ölfirma namens Harken, an der BUSH jr. stattliche Aktienanteile besaß, im Sommer 1990 eine Reihe lukrativer Aufträge im Emirat Bahrain an Land zu ziehen. Im Rennen waren außer Harken auch einige weitaus größere und erfolgreichere Konkurrenten. Es ist deshalb naheliegend, politische Gründe hinter der Auftragsvergabe zu vermuten.

Am 22. Juni 1990 verkaufte BUSH jr. seine insgesamt 212 140 Harken-Aktien für fast 850 000 Dollar.[312] Das waren 318 430 Dollar mehr, als die Aktien wert waren, rechnete jedenfalls Dr. Arthur F. IDE in seinem Buch *George W. Bush: Portrait of a Compassionate Conservative*[313] vor. IDE wörtlich: »Die Verkaufsentscheidung dürfte auf Insider-Informationen aus der Regierung BUSH beruht haben, die zu jener Zeit die irakische Invasion in Kuwait provozierte und die darauffolgende Operation ›Wüstensturm‹ vorbereitete.«

Innerhalb weniger Wochen stürzten die Harken-Aktien dann ab. Nur acht Tage nach Bushs Verkauf mußte Harken für das 2. Quartal 1990 einen Verlust von 23 Millionen Dollar offenlegen. Als dann auch noch Saddam Hussein Kuwait überfiel, fiel der Wert der Firma um satte 75 Prozent.[314] »Nur George W. Bush war rechtzeitig ausgestiegen – und zwar auf nicht ganz legale Weise: Wie das *Wall Street Journal* im April 1991 berichtete, informierte er die Börsenaufsicht erst acht Monate nach Ablauf der gesetzlichen Frist über den Verkauf.«[315] Dazu Arthur F. Ide: »George W. Bush brach das Gesetz, um [seine Aktien zu verkaufen] da die Transaktion ein Insider-Aktienverkauf war.«[316]

Es stellt sich die unvermeidliche Frage, woher Bush jr. wußte, daß die Harken-Aktien ausgerechnet zu diesem Zeitpunkt dringend verkauft werden mußten. Natürlich hätte auch jeder andere, der über die Insider-Information verfügte, daß wenige Wochen später irakische Truppen in Kuwait einmarschieren würden, genauso gehandelt und sein Aktienpaket so schnell wie möglich abgestoßen. An der Illegalität des Geschäftes ändert das allerdings nichts. Und es ist schlicht und einfach ein Märchen, daß der Bush-Clan von der Golfkrise ›überrascht‹ wurde.

## 1989/90: Der zweite Golfkrieg wird vorbereitet

Die neue Interventionsstrategie der USA war bereits in der frühen Reagan-Ära konzipiert worden. Das zugehörige amtliche Dokument trug die Nummer 1002-90. Dahinter verbarg sich ein detaillierter Kriegsplan, bei dem es im Kern darum ging, daß die Vereinigten Staaten jederzeit in der Lage sein müßten, einer Bedrohung ihrer Interessen am Persischen Golf mit militärischen Mitteln zu begegnen.[317]

1983 wurde die sogenannte ›schnelle Eingreiftruppe‹ dem CENTCOM-Oberkommando unterstellt. Gleichzeitig wurde mit dem Ausbau des schon bestehenden Netzes geheimer Militärbasen in Saudi-Arabien begonnen. Diese US-Basen in der saudischen Wüste – 20 an der Zahl – waren so modern, daß es vergleichbare Stützpunkte damals nicht einmal in den USA selbst gab. Ihr Ausbau schlug mit 200 Milliarden Dollar zu Buche. Der US-Journalist Scott Armstrong bezeichnete sie als unentbehrlich für den Golfkrieg, denn auf diesen Geheimbasen gründete das gesamte Überwachungssystem des zweiten Golfkrieges. Ohne sie hätte die Operation ›Wüstensturm‹ womöglich ein oder zwei Jahre gedauert. Sie versorgten die amerikanischen Streitkräfte mit allen wichtigen Informationen über getroffene und noch intakte Ziele. Die amerikanische Luftraumkontrolle in der saudischen Wüste war auch der Grund, warum die Iraker 1991 es gar nicht erst wagten, Luftangriffe gegen die Amerikaner zu fliegen. Ohne diese topmodernen elektronischen Einrichtungen wäre die Zielgenauigkeit des amerikanischen Radars, der US-

Kampfflugzeuge und -Raketen während des zweiten Golfkriegs um 25 Prozent schlechter gewesen, als sie es tatsächlich war. Minutenschnelle Entscheidungen, ohne die es in einem High-Tech-Krieg nicht geht, hätten ohne die saudischen Basen im Einzelfall Wochen, vielleicht Monate beansprucht. Zwar hätte die überlegene Militärmaschinerie der Amerikaner den Waffengang so oder so für sich entschieden. Aber allein die Verluste der Army wären in die Tausende gegangen. ARMSTRONG vertritt die Auffassung, die USA hätten den Golfkrieg ohne die saudischen Basen nicht geführt.[315]8

1987 wurde General Norman SCHWARTZKOPF Jr. Befehlshaber des CENTCOM. 1989 wurde der CENTCOM-Kriegsplan 1002 modifiziert und erhielt die Nummer 1002-90. Der neuen Version zufolge kamen als einzige Gegner der amerikanischen Streitkräfte jetzt nur noch die Iraker in Frage. Auf SCHWARZKOPFS Anweisung begann CENTCOM mit der Ausarbeitung entsprechender Planspiele. 1990 wurden mindestens vier dieser Szenarien - einige gingen tatsächlich von einer irakischen Invasion Kuwaits aus - durchgespielt. Eines der ersten, eine großangelegte Computersimulation unter dem Titel ›Internal Look‹, flimmerte bereits im Januar 1990 über die Bildschirme der Militärs. Im Juni ließ SCHWARTZKOPF im Rahmen gewaltiger Szenarien Tausende von US-Soldaten gegen schwerbewaffnete Divisionen der Republikanischen Garde antreten. SCHWARTZKOPF plante und simulierte den Krieg mindestens ein Jahr lang.[319] Aber mindestens eine Quelle spricht davon, daß Planung und Manöver bereits zwei Jahre vor Ausbruch des Golfkrieges begonnen hatten.[320]

Die Phase der Computersimulationen war noch nicht vorüber, als eines Tages in SCHWARTZKOPFS Schlafzimmer das Telefon klingelte. Colin POWELL war am anderen Ende der Leitung und meldete: »Nun, sie haben die Grenze überschritten.« Darauf SCHWARTZKOPF: »Wissen Sie, ich bin nicht überrascht. Jetzt wird es interessant, zu sehen, was sie tun werden.«[321]

Im Mai 1990 hatte das Zentrum für Strategische und Internationale Studien (CSIS), eine der zahlreichen Washingtoner Denkfabriken, eine zwei Jahre zuvor in Angriff genommene Studie abgeschlossen, die den Ausgang eines Krieges zwischen den Vereinigten Staaten und dem Irak voraussah. Diese Studie wurde, folgt man einem der beteiligten Mitarbeiter, Major a D. James BLACKWELL, im Pentagon unter Kongreßabgeordneten und Rüstungsfirmen verbreitet.[322] Es überrascht nicht allzu sehr, daß auch diesem Papier die Annahme eines irakischen Überfalls auf Kuwait zugrunde lag. Besser konnte SCHWARTZKOPF seinen Krieg kaum planen. Denn sein Hauptquartier in Florida wußte schon, wie er verlaufen würde. Erstaunlich mutet bei alledem allenfalls noch die Tatsache an, daß SCHWARTZKOPF sogar den Zeitpunkt des mutmaßlichen irakischen Angriffs wußte: 1990. Er und seine Vorgesetzten mußten über außergewöhnliche hellseherische Fähigkeiten verfügen.

Nach dem jahrelangen und ungeheuer verlustreichen Krieg gegen Iran verkündete SADDAM HUSSEIN ein 40 Milliarden-Dollar-Programm für den friedlichen Wiederaufbau seines Landes. In der erwähnten Studie des Zentrums für Strategische und Internationale Studien (CSIS) vom Mai 1990 werden die irakischen Wiederaufbaubemühungen mit den Worten beschrieben:

»Es steht nicht zu erwarten, daß Bagdad irgendjemanden zu einer militärischen Konfrontation provozieren wird. Den irakischen Interessen ist zur Zeit und in nächster Zukunft mit dem Frieden am besten gedient... Die Einkünfte aus Ölverkäufen könnten dem Irak, ökonomisch gesehen, zu einem Platz in den vordersten Reihen der Staatenwelt verhelfen. Die Stabilität im Nahen Osten ist dem Verkauf von Öl nur förderlich; Störungen wirken sich langfristig nachteilig auf den Ölmarkt und damit für den Irak aus... Gewalt ist nur wahrscheinlich, wenn sich die Iraker ernstlich bedroht fühlen... Nach unserer Überzeugung ist der Irak grundsätzlich einer nichtaggressiven Strategie verpflichtet und bestrebt, im Laufe der nächsten Jahre seinen Militärapparat beträchtlich zu verkleinern. Die wirtschaftlichen Bedingungen zwingen praktisch zu solchen Maßnahmen... Es scheint keinen Zweifel daran zu geben, daß der Irak nun, nach dem Ende des Krieges, demobilisieren will.«[323]

In Bagdad ahnte vermutlich niemand, daß in Washington zu diesem Zeitpunkt längst konkrete Vorbereitungen für einen weiteren ›heißen‹ Konflikt getroffen wurden – und daß der Irak darin eine Hauptrolle spielen sollte. Für dieses Szenario gibt es zahlreiche Indizien; von einigen war im Vorangehenden bereits die Rede, und die Studie des CSIS ist eines davon. Sie ging von einem irakischen Überfall auf Kuwait aus, und es war nur naheliegend, daß auch die Planer des Pentagons von dieser Variante ausgingen. Aber es gab noch weitere Planungspapiere. So erwähnt Daniel SHEEHAN weitere Strategiedokumente: eines der Army *(A Strategic Force for the 1990s and Beyond,* Januar 1990) sowie eine Studie der Luftwaffe mit dem Titel *Global Reach, Global Power* (Juni 1990). »SHEEHAN zufolge erkoren diese Studien, noch ehe SADDAM HUSSEIN irgendwelche Andeutungen machte, den Persischen Golf als Schauplatz für neue Missionen des Militärs aus und nannten ausdrücklich den Irak und SADDAM HUSSEIN als ›wahrscheinliche Kandidaten‹.«[324]

Diese Papiere waren um so weniger abwegig, als noch eine weitere Studie einen Krieg zwischen dem Irak und Kuwait voraussagte. Im Mai und Juni 1990 wurden das Pentagon, der Kongreß sowie verschiedene hochrangige Funktionäre in der Verteidigungshierarchie vom Center for Strategic and International Studies der Georgetown-University darüber informiert, eine Studie über Fragen der konventionellen Kriegführung sei zu dem Ergebnis gelangt, daß der plausibelste Krieg der näheren Zukunft, der eine amerikanische Reaktion erforderlich machen würde, ein Konflikt zwischen dem Irak und Kuwait oder Saudi Arabien sei.[325]

## Sommer 1990: Eine Krise wird inszeniert

Wäre die Bush-Administration 1990 tatsächlich von Sorge über einen drohenden irakischen Übergriff auf Kuwait erfüllt gewesen, dann muß man die Frage stellen, warum sie keinerlei eindeutige Warnung an die Adresse Bagdads aussprach, als sich die Krise zuspitzte und die Geheimdienste längst wußten, daß Saddam Anstalten für ein militärisches Abenteuer traf. Die Antwort ist einfach: Saddam hätte sich möglicherweise von seinem Abenteuer abhalten lassen. »Eine ernste Warnung Washingtons an den Irak, eine Invasion Kuwaits werde militärische Gegenmaßnahmen der USA nach sich ziehen, hätte Saddam zweifellos abgeschreckt.«[326] Doch diese Warnung unterblieb. Mehr noch: Washington unternahm alles, um Saddam in seinem Vabanquespiel zu ermutigen.

CIA-Direktor William Webster informierte am 28. Juli den Präsidenten über die aktuelle Lage am Golf. Was Webster vortrug, war besorgniserregend, doch der Präsident reagierte mit unerwarteter Gelassenheit. Webster legte ihm eine Mappe mit Satellitenphotos vor, die eindeutig bewiesen, daß irakische Truppen Munition, Treibstoff und Wasser an die kuwaitische Grenze transportierten. Die Bilder, die aus Quellen der NSA (National Security Agency) kamen, ließen auch keinen Zweifel daran, daß es sich hier nicht um ein Routinemanöver der Iraker handelte. Bush, der ebenfalls CIA-Direktor gewesen war, mußte dies klar sein. Er war sehr wohl in der Lage, die Brisanz des Photomaterials einzuschätzen, aus dem zweifelsfrei hervorging, daß rund 35 000 irakische Soldaten nahe der kuwaitischen Grenze in Stellung gegangen waren und im Begriff standen, die Grenze zu überschreiten. Vier Panzerdivisionen in unmittelbarer Nähe der Grenze, einschließlich Treibstofflaster und Transportpanzer, waren ein Argument, das für sich selbst sprach.

Einige Stunden später schickte Bush ein Telegramm an Saddam, in dem er sich über die Gewaltdrohung aus Bagdad besorgt zeigte. Er erwähnte Kuwait aber mit keinem Wort und unterstrich statt dessen nochmals die allgemeine Haltung der Vereinigten Staaten: »Lassen Sie mich Ihnen versichern, daß meine Regierung weiterhin bessere Beziehungen zum Irak anstrebt.«

Schon zuvor, am 25. April, hatte Bush Saddam einen persönlichen Freundschaftsgruß zum Ende des islamischen Fastenmonats geschickt. Im Laufe der Jahre hatte es eine ganze Reihe solcher freundlichen Signale gegeben. Das Telegramm vom 28. Juli fügte sich trotz des besorgten Tonfalls nahtlos in diese Reihe ein und war alles andere als geeignet, Saddam seine Grenzen aufzuzeigen. Auch in der Umgebung des Präsidenten wurde das so gesehen, denn einige Mitarbeiter aus dem Verteidigungsministerium versuchten noch, die Botschaft zu stoppen, weil sie sie für allzu zurückhaltend hielten. Henry Rowen, ein Augenzeuge und 1990 im Verteidigungsministerium zuständig für Fragen der internationalen Sicherheit, erinnert sich: »Wir hatten schon die Truppenbewegungen gesehen. Wir wurden besorgt, und wir schickten ihm diesen Brei. Es war einfach viel zu schwach. Wir hätten ihm etwas viel Drohenderes schicken sollen.« Rowen und seine Kollegen erinnerten sich daran, daß schon die amerikanische Botschafterin April Glaspie völlig rückgratlos mit Saddam umgegangen war, und fanden, daß eine so versöhnlich klingende Botschaft des Präsidenten nun genauso verfehlt war. Bush blieb jedoch bei seinem Text, und das Telegramm wurde abgeschickt.[327]

Es wurde bereits erwähnt, daß eine Reihe von Studien im Vorfeld des Krieges den neuerlichen Waffengang am Golf ziemlich präzise ›prognostizierten‹. Wer sich mit solchen Studien auskennt, weiß, daß derartige Prognosen oft ziemlich weit neben den tatsächlich eintretenden Ereignissen liegen. Warum also waren ausgerechnet Studien, die einen bewaffneten Konflikt zwischen dem Irak und den USA voraussagten, so treffsicher? Antwort: weil es hier um nichts anderes als um die Vorbereitung des fraglichen Krieges ging. Die Drahtzieher hinter den Kulissen verteilten dezent dosierte Informationen an ausgewählte Multiplikatoren und trugen so dazu bei, daß sich allmählich der Eindruck einer sich selbst erfüllenden Prophezeiung verbreitete. So wurden etwa, will man dem Vorsitzenden des Senate Relations Intelligence Committee glauben, wichtigen Washingtoner Entscheidungsträgern gezielt Geheimdienstberichte zugespielt, die »mit recht hoher Wahrscheinlichkeit« eine in »drei bis vier Tagen« bevorstehende irakische Invasion vorhersagten. Der ehemalige CIA-Zuständige für den Mittleren Osten, Miles Copeland, informierte die BBC, daß der CIA Pläne vorlägen, die eine Invasion schon im April oder Mai 1990 ankündigten.[328] Am 1. August mußte sich ein ranghoher Sicherheitsoffizier der CIA sagen lassen: »Dies ist eure letzte Warnung.« Aber der Mitarbeiter beharrte darauf, daß die Iraker in den späten Stunden des Tages angreifen würden, was prompt zutraf.[329]

Die Vertuschungsversuche von höchster Stelle gingen sogar so weit, daß der hochrangige CIA-Mitarbeiter Eugene Allen bestraft wurde, weil er mehrmals vor einem irakischen Angriff auf Kuwait gewarnt hatte. Solche Warnungen gehörten zu Allens Berufsbild, sein Posten war schließlich der eines ›National Intelligence Officer for Warning‹. Mit seinen Lageberichten über den Irak machte er sich allerdings Feinde: Seine zweiwöchentlich erscheinenden Berichte über gefährliche Krisenherde wurden suspendiert, und sein Stab im Pentagon und im National Intelligence Council wurde verkleinert.[330] In solchen Einzelheiten wiederholte sich auf geradezu verräterische Weise jene Politik des absichtlichen Verschweigens, deren sich bereits Präsident Roosevelt im Jahre 1941 bedient hatte, als seine Sicherheitsbeamten die Regierung vor einem japanischen Angriff auf Pearl Harbor warnen wollten. Das gleiche Spiel im Sommer 1990: Auch diesmal wollen die angeblich für die nationale Sicherheit zuständigen Politiker ahnungslos gewesen sein. Vom 11. September 2001 wird später noch die Rede sein. In keinem dieser Fälle wurden die Geheimdienste für ihr offensichtliches Versagen auf ganzer Front zur Rechenschaft gezogen.

Auch der israelische Mossad, der in regionalen Angelegenheiten immer wieder mit amerikanischen Geheimdiensten zusammenarbeitete, warnte die US-Regierung eindringlich vor einem unmittelbar bevorstehenden massiven irakischen Angriff auf kuwaitisches Territorium. Die beiden Mossad-Experten Dan Raviv und Yossi Melman erinnern sich: »Israel hatte die USA wiederholt vor dem Irak gewarnt, aber in Washington schien kaum jemand zuzuhören. Nur eine Woche vor der Invasion übergab Verteidigungsminister Moshe Arens den Beamten des Pentagons die neueste Lagebeurteilung des israelischen Geheimdienstes. Die darin enthaltene Voraussage eines irakischen Angriffs auf Kuwait erwies sich als prophetisch.«[331] Raviv und Melman machen auch darauf aufmerksam, daß den Amerikanern mit ihren ausgefeilten Aufklärungsmöglichkeiten der irakische Aufmarsch schlechterdings nicht entgangen sein *konnte*: »Luftaufklärungs- und Überwachungsflugzeuge, die sogenannten AWACS, überflogen mit amerikanischen und saudischen Technikern regelmäßig die Region. Über Aufklärungssatelliten und riesige Funküberwachungsanlagen wußten die Amerikaner über die irakischen Truppenbewegungen weit mehr, als die Israelis überhaupt wissen konnten.«[332]

Aber nicht nur die amerikanische Regierung war eindringlich gewarnt worden. Auch die Hauptbetroffenen, die Kuwaitis, waren bestens informiert.[333] Da die kuwaitische Elite ohnehin aufs engste mit den Amerikanern zusammenarbeitete, ist schwer nachvollziehbar, warum diese die Kuwaitis nicht informiert haben sollten. Eine authentische und nicht dementierte Warnung kam auch vom vormaligen kuwaitischen Militärattaché im Irak, Said Matar. Matar war 14 Monate in Basra gewesen. Nach dem Krieg, am 7. März 1991, meldete er sich auf einer Pressekonferenz in Kuwait City zu Wort und holte zu Erklärungen aus, wie er Geheimdienstinformationen über das irakische Militär gesammelt hatte. Die Pressekonferenz wurde sofort durch einen Minister und zahlreiche anwesende Armeeoffiziere abgebrochen. Es sprach sich dennoch herum, daß Matar eine ganze Reihe von Berichten an das kuwaitische Außenministerium sowie an das Verteidigungsministerium geschickt hatte, in denen er – unter anderem bereits im April 1990 – vor einer Militäroperation der Iraker gegen Kuwait gewarnt hatte. Am 25. Juli wurde er noch präziser und ließ seine Regierung wissen, die irakische Invasion sei für den 2. August (kuwaitische Zeit) geplant.[334]

In Washington will damals von alledem niemand etwas gewußt haben. Wenn man weiß, daß sogar interne amerikanische Warnungen massiv unterdrückt wurden, dann verwundert dies nicht. Schon am 25. Juli zitierte die *Washington Post* einen »ranghohen US-Offizier« (eine Bezeichnung, die oft verwendet wird, wenn der Oberkommandierende der US-Streitkräfte gemeint ist) mit der Feststellung, daß die USA vermutlich moderat und keinesfalls im Alleingang, sondern allenfalls im Zusammenwirken mit den arabischen Staaten reagieren würden, falls der Irak einen kleinen Teil des kuwaitischen Territoriums besetze, um damit politischen Druck auf Kuwait auszuüben. »›Wir ziehen nicht in den Krieg‹, sagte der ranghohe Offizier. ›Aber sie werden Manöver und Schiffe sehen.‹«[335] Diese Äußerung war nichts anderes als der erste offizielle Köder in der Golfkrise, den Washington für SADDAM auslegte. Bagdad biß an.

Nach dieser Verlautbarung aus Washington bestellte SADDAM bekanntlich sofort die amerikanische Botschafterin April GLASPIE zu sich, die noch am selben 25. Juli die entscheidenden Gespräche mit dem irakischen Diktator führte.[336] Allem Anschein nach wollte SADDAM, nachdem er die einladenden Signale der US-Regierung aufgefangen hatte, noch einmal ganz sicher gehen, daß die Amerikaner auch wirklich nichts gegen sein Vorgehen einzuwenden hatten. GLASPIE versicherte SADDAM denn auch endgültig, daß sich die USA nicht in einen irakisch-kuwaitischen Konflikt einmischen würden. Auch diese Äußerung bestätigte in SADDAMS Augen einmal mehr die freundliche Generallinie der Amerikaner.

Einige Tage später, am 30. Juli, enthüllte die *Washington Post* in einem Report aus der Feder Patrick TYLERS, einige Mitarbeiter des Weißen Hauses, des Außen- sowie des Verteidigungsministeriums hätten am Tag zuvor bekräftigt, daß ein irakischer Angriff auf Kuwait keine militärische Reaktion der USA nach sich ziehen würde; jedoch werde sich Washington der Partei derjenigen anschließen, die einen solchen Akt verurteile, und auf diplomatischem Wege darauf hinwirken, einen Rückzug der Iraker zu erzwingen. Natürlich leiteten die irakischen Diplomaten in Washington diese hochbrisante Information unverzüglich nach Bagdad weiter. SADDAM HUSSEIN mußte sie als weitere Ermutigung für sein Vorgehen auffassen.

Damit nicht genug: Schon zwei Tage vorher, am 28. Juli, hatte die *Washington Post* berichtet: »Während das US-Zentralkommando – unter der Führung von General Norman H. SCHWARTZKOPF und des Verantwortlichen für den Mittleren Osten – sich für eine starke Truppenpräsenz aussprach, um SADDAM abzuschrecken, ›wiesen Beamte im Außenministerium, dem Weißen Haus und in den höheren Etagen des Pentagons darauf hin, daß die USA den freien Zugang zum Öl im Persischen Golf gewährleisten und es vermeiden würden, sich auf eine militärische Verpflichtung zur Verteidigung Kuwaits einzulassen.‹« Es gehört zum kleinen Einmaleins der Diplomatie zu wissen, daß jeder in der amerikanischen Hauptstadt die *Washington Post* las und liest; auch die Vertreter der irakischen Regierung. Noch einmal signalisierte das Weiße Haus ›grünes Licht‹ für Saddams Kuwait-Coup - ›zufällig‹ genau nach der Unterredung zwischen dem irakischen Diktator und der amerikanischen Botschafterin. Ebenso ›zufällig‹ stornierte Unterstaatssekretär Kelly an diesem Tag einen Radiobeitrag für die *Voice of America*, der eine deutliche Warnung an die irakische Adresse enthalten hätte, nämlich daß die USA »daran festhielten, ihre Freunde am Golf zu unterstützen«.[337]

Der Aufmunterungskurs der US-Regierung Saddam gegenüber hatte im Sommer 1990 bereits eine längere Vorgeschichte. Schon Monate zuvor - um genau zu sein: am 12. April - war eine Delegation von Senatoren nach Bagdad gereist, um Saddam davon in Kenntnis zu setzen, daß die Sanktionen gegen sein Land aller Voraussicht nach von Präsident Bush annulliert würden. Tatsächlich hatte Bush schon am 21. Februar per Präsidentenveto Sanktionen gegen den Irak verhindert. Die unter der Leitung von Senator Dole stehende Delegation versicherte Saddam wahrheitswidrig, daß der Präsident mit der irakfeindlichen Kampagne der Medien nicht das geringste zu tun habe; diese sei nichts weiter als die Äußerung einiger »verdorbener und eingebildeter« Reporter.

Die Delegation fragte bei dieser Gelegenheit auch gleich bei Saddam an, ob dieser einseitigen Abrüstungsmaßnahmen seines Landes zustimmen könne - eine Frage, die auf den erwähnten ›Task Force-Bericht‹ verweist, dem zufolge das ballistische, nukleare und chemische Waffenarsenal der Iraker abgeschafft werden sollte.[338] Tatsächlich erklärte sich Saddam bereit, auf diese Abrüstungsforderung einzugehen, wenn auch Israel abrüste. Das israelische Potential wurde damals auf 200 bis 300 Atomsprengköpfe[339] sowie Raketen vom Typ ›Jericho II‹ mit einer Reichweite von 640 Kilometern veranschlagt.[340]

Als der Konflikt dann im Sommer ›heiß‹ wurde, lief alles zunächst so ab, als sollte Botschafterin Glaspie mit ihrem vielzitierten Satz recht behalten: »Wir haben zu ihrem Grenzkonflikt. . . keine Meinung.« Dies bestätigte auch der ehemalige Geheimdienstoffizier Craig Hulet, als er in einem Interview den Hergang der Ereignisse wie folgt schilderte: »Während dieser Zeit, so um den 25. Juli herum, versicherte die US-Botschafterin im Irak, April Glaspie, Saddam Hussein, daß im Falle einer Grenzstreitigkeit (und sie wußte sehr wohl, daß Truppen an der Grenze standen) die USA dies als einen rein arabischen Konflikt betrachten und hierzu keine Position beziehen würden. . . Gleichzeitig wurde bekannt, daß dies die Politik des State Department war, weil Unterstaatssekretär John Kelly vor dem Senatsausschuß genau die gleiche Aussage machte. Er ging sogar so weit zu behaupten, daß wir keinen Verteidigungsvertrag mit Kuwait hätten und es ein innerarabischer Konflikt wäre. Zwei Tage später wurde Margaret Tutwiler über diese Äußerungen befragt, und sie wiederholte die Baker-Position, daß es sich um einen innerarabischen Konflikt handle, und selbst wenn Panzer in Kuwait einrollen würden, hätten wir keinen Verteidigungspakt mit Kuwait.«[341]

Natürlich war dies gelogen. Washington hatte der kuwaitischen Regierung zu wiederholten Malen geheime Zusicherungen für den Fall eines irakischen Angriffs gemacht.[342]

Auch David Barsamian führte ein Interview mit Craig Hulet, und zwar mitten im Golfkrieg, am 14. 2. 1991. Bei dieser Gelegenheit wußte Hulet plötzlich mehr: »Ich glaube, die Presse war so uninteressiert, daß sie durch Bushs ›Ruf zu den Waffen‹ im Mittleren Osten nicht aufgeschreckt wurde und gar nicht mitbekam, daß der Krieg schon am 2. August beschlossene Sache war. . . Während einer Periode von zehn Tagen vor dem 2. August [1990] haben die CIA und die NSA den Präsidenten kontinuierlich beraten. Sie informierten ihn darüber, daß eine irakische Invasion unmittelbar bevorstand. Ungefähr eine Woche vor dem 2. August stand die Invasion außer Frage.«[343]

Wie erwähnt, hatte das Weiße Haus mehr als genug Warnungen erhalten, unter anderem vom israelischen Mossad.[344] Die Israelis hatten Washington mindestens drei Jahre lang gewarnt, daß, wenn Saddam Hussein seinen Krieg gegen den Iran gewänne, er die mit Abstand größte Gefahr für die USA und die ganze Region darstellen würde.[345]

Es ist deshalb schlicht und einfach falsch, daß die Vereinigten Staaten von den Ereignissen des 2. August 1990 überrascht worden seien. Eine Woche nach der irakischen Invasion, am 8. August, wurde George Bush auf einer Pressekonferenz dazu befragt, ob die Geheimdienste die Amerikaner diesmal im Stich gelassen hätten. Bush antwortete sichtlich gutgelaunt: »Überhaupt nicht!« und erklärte, daß es in seinen Augen keinerlei Versagen der Geheimdienste gab.[346] CIA-Sprecher Joseph Toani sekundierte: »Die CIA konnte den irakischen Angriff vorhersagen – allerdings nicht das genaue Datum und die Uhrzeit. . . Es gab keine Überraschungen.«[347] Auch hier stellt sich die Frage, warum Washington dann nicht reagierte und es unterließ, Saddam unmißverständlich seine Grenzen aufzuzeigen.

Craig Hulet dokumentierte die Vorgeschichte des zweiten Golfkrieges im nachhinein in den von ihm herausgegebenen *White Papers*. Dort findet sich das überaus aufschlußreiche Detail, daß die amerikanische Strategie schon im April 1990 darauf hinauslief, das irakische Militärpotential zu zerstören. Im übrigen ist Hulet eine Figur mit interessanter Vergangenheit. Er gehört dem ›KC & Associates‹-Netzwerk an, einer Art informellem Sammelbecken für höhere Militärs und US-Regierungsbeamte.[348]

Hulet informiert noch über einige weitere brisante Einzelheiten: »Ich glaube, sie [gemeint ist die Bush-Regierung; d. Verf.] gaben absichtlich Saddam grünes Licht, damit er so reagiert und sie somit eine notwendige Provokation zur Erlangung eines vorher bestimmten politischen Ziels erhielten, das in dem *Task Force*-Bericht dokumentiert ist. Dieses Ziel wurde im April 1990 bei einer Konferenz im Weißen Haus in Umrissen ausgearbeitet. Der *Task Force*-Bericht wurde von Derek Fitzgerald, dem früheren Premierminister Irlands, veröffentlicht. Im *Task Force*-Bericht und in den Mitschriften der Aussagen, die während der Konferenz im Weißen Haus gemacht wurden, steht der Beschluß, daß der Mittlere Osten einseitig und vollständig entmilitarisiert werden müßte: ballistische Raketen, konventionelle Waffen, alles. . . Dafür wurde der Beschluß gefaßt, diese Länder zu entmilitarisieren. . . Die westlichen Mächte entschieden, im Mittleren Osten einzugreifen und ein Vakuum zu füllen, das die Sowjetunion hinterließ, als sie in den letzten beiden Jahren zu zerfallen begann. . . Ich habe die Empfehlung dieses Berichtes nach der voluminösen Aufzählung des militärischen Potentials des Mittleren Ostens gelesen. Darin heißt es, daß ›jetzt dringend Schritte unternommen werden müßten, um die nukleare, chemische, biologische und konventionelle Abrüstung, die Rüstungskontrolle und -überwachung einzuleiten. Dies ist eine Angelegenheit, die vom UN-Sicherheitsrat überwacht werden sollte‹.«[349]

Erst vor dem Hintergrund dieser Aussage sind die von den USA erzwungenen drakonischen Sanktionen gegen den Irak sinnvoll. Offiziell wurden sie damit begründet, daß der Irak durch den Druck der Wirtschaftssanktionen dazu veranlaßt werden sollte, sich wieder aus Kuwait zurückzuziehen. Aber wie allgemein bekannt ist, wurden die Sanktionen nach dem Ende des Golfkrieges von 1991 mitnichten aufgehoben, sondern vielmehr volle zwölf Jahre lang weiter aufrechterhalten. Im Licht des obigen Zitats wird das verständlich. Um Kuwait ging es gar nicht. Es ging um die dauerhafte Schädigung und Neutralisierung des irakischen Militärpotentials. Die offizielle Washingtoner Version war reine Propaganda.

Hulet vertritt des weiteren die Ansicht: »Ich glaube, diese Sache in Kuwait war eine ›Inszenierung‹ seitens unserer Regierung und der internationalen Gemeinschaft, um eine Provokation Saddams als Begründung für diesen Krieg zu bekommen, damit wir einseitig und mit Hilfe des UN-Sicherheitsrates, wie im April 1990 vorgeschlagen, den militärisch-industriellen Komplex zerstören konnten.«[350] Grundlage für diese Vorgehensweise war eine geheimgehaltene Konferenz, die im April 1990 im Weißen Haus stattgefunden hatte und an der maßgebliche Vertreter der internationalen Eliten teilgenommen hatten. Den Vorsitz hatte US-Präsident Bush innegehabt, außerdem waren alle führenden Mächte wie Japan, Deutschland, Frankreich usw. anwesend.[351] Auch Robin de Ruiter hatte Kenntnis von dieser Konferenz. Er schreibt über die Vorgeschichte des zweiten Golfkrieges, bei der der Sitzung im Weißen Haus eine entscheidende Rolle zukam: »Selten gab es in der Geschichte einen von den Hintergrundmächten so perfekt inszenierten Konflikt wie den sogenannten ›Golfkrieg‹.«[352] Auch de Ruiter erwähnt den *Task Force*-Bericht [*Task Force Report* 38, aka 212-661-1180], der auf einem Geheimtreffen konzipiert wurde und »in dem genau beschrieben wurde, was sie mit dem Irak vorhatten«.[353]

Ganz ähnlich, wenn auch verklausulierter, äußerte sich im nachhinein der damalige französische Außenminister Claude Cheysson: »Saddam ist in eine Falle gelaufen.« Und: »Die USA waren von Anfang an entschlossen, in den Krieg einzutreten.«[354] Selbst einige hochgestellte Persönlichkeiten in der amerikanischen Militärhierarchie brachen das Schweigen. Admiral Eugene Carroll jr. vom ›Center for Defense Information‹ gehört zu ihnen. Er räumte ein, daß das Weiße Haus einen Krieg am Golf inszenierte, um einen Vorwand für ein eigenes Eingreifen zu haben. Der gewesene CIA-Agent John Stockwell erinnert sich: »Admiral Eugene Carroll jr. . . stellt fest, daß die USA in Wirklichkeit es nicht mit einer ›Krise‹ am Golf zu tun hatten. Das Weiße Haus hat vielmehr, bemerkt der Admiral, einen ›casus belli‹ inszeniert, eine Situation, die als Kriegsgrund angesehen werden konnte.«[355]

## Die US-Botschafterin lädt Saddam zum Krieg ein

Daß es auf dem Höhepunkt der Golf›krise‹, nämlich am 25. Juli 1990, in Bagdad zu einem folgenreichen Gipfelgespräch zwischen Saddam Hussein und der amerikanischen Botschafterin April Glaspie kam, war bereits die Rede. Dabei wurde natürlich über die aktuelle Krisensituation gesprochen. Die ganze Unterredung war letztlich ein kaum verhohlenes Täuschungsmanöver der amerikanischen Seite. Diese vertrat in dem Gespräch nämlich den Standpunkt, die ganze Krise sei ein innerarabisches Problem, und legte Saddam deshalb nahe, das Problem auf seine Weise aus der Welt zu schaffen. »Die Abschrift dieses Gesprächs wurde in der *New York Times* veröffentlicht, und das State Department hat den Inhalt des von den Irakern zugespielten Gesprächsprotokolls nie dementiert, so daß die Authentizität des Textes nicht in Zweifel gezogen werden kann.«[356] An Land gezogen hatte ihn der Fernsehsender ABC.

Dem Dokument zufolge kam Frau Glaspie um 13 Uhr in Saddams Büro an, um ein erstes Einzelgespräch mit dem irakischen Diktator zu führen; sie wirkte dabei sehr angespannt. Mit von der Partie war außerdem Tarik Aziz, Saddams Außenminister, der als Dolmetscher fungierte. Nachdem Saddam die Botschafterin respektvoll empfangen hatte, sagte er gleich: »Ich habe Sie hierher gebeten, um mit Ihnen eine eindringliche Diskussion zu führen, die ich als Botschaft an Präsident Bush betrachte.« Diese Formulierung ist ein klarer Hinweis darauf, daß SADDAM die folgende Unterredung als Meinungsaustausch auf höchster Ebene sah. SADDAM sprach dann über die Politik der OPEC und insbesondere über die Ölpolitik der Kuwaitis. Zu Recht vertrat er dabei den Standpunkt, daß Kuwait fortwährend gegen den OPEC-Vertrag einschließlich seiner Einzelabkommen verstoße und dem Irak dadurch größten wirtschaftlichen Schaden zufüge. In aller Ausführlichkeit legte er dar, daß man einen Krieg mit Panzern und Flugzeugen führen könne, aber ebenso mit ökonomischen und finanziellen Mitteln; das Endergebnis sei letztlich dasselbe, denn man verhindere, daß ein Volk Wohlstand und Entwicklungsmöglichkeiten erlange; man blute es sozusagen finanziell aus. SADDAM fuhr fort: »25 Dollar pro Barrel ist kein hoher Preis.«

Die Botschafterin schien auf diese Äußerungen überaus positiv zu reagieren und signalisierte Einverständnis: »Viele Amerikaner von unseren eigenen Förderstätten möchten, daß der Preis die 25 Dollar übersteigt.« Schon dies war ein eindeutiges Entgegekommen. SADDAM durfte annehmen, die Botschafterin und in ihrem Rücken der amerikanische Präsident würden seine Forderung nach höheren Ölpreisen unterstützen. Schließlich hatte BUSH SADDAM ja schon Monate zuvor ermutigt, auf höheren Ölpreisen zu beharren, damit der Irak seine wirtschaftlichen Probleme lösen könne. SADDAM blieb noch beim Öl-Thema: »Der Preis war schon einmal auf 12 Dollar pro Barrel gefallen, und der Verlust von 6 bis 7 Milliarden Dollar ist eine Katastrophe für das bescheidene irakische Budget.« Die Botschafterin quittierte das mit einem Kopfnicken: »Das kann ich ohne weiteres verstehen. Ich lebe seit Jahren hier. Ich bewundere Ihre außerordentlichen Anstrengungen, das Land aufzubauen. Ich weiß, daß Sie dafür Kapital brauchen. Wir verstehen das und sind der Meinung, daß Sie die Möglichkeit haben müssen, das Land wieder aufzubauen. . . Wir können sehen [dank Satellitenaufklärung; d. Verf.], daß Sie viele Truppen im Süden stationiert haben. Normalerweise ginge uns das nichts an, aber wenn dies im Zusammenhang mit Ihren anderen Drohungen gegen Kuwait steht, ist es nur vernünftig, wenn wir besorgt sind. Aus diesem Grunde habe ich Instruktionen bekommen, Sie im Geist der Freundschaft, nicht der Konfrontation nach Ihren Absichten zu fragen: Warum sind Ihre Truppen so nah an der kuwaitischen Grenze stationiert?«

SADDAM holte abermals weiter aus: »Wie Sie wissen, habe ich jahrelang jede Anstrengung unternommen, um in unserem Streit mit Kuwait eine Übereinkunft zu erzielen. In zwei Tagen soll ein Treffen stattfinden. Ich bin bereit, einer Verhandlungslösung noch eine letzte Chance zu geben. Wenn wir [die Iraker] mit ihnen [den Kuwaitis] zusammenkommen und sehen, daß es Hoffnung gibt, dann wird nichts passieren. Finden wir aber keine Lösung, dann wird der Irak seinen Untergang selbstverständlich nicht akzeptieren.»

Glaspie: »Welche Lösungen wären akzeptabel?«

Saddam: »Wenn wir den ganzen Shatt el'Arab behalten könnten, unser strategisches Ziel im Krieg mit Iran, dann würden wir Zugeständnisse[an die Kuwaitis] machen. Aber wenn wir gezwungen werden, uns zwischen der Hälfte des Shatt el'Arab und ganz Irak [d.h. einschließlich Kuwaits; d. Verf.] zu entscheiden, dann werden wir den Shatt komplett aufgeben, um unsere Ansprüche auf Kuwait zu verteidigen und den ganzen Irak zu denjenigen Konditionen zu bekommen, wie wir es wollen. Welchen Standpunkt vertreten die Vereinigten Staaten diesbezüglich?«

Glaspie (pausierend, dann sehr vorsichtig): »Wir wollen zu den innerarabischen Konflikten keine Position beziehen, beispielsweise zu Ihrem Konflikt mit Kuwait.[[357]] Ende der sechziger Jahre war ich auf Posten in Kuwait. Unsere damaligen Instruktionen besagten, keine Meinung zu Problemen zu äußern, die Amerika nicht betrafen. James Baker hat jetzt unserem offiziellen Sprecher die Anweisung gegeben, diese Instruktionen erneut zu bestätigen. Wir hoffen, daß Sie Ihre Probleme mit den notwendigen Maßnahmen lösen, über Kilbi [damals Generalsekretär der Arabischen Liga; d. Verf.] oder über Präsident Mubarak. Das einzige, was wir wünschen, ist, daß Sie zu einer schnellen Lösung kommen.«[358]

Saddam lächelte an dieser Stelle des Dialogs.[359] Die Botschafterin hatte ihm eindeutig grünes Licht signalisiert und ihn unter ausdrücklichem Verweis auf Kuwait eingeladen, militärisch aktiv zu werden. Sie machte ihm die militärische Lösung sogar noch schmackhafter, denn: »Einige Berichte bestätigten, daß April Glaspie Saddam Hussein versicherte, falls der Irak in Kuwait einmarschierte und sich nur den nördlichen Teil Kuwaits aneignen würde, die USA hiergegen keinen Einwand erheben würden.«[360] Diese Einzelheit brachte unter anderem Rodney Stich, und sie fand sogar Eingang in die amerikanische Medienberichterstattung; der einschlägige Bericht in der *Washington Post* vom 25. Juli, also genau am Tag des alles entscheidenden Gesprächs zwischen Saddam und der Botschafterin, wurde bereits erwähnt. Bagdad war auf dem besten Wege, zum zweiten Mal innerhalb von zehn Jahren in die Falle Washingtons zu tappen.

Denn die Äußerungen der Botschafterin am 25. Juli waren weder zufällig noch ein persönlicher Fauxpas der Diplomatin. Vielmehr hatte sie am Tag zuvor, am 24. Juli, ein Telegramm des State Department erhalten, das sie ausdrücklich aufforderte, Saddam mitzuteilen, »daß die Vereinigten Staaten ›keine Position‹ [no position] bezüglich ›innerarabischer‹ [Arab-Arab] Konflikte hätten«.[361]

Noch im Laufe des 25. Juli, nachdem sie ihre Unterredung mit Saddam beendet hatte, schickte die Botschafterin ein Protokoll des Gesprächs an das State Department.[362] Der Text läßt den Schluß zu, daß Präsident Bush am 28. Juli ein weiteres geheimes Telegramm an den Golf schickte, und zwar an SADDAM persönlich,[363] nachdem die irakischen Truppen bereits an der kuwaitischen Grenze in Stellung gegangen waren. Über diese diskrete Botschaft schreibt Paul A. GIGOT: »Dem *Middle East Policy Survey* und anderen glaubhaften Quellen zufolge drückte das Telegramm eine klare, aber großzügige Botschaft bezüglich der Anwendung von Gewalt aus. Es bot keinerlei spezielle Sicherheitsgarantie für Kuwait und drückte den Wunsch nach besseren Beziehungen aus.«[364]

Das bedeutete eine indirekte Bestätigung von höchster Stelle, daß ein Einmarsch im Nachbarland keine amerikanischen Sanktionen nach sich ziehen würde. BUSH ließ auch noch ausdrücklich wissen, daß die Vereinigten Staaten den Kuwaitis keinerlei Sicherheitsgarantien gegeben hätten, was eine klare Lüge war. Mehr konnte das Weiße Haus kaum tun, um SADDAM in Sicherheit zu wiegen.

Was die Abschrift des Gespräches zwischen April GLASPIE und SADDAM angeht, die dem State Department zugeleitet wurde, so teilt Ali TOWFIK unter Berufung auf einen nicht näher genannten US-Senator mit, daß das Dokument später den internen Titel *Saddam's Message of Friendship to President Bush (Saddams Freundschaftsbotschaft an Präsident Bush)* erhalten habe; der Inhalt beweise, daß GLASPIE bei ihrer Unterredung mit dem Diktator einen »weichen«, »versöhnlichen Tonfall« angeschlagen habe. Dieses Detail steht in auffälligem Widerspruch zu GLASPIES eigener Aussage vor dem US-Senat, wo sie am 21. März 1991 aussagte, sie habe SADDAM gegenüber eine harte Position vertreten und ihn insbesondere vor der Anwendung militärischer Gewalt gegen Kuwait gewarnt.[365] Sie dementierte bei dieser Gelegenheit ausdrücklich den oben wiedergegebenen Wortlaut des Gesprächs und erklärte vielmehr, sie habe SADDAM wiederholt davor gewarnt, daß die USA Gewaltanwendung von seiten des Irak als Mittel der Konfliktlösung nicht hinnehmen würden. SADDAM sei aber wohl zu »dumm« gewesen, mögliche Reaktionen der USA vorherzusehen.[366]

Auch in diesem Fall hatten Lügen kurze Beine. Denn im Juli 1991 stellte sich bei einer Anhörung im Repräsentantenhaus heraus, daß die Botschafterin ihre angeblichen Warnungen an SADDAMS Adresse glatt erfunden hatte, um ihren Ruf zu retten. Bei der Anhörung wurde sie von Lee HAMILTON mit der entwaffnenden Frage konfrontiert: »Haben Sie SADDAM HUSSEIN je gesagt: ›Herr Präsident, es wird Krieg geben, sobald Sie die kuwaitische Grenze überschreiten‹? Sie antwortete: ›Nein, das habe ich nie gesagt.‹«[367]

Ebenfalls noch im Juli erhielt auch der Senat Einsicht in die Telegramme der Botschafterin an das Außenministerium, einschließlich ihrer Version der Unterredung mit SADDAM. Spätestens jetzt wurde offenkundig, daß ihre Aussage vor dem Senat weitgehend erfunden und die vom Irak veröffentlichte Version zutreffend war.[368] Daraufhin verlangte der Ausschußvorsitzende Senator Claiborne PELL am 12. Juli 1991 in einem aufgebrachten Brief an Außenminister James Baker eine Erklärung für die Widersprüche zwischen Glaspies Aussage und dem Telegramm. Senator Alan Cranston behauptete, Frau Glaspie habe den Kongreß über ihre Rolle im Golfkrieg vorsätzlich in die Irre geführt.[369]

Nicht nur die Spitzen der US-Regierung waren bis über beide Ohren in das Komplott verstrickt. Auch die Briten hatten Dreck am Stecken. Said Aburish, der es wissen mußte, erinnert sich: »Kurz nach den wohlwollenden Äußerungen der Amerikaner fingen die Iraker ein an den Emir von Kuwait gerichtetes Schreiben der britischen Premierministerin Margaret Thatcher ab, in dem sie ihm mitteilte, er solle die ›irakischen Forderungen zurückweisen, wir werden Ihnen beistehen‹.«[370] Allerdings hätte die ablehnende Haltung Londons Saddam vermutlich nicht umstimmen können. Er hatte ja die Zustimmung Washingtons, und allein würden die Briten schwerlich imstande sein, die irakischen Truppen wieder aus Kuwait zu vertreiben.

Für die Drahtzieher im Westen konnte es in Anbetracht der vielen positiven Signale, die Bagdad aufgefangen haben mußte, keinem Zweifel mehr unterliegen, wie sich Saddam entscheiden würde. Dieser hatte der US-Botschafterin nicht umsonst eine Nachricht mit auf den Weg gegeben, die seine Zwangslage unterstrich und von der er annehmen mußte, daß sie den amerikanischen Präsidenten erreichen mußte: »Irak verlor 100 000 Kriegstote [als Folge des ersten Golfkriegs gegen den Iran] und ist nun so arm, daß demnächst die Waisenpensionen gestrichen werden müssen. Dennoch hält sich das ölreiche Kuwait nicht einmal an die OPEC-Regeln. Irak hat den Krieg satt, aber Kuwait ignoriert die Diplomatie. . . Wenn der Irak öffentlich gedemütigt wird. . ., [wird] es keinen anderen Ausweg geben, als zu ›reagieren‹, einerlei, wie unlogisch und selbstzerstörerisch dies sein könnte.«[371]

Mit anderen Worten: Saddams Geduld war am Ende. Resigniert hatte er der amerikanischen Botschafterin noch erklärt: »Ich habe alles versucht. Wir schickten Gesandte, schrieben Botschaften, baten König Fahd von Saudi-Arabien, einen Vierergipfel zu arrangieren [Irak, Saudi-Arabien, Vereinigte Arabische Emirate, Kuwait; d. Verf.].«[372] Das Weiße Haus war also bestens im Bilde, wie Bagdad auf die penetrante Verweigerung der Kuwaitis reagieren würde. Es war für die sattsam bekannten ›informierten Kreise‹ in Washington denn auch keine Überraschung mehr, als in den frühen Morgenstunden des 2. August 1990 100 000 irakische Soldaten in Kuwait einrückten. Dem längst geplanten Krieg gegen Saddam stand jetzt nichts mehr im Wege.

Am 2. September 1990, genau einen Monat nach dem Einmarsch der Iraker, mußte sich April Glaspie bereits einige äußerst unangenehme Fragen britischer Journalisten anhören. Diese waren nämlich in den Besitz einer Tonbandaufzeichnung und einer Kopie der Unterredung mit Saddam gelangt.[373] Sie konfrontierten die Botschafterin mit den entlarvenden Dokumenten, als sie die amerikanische Botschaft in Bagdad verließ. Auch diese Szene verdient, festgehalten zu werden.

Journalist 1: [Hält die Kopie hoch]: »Sind diese Kopien korrekt, Frau Botschafterin?« (GLASPIE antwortet nicht).

Journalist 2: »Sie wußten, daß SADDAM Kuwait überfallen würde, aber sie warnten ihn nicht davor, es zu tun. Sie sagten ihm nicht, daß Amerika Kuwait verteidigen würde. Sie erzählten ihm im Gegenteil, daß Amerika nicht mit Kuwait verbündet sei.«

Journalist 1: »Sie ermutigten zu dieser Aggression - seiner Invasion. Was hatten Sie sich dabei gedacht?«

April GLASPIE: »Natürlich dachte ich nicht, und keiner tat das zu dieser Zeit, daß sich die Iraker ganz Kuwaits bemächtigen würden.«

Journalist 1: »Sie dachten, er würde nur einen Teil davon nehmen? Aber wie konnten Sie das denken? SADDAM sagte Ihnen, wenn die Verhandlungen scheitern, werde er sein Ziel im Iran [den Shatt el'Arab; d. Verf.] aufgeben, um den ›ganzen Irak zu den Konditionen, wie wir es wollen‹, zu bekommen. Sie wissen, daß dies Kuwait einschloß, das die Iraker immer als historischen Teil ihres Landes betrachtet haben!« (Auch jetzt sagte die Botschafterin nichts und bewegte sich an den beiden Journalisten vorbei.)

Journalist 1: »Amerika gab grünes Licht für die Invasion. Zumindest gaben Sie SADDAM ein Signal, daß ein wenig Aggression in Ordnung wäre und daß die Vereinigten Staaten nichts gegen eine Übernahme des Ölfeldes von Rumeila hätten, die strittige Grenze, und der Golfinseln, die vom Irak beansprucht wurden.« (Wiederum erwiderte Frau GLASPIE nichts, als sie in ihre Limousine stieg und davonfuhr.)[374]

April GLASPIE fuhr an diesem Tag nicht nur davon, sie verschwand nach ihrem brisanten Besuch bei SADDAM auch für ganze acht Monate aus der Öffentlichkeit. »Obwohl das US-Außenministerium im Februar 1991 behauptet, daß sie mit wichtigen speziellen Aufgaben betraut sei, wird GLASPIE davon abgehalten, mit der Presse oder mit dem Kongreß zu sprechen. . .« Erst als der Kongreß erheblichen Druck ausübte, kam es dort zu der erwähnten Aussage der Botschafterin.[375]

Die Szene beim Verlassen der Bagdader Botschaft spricht für sich: Frau GLASPIE hatte bei ihrem Tête-à-tête mit dem irakischen Staatschef sehr wohl gewußt, wie sich SADDAM verhalten würde, wenn man ihm nur klar genug zu verstehen gab, daß ihm nichts passieren würde. Er wiederum hatte ihr verheimlicht, daß er sich ganz Kuwait einverleiben würde.

Es gab im übrigen noch weitere aufmunternde Zeichen aus Washington. Kurz nach dem Gespräch vom 25. Juli bezog auch US-Außenminister BAKER Stellung in dem »sich anbahnenden Streit: ›Der Fall hat nichts mit Amerika zu tun.‹«[376] Wenige Tage später, am 31. Juli, konnte nur noch ein Blinder die Augen davor verschließen, daß sich an der irakisch-kuwaitischen Grenze etwas anbahnte. Die Defense Intelligence Agency (DIA), der militärische Geheimdienst, hatte beunruhigende Anzeichen dafür entdeckt, daß irakische Truppen Treibstoff, Wasser, Munition und andere Nachschubgüter an die kuwaitische Grenze schafften. Aber noch an diesem Tag gab es ein weiteres positives Signal aus Washington. Denn an diesem 31. Juli sprach Vize-Außenminister John Kelly, der Saddam schon am 12. Februar im Irak besucht und ihm in einem persönlichen Gespräch mitgeteilt hatte, die USA betrachteten das Land als »stabilisierenden Faktor in der Region«, in der BBC. Er wurde in der Sendung, die natürlich auch in Bagdad gehört wurde, in einem Unterhaus-Ausschuß von dem Abgeordneten Lee Hamilton zur aktuellen Lage am Golf befragt und gab sich dabei betont moderat. Das Gespräch im Wortlaut:

»Hamilton: Haben wir gegen unseren Verbündeten am Golf eine Verpflichtung für den Fall, daß sie in Öl- oder Gebietskonflikte mit ihren Nachbarn verwickelt werden?

Kelly: Wie ich bereits sagte, Herr Vorsitzender, haben wir mit keinem der Länder Beziehungen, die durch ein Verteidigungsabkommen geregelt sind. Wir haben es immer vermieden, zu Grenzkonflikten oder internen OPEC-Beratungen Stellung zu beziehen, doch haben wir alle Regierungen in unmißverständlicher Weise zu einer friedlichen Beilegung der Differenzen in dieser Region aufgerufen.

Hamilton: Wenn der Irak beispielsweise die Grenze überschreitet und Kuwait angreift - aus welchen Gründen auch immer -, wie würden wir uns hinsichtlich des Einsatzes der US-Streitkräfte verhalten?

Kelly: Das ist rein hypothetisch, Herr Vorsitzender, ein Eventualfall, Fragen, die ich nicht beantworten kann. Es sei nur soviel gesagt, daß wir auf das Äußerste besorgt wären, aber ›Was wäre, wenn. . .‹-Gedankengänge bleiben mir verschlossen.

Hamilton: Ist es unter diesen Voraussetzungen dennoch zutreffend, daß wir kein Beistandsabkommen abgeschlossen haben, das uns zu einem Einsatz der US-Streitkräfte verpflichten würde?

Kelly: Das ist zutreffend.«[377]

John Kelly hatte damit zum dritten Mal innerhalb dreier Monate behauptet, daß es kein amerikanisches Bündnisabkommen mit Kuwait gebe und daß es sich bei den irakisch-kuwaitischen Querelen um einen innerarabischen Konflikt handle.[378] Zwei Tage später wurde Margaret Tutwiler über den gleichen Sachverhalt befragt. Auch sie unterstrich die Position von Außenminister Baker, wonach der Konflikt eine innerarabische Angelegenheit sei und daß Washington kein Verteidigungsbündnis mit den Kuwaitis abgeschlossen habe. Das gelte auch für den Fall, daß Panzer in Kuwait einrollen sollten.[379] Wenige Stunden später war es soweit.

Man mag einwenden, die Folge amerikanischer ›Ermunterungen‹ an die Adresse Bagdads seien eine recht kryptische Angelegenheit gewesen, nachvollziehbar allenfalls auf einer Ebene der Geheimdiplomatie hinter verschlossenen Türen. An diesem Einwand ist in der Tat richtig, daß sich die wenigsten Durchschnittsbürger Reden der stellvertretenden Außenminister anderer Länder im Radio anhören. Auf der anderen Seite gehört gerade dies zur Routinearbeit von Diplomaten. Und eine Regierung wird sich um so aufmerksamer für noch so verborgene Äußerungen einer anderen Regierung interessieren, je mehr es um Krieg oder Frieden geht. Im vorliegenden Fall hatte Washington aber keine unklaren, schwer zu interpretierenden Signale ausgesandt, sondern seine Botschaft an SADDAM HUSSEIN geradezu mit dem Lautsprecher ausgestrahlt. Im Sommer 1990 konnte SADDAM über die Haltung der Amerikaner schlechterdings nicht mehr im Zweifel sein. Sie hatten ihm ein dutzendmal und auf allen Kanälen zu verstehen gegeben, daß ein Einmarsch nach Kuwait keine Sanktionen nach sich ziehen würde. »Der Irak verfolgte diese Diskussionen aufmerksam und war sich der offiziellen Aussagen bewußt.«[380] Mithin war die Rede KELLYS das letzte ›grüne Licht‹, auf das SADDAM HUSSEIN gewartet hatte, um den Befehl zur Invasion zu geben.[381] KELLYS Erklärung in der BBC war nur noch das Tüpfelchen auf dem i.

## Das Weiße Haus erkauft sich die Zustimmung der Sowjets

Einen Tag nach der Unterredung zwischen Botschafterin GLASPIE und SADDAM HUSSEIN, am 26. Juli, kam es zu einem pikanten Treffen zwischen dem sowjetischen Generalsekretär Michail GORBATSCHOW und einem Sonderbeauftragten des amerikanischen Präsidenten namens Gunther K. RUSSBACHER. Dieser hatte eine schillernde Vorgeschichte; er stand nicht nur viele Jahre lang in den Diensten der CIA, sondern war auch in einige Anschläge verwickelt, die die ›Firma‹ in Auftrag gegeben hatte. Am 26. Juli 1990 erhielt er einen dringlichen Auftrag. Die folgende Schilderung der Ereignisse, die sich bei Rodney STICH findet, beruht auf Aussagen von CIA-Insidern:

»Die CIA hatte eine wichtige Aufgabe für RUSSBACHER. . . Er wurde für ein strenggeheimes Projekt gebraucht, bei dem es darum ging, wie die BUSH-Administration mit Iraks SADDAM Hussein verfahren sollte. Die Unterschrift des russischen Präsidenten Michail GORBATSCHOW wurde auf einer geheimen Abmachung benötigt, die von Präsident BUSH vorbereitet und seinerseits unterzeichnet worden war. Nach RUSSBACHER enthielt die Abmachung die Übereinkunft, daß Rußland nicht eingreifen würde, falls die USA den Irak in näherer Zukunft angreifen würden. RUSSBACHER sprach russisch; er war Mitglied der US-Botschaft in Moskau und kannte Präsident GORBATSCHOW persönlich. Die Unterschrift und die Abmachung mußten geheim bleiben.«[382]

RUSSBACHER zufolge hatten Präsident BUSH und einige seiner engsten Berater, unter ihnen auch Brent Scowcroft, die Abmachung schon einige Wochen vorher vorbereitet, um sie Gorbatschow zur Unterschrift vorlegen zu können. Sie enthielt außer der Stillhaltegarantie der sowjetischen Seite auch die Zusage, daß die USA den Sowjets im Gegenzug finanziell kräftig unter die Arme greifen würden.

Russbacher erhielt seine Anweisungen für den Flug nach Moskau während einer kurzen Einsatzbesprechung auf der Luftwaffenbasis Omaha in Offutt, Nebraska, und zwar bereits Mitte Juli. Bei dieser Besprechung waren auch CIA-Direktor William Webster, Brent Scowcroft sowie weitere Mitarbeiter des Weißen Hauses anwesend.[383] Russbacher bestieg dann in den späten Nachmittagsstunden des 26. Juli einen ›Learjet‹ der CIA in Reno, der ihn zur Crows Landing Naval Air Station brachte, wo vier SR-71-Aufklärungsflugzeuge der CIA für einen Nonstop-Flug nach Moskau klargemacht wurde.[384]

Ein paar Stunden später waren die Maschinen in der Luft. Auf dem Flug mußten sie zweimal nachtanken. Beim ersten Mal übernahmen dies Tankjets der Air Force über Kanada, beim zweiten Mal, als sich der Verband bereits dem sowjetischen Luftraum näherte, sowjetische Tankflugzeuge. Russbacher erinnerte sich später, zwei der Passagiere seien Scowcroft und Webster gewesen.

Nach der Ankunft in Moskau ging alles sehr schnell. Russbacher traf mit Gorbatschow zusammen, dieser unterzeichnete, und das Dokument wurde auf dem gleichen Weg wieder in die Vereinigten Staaten zurückgebracht.[385]

Der Vorfall zeigt, wie zielstrebig sich das Weiße Haus für seinen Waffengang am Golf absicherte. Die Sowjets waren die einzigen, die Bush hätten in die Quere kommen können. Das amerikanische Vorgehen mutet um so unverfrorener an, wenn man bedenkt, daß die Sowjets 1972 mit den Irakern einen Freundschaftsvertrag mit einer Laufzeit von 20 Jahren abgeschlossen hatten. Man war sich in den Washingtoner Planungszirkeln vermutlich klar darüber, wie marode das Sowjetimperium 1990 bereits war. Gorbatschow war auf jeden Dollar angewiesen. Als die USA am 15. Januar 1991 von den Vereinten Nationen die über Krieg und Frieden entscheidende Resolution Nr. 678 bekamen - ohne daß die Sowjets mauerten -, flossen vier Milliarden US-Dollar in die sowjetischen Kassen. Die Summe wurde von Saudi-Arabien, Kuwait und den Vereinigten Arabischen Emiraten aufgebracht, den treuesten und zugleich zahlungskräftigsten US-Vasallen in der Region. Die Scheichs beglichen Bushs Rechnung aus der Portokasse.[386]

## Kriegsvorbereitungen am Golf

Die amerikanischen Planer gingen bei ihren Szenarien davon aus, daß der Krieg binnen höchstens 90 Tagen - oder eher - zu gewinnen sei, ehe sich in den USA nennenswerter Widerstand würde formieren können. Im Oktober und November 1990 veröffentlichte das Center for Defense Information einige Prognosen, denen zu entnehmen war, daß der Krieg vermutlich im Dezember oder Januar beginnen würde. Dabei würden die US-Streitkräfte wahrscheinlich einen Scheinangriff gegen die irakischen Verteidigungsstellungen in Kuwait führen, ein Szenario, das auch Luftwaffen-General DUGAN für plausibel hielt. Außerdem würde die irakische Luftwaffe innerhalb der ersten 72 Stunden des Krieges zerstört sein. Alles in allem würde der Waffengang etwa 90 Tage dauern und 40 bis 50 000 Menschenleben fordern. Die Kosten des Unternehmens wurden auf rund 70 Milliarden Dollar veranschlagt.[387]

Man kann in der Rückschau nur immer wieder über die geradezu unheimliche Genauigkeit dieser Voraussagen erstaunt sein. Denn der tatsächliche Gang der Ereignisse hielt sich fast detailgetreu an die Prognosen. Wirklich begann der amerikanische Luftkrieg am 17. Januar 1991 (MEZ). Der Bodenkrieg begann mit dem Ablenkungsangriff auf die irakischen Stellungen in Kuwait. Die irakische Luftwaffe war nach einem Tag amerikanischer Angriffe effektiv nicht mehr imstande, nennenswerte Aktivitäten zu entwickeln; angesichts der weit überlegenen US-Jets und einer lückenlosen Luftraumüberwachung war es selbst für relativ moderne irakische Kampfflugzeuge vom Typ Mig-29 und F-1 praktisch selbstmörderisch, auch nur aufzusteigen.[388] Die Kriegskosten kamen mit 61 Milliarden Dollar den veranschlagten rund 70 Milliarden ziemlich nah, allerdings muß dazu bemerkt werden, daß sich die Vereinigten Staaten diese Kosten auf Heller und Pfennig von ihren Alliierten erstatten ließen und unter dem Strich sogar noch auf ein Plus in der Bilanz kamen.[389]

Nur was die Zahl der Opfer angeht, hatten sich die Experten mit ihren smarten Statistiken ein wenig verrechnet. Denn die Iraker kostete der Krieg nicht 40 bis 50 000 Opfer, sondern mindestens 100 000. Einige Schätzungen reichen bis zu 200–300 000 irakischen Kriegstoten. Allerdings handelt es sich bei dieser Größe um einen eher nebensächlichen Faktor, denn tote Gegner waren für amerikanische Militärs schon immer ein nebensächlicher Faktor, während die Vermeidung eigener Verluste höchste Priorität genießt. Im Golfkrieg 1991 gab es offiziell ganze 390 davon.[390] Allerdings unterschlägt diese Zahl die Opfer des sogenannten Golfkriegs-Syndroms, das in den Jahren nach dem Krieg unter Angehörigen der alliierten Truppen grassierte und von dem Tausende betroffen sind.

Dennoch: Können so präzise Gutachten Zufall sein? Oder waren die Analytiker, die sie erstellten, wirklich so gut?

Leider sickerten inzwischen allzu viele Einzelheiten an die Öffentlichkeit durch, als daß man daran glauben könnte. Schließlich setzte die BUSH-Administration unmittelbar nach dem irakischen Einmarsch in Kuwait alle Hebel in Bewegung, um ihren Krieg zu bekommen. Das Weiße Haus setzte von Anfang an auf eine militärische Lösung und vernachlässigte diplomatische Initiativen auf geradezu ostentative Weise. Bereits am Morgen des 2. August 1990, etwa um 5 Uhr, setzte Bush zwei Verordnungen in Kraft, die den Austausch von Handelsgütern mit dem Irak verboten und irakische Geldguthaben - immerhin in Höhe von 30 Milliarden Dollar - einfroren. Bereits um 5 Uhr 30 saßen Bush und sein Sicherheitsberater Brent Scowcroft zusammen, um darüber zu beraten, wie man die Alliierten ebenfalls für Sanktionen gegen den Irak gewinnen könne. Im weiteren Tagesverlauf verabschiedete der UN-Sicherheitsrat einen von den Vereinigten Staaten eingebrachten Resolutionsentwurf, der den irakischen Angriff verurteilte und den sofortigen Rückzug aller Truppen verlangte. Am selben Tag wurde ein erster Flottenverband in Richtung Golf in Marsch gesetzt, der aus sieben Einheiten bestand, darunter dem Flugzeugträger ›Independence‹. Am 5. August war ein weiterer Flugzeugträger im Mittelmeer einsatzbereit, und erste amerikanische sowie alliierte Transportschiffe machten sich auf den Weg zum Golf. Dabei eröffnete Bush der Öffentlichkeit erst zwei Tage später, am 7. August, daß Saudi-Arabien der Stationierungvon 90 000 amerikanischen Soldaten zugestimmt habe. Dazu paßt die Mitteilung des jordanischen Königs Hussein nach dem Krieg, die britische Premierministerin Margaret Thatcher habe ihm erklärt, daß die alliierten Truppen »schon halb am Ziel waren, bevor sie angefordert worden waren«. Tatsächlich hatte Washington 40 000 Soldaten sofort und ohne Abstimmung mit dem Kongreß in Marsch gesetzt.

Der Aufmarsch am Golf entwickelte sich in den darauffolgenden Monaten zur größten Truppenmobilisierung seit dem Vietnamkrieg. Die größte Luftbrücke seit dem Zweiten Weltkrieg wurde eingerichtet, um Truppen und Material in die Krisenregion zu verlegen. Selbst in den USA war die Überraschung groß, als das Ausmaß der Truppenkonzentration nach und nach sichtbar wurde. Die Größe des amerikanischen Streitkräftekontingents war von Anfang an viel größer, als der Öffentlichkeit mitgeteilt wurde. Die USA waren in der Lage, Kampfflugzeuge aus der ganzen Welt auf mehr als 20 voll einsatzbereiten, befestigten Militärbasen in Saudi-Arabien zusammenzuziehen - es waren diejenigen Stützpunkte, die zehn Jahre zuvor für die schnelle Eingreiftruppe errichtet worden waren. Auf die Kriegsschiffe warteten neun Häfen.[391]

## Das Weiße Haus täuscht ›defensive Maßnahmen‹ vor

Das Weiße Haus errichtete in den Monaten zwischen August 1990 und Januar 1991 eine weitere Propagandakulisse für die Öffentlichkeit, indem die Regierung bei jeder Gelegenheit hervorhob, der Truppenaufmarsch am Golf habe ausschließlich Defensivcharakter. Am 8. August, sechs Tage nach dem

Einmarsch der Iraker, hielt Präsident BUSH im amerikanischen Fernsehen eine Ansprache aus dem Oval Office, in der er sich ausführlich mit der Golfkrise auseinandersetzte. Er erklärte bei dieser Gelegenheit: »Wir streben den sofortigen, bedingungslosen und vollständigen Rückzug aller irakischen Streitkräften aus Kuwait an.« BUSH unterstrich gleichzeitig, daß nicht vorgesehen sei, das Militär einzusetzen, um dieser Forderung Nachdruck zu verleihen: »Die Mission unserer Truppen ist gänzlich defensiv. Hoffentlich werden sie nicht lange gebraucht. Sie [die Truppen; d. Verf.] werden nicht mit Feindseligkeiten beginnen, aber sie werden sich, das Königreich Saudi-Arabien und andere Freunde am Persischen Golf verteidigen.«[392]

Diese Äußerungen waren natürlich eine reine Schaukulisse für die Öffentlichkeit – und im übrigen auch für die Iraker, denn auch der Feind sollte natürlich in dem Glauben gelassen werden, ihm drohe keinerlei Gefahr. SADDAM sollte sich um so sicherer im Besitz seiner kuwaitischen Neuerwerbung fühlen und vor allem seine Truppen nicht abziehen. Denn das irakische Militärpotential war längst zur Liquidierung ausgeschrieben, und ein Abzug hätte diesen Plan womöglich durchkreuzt.

## Desasterdiplomatie

US-Botschafterin April GLASPIE hatte ihre Mission mit dem folgenschweren Gespräch vom 25. Juli erfüllt. Sie trat am 1. August, am Tag vor der Invasion der Iraker, ihren verdienten ›Urlaub‹ an. Am selben Tag traf sich US-Außenminister James BAKER am Baikalsee mit seinem sowjetischen Amtskollegen Eduard SCHEWARDNADSE zum Angeln – um das nächste Gipfeltreffen zwischen Präsident BUSH und Michail GORBATSCHOW vorzubereiten, wie es offiziell hieß. In Wirklichkeit ging es natürlich um viel mehr. »Zwischen BAKER und SCHEWARDNADSE gab es an diesem 1. August 1990 nur ein einziges Thema: die bevorstehende Invasion Kuwaits durch den einstigen Verbündeten der Sowjetunion und das neue ›Design‹ des Nahen und Mittleren Ostens im Rahmen einer ›Neuen Weltordnung‹. BAKER führte in seinem Gepäck sämtliche Analysen und NSA-Berichte über die auf Hochtouren laufenden Vorbereitungen der Besetzung mit, während SCHEWARDNADSE seinem Kollegen mit den jüngsten Informationen der KGB-Station in Bagdad diente. Desgleichen war CIA-Chef William WEBSTER in Washington über den kontrollierten Gang der Dinge völlig auf dem laufenden.«[393]

Washington hatte sich damit nach allen Seiten bestmöglich auf den bevorstehenden Schritt der Iraker vorbereitet. In diesem Licht ist auch die schon zitierte Äußerung von US-Präsident BUSH zu sehen, wonach ihn die CIA keineswegs habe hängen lassen. In Wirklichkeit war BUSH nicht nur über alle Schritte Bagdads informiert, sondern am ›Tag X‹ lagen bereits sämtliche strategischen Optionen detailliert ausgearbeitet auf seinem Tisch[394]

Auch General Schwartzkopf, dem der Einmarsch der Iraker am Telefon mitgeteilt wurde, war mitnichten überrascht.

Daß auch die Sowjets in die Golf-Verschwörung verstrickt waren, wird durch die Tatsache belegt, daß sich auch Moskau an der Irreführung Saddams beteiligte. Mindestens ein hochrangiger russischer Militär, General A. Makashov, begab sich nach Bagdad, um Saddam sozusagen unter ›Verbündeten‹ mitzuteilen, daß er für den Fall einer Invasion Kuwaits nichts zu befürchten habe.[395]

Der weitaus größere Schuldanteil an der Eskalation am Golf entfiel jedoch auf die Amerikaner. Washington unternahm alles, um eine Entschärfung der Krise zu verhindern. So beharrte etwa Palästinenserführer Yassir Arafat darauf, daß es sehr wohl ernsthafte Bemühungen gegeben habe, den Golfkonflikt auf friedlichem Wege beizulegen, die jedoch durch die amerikanische Einmischung ab Mai 1990 torpediert worden seien. Arafat: »Die USA ermutigten Kuwait, nicht auf irgendeinen Kompromiß einzugehen. . . was bedeutete, daß es keine Verhandlungslösung geben konnte, die die Golfkrise hätte entschärfen können.« Nach Arafats Darstellung legte sich Washington den Kuwaitis gegenüber sehr wohl darauf fest, das Ölscheichtum im Falle eines irakischen Übergriffs zu verteidigen.[396] Der Chefkorrespondent der *New York Times*, Thomas Friedman, berichtete in diesem Zusammenhang am 22. August 1990, daß »die Vereinigten Staaten die Diplomatie ›blockieren wollten, weil diese die Krise um den Preis einiger geringfügiger Vorteile zugunsten des Irak entschärfen könnte‹«.[397] Die *New York Times* wurde präziser und nannte diese Vorteile beim Namen: »eine kuwaitische Insel oder geringfügige Grenzanpassungen«.[398]

Auch nach dem 2. August unternahm Bagdad mehrere Versuche, noch zu einer Verhandlungslösung zu gelangen.[399] Aber hinter den Kulissen waren die Würfel längst gefallen. Bush wollte den Krieg. Michael Emery konnte am 5. März 1991 in dem Alternativblatt *Village Voice* minutiös nachweisen, daß Saddam sehr wohl bereit war, sich wieder aus Kuwait zurückzuziehen.Aber Washington hintertrieb eine solche Lösung, wo es nur ging.[400]

Saddam mußte beizeiten erkennen, daß er in eine Falle manövriert worden war. Nun unternahm er Anstrengungen, sich aus der Zwickmühle zu befreien und den Konflikt zu entschärfen. Er bot den sofortigen Rückzug seiner Truppen an, wenn wenigstens das Ölfeld von Rumeila - das ohnehin zu 90 Prozent auf irakischem Territorium lag - formell unter irakische Kontrolle käme. Außerdem schlug er vor, die beiden strittigen kuwaitischen Sandinseln auf 99 Jahre zu pachten, um endlich den dringend benötigten Zugang zum Meer zu erhalten. Dieses Angebot wurde »der *New York Times* vorgelegt, aber unterdrückt, wie später eingeräumt wurde. Es wurde dann von einer New Yorker Vorstadtzeitung in hervorragender Aufmachung veröffentlicht, was die *New York Times* zumindest dazu veranlaßte, seine

Existenz zuzugeben, da es ja an jedem New Yorker Zeitungsstand auftauchte«. Bei dem Blatt handelte es sich um *Newsday* aus Long Island.[401] Das Angebot wurde von einem US-Beamten übergeben, weshalb es keinen Grund gab, seine Authentizität zu bezweifeln. Aber die Kuwaitis, die den großen US-Bruder auf ihrer Seite wußten, blockten ab. Um noch mehr Öl ins Feuer zu gießen, wies Washington am 27. August 1990 auch noch 36 der 55 irakischen Diplomaten außer Landes und schränkte die Bewegungsfreiheit der übrigen ein. Dies war eine klare Botschaft des Weißen Hauses.[402]

»Noch am gleichen Tag nannte Patrick BUCHANAN den eigentlichen Absender dieser kompromißlosen Kriegsfraktion in den USA. Er sprach von ›den ROCKEFELLERN‹ als den ›Krieg-Jetzt-Forderern‹ und ferner von ›Abe ROSENTHAL, er wünscht sich, den Irak zu kastrieren und SADDAMS Regime zu ermorden, Richard PERLE, der einen sofortigen Schlag gegen den Irak wünscht, Henry KISSINGER, der eine chirurgische und schnell fortschreitende Zerstörung Iraks wünscht, Charles KRAUTHAMMER, der sich einen MORGENTHAU-Plan für den Irak wünscht, um ihn in Weideland zu verwandeln.‹«[403]

Ob SADDAM Verdacht schöpfte, als der Einmarsch in Kuwait völlig ohne Zwischenfälle vonstatten ging, ist unbekannt. Das kuwaitische Militär befand sich, wie erwähnt, zur Hälfte im Urlaub, und die andere Hälfte stand ohne Munition da. Noch verdächtiger mußte ihm aber der Umstand vorkommen, daß die gesamte Königsfamilie rechtzeitig fliehen konnte; sie war von der CIA gewarnt worden.[404] Spätestens an diesem Punkt muß ihm klargeworden sein, daß die Kuwaitis von irgend jemandem informiert worden waren. Die Option, die Herrscherfamilie gefangenzusetzen und ihr Kredite und Konzessionen abzupressen, hatte sich damit zerschlagen.

Es ist schwer zu ermessen, wann dem irakischen Diktator das ganze Ausmaß der Verschwörung klar wurde. Ganz fremd konnte ihm der Gedanke an ein großangelegtes Komplott nicht sein, denn schon im Vorfeld der Krise hatte er gelegentlich in der Öffentlichkeit eine amerikanisch-zionistische Verschwörung erwähnt.[405] Als sich der Verdacht bestätigte, war es zu spät.

## Die Medien ziehen in den Krieg

In demokratischen Gesellschaften erfüllen Medien eine wichtige Funktion. Sie gelten nachgerade als unverzichtbar für eine demokratische Ordnung. Denn sie sollen die Öffentlichkeit informieren und durch eine ›pluralistische‹ Berichterstattung Einseitigkeit und Manipulation verhindern. Während der Golfkrise 1990/91 war allerdings das Gegenteil zu beobachten, insbesondere in den USA. Hier wurden die Medien unisono zu Lautsprechern der BUSH-Regierung.

Scott HENSON gehört zu denjenigen, die die Verstrickung der amerikanischen Medienkonzerne mit der Rüstungslobby aufdeckten. So ist General

Electrics beispielsweise Eigentümer des Medienkonzerns NBC und erwirtschaftete im Jahre 1989 von insgesamt 54,4 Milliarden Dollar Gewinn neun Milliarden mit Militäraufträgen, während NBC nur 3,4 Milliarden einbrachte. Seit 1991 ist es außerdem ein offenes Geheimnis, daß General Electrics für beinahe jedes wichtige Waffensystem, das am Golf zum Einsatz kam – vom ›Patriot‹-System über die ›Tomahawk‹-Marschflugkörper, die B2- und B-52-Bomber bis hin zu den AWACS-Aufklärungssystemen und zum Spionage-Satellitensystem NAVSTAR – Komponenten und Teile entwirft, herstellt oder liefert.[406] Mit anderen Worten: Jeder NBC-Bericht, in dem amerikanische Waffensysteme gelobt wurden, war praktisch ein kostenloser Werbespot für die High-Tech-Produkte der eigenen Brötchengeber. Zahlreiche Vorstandsmitglieder von General Electrics sitzen gleichzeitig in den Vorständen wichtiger Massenmedien wie etwa der *Washington Post* und sind alle mit Regierungsstellen und den großen Ölfirmen verbandelt. Die Vorstandsmitglieder des Fernsehsenders ABC sind bis über beide Ohren mit Öl- und Rüstungsfirmen verfilzt. Greg LEROY legte in der *Houston Post* vom 4. August 1991 offen, daß der Sender ABC im Vorstand von Texaco vertreten ist. Im Vorstand von CBS wiederum sitzen Direktoren von Honeywell und der Rand Corporation (beides Unternehmen mit besten Kontakten zur Rüstungsindustrie).

Die großen Medien machten aus der Golfkrise das dümmliche Märchen eines persönlichen Konflikts zwischen George BUSH und SADDAM HUSSEIN. Letzterer firmierte von Anfang an als Weltbösewicht. Im übrigen funktionierte diese Masche auch in unzähligen anderen Fällen vorher und nachher, man denke nur an die Dämonisierung Osama BIN LADENS nach dem 11. September. Die Vorgehensweise des Präsidenten wurde durchgehend – und nicht sonderlich differenziert – als »entscheidend«, »brillant« und »meisterhaft« dargestellt. Am 7. August pries CBS-Korrespondent Leslie STAHL BUSHS »einzigartigen« diplomatischen Stil, und am selben Tag apostrophierte Maureen DOWD BUSH in der *New York Times* nach Hofberichterstattermanier als »Mann der entscheidenden Aktionen«. Wenige Tage später, am 12. August, verstieg sich die *Times* dazu, BUSH gar als »Führer aller Nationen« hochleben zu lassen.

Auch die Motive der amerikanischen Seite wurden durchgehend als hehr und makellos dargestellt. Die *Times* behauptete, daß sich die US-Politiker auf »hohe moralische Werte und die Lektionen der Geschichte berufen. . .«. Fragen nach den Hintergründen der Krise wurden so gut wie überhaupt nicht gestellt. Kein Wort über die Rolle arabischer Petrodollars, kein Wort über längerfristige geostrategische Planungen Washingtons, kein Wort über das üble Spiel gewissenloser Hintergrundzirkel, kein Wort über die innenpolitische Zwangslage der BUSH-Regierung. Statt dessen wurden die USA als honorige Schutzmacht kleinerer Länder wie Deutschland oder Japan verherrlicht, die ihrerseits gegen die harte militärische Linie Uncle Sams anstänkerten. *Newsweek* tönte in der Ausgabe vom 3. September 1990, daß »der Plan des Präsidenten für die Welt nach dem Kalten Krieg auf die einfache Formel gebracht werden kann: Stoppt die internationale Tyrannei!«[407]

Die US-Medien produzierten in den Monaten vor der Operation ›Wüstensturm‹ Stereotypen am laufenden Band. Die Reporterin Mary MCGORY titulierte SADDAM, der immerhin legitimer Staatschef seines Landes war, als »Biest« und »Monster«, das »BUSH wahrscheinlich vernichten muß«.[408] Der bekannte Journalist George WILL unterstellte, SADDAM sei »bösartiger« als MUSSOLINI, überbot sich dann aber selbst noch, indem er den irakischen Präsidenten mit HITLER gleichsetzte. Für A. M. ROSENTHAL von der *New York Times* war SADDAM »barbarisch« und ein »böser Träumer des Todes«.[409] Die *New York Post* bezeichnete ihn als einen »blutdürstigen Größenwahnsinnigen«.[410] *The New Republic* frisierte ein Titelfoto von SADDAM so, daß er HITLER viel stärker ähnelte als in Wirklichkeit; man machte einfach seinen Schnauzbart kleiner. Der HITLER-Vergleich wurde überhaupt zum beliebtesten Stereotypus im Medienkrieg gegen SADDAM. Eine von der Gannett-Foundation in Auftrag gegebene Studie kam zu dem Ergebnis, daß Printmedien und Fernsehen den irakischen Staatschef in insgesamt 1170 Fällen mit HITLER verglichen.[411]

Besonders eifrig waren die Medien auch in der Berichterstattung über SADDAMS angebliche Verbrechen. Es wurde über mögliche Terroranschläge der Iraker in den USA spekuliert. Auf Anraten der CIA sprach Präsident BUSH SADDAMS Name bei seinen Medienauftritten absichtlich immer falsch aus. Er betonte ihn stets so, daß es nach »Saad'm« klang, was eine Assonanz an die Wörter ›damnation‹ (Verdammung) und ›Sodom‹ (Sodomie) ergab. Aber auch die Medien machten sich diese besonders subtilen Kunstgriffe des Psychokrieges zueigen, indem sie durch falsche Aussprache von SADDAMS Namen Assoziationen mit Negativbegriffen wie ›Sadismus‹ heraufbeschworen.

BUSHS Redenschreiber verstiegen sich bald zu der irren Behauptung, die Vereinigten Staaten zögen gegen das »dunkle Chaos« eines »brutalen Diktators« in den Krieg, der dem »Gesetz des Dschungels« folge und »systematisch vergewaltigt«.[412] Hinzu kamen jede Menge rassistische Stereotypen. Immer wieder wurde SADDAM inmitten von johlenden Arabern gezeigt, die bei ihren Demonstrationen antiamerikanische Slogans von sich gaben. Außerdem gab es das Feindbild des ›korrupten‹ Arabers und des ›arabischen Terroristen‹. Es gab ungezählte Bilder von Demonstrationen, bei denen amerikanische Fahnen verbrannt wurden. Dann wurde der Anachronismus des Nomaden wiederholt beschworen, der auf Kamelen durch die Wüste zieht und scheinbar auf einem ganz anderen Planeten lebt als der moderne Westler. Oft wurden diese Sendungen mit machohaften Sprüchen unterfüttert, für die sich auch die oberste Führung nicht zu schade war. Zu wiederholten Malen kamen etwa Präsident Bush und Oberbefehlshaber Norman H. Schwartzkopf mit der Aussage zu Wort, sie würden Saddam »in den Arsch treten« (»kicking ass«).[413]

Natürlich waren die Iraker während des Krieges dann auch an der gigantischen Umweltverschmutzung schuld, die durch brennende Ölquellen ausgelöst wurde. Auch dieses Märchen entpuppte sich beizeiten als Propagandaeinfall. So stammten die Bilder von ölverklebten Vögeln, die nach der angeblichen Öffnung der Ölquellen durch die Iraker um die Welt gingen, in Wirklichkeit von einer Jahre zurückliegenden Ölpest in der Nordsee.[414] Kein Einzelfall. Der Publizist Wolfgang Eggert faßt zusammen: »Ungezählt waren die geflohenen ›Zeugen‹, die unter dem Applaus gekaufter Journalisten aus aller Welt vor amerikanischen Gerichten Meineide über das vandalische Treiben irakischer Soldaten zum besten gaben.«[415]

Heiner Gehring bestätigt diesen Befund: »Nach Ende des Krieges stellten sich fast alle Berichte über mißhandelte US-Gefangene, ermordete Säuglinge und Zerstörungen in Kuwait, Folterungen durch Hussein persönlich, Massaker an Zivilisten, Fabriken für biologische Kampfstoffe oder Giftgaseinsätze der irakischen Armee als Fälschung heraus.«[416] So hieß es, es habe Massenvergewaltigungen von kuwaitischen Frauen durch irakische Soldaten gegeben. Die Wahrheit war, daß es in der Tat eine ganze Reihe von Vergewaltigungen gegeben hatte - allerdings von amerikanischen Soldatinnen, die ihren eigenen Kameraden zum Opfer fielen. Ein Fall von Medienhetze wurde in diesem Zusammenhang exemplarisch. Als es der irakischen Seite gelang, zwei italienische Piloten und eine US-Soldatin gefangenzunehmen, überboten sich die Zeitungen darin, sich die schlimmsten Mißhandlungen auszumalen. Nach ihrer Rückkehr aus dem irakischen Gewahrsam beschwerten sich die drei Opfer jedoch lediglich darüber, daß ihnen die Iraker zu wenig Zucker zum Tee angeboten hatten. »Die US-Soldatin, die angeblich vergewaltigt worden war, berichtete, sie sei mit ausgesuchter Höflichkeit, ja Galanterie behandelt worden.«

Sogar vor den Sportkolumnen machte die Hetze nicht halt. Die Gazetten setzten das Gerücht in die Welt, daß nach dem irakischen Einmarsch die komplette Fußballmannschaft der Kuwaitis von den Invasoren erschossen worden sei. Auch das war glatt gelogen. Nach Kriegsende war dann zu erfahren - obschon nicht auf den Titelseiten -, daß nicht einem einzigen kuwaitischen Fußballspieler auch nur ein Haar gekrümmt worden war.[417]

Natürlich wurde das ganze Ausmaß der medialen Seelenvergiftung erst nach dem Waffengang - und damit zu spät - sichtbar. Bei objektiver Betrachtung hielt nahezu keine einzige Medienlüge, die in die Welt gesetzt worden war, kritischer Nachprüfung stand. Zum Beispiel die Geschichte von den jubelnden Palästinensern, die angeblich in den Straßen tanzten, während auf Israel die irakischen ›Scud‹-Raketen niedergingen. Die Filmberichte, die den Jubel der Palästinenser vermeintlich belegten, waren in Wirklichkeit uralt und stammten aus den Archiven der Sendeanstalten.[418]

Wie wenige authentische Informationen in den kritischen Wochen Anfang 1991 an die Öffentlichkeit durchdrangen, zeigen einige Zahlen. Während der Kampfhandlungen wurden täglich mehr als 19 000 offizielle Dokumente »klassifiziert«, d. h. unter Geheimhaltung gestellt. Alles in allem vergaben die US-Stellen nach eigenen Angaben an exakt 7 107 017 Dokumente irgendeinen Geheimhaltungsvermerk. Sogar bundesdeutschen Journalisten war diese Geheimniskrämerei der Amerikaner zuviel. Die *Münchner Abendzeitung* kommentierte: »Niemals vorher ist in einem Krieg derart manipuliert und verfälscht worden.«[419]

## Der Sprachmord des Pentagons und der Medien

Der Öffentlichkeit wurde der Golfkrieg als saubere, ›chirurgische‹ und völlig transparente Angelegenheit präsentiert. Es gab Bilder und Kommentare, denen zufolge man den Krieg für eine Art Computerspiel halten konnte. Die ständigen Luftangriffe auf irakische Städte wurden als High-Tech-Spektakel dargestellt, bei dem die Zivilbevölkerung weitgehend geschont wurde. Die Vernebelung ging sogar so weit, daß beschönigende Ausdrücke erfunden wurden, mit denen sich das Blutvergießen trefflich verharmlosen oder ausblenden ließ. Der Krieg griff auf die Sprache über. So bürgerte sich bei der BUSH-Administration die Worthülse von den ›Kollateralschäden‹ ein – ein Begriff wie aus dem Wörterbuch des Unmenschen, der an nichts weniger erinnerte als an das Töten und Vernichten von Menschen. In den Medien war fortwährend vom »Ausschalten« gegnerischer Chemiewaffen- und Kampfstoff-Fabriken die Rede, was natürlich ebenfalls nicht per Knopfdruck, sondern mit Hilfe von Bomben und Raketen geschah. Auch Menschen wurden in zunehmendem Maße »ausgeschaltet« und »neutralisiert«. Besonders zynisch war die Metapher vom »Feuerwerk« über Bagdad. Als die riesigen und für die irakische Luftabwehr unerreichbaren B-52-Bomber aus 20 Kilometern Höhe ihre tödliche Ladung abwarfen, war in den Medien von »Bombenteppichen« die Rede, die Kuscheligkeit und Wärme assoziierten.[420]

Besonders keimfrei artikulierten sich auch die interviewten Soldaten. US-Kampfpiloten berichteten in einer Mischung aus Cowboycharme und der Begeisterung kleiner Jungen, daß Bagdad unter dem Bombardement »wie ein Christbaum« erhellt sei. Bekämpfte Ziele wurden nicht zerstört, sondern »bedient«. Feindliche Panzer wurden »neutralisiert«. Der Gegner wurde nicht vernichtet, sondern »entwaffnet«. Weitere Euphemismen für das Töten von Menschen waren Begriffshülsen wie »Eliminierung« und

»Liquidierung«. Auch wurde der Feind offiziell überhaupt nicht angegriffen. Die offizielle Sprachregelung machte daraus: Die eigenen Verbände »gehen auf den Feind ein«. Man muß dazu sagen, daß dieser Sprachmord noch viel ausufernder im Englischen war als in deutschen Kommentaren.

Auch bei der Darstellung der zum Einsatz kommenden Waffen beurteilten die westlichen Medien mit zweierlei Maß. War von irakischen ›Scud‹-Raketen die Rede, von denen einige auf Israel abgefeuert wurden, handelte es sich für die Medien um reine Terrorangriffe. Tausende von den westlichen Streitkräften auf Bagdad und Basra abgefeuerte Raketen wurden hingegen als technische Wunderwaffen gepriesen. Aber selbst eigene Opfer mußten sich die Verharmlosung durch die eigene Medienpropaganda gefallen lassen. Gefallene Amerikaner mutierten in der Berichterstattung zu »KIA's« (für: »killed in action« - im Einsatz getötet). Das klingt viel neutraler, als wenn von getöteten Menschen gesprochen wird. Der Feind wiederum wurde von den Medien als »unbarmherzig«, »rücksichtslos«, »grausam«, »übermütig«, »verzweifelt«, »überraschend« und »listig« dargestellt, während die US-Truppen »präzise«, »vorsichtig«, »besorgt«, »unnachgiebig«, »entscheidend« und »effizient« vorgeingen. Bei alledem kulitivierten die Medien durchgängig das ›wir‹- bzw. ›sie‹-Schema, um die Iraker möglichst als Wesen vom anderen Stern erscheinen zu lassen. Das dänische Blatt *Politiken* untersuchte während des Krieges die Verwendung der englischen Sprache in den Medien und zeigte eine Reihe von Stereotypen auf, die zur Herstellung eines durchgehenden Gut/-Böse-Kontrastes benutzt wurden:[421]

| Die Alliierten haben: | Die Iraker haben: |
|---|---|
| Armee, Marine und eine Luftwaffe | eine Kriegsmaschine |
| Regelungen für Journalisten | Zensur |
| Einsatzbesprechungen für die Presse | Propaganda |
| | |
| Die Alliierten | Die Iraker: |
| eliminieren | töten |
| neutralisieren | töten |
| halten durch | vergraben sich in Löchern |
| führen Präzisionsangriffe aus | feuern wild auf alles |
| | |
| Die alliierten Soldaten sind | Die irakischen Soldaten sind: |
| professionell | gehirngewaschen |
| vorsichtig | feige |
| voller Mut | Kanonenfutter |
| loyal | erfüllt von blindem Gehorsam |
| tapfer | fanatisch |

| Die Raketen der Alliierten | Die irakischen Raketen |
|---|---|
| erzielen extensive Schäden | verursachen zivile Opfer |
| | |
| George Bush ist | Saddam Hussein ist |
| entschlossen | widerspenstig |
| ausgeglichen | verrückt usw. |

Schon der Schlüsselbegriff des Kriegsunternehmens, ›Operation Wüstensturm‹, läßt die amerikanische Aggression als eine neutrale, saubere ›Operation‹ erscheinen und nicht als Krieg, als gezieltes Massaker. Bei der Invasion in Panama wurde ganz ähnlich verfahren. Hier wie dort begann die Lüge schon mit dem Codenamen: ›Operation Just Cause‹, also ›Operation Gerechte Sache‹. Operation ›Wüstensturm‹ erinnerte eher an ein Naturereignis als an eine menschliche Verschwörung. Auch diese Assoziationsebene wurde während des ganzen Konflikts durchgehalten. Die Flugzeuge griffen in ›Wellen‹ an, die alliierten Bomben ›regneten‹ auf den Gegner herunter, und die Kampfjets ›donnerten‹ durch die Nacht. Aber die Mythisierung ging noch weiter. Nicht nur wurde der Krieg zum Kräftemessen zweier Giganten, des guten und des bösen, stilisiert. Vielmehr wurde die eigene Seite auch von zahllosen naturhaften Kräften unterstützt, die in den Bezeichnungen von Flugzeugen und Kampfsystemen beschworen wurden: ›Thunderbolt‹ (Donnerschlag), ›Tornado‹, ›Hawk‹, ›Falcon‹, ›Hellfire‹, ›Hornet‹, um nur einige zu nennen.[422]

## Die Kriegsgegner werden mundtot gemacht

Die wenigen Berichte und Bilder, die von den US-Medien über die amerikanischen Kriegsgegner gebracht wurden, stießen in der Öffentlichkeit auf wenig Gegenliebe. Kein Wunder, denn die wenigen Demonstrationen, die der Fernsehnation präsentiert wurden, erschienen in den Beiträgen fast immer als irrationale Proteste gegen das eigene Land; häufig wurden die Demonstranten entweder gleich als Araber entlarvt oder ihnen eine proarabische und antiamerikanische Haltung unterstellt. Es handle sich um einen ›unamerikanischen‹, langhaarigen Mob, wurde suggeriert, und seine Forderungen kamen so gut wie nie ins Bild. Die amerikanische Friedensbewegung, wenn es denn eine gab, spiegelte sich in den Medien als diffuses, unkontrollierbares und irrationales Konglomerat wider. Daß diese Friedensbewegung allmählich größer wurde und einen ernsthaften Faktor in der öffentlichen Meinung zu bilden begann, kam in der Medienberichterstattung nicht zum Ausdruck.[423]

Auf der anderen Seite hielten sich die Medien mit Kritik an der Bush-Regierung erstaunlich zurück. Eine Studie des Medienforschungsunternehmens FAIR (Fairness and Accuracy in Reporting) enthüllt, daß der TV-Sender ABC während der ersten fünf Monate der Golfkrise ganze 0,7 Prozent der Berichterstattung den Alternativen oder Gegnern der militärischen Option widmete. Bei CBS waren es 0,8 Prozent, bei NBC 1,5 Prozent, in Sendezeit ausgedrückt: ganze 13,3 Minuten. 13,3 Minuten, in denen eine der größten amerikanischen Sendeanstalten über Proteste, Kriegsgegner, Organisationen, religiöse und sonstige Abweichler vom etablierten Kurs berichtete. Doch nicht nur die Anti-Kriegs-Bewegung wurde ignoriert, sondern auch jene Experten und Fachleute, die mit der Friedensbewegung in Verbindung gebracht wurden, darunter viele prominente Köpfe wie Edward Said, Noam Chomsky oder die Experten vom Institute for Policy Studies. Sie alle kamen laut FAIR-Studie in keiner der vielen nächtlichen Diskussionen zu Wort. Dabei ließ eine Umfrage des *Times-Mirror*, die zwischen September 1990 und Januar 1991 durchgeführt wurde, klar erkennen, daß die große Mehrheit der Öffentlichkeit sehr viel mehr über jene ihrer Mitbürger wissen wollte, die gegen die Kriegsvorbereitungen am Golf waren.[424] Natürlich blieb diese Umfrage ohne Resonanz, und bis zum Ende des Waffenganges blieben die Medien auf Propagandakurs.

Unter dem Strich läßt sich sagen, daß die US-Medien fast ausschließlich damit beschäftigt waren, die Bevölkerung auf den Krieg einzustimmen. Präsident Bush selbst hatte die Parole ausgegeben, jeder Kompromiß sei ein Fehler, und jede Haltung, die von diesem Kurs abrücke, komme einer Belohnung für die Aggressoren gleich. Es sollte keinerlei Verhandlung mit Bagdad geben. So trug das Weiße Haus entscheidend dazu bei, daß die Diplomatie über keinerlei Spielraum verfügte, um doch noch zu einer friedlichen Lösung zu gelangen.

## Die Brutkasten-Lüge: ein Kapitel Psycho-Kriegführung

Die Medien standen nicht nur grundsätzlich hinter der Politik des Weißen Hauses, sie waren überdies bereit, praktisch alles, was von dort kam, ohne weitere Überprüfung an die Öffentlichkeit zu bringen. Bush konnte sich der amerikanischen Medien als Lautsprecher bedienen. Immer wieder sprach er von der »Vergewaltigung« Kuwaits durch den Irak – und bediente damit auf subtile Weise einen amerikanischen Standard-Topos. Denn in der amerikanischen Vergangenheit war es immer wieder zu Vergeltungsaktionen im Gefolge von ›Vergewaltigungen‹ gekommen, und zwar in den langen Jahrzehnten der Indianerkriege. Sobald irgendwo weiße Siedlerfrauen von Indianern vergewaltigt worden waren, rückte die US-Kavallerie an und nahm blutige Rache. Der Vergewaltigungs-Topos wurde nachgerade zu einer feststehenden Wendung in der amerikanischen Literatur der Expansionsära. Noch während des Spanisch-Amerikanischen Krieges mach-

*Oben: US-Außenminister James* BAKER *stimmt für die UN-Resolution 678, die die Intervention der ›internationalen Gemeinschaft‹ unter US-Führung billigte.* BAKER *in einem Interview mit* Focus: *»Amerika muß führen. Unsere Alliierten wollen auch, daß Amerika führt.«*

*Unten: Krieger* BUSH *besucht seine Truppen vor Ort und wirft Souvenirs.*

*US-Soldaten im Einsatz. Wochenlang hatten sie sich auf ihre Bodenoffensive vorbereitet – hatten so lange gewartet, bis die Diplomatie scheitert.*

*Bilder aus dem zweiten Golfkrieg (1991). US-Marines an der Schutzmauer der US-Botschaft in Kuwait-City.*

*Rechte Seite, von oben. Zerstörtes Gebäude, das eine Fabrik für Baby-Milch beherbergte. Die Alliierten behaupteten, es habe sich um eine Fabrik für chemische Waffen gehandelt.*
*Das Ergebnis der Bombenangriffe: ein Stadtteil von Bagdad. Irakische Städte wurden für bessere Ziele als herkömmliche militärische Anlagebn gehalten.*

ten die Hearst-Zeitungen die Öffentlichkeit mit der Geschichte einer gekidnappten hellhäutigen kubanischen Adligen kriegsreif, denn der Vorfall mußte natürlich durch eine US-Intervention bereinigt werden. Und John Gottlieb erinnert im *Progressive* daran, daß Präsident Bush die Vergewaltigung der Frau eines amerikanischen Offiziers noch 1989 als einen der Rechtfertigungsgründe benutzte, um Panama zu überfallen.[425]

Auch im Vorfeld des zweiten Golfkrieges wurde das ›Vergewaltigungs‹-Szenario bemüht. Ein gewisser Jean P. Sasson brachte ein Buch unter dem reißerischen Tiel *The Rape of Kuwait – The True Story of Iraqi Atrocities Against a Civilian Population* (Die Vergewaltigung Kuwaits – die wahre Geschichte der irakischen Grausamkeiten an der Zivilbevölkerung) heraus, ein wirres Gemisch aus Lügen und maßlosen Übertreibungen. Die Öffentlichkeit wurde mit unzähligen Zeitungsartikeln, Videos, Bildern, Pressemitteilungen, Konferenzen und Demonstrationen für das Kuwait-Problem sensibilisiert und in einen Pro-Kuwait-Taumel hineinmanipuliert. Sogar ein ›Befreit Kuwait!‹-Tag wurde eingeführt, ferner ein nationaler Gebetstag und ein nationaler Studenteninformationstag, von unzähligen anderen ›Events‹ gar nicht zu sprechen.[426]

Über 30 Videos wurden produziert, die kostenlos an die verschiedenen Fernsehstationen verschickt wurden. Eines davon, das die angebliche Zerstörung des kleinen Emirates zum Gegenstand hatte, erreichte 61,4 Millionen Zuschauer in den USA. Ein anderes, das angebliche Menschenrechtsverletzungen in Kuwait behandelte, wurde von 35,3 Millionen Zuschauern gesehen. Allerdings blieb dem Publikum verborgen, daß hinter beiden Produktionen die PR-Agentur Hill & Knowlton steckte, über die im Zusammenhang mit der berühmt-berüchtigten ›Brutkasten-Lüge‹ gleich noch zu sprechen sein wird. Die beiden Videos gehörten zu den zehn erfolgreichsten Videoproduktionen, die zwischen dem 1. Juli und dem 31. Dezember 1990 verbreitet wurden.[427] Der bekannte Auftritt des Mädchens ›Nayirah‹ vor laufender Kamera war von einem eigenen Aufnahmeteam von Hill & Knowlton gefilmt worden und wurde dann als VNR (video news release) an das Netzwerk ›Medialink‹ übermittelt. Dieses besorgte die weitere Verteilung des Videos an etwa 700 amerikanische Fernsehstationen. Ein echter Medien-Volltreffer. Denn ›Nayirahs‹ Schilderung vom angeblichen Babymord in Kuwait-City landete auf Platz vier der VNR-Hitliste für das Jahr 1990 und erreichte 35 Millionen Zuschauer.[428]

Die sogenannte ›Brutkasten-Lüge‹ zählt zu den absurdesten, aber gleichzeitig wirksamsten Propagandalügen im Vorfeld des zweiten Golfkrieges. Im Oktober 1990 berichtete eine weinende Teenagerin im House Human Rights Caucus mit tränenerstickter Stimme über eine besonders abstoßende Greueltat der Iraker. Irakische Soldaten hätten nämlich im besetzten Kuwait fünfzehn neugeborene Kinder aus ihren Brutkästen im Krankenhaus geholt und auf dem Boden einfach sterben lassen. Die Wahrheit kam auch in diesem Fall zu spät ans Tageslicht. Denn erst im Januar 1992 rückte die *New York Times* damit heraus, daß es sich bei dem Mädchen um die Tochter des kuwaitischen Botschafters in den USA gehandelt habe und die Geschichte frei erfunden gewesen sei (Ausgabe vom 6. 1. 1992). Schlimmer noch: Das Mädchen war vor ihrem Auftritt vor der Kamera von der PR-Firma Hill & Knowlton regelrecht trainiert worden. Die Firma hatte sogar die Anhörung vor dem Kongreß eingefädelt. Und noch ein pikantes Detail: Einer der wichtigsten Drahtzieher hinter der Kampagne war ein gewisser Craig FULLER, ein alter BUSH-Vertrauter. Denn FULLER war während BUSHS Vizepräsidentschaft Chef von Hill & Knowlton. Später machte ihn BUSH sen. sogar zu seinem Stabschef.[429]

Am 27. November 1990 erzählte die angebliche Zeugin ihre erschütternde Geschichte nochmals, und diesmal vor einem besonders sensiblen Gremium, nämlich vor dem UN-Sicherheitsrat, der an diesem Tag unter Vorsitz des amerikanischen Botschafters Thomas PICKERING tagte. Auf der Tagesordnung hätte eigentlich der Palästina-Konflikt gestanden, aber als die UN-Botschafter den Sitzungssaal betraten, waren die Wände bereits mit großformatigen Fototafeln drapiert, auf denen angebliche Folteropfer SADDAMS in Kuwait auf plakative Weise gezeigt wurden. Der US-Botschafter konnte schlechterdings nicht umhin, Kronzeugin ›Nayirah‹ – das war natürlich ein Pseudonym – das Wort zu erteilen, damit die Versammlung in den Genuß ihrer Brutkasten-Geschichte kam.[430] K. DANNHÄUSER wies mit Recht auf den propagandistischen Hintergrund dieser und vergleichbarer Kampagnen hin und erwähnte weitere Einzelheiten:

»Im Herbst 1990 vergab die BUSH-Regierung an die große US-Werbeagentur Hill & Knowlton den Auftrag,

- herauszufinden, welche Greueltaten das amerikanische Volk am meisten verabscheute und aufbrachte, und

- mit den so gewonnenen Erkenntnissen einen gigantischen Propagandafeldzug zu inszenieren, um das Volk auf einen Krieg gegen den Irak einzustimmen.«

Hill & Knowlton entledigte sich des Auftrags mit Bravour und teilte den PR-Strategen des Weißen Hauses als Ergebnis der Recherchen mit, daß die Amerikaner am allergischsten auf die Ermordung von Säuglingen und Kindern reagierten.[431] Das Ergebnis war eine kombinierte PR-Kampagne der amerikanischen und der kuwaitischen Regierung mit dem Zweck, die US-Öffentlichkeit kriegsreif zu manipulieren. Die Kampagne war eine der teuersten, die Hill & Knowlton jemals initiiert hatte. Die Kosten beliefen sich zwischen dem 20. August und dem 10. November 1990 auf stattliche 5,6 Millionen Dollar; Schätzungen gehen sogar bis 11 Millionen Dollar.[432]

Der Erfolg der Brutkasten-Kampagne war spektakulär. Präsident Bush erwähnte die Geschichte sechsmal innerhalb eines einzigen Monats und achtmal in 44 Tagen. Auch Vizepräsident Dan Quayle sprach wiederholt davon, ebenso General Schwartzkopf und andere Sprecher des Militärs. Von sieben Senatoren ist dokumentiert, daß sie das Märchen aus dem Hause Hill & Knowlton in ihren Reden bemühten, mit denen sie die Resolution vom 12. Januar unterstützten – jene Entschließung, mit der die Regierung für den Krieg autorisiert wurde.[433] Wie wichtig die Kampagne war, zeigt sich an der Tatsache, daß sich die Senatoren mit nur fünf Stimmen Mehrheit zum Krieg durchringen konnten. Vier Tage später lag Bagdad bereits im Feuer der amerikanischen Raketen. Sechs Senatoren gaben später zu, der Gedanke an die ermordeten kuwaitischen Babys habe den Ausschlag für ihre Entscheidung gegeben.[434]

Bei der Inszenierung von ›Nayirahs‹ Auftritt vor dem Kongreß hatten Hill & Knowlton die ausgezeichneten Kontakte der Firmenleitung geholfen. Der Ausschußvorsitzende im Kongreß, Tom Lantos, war nämlich seit langem mit Frank Mankiewicz, dem Vizechef von Hill & Knowlton, befreundet. Lantos und John E. Porter, der zweite Vorsitzende des Ausschusses, waren Hill & Knowlton aus anderen Gründen zu Dank verpflichtet. Die Agentur hatte einer von Lantos und Porter gegründeten Menschenrechtsvereinigung kostenlos Büroräume in ihrem Washingtoner Hauptquartier zur Verfügung gestellt. Darüber hinaus hatte das PR-Unternehmen Reisen der beiden Politiker finanziert und ihnen Wahlkampfspenden überwiesen.[435]

Am 17. Januar 1992 sagte ein Arzt im Fernsehsender ABC, im Rahmen der Sendung *20/20*, aus, er habe vierzehn neugeborene Babys begraben, die von Soldaten aus ihren Brutkästen genommen worden seien. Der Doktor war in Wirklichkeit ein Zahnarzt, der später einräumte, die Babys in Wirklichkeit nie begraben zu haben.[436] Andererseits gaben leitende Ärzte aus Kuwait nach dem Krieg zu Protokoll, daß im September 1990 etwa 20 Neugeborene in den Inkubatoren der kuwaitischen Entbindungsklinik lagen. Tatsächlich starben einige von diesen Neugeborenen, bestätigte Dr. Mohammed Matar, Direktor der medizinischen Grundversorgung Kuwaits, in einem Fernsehinterview.[437] Doch für den Tod dieser Babys machten die Ärzte das Chaos verantwortlich, das nach der irakischen Invasion in der Klinik herrschte. Qualifiziertes Personal ergriff Hals über Kopf die Flucht; damit war die medizinische Versorgung zusammengebrochen. »Keiner der Zeugen konnte bestätigen, daß irakische Soldaten Babys aus den Brutkästen genommen hatten.«

Auch Amnesty International berichtete über den angeblichen Vorfall, dementierte ihn aber später. »Amnesty stellt fest, daß sich keine Belege für den Baby-Massenmord hatten finden lassen.«[438] Was Präsident Bush sowie ranghohe Militärs und Politiker nicht daran hinderte, den Amnesty-Report dennoch zu zitieren.[439] Das Dementi aus dem Munde von Amnesty-Direktor John G. HEALEY wurde in den Medien durchweg ignoriert. HEALEY sagte, er sei »zutiefst bekümmert wegen des selektiven Gebrauchs« des Reports, den das Weiße Haus im Zuge gewisser »opportunistischer Manipulationen der internationalen Menschenrechtsbewegung« vornahm.[440]

Noch weitere Unstimmigkeiten im Zusammenhang mit der Brutkasten-Geschichte kamen nach und nach ans Tageslicht. So erfuhr man, daß die wichtigsten - sogar vereidigten - Zeugen des angeblichen Vorfalls, nämlich vermeintliche ›Ärzte‹, ›Pfleger‹ und ›Mütter‹, die einem entsetzten Publikum den Hergang des irakischen Verbrechens schilderten, in Wirklichkeit keineswegs mit letzter Not dem Tod entkamen. In Wahrheit handelte es sich bei diesen Zeugen nicht um Zivilisten, sondern allesamt um Angehörige des kuwaitischen Königshauses. Das Pentagon wußte dies von Anfang an, weil die mutmaßlichen ›Flüchtlinge‹ vor ihren werbewirksamen Auftritten von Geheimdienstlern und einer halbamtlichen New Yorker PR-Agentur präpariert worden waren. »Entsprechende Bilder, Ton- und Filmaufnahmen, die die Krankenhaus-Greuel ›dokumentieren‹ sollten, wurden nicht von ›Zeugen‹, sondern von einem professionellen Sender gedreht - und nicht am Golf, sondern in London!«[441] Auch die angeblich unter Todesgefahr aus Kuwait herausgeschmuggelten Fotos erwiesen sich als gezielt eingesetzte Medienmanipulation, denn in Wirklichkeit waren die kleinen, am Boden liegenden Körper, die auf den verschwommenen Fotos zu sehen waren, keine Babys, sondern Puppen. Gleichwohl ist dem Geheimdienstexperten Udo ULFKOTTE zuzustimmen, der in der *FAZ* anmerkte: »Weltweit gab es wohl keine Zeitung, die diese Geschichte nicht auf der Titelseite druckte.«[432] »In den Medien fand die Story ein starkes Echo. Die Zahl der Frühgeborenen, die die Iraker ermordet haben sollten, stieg binnen Wochen von 15 auf bis zu 350. Journalisten in der ganzen Welt stellten sich nie die Frage, ob die Krankenhäuser von Kuwait-City überhaupt 300 Brutkästen für Frühgeburten hatten.«[443] Daß Hill & Knowlton Millionen Dollar für den Propagandacoup erhielt, sickerte erst viel später an die Öffentlichkeit durch. Auch U. ULFKOTTE fand Indizien für die Komplizenschaft zwischen den PR-Profis und den Geheimdienstlern: »Die CIA half fleißig dabei, Geschichten zu erfinden, die die Iraker als Unmenschen und Barbaren darstellen und die westliche Welt psychologisch auf einen Krieg gegen den Irak einstimmen sollten.«[444]

Ein anderer Medienmann, der Reporter Morgan STRONG, konnte außerdem nachweisen, daß Hill & Knowlton auch die Frau des kuwaitischen Planungsministers, Fatima FAHED, eingespannt hatte, die interessanterweise in ihrer kuwaitischen Heimat eine bekannte TV-Größe war. Frau FAHED trat ausgerechnet zu dem Zeitpunkt in Aktion, als die Vereinten Nationen mitten in ihrer Debatte um die Anwendung von Gewalt gegenüber Bagdad steckten. Ihr Auftritt goß Öl ins Feuer, denn Frau FAHED beschrieb »schreckliche Details von irakischen Greueltaten in ihrem Land«. Sie verbürgte sich dafür, daß ihre Informationen aus erster Hand stammten: »Solche Geschichten. . . habe ich persönlich erlebt.« Aber M. STRONG weiß das Gegenteil zu berichten, nämlich, daß ihm Frau FAHED vor ihrem Auftritt vor den Vereinten Nationen anvertraut habe, über die von ihr geschilderten Fälle kein Wissen aus erster Hand zu haben.[445] Erst nachdem sie von Hill & Knowlton ›präpariert‹ worden war, änderte sie ihre Geschichte. STRONG berichtet sogar über eine Kassette aus Kuwait, die ebenfalls von Hill & Knowlton stammte und die aufgenommen worden war, »um friedliche Demonstrationen zu zeigen, auf die von irakischen Besatzungstruppen geschossen wird«. STRONG konnte einen kuwaitischen Flüchtling befragen, der an der fraglichen Demonstration teilgenommen hatte. Der Mann gab zu Protokoll, »daß keine Demonstranten verletzt wurden und daß die auf der Kassette zu hörenden Schüsse zwar von Irakern stammen, sie aber Widerstandskämpfern in der Nähe galten, die zuerst auf die Iraker geschossen hatten«.[446]

Die Monopolstellung, die Hill & Knowlton im Zusammenhang mit der Golf-Propaganda innehatte, ging sogar so weit, daß sich andere PR-Firmen öffentlich zu beschweren begannen, weil Hill & Knowlton durch die offenkundigen Beziehungen zum Weißen Haus und zur CIA die ganze Branche in Mißkredit bringe. Das war aber nur die eine Seite der Medaille. Die andere war, daß die Brutkasten-Kampagne für das Weiße Haus von ungeheurem Nutzen war. Sie brachte die öffentliche Stimmung zugunsten einer amerikanischen Intervention am Golf zum Kippen und ließ sogar das Meinungsklima bei den Vereinten Nationen umkippen. Letzteres war bedeutsam, weil die fragliche Resolution (Nr. 678), die die Vereinten Nationen auch zur Anwendung von Gewalt ermächtigen sollte, keineswegs unumstritten war.[447,448] Hier trug die Kampagne aus dem Hause Hill & Knowlton politische Früchte, die auf der Hand lagen. Die Amerikaner waren jetzt kriegsreif.

## Keine Chance für eine arabische Friedenslösung

Kurz nach seinem Einmarsch in Kuwait mußte SADDAM HUSSEIN feststellen, daß ihn auch der ägyptische Präsident MUBARAK verraten hatte. MUBARAK hatte sich mit SADDAM getroffen, um über die Kuwait-Krise zu sprechen. Er logierte in SADDAMS Palast, wo er und der irakische Staatschef drei Stunden lang unter vier Augen sprachen. MUBARAK fragte dann: »Was sind deine Absichten, warum diese Spannung zwischen dem Irak und Kuwait?« Außerdem erkundigte er sich nach den Bewegungen der Republikanischen Garde in Richtung Kuwait. SADDAM antwortete gelassen, es bestehe kein Grund zur Sorge, denn die Truppenbewegung sei eine normale Sache und keineswes ungewöhnlich in einer solchen Situation. Mubarak gab sich mit dieser Auskunft nicht zufrieden und fragte: »Hast du irgendwelche Absichten, eine Militäraktion gegen Kuwait zu unternehmen?« Wieder antwortete Saddam, Mubarak solle sich keine Sorgen machen, denn die Truppen seien nur in Marsch gesetzt worden, um die Sabahs, die kuwaitische Herrscherfamilie, unter Druck zu setzen. Da die Kuwaitis nun aber geschockt seien, sei das angestrebte Ziel schon erreicht.

Nachdem die beiden noch zusammen das Mittagsmahl eingenommen hatten, fuhr Saddam seinen ägyptischen Gast persönlich zum Flughafen. Mubarak ließ ihn wissen, daß er als nächstes nach Kuwait reisen werde, Saddam könne ihm eine Botschaft an die Kuwaitis mitgeben. Doch daran schien der irakische Diktator nicht interessiert. Statt dessen sagte er: »Sag' ihnen [den Kuwaitis] jetzt nicht, daß ich gar nichts tun werde. Laß sie für einige Zeit erschrocken sein.«

Diese Äußerung war ein Fehler, wie sich zeigen sollte. Denn Mubarak teilte dieses Detail brühwarm den Kuwaitis mit und ließ Scheich Jaber al-Sabah wissen, der irakische Aufmarsch sei lediglich ein diplomatisches Druckmittel. In Wirklichkeit habe Saddam keine Invasionsabsichten. Damit hatte Mubarak Saddams Plan bewußt sabotiert und schmälerte die Chancen für eine friedliche Lösung erheblich.[449] Diese Einschätzung findet sich auch in M. Hofmanns Buch *Siegen ist nicht gleich Frieden*: »So habe auch Präsident Mubarak das in ihn gesetzte Vertrauen gebrochen, denn er habe den Kuwaitis mitgeteilt, daß die Truppenmassierung ›lediglich‹ als diplomatisches Druckmittel diene.« Saddams Kuwait-Diplomatie wurde durch die gezielte Indiskretion des ägyptischen Präsidenten hintertrieben, denn ein Bluff, der verraten wird, ist keiner. Man muß tatsächlich annehmen, daß Saddam einen Einmarsch im Nachbarland gar nicht im Sinne hatte, sondern nur ›pokern‹ wollte.

Genau dafür gibt es übrigens einen irakischen Präzendenzfall: Schon Saddams Vorgänger Kassem hatte seinen Ansprüchen auf Kuwait 1961 durch lautes Säbelrasseln Nachdruck verliehen. Eine drohende Invasion der Iraker war damals durch britische Truppen verhindert worden, die am 3. Juli 1961 in Kuwait eintrafen und Auftrag hatten, das Scheichtum zu verteidigen.[450] Wenig später wurde Kassem, wie bereits erwähnt, durch einen von der CIA initiierten Putsch liquidiert. Aber Kassem hatte den Kuwaitern mit seinem Truppenaufmarsch erstaunliche Zugeständnisse entlockt: Die Streitkräfte beider Länder sollten unter einem zentralen Kommando zusammengelegt werden, die kuwaitische Außenpolitik sollte etwas an Souveränität einbüßen, und die kuwaitische Finanzpolitik sollte in Teilbereichen an Bagdad delegiert werden.

Nach Kassems Ausschaltung rieten die Briten den Kuwaitis, künftigen Bedrohungen mit Bestechungen entgegenzuwirken. Dieser Rat wurde beherzigt, und rund 50 Millionen Pfund flossen auf die Konten des Baath-Regimes. Das genügte, um die irakischen Ansprüche auf Eis zu legen. Wirklich sieht Said Aburish hinter Saddams Einschüchterungspolitik an die Adresse der Kuwaitis noch das historische Vorgängerbeispiel wirksam. Hoffte Saddam ebenfalls, durch Drohgesten seine finanziellen Probleme, die ihm aus dem ersten Golfkrieg erwachsen waren, loszuwerden?[451] Triftige Gründe sprechen dafür.

Was die Rolle Mubaraks betrifft, so ist sie ohne die Einflußnahme der Amerikaner nicht zu erklären. Washington setzte Mubarak erheblich unter Druck, damit dieser Saddams Einschüchterungsplan ausplauderte. Das hatte zur Folge, daß Saddam zu noch brüskeren Methoden übergehen mußte, da sich die Kuwaitis durch seine Drohgebärden nicht mehr einschüchtern ließen. Er gab den Marschbefehl, und seine Truppen rückten im Nachbarland ein. Da ihm aber die Situation bald verdächtig erscheinen mußte, ließ er gleichzeitig verlauten, er werde sich »innerhalb weniger Tage« (gerechnet ab dem 5. August) wieder aus Kuwait zurückziehen, vorausgesetzt, voreilige Verurteilungen unterblieben, denn »die beste Weise, uns zu behandeln, sind weder Drohungen noch Einschüchterungen«.[452]

Doch auch diesmal machte ihm der ägyptische Staatschef einen Strich durch die Rechnung, und wieder steckten die Amerikaner dahinter. Sie ließen ihn dezent wissen: »Nehmen Sie eine harte [firm position] Haltung« gegen den Irak ein, sonst »können Sie nicht mehr auf die USA zählen«.[453] Mubarak selbst gab später zu, daß der Druck aus Washington enorm war. »Der ägyptische Präsident Mubarak verurteilte die Invasion unter – wie er es ausdrückte – riesigem Druck der Vereinigten Staaten.«[454] Urheber dieser Pressionen war kein Geringerer als Präsident Bush, der schon am 2. August die Weisung an seinen nationalen Sicherheitsberater Brent Scowcroft ausgab, auf die arabischen Länder solchen Druck auszuüben, daß sie die irakische Invasion verurteilen. In Kairo traf diese Botschaft schon am 3. August ziemlich ungefiltert ein, denn an diesem Tag erfuhr der ägyptische Außenminister aus dem Munde von US-Diplomaten, daß die ägyptische Wirtschaft ohne amerikanische Wirtschaftshilfe nicht überlebensfähig sei. Das war mehr als ein Wink mit dem Zaunpfahl.[455]

Dabei brauchte man in Washington nur eins und eins zusammenzuzählen. Man mußte davon ausgehen, daß sich Saddam durch mehr Gegendruck nicht würde einschüchtern lassen, sondern im Gegenteil noch größere Hartnäckigkeit an den Tag legen würde. Das Psychogramm des irakischen Diktators gehörte zu den Planungsunterlagen der US-Strategen.[456] Man machte sich seinen Charakter gezielt zunutze, um zu verhindern, daß sich die irakischen Truppen wieder aus Kuwait zurückzögen – das Alptraum-Szenario der Washingtoner Führung, das unter allen Umständen verhindert werden mußte.[457] Im Dezember 1990, als die Kriegshysterie in den Vereinigten

Staaten ihren Höhepunkt erreicht hatte, warnte das *Wall Street Journal* ausdrücklich vor dem Ausbruch eines ›Friedenfiebers‹, nachdem Saddam alle in seiner Gewalt befindlichen Geiseln freigab: »Saddam Husseins gewagtes, zynisches, aber schlaues Angebot der Freilassung aller Geiseln im Irak . . . erhöht plötzlich den Druck in Richtung einer Verhandlungslösung und eines ›Showdown‹ im Mittleren Osten. Genau dieses Ergebnis hatte Präsident Bush zu vermeiden gehofft. . . Tatsächlich hat die Geisel-Ankündigung die Entschlossenheit der Regierung unterstrichen,. . . den [militärischen] Druck aufrechtzuerhalten.«[485]

## Saddam Hussein zieht seine Truppen aus Kuwait ab

Washington spielte wieder einmal mit gezinkten Karten: Während offiziell alles getan wurde, um Saddam zum Rückzug aus Kuwait zu bewegen, wurde hinter den Kulissen genau das Gegenteil angestrebt. Eine der ersten Maßnahmen bestand darin, Druck auf Ägypten auszuüben, damit Bagdad auf der Konferenz der Arabischen Liga am 2. und 3. August in Kairo verurteilt wurde. Dabei hatte Saddam schon einen Tag nach der Invasion eine Unterredung mit König Hussein von Jordanien gehabt und sich bei dieser Gelegenheit bereiterklärt, sich wieder aus Kuwait zurückzuziehen. Saddam ließ durchblicken, daß er mit dem Rückzug bereits am 5. August beginnen werde, vorausgesetzt, kein arabischer Staat verurteile die Invasion. Der französische Publizist Pierre Salinger erwähnt in diesem Kontext eine klare Aussage Saddams: »Wenn die Dinge in diese Richtung laufen [Verurteilung des Irak; d. Verf.], sage ich einfach, daß Kuwait ein Teil des Iraks ist, und annektiere es.«[459]

Der bekannte ägyptische Journalist Mohamed Heikal rekonstruierte den Hergang der Ereignisse wie folgt:

»Saddam Hussein ließ. . . über Funk die Meldung verbreiten, daß sich der Revolutionäre Kommandorat seinen Standpunkt zueigen machte und am gleichen Tag, nämlich am Freitag, dem 3. August, den Beginn des Rückzugs ankündigen werde. . . Einige Stunden später gab die amtliche irakische Nachrichtenagentur eine Anweisung wieder, die einem Sprecher des Revolutionären Kommandorates zugeschrieben wurde: ›Wenn keine Drohungen gegen den Irak oder Kuwait erfolgen, werden die irakischen Streitkräfte morgen [Samstag, 4. August; d. Verf.] mit dem Rückzug beginnen. Ein Plan zum Rückzug aus Kuwait ist bereits gebilligt worden.«[460]

Saddam war demzufolge am 3. August bereit, sich gänzlich aus Kuwait zurückzuziehen. Dazu nochmals Heikal:

»Innerhalb von vier Tagen (zwischen dem 3. und dem 6. August) hatte Saddam einem Minigipfel zugestimmt, hatte darin eingewilligt, daß der Rückzug schneller vonstatten gehen sollte, zog einen Teil seiner Streitkräfte zurück, ließ Washington eine Geheimmeldung zugehen, die den Vorschlag eines ›Paket-Abkommens‹ enthielt, und versicherte Präsident BUSH seiner Absichten. Was Washingtons Mißtrauen anbelangt, die Angebote des irakischen Führers seien lediglich taktischer Natur, so muß gesagt werden, daß SADDAM HUSSEIN ein Mann war, der nach Alternativen zu suchen bereit war.«[461]

HUSSEIN von Jordanien flog voller Zuversicht nach Amman, überzeugt davon, es werde zu einem Rückzug kommen, nachdem MUBARAK versprochen hatte, Bagdad nicht zu verurteilen. Noch am selben Tag bestätigte SADDAM in einem Kommuniqué, daß er seine Truppen am 5. August aus Kuwait zurückziehen würde. Tatsächlich begann der irakische Abzug laut Radio Bagdad wie geplant um 8 Uhr morgens, und die zuvor aufgestellten Einheiten der ›Kuwaitischen Volksarmee‹ (Kuwaiti Popular Army) übernahmen die Kontrolle, während die Iraker abzogen.[462]

Schon am 3. August, nur einen Tag nach dem irakischen Einmarsch, reagierte BUSH prompt auf dieses Kommuniqué: »Mal sehen, ob er nun seine Truppen sofort abziehen wird.« Als der Abzug am 5. August wirklich begann, schien auch dies nicht im Sinne der Amerikaner zu sein, denn nun warnte BUSH: »Die Vereinigten Staaten werden die Installierung eines Marionettenregimes in Kuwait nicht akzeptieren.«[463] Mit anderen Worten: Der irakische Rückzug verfehlte in Washington völlig seine Wirkung. Kein Wunder, denn die Krisenstrategen bestanden darauf, SADDAMS Militärapparat zu zerschlagen. Eine Friedenslösung war dafür völlig unbrauchbar.

Bereits bei seiner Rückkehr nach Jordanien sah sich König HUSSEIN mit der Nachricht konfrontiert, daß Ägypten den irakischen Einmarsch formell verurteilt hatte. Die Handschrift der Amerikaner war offensichtlich.[464] MUBARAK war sogar dahingehend instruiert worden, seine Verlautbarung, in der Bagdad verurteilt wurde, genau um 17 Uhr zu veröffentlichen, damit sie mit dem amerikanischen Resolutionsentwurf für den UN-Sicherheitsrat zeitgleich erscheinen konnte. Der Druck, der auf SADDAM ausgeübt wurde, schien so noch größer. Dem Sicherheitsrat ging der Textentwurf der Amerikaner für die Resolution Nr. 661 um 17 Uhr 48 per Fax zu – nur einen Tag nach dem Einmarsch der Iraker. Washington schien wirklich bestrebt, alle Hebel in Bewegung zu setzen, um das Alptraum-Szenario eines baldigen Rückzugs SADDAMS zu verhindern.[465] Diese Taktik konnte auch aufmerksamen Köpfen in den Vereinigten Staaten nicht entgehen. Ein pensionierter Offizier, der als Vermittler an den Friedensgesprächen im August teilnahm, konnte sich dem Eindruck nicht verschließen, daß sich die Friedensbemühungen »gegen die Regierungspolitik [bewegten]«.[466]

Gleichwohl wurden vielfältige Bemühungen unternommen, um die Krise friedlich beizulegen. Die Initiative dazu ging sowohl von Staatsführungen als auch von prominenten Einzelpersönlichkeiten aus. Alle diese Bemühungen waren jedoch zum Scheitern verurteilt, denn die Bush-Regierung hatte sich längst festgelegt und legte unnachgiebige Härte an den Tag. Nur dies würde Saddam nach Auffassung der Washingtoner Entscheidungsträger jeden Weg versperren, ohne Gesichtsverlust aus der Krise herauszukommen.

Dennoch unternahm auch Saddam mehrere Anläufe, eine militärische Auseinandersetzung zu vermeiden. Am 7. August beispielsweise schlug er PLO-Vertretern vor, sich aus seiner Eroberung wieder zurückzuziehen, wenn Bagdad eine größere Summe Geldes erhalte, in Kuwait Wahlen abgehalten würden, um endlich den Emir durch eine andere Regierung zu ersetzen, und wenn die strittigen Inseln Bubiyan und Warba endlich in irakischen Besitz übergingen. Washington ignorierte diesen Vorschlag völlig und ging gar nicht erst darauf ein.[467] Dabei mußte sogar das State Department zugestehen, daß mindestens zwei ähnlich lautende Vorschläge seriös und annehmbar klangen.

Als Bush unnachgiebig blieb, fand sich Saddam zu noch weitergehenden Zugeständnissen bereit, forderte aber, daß Washington als Gegenleistung für den irakischen Rückzug aus Kuwait sich mit Nachdruck für eine gerechte Lösung in den besetzten Palästinensergebieten einsetze. Praktisch war das bereits eine Unterwerfungserklärung an die Adresse der Bush-Administration. Sie sollte Saddam nur die Möglichkeit geben, das Gesicht zu wahren.

Am Ende bestand der irakische Diktator nur noch auf einer Garantieerklärung der Amerikaner, daß sie den Irak nicht angriffen, wenn er sich aus Kuwait zurückzöge. Washington ignorierte auch das. Und die Medien berichteten kein Sterbenswörtchen über die irakischen Initiativen.[468] Als Saddam dann noch eine Fernsehdiskussion vorschlug, an der außer ihm US-Präsident Bush und Margaret Thatcher teilnehmen sollten, wurde dies in Washington umgehend als »krank« abqualifiziert; der Vorschlag sei es nicht wert, auch nur beantwortet zu werden.[469] Vielmehr drehte das Weiße Haus kräftig an der Eskalationsschraube, indem Bush begann, öffentlich von einem »Kriegsverbrechertribunal« für Saddam zu sprechen. Das State Department bezeichnete diese Äußerungen als »vorsätzlich geplant, um die Annäherungsversuche Bagdads zum Scheitern zu bringen«.[470]

Natürlich hätte Saddam auch ohne eine Nichtangriffsgarantie der USA mit dem Rückzug beginnen können. Dem stand entgegen, daß er auch in diesem Fall mit einem Militärschlag der Alliierten rechnen mußte.[471] Saddam unterstrich diese Befürchtung in verschiedenen Unterredungen, so etwa mit Tony Benn, einem britischen Parlamentsabgeordneten, und anderen Besuchsdelegationen. Auch mußte ein bedingungsloser Rückzug die zivile und, was noch schwerer wog, die militärische Moral seines Landes zusammenbrechen lassen.[472] Tony Benn erinnerte sich später, daß dieser Aspekt

SADDAM am bedeutsamsten erschien. Er kam immer wieder auf diesen Punkt zurück und sagte, »daß, selbst wenn er [SADDAM] seine Truppen aus Kuwait zurückziehen würde, die Vereinigten Staaten den Irak zerstören würden.«[473]

SADDAM gelang es nicht einmal, im arabischen Lager Unterstützung zu finden. Im Gegenteil, hier zeitigte die Wühlarbeit der Amerikaner besonders ernüchternde Ergebnisse. Als die arabischen Staatsoberhäupter am 10. August 1990 in Kario zusdammentrafen, weigerte sich König FAHD von Saudi-Arabien, sich mit SADDAMS Stellvertreter Taha Yassin RAMADAN zu treffen. Es war ersichtlich, daß die Saudis unter demselben Druck aus Washington standen wie MUBARAK. Es half wenig, daß der jordanische König im Verlauf des Gipfeltreffens dagegen protestierte, daß durch MUBARAKS irak-kritische Verlautbarung eine zuvor getroffene telefonische Vereinbarung zunichte gemacht worden sei; bei dem Gespräch hatten sich beide Staatsoberhäupter darauf geeinigt, daß sie einen friedlichen Rückzug der Iraker befürworten würden. Für diese Position hatte HUSSEIN von Jordanien zuvor SADDAMS Zustimmung eingeholt. Am 10. August machte MUBARAK denn auch kein Hehl daraus, was ihn zu seinem Sinneswandel veranlaßt hatte, als er sagte, »daß ihm ›jemand eine Pistole an den Kopf gesetzt‹ hatte«.[474] Damit waren die Amerikaner gemeint, die MUBARAK und König FAHD in gleicher Weise die »Pistole an den Kopf« setzten und auf diese Weise alle Friedensbemühungen hintertrieben. Said ABURISH schreibt in diesem Zusammenhang über die Rolle des saudischen Königs: »Die irakische Delegation hatte er in dem kleinen Hotel ›Andalus Guest House‹ untergebracht, über dessen ungesicherte Telefonanlage die Unterhändler nicht mit anderen Delegierten Kontakt aufnehmen konnten. Als der irakische Delegationsleiter eine Erklärung abgeben wollte, in der er die Sicherheit Saudi-Arabiens garantierte und die Stationierung arabischer Streitkräfte auf saudischem Boden akzeptierte, schaltete MUBARAK das Mikrofon aus. Doch MUBARAK hätte das alles nicht ohne Zustimmung FAHDS getan, und vor, während und nach der Unterredung mit CHENEY hatte FAHD sich verhalten, als ob er wüßte, was kommen würde.«[475]

Es paßte alles ins Bild. Washington hatte die Stationierung eigener Streitkräfte in der Region seit langem geplant. In diesem Spiel störte SADDAM. Es mußte verhindert werden, daß er Unterstützung im arabischen Lager fand. Diesen Generalkurs der US-Außenpolitik bestätigte unter anderem der damalige amerikanische Außenminister James BAKER, der vor dem US-Repräsentantenhaus hervorhob, es sei Teil der neuen regionalen Sicherheitspolitik am Golf, das irakische Militär in Schach zu halten, auch für den Fall, daß sich SADDAM aus Kuwait zurückziehen würde. Anfang September 1990 ließ BAKER durchblicken, im Rahmen der künftigen Sicherheitsarchitektur am Golf werde auch an ein Waffenembargo gegen den Irak gedacht, während gleichzeitig beabsichtigt sei, die arabischen Nachbarländer aufzurüsten und amerikanische Flottenverbände und Bodenstreitkräfte in der Region zu stationieren.[476]

## Washington schraubt seine Forderungen nach oben

Die amerikanische Außenpolitik kehrte in den Monaten zwischen August 1990 und Januar 1991 zu einem altbewährten Muster der Kriseneskalation zurück. Washington schraubte seine Forderungen an die Adresse des mutmaßlichen Gegners ständig nach oben. Während anfangs eher mäßige Forderungen erhoben wurden, erreichte der Forderungskatalog nach und nach ein immer höheres Niveau, und schließlich hatten die Bedingungen des Weißen Hauses weder mit den ursprünglichen Forderungen noch mit dem eigentlichen Konflikt etwas zu tun. Der Grund für dieses Vorgehen lag in der amerikanischen Verfassungskonstruktion begründet. Das Weiße Haus mußte zunächst die Öffentlichkeit und den Kongreß für einen eher zurückhaltenden Kurs gewinnen. Wenn sich die Krise dann zuspitzte, konnte ›nachgelegt‹ werden, und im Zuge dieser Entwicklung blieb der Öffentlichkeit verborgen, daß zuletzt ganz andere Ziele verfolgt wurden als ursprünglich.

Bushs Irak-Politik folgte genau diesem Muster. Anfang August 1990 erklärte Washington zunächst, es gehe den Vereinigten Staaten um die Verteidigung Saudi-Arabiens. Im September wurde bereits die Befreiung Kuwaits und die damit verbundene Rückführung der kuwaitischen Herrscherfamilie vorgeschoben. Im Oktober forderte Bush die Errichtung eines Kriegsverbrechertribunals für die irakische Führung. Im November wurde dann der defensive Charakter der amerikanischen Truppenstationierung in Saudi-Arabien völlig auf den Kopf gestellt, indem weitere 230 000 Mann auf die saudischen Basen verlegt wurden; das war eine eindeutige Wendung zu offensiven Planungen hin. Im Dezember wurde dem Irak ein UN-Ultimatum für den Abzug seiner Truppen aufgezwungen, was eine Friedenslösung noch unwahrscheinlicher machte. Dieses Ultimatum enthielt gleichzeitig neue Forderungen: Nun sollten die Iraker ihre chemischen und nuklearen Waffen zerstören, was dem Irak den Besitz nuklearer Waffen unterstellte. Dies war aber zu keiner Zeit der Fall.[477]

Nur am Rande verdient das Detail Erwähnung, daß die einseitige Entwaffnung des Irak bereits zu jenen Zielen gehört hatte, die auf der erwähnten Geheimkonferenz Anfang 1990 von der US-Regierung verfolgt wurden. Man hatte sich innerhalb von vier Monaten von einem konkreten auf das große strategische Ziel vorgearbeitet. Um die ursprünglich in den Vordergrund geschobene Verteidigung Saudi-Arabiens ging es bald nur noch am Rande. Viel wichtiger war dem Weißen Haus jetzt – in Übereinstimmung mit dem großen Plan im Hintergrund – die Entwaffnung des Irak.

Offiziell wurde dieses Ziel in die Forderung gekleidet: entweder sofortiger Rückzug, oder es gibt Krieg. Washington hatte im Verlauf von nur vier Monaten eine vollständige Kehrtwende vollzogen. Zur Jahreswende standen alle Zeichen auf Krieg.

Im letzten Augenblick kam es sogar noch zu einem von den Medien vielbeachteten Zusammentreffen zwischen US-Außenminister James BAKER und seinem irakischen Amtskollegen Tariq AZIZ. Die internationale Öffentlichkeit knüpfte an dieses Treffen große Hoffnungen. Amerikanische Zeitungen schlagzeilten: »Walking the extra mile for peace« - zu deutsch etwa: eine Extrameile für den Frieden laufen. Aber das Ganze war nicht mehr als ein PR-Schauspiel, das die Welt vom Friedenswillen der Vereinigten Staaten und ihres Präsidenten überzeugen sollte. Tatsächlich war nichts weniger wahr. Selbst BUSHS engster Mitarbeiter, Brent SCOWCROFT, erklärte Anfang Dezember 1990 gegenüber dem saudischen Botschafter in den USA, Prinz BANDAR: »Dies sind alles nur Übungen.«[478] Ein anderer Berater BUSHS kam zum gleichen Ergebnis; John SUNUNU, Stabschef des Weißen Hauses, räumte öffentlich ein, das Treffen zwischen BAKER und AZIZ sei lediglich Bestandteil einer »Checkliste mit diplomatischen und innenpolitischen Zügen [gewesen], die der Präsident und seine Administration durchgehen, weil sie denken, dies tun zu müssen. . ., bevor sie militärisch eingreifen können«.

Wie scheinheilig die ganze Veranstaltung war - zumindest was den amerikanischen Part anging -, ließ sich auch daran ablesen, daß BUSH selbst unmittelbar nach der volltönenden Medienankündigung erklärte: »Ich bin nicht in Verhandlungsstimmung.« Und: »Es kann keine Garantie geben, daß sie das Gesicht wahren. . . Sie [die Iraker] müssen sich ohne Bedingungen zurückziehen.« »Es wird nicht nachgegeben werden.« Der Nahost-Experte William QUANDT liegt denn auch richtig mit seinem Urteil: »Die ganze Sache sah so aus, als ob sie von vornherein nicht funktionieren sollte.«[479]

BUSH befand sich zu dieser Zeit mental bereits im Krieg. Er sah sich als Herr über Krieg und Frieden und jonglierte völlig willkürlich mit immer neuen Forderungen und Konstellationen. Völlig schamlos ließ er verkünden: »Wenn er nicht die Unterstützung des Kongresses habe [laut Verfassung kann nur der Kongreß einen Krieg sanktionieren; d. Verf.], hoffe er, daß er die Unterstützung des amerikanischen Volkes haben würde. Würde er auch diese nicht haben, so sagte er, werde ihn dies trotzdem nicht abhalten, einen Krieg gegen den Irak zu führen, wenn er diesen für richtig halte.«[480] Man kann sich nur erschüttert an die Stirn fassen, wenn man sich vergegenwärtigt, welches Demokratieverständnis hinter solchen Äußerungen sichtbar wird.

Kurz vor Ablauf des UN-Ultimatums, sozusagen in allerletzter Minute, unternahm auch der sowjetische Staatschef Michail GORBATSCHOW noch einen Versuch, die sich anbahnende Katastrophe abzuwenden. Er appellierte an Bush, einen Plan zu akzeptieren, den Moskau mit den Irakern ausgehandelt hatte und der Bagdad noch eine letzte Möglichkeit eingeräumt hätte, Kuwait binnen 14 Tagen zu räumen. Washington registrierte diese Initiative nicht einmal. Inoffiziell hieß es, der sowjetische Vorstoß sei »nasty« – eklig. Wenig später ließ Bush pompös verlauten: »Die Welt könne nicht länger warten.«[481] Allerdings ist in diesem Fall tatsächlich zu fragen, wie seriös der sowjetische Vorstoß war. Schließlich hatte Gorbatschow selbst mit seiner Unterschrift unter ein hochgeheimes Dokument aus dem Weißen Haus zugesagt, Moskau werde sich zurückhalten, wenn die USA den Irak angriffen.

Daß »die Welt« nicht länger warten konnte, war Bushs persönliches Hirngespinst. Richtig ist vielmehr, daß die Welt schon seit 30 Jahren überwiegend Ungerechtigkeiten aus der Golfregion zu gewärtigen hatte, für die anonyme Drahtzieher in Washington, London und Tel Aviv die Verantwortung trugen. Israel etwa hielt seit dem Sechstagekrieg 1967 umfangreiche arabische Territorien besetzt, und es hatte reihenweise UN-Resolutionen gegeben, die diesen Mißstand angeprangert hatten. Doch Israel hatte sich noch immer auf seinen großen Verbündeten verlassen können, der jede dieser Resolutionen im Sicherheitsrat per Veto hatte scheitern lassen. Wenn George Bush also volltönend herumposaunte, die Welt könne nicht länger warten, sprach er in Wirklichkeit nur für sich und jene Hintergrundclique, die den nächsten Krieg am Golf längst beschlossen hatte.

## Der Weg in den Krieg

Im Vorangegangenen wurde aufgezeigt, wie die Golfkrise von der amerikanischen Hintergrundelite zielbewußt herbeiinszeniert wurde. Es gibt konkrete Dokumente, die dies belegen:

**1.** Die Abschrift des Protokolls der entscheidenden Unterredung zwischen US-Botschafterin April C. Glaspie und Saddam Hussein, datiert vom 25. Juli 1990, das Frau Glaspie wenige Tage nach ihrem Gespräch an das State Department weiterleiten mußte. Daraus geht hervor, daß die irakische Abschrift mit dem Telegramm, das die Botschafterin an das State Department schickte, übereinstimmt. Auch in der Abschrift findet sich die folgenschwere Aussage: »Wir haben keine Meinung bezüglich innerarabischer Konflikte wie Ihrem Grenzstreit mit Kuwait. . .«

**2.** Das besagte Geheimabkommen zwischen der CIA und dem kuwaitischen Geheimdienst, datiert auf den 22. November 1989, das nach dem Einmarsch von irakischen Truppen in Kuwait-City entdeckt und auch von den Vereinten Nationen als authentisch eingestuft wurde; nicht einmal die amerikanische Regierung bestritt seine Echtheit. Dieses Dokument beinhaltet, wie oben aufgezeigt wurde, die verhängnisvolle Übereinkunft der beiden Geheimdienste, der zufolge wirtschaftlicher Druck von seiten Kuwaits und der USA auf den Irak ausgeübt werden solle, damit es zu einer Verschärfung des Grenzkonflikts zwischen Kuwait und dem Irak komme. Tatsächlich wurde dieser Druck in der Folge ausgeübt: zum einen in Form der erwähnten Schrägbohrungen im irakischen Teil des Ölfeldes von Rumeila, zum anderen in Gestalt einer ständigen Öl-Überproduktion der Kuwaitis, die eine Preissenkung des Barrels Öls von 21 auf 11 Dollar nach sich zog. Den ohnehin hochverschuldeten Irak kostete dies 14 Milliarden Dollar jährlich, was aus irakischer Sicht völlig unannehmbar war. Des weiteren konnte gezeigt werden, daß sich die kuwaitische Seite bei Verhandlungen mit Bagdad stets abweisend, ja kompromißlos zeigte.

**3.** Es existieren außerdem die vom ehemaligen Geheimdienstler Craig Hulet herausgegebenen *White Papers*, aus denen zweifelsfrei hervorgeht, daß der zweite Golfkrieg eine konspirativ geplante Angelegenheit war. Es ging um das Langfristziel der Zerstörung des irakischen Militärapparates und der permanenten Abrüstung des Landes.

**4.** Einige Autoren konnten nachweisen, daß der Irak maßgeblich von den USA aufgerüstet worden war, und zwar insbesondere unter Reagan und Bush sen. Vor allem Bush setzte sich mit Nachdruck und Ausdauer – und gegen den Willen des Kongresses – dafür ein, daß die Iraker alle Waffen bekamen, die sie verlangten, und daß Saddam ausreichende Kredite erhielt, obwohl angesichts der drohenden Zahlungsunfähigkeit des Landes die Vorbehalte von seiten der Bankenwelt wuchsen. Offiziellen Statistiken zufolge waren die Vereinigten Staaten, knapp hinter Deutschland, der größte Waffenlieferant des Irak.[482]

**5.** Sogar die Aufforderung der Bush-Clique an die Iraker, von der OPEC höhere Ölpreise zu fordern, ist dokumentiert. Der Londoner *Observer* (Ausgabe vom 21. November 1990) veröffentlichte die wichtigsten Passagen daraus. (Das Dokument soll auch kurzfristig in einer gekürzten Fassung veröffentlicht worden sein.) Der *Observer* bestätigte damit, daß die Bush-Regierung zwei scheinbar völlig entgegengesetzte Ziele verfolgte: Zum einen sollte Bagdad auf allen Ebenen amerikanische Unterstützung erhalten, sowohl auf offizieller Ebene als auch hinter den Kulissen an der Ölfront. Bagdad sollte die Gewißheit haben, die USA stünden hinter dem Irak. Gleichzeitig schmiedete die CIA zusammen mit den Kuwaitis bereits am Komplott gegen Saddam.

**6.** Zahlreiche Medienberichte belegen, daß sich die US-Regierung immer wieder aktiv in die laufenden Verhandlungen zwischen dem Irak und Kuwait einmischte und dabei einer Deeskalation tatkräftig entgegenarbeitete. Auf die Kuwaitis, die in der Frage ihrer nationalen Sicherheit völlig von den Amerikanern abhängig waren, wurde massiver Druck ausgeübt, den

Irakern gegenüber standhaft und kompromißlos zu bleiben.

7. Washington steckte bereits hinter dem Ausbruch des irakisch-iranischen Krieges 1980. Dieser Waffengang schwächte die OPEC und ließ beide potentielle Regionalmächte verarmen. Aber in Washington dachte man zu dieser Zeit bereits weiter. Oliver NORTH, notorischer Handlanger REAGANS, erzählte den Iranern während des ersten Golfkriegs, die US-Regierung werde den Sturz SADDAM HUSSEINS fördern. Bei anderer Gelegenheit, in Frankfurt, wurde NORTH noch viel deutlicher und ließ andere Geheimdienstler (Richard SECORD, Albert HAKIM und einen Iraner) wissen, Washington wolle den iranisch-irakischen Krieg so beenden, daß der Eindruck entstehe, SADDAM HUSSEIN sei der regionale Problemfaktor Nummer eins. NORTH wörtlich: »Iran wird nicht Kuwait überrennen. Iran wird nicht die saudi-arabische Regierung stürzen. Das echte Problem in der Region ist SADDAM HUSSEIN, und wir werden uns um dieses Problem kümmern müssen.«[483] Das bedeutet nicht mehr und nicht weniger, daß die Eliminierung SADDAMS bereits in den achtziger Jahren betrieben wurde - zur gleichen Zeit, als der Irak offiziell noch nach Kräften aufgerüstet wurde. Daß Washington den irakischen Diktator lieber gestern als morgen beseitigt gesehen hätte, belegen im übrigen auch die zahlreichen Anschlags- und Putschversuche, die in den neunziger Jahren gegen SADDAM unternommen wurden und hinter denen in der Regel die Amerikaner steckten.

## Eine neue Lüge: Saddam will die Saudis angreifen!

Nach dem Einmarsch der Iraker in Kuwait war man sich in Washington klar darüber, daß man für einen Waffengang gegen SADDAM vor allem die Saudis brauchte, um Truppen und Logistik zu stationieren. Doch die Saudis hatten wenig Interesse an einer Stationierung amerikanischer Truppen auf ihrem Territorium. Die Gründe dafür lagen auf der Hand. Saudi-Arabien hatte in der arabischen Welt die Rolle eines Beschützers der heiligen Stätten (der Ka'aba in Mekka und Medina) inne, und es mußte die saudischen Herrscher in ein mehr als peinliches Licht rücken, wenn sie Nichtmoslems gestatteten, Truppen in ihrem Land zu stationieren. Als nächstes mußte die BUSH-Regierung also den Saudis Angst einjagen. Man begann ihnen einzureden, als nächstes plane SADDAM die Eroberung Saudi-Arabiens.

Die größte Gefahr für die Pläne des Weißen Hauses lag darin, daß die arabischen Staaten zu einer regionalen Übereinkunft gelangten und die Golfkrise ohne amerikanisches Zutun beilegten. Dies konnte Washington schon zu einem frühen Zeitpunkt verhindern, indem einerseits die Kuwaitis Rückendeckung erhielten und andererseits Ägypten und andere arabische Staaten mehr oder weniger massivem Druck ausgesetzt wurden. Dennoch war Saudi-Arabien für einen amerikanischen Waffengang gegen Bagdad unentbehrlich. Ein paar Flugzeugträger im Persischen Golf genügten einfach nicht.

Auch die Saudis wollten Aufschluß über das tatsächliche Ausmaß der irakischen Bedrohung. Also schickte König Fahd Prinz Bandar nach Washington zur Begutachtung ausgewählter Satellitenfotos. US-Präsident Bush setzte Fahd anhand dieser Bilder auseinander, wie akut die Bedrohung sei. Natürlich war auch dieses Treffen eine reine Schauveranstaltung: Wie wenn sie die Saudis ihres besonderen Vertrauens versichern wollten, zeigten Verteidigungsminister Dick Cheney und Generalstabschef Colin Powell dem saudischen Prinzen ›geheime‹ Fotos, die zweifelsfrei bewiesen, daß sich eine von drei irakischen Divisionen im eroberten Kuwait bereits auf dem Marsch zur saudischen Grenze befinde. Aber es gab noch mehr ›Vertrauensbeweise‹. Powell erklärte Prinz Bandar dann nämlich gleich die Einzelheiten des ebenfalls ›geheimen‹ amerikanischen Operationsplans 90-1002, der unter anderem die Kleinigkeit von 100 000 bis 200 000 amerikanischen Soldaten sowie drei Flugzeugträgern beinhaltete. Angeblich zeigte sich der saudische Emissär durch diese Ausführungen zutiefst beeindruckt. Prinz Bandar war bereits seit 1983 Botschafter Saudi-Arabiens in den USA. Er konnte seinen Gesprächspartnern an diesem Tag allerdings nicht die Tatsache vorenthalten, Saddam Hussein habe König Fahd ausdrücklich mitgeteilt, bei den Truppenbewegungen unweit der saudischen Grenze handle es sich nur um eine Übung.

Nach dem Treffen mit der mächtigsten Clique der Welt meldete sich der Prinz gleich telefonisch bei seinem König. Dieser soll sich erkundigt haben, ob Bandar die amerikanischen Satellitenfotos mit eigenen Augen gesehen habe; er solle zur Berichterstattung nach Riad kommen und die Bilder mitbringen.

Im Weißen Haus wurde weiter beraten. Außer Bush waren Stabschef Powell, Verteidigungsminister Cheney, Bushs Sicherheitsberater Scowcroft, Außenminister Baker, Dan Quayle, der Stabschef des Weißen Hauses, Sununu, sowie CIA-Chef Webster beteiligt. Bush vertrat den Standpunkt: »Meine Sorgen über die Saudis beruhen darauf, daß sie in letzter Minute den Mut verlieren und ein Marionettenregime in Kuwait akzeptieren.« Auch Powell machte sich Sorgen darüber, daß es womöglich einen »anderen Emir und eine andere Situation« geben könnte. Man ging daraufhin einige Geheimdienstberichte durch. Diese deuteten an, daß sich der saudische König und seine Umgebung aller bisherigen Erfahrung nach mit der Möglichkeit trugen, die Krise durch finanzielle Angebote an Saddam zu entschärfen. Im Oval Office wurde genau der entgegengesetzte Weg eingeschlagen: Nicht die Beilegung, sondern eine Verschärfung der Krise war das Gebot der Stunde, und dies um so mehr, als Bush soeben in einem Anruf des ägyptischen Präsidenten Mubarak erfahren mußte, der saudische König habe sich gegen eine Stationierung amerikanischer Truppen in seinem Land entschieden. Bush griff zum Hörer und rief seinerseits König Fahd an, um ihm mitzuteilen, daß sich irakische Truppen massiv an der saudischen Grenze formierten; man müsse schleunigst reagieren.[484]

Was folgte, war das übliche öffentliche Tremolo. Am 7. August erklärte der Pressesprecher des Weißen Hauses, Marlin Fitzwater: »Nach unserer Auffassung ergibt sich für Saudi-Arabien eine unmittelbare Bedrohung durch die Art und Weise, wie sie [irakische Truppen] in Kuwait stationiert sind.« Einen Tag später, am 8. August, erklärte der Präsident seinerseits in einer landesweit ausgestrahlten Fernsehansprache: »Nach Gesprächen mit König Fahd habe ich Verteidigungsminister Cheney beauftragt, Maßnahmen zu erörtern, die wir gemeinsam ergreifen können. Nach diesem Treffen hat die saudische Regierung um unsere Hilfe gebeten.« Doch in Wirklichkeit waren die Saudis offenbar noch keineswegs weichgekocht. König Fahd ließ nämlich verlauten, daß sein Land zwar in der Tat amerikanische Unterstützung gebrauchen könne - vor allem, was die Luftwaffe angehe -, daß die US-Army aber keineswegs gebraucht werde.

Am Nachmittag des 6. August landete Prinz Bandar in Jidda. Noch auf dem Flugplatz wurde ihm mitgeteilt, daß das saudische Verteidigungsministerium nach Bushs Warnung über einen bevorstehenden Angriff der Iraker Spähtrupps nach Kuwait geschickt habe, um die Lage aufzuklären. Es gebe aber »keine Spur von irakischen Truppen, die sich in Richtung [saudisches] Königreich« bewegten. Bandar erwiderte, er habe die Satellitenbilder der Amerikaner gesehen, die etwas ganz anderes zeigten. Die saudische Regierung mußte in diesem Augenblick eine Wahl treffen: Entweder sie glaubte den eigenen Aufklärungstrupps, oder sie vertraute den amerikanischen Satellitenaufnahmen.[485]

Allerdings sind auch Satellitenfotos oft nicht eindeutig. Und sie können gefälscht werden, was oft genug geschehen ist. In einer halboffiziellen Veröffentlichung vom 10. Februar 1986, die unter dem Titel *Steps for Iran* Bekanntheit erlangte, wurde die Fälschung von Satellitenbildern durch amerikanische Stellen sogar offen eingeräumt. Im Begleittext hieß es unter anderem: »Letztendlich, so glauben wir, wird eine Mischung aus tatsächlicher und falscher Information bei unserem nächsten Treffen [mit den Iranern] sie von unserem ›guten Willen‹ überzeugen. Bei diesem Treffen in Teheran übertrieben gefälschte Satellitenfotos den Umfang der sowjetischen Streitkräfte an der iranischen Grenze um bis zu 36 Divisionen. Mit derselben Methode wurden Satelliten-Geheimdienstfotos verändert, die dann dem Irak zugespielt wurden und entweder irreführend oder unvollständig waren. Außerdem können Satellitenfotos viel über Gegenstände wie z. B. Panzer und Flugzeuge aussagen, aber nichts über die Absichten der Panzerbesatzung oder der Piloten.«[486]

Im August 1990 spielten nicht nur Satellitenfotos eine Rolle, sondern auch der Zufall. Eine irakische Militärpatrouille verirrte sich in die schlecht markierte neutrale Zone zwischen Kuwait und Saudi-Arabien. Das kam BUSH zustatten, denn der scheinbare Übergriff unterstrich die bösen Absichten der Iraker. BUSH warnte, daß Amerika auf einen Angriff auf Saudi-Arabien »entschieden reagieren« würde, doch Bagdad beharrte darauf, daß es solche Pläne nicht gebe. Zudem hatte Bagdad erst im März 1990 einen Nichtangriffsvertrag mit den Saudis unterzeichnet. Dennoch posaunte BUSH im September, einen Monat nach dem Fall von Kuwait, im Kongreß herum, SADDAM habe mit 120 000 Soldaten »Kuwait überfallen und [sei bis zum 5. August] nach Süden vorgedrungen, um Saudi-Arabien zu bedrohen«.[487] Dies war eine glatte Täuschung, um den Kongreß in die Irre zu führen. Amerikanische Spähsatelliten vom Typ KH-11 und KH-12 konnten dies zweifelsfrei überprüfen.[488]

Die Wahrheit kam ein Jahr später ans Licht. Im *U.S. New & World Report* war am 20. Januar 1992 zu lesen, daß in derselben Woche, in der CHENEY die Saudis bearbeitete, um ihre Zustimmung zur Stationierung von US-Truppen zu erwirken, ein Geheimdienstmitarbeiter aus dem besetzten Kuwait berichtete, Verbände der Republikanischen Garde zögen sich aus dem Süden Kuwaits in Richtung Irak zurück. In dem Buch *Triumph Without Victory*, das ebenfalls vom *U.S. News & World Report* herausgegeben wurde, wird ein CENTCOM-Befehlshaber mit den Worten zitiert: »Wir haben immer noch keine schlüssigen Beweise dafür, daß [SADDAM] jemals beabsichtigt hat, Saudi-Arabien zu überfallen.«[489]

Im Gegensatz zu den angeblichen irakischen Truppenmassierungen an der saudischen Grenze gab es für ihre Nichtexistenz authentische Satellitenbilder. Die in Florida erscheinende *St. Petersburg Times* erwähnte in ihrer Ausgabe vom 6. Januar 1991 Fotos eines sowjetischen Nachrichtensatelliten, auf denen zu erkennen war, daß sich bis zum 8. August keine irakischen Truppen an der saudischen Grenze befanden – das war der Tag, an dem BUSH den US-Einsatz ankündigte. Die *Times* recherchierte auf eigene Faust weiter und beauftragte zwei Experten des militärischen Geheimdienstes, die sowjetischen Aufnahmen zu prüfen, auf denen schätzungsweise 250 000 irakische Soldaten und 1500 in Kuwait stationierte Panzer zu sehen waren. Einer der Experten war Prof. Peter ZIMMERMAN, Dozent an der renommierten George Washington-University; er hatte unter REAGAN für das Amt für Rüstungskontrolle und Abrüstung gearbeitet. Der andere Fachmann war ein ehemaliger Spezialist für Satellitenfotos, der vormals für den militärischen Geheimdienst gearbeitet hatte. Beide Fachleute erklärten übereinstimmend, daß das vorgelegte Bildmaterial die Angaben der US-Regierung nicht stütze. Die Fotos vom 8. August zeigten leichte Sandverwehungen auf den von Kuwait-City zur saudischen Grenze führenden Straßen.

Zimmerman sagte: »Das deutet mit Sicherheit darauf hin, daß sie von niemandem benutzt wurden und daß das [irakische] Militär sie für seine Fahrzeugbewegungen auch nicht freigemacht hat.« Auf den September-Aufnahmen waren die Sandverwehungen sogar noch größer und höher. Sie hatten sich mehrere Wochen lang ungestört aufbauen können. Kein irakisches Fahrzeug hatte sich der saudischen Grenze genähert. Um diese Zeit hatte sich Washington längst darauf festgelegt, 100 000 US-Soldaten in die saudische Wüste zu schicken, um Saudi-Arabien zu ›verteidigen‹. Zimmerman wörtlich:

»Es gibt keine Anzeichen für irakische Truppen in Kuwait in der von der Regierung behaupteten Stärke, nicht einmal in der Stärke von 20 Prozent davon. . . Wir konnten keinerlei Hinweise darauf finden. Wir sehen keine Zeltlager, keine Panzerverbände, keine Truppenkonzentrationen, und der wichtigste kuwaitische Luftwaffenstützpunkt scheint verlassen. Seit Beginn der Invasion sind es fünf Wochen, und nach dem, was uns vorliegt, hat die irakische Luftwaffe noch kein einziges Kampfflugzeug zum strategisch wichtigsten Stützpunkt in Kuwait geflogen. Es ist keine Infrastruktur für die Versorgung der großen Zahl von Menschen zu sehen. Sie müssen doch Toiletten haben. . . , sie brauchen Lebensmittelvorräte. . . aber wo soll das alles sein?«[490] »Für eine irakische Invasion Saudi-Arabiens sind sehr viel größere und tiefgreifendere militärische Operationen notwendig als die, welche die Landstreitkräfte Bagdads bislang durchgeführt haben.«[491]

Am 6. und 7. August 1990 begann sich die Situation in einer für Washington sehr unangenehmen Weise zu entwickeln. Irakische Truppenkontingente in der Stärke von jeweils rund 10 000 Mann zogen sich an die irakische Grenze bzw. auf irakisches Territorium zurück. Ausgerechnet zu diesem Zeitpunkt traf eine hochrangige US-Delegation in Saudi-Arabien ein. Ihr gehörten außer Verteidigungsminister Cheney und General Schwartzkopf drei Experten für Spionage und Nahostpolitik an. Die Delegation hatte einen klaren Auftrag. Sie sollte, mit welchen Mitteln auch immer, die Saudis davon ›überzeugen‹, daß sie den amerikanischen Schutz dringend benötigten. »Mit Satellitenbildern erklärte Cheney König Fahd, daß 200 000 irakische Soldaten bereitstünden, um Saudi-Arabien anzugreifen. Cheney sagte nichts über den äußerst bedeutsamen, bereits erfolgten Rückzug der kleinen Kontingente und den Rückmarsch weiterer irakischer Einheiten von der saudischen Grenze. Er bat Fahd, amerikanisches Militär nach Saudi-Arabien zu holen, ›um unsere Freunde zu schützen‹, und der König nickte zustimmend. Doch Kronprinz Abdallah wollte mehr über die Aufstellung der irakischen Truppen wissen, über den geplanten Einsatz der amerikanischen Soldaten nach ihrer Ankunft und die Bedingungen, unter denen sie das Land wieder verlassen würden.« »Cheney machte nur vage Angaben zu den Fragen von Prinz Abdallah. Anstatt sich direkt an ihn zu richten, hat er sich angeblich an FAHD gewandt und diesem mitgeteilt, mit großer Wahrscheinlichkeit wäre die irakische Invasion in Kuwait Teil eines Komplotts von Irak, Jemen und der PLO, um die arabische Halbinsel zu destabilisieren und politisch zu spalten. Er fügte hinzu, daß es in diesem Moment keine Möglichkeit gebe, den Vormarsch der Iraker auf Riad zu stoppen. CHENEY setzte dann noch nach, man könne schwer feststellen, ob nicht auch König HUSSEIN Teil dieses finsteren Spaltungsplanes sei.« Der bereits des öfteren zitierte Said ABURISH erfuhr diese Version der Ereignisse von zwei ehemaligen US-Botschaftern in Saudi-Arabien, außerdem von einem früheren Mitglied des Sicherheitsrates und einem abtrünnig gewordenen Mitglied des saudischen Königshauses. ABURISH berichtet auch über CHENEYS weitere Absichten: »Es besteht kaum ein Zweifel, daß CHENEYS gesamte Darstellung der Intention der Amerikaner entsprach, SADDAM zu vernichten.« [492]

Daß das Theater, das den Saudis vorgespielt wurde, glatter Betrug war, dessen waren sich auf amerikanischer Seite alle Beteiligten bewußt. Präsident BUSH war sogar vom jordanischen König persönlich darüber informiert worden, daß sich die Iraker zurückgezogen hatten; diese hochbrisante Information brachte HUSSEIN unverzüglich auf den Weg ins Weiße Haus.[493] Aber auch die eigenen Stäbe bestätigten, was man am Golf beobachten konnte. Noch im August unterrichtete ein strenggeheimer CIA-Report den Präsidenten, daß die Iraker Saudi-Arabien nicht angreifen würden und das irakische Militär für ein solches Unterfangen auch gar keine Pläne habe. Neue Aufnahmen der hochleistungsfähigen amerikanischen Aufklärungssatelliten vom Typ ›KH 11‹ und ›KH 12‹ bestätigten dies.[494] Für die Washingtoner Machtelite zählten alle diese Argumente nicht. Sie verfolgte auf geradezu schamlose Weise ihre hegemonialen Ziele und nahm dabei die bewußte Täuschung der Öffentlichkeit und des Kongresses in Kauf.[495]

Auch abgesehen von der Schmierenkomödie um die angeblich ›hochgeheimen‹ Satellitenbilder, die den Saudis unter die Nase gehalten wurden, um SADDAMS aggressive Absichten zu unterstreichen, stand diese Unterstellung auf wackeligen Füßen. Denn SADDAM und seine Berater konnten nicht so blind sein, das traditionelle Nahverhältnis zwischen Washington und Riad zu übersehen. Selbst wenn SADDAM sein Nichtangriffsabkommen mit den Saudis vom März 1989 hätte stornieren wollen, mußte er Rücksicht auf die CARTER-Doktrin nehmen, die Saudi-Arabien als unmittelbare Einflußsphäre der USA auswies. Ein Angriff auf das Öl-Scheichtum hätte zwangsläufig eine vernichtende amerikanische Reaktion hervorgerufen. CARTERS Nachfolger REAGAN hatte im Oktober 1982 sogar wörtlich unterstrichen, daß ein Angriff auf Saudi-Arabien einem Angriff auf die USA gleichkäme.[496]

Auch militärische Gesichtspunkte machten die irakische Bedrohung eher unwahrscheinlich. Nach Ansicht eines saudischen Militärexperten hätte ein irakischer Vorstoß mit dem Ziel, sich die östliche, besonders ölreiche Region des saudischen Territoriums einzuverleiben, nur dann eine Erfolgschance gehabt, wenn Saddam unmittelbar nach der Einnahme Kuwaits weitermarschiert wäre.[497] Denn nur zu diesem Zeitpunkt wäre die amerikanische Militärpräsenz zu schwach gewesen, um einen überraschenden Angriff der Iraker abzuwehren. Für diesen Fall hätte sich Bagdad aber unbedingt politisch absichern müssen, und zwar vor allem gegenüber dem Iran. Saddam hätte dann - vor dem Einmarsch in Kuwait - auf Teheran zugehen und den Iranern einen echten Friedensvertrag anbieten müssen, um an seiner östlichen Grenze keine unangenehmen Überraschungen zu erleben. Tatsächlich geschah dies aber erst 13 Tage nach dem Überfall auf Kuwait. Auch dies ist ein eindeutiges Zeichen dafür, daß es keine irakischen Angriffsabsichten gegen Saudi-Arabien gab.[498]

Der Kommandeur der saudischen vereinten Streitkräfte, General Khaled Bin Sultan, vertrat während des Golfkrieges die Ansicht, Saddam habe einfach nicht glauben können, daß ihn die Amerikaner angreifen würden. Bis zur letzten Minute hielt er an der Fiktion fest, die Koalition, die sich gegen ihn aufbaute, sei nichts als ein Propagandatrick, um ihn zum Rückzug aus Kuwait zu bewegen[499] - eine tödliche Fehleinschätzung. Die Doppelstrategie Washingtons ging auf.

## Die Vereinten Nationen werden bestochen

Unter Beobachtern der internationalen Politik herrscht vielfach die Auffassung, die Vereinten Nationen hätten nach dem Ende des Kalten Krieges erstmals in ihrer Geschichte richtig funktioniert, als sie Saddam Hussein wegen des Überfalls auf Kuwait brandmarkten. Diese Auffassung mag zumindest teilweise zutreffend sein, sie übersieht aber einen ungleich wichtigeren Gesichtspunkt: nämlich die Tatsache, daß die Vereinten Nationen im Vorfeld des zweiten Golfkrieges massiv manipuliert und korrumpiert wurden, und zwar von den USA. Die Bush-Regierung ließ nichts unversucht, um ihre Position bei den Vereinten Nationen konsensfähig zu machen. Die 15 Mitglieder des Sicherheitsrats waren freilich viel leichter zu steuern als die Generalversammlung mit ihren über 150 Mitgliedern. Es gab fünf ständige Mitglieder - Großbritannien, Frankreich, die USA, die damalige UdSSR und China - , außerdem zehn nichtständige Mitglieder. Das waren zum Zeitpunkt des irakischen Einmarsches in Kuwait Kanada, Kolumbien, die Elfenbeinküste, Kuba, Äthiopien, Finnland, Malaysia, Rumänien, Zaire und Jemen.

Von den fünf ständigen Mitgliedern waren zwei, nämlich die Vereinigten Staaten und Großbritannien, von vornherein bereit, gegen den Irak zu stimmen. Die UdSSR befand sich in einer Phase der inneren Auflösung und war auf westliche Hilfe angewiesen. Moskau konnte deshalb nicht ernsthaft mit dem Gedanken spielen, im Sicherheitsrat gegen die USA zu stimmen. China wiederum war seit dem Massaker auf dem Platz des Himmlischen Friedens im Jahr zuvor international isoliert, weshalb Peking die erstbeste Gelegenheit ergriff, um sich wieder dem Westen anzunähern. China unterstützte also die Resolutionen gegen den Irak und enthielt sich im Sicherheitsrat der Stimme.[500]

Unter dem Druck der USA versagte der Weltsicherheitsrat bei der Aufgabe, eine friedliche Lösung der Golfkrise herbeizuführen, auf ganzer Linie. Um am 29. November die erforderlichen Stimmen für die entscheidende Resolution Nr. 678 und ihren wichtigen Passus »mit allen nötigen Mitteln« zu bekommen, wandte Washington die ganze Palette seiner Möglichkeiten an, also auch offene Bestechung, Erpressung, Einschüchterung und Gewalt.[501] Diese Methode hatte Erfolg. Denn bis zum 29. November 1990 war es der Kurs der Vereinten Nationen gewesen, das irakische Vorgehen zu verurteilen und gleichzeitig ökonomischen Druck auszuüben. Allerdings begann parallel dazu bereits die Stationierung von US-Truppen in Saudi-Arabien. Das Scharnier im Spiel war die UN-Resolution Nr. 678, und es verwunderte nicht, daß sich Washington heftigst für ihre Annahme einsetzte. Denn sie war der Freibrief zur militärischen Gewaltanwendung, eine Ermächtigung der vielbeschworenen ›Völkergemeinschaft‹, um gegen SADDAM loszuschlagen.

Man muß in diesem Zusammenhang immer wieder daran erinnern, daß sowohl die USA als auch die Vereinten Nationen UN-Resolutionen auf sehr unterschiedliche Weise benutzt und instrumentalisiert haben. So gab es 1980, als SADDAMS Truppen im Iran einmarschierten, kaum internationale Reaktionen. Der UN-Sicherheitsrat, der den Irak 1990 innerhalb kürzester Zeit verurteilte, brauchte damals mehrere Tage, um eine Resolution zu verabschieden, die zwar einen Waffenstillstand forderte, aber weder einen irakischen Rückzug verlangte noch Bagdad als Aggressor hinstellte.[502] Insgesamt wurden bis zum Ausbruch des zweiten Golfkrieges 457 Nahost-Resolutionen verabschiedet, ohne daß auch nur eine von ihnen die Region friedlicher gemacht hätte. Die Palästina-Resolutionen scheiterten sogar schon im Vorfeld. Denn alle 29 UN-Resolutionen, die sich nach 1967, dem Jahr des Sechstagekrieges, mit dem Palästina-Problem auseinandersetzten, scheiterten am amerikanischen Veto im Welt-Sicherheitsrat.[503]

## Washington verhindert Sanktionen

Da Washington nicht an einer friedlichen Lösung der Golfkrise interessiert war, verwarf die BUSH-Regierung von vornherein alle Sanktionen gegen den Irak, obwohl dieses Instrument durchaus wirksam und erfolgversprechend war. Maarten SMEETS bemerkte dazu: »Der Irak schien die idealen Voraussetzungen zu bieten, doch unerachtet der allgemeinen Zuversicht von Volkswirtschaftlern, daß die Sanktionen nach ein oder zwei Jahren Früchte tragen würden, gab man ihnen nicht die nötige Zeit.«[504] Ben BROWN und David SHUKMAN hielten Sanktionen gegen Bagdad für das »effektivste Embargo moderner Zeiten«.[505] Auch die CIA bestätigte, daß die Sanktionen »äußerst erfolgreich« waren. »Wirtschaftliche Sanktionen waren, nach dem ersten Anschein zu urteilen, äußerst erfolgreich. Die CIA schätzte, daß im Dezember 1990 die Sanktionen neunzig Prozent der irakischen Importe und siebenundneunzig Prozent seiner Exporte abschnitten. ›Viele Industrien‹, deutete die CIA an, ›hatten größtenteils den Betrieb stillgelegt. Noch wichtiger war, daß die Blockade Bagdads Hoffnungen zunichte gemacht, Profite aus gestiegenen Ölpreisen oder aus der Aneignung kuwaitischer Ölfelder zu ziehen.‹«[506]

Und Mohssen MASSARRAT urteilt über die Wirkung von Sanktionen: »Man stellte sich vor, die US-Regierung hätte sich, statt Krieg zu führen, auf die Alternative der ökonomischen Sanktionen gegen SADDAM HUSSEIN eingelassen. Die Staatengemeinschaft hätte dabei eine aktive Rolle übernommen und durch einen - zu diesem Zeitpunkt eher erreichbaren - tragfähigen Kompromiß in der Palästinafrage das irakische Regime in der arabisch-islamischen Welt auch politisch isoliert. Die Menschheit hätte nach ein, zwei oder drei Jahren zum ersten Mal in der Geschichte den Sieg einer Strategie der sanften Gewalt gegen eine Aggression beachtlichen Ausmaßes erleben und feiern dürfen. Man stelle sich vor, welch einen ungeahnten und kaum wiedergutzumachenden Schaden ein solcher Erfolg für den ›militärisch-industriellen Komplex‹ und dessen Philosophie nicht nur in den Vereinigten Staaten hervorgebracht hätte. . . Nie zuvor hat es in der Geschichte einen derart breiten internationalen Konsens gegen die Aggression eines Staates gegeben wie gegen den Irak.«[507]

Die amerikanische Regierung hatte zunächst versucht, den Sicherheitsrat der Vereinten Nationen davon zu überzeugen, daß Wirtschaftssanktionen gegen Bagdad wirkungslos verpuffen würden. Diese Position war selbst in den USA keineswegs unumstritten. »Widersprüchliche Äußerungen im Regierungslager dazu störten sie offenbar nicht. So stellte z. B. US-Verteidigungsminister Richard B. CHENEY fest, daß das Embargo ›clearly‹, also eindeutig wirksam war ›in closing off the spare parts and military supplies‹, also indem es den Zulauf von Ersatzteilen und militärischer Versorgung abschnitt. Der Vorsitzende der Vereinten Stabschefs, General Colin POWELL, räumte einen ›debilitating effect‹, eine schwächende Wirkung auf das irakische Militär ein. CIA-Direktor William H. WEBSTER erklärte gegenüber dem Verteidigungsausschuß des Abgeordnetenhauses, daß im Frühjahr 1991 wahrscheinlich nur noch Energie erzeugende und einige militärische Industrien voll funktionieren würden.«

Der ehemalige Bundeswehr-Flotillenadmiral Elmar Schmähling widersprach schon frühzeitig der von der Bush-Administration verbreiteten Auffassung, wonach Wirtschaftssanktionen gegen den Irak unwirksam seien. Schmähling hielt diese Position generell für falsch, im besonderen Fall des Irak beruhte sie zudem auf einer bewußten Verdrehung und Verheimlichung von Tatsachen, was auch renommierte US-Wissenschaftler nachweisen konnten. Im November 1990 legten Gary Clyde Hufbauer, Jeffrey J. Schott und Kimberley Ann Elliott, alle am renommierten Institute for International Economics tätig, eine allgemeine Studie über die Auswirkungen von Sanktionen vor. In dieser Untersuchung wurden 115 Einzelfälle von Wirtschaftssanktionen analysiert, beginnend mit dem Ersten Weltkrieg. In 34 Prozent der Fälle, so das Ergebnis, trugen Embargos dazu bei, das jeweilige politische Ziel zu erreichen. »Gemessen an den Faktoren, die in der Vergangenheit Sanktionen erfolgreich gemacht haben, schätzten die Autoren die Wahrscheinlichkeit, daß die 1990 gegen den Irak verhängten Sanktionen wirken würden, mit nahezu 100 Prozent ein. Der Grund dafür lag bei den enorm hohen Kosten des Embargos für den Irak mit 48 % des Bruttosozialprodukts (BSP). Im Durchschnitt der erfolgreichen Fälle waren nur 36 % des Außenhandels betroffen und der Verlust an BSP nur 3,8 %. Die Sanktionen gegen den Irak erfaßten dagegen nahezu 100% des Handels und der internationalen Finanzbeziehungen. Wie lange hätte es voraussichtlich gedauert, bis das Embargo gegriffen hätte? Höchstens ein Jahr, rechneten die Wissenschaftler vor. In den historischen Erfolgsfällen, in denen volkswirtschaftliche Auswirkungen auf den sanktionierten Staat zwanzigmal geringer ausfielen, war der Effekt nach ein bis zwei Jahren eingetreten.«[508]

Am 10. Januar 1991 veröffentlichte der Außenminister der zweiten Parlamentskammer der Niederlande eine *Notiz in Sachen Irak-Embargo*. Darin hieß es konkret, daß die Einfuhr des Irak auf 10 Prozent des Niveaus vor dem Embargo gesunken sei. Die Exporte, die zu etwa 98 Prozent aus Erdöl bestanden hatten, seien fast völlig abgeschnitten. Der Außenminister kam zu dem Schluß, »daß die Wirtschaftssanktionen wirkten und ›einen beträchtlichen Effekt‹ hätten. Dem Vernehmen nach stützten sich die Aussagen der niederländischen Regierung auf amerikanische Geheimdienstinformationen«.[509]

Die Sanktionen waren im übrigen von beispielloser Heftigkeit, so daß sie beispielsweise der amerikanische Kirchenrat als »skrupellos« brandmarkte.[510] Dazu der Publizist W. Eggert: »Sogar in viel schlimmeren Fällen als diesem gab es nie Sanktionen auf Nahrungsmittel und medizinische Hilfsgüter.«[511] Man muß pikanterweise annehmen, daß die Sanktionen von der Bush-Administration gerade wegen ihrer Wirksamkeit wieder fallengelassen wurden, da die internationale Öffentlichkeit möglichst nicht Wind davon bekommen sollte, daß das Embargo Bagdad am Ende ganz ohne Krieg veranlassen konnte, sich wieder aus Kuwait zurückzuziehen - zumal die irakische Seite dies ohnehin mehrmals angeboten hatte. Das alternative *Z Magazin* lag vermutlich richtig, als es eine propagandistische Wirkung der Sanktionen unterstellte: »Sie sollten in systematischer Weise die öffentliche Meinung irreführen und pazifistischen Protesten entgegenwirken, außerdem waren sie notwendig, um Zeit zu gewinnen für die Massierung von Truppen und Waffen aus so vielen Ländern wie möglich, um die Bombardierung vorzubereiten.«[512]

## Kuwait soll wiederhergestellt werden

Es gibt noch ein Indiz dafür, daß der zweite Golfkrieg eine von langer Hand vorbereitete Operation der Vereinigten Staaten war. Denn auch für den Wiederaufbau Kuwaits existierten bereits amerikanische Pläne, deren Hintergedanke war, im Zuge eines militärischen Konflikts auch gleich die bisherigen Machtverhältnisse in dem Ölscheichtum im amerikanischen Sinne neu zu ordnen. Bei George C. Andrew ist dazu zu lesen:

»Eine kaum bekannte Tatsache über den Golfkrieg war, daß einen Monat vor unserer Kriegserklärung am 15. Dezember 1990 Außenminister James Baker den US-Armeereport des 352. Kommandos für Zivilangelegenheiten unterzeichnete, der das neue Kuwait betraf. Dieser Report beschreibt im einzelnen, wie weitgehend Kuwait zerstört würde, wie die Ölbohrtürme angezündet würden und wie dann mit despotischen Mitteln statt mit demokratischen alles ›besser als zuvor‹ wiederaufgebaut würde. Der Report umfaßte eine Liste von US-Firmen, denen die rentable Aufgabe des Wiederaufbaus von Kuwait und der Löschung der Ölbohrtürme zugewiesen werden sollte, sowie die arabischen Namen, unter denen sie agieren würden.«[513]

Nochmals im Klartext: Mindestens einen Monat vor der offiziellen Kriegserklärung der Vereinigten Staaten gab es detaillierte Pläne für den Wiederaufbau des kriegszerstörten Kuwait durch amerikanische Firmen. Es ging um milliardenschwere Aufträge. Nicht nur die Rüstungsindustrie sollte profitieren. Man kann es drehen und wenden, wie man will: Zufällig war am Ausbruch des zweiten Golfkrieges nichts, aber auch gar nichts.

## Der Golfkrieg: 42 Tage der Zerstörung

Am 15. Januar 1991 lief das Ultimatum für den Rückzug der Iraker aus Kuwait ab. Es gibt genügend Hinweise dafür, daß Saddam bis zuletzt nicht mit einem Angriff der Alliierten rechnete. Er hatte des öfteren angedeutet

– so etwa in seinem Gespräch mit der US-Botschafterin –, daß er die amerikanische Gesellschaft für außerstande hielt, den Verlust von 10 000 Gefallenen zu verkraften.[514] Trifft dies zu, so wird es einmal mehr deutlich, wie sehr SADDAM die Machenschaften der Washingtoner Führungselite verkannte. Im übrigen verkannte SADDAM auch die Möglichkeiten des modernen Krieges auf ganzer Linie. Die Vorbereitungen, die er vor Beginn der amerikanischen Luftbombardements treffen ließ, bewegten sich etwa auf dem Niveau des Ersten Weltkrieges. In den Medien wurden Bilder aus der Hauptstadt Bagdad gezeigt, wo Grabenstellungen angelegt wurden.

Im Pentagon plante und dachte man in anderen Kategorien. Der amerikanische Militärkoloß hatte längst den Übergang in die Ära der High-Tech-Kriegführung vollzogen. Der Angriffsplan für den Irak folgte einem operativen Konzept, das ursprünglich für den Fall eines sowjetischen Angriffs auf Westeuropa entworfen worden war. Militärexperten ist es unter dem Kürzel ›F-105‹ bekannt, einer breiteren Öffentlichkeit unter dem Titel *Air-Land Battle*. Es handelt sich um das Drehbuch des modernen, hochmobilen, hochtechnisierten Krieges am Ende des 20. Jahrhunderts.[515]

## Der Luftkrieg und seine Folgen

Das Luftbombardement der Alliierten sollte alle bisherigen Luftkriege in den Schatten stellen. David SHUKMAN und Ben BROWN bezeichneten die Luftmacht, die im Januar 1991 den Irak angriff, als die stärkste, die jemals in der Geschichte zusammengezogen worden war.[516] Hans KRONBERGER stellt in seinem Buch *Blut für Öl* fest: »In 42 Tagen und vier Stunden entluden die Alliierten den dichtesten Bombenhagel der Geschichte über ein Land.«[517] Auch Khella KARAM kommt zu diesem Befund: »Noch nie wurde eine derartige Vernichtungskraft in einem Krieg abgeworfen, berechnet pro Kopf der Bevölkerung [der Irak zählte 16,9 Millionen Menschen; d. Verf.] im Verhältnis zur Fläche des Landes oder pro Zeiteinheit.«[518] Schon innerhalb der ersten beiden Wochen hatte dieses Zerstörungspotential den Umfang der gesamten Sprengkraft erreicht, die während des Zweiten Weltkrieges über Deutschland abgeworfen wurde. Täglich (!) sollen durchschnittlich 10 000 Menschen (meist Frauen und Kinder) durch die Angriffe ihr Leben verloren haben. Eine Statistik behauptet sogar: »1991 ging die Bevölkerungszahl des Irak um eine Million Menschen zurück.«[519] Tatsache ist, daß während des Luftkrieges, der von einer Streitmacht von insgesamt 2800 Flugzeugen getragen wurde,[520] über dem Irak 88 500 Tonnen Bomben niedergingen.[521] Alles in allem flogen die alliierten Piloten 109 876 Angriffe, bei denen sie die unglaubliche Zahl von 250 000 Bomben auf Ziele im Irak abwarfen.[522, 523] Die während der Angriffe entwickelte Sprengkraft entspricht der Stärke von siebeneineinhalb Atombomben des Hiroshima-Typs.[524]

Der Öffentlichkeit wurde das Bild eines rundum ›sauberen‹ Krieges suggeriert. Die Einsätze wurden angeblich mit größter Umsicht und Sorgfalt geplant, und dank einer großen Zahl von lasergesteuerten Bomben seien die Angriffe auch äußerst präzise, verlautete aus den Pressezentren. Doch die Wahrheit sah anders aus. Schon am 15. März 1991 lüftete die Air Force den Schleier und räumte ein, daß 93,6 Prozent aller über dem Irak abgeworfenen Bomben herkömmliche und gänzlich ungelenkte Modelle waren.[525] Von diesen verfehlten 20 Prozent ihr Ziel.[526] Das bedeutet, daß nur ungefähr 6520 der eingesetzten Bomben ziemlich präzise steuerbare Bomben waren.[527] Von den Bomben herkömmlicher Typen verfehlten sogar 75 Prozent ihre Ziele.[528]

Der Krieg wurde nicht nur von Flugzeugen geführt. Außer aus der Luft wurden etwa 20 000 bis 30 000 weitere Geschosse und Raketen von Kriegsschiffen, Raketenwerfern und Haubitzen abgefeuert.[529] Auch das war noch längst nicht alles. Die US-Streitkräfte hatten keinerlei Skrupel, neben Explosivgeschossen aller Art auch das geächtete Napalm sowie Brandbomben einzusetzen. Eine der verheerendsten konventionellen Waffen war jedoch die neuentwickelte FAE-Druckbombe (auch als ›BLU-82‹ bekannt). Über die Wirkungsweise einer ähnlichen Waffe, der ›Superbombe‹ GBU-28, befand ein CIA-Bericht: »Die Druckwirkung der FAE-Bomben grenzt bei kurzer Distanz an die von Atombomben geringer Sprengkraft. . . Jegliches Leben in unmittelbarer Nähe der Explosion wird ausgelöscht. Weiter entfernte Personen erleiden zahlreiche innere Verletzungen:. . . geplatzte Trommelfelle. . . , zerstörte Innenohr-Organe. . . , schwere Gehirnerschütterungen, Platzen der Lungen und anderer innerer Organe.«[530] Diese Druckbomben wurden gezielt gegen irakische Truppenansammlungen eingesetzt, obwohl sich Presse und Militärsprecher stets bemühten, ihren Einsatz herunterzuspielen.[531]

Es gehört zur grausigen Ironie des alliierten Luftkrieges gegen den Irak, daß ausgerechnet die vermeintlichen Präzisionsbomben genau jene Infrastruktureinrichtungen trafen, die für das Überleben der Bevölkerung völlig unentbehrlich waren.[532]

Zu den kennzeichnenden Merkmalen des Luftkrieges gegen den Irak gehört auch die Tatsache, daß 90 Prozent der eingesetzten Kampfflugzeuge amerikanische Maschinen waren. Auch was die alliierten Streitkräfte am Golf insgesamt angeht, stellten die Vereinigten Staaten rund 90 Prozent.

Die Bombardierungen waren total und umfassend. Ihre vernichtende Wirkung wurde in mehreren Fällen auch von westlichen, sogar amerikanischen Augenzeugen bestätigt. Der US-Journalist Paul William ROBERTS etwa zog zum Zeitpunkt der alliierten Luftoffensive gerade mit Beduinenstämmen quer durch den Irak. Er wurde Augenzeuge der Luftangriffe und mußte feststellen, daß die Bombardements nicht einmal mit dem zu vergleichen waren, was er vor Jahrzehnten als Kriegsberichterstatter in Vietnam erlebt hatte. ROBERTS wörtlich:

»Die Bombenangriffe kamen nachts in drei Wellen. In Kambodscha habe ich schon manches erlebt, aber das war nichts gegen das hier. . . Nach 20 Minuten Bombenregen war es still, man hörte nur das Schreien von Kindern, Männern und Frauen. Dann wurden die Verletzten angeschleppt. Wir versuchten die Verletzten zu behandeln, alle standen unter Schock. Wie Zombies stolperten sie umher, ich auch, denn die Explosionen waren auch eine Art psychologischer Kriegführung. . . Und wenn man seit zehn Tagen wegen der Angriffe nicht mehr geschlafen hat, dann verliert man den Bezug zur Wirklichkeit.«[533]

Was die Bombardements so barbarisch machte, war die Tatsache, daß die Alliierten unterschiedslos alles angriffen. Es war augenscheinlich, daß keine Unterschiede zwischen Zivilisten und Soldaten gemacht wurden. Dieser Umstand fand sogar Eingang in den Bericht der offiziellen Untersuchungskommission, die nach dem Krieg Verlauf und Auswirkungen der Angriffe untersuchte. In dem Bericht heißt es:

»In allen von uns besuchten Städten konnten wir schwere Schäden an Häusern und Wohnungen, Kraftwerken, Tanklagern, Fabriken, Krankenhäusern, Kirchen, Flughäfen, Fahrzeugen, öffentlichen Verkehrsmitteln, Lebensmittel-Vorratslagern und Labors für die Lebensmittelprüfung, an Getreidesilos, tiermedizinischen Einrichtungen, Schulen, Funktürmen, Regierungs- und Verwaltungsgebäuden sowie an Geschäften und Läden belegen. Nahezu alle Einrichtungen waren zwei- oder dreimal bombardiert worden, um sicherzustellen, daß sie nicht mehr repariert werden konnten. Die meisten zerstörten Brücken waren von beiden Seiten her bombardiert worden.«[534]

Und bei Christopher ALLEN-DOUCOT heißt es über die Luftangriffe:

»Die heutige Situation im Irak ist ein Alptraum. Während des Golfkrieges, in dem wir 88 500 Tonnen ungelenkter Bomben auf dem Irak fallen ließen, trafen wir 688 Schulen, fünfundneunzig Krankenhäuser oder Kliniken und sieben von acht hydroelektrischen Dämmen. Unsere Bomben zerstörten 80 Prozent der Agrarproduktion des Irak. Alle elf elektrischen Hauptstromwerke und 119 Nebenstellen wurden bombardiert und schnitten die elektrische Versorgung in jeder Stadt und jedem Dorf im Irak ab. Brutkästen wurden kalt, Nahrung und Medizin verdarben.«[535]

Die Auswirkungen auf die Zivilbevölkerung waren verheerend. Greenpeace gelangte anhand eigener Erhebungen zu der Auffassung, daß durch die Zerstörung von Wasser-, Abwasser- und Elektrizitätswerken 75 000 bis 85 000 Menschen infolge von Krankheiten vom Tod bedroht wurden.[536] Es war offensichtlich, daß die Alliierten damit ernst machten, was US-Außenminister James BAKER vor dem Waffengang angekündigt haben soll: Man werde den Irak in die Steinzeit zurückbomben. Die von der US-Regierung gebetsmühlenhaft wiederholte Beteuerung, die Zivilbevölkerung werde nach Kräften geschont, war zynisch und wahrheitswidrig. Kriegsteilnehmer bestätigten das im nachhinein. So erklärte ein ehemaliger amerikanischer Vietnam-Bomberpilot, daß die sogenannten ›chirurgischen Angriffe‹, von denen das Pentagon ständig sprach, eine reine Erfindung aus dem Munde von Leuten seien, die nichts vom Luftkrieg verstünden.

Schon die bloße Statistik des Luftkrieges unterstreicht seine Unmenschlichkeit: Washington gab die Zahl der offiziell geflogenen Angriffe mit 110 000 Einsätzen an, wobei 88 000 Tonnen Bomben abgeworfen worden seien.[537] Die Luftangriffe zerstörten 10 000 bis 20 000 Wohnungen. Unter dem Strich kostete die Zerstörung lebensnotwendiger Infrastruktureinrichtungen mindestens 125 000 Menschen das Leben. Das jordanische Rote Kreuz errechnete, daß bis eine Woche vor Einstellung der Kampfhandlungen ungefähr 113 000 Zivilisten getötet worden waren, 60 Prozent davon Kinder.[538] Washington hielt sich angesichts solcher Zahlen bedeckt und betrieb ein bewußtes Verwirrspiel, um das wahre Ausmaß der gegnerischen Verluste zu kaschieren. General SCHWARTZKOPF gab Anweisung, keine Leichen zu zählen. Infolgedessen lag die Zahl der ums Leben gekommenen irakischen Soldaten noch ein Jahr nach dem Krieg völlig im unklaren. Schätzungen bewegten sich zwischen 50 000 und 150 000 Toten. Natürlich paßte diese Größenordnung nicht in das offiziell verbreitete Bild vom ›sauberen‹ Krieg. Deshalb legten sich offizielle amerikanische Stellen auf die relativ harmlose Zahl von 8000 gefallenen Irakern fest und verteidigten sie mit dem scheinheiligen Argument, höhere Opferzahlen seien durch irrtümliche Mehrfachzählungen zustande gekommen. (Mit solchen Propagandatricks wurde übrigens schon die Opferzahl bei den Luftangriffen auf Dresden in der Schlußphase des Zweiten Weltkrieges heruntergespielt.) Die Medien schlossen sich dieser Sichtweise an. So berichtete etwa das Magazin *Newsweek* nach dem Krieg in völliger Verkennung der Tatsachen, es seien 2500 bis 3000 irakische Zivilisten ums Leben gekommen.

Solche Zahlen sind schlichtweg falsch. Wer sich an Ort und Stelle informierte, konnte die Wahrheit von Augenzeugen und Überlebenden erfahren. So erfuhr beispielsweise das Autorenduo Beate MITTMANN und Peter PRISKIL, die nach dem Krieg in den zerstörten Irak reisten, von Einheimischen in der Hafenstadt Basra, daß allein dort über 5000 Zivilisten bei den Bombardements getötet worden seien. Auch in Washington konnte man es besser wissen. Das statistische Bundesamt beauftragte Beth Osborne DA PONTE, in einer vertraulichen Studie die irakischen Zivilverluste zu erfassen. Frau DA PONTE legte ihrer Untersuchung die Akten des US-Verteidigungsministeriums, der militärischen Geheimdienste und der CIA zugrunde; außerdem zog sie Augenzeugenberichte sowie Aussagen von Hilfsorganisationen und dem Internationalen Komitee des Roten Kreuzes heran. Das Ergebnis ihrer Recherchen fiel erschreckend aus. Sie kam für die sechs Wochen Luftkrieg auf über 100 000 zivile Opfer, darunter 39 612 Frauen und 32 195 Kinder.

Bis heute haben von dieser Zahl nur wenige erfahren. Und die Verfasserin der Studie handelte sich für ihre akribischen Recherchen nicht etwa Anerkennung, sondern ihre fristlose Entlassung ein. Obendrein mußte sie mitansehen, wie ihre Vorgesetzten das Kunststück fertigbrachten, die mühsam zusammengetragenen Zahlen auf eine Gesamtsumme von handlichen 1000 Toten zusammenzustutzen. Frau DA PONTE wurde attestiert, sie habe »dilettantisch« gerechnet und sich um den Faktor 100 geirrt. Die Gemaßregelte ließ diesen Tadel nicht auf sich sitzen und ging an die Öffentlichkeit. Sie legte ihren Bericht in ungekürzter, unzensierter Fassung der Presse vor und kommentierte ihren Schritt mit der Bemerkung: »Die ganz logische Schlußfolgerung, daß bei der Bombardierung des Irak auch viele Frauen und Kinder getötet wurden, paßt einigen Leuten in Washington ganz offensichtlich nicht ins Konzept.«[539]

Unter dem Strich bleibt die bestürzende Tatsache, daß der zweite Golfkrieg etwa 250 000 Iraker das Leben kostete, darunter eine Vielzahl Frauen und Kinder.[540] Diese Zahlen sind nicht übertrieben, sondern dürften der Wahrheit recht nahe kommen. Sie passen zur Heftigkeit der sechs Wochen währenden Luftangriffe, die praktisch ununterbrochen rollten. »Seit dem Kriegsausbruch wurde vom 17. Januar an statistisch gesehen jede halbe Minute ein Luftangriff gegen den Irak geflogen. Allein in der ersten Bombennacht wurden Bomben mit insgesamt der anderthalbfachen Sprengkraft der Atombombe von Hiroshima über dem Irak abgeworfen.«[541] »Am 17. Januar warfen die angreifenden Flugzeuge in ungefähr 1300 Angriffen 18 000 Tonnen Sprengstoff über vorher bestimmten Zielen ab. Zum Vergleich: Bei der Bombardierung Dresdens am 13. Februar 1945 gingen 2659 Tonnen Sprengstoff auf die Stadt nieder; beim Höhepunkt der amerikanischen Luftangriffe auf Hanoi und Haiphong hagelten 3300 Tonnen Sprengstoff auf die beiden vietnamesischen Städte.«[542]

Die Zerstörungswut kannte keine Grenzen. Zwei Wochen, nachdem die Alliierten pausenlos Ziele im Irak angegriffen hatten, erklärte US-Vizepräsident Dan QUAYLE, man schließe auch den Einsatz von Atombomben nicht aus. [543] Nach einer weiteren Woche tauchten in der Presse Berechnungen von Militärexperten auf, wonach die gesamte während der alliierten Luftangriffe im Zweiten Weltkrieg zum Einsatz gekommene Sprengkraft am Golf bereits übertroffen worden sei.[544]

Man kann es drehen und wenden, wie man will: Am Golf wurde ein vorsätzlicher Völkermord begangen. Denn was die Bomben nicht schafften, das sollten die Sanktionen bewerkstelligen. Sie waren nicht weniger menschenverachtend und inhuman als der ›heiße‹ Krieg der Alliierten. Eine ebenso umfassende wie erschütternde Untersuchung dazu stellt das mittlerweile in mehreren Auflagen erschienene Buch *Kriegsverbrechen der Amerikaner und ihrer Vasallen gegen den Irak und 6000 Jahre Menschheitsgeschichte* aus der Feder von Beate Mittmann und Peter Priskil dar. Sie weisen nach, daß die US-Administration vorsätzlich die gesamte Infrastruktur des Irak zerstören ließ, um das Land Jahrzehnte in seiner Entwicklung zurückzuwerfen.[545]

Priskil und Mittmann sind aber nicht die einzigen, denen die Barbarei der Alliierten im Irak auffiel. So merkte Ulrich Gottstein über den Verfall des irakischen Gesundheitswesens an: »Vor dem Krieg hatte das Gesundheitswesen im Irak westliches Niveau, jetzt ist es auf den Zustand von vor 30 Jahren zurückgeworfen worden.«[546] Die Sanktionen, die seit dem 6. August 1990[547] in Kraft waren, taten ihr übriges, um das Land ausbluten zu lassen. Das irakische Volk wurde zum Paria der Weltgemeinschaft. Mittlerweile fielen dem Embargo rund 1,5 Millionen Menschen zum Opfer.[548] Krieg und Sanktionen zusammen kosteten demzufolge mindestens 1,8 Millionen Iraker das Leben.[549] Die Verantwortung für dieses Desaster tragen ausgerechnet jene Regierungen - vor allem diejenigen der USA und Großbritanniens -, die ansonsten bei jeder Gelegenheit die Menschenrechte bemühen. Und die Medien schauen weg, wollen von einem der größten Massenmorde des 20. Jahrhunderts nichts wissen. Man muß lange in der Geschichte suchen, um auf ein vergleichbares Verbrechen zu stoßen. Der Irak wurde nicht nur Opfer der schwersten Luftbombardements aller Zeiten, sondern überdies noch weitere zehn Jahre einem internationalen Boykott ausgesetzt, der Hunger, Krankheit und Not nach sich zog.

## Washingtons verdeckter nuklearer Krieg gegen den Irak

Die Öffentlichkeit ist sich bis heute der Tatsache kaum bewußt, daß der zweite Golfkrieg in Wirklichkeit ein verdeckter Nuklearkrieg war. Helen Caldicott stellte fest: »Die USA haben zwei atomare Kriege geführt: den ersten gegen Japan 1945, den zweiten in Kuwait und im Irak 1991.« Und: »Im ersten Nuklearkrieg wurde eine Plutoniumbombe sowie eine aus Uran gezündet. Im zweiten nuklearen Krieg kamen Waffen aus abgereichertem Uran zur Anwendung, während es diesmal nicht zur atomaren Kernspaltung kam.«[550] Während des sechs Wochen dauernden Krieges am Golf wurden von amerikanischen Kampfflugzeugen 940 000 Geschosse, außerdem von Panzern 14 000 größere Geschosse abgefeuert.[551] Diese Projektile bestanden unter anderem aus abgereichertem Uran. Ihr Einsatz wurde mit dem Argument gerechtfertigt, daß Geschosse, die mit abgereichertem Uran ummantelt und gehärtet sind, schwere Panzerungen leichter durchschlagen könnten. Tatsächlich geht es um etwas anderes. Für die Atomindustrie stellt abgereichertes Uran ein lästiges Abfallprodukt dar, das in sicheren Endlagern untergebracht werden muß. Die Verfertigung von Geschossen aus dem hochgiftigen Material bedeutet einen Glücksfall für die Atomindustrie, denn auf diese Weise spart man sich die Kosten für das heimische Endlager. Die ›Entsorgung‹ findet praktischerweise auf einem fernen Kriegsschauplatz statt.[552]

Offizielle Stellen in den USA leugneten den Einsatz von abgereichertem Uran im Irak keineswegs. So bestätigte das U.S. Army Environmental Policy Institute, eine Art armeeeigener Umweltbehörde, den Verschuß von 940 000 30 Millimeter-Geschossen sowie von mehr als 14 000 großkalibrigen Projektilen DU-Munition (DU = depleted Uran) im Zuge des Waffengangs am Golf.[553] Interessanterweise fiel nicht nur der Irak, sondern auch Saudi-Arabien und Kuwait der radioaktiven Verseuchung infolge des DU-Einsatzes anheim. Denn von den 14 000 während des Krieges verschossenen Projektilen wurden 7000 bereits vor dem Angriff auf die Iraker zu Trainingszwecken in Saudi-Arabien verschossen. Weitere 4000 wurden im Gefechtseinsatz verbraucht, [554] während stattliche 3000 im Feuer oder bei anderen Unfällen verlorengingen.[555] Das für die Panzerbekämpfung ausgelegte US-Schlachtflugzeug A-10 feuerte insgesamt 940 000 der abgereicherten Urangeschosse ab.[556] Infolgedessen lagen am Ende des Krieges rund 300 Tonnen Uran auf den Schlachtfeldern im Irak und in Kuwait herum.[557]

Natürlich blieb der klammheimliche Atomkrieg nicht ohne Folgen für die Bevölkerung. Heute, fast eineinhalb Jahrzehnte nach dem Krieg, ist nahezu die gesamte irakische Bevölkerung von Krankheiten befallen. Experten gehen davon aus, daß vermutlich das gesamte irakische Territorium von radioaktiver Verseuchung und anderen Formen von kriegsbedingter Umweltverschmutzung betroffen ist.[558] Ein US-Forschungsteam, dessen Angehörige (Grace Bukowski, Damacio Lopez und Fielding McGehee) für drei verschiedene amerikanische Institutionen tätig waren, nämlich die Rural Alliance for Military Accountability, die Progressive Alliance for Community Empowerment und den Citizen Alert, untersuchte in einer Studie den Einsatz von abgereichertem Uran durch das US-Verteidigungsministerium im Rahmen des Angriffs auf den Irak. Die Recherchen des Teams ergaben, daß im Irak tatsächlich erstmals in der Geschichte DU-Projektile verschossen wurden und daß als Folge der Einsätze zahlreiche irakische Soldaten entweder direkt oder indirekt durch DU getötet worden seien. Weiterhin heißt es in dem Untersuchungsbericht, daß vermutlich 50 000 irakische Kinder allein während der ersten acht Monate des Jahres 1991 an den Folgen des DU-Einsatzes verstarben. Als Todesursachen wurden Krebs, Nierenversagen und bisher unbekannte innere Krankheiten genannt.[559]

Die physikalische Halbwertzeit von Uran 238 beträgt unglaubliche 4,5 Milliarden Jahre, was ungefähr dem Alter unseres Sonnensystems entspricht.[560] Uran kann viele Jahre lang im menschlichen Körper verweilen, bevor seine Strahlung zu Krebs führt. Die ›Inkubationszeit‹ für Krebs beträgt zwischen 5 bis 60 Jahren. Das ganze Ausmaß der DU-Katastrophe im Irak wird deshalb wahrscheinlich erst in etlichen Jahren, womöglich erst in Jahrzehnten sichtbar werden. Doch die Vorboten der Endemie sind längst zu erkennen. Bill MESLER wies in einem Beitrag für das US-Magazin *The Nation* (Ausgabe vom 21. Oktober 1996) unter der Überschrift »The Pentagon's Radioactive Bullet« (deutsch: »Das radioaktive Geschoß des Pentagon«) auf eine irakische Studie hin, die im August 1995 den Vereinten Nationen übergeben worden sei und der zufolge Fälle von Leukämie und anderen Krebsarten in der Region von Basra stark zugenommen hätten. In einem Geheimbericht der British Atomic Energy Authority wird geschätzt, daß in der Umgebung von Basra genug abgereichertes Uran in Form leerer Geschoßhülsen vorhanden sei, um 500 000 zusätzliche Todesfälle zu verursachen. Allerdings waren diese Berechnungen insofern unrealistisch, als sie von 40 Tonnen DU ausgingen, und nicht von jenen 300 Tonnen, die das US-Militär hinterließ.[561]

Auch der Arzt und Wissenschaftler Prof. Siegwart-Horst GÜNTHER berichtete darüber, daß viele neugeborene Kinder im Irak mit Mißbildungen zur Welt kämen. Zu denken muß auch die Tatsache geben, daß von den verschossenen Projektilen nach dem Krieg nur etwa zehn Prozent gefunden wurden. Die Masse befindet sich noch im Boden oder unter dem Sand. Und jeder Regenschauer macht die Umweltkatastrophe noch schlimmer, da das hochtoxische Uran dadurch ins Grundwasser und so in die Nahrungskette gelangt.[562]

## Geheimwaffentests im Golfkrieg

Das US-Militär betrachtete den Golfkrieg als eine Art Testlauf für zahlreiche neue Waffensysteme. So kam etwa der hochgeheime Stealth-Bomber B-2, der zum ersten Mal 1989 in Panama unter Ernstfallbedingungen geflogen war, am Golf erstmals in größerem Umfang zum Einsatz. Zum ersten Mal in der Kriegsgeschichte wurde abgereichertes Uran verschossen und seine Wirksamkeit getestet. Auch das Raketensystem ›Patriot‹, das in Israel und Saudi-Arabien stationiert wurde, wurde am Golf im Rahmen eines Einsatzprofils genutzt, für das es eigentlich nicht vorgesehen war. Im Zusammenwirken mit der nahezu lückenlosen Luftraumüberwachung durch Satelliten wurden ›Patriot‹-Raketen zur Bekämpfung anfliegender irakischer ›Scud‹-Raketen verwendet.[563] Einem Ernstfall-Test wurden auch jene US-Militärbasen unterzogen, die seit den achtziger Jahren in Saudi-Arabien angelegt worden waren.

Vieles spricht dafür, daß die amerikanischen Streitkräfte ihren Angriff auf den Irak mit einer gezielten Computerattacke eröffneten. Die Hackertrupps der Army bedienten sich dabei einer relativ einfachen Methode, indem sie sich eines ›trojanischen Pferdes‹ bedienten, das die Iraker zuvor selbst auf ihren Computern installiert hatten. Diese Vorgehensweise erwähnte der Programmierer Michael RICONNOSCIUTO, der für die CIA das berüchtigte ›PROMIS-Programm mitentwickelt hatte. Die CIA heuerte RICONNOSCIUTO an, um ›PROMIS‹ mit einem ›trojanischen Pferd‹ anzureichern, das sich bei Bedarf als elektronisches Hintertürchen nutzen ließ, um dem US-Militär jederzeit den Zugang zu den hochgeheimen Computersystemen der Iraker zu ermöglichen. Tatsächlich gestattete die aufgerüstete ›PROMIS‹-Version US-Diensten wie der CIA und der NSA (National Security Agency) die lückenlose Überwachung aller militärischen und Geheimdienstdateien in den betroffenen Ländern, die das Programm erstanden hatten. Als sich die Iraker nach ihrer raschen Niederlage die Frage stellten, ob sie möglicherweise einer manipulierten ›PROMIS‹-Version zum Opfer gefallen waren, war es natürlich zu spät.[564]

E. R. KOCH und J. SPERBER weisen in ihrem Buch *Die Datenmafia* darauf hin, in welchem Ausmaß amerikanische Geheimdienstler den irakischen Datenverkehr mitlasen: »Von ihrem Hauptquartier, unweit von Washington, las die NSA die Telexe mit, die täglich zwischen Atlanta und Bagdad durch den Äther rauschten.«[565] Folgt man Norman BAILEY, einem ehemaligen Angehörigen des Nationalen Sicherheitsrates der USA, dann war dieses Niveau der Überwachung bereits Mitte der achtziger Jahre erreicht.[566] ›PROMIS‹ wurde von 1982 an an Geheimdienste und Behörden verkauft. Dies war um so naheliegender, als Firmenchef Earl BRIAN über beste Kontakte zum Weißen Haus, zum Justizministerium, zu CIA und NSA verfügte.[567] ›PROMIS‹ wurde an mehr als 88 Staaten verkauft. Auch mit dem Irak kam BRIAN ins Gespräch. Die Kontakte zum irakischen Geheimdienst wurden über einen Mittelsmann im Lande geknüpft. Der Waffenhändler Richard BABAYAN hatte sich im Herbst 1987 in Bagdad aufgehalten und war dort mit Abu MOHAMMED vom irakischen Geheimdienst zusammengetroffen. Mit diesem machte er drei Jahre lang gute Geschäfte. Abu MOHAMMED hatte ihm berichtet, daß Earl BRIAN kurz zuvor ›PROMIS‹ vorgestellt habe. Auch der ehemalige Luftwaffengeneral Richard SECORD, ein gelegentlicher Partner BABAYANS, war am Zustandekommen des Geschäfts beteiligt, das dann über die Geheimdienste beider Länder lief. Dieser Hergang der Ereignisse wird von mehreren unabhängigen Quellen bestätigt.[568]

›PROMIS‹ wurde innerhalb kurzer Zeit zu einem echten Verkaufshit bei zahlreichen Geheimdiensten und Staatsbehörden, da sich das Programm in hervorragender Weise eignet, »Daten über Personen zu ermitteln und zu sammeln – über Terroristen und Drogenhändler ebenso wie über politische Gegner oder Dissidenten. . . Das Programm konnte also gezielt zur Fahndung nach Personen eingesetzt werden. Es eignete sich ebenso zur sogenannten elektronischen Rasterfahndung.«[569]

›PROMIS‹ war nicht die einzige Geheimwaffe im Kampf gegen SADDAM. Verschiedene Hinweise sprechen dafür, daß das US-Militär noch eine viel unheimlichere Waffe einsetzte, wobei das Terrain der psychologischen Kriegführung konsequent erweitert wurde. Im Zuge der neuen Möglichkeiten wurden offenbar Methoden der Gedankenkontrolle durch Mikrowellen entwickelt. Schon zum Zeitpunkt des zweiten Golfkrieges, also vor fast eineinhalb Jahrzehnten, waren Mikrowellenwaffen nicht mehr nur graue Theorie. Vereinzelt geisterten bestürzende Berichte durch die Medien. Zum Beipiel: »In einem Bericht sagte ein CNN-Reporter, daß er gerade eben von Kuwait zurückgekehrt sei, wo er mit einer amerikanischen Streife auf Patrouille gewesen sei. Dabei hätten sie eine Einheit von etwa dreißig Irakern auf einer Sanddüne entdeckt. Während nun die Amerikaner überlegten, wie sie die Iraker zur Aufgabe bewegen konnten, flog plötzlich ein US-Hubschrauber über die Köpfe der Iraker hinweg. Der Hubschrauber hatte noch kaum die nächste Düne erreicht, da standen die Iraker schon mit hoch erhobenen Armen auf, um sich zu ergeben.«

Es handelte sich immerhin um die gleichen irakischen Soldaten, die zuvor acht Jahre lang heldenmütig gegen die Iraner gekämpft hatten. Was steckte hinter der plötzlichen Kapitulation? »Die nächste interessante Live-Aussage. . . stammte von Brigadegeneral NEIL, der von einem britischen BBC-Reporter befragt wurde. Der Journalist interessierte sich dafür, wie denn die Iraker dazu bewegt werden sollten, die massiven Bunker zu verlassen, die dort vor vielen Jahren von deutschen Firmen gebaut worden waren. Diese Bunker sind für ihre extrem hohe Stabilität und Sicherheit bekannt, und die Frage war berechtigt. Daraufhin antwortete der General: ›We bring in the psychological. . .‹ (›Wir setzen die psychologischen. . .‹)! An dieser Stelle unterbrach er den Satz mit einem vorgetäuschten Hustenanfall. Es klang, als habe er sich dabei ertappt, etwas zu sagen, was nicht für die Öffentlichkeit bestimmt war. Nach dem Husten räusperte er sich und fuhr dann fort: ›I'm sorry, we bring in the helicopters with PA (public address) systems and we talk 'em out.‹ (›Entschuldigung, wir werden Hubschrauber mit Lautsprecheranlagen einsetzen und sie durch Reden dazu bewegen, herauszukommen.‹). »Mir scheint, als habe der General sich versprochen und wollte den Satz eher mit den folgenden Worten beenden: ›bring in the psychological broadcasting helicopters‹ (›Hubschrauber mit Psychowaffen-Sendern‹). Er hatte vermutlich aus der Lagebesprechung noch seine Hubschrauber im Kopf und schwenkte von denen, an die er eigentlich gedacht hatte, um auf die ›PA system helicopters‹. Denn: Ein Luftangriff konnte die in den Bunkern sitzenden Soldaten. . . kaum beeindrucken. Sie hatten Strom, Unterhaltung, genügend Essen und Wasser für die nächsten sechs Monate. Die Mauern dieser Bunker waren etwa einen Meter stark und hätten wahrscheinlich auch einen Atomschlag überstanden. Zusätzlich besaß man die nötige Ausrüstung, notfalls einen Fluchttunnel zu graben!«[570]

## Bush ruft zur Revolution im Irak auf

Als sich der Irak im März 1991 offiziell ergeben hatte, nahm US-Präsident Bush dies zum Anlaß, sich innere Zerfallserscheinungen im Lande zunutze zu machen, indem er lautstark zur Rebellion gegen Saddam aufrief. Wörtlich ließ er das irakische Volk wissen, daß nun die Zeit gekommen sei, sein Schicksal in die eigenen Hände zu nehmen und den Diktator zu stürzen. Mit anderen Worten: Die Iraker sollten jetzt das erledigen, was Washington nicht geschafft oder nicht gewollt hatte. Der Vormarsch auf Bagdad wäre riskant gewesen und hätte die Alliierten womöglich viel Blut gekostet.

Bushs Botschaft an die Iraker war reine Heuchelei. Seinem Aufruf folgten nämlich keine Taten. Mehr noch, Washington unterstützte sogar direkt die Saddam-treuen Streitkräfte Bagdads. An zahlreichen Stellen im kriegsgeschüttelten Land brodelte es, und es gab lokale Aufstandsbewegungen. Doch dann begannen Saddams Regierungstruppen, gegen die Rebellen vorzugehen, und allmählich bekamen sie die Lage wieder in den Griff. Die Truppen der Alliierten, die sich gleichzeitig im Irak befanden, unternahmen nichts, um die Aufständischen zu unterstützen. Überall wurden die Erhebungen blutig niedergeschlagen. Washington ging sogar so weit, Saddam erneut grünes Licht zu geben, um seine Herrschaft wiederherzustellen.

»Am 3. März 1991, als General Schwartzkopf die Kapitulation der Iraker entgegennahm, informierte er die besiegten Generale in Safwan, daß sie ihre ›Gunship‹-Hubschrauber auch weiterhin einsetzen könnten.«[571] Die Koalitionsstreitkräfte standen gelangweilt entlang einer Pufferzone im Südirak, als die Iraker ihre Hubschrauber einsetzten und damit eindeutig gegen die Bestimmungen des ›Friedensvertrages‹ verstießen. Schwerbewaffneten Einheiten der Republikanischen Garden wurde sogar das Überschreiten der Demarkationslinien gestattet, um die Rebellen angreifen zu können. Gleichzeitig sprachen die USA eine klare Warnung an den Iran aus, die Rebellen nicht zu unterstützen. Um dieser Warnung Nachdruck zu verleihen, bombardierten die US-Streitkräfte Verbände der iranischen Badr-Brigade, die entgegen der Warnung die Grenze zum Irak überschritten hatten, um die Aufständischen im Nachbarland zu unterstützen.[572]

Die ›Gunships‹ waren praktisch fliegende Panzer, denen die Aufständischen nichts entgegenzusetzen hatten. Im Zusammenwirken mit Artillerie und Bodentruppen der Republikanischen Garde machten sie der Rebellion fast überall schlagartig ein Ende. Die Sieger sahen weg. Anstatt die Rebellen zu unterstützen, beschränkten sie sich darauf, die nicht von den Vereinten Nationen gedeckten Flugverbotszonen im Norden und Süden des Landes einzurichten, die den Irak großflächig zerschnitten. Angeblich wurden die Flugverbotszonen zum Schutz der Kurden und der abtrünnigen Schiiten installliert. Doch dieser Vorwand ist haltlos, denn genau diese beiden Volksgruppen wurden während ihrer Rebellion von den Siegern blutig im Stich gelassen.

## Wieviele US-Soldaten starben wirklich?

Folgt man den Massenmedien, dann war der Golfkrieg 1991 ein Novum in der Kriegsgeschichte, auch was die Zahl der eigenen Opfer angeht. Im offiziellen *Almanach Book of Facts 2000* wurde die Zahl der getöteten und verwundeten US-Soldaten mit lediglich 766 angegeben. Dies würde eine Verlustquote von ganzen 0,2 Prozent bedeuten. Da diese Zahl den Erfahrungen der Dabeigewesenen widerspricht, wird sie von der amerikanischen Veteranenorganisation National Gulf War Resource Center mit Nachdruck bezweifelt. Sie beziffert die verwundeten und getöteten US-Soldaten wesentlich höher, nämlich auf 173 243. Man kann sich mit guten Gründen fragen, wem man glauben soll - den Veteranen, die selbst am Waffengang teilnahmen und ihr Leben riskierten, oder einer Riege von Bürokraten in Washington, die ohnehin gehalten sind, den Richtlinien der Regierung zu folgen, und die in Kriegszeiten erst recht alles unternehmen müssen, die offizielle Politik in vorteilhaftem Licht erscheinen zu lassen. Die Veteranen sehen in den offiziösen Zahlen eine blanke Verharmlosung. Eigenen Berechnungen zufolge betrug die tatsächliche Verlustquote nämlich stattliche 24,9 Prozent. Die Kluft zwischen beiden Werten, den offiziellen und denen der Veteranenorganisation, läßt sich am besten veranschaulichen, wenn man sich an konkrete Truppengrößen hält. Bei 1000 Mann würden 0,2 Prozent Verlust ganze zwei Mann bedeuten, 24,9 Prozent dagegen 249 Ausfälle.

Es gibt aber noch weitere Unstimmigkeiten bezüglich der Zahlen. Auch die Angaben über die am Golf stationierten und am Krieg beteiligten Truppen gehen erheblich auseinander. Washington hat sich seinerzeit auf eine Gesamtzahl von 467 939 Soldaten festgelegt. Die Veteranen behaupten, es seien 696 000 gewesen.

Die Öffentlichkeit ist inzwischen wesentlich kritischer geworden, was offizielle Angaben angeht. Man muß sich nur vor Augen halten, daß die zahlreichen in Afghanistan verlorengegangenen Flugzeuge und Hubschrauber offiziell fast ausschließlich durch ›Unfälle‹ zum Opfer fielen. Die viel plausiblere Ursache, daß nämlich gegnerische Treffer die Abstürze verursachten, schlägt sich so gut wie nie in den offiziellen Kommentaren nieder. Und das Verschweigen hat Methode. Die Öffentlichkeit erfuhr in den letzten zwei Jahren weder, daß einige US-Außenposten längst wieder an den Gegner verlorengingen, noch wieviele US-Soldaten am Hindukusch tatsächlich gefallen sind. Im einen wie im anderen Fall ist es angeraten, den Verlautbarungen aus dem Pentagon zu mißtrauen. Mit Blick auf den Golfkrieg 1991 hat sich Washington im übrigen selbst in Widersprüche verwikkelt. Denn nach Angaben aus dem Verteidigungsministerium wurden insgesamt 580 000 Golfkriegs-Soldaten als ›geschädigt‹ anerkannt, was Anspruch auf medizinische Versorgung einschließt. Doch diese Zahl steht in offenkundigem Widerspruch zu den 467 939 Soldaten, die offiziell am Golf stationiert waren.[573] Auch auf die Vergleichszahlen aus dem Golfabenteuer 2003 darf man gespannt sein.

## Warum griff der Irak Kuwait an?

Die Frage, warum der Irak Anfang August 1991 Kuwait angriff, gilt nach landläufiger Auffassung als längst geklärt. SADDAM HUSSEIN, heißt es, sei nun einmal ein Diktator und übler Bursche gewesen, und der Überfall auf Kuwait sei seit Monaten geplant gewesen. Aber diese Standardaussage stempelt alle Verhandlungsangebote des Irak als arglistige Täuschungsmanöver ab. Es wird dann oft darauf verwiesen, daß der Irak hoffnungslos überschuldet gewesen sei, weshalb SADDAM keinen anderen Ausweg aus seiner Misere mehr gesehen habe, als sich die Reichtümer der Kuwaitis anzueignen. In dieses Bild scheint auch die Tatsache zu passen, daß SADDAM ja auch im Jahre 1980 den Nachbarstaat Iran überfallen habe (auch wenn dabei geflissentlich übersehen wird, daß die amerikanische Machtelite SADDAM zielstrebig in diesen Krieg manipuliert hatte und daß die Mullahs kräftig dabei waren, die Kurden im Irak aufzuwiegeln, um SADDAMS Regime zu stürzen).

Wie bereits dargelegt wurde, waren alle diese Kriegsgründe für den Ausbruch des zweiten Golfkrieges eher nebensächlich. Der Hauptgrund lag in der kompromißlosen, ja provozierenden Haltung der Kuwaitis. Schon das chronische Überschreiten der von der OPEC festgelegten Ölforderquoten fügten dem Irak riesige wirtschaftliche Verluste zu, die das Land immer mehr in Bedrängnis brachten. Hinzu kam die schamlose Bereicherung an den Ölbeständen des Rumeila-Feldes, das irakischer Besitz war. Auch dieser Konfliktfaktor war von Bagdad immer wieder angesprochen worden und belastete die Beziehungen zwischen den beiden Ländern zusätzlich. SADDAM interpretierte die Haltung der Kuwaitis als Provokation, zumal die irakische Seite immer wieder Vorstöße unternommen hatte, auf dem Verhandlungswege zu einer gütlichen Einigung mit den Kuwaitis zu gelangen. Doch diese hatten sich stets hartnäckig und überheblich gezeigt. Sie konnten dies, weil sie Washington hinter sich wußten.

Der wirkliche Grund für den zweiten Golfkrieg lag in der Politik der USA begründet. Stets suggerierte Washington den Irakern, man stehe unverbrüchlich an der Seite Bagdads, und verleitete SADDAM so, immer höher zu pokern. Man kann nicht oft genug an die Aussage von US-Botschafterin April GLASPIE erinnern, die sie eine Woche vor der Invasion in Kuwait im Gespräch mit SADDAM fallenließ: »Das einzige was wir [die US-Regierung; d. Verf.] wünschen, ist, daß Sie das Problem mit den Kuwaitis möglichst schnell lösen. . .«[574] Auch das demonstrative Desinteresse der Amerikaner an dem Konflikt konnte, ja mußte SADDAM als Einladung interpretieren. Im übrigen spricht vieles dafür - auch davon war bereits die Rede –, daß SADDAM das besetzte Kuwait lediglich als Faustpfand zu benutzen gedachte, um seine Position in künftigen Verhandlungen zu stärken. Sogar ein Ausschuß des US-Kongresses, der sich mit dem irakischen Einmarsch befaßte, kam zu diesem Schluß:

»Die Iraker glaubten anscheinend, mit ihrer Invasion in Kuwait die Aufmerksamkeit der Welt gewonnen und so ihre ökonomische Verhandlungsposition verbessert zu haben, um sich daraufhin wieder zurückzuziehen. . . Eine diplomatische Lösung, die für die Interessen der USA befriedigend gewesen wäre, wäre unmittelbar nach der Invasion durchaus möglich gewesen.«[575]

Zahlreiche Autoren vertreten mittlerweile die Auffassung, daß SADDAM an einer längerfristigen Besatzung Kuwaits überhaupt nicht interessiert war; daß er den Kuwaitis vielmehr nur eine Lektion erteilen, sich dann aber beizeiten wieder zurückziehen wollte. Diese Lösung wurde freilich durch die unversöhnliche Haltung der USA zunichte gemacht.[576] Washington unternahm alles, um den Konflikt zu einem ›heißen‹ Krieg anzufachen.

## Warum wollte Washington den Golfkrieg?

Noch immer hält sich hartnäckig die Behauptung, die USA unter Präsident BUSH sen. hätten im zweiten Golfkrieg für das Völkerrecht und die Aufrechterhaltung des ungestörten Ölflusses gekämpft. Wer so argumentiert, muß sich allerdings die Frage gefallen lassen, was BUSH 1989 in Panama tat, als er das Land gegen alles Völkerrecht überfiel, was zwischen 7000 und 20 000 Einwohner das Leben kostete. Panama war zu diesem Zeitpunkt weit davon entfernt, die USA zu bedrohen, auch wenn Präsident NORIEGA bis über beide Ohren in den Drogenhandel verstrickt war (eine Tatsache, über die die US-Administration spätestens seit 1972 im Bilde war[577]). Aber Drogenhandel ist für sich genommen kein Grund, ein souveränes Land zu überfallen.

Bleibt noch das ›moralische‹ Argument: die USA als Führungsmacht der freien Welt, als Mutterland der westlichen Demokratie. Doch das ist ein Mythos. Seit dem Jahre 1800, also praktisch von Anbeginn der amerikanischen Nationalgeschichte an, haben die Vereinigten Staaten nicht weniger als 53mal mit bewaffneten Streitkräften in die Belange anderer Länder eingegriffen.[578] Schätzungsweise mindestens ebensooft waren sie in Putschversuche vestrickt, die die CIA anzettelte. Außerdem sind die USA dasjenige Land, das sich am häufigsten seiner Veto-Stimme im UN-Sicherheitsrat bedient hat, was nichts anderes bedeutet, als daß die Vereinigten Staaten mehr als jedes andere Land der Welt mit ihrem Veto gegen die UN-Mehrheit votiert haben.[579] Der Friedensforscher Johan GALTUNG kommt zu dem Ergebnis, daß die USA seit 1804 rund 200mal militärisch interveniert haben und nur 20 Jahre lang ohne Krieg lebten.[580] Die USA sind damit der kriegerischste Staat der modernen Geschichte – eine schallende Ohrfeige für das gelegentlich vorgebrachte Argument, Demokratien seien von sich aus friedlicher als Diktaturen. GALTUNG zieht sogar das Resümee, Demokratien seien »kriegsbereiter als Diktaturen«.[581]

Washington hat mithin keinerlei Recht, das Völkerrecht zu strapazieren und sich zu seinem heroischen Verteidiger aufzuschwingen. Dennoch verkündete Präsident BUSH am 29. Januar unbeirrt: »Unter den Ländern der Welt verfügen lediglich die Vereinigten Saaten über die moralische Standfestigkeit. . . Unsere Sache ist gerecht, unsere Sache ist moralisch, und unsere Sache ist richtig.«[582]

Was schließlich das Öl angeht, so muß festgestellt werden, daß der irakische Einmarsch in Kuwait die Ölversorgung des Westens in keiner Weise in Frage stellte, wie mitunter zu hören ist. Denn Europa importiert nur 6 Prozent seines Öls aus dem Irak und Kuwait, während die USA 11 Prozent aus dieser Region beziehen. Insgesamt beziehen die USA nur 5 Prozent ihres nationalen Bedarfs von Golfländern.[583] Es ist mithin ein ausgemachtes Märchen, wenn der irakische Übergriff auf Kuwait als schwere Bedrohung der amerikanischen Ölversorgung hingestellt wird. Hinzu kommt, daß die OPEC nicht imstande ist, den Ölpreis allein zu bestimmen. Denn inzwischen exportieren zahlreiche Länder Öl, die nicht der OPEC angehören, so etwa Mexiko, Angola und einige Nordseeanrainer. Die OPEC muß deshalb viel flexibler agieren als in früheren Jahren und muß ihre Preise dem Markt anpassen. Selbst im Falle eines Ölexportembargos der gesamten Golfstaaten – ein reichlich hypothetischer Fall – verfügen die ölabhängigen Industriestaaten über sogenannte ›strategische Reserven‹ und vielfältige Einsparmöglichkeiten; außerdem gibt es zahlreiche alternative Förderregionen, die in einem solchen Fall in die Bresche springen könnten (die Nordseeanrainer, Venezuela, Mexiko, Rußland und die ehemaligen Sowjetrepubliken im Kaukasus und in Zentralasien, außerdem China). Und schließlich bleibt noch die Möglichkeit, durch die verstärkte Nutzung alternativer Energien eine gewisse Durststrecke zu überstehen. Überdies sind die Ölländer am Golf zu 90 Prozent von ihren Öleinnahmen abhängig; die mutmaßlichen Erpresser säßen also sehr bald im Glashaus.

Laut Angaben von 1989 waren die Ölstaaten am Persischen Golf in diesem Jahr mit einer Fördermenge von insgesamt 1081 Millionen Tonnen Öl zu etwa 67 Prozent an der Gesamtproduktion der OPEC (1552,8 Millionen Tonnen) und zu etwa 35 Prozent an der Weltölproduktion (3225,3 Mio. Tonnen) beteiligt. Sie deckten mit diesen Fördermengen lediglich 13,5 Prozent des gesamten Welt-Primärenergieverbrauchs ab, der außer Öl auch Gas, Kohle, Atom- und Wasserkraft umfaßt und insgesamt ein Volumen von 8013,3 Millionen Tonnen ›Öläquivalenten‹ umfaßt. Diese Zahlen relativieren die Bedeutung der Golfregion für die Weltenergieversorgung erheblich. Selbst größere Unruhen am Persischen Golf würden die Ölversorgung des Westens nicht nennenswert bedrohen oder gar zum Versiegen bringen, weshalb auch außergewöhnliche militärische Anstrengungen zu ihrer Sicherung überflüssig sind. Wer anderes behauptet, will damit nur die Ängste der Bevölkerung schüren und sich einen Vorwand für Interventionsabenteuer am Golf schaffen.[584] Schon 1991 waren alle rhetorischen Manöver der Bush-Regierung, Amerika kriegsreif zu machen, reine Polemik.

Auch das angebliche irakische Atomprogramm existierte nicht einmal in den Köpfen der Pentagon-Strategen. Das irakische Atomprogramm war frei erfunden - 1991 ebenso wie 2003. Man brauchte einfach noch einen passenden Kriegsgrund. Noch vor Ablauf des Ultimatums an Bagdad begannen sich Bush und seine Berater Gedanken darüber zu machen, was die amerikanische Öffentlichkeit am meisten dazu bewegen könnte, gegen Bagdad in den Krieg zu ziehen. Die Antwort gab eine Meinungsumfrage, die die *New York Times* in Zusammenarbeit mit dem Fernsehsender CBS veranstaltet hatte und aus der hervorging, daß sich die US-Bürger am meisten über Berichte und Reportagen erregten, in denen dem Irak Nuklearwaffenkapazität bescheinigt wurde.

»Albright und Hibbs (1991) wiesen darauf hin, daß Präsident Bush öffentlich davon zu sprechen begann, daß der Irak von der Herstellung einer Kernwaffe nur Monate entfernt sei - das wenige Tage, nachdem eine Meinungsumfrage gezeigt hatte, daß die Mehrheit der Amerikaner ›nicht in den Krieg am Golf ziehen würde, um den Zugriff auf das Öl zu sichern‹; jedoch würden sie ein militärisches Engagement unterstützen, um zu verhindern, daß der Irak die Bombe bekommt.«[585]

Am 22. November 1990 ließ Bush verlauten, der Irak sei möglicherweise nur noch Monate von der Entwicklung eigener Atomwaffen entfernt. Dabei hätte es der Präsident besser wissen können, denn seine eigenen Geheimdienstberater stimmten darin überein, daß es mindestens noch fünf Jahre dauern würde, ehe Bagdad auch nur einen einzigen primitiven Nuklearsprengsatz besitzen werde.[586] Publizisten wie J. Badelt behaupteten sogar, daß die irakischen Bemühungen, sich die Atombombe zu verschaffen, überhaupt erfolglos bleiben würden. Die vorherrschende Expertenmeinung im Sommer 1990 hielt die Fünf-Jahres-Frist für wahrscheinlich.[587]

Peinlicherweise hatten vor allem die Amerikaner Bagdad in den Jahren zuvor dabei unterstützt, seine Nuklearwaffen-Kapazitäten zu verbessern. Fünf Jahre vor dem zweiten Golfkrieg vergab das US Commerce Department Lizenzen im Wert von 1,5 Milliarden Dollar an den Irak. Dabei handelte es sich um hochbrisantes und militärisch überaus sensibles Know-how, von dem ein Großteil im irakischen Al-Atheer-Atomprogramm Verwendung fand. Im August 1989 luden das Pentagon und das Energieministerium drei irakische Wissenschaftler ein, um an einer ›Detonations-Konferenz‹ teilzunehmen. Diese Konferenz fand in Portland, Oregon, statt, und Experten aus der ganzen Welt waren zugegen. Die irakischen Wissenschaftler bekamen Informationen darüber, wie man nukleare Schockwellen hervorruft, Informationen über HMX, die hochexplosive Komponente bei Nuklearexplosionen, sowie über die weiteren Komponenten, die zur Zündung von Atombomben nötig sind. Das Symposium wurde mit amerikanischen Steuergeldern finanziert. Gleichzeitig wurde die Bush-Administration von verschiedener Seite davor gewarnt, die irakischen Atom-Ambitionen zu unterstützen. Das war noch ein Jahr vor der Golfkrise. Mit anderen Worten: Es war reine Heuchelei, wenn Bush wenige Monate später verbreitete, das irakische Atomprogramm bedrohe den Frieden im Nahen Osten.[588] Daran hat sich übrigens bis heute nichts geändert. Sowohl vor als auch nach dem Waffengang des Jahres 2003 suchten die USA beinahe verzweifelt nach den angeblichen irakischen ›Massenvernichtungswaffen‹. Es hat sie höchstwahrscheinlich niemals gegeben.

Apropos Massenvernichtungswaffen: US-Firmen waren auch führend an der irakischen Giftgasproduktion beteiligt. Amerikanische Unternehmen können für sich beanspruchen, die Blaupausen für die erste irakische Chemiewaffenfabrik geliefert zu haben. In diesem Fall ging das Geschäft an die Pfaulder Corporation mit Sitz in Rochester, New York.[589] Andere Firmen zogen nach. So stattete der Dow-Konzern, nach DuPont der größte Chemieverbund in den USA, Saddam mit zahlreichen Komponenten für die biochemische Kriegführung aus.[590] Dem US-Autor Devon Jackson zufolge waren es die berüchtigten CDC (Centers for Disease Control; Zentrum für die Kontrolle von Krankheiten) mit Sitz in Georgia und Atlanta, die im Zeitraum zwischen 1985 und 1989 den Großteil der in den USA produzierten tödlichen B- und C-Waffenkomponenten an den Irak verkaufte.[591]

Man kann sich des Eindrucks nicht erwehren, als hätten US-Behörden geradezu darauf hingearbeitet, dem Irak eine beachtliche Palette von Massenvernichtungswaffen zu verschaffen, und zwar über die ganze Breite des atomaren, biologischen und chemischen Spektrums. Es ist nicht einmal auszuschließen, daß es dabei von Anfang an darum ging, einen späteren Kriegsgrund zu zementieren. Denn natürlich mußte die Bedrohung, die von den irakischen ABC-Kapazitäten ausging, irgendwann wieder beseitigt werden...

Ein besonders rührendes Argument, das im Vorfeld des zweiten Golfkrieges zu hören war, betraf die ›Demokratie‹ in Kuwait. Es könne nicht gestattet werden, ließ sich BUSH in der Öffentlichkeit vernehmen, daß ein Land von einem anderen überfallen und dadurch in seiner ›demokratischen Entwicklung‹ unterbrochen werde. »Ein Berater von US-Präsident BUSH konstatierte daher 1990 ganz ungeniert: ›Wir brauchen das Öl. Es klingt gut, vom Eintreten für die Freiheit zu reden. Aber die Länder Kuwait und Saudi-Arabien sind auch nicht gerade Demokratien. Wenn ihre wichtigsten Exportprodukte Orangen wären, dann hätte ein mittlerer Beamter des Außenministeriums eine Stellungnahme abgegeben, und wir hätten das Außenministerium für den August geschlossen.‹«[592]

Demokratie und Freiheit in Kuwait waren - und sind es bis heute - eine Chimäre. Ein ernst zu nehmendes Parlament ist nicht in Sicht. Die einzige Zeitung, die zaghaft an Reformversprechen erinnerte, wurde verboten. Sollten wirklich jemals Wahlen stattfinden - was ganz und gar nicht im Sinne der Amerikaner wäre -, dann nur als Farce: Von rund 800 000 Staatsangehörigen sind nur 60 000 bis 90 000 wahlberechtigt, der Wahlmodus ist undurchsichtig, und gewählt werden kann auch nur die Hälfte des ›Parlaments‹ (die andere Hälfte wird vom Emir bestimmt, damit die Demokratie nicht allzu demokratisch wird). Auch Frauenwahlrecht und Parteienpluralismus sind in Kuwait Fremdwörter: »Nein, nein, ich glaube nicht an Parteienpluralismus. Das ist gut für euch im Westen, aber das ist nicht gut für mein Volk«, ließ der kuwaitische Kronprinz einmal mit entwaffnender Offenheit verlauten.[593]

Demokratische Verhältnisse in Kuwait oder ihre Wiederherstellung waren von allen denkbaren Kriegsgründen der letzte und fadenscheinigste. Es war nichts als Demagogie, als Präsident BUSH behauptete, sein Land verteidige in Kuwait die Demokratie. Bis heute machten die Vereinigten Staaten keinen Finger krumm, um Kuwait demokratischer zu machen.

Ausgerechnet ein Dokument aus dem Pentagon trug dazu bei, daß alle offiziellen Verlautbarungen über die Wiederherstellung der ›Demokratie‹ im kuwaitischen Ölscheichtum zur Farce wurden. Denn in dem Dokument war von einer fünf Jahre währenden amerikanischen Besatzung nach dem Golfkrieg die Rede sowie von der Einführung des Kriegsrechts (*martial law*) in Kuwait. Auch eine harsche Pressezensur war vorgesehen.[594] Die Kuwaitis waren über diese Pläne keineswegs erbost. Im Gegenteil, als der Krieg gegen die Iraker vorüber war, beeilte sich der Emir von Kuwait, das Kriegsrecht noch auf weitere drei Monate auszudehnen.[595] Washington spielte in Kuwait das alte elende Spiel: zuerst lauthals die Demokratie beschwören und dann alles tun, um sie zu verhindern.

Nach allem im vorangehenden Gesagten ergibt sich eine überschaubare, aber einleuchtende Liste der amerikanischen Kriegsgründe:

1. Es ging darum, die aufsteigende Militärmacht Irak zu vernichten,[596] um jedweden gegen die Vereinigten Staaten gerichteten irakischen Einfluß in der Region auszuschalten.

2. Es ging um die Beherrschung der Ölquellen durch die USA, die es ermöglichen würde, anstelle der Golfstaaten den Ölpreis zu diktieren. Dies schloß gleichzeitig eine indirekte Kontrolle über die Hauptwirtschaftskonkurrenten Deutschland bzw. EU und Japan ein.

3. Ein militärisches Vorgehen gegen den Irak kam einer aktiven Unterstützung Israels, des Hauptverbündeten Washingtons, gleich. Infolge der Hintergrundaktivitäten der starken jüdischen Lobby in den USA hatte Washington gar keine andere Wahl als einen Waffengang gegen SADDAM, da die israelischen Regionalinteressen die Ausschaltung des irakischen Militärapparats geradezu zwingend erforderten;[597] der US-Präsident ist sowohl auf die finanziellen Mittel als auch auf den politischen Einfluß der jüdischen Wirtschaftsmacht in den USA angewiesen.[598]

4. Der Golfkrieg stellte eine militärische Machtdemonstration der Vereinigten Staaten dar, die andere Staaten bzw. revolutionäre Bewegungen in der Golfregion sowie in anderen Teilen der Welt vorauseilend in ihre Grenzen weisen sollte. Die Irak-Intervention richtete sich insbesondere an die Adresse derjenigen Regime oder Bewegungen, die sich gegen die Politik Washingtons im Mittleren Osten stellten oder einer solchen Frontstellung zuneigten.

5. Die Intervention diente auch der Sicherung der geostrategisch bedeutsamen Positionen am Golf, was durch die Stationierung von Truppen und die dauerhafte Einrichtung von US-Basen bewerkstelligt wurde. Die amerikanischen Außenposten in der Region - außer in Saudi-Arabien auch in Bahrain, den Vereinigten Arabischen Emiraten und in Ägypten - wurden nach dem Golfkrieg sogar noch verstärkt.[599]

6. Der siegreiche amerikanische Feldzug gegen SADDAM HUSSEIN kam einer empfindlichen Demütigung der arabischen Massen, insbesondere fundamentalistischer Kräfte in der Golfregion und darüber hinaus in der ganzen Welt, gleich.

7. Der Waffengang bot den amerikanischen Militärs eine willkommene Gelegenheit, um nicht nur neuentwickelte Waffensysteme, sondern gleich die ganze Region in einem großangelegten Testlauf einem Ernstfall-Check zu unterziehen. Getestet wurden insbesondere noch nicht kriegserprobte Waffensysteme,[600] wie etwa die ›Tomahawk‹-Cruise Missile, der Stealth-Jagdbomber F-117, der bei der Invasion in Panama 1989 noch nicht in nennenswertem Umfang zum Einsatz gekommen war, das Raketenabwehrsy-

stem ›Patriot‹ usw. Bei dieser Gelegenheit konnte vor den Augen der Weltöffentlichkeit die Überlegenheit amerikanischer Kampfsysteme über vergleichbare sowjetische Systeme demonstriert werden. Des weiteren gibt es Indizien, die darauf schließen lassen, daß im Golfkrieg von den US-Streitkräften erstmals Methoden der Gedankenkontrolle zur Anwendung gebracht wurden, etwa um irakische Soldaten zum Verlassen ihrer Bunkerstellungen zu zu zwingen.[601]

8. Das amerikanische Golfkriegs-Engagement hatte auch den Begleiteffekt, die Vereinten Nationen unter amerikanische Kontrolle zu bringen, indem die Weltorganisation auf den US-Kurs eingeschworen und auch abseits der Golfkrise verstärkt amerikanischen Interessen dienstbar gemacht wurde.

9. Ein eher untergeordnetes Kriegsziel bestand darin, Kuwait freizubomben und den kuwaitischen Herrscherclan wieder an die Macht zu bringen, der mit erheblichen Investitionssummen an die USA gebunden war.

10. Auch die Rüstungsindustrie im eigenen Land profitierte in geradezu überlebensnotwendiger Weise vom Golfkrieg. Der US-Rüstungssektor war nach dem Ende des Kalten Krieges angeschlagen und hatte mit erheblichen Budgetkürzungen zu rechnen.[602] In diesen Kontext gehören auch amerikanische Waffenverkäufe im Volumen vieler Milliarden Dollar, die nach dem Golfkrieg in der Region abgeschlossen werden konnten. Der amerikanische Rüstungssektor stieß sich am Golfkrieg und seinen Folgen gesund.

11. Die Bekämpfung Saddam Husseins bot der US-Administration eine hervorragende Gelegenheit, von der Rezession und den gravierenden sozialen Problemen im eigenen Land abzulenken, die der Bush-Regierung schwer zu schaffen machten. Selbst die bundesdeutsche ARD berichtete seinerzeit, der erfolgreiche Ausgang der Operation ›Wüstensturm‹ habe den wirtschaftlichen Niedergang der USA gestoppt. Das Kalkül Washingtons ging darauf aus, im Zuge des Golfkrieges und des damit verbundenen Wirtschaftsaufschwungs die beiden ökonomischen Konkurrenzmächte Deutschland und Japan noch einmal aus dem Rennen zu werfen. Zumindest das innenpolitische Kalkül der Bush-Regierung ging auf, denn der Golfkrieg brachte laut Meinungsumfragen 91 Prozent der Amerikaner hinter ihren Präsidenten, der höchste Wert seit dem Zweiten Weltkrieg.[603]

12. Der Golfkrieg war ein Meilenstein auf dem Weg zu einer von den USA beherrschten ›Neuen Weltordnung‹.

13. Es gelang mit dem Waffengang am Golf, das amerikanische Vietnam-Syndrom zu überwinden – das Trauma der Niederlage – und das US-Militär in der Öffentlichkeit endgültig wieder salonfähig zu machen. Auch Präsident Bush sah das so. In einer Fernsehansprache dankte er seinen Soldaten ausdrücklich für die Vertreibung des »Gespenstes Vietnam«.[604]

14. Durch den Krieg gegen SADDAM sicherten sich die USA lukrative Wiederaufbauaufträge im zerstörten Kuwait. 80 Prozent aller kuwaitischen Aufträge gingen an US-Firmen. Die Kosten des Wiederaufbaus wurden auf 100 bis 200 Milliarden US-Dollar geschätzt.[605]

15. Golfkrise und Golfkrieg wurden von Washington erfolgreich genutzt, um sich nach dem Ende des Kalten Krieges Platzvorteile gegenüber dem zerfallenden Sowjetkoloß zu sichern. Die Sowjetunion befand sich nach dem Ende der Blockkonfrontation wirtschaftlich und militärisch im freien Fall. Moskau war vordem inoffizielle Schutzmacht Bagdads und größter Waffenlieferant SADDAMS gewesen. Washington nutzte das entstandene Vakuum und schlug den vormaligen Vasallen des Kreml konsequent aus dem Feld.

16. Eine nicht zu unterschätzende psychologische Wirkung war die Demütigung SADDAM HUSSEINS.[606] Sie konnte als Warnung der USA an jede Regierung verstanden werden, die sich mit dem irakischen Kurs identifizierte. Die Botschaft richtete sich vor allem an die Adresse der Dritten Welt und war schwerlich mißzuverstehen: Jedwede Form eines politischen Antiamerikanismus mußte im Rahmen der ›Neuen Weltordnung‹ mit schärfsten Repressalien von seiten der Vereinigten Staaten rechnen.

17. Den arabischen Vasallen demonstrierte Washington durch den erfolgreichen Ausgang des Golfkrieges, daß sich alle regionalen Feudalherren und die von ihnen ausgehaltenen Regime in künftigen Krisenfällen blind auf die Solidarität der USA würden verlassen können.

18. Die Golfkrise schuf den Präzedenzfall, daß Araber gegen Araber Krieg führten. Auf diese Weise gelang es der US-Führung, die arabische Solidarität wirksam zu unterhöhlen. Es war das erste Mal, daß arabische Länder gegeneinander Krieg führten. Bis dahin hatte Israel als gemeinsamer Feind gegolten und war in mehreren Kriegen von arabischen Bündnissen bekämpft worden.

19. Der Krieg gegen SADDAM HUSSEIN gestattete es den USA, wichtige geostrategische Positionen im Mittleren Osten militärisch zu besetzen. Im Sinne der amerikanischen Langfriststrategie war dies unumgänglich, denn die Golfregion erfüllt eine wichtige Brückenfunktion zwischen Europa und Asien sowie zwischen Europa und der ökomomisch überaus bedeutsamen Kaukasusregion. Amerikanische Geostrategen vertreten vielfach die Auffassung, die Hegemonie über den euro-asiatischen Raum sei nur durch die Kontrolle über den Mittleren Osten und seine riesigen Reichtümer zu erlangen.

20. Es gelang im Zuge der Golfkrise, Sanktionen als Druckmittel gegen den Irak zur Anwendung zu bringen, und zwar auch über die Dauer des Krieges hinaus. Dadurch gelang es, das irakische Volk einer längerfristigen

Knebelung zu unterwerfen, so daß das Land auch weiterhin von westlicher Hilfe und internationalen Bankkrediten abhängig blieb, was eine anhaltende internationale Kontrolle garantierte. Langfristiges Ziel der amerikanischen Irakpolitik blieb die Installation eines US-hörigen Regimes wie ehedem unter dem Schah.

21. Es ging Washington auch um den Nachweis, daß Krieg sehr wohl ein gangbarer Weg sein kann, um außenpolitische Ziele durchzusetzen. Schon der Golfkrieg 1991 stellte die Weichen in Richtung Unilateralismus. Die USA würden in Zukunft immer weniger bereit sein, auf die Durchsetzung eigener nationaler Ziele - auch unter Einsatz militärischer Gewalt - zu verzichten.[607]

22. Die Golfkrise wurde von Washington als wichtige Zwischenstation auf dem Weg zur amerikanischen Welt-Hegemonie instrumentalisiert, die der internationalen Öffentlichkeit harmlos als ›Weltregierung‹ angepriesen wird. Dieses strategische Fernziel darf nicht unterschätzt werden, denn die Herstellung der ›One World‹ unter amerikanischer Herrschaft würde der hyperreichen amerikanischen Machtelite endgültig den freien Zugriff auf alle Märkte der Welt garantieren. Nach Herstellung der amerikanischen Weltordnung könnte sich kein Land und keine Einzelperson auf dem Planeten mehr der unumschränkten Kontrolle aller Geldströme und Kapitalbewegungen entziehen.

23. Schließlich ging es im Golfkrieg auch darum, den Einfluß der OPEC zurückzustutzen und in der Folge, wenn möglich, ganz zu beseitigen.

## Warum der Irak ausgeschaltet werden mußte

»Der Krieg gegen den Irak war in gewisser Hinsicht die ›Notbremse‹, der letzte Zeitpunkt und das letzte Mittel, um den Irak davon abzuhalten, eine eigenständige Regionalmacht mit großem Gewicht zu werden.«[608] Diese Feststellung des Publizisten J. HIPPLER gewinnt um so mehr Gewicht, als man sich vergegenwärtigt, daß Bagdad in der Tat erhebliche und zum Teil erfolgreiche Anstrengungen unternommen hatte, um den Status einer militärisch-technologischen Regionalmacht zu erlangen. Bereits während des ersten Golfkrieges hatten sowohl der Irak als auch er Iran weitreichende Raketen entwickelt, die die gegnerischen Hauptstädte erreichen konnten. Im Dezember 1989 teilte Bagdad den Abschuß einer dreistufigen Fernrakete mit, die einen Satelliten in die Erdumlaufbahn tragen konnte, und konnte auf Probestarts von Fernlenkgeschossen mit einer Reichweite von etwa 2000 Kilometern verweisen.[609]

Bis zum Ausbruch des Konflikts mit Kuwait war es Bagdad gelungen, eine große und relativ schlagkräftige Armee zu schaffen und eine technolo-

*Die beiden verantwortlichen Militärs für den US-Feldzug: Norman* SCHWARTZKOPF *und Colin* POWELL. *Es ist bezeichnend, daß der durchschlagende Erfolg auf dem militärischen Terrain eine politische Laufbahn befruchten kann – wie seinerzeit bei Dwight* EISENHOWER: POWELL *wurde Außenminister;* SCHWARTZKOPF *war Präsidentschaftskandidat im Gespräch.*

*Gegen die damals hochmodernen F/A-18 ›Hornet‹ hatten die ›Mirage‹-Jäger, SADDAMS ganzer Stolz, kaum eine Chance. Unten: zerstörte Mirage in einem beschossenen Hangar, nahe der kuwaitischen Grenze.*

*US-Kampfhubschrauber vor brennenden Ölfeldern in Kuwait 1991.*

*SADDAM HUSSEIN im Jahre 1991: der moralische Sieger des Konflikts. »Wir haben nicht das Gefühl, in dem großen historischen Duell nicht siegreich gewesen zu sein«, verkündete er seinem Volk. Er hatte immerhin gewagt, der Übermacht des Westens die Stirn zu bieten.*

*SADDAM wurde zwar vertrieben, aber nicht gestürzt. Die Karikatur der* Chicago Tribune *aus dem Jahre 1991 zeigte, wo der Schuh bei BUSH drückte: Er hatte den Sturz des Despoten zu seinem persönlichen Ziel erhoben. Die ›Sache der Massenvernichtungswaffen‹ war nun ein Mittel, den unverfrorenen SADDAM zur Räson zu bringen. Und BUSH Junior befleißigte sich bekanntlich, das unvollendete Werk des Vaters zu Ende zu bringen.*

gische Elite heranzuziehen, die zielstrebig dazu überging, den Anschluß an die Spitzentechnologien der Welt zu suchen. Der Irak war dabei, sich atomare Zünder zu besorgen, er stand kurz davor, einen Satelliten ins All zu schießen, und er besaß Raketen, die theoretisch Südeuropa erreichen konnten. Im Januar 1991 ließ Bagdad die internationale Öffentlichkeit wissen, daß ein Satellitenstart ins All gelungen sei.[610] Innerhalb eines Jahres nach dem Irak-Iran-Krieg richtete Bagdad im April 1989 die erste Rüstungsmesse aus und kündigte die Aufnahme einer eigenen Raketen- und Flugzeugproduktion an.[611] 1990 hatte der Irak ein Waffenprogramm aufgelegt, »das ihm in absehbarer Zukunft ein atomares Gleichgewicht mit Israel gesichert hätte«.[612] Wer wissen will, warum es zum Krieg kommen mußte, der findet hier die Antwort.[613]

## Die USA werden Hegemonialmacht am Golf

Der zweite Golfkrieg ging mit einer epochalen Wendung der amerikanischen Hegemonialpolitik im Nahen Osten einher. Klaus HORNUNG lag richtig, als er 1993 diagnostizierte: »Nachdem sie [die US-Nahostpolitik; d. Verf.] sich - leichter als erwartet - militärisch durchgesetzt hatte, befand sich der amerikanische Einfluß in der Region 1991 auf einem Höhepunkt.«[614] Ein anderer Beobachter, M. CURTIS, zog 1994 das folgende zutreffende Resümee:

»In der Tat ist das Maß an struktureller Kontrolle über die Region, die jetzt von den Vereinigten Staaten (und ihren Verbündeten in der Region) ausgeübt wird, in mancher Hinsicht größer als zu irgendeinem Zeitpunkt; zweifellos gilt dies für die letzten 20 Jahre und vielleicht für die gesamte Nachkriegsära. Dies kommt in zahlreichen Gesichtspunkten zum Ausdruck. So wurde zunächst jener Staat, der vorher Verbündeter war und am 2. August 1990 zum Feind wurde - das Datum der Invasion in Kuwait - militärisch besiegt und seine Infrastruktur größtenteils zerstört. Dies beseitigte ein unmittelbares Hindernis auf dem Weg zur westlichen Kontrolle über die Region. Zweitens verstärkte der Krieg die Abhängigkeit der Golfstaaten vom Westen. So hat der Westen erstmals, seit die kleineren Golfstaaten 1971 von Großbritannien unabhängig wurden, die wirkungsvolle Kontrolle über die verteidigungspolitischen Leitlinien der Golfstaaten zurückerlangt. Saudi-Arabien, der größte Happen von allen, wurde jetzt geradezu zum ›Schnäppchen‹. So führte die große westliche Militärintervention von 1991 zum selben grundsätzlichen Ziel wie die Intervention der Briten 1961 in Kuwait, die offenkundig von der Absicht geleitet war, Kuwait gegen einen irakischen Angriff zu schützen: Sowohl die regionale Machtposition des Westens als auch die Unentbehrlichkeit des Westens für die Region überhaupt wurden erfolgreich demonstriert. In der Tat höhlte die westliche

Militärintervention 1990/1991 die Aussichten für eine regionale Lösung und die Möglichkeiten regionaler Organisationen aus, eine profiliertere Rolle in den regionalen Angelegenheiten zu spielen. . . [[615]] Drittens erhöhte sich der US-Einfluß auf die Ölpolitik des wichtigsten Staates, nämlich Saudi-Arabiens. Laut dem Ölexperten Peter ODELL existieren jetzt gute Perspektiven für eine internationale Expansion amerikanischer Ölfirmen, außerdem gibt es eine gewisse Chance, die alle anderen überragt, nämlich ein Zusammenwirken der amerikanischen Außenpolitik mit den größten amerikanischen Ölfirmen herzustellen. Diese Aussicht ist gleichbedeutend mit dem Auftreten der ›geopolitischen Realität eines langfristigen saudisch-amerikanischen Schulterschlusses, bei dem das Öl das zentrale Element darstellt‹. Dieser Schulterschluß gründet sich mehr oder weniger auf das Vertrauen der Saudis in die Schutzfunktion des US-Militärs in puncto Öl, Preisgestaltung und Fördermengen zugunsten der USA. ODELL merkt an, daß ›die amerikanisch-saudische Entente letztlich die OPEC überwinden wird. . ., deren übrige Mitglieder so gut wie machtlos sein werden, wenn es darum geht, Einfluß auf die Preisgestaltung zu nehmen, solange die USA und Saudi-Arabien sich an die gegenwärtigen Preislevels halten.‹[[616]] Die vierte große Folgewirkung [des Golfkrieges; d. Verf.] zugunsten der USA liegt in den konsequent verringerten Möglichkeiten der regionalen Staaten und der internationalen Gemeinschaft, Israel eine Politik aufzuerlegen, die nicht von den USA sanktioniert ist.«[617]

Mit anderen Worten:

**1.** Durch ihren militärischen Erfolg ist es den USA gelungen, ein Maß von Kontrolle über die Golfregion zu erlangen, wie dies in den 20 Jahren zuvor, vielleicht sogar seit dem Ende des Zweiten Weltkrieges niemals zuvor der Fall war. Möglich wurde dies durch die Zerschlagung des Irak und seiner Infrastruktur, die der westlichen bzw. amerikanischen Vorherrschaft im Weg standen.

**2.** Die USA haben sich im Gefolge der Golfkrise die Kontrolle über die Sicherheitspolitik der Golfstaaten angeeignet, wie dies seit den regionalen Unabhängigkeitsbewegungen in den siebziger Jahren (damals hatten sich zahlreiche Staaten von Großbritannien losgesagt) nicht mehr der Fall gewesen war. Deutlich wurde dieser Erdrutsch vor allem in der massiven Aufrüstung der meisten Golfstaaten, die ihre Waffenarsenale nach dem Golfkrieg zumeist bei amerikanischen Firmen auffüllten. So gesehen, stellte der Golfkrieg 1991 eine Neuauflage des Grenzkonfliktes von 1961 dar, als Großbritannien vordergründig Kuwait vor irakischen Annexionsbestrebungen schützte. Die von den USA geführte Intervention von 1990/91 verhinderte in ganz ähnlicher Weise das Zustandekommen einer regionalen Lösung unter Mitwirkung regionaler Staaten und Akteure und machte eine westliche, d. h. amerikanische Lösung unumgänglich.

**3.** Nach dem Krieg zementierten die USA und Saudi-Arabien ein Bündnis, bei dem Washington der militärische Schutz zufiel - unter der Bedingung, daß die Saudis ihre Ölpreispolitik nach den Vorstellungen der Amerikaner ausrichteten. Durch diese Übereinkunft gelang es den USA, die OPEC zumindest teilweise auszuhebeln.

**4.** Die Vereinigten Staaten konnten durch ihren Sieg am Golf nicht zuletzt einen Zustand zementieren, der die internationale Gemeinschaft weitgehend außerstande setzt, politischen Einfluß auf Israel auszuüben. Die amerikanische Rolle im Hintergrund - als Schutzmacht ebenso wie als Veto-Macht zugunsten Tel Avivs - wurde durch den Golfkrieg noch größer als zuvor.

## Der zweite Golfkrieg – ein weiterer Ölkrieg

Im Rückblick betrachtet, war die Golfkrise für die Vereinigten Staaten ein regelrechter ›Schnäppchenkauf‹. Sie bot Washington die einmalige Gelegenheit, die Kontrolle über die Golfregion zu erlangen. Als Folge von ›Wüstensturm‹ fielen 40 Prozent der Weltölreserven und 45 Prozent der Netto-Ölexporte praktisch über Nacht an die USA. Die amerikanische Stellung im internationalen Ölgeschäft befand sich auf dem Höhepunkt, und das zu einem Zeitpunkt, da andererseits auch die Ölabhängigkeit Amerikas einen historischen Gipfel erreicht hatte. L. ROSSI kommt in ihrer 1998 erschienenen Dissertation zu dem Schluß:

»Mit einem einzigen entscheidenden Schlag, gerechtfertigt und sanktioniert durch das internationale Gesetz der Vereinten Nationen, brachte die Verlegung von US-Truppen in die Golfregion Territorien unter Amerikas Einfluß, die 40 Prozent der bekannten Weltölreserven und 45 Prozent der Welt-Nettoölexporte in sich bergen. Der amerikanische Einfluß auf das internationale Ölgeschäft war noch nie so dominant, während gleichzeitig die Abhängigkeit Amerikas noch nie so groß war.«[618]

Diese Sicht der Dinge schlug sich auch in der Medienberichterstattung nieder. Kurz nach dem Ende des Waffengangs am Golf registrierte die *New York Times* den gestiegenen US-Einfluß auf die OPEC. Das Blatt kam zu dem Schluß, die USA hätten durch den Sieg am Golf einen Einfluß erlangt wie nie zuvor eine Industrienation: »Kurz nach dem Krieg, als 13 repräsentative erdölproduzierende Nationen sich in Genf treffen wollten, schrieb der Wirtschaftskorrespondent der *New York Times*: ›Aufgrund ihres militärischen Sieges werden die Vereinigten Staaten mehr Einfluß auf die Organisation der erdölexportierenden Länder haben, als ihn jemals eine Industrienation besessen hat.‹«[619]

Unter dem Strich hatten die beiden Golfkriege auch die vorteilhafte Nebenwirkung, daß sie den Ölpreis dauerhaft und in einer qualitativen

Größenordnung senkten. Denn der Iran und der Irak mußten, um ihre kostspieligen Kriege zu finanzieren, den Erdölmarkt überschwemmen. Damit wurde fast 20 Jahre lang das OPEC-Kartell unterlaufen und ein historisches Rekordtief beim Rohölpreis erreicht.[620]

Das Öl war vor allem für die wichtigsten Wirtschaftskonkurrenten der USA und deren Volkswirtschaften zu einer unentbehrlichen ökonomischen Größe geworden. Zur Zeit der Besetzung Kuwaits importierte Westeuropa 35 Prozent seines Öls aus dem Golf, während es Japan sogar auf 77 Prozent brachte. Zum gleichen Zeitpunkt bezogen die USA lediglich fünf Prozent ihres Bedarfs aus der Golfregion. Entscheidend waren aber die Zukunftsperspektiven, die sich aus der neuen amerikanischen Position am Golf ergaben: »Das Ölreservoir im Golf ist nicht nur das größte der Welt, neue Untersuchungen erweitern vielmehr die schon nachgewiesenen Vorkommen noch.« Die jetzt bekannten Reserven dürften demnach noch bis zum Jahre 2050 ausreichen, wobei allein das winzige Katar über nachgewiesene Flüssiggasreserven verfügt, die beim derzeitigen Grad der Ausbeutung für die nächsten 300 Jahre reichen.[621] Aber nicht nur die riesigen vorhandenen Mengen erwiesen sich als Goldgrube für die USA. Auch die kostengünstige Förderung in der Golfregion ist ein entscheidender Kostenfaktor; in den USA liegen die Förderkosten für Öl fast zwanzigmal höher als am Persischen Golf.[622]

J. Bulloch und H. Morris merken über die chronische Ölabhängigkeit der USA an: »Die Vereinigten Staaten waren 1990 abhängiger von importiertem Öl als jemals zuvor. Sie führten zu diesem Zeitpunkt mehr als 52 Prozent ihres Ölbedarfs ein, davon 11,5 Prozent aus der Golfregion.«[623] Zwischen 1982 und 1988 stiegen in den USA die Ölimporte im Vergleich zu Japan und Deutschland um das Fünffache.[624] Ferner sind die USA das verschwenderischste Land der Welt. Während sie nur fünf Prozent der Weltbevölkerung stellen, verbrauchen sie ein Viertel des gesamten auf der Welt geförderten Erdöls.[625]

Zusammen üben die amerikanische und die britische Regierung seit dem Golfkrieg von 1991 die Kontrolle über 44,6 Prozent (oder 60,9 Milliarden Tonnen) der gesamten Ölreserven der Welt sowie über 68 Prozent der Ölreserven des Mittleren Ostens aus. Diese 44,6 Prozent ergeben sich aus der Tatsache, daß sich die Ölreserven Saudi-Arabiens zu 25,2 Prozent, diejenigen Kuwaits zu 9,3 Prozent und die der Vereinigten Arabischen Emirate zu 10,1 Prozent auf anglo-amerikanischen Bohrstätten befinden.[626] Dazu Mohssen Massarrat: »Nach dem Ende des zweiten Golfkrieges dürfte kein Zweifel mehr daran bestehen, daß das entscheidende Kriegsziel in Wahrheit das war, was tatsächlich auch verwirklicht worden ist: die Rückführung der kuwaitischen Ölreserven in das westliche Lager, die Wiederherstellung der anglo-amerikanischen Kontrolle über die umfangreichsten Ölreserven der Welt.«[627]

Der ehemalige amerikanische Energieminister James SCHLESINGER brachte es im September 1989 auf der Weltenergiekonferenz in Montreal auf den Punkt: »Welche Großmacht auch immer die Kontrolle über die Energieressourcen in der Golfregion erringt, sie wird dadurch im großen Ausmaß auch die Entwicklung der Welt beherrschen.«[628] Auch Lee HAMILTON, Vorsitzender des Unterausschusses für Europa und den Nahen Osten im amerikanischen Repräsentantenhaus, äußerte sich über diese Tatsache ziemlich unverblümt: »Der Grund für unseren Einsatz am Golf ist viel alltäglicher: Geld und Öl - und wer die Kontrolle darüber ausübt.«[629] Über ein Jahr nach dem Ende des Golfkrieges, im September 1992, äußerte sich SCHLESINGER auf dem 15. Kongreß des Weltenergierates in Madrid erneut ziemlich schnörkellos: »Das, was das amerikanische Volk aus dem Golfkrieg gelernt hat, ist, daß es wesentlich leichter und wesentlich lustiger ist, den Leuten im Vorderen Orient in den Hintern zu treten, als Opfer zu bringen und die Abhängigkeit Amerikas im Hinblick auf das importierte Öl zu begrenzen.«[630]

Das war zweifellos richtig. Schwerer als die unmittelbaren und geldwerten Vorteile im Kampf um das Öl wog aber die Tatsache, daß die Vereinigten Staaten ihre globalstrategische Position entscheidend verbessert hatten. Sie standen jetzt im Begriff, zur dominanten Macht im Mittleren Osten aufzusteigen, und konnten dabei ein Stärkepotential in die Wagschale werfen wie kaum jemals eine Macht zuvor. Irwin SILBER schrieb dazu im April 1991 im Magazin *Crossroads*:

»Als Resultat des Krieges am Golf haben sich. . . ›die USA unübersehbar als Supermacht etabliert‹. Die Selbstdarstellung der US-Regierung als vernichtende High-Tech-Militärmacht am Golf und ihre Bereitschaft, diese rücksichtslos einzusetzen, ›ist ein Faktor von enorm einschüchternder Wirkung in allen zukünftigen Szenarien, in denen die Vereinigten Staaten erklären, daß ihre ›vitalen Interessen‹ betroffen sind. . . Das ›Vietnam-Syndrom‹ ist im Kalkül der amerikanischen Außenpolitik höchstens noch ein zweitrangiger Faktor. . . ›Die USA sind jetzt - mehr als je zuvor - die vorherrschende Kraft im Mittleren Osten.‹«[631]

Auch der Publizist W. WOLF erwähnt in seiner Abrechnung mit den ›Bombengeschäften‹ der US-Regierung einen wichtigen Gesichtspunkt: »Dieser Krieg brachte den Push für den neuen langen Konjunkturzyklus, der in den USA 1999 noch anhält.«[632] Tatsächlich hatte der Golfkrieg die amerikanische Wirtschaft mit ihrer sehr starken Abhängigkeit von Rüstungsaufträgen also aus ihrer Bredouille gerettet und entscheidend dazu beigetragen, die Rezession von 1990 zu überwinden.[633] (Über die tieferen Zusammenhänge zwischen einem ungehemmten Kapitalismus amerikanischer Prägung und der zunehmenden Kriegsgefährdung der internationalen Politik siehe auch das letzte Kapitel des Buches *Das Kosovo-Komplott* vom Autor dieses Bandes.)

Die USA wurden durch ihren Sieg am Golf unbestritten zur einzig verbliebenen Supermacht. Dies machte auch die arabischen Staaten in der Folgezeit gefügiger. Sie fanden sich bereit, ›Friedensgespräche‹ mit Israel aufzunehmen. Dies war praktisch unumgänglich, da offenkundig war, daß Amerika die wichtigste Schutzmacht des Judenstaates war.[634]

Dennoch: 100prozentig bereinigt war die Situation am Golf auch nach dem Krieg von 1991 nicht. Es würde sich bald herausstellen, daß der Irak trotz seiner vernichtenden militärischen Niederlage nicht zur Unterwerfung unter das Diktat Washingtons und der Vereinten Nationen bereit war. Es sollte sich in den nächsten Jahren zeigen, daß selbst die rigorosen Sanktionen nicht geeignet waren, Saddams Regime in Bagdad aus dem Sattel zu heben, worauf die Washingtoner Hintergrundelite spekulierte. Mehrere Putschversuche gegen Saddam schlugen fehl. Die Drahtzieher in Washington mußten einsehen, daß ihre Rechnung nicht gänzlich aufgegangen war. Denn das irakische Öl blieb dem Zugriff der amerikanischen Konzerne nach wie vor entzogen.

## Die Bilanz des Golfkrieges

Die US-Hegemonie am Persischen Golf ist auf einen Trümmerhaufen gegründet, den die Bombardements im Irak hinterließen und der die gesamte Region noch lange belasten wird. Der Krieg fügte den arabischen Staaten einen Gesamtschaden in Höhe von 630 Milliarden Dollar zu und warf die wirtschaftliche Entwicklung der Region um viele Jahre zurück.[635] Die unmittelbar anfallenden Kriegskosten beliefen sich auf 100 Milliarden Dollar. Für mehr als die Hälfte dieser Kosten standen die Saudis ein. Das hatte schwerwiegende Folgen: Saudi-Arabien, eines der reichsten Länder der Welt, ist heute verschuldet.[636]

Im Vergleich zum ersten Golfkrieg, der während einer Dauer von acht Jahren (1980 bis 1988) einen Gesamtschaden von etwa 627 Milliarden Dollar verursachte,[637] nimmt sich der zweite Golfkrieg beinahe monströs aus, denn er führte in nur 42 Tagen zu Schäden in fast der gleichen Höhe. Am gravierendsten waren die Auswirkungen natürlich für den Verlierer Irak. Auf ihm lastete nun eine ungeheure Schuldenlast, denn zu den Altschulden aus dem ersten Golfkrieg, die von Fachleuten auf etwa 100 Milliarden Dollar geschätzt wurden, kamen nun nochmals rund 100 Milliarden für den Krieg des Jahres 1991, nicht eingerechnet die Zinsen, die mit weiteren Dutzenden Milliarden Dollar zu Buche schlagen.[638] War die Situation des Irak schon vor dem Konflikt um Kuwait verheerend, so war sie nun ausweglos. Das UN-Embargo blieb in Kraft. Dem Land wurde jede, aber auch jede Möglichkeit verwehrt, sich aus eigener Kraft aus dem Sumpf zu ziehen, und sei es nur zentimeterweise.

Dabei waren die finanziellen Folgen nur die statistisch greifbare Facette der Katastrophe. Das Ausmaß der humanitären Tragödie übersteigt jedes Maß. Die Sanktionen mutierten zu einem Instrument der Bedrohung, ja der Vernichtung, das selbst die Auswirkungen des Krieges übertraf. Die Sanktionen gegen den Irak waren die unerbittlichsten und zerstörerischsten der Geschichte.[639] Sie töteten nach UN-Angaben 1,5 Millionen Menschen, die meisten davon Kinder (750 000 von ihnen unter fünf Jahren) und ältere Personen.[640] Auch die Wirtschaft des Landes wurde durch das Embargo in beispielloser Weise geschädigt. Das Bruttoinlandsprodukt (BIP) war 1993, zwei Jahre nach dem Krieg, beinahe auf das Niveau von 1960 abgesackt. Fast ein halbes Jahrhundert an Wirtschaftswachstum und allmählicher Verbesserung des Lebensstandards war damit zunichte gemacht.[641] Im übrigen tragen für die verheerenden Folgen der Sanktionen nicht allein die Vereinigten Staaten die Verantwortung. Auch die arabischen Nachbarstaaten des Irak spielten mit. Ohne ihr Zutun hätte das Embargo nicht funktionieren können. Der *Crescent International* merkte dazu an: »Im Alleingang wären die USA nie erfolgreich gewesen mit ihrer Aushungerungspolitik, der jeden Monat Tausende Iraker zum Opfer fallen. Ohne den Verrat, den die Nachbarstaaten des Irak begingen, wären die UN-Resolutionen nichts als Tinte auf weißem Papier geblieben. Dank Jordanien, der Türkei, dem Iran und den arabischen Golfstaaten bleiben die tödlichen Sanktionen so wirksam wie zum Zeitpunkt ihrer Verhängung.«[642]

Je mehr Zeit nach der Niederlage von 1991 verging, um so mehr wurde offensichtlich, daß die Aufrechterhaltung des Boykotts nichts mit dem Regime Saddam Husseins bzw. seiner Beseitigung zu tun hatte. Im Gegenteil, Saddam und seine Clique wurden durch die Sanktionen sogar gestärkt.[643] Brian Becker zog im Jahre 1998 folgendes Resümee:

»Ein Grund, weshalb die US-Regierung bis heute auf Sanktionen als einer Waffe ihrer Wahl besteht, ist der, daß der Boykott eine Form der Kriegführung ist – eine Form, fast so tödlich wie die eigentlichen militärischen Feindseligkeiten, aber stiller, weniger drastisch und weniger dazu angetan, einen Sturm des heimischen Protestes auszulösen. Das volle Ausmaß des Sterbens, Verblutens und Leidens bleibt der anderen Seite überlassen. Sanktionen sind ein spezifisches Mittel, das es erlaubt, den Krieg von 1991 ohne die Gefahr amerikanischer Verluste und eines Rückschlags in der öffentlichen Meinung in den USA fortzusetzen. Es handelt sich in Wirklichkeit um ein Massaker an Unschuldigen, aber im Zeitlupentempo.«[644]

Washington führte also noch immer Krieg, wenn auch leiser und unauffälliger. Der Vorteil der Sanktionen war, daß sich die Gegenstimmen in den USA auf ein Mindestmaß reduzieren ließen. Im Rückblick hat es den Anschein, als durchschauten nicht viele dieses perfide Spiel. Eine der wenigen kritischen Stimmen ist die von Monica Moorehead, die einen Blick hinter die Kulissen riskierte und mit ihrem Urteil der Wahrheit ziemlich nahe kam:

»Das eigentliche Ziel der Sanktionen gegen den Irak ist es, die Menschen kleinzukriegen und das gesamte Land zu schwächen, damit die USA schließlich dort hingehen und die Regierung durch ein Marionettenregime ersetzen können. Die Ölfirmen wünschen ein Vasallenregime, genau so wie in der guten alten Zeit vor der Revolution von 1958, die die alte Feudalmonarchie stürzte. Das wirkliche Ziel ist die Entstaatlichung des irakischen Öls, damit Golf, Exxon, Mobil, Citibank und Chase Manhatten wieder die Kontrolle übernehmen können. CLINTON und vor ihm BUSH dienten ganz grundsätzlich den Interessen dieser Großkapitalisten. Das ganze Gerede über Menschenrechte, Demokratie und die Rechte der kleinen Nationen ist einfach eine Attrappe, die aufgestellt wird, um die wirklichen Ziele zu verbergen.«[645]

Die letztendlichen Nutznießer der Sanktionen waren die großen und politisch einflußreichen US-Konzerne und Banken. Sie hatten das größte Interesse daran, SADDAM zu entmachten, das Land zu schwächen und am Ende ein willfähriges Marionettenregime zu installieren. Vor diesem Hintergrund sind auch die zahlreichen Nadelstiche sowie die fortgesetzten Luftangriffe der Alliierten in den Jahren nach 1991 zu interpretieren. SADDAM mußte weg.

Bereits im Juni 1992 - kein irakischer Soldat stand mehr auf kuwaitischem Gebiet, und die Sanktionen waren immer noch in Kraft - belegten US-Kampfflugzeuge Getreide- und Weizenfelder in der Nähe von Mossul im Nordirak mit Brandbomben.[646] Auch diese Perfidie hatte Methode. Schon während des Krieges hatten die Alliierten 80 Prozent der irakischen Lebensmittelproduktion im Zuge ihrer Bombenangriffe vernichtet.[647] Washington war sehr daran gelegen, daß der Irak von ausländischen Lebensmittellieferungen abhängig blieb, denn das gewährleistete Kontrolle. Eindeutig gegen die irakische Nahrungsmittelversorgung richtete sich auch das Verbot, landwirtschaftlich wichtige Produkte wie Pestizide und Düngemittel zu importieren.[648] In solchen Fällen lautete der oft gehörte Einwand, diese Chemikalien könnten zur Herstellung von biologischen und chemischen Waffen verwendet werden. Auf die bittere Ironie dieser Geschichte wurde bereits hingewiesen: Die einzigen waffenfähigen B- und C-Produkte, die die UN-Inspekteure auf Drängen Washingtons im Irak fanden, waren jene, die die USA selbst geliefert hatten. Dies wurde durch amerikanische Dokumente hinreichend bestätigt, etwa durch ein Bulletin aus der Feder von Ex-Senator Donald RIEGLE.[649] Unter dem Strich verstärkte die Politik der Lebensmittel-Importkontrolle nicht nur die irakische Abhängigkeit von der westlichen Agrarindustrie, sondern verschlimmerte vor allem die chronische Hungersnot im Land.

Während des Krieges hatte Washington behauptet, die US-Streitkräfte hätten alles in allem 4300 Panzer sowie 1856 bewaffnete Mannschaftstransporter zerstört. Das Pentagon bestätigte anhand von Videoaufnahmen, daß 1500 Panzer allein durch F-111-Kampfflugzeuge zerstört worden seien. Fast alle diese Flugzeuge verschossen lasergesteuerte DU-Geschosse, die insgesamt rund 900 Tonnen radioaktives Material im Irak verteilten. Nach Angabe von Ärzten ist diese Umweltbelastung für das Auftreten von Tumoren, Krebs, Leukämie und anderen Krankheiten verantwortlich.[650]

TEIL III

# Von den UN-Sanktionen zum dritten Golfkrieg

## Die neuerliche Aufrüstung der Golfstaaten durch die USA

Für die Gestaltung der Nachkriegsordnung am Golf bediente sich Washington eines klassischen und bewährten Mittels: Die USA lieferten Waffen. Es diente lediglich der Beruhigung der Gemüter, als Präsident BUSH nach dem Krieg verkündete, die gesamte Krisenregion müsse nun abrüsten. Für diejenigen, die tatsächlich gewillt waren, ihre Militärarsenale abzubauen, mußte diese Verlautbarung wie der reine Hohn klingen, denn nur eine Woche nach BUSHS volltönendem Appell schloß sein Verteidigungsminister Dick CHENEY einen der größten Rüstungsverträge ab, der jemals in der gesamten Großregion unterzeichnet worden war.[651] Schon am 7. März 1991, unmittelbar nach Einstellen der Feindseligkeiten, schlossen die USA mit den arabischen Golfstaaten einen Vertrag über die Lieferung von Rüstungsgütern ab, der ein Volumen von sage und schreibe 86 Milliarden Dollar hatte. Schon in den Wochen darauf rollten die Lieferungen an. Allein im Frühjahr 1991 trafen US-Rüstungsgüter im Wert von 30 Milliarden Dollar am Golf ein. Gleichzeitig hielt Washington demonstrativ an der Forderung fest, der Irak müsse seine Waffenarsenale verschrotten.[652]

Die größten Einkäufe tätigten die Saudis. Sie orderten Material im Werte von 25,6 Milliarden Dollar. Dann kamen die Kuwaitis mit 15 Milliarden, gefolgt von den Vereinigten Arabischen Emiraten, die für 10 Milliarden Dollar bestellten. Mehr als zwei Drittel aller Aufträge entfielen natürlich auf amerikanische Firmen.[653] Dabei hatte die Goldsträhne für die Rüstungsindustrie schon im Jahr zuvor begonnen, während die Golfkrise auf ihrem Höhepunkt war. Im August 1990 hatte die BUSH-Administration grünes Licht für die Lieferung von 150 Panzern des Typs ›M-60 A3‹[654], 72 F-15XP-Kampfflugzeugen[655] und 200 Boden-Luft-Raketen vom Typ ›Stinger‹ an Saudi Arabien gegeben. Gesamtwert: 2,2 Milliarden Dollar. Schon im September, ebenfalls noch vor dem amerikanischen Überfall auf die Iraker, hatte BUSH dann eine weitere Lieferung an die Saudis genehmigt: Panzer, Flugzeuge und Raketen im Wert von 21 Milliarden Dollar.[656] Dazu kamen weitere Milliardenaufträge für Instandhaltungsleistungen in der zehnfachen Höhe dieser Summen.[657]

Die gigantische Lieferung wurde 1993 abgeschlossen. Im selben Jahr kündigte der Kongreß den weiteren Verkauf von Rüstungsgütern an den Golf-Kooperationsrat an, diesmal in einem Umfang von 18 Milliarden Dollar.[658] Natürlich sorgten diese Waffenlieferungen für einige Unruhe in Israel. Also mußte auch Israel ruhiggestellt werden – mit Waffenlieferungen. Tel Aviv erhielt eine Tranche der heißersehnten US-Kampfhubschrauber ›Blackhawk‹ und ›Apache‹, außerdem einen erweiterten Zugang zu amerikanischen Aufklärungssatelliten im All und zu verschiedenen hochsensiblen US-Rüstungsprojekten.[659]

Diese breitgefächerten Waffenverkäufe in den Jahren 1992/93 bescherten nicht nur der amerikanischen Industrie volle Auftragsbücher. Sie unterstrichen auch die neue Rolle der USA nach dem Kalten Krieg und setzten zukunftsweisende Akzente, was die internationale Rüstungspolitik betraf.[660] »Seit 1990 sind die USA konkurrenzlos die Nummer eins im internationalen Waffenexportgeschäft. Ihren Anteil haben sie von 1989 bis 1990 von 8 auf 18,5 Milliarden Dollar gesteigert, also um 131% - 14 Milliarden davon gingen an Saudi-Arabien.«[661]

Washington war infolge des militärischen Sieges auch in der Lage, seine Militärpräsenz in der gesamten Region erheblich zu verstärken. Der Mittlere Osten glich einem permanenten Aufmarschraum der Amerikaner. Denn allenthalben blieben stattliche US-Kontingente zurück: 100 000 Soldaten insgesamt im Mittleren Osten, davon 15 000 in Saudi-Arabien, 30 000 in anderen Staaten des Golf-Kooperationsrates, 20 000 in Ägypten und 30 000 in der Türkei. Weitere Kontingente, die in diesen Zahlen nicht eingeschlossen sind, entfielen auf US-Stützpunkte in Marokko, Tunesien, Sudan, Somalia, Kenia sowie in weiteren Staaten Nord- und Ostafrikas.[662]

## Wie Maden im Speck – die Zwei-Klassen-Regime am Golf

Es gibt eine große Zeitbombe im Mittleren Osten. Das sind die sozialen Verhältnisse in den meisten örtlichen Scheich- und Fürstentümern. Die soziale Kluft zwischen Arm und Reich, zwischen Herrschern und Beherrschten wird immer größer. Sefik Alp BAHADIR schrieb bereits nach dem Golfkrieg 1991 über die Wirtschaftslage in den meisten arabischen Ländern: »In keinem anderen Teil der Welt ist der Unterschied zwischen ›arm‹ und ›reich‹ so groß wie innerhalb der ›arabischen Nation‹.«[663] Verschärft wird diese Situation dadurch, daß das Bevölkerungswachstum im gesamten Mittleren Osten groß ist und immer noch größer wird. Die arabische Bevölkerung hat sich innerhalb von 50 Jahren, zwischen 1930 und etwa 1980, von 53 auf 162 Millionen Menschen mehr als verdreifacht. Und das Wachstum steigt; lag es zwischen 1930 und 1980 noch bei etwa 2,2 Prozent jährlich, so stieg es zwischen 1980 und 1985 auf 3,24 Prozent an – das entspricht fast dem Doppelten des weltweiten Durchschnitts und übersteigt selbst den Durchschnitt in den Entwicklungsländern ( 2 Prozent) erheblich.

Mittlerweile zählt die gesamte Bevölkerung der arabischen Welt etwa 290 Millionen Menschen. Vor allem in Ländern mit mittleren oder niedrigen Einkommensverhältnissen – wie Ägypten, Marokko, Sudan oder Nordjemen - wirkt sich das starke Bevölkerungswachstum ungünstig aus.[664] Dabei wird in 20 Jahren vermutlich mit einer Bevölkerungszahl von etwa 450 Millionen Menschen zu rechnen sein, und dies in einer Region, die derzeit das weltweit geringste Wirtschaftswachstum verzeichnet, die Sahelzone ausgenommen. Ein weiterer Belastungsfaktor liegt auch in der Tatsache begründet, daß die Bildungsquote niedrig ist, weil die Hälfte der weiblichen Bevölkerung aus Analphabeten besteht.[665] Auch die regionale Verteilung der Bevölkerungsmassen ist problematisch: Mehr als die Hälfte der gesamten arabischen Bevölkerung, nämlich 115 von 194 Millionen (Stand: 1993) konzentriert sich auf die vier kapitalarmen Länder Ägypten, Marokko, Algerien, und Sudan. Gleichzeitig gestattet die Landesnatur menschliche Siedlungen bzw. größere Bevölkerungskonzentrationen nur in den großen Flußoasen des Nils, des Euphrat, des Tigris und des Orontes in Syrien sowie an den Küsten des Mittelmeeres und des Roten Meeres. Zwischen diesen Räumen liegen riesige, nahezu unbewohnbare Wüsten, die den Aufbau jedweder Verkehrsinfrastruktur besonders kostspielig machen.[666]

Weltwirtschaftlich gesehen spielt Arabien heute eine Randerscheinung: Alle 22 arabischen Nationen erwirtschaften zusammen ein Bruttoinlandsprodukt, das knapp über dem Spaniens, der fünftgrößten Volkswirtschaft Europas, liegt. Man beachte dabei die Bevökerungszahl: 40 Millionen Spanier gegenüber 300 Millionen Arabern.

Die Gründe für diese katastrophale Entwicklung sind in erster Linie bei den korrupten Herrschern zu finden, die ausschließlich auf ihr eigenes Wohl bedacht sind. Sie werden vom Westen, der sich die Bodenschätze der Region aneignen will, konsequent unterstützt. Während der gesamten kolonialen Zeit arbeiteten die europäischen Kolonialmächte (vor allem Großbritannien und Frankreich) auf die Schaffung neuer Staaten hin, die ohne westliche Unterstützung kaum überlebensfähig waren/sind. Zuvor hatten sich diese Großmächte in die Politik des Osmanischen Reiches derart konspirativ eingemischt, daß sein Zusammenbruch zwangsläufig eintreten mußte.

Alle Nationen des Mittleren Ostens sind daher Kunstgebilde, die absichtlich so gestaltet wurden, daß immer eine kleine ethnische Minderheit dort das Sagen hat, die aber anfällig für Staatsstreiche ist und daher auf den Westen für ihr eigenes Überleben angewiesen ist. Gleich, ob die Alewitten in Syrien (rund 11 Prozent der Bevölkerung), die Sunnis im Irak (etwa 35 Prozent), das Herrscherhaus der Sauds in Saudi Arabien (eine absolute Minderheit) oder andere Eliten in der gesamten Region, alle bilden eine winzige Minderheit, die, wie gesagt, ohne die Unterstützung des Westens keinen Tag länger regieren kann, da sie wegen ihrer Unterdrükkungspolitik im Volk verhaßt sind. Auch die Staatsgrenzen sind so gezogen worden, daß verschiedene ethnische und religiöse Gruppen auseinandergerissen wurden, damit sie die Herrscherelite nicht beseitigen. Bestes Beispiel sind die Kurden, die in fünf verschiedenen Staaten leben müssen.

Eine weitere Strategie des ›Teile und herrsche‹ war die Schaffung etlicher kleiner Scheichtümer am Golf, die über reiche Ölvorkommen verfügen, dafür aber militärisch und demographisch völlig unbedeutend sind, so daß sie auf westliche Hilfe in Sachen Sicherheit angewiesen sind. Damit hat der Westen die ganze Region in seine Abhängigkeit gebracht. War der Westen früher in erster Linie mit Großbritannien und Frankreich gleichzusetzen, so sind es inzwischen die USA, die seit den sechziger Jahren einen sehr starken Einfluß auf alle arabischen Nationen ausüben und sie kontrollieren. Für die USA hatte der Mittlere Osten keineswegs nur die Funktion eines Bollwerks, wie im Kalten Krieg betont wurde. Neben dem Faktor Erdöl spielte die Markterschließung der Region stets eine wesentliche Rolle. Geostrategisch stellte die Region immer einen sehr wichtigen Brückenkopf zwischen Asien und Europa einerseits sowie zwischen Asien und Afrika andererseits dar. Dies schließt nicht einmal den Faktor Israel mit ein, der in der US-Außenpolitik stets eine Sonderposition einnahm.

Nach dem Kalten Krieg haben die USA mit massiven Waffenverkäufen an arabische Staaten erheblich zur weiteren Instabilität in der Region beigetragen. Vor allem ihre maßgebliche Unterstützung gegenüber Israel führte dazu, daß die Araber ständig neue Waffen von Washington kaufen müssen, um nicht vom jüdischen Staat eines Tages, wie im Sechstagekrieg geschehen, überraschend und vernichtend überfallen zu werden.

Das erzeugt Dauerkonflikte zwischen den verfeindeten Parteien. Auch Israel ist ein Kunstgebilde, das ohne die Dauerhilfe des Westens (vorwiegend der USA und der Bundesrepublik Deutschland) nicht überleben kann. Sowohl die Konflikte als auch die Tatsache, daß alle Staaten und deren Herrschereliten ohne die Hilfe von außen kaum überleben können, verleihen der USA die nötige ›Legitimität‹, wenn nötig in die Angelegenheiten dieser Staaten eingreifen zu können. Damit dies so blieb, setzten die Amerikaner von jeher auf die Erhaltung des Status quos in der Region. Erst als der Widerstand gegen die US-Politik in der gesamten arabischen Welt zunahm (Irak, Intifada usw.), strebten die USA eine vollständige ›Neuordnung‹ der Region an, die aber vorerst geheimblieb.

## Warum es im Mittleren Osten keinen Frieden geben wird

Der Ausgang des Golfkrieges 1991 änderte an der instabilen politischen Gesamtlage im Mittleren Osten – und insbesondere am schwelenden Palästina-Konflikt – nichts. Auch die US-Außenpolitik blieb in den 13 Jahren zwischen dem zweiten und dem dritten Golfkrieg im wesentlichen konstant: Der Irak war regelmäßiges Opfer britischer und amerikanischer Luftangriffe, eine Tatsache, die durch den Umstand nicht in Vergessenheit geraten sollte, daß die Massenmedien kaum noch davon Notiz nahmen. Unverändert blieben auch die Sanktionen in Kraft. Sie töteten Zehntausende, was das ansonsten pathetische Menschenrechtsgehabe des Westens allerdings nicht weiter befremdete.

Bei den arabischen Massen sind Wut, Verzweiflung und Resignation inzwischen groß. Israel etwa, einer der großen Brennpunkte der Dauerkrise, wird mittlerweile von einer Art permanentem Bürgerkrieg zwischen Palästinensern und israelischen Besatzern heimgesucht. Eine politische Lösung ist nicht in Sicht, und die unverhohlene Parteilichkeit der USA, die auf der Seite Israels stehen, vermag in der arabischen Welt niemanden mehr von den ehrlichen Absichten Washingtons zu überzeugen. Die überwiegende Mehrheit der Araber ist vielmehr davon überzeugt, daß die USA Israel bis zuletzt unterstützen und verteidigen werden. Die Folge ist die Radikalisierung der arabischen Seite, zumal sie auf Erfolge verweisen kann. So ist es der Hamas gelungen, die ehedem gefürchteten israelischen Streitkräfte aus dem Grenzgebiet im Libanon zu vertreiben; fast täglich gehen Berichte von Selbstmordattentaten gegen Israel um die Welt. Die israelische Seite reagiert mit wahlloser Vergeltung und läßt zivile Ziele in den besetzten Gebieten von Kampfflugzeugen und Hubschraubern bombardieren.

Der palästinensisch-israelische Konflikt eskaliert und scheint heute in einem Stadium angelangt, das politische Lösungen ausschließt. Dennoch hat sich das strategische Szenario gewandelt. 1991 bombten die USA - mit Billigung und Unterstützung Israels - den Irak nieder. Heute findet der Krieg innerhalb der israelischen Staatsgrenzen statt. Zum ersten Mal in seiner Geschichte sieht sich Israel genötigt, ›eigenes‹ Territorium zu bombardieren. Und es ist eine offene Frage, ob Israel die besetzten Gebiete angesichts der Dauer-Intifada behalten wird. In diesem Konflikt ist auch Israels atomares Arsenal völlig nutzlos. So bleibt die Prognose eher düster. Der ehemalige schwedische Ministerpräsident Bildt wagte eine Voraussage, die viel für sich hat, auch wenn sie keinen Grund zur Hoffnung gibt: »Es werde voraussichtlich... in den nächsten Jahren ›eine Reihe von Explosionen oder Implosionen politischer und sozialer Natur‹ in mehreren Ländern der Region geben.«[667]

## Amerikas fehlgeleitete Israelpolitik

Israel hatte seit seiner Gründung nach dem Zweiten Weltkrieg stets die Unterstützung des Westens. Während der Rückhalt zunächst vor allem aus Großbritannien kam, das Mandatsmacht in Palästina war, reihten sich in den fünfziger Jahren auch Frankreich und Deutschland in die Front der Unterstützer ein. Die Bundesrepublik konnte dabei bequemerweise wegen der Judenverfolgung im Dritten Reich in die Pflicht genommen werden, weshalb seit der Regierungszeit Adenauers gigantische Wiedergutmachungszahlungen in Richtung Israel flossen. In den sechziger Jahren übernahm dann Washington die Rolle des großen Schützers und Helfers.

Einer der derzeit prominentesten Kritiker der amerikanischen Außen- und Weltpolitik ist Noam CHOMSKY. Er bezeichnete den Judenstaat einmal als Amerikas stationären Flugzeugträger im Mittleren Osten – eine überaus zutreffende Umschreibung der Rolle, die Israel im Kalkül der amerikanischen Hintergrundeliten spielt. Es ist schließlich ein offenes Geheimnis, daß die tonangebenden Kreise in beiden Ländern in den entscheidenden Fragen am gleichen Strang ziehen. Und es gehört zu den Kernpunkten der diskreten Allianz, daß die USA bis auf weiteres ihre schützende Hand über den Judenstaat halten, während dieser umgekehrt in der Region jene Aktionen ausführt, die im amerikanischen Interesse liegen, aber nicht immer und unter allen Umständen von den USA selbst in die Wege geleitet werden können. Es ist eben oft einfach opportuner für die US-Führung, im Konfliktfall auf israelische Soldaten zurückgreifen zu können, als die eigenen ins Feuer schicken zu müssen. Eigene Verluste sind nun einmal in der amerikanischen Öffentlichkeit sehr unpopulär, das weiß man im Weißen Haus spätestens seit dem Vietnamkrieg. Andererseits ist es nicht immer ausgemacht, daß Washington umgekehrt auch auf Israel wird zählen können. Denn selbst in Israel beginnt es sich herumzusprechen, daß die Politik der ständigen Konfrontation nicht das Gelbe vom Ei ist. Der Dauerkonflikt mit den Arabern schadet Israel inzwischen mehr, als er nützt. Die Zahl der Kriegs- und Konfliktgegner wächst, auch wenn das Thema in den Massenmedien bislang noch eher stiefmütterlich behandelt wird.

Möglicherweise wird aber auch Washington unter Zugzwang geraten, was seine Israel-Politik angeht. Dafür sprechen handfeste ökonomische Gründe. Israel macht zur Zeit die schlimmste Rezession seit seiner Gründung vor über einem halben Jahrhundert durch. Als am 20. März 2003 die Summe von zehn Milliarden Dollar an Wirtschaftshilfe aus den USA überwiesen wurde, war das Rettung im letzten Augenblick. Die Ursachen der Krise sind mit Händen zu greifen. Die Intifada kostet Geld, sehr viel Geld, und im übrigen ist auch Israel von der weltweiten Rezession betroffen, und das bereits im dritten Jahr in Folge.[668] Aber auch der Dollar ist in Zukunft womöglich nicht mehr der Rettungsanker für alle Fälle. In den letzten zwölf Monaten hat die US-Währung gegenüber dem Euro massiv an Wert verloren. Und der Abstieg geht weiter. Experten äußern bereits vereinzelt die Ansicht, daß die Tage des Dollars gezählt seien. Dann hat auch Israel ein Problem mehr.[669]

## Amerikas gescheiterte Irakpolitik

Schon unter Präsident CLINTON (1992–2000) fungierte SADDAM HUSSEIN als Dauerbösewicht. Lückenlos wurden die drakonischen Sanktionen der ersten BUSH-Regierung fortgesetzt. Allerdings war die CLINTON-Administration nicht bereit, einen Regimewechsel im Irak im Zuge einer neuerlichen militärischen Auseinandersetzung herbeizuführen. Washington verlegte sich jetzt auf eine Taktik der ständigen Zermürbung. Fast täglich kam es zu Luftangriffen der Alliierten. Dabei forderten die Sanktionen ohnehin mehr als genug Opfer. Bis Ende der neunziger Jahre, das ergaben Untersuchungen, von denen weiter oben bereits die Rede war, starben an den Auswirkungen des UN-Boykotts rund 1,5 Millionen Iraker. Wenn diese Zahl zutreffend ist, würde dies bedeuten, daß rund fünf Prozent der irakischen Bevölkerung durch die Sanktionen umgebracht wurde.[670]

Die Weltmeinung war vom Boykott und von der Irak-Politik Washingtons alles andere als angetan. Das Weiße Haus war auf dem besten Wege, den Propagandafeldzug zu verlieren.[671] Sogar die Vereinten Nationen rückten schließlich von ihrer amerikatreuen Position ab. Denis Halliday, der britische Hauptkoordinator für die humanitären Maßnahmen der Vereinten Nationen, zeigte sich in der Öffentlichkeit schockiert über das Ausmaß der genozidartigen Sanktionen und trat von seinem Amt zurück. Ihm folgte schon wenig später, im Februar 2000, der Deutsche Hans von Sponeck, der Hallidays Nachfolge angetreten hatte. Sponeck richtete heftige Kritik an die Adresse der Vereinten Nationen und warf die Frage auf, wie lange die irakische Zivilbevölkerung noch Opfer von Repressionen sein solle, für deren Ursachen sie nicht verantwortlich sei. Nur zwei Tage später, am 15. Februar, trat auch Jutta Burghardt, Leiterin des Ernährungsprogramms der Vereinten Nationen im Irak, zurück und ließ die Journalisten wissen, sie könne nicht mehr mit ansehen, was dem irakischen Volk angetan werde.

Die Kritiker der amerikanischen Irak-Politik bekamen durch diese Rücktritte noch mehr Rückenwind. Nach und nach begann sich eine Bewegung zu formieren, die sich jetzt bestätigt sah. Schon seit Beginn der Sanktionen hatten ihre Wortführer behauptet, die USA verstießen mit ihrer konspirativen, ja kriminellen Irak-Politik gegen internationales Recht und trügen dazu bei, daß der Genozid am irakischen Volk fortdauere.[672]

Am 16. November 2000 mußte selbst das State Department zugeben, daß die Sanktionen gescheitert seien. Der offzielle Grund dafür war aber nicht das unendliche Leid, das der Boykott angerichtet hatte, sondern die Untauglichkeit der Sanktionen, den Sturz Saddam Husseins herbeizuführen. Dennoch war es zweifellos ein großer Fortschritt, daß nun sogar offiziell eingeräumt wurde, die Sanktionen hätten »den einfachen Irakern verheerendes Leid zugefügt«.[673]

Aber der Boykott war auch in praktischer Hinsicht gescheitert. Denn immer mehr Länder hatten die Sanktionen einfach ignoriert und hatten versucht, ihre Handelsbeziehungen mit Bagdad wiederaufzunehmen.[674] Um die Wende zum neuen Jahrhundert blies Washington sogar im UN-Sicherheitsrat der Wind ins Gesicht. Neben Rußland ergriffen jetzt auch Frankreich und Deutschland Partei für Bagdad; auch China schloß sich ihnen immer häufiger an. Verschärft wurden die transatlantischen Meinungsverschiedenheiten durch die Debatte um das amerikanische Raketenabwehrsystem, das vor allem von den US-Republikanern mit Nachdruck verteidigt wurde. Der Rest der Welt lehnte es generell ab. Auch nahe Verbündete Washingtons ließen durchblicken, daß mit dem geplanten Raketenschutzschild wohl in erster Linie das Ziel verfolgt werde, Amerika unumstritten zur Hegemonialmacht Nummer eins zu machen.

Es gab aber noch andere Reibungspunkte. Durch ihre Ablehnung, die Arbeit des Internationalen Gerichtshofes zu unterstützen und sich ihm im Zweifelsfall auch selbst zu unterwerfen, riefen die USA weitere Kritiker auf den Plan - und dies, nachdem sie zuvor bereits ihre Kooperation mit dem Tribunal zugesagt hatten. Auch diese Haltung mußte hegemoniale Assoziationen wecken.

Unter dem Strich hatte die amerikanische Irak-Politik im Jahre 2000 nicht nur versagt; sie lag vielmehr gänzlich in Trümmern. Für die Republikaner lag es auf der Hand, daß Clinton in Sachen Irak alles falsch gemacht hatte, was man nur falsch machen konnte. Sie setzten auf George Bush jr. Schon im Januar 1998 hatte eine Gruppe prominenter Amerikaner, die meisten von ihnen Republikaner, einen offenen Brief an Clinton geschrieben und dabei unwillkürlich einige Züge der künftigen - und ungleich aggressiveren - Irakpolitik unter einem Präsidenten Bush jr. offengelegt. In dem Schreiben wurde Clinton unter anderem die »Annahme einer Strategie [geraten], die ›vor allem, darauf abziele, Saddam Husseins Regime... zu beseitigen‹«. Die Verfasser hoben auch hervor, daß die USA in Sachen Sanktionen nicht länger auf die Golfstaaten zählen könnten, wenn es nur darum gehe, Saddam vom Bau von Massenvernichtungswaffen abzuhalten. Die Lage am Golf wurde übertrieben dargestellt und als alarmierend bezeichnet. Der Brief unterstellte, es gebe keine Sicherheit mehr für die dort stationierten US-Truppen, für Israel und die gemäßigten arabischen Staaten, zumal der Irak einen bedeutenden Teil der internationalen Ölströme bedrohe. Dann folgte die apodiktische Bemerkung: »Die Sicherheit der Welt im ersten Teil des 21. Jahrhunderts wird größtenteils davon abhängen, wie wir mit dieser Bedrohung fertig werden.«[675] Am Schluß faßten die Unterzeichner des Briefes ihren Appell in einer Quintessenz zusammen: »Dies bedeutet, daß der US-Präsident seine Bereitschaft zeigen müsse, ›militärisch einzugreifen, da die Diplomatie eindeutig am Scheitern ist... Dies bedeutet, daß Saddam und sein Regime beseitigt weden müssen‹.«[676]

Der Brief ist nicht nur aus inhaltlichen Gründen von einigem Interesse. Seine Unterzeichner sollten bereits wenige Jahre später wichtige und zentrale Posten unter Bush bekleiden. Die Liste liest sich wie ein ›Who is who‹

der nächsten amerikanischen Regierung: Donald Rumsfeld, Paul Wolfowitz, Richard Perle, Richard Armitage, John Bolton, Zalmay Khalilzad, Robert Zoellick, Elliot Abrams und noch eine Reihe anderer.[677] Sie warteten nur auf den Zeitpunkt zum Losschlagen.

## 2001: Bush jr. übernimmt die Kontrolle

Was dann folgte, wirkte in vielerlei Hinsicht wie die Neuverfilmung eines alten Drehbuches. Denn als George W. Bush unter dubiosen Umständen den Sprung ins Weiße Haus schaffte, waren erneut zahlreiche jener Drahtzieher wieder mit von der Partie, die bereits unter Bush sen. die Konfrontation mit dem Irak vorangetrieben hatten. Die besondere Perfidie des Falles liegt in der Tatsache, daß Bush die Präsidentschaftswahl gar nicht gewonnen hatte. Präsident wurde er nur durch »eigenwillige Wahlgesetze und eine Entscheidung des Obersten Gerichtshofes«.[678]

Das Nachrichtenmagazin *Der Spiegel* befand gleich nach Bushs Ernennung: »Der 43. Präsident ist einem Machtkartell aus Wirtschaftsinteressen und ideologischen Hardlinern verpflichtet.« Das traf zweifellos den Kern der Dinge. Bushs Verbindungen spiegelten sich bereits bei der Verteilung der Ämter im neuen Kabinett wider. Dick Cheney, Haudegen im Golfkrieg 1991, war damals Verteidigungsminister gewesen, außerdem Vizepräsident unter Bush sen., vor allem aber in der Zwischenzeit Topmanager beim Ölkonzern Halliburton.[679] Cheney bezog während der Golfkrise »vehement Stellung für den Krieg und gegen Powell. Auch heute säße der Mentor von Bush jr. wohl am längeren Hebel, um sich bei Meinungsverschiedenheiten durchzusetzen«.[680] Unter Insidern wird Cheney gelegentlich als der »heimliche Premierminister« der neuen Regierung gehandelt.[681] Seinen und den Einfluß von Bush-Berater Karl Rove charakterisierte erst kürzlich der ehemalige US-Finanzminister Paul O'Neil mit den Worten: »Bush erscheint als Marionette an den Drähten des Beraters Rove und des machtbewußten Vizepräsidenten Dick Cheney.«[682]

Das neue Bush-Team mutet wie eine Neuauflage des alten an. Außenminister ist Colin Powell, der im Golfkrieg unter Bush sen. Generalstabschef war. Donald Rumsfeld war vordem schon einmal Chef des Pentagon, hat dieses Amt unter Bush jr. erneut inne. Condoleezza Rice, derzeit Sicherheitsberaterin im Weißen Haus, gehört ebenfalls schon lange zur engeren Bush-Entourage.[683]

Seitdem sie im Weißen Haus das Sagen haben, ließen Bush jr. und seine Berater keinen Zweifel daran, daß es eine härtere Gangart dem Irak gegenüber geben würde. Nur wenige Wochen nach seiner Amtsübernahme gab Bush Anweisung, intensiver als bisher irakische Milizen auszubilden und für einen Umsturz in Saddams Reich zu trainieren.[684] Auch Außenminister Colin Powell ließ sich nicht viel Zeit und kündigte ganz im Sinne seines Chefs schon am 17. Januar 2000 an, daß die künftige Regierung einen schärferen Kurs gegenüber Bagdad einschlagen würde als die alte.[685] Außerdem werde es noch mehr Sanktionen geben, selbstverständlich werde das Nationale Raketenabwehrsystem aufgebaut werden, und die ›Feinde Amerikas‹, nämlich der internationale Terror, müßten sich auf einen entschlossenen Kampf einstellen.[686] Powell verkündete: »Gegenüber Saddam müssen wir fest bleiben. Und wachsam.«[687] Damit war alles gesagt, und der Massenmord an der Zivilbevölkerung konnte weitergehen.[688] Die Welt wußte, woran sie mit der neuen Administration war.

Am gleichen Tag, als George W. Bush seine Amtsgeschäfte im Weißen Haus aufnahm, ließ die Regierung in Bagdad verlauten, sie werde »legitime amerikanische Interessen nicht bedrohen«. Es war ein Testballon, ob es mit der neuen Regierung eher möglich sein würde, zu einer Annäherung zu gelangen.[689] Bushs Antwort ließ nicht lange auf sich warten. Ein paar Tage nach seiner Amtseinführung ließ Bush Taten sprechen: Am 16. Februar 2001 fielen bereits wieder amerikanische Bomben auf den Irak. Die Aktion war mit London abgestimmt, andere europäische Verbündete wurden nicht einmal informiert. Bush stellte die Aktion als reine Routineangelegenheit dar. In Wirklichkeit war es seine erste Entscheidung von internationalem Gewicht. Das Echo fiel ziemlich einhellig aus. Nicht nur Rußland, China und die meisten arabischen Länder empfanden die Botschaft aus dem Weißen Haus als verfehlt. Auch in den Augen einiger europäischer Verbündeter wirkte das Gebaren des neuen Präsidenten wie der Auftritt eines »anmaßenden Weltpolizisten«.[690] In der arabischen Welt wurde der Luftschlag als Akt einer »egozentrischen Übermacht« interpretiert, der »Züge eines rabiaten Unilateralismus« offenbare.[691] Außerhalb der USA und Großbritanniens war die Reaktion auf die Angriffe fast einstimmig ablehnend.[692] Auch die Erklärung aus dem Pentagon, es habe sich um eine Verteidigungsmaßnahme gehandelt, vermochte nicht zu befriedigen, da diese Floskel auch in der Vergangenheit stets bemüht worden war, um amerikanische Übergriffe auf souveräne Staaten zu rechtfertigen. Es gibt auch eindeutige Indizien dafür, daß die US-Flugzeuge in der sogenannten ›Flugverbotszone‹ vorsätzlich Manöver ausführten, die die irakische Bodenabwehr provozieren mußten. Ein amerikanischer Kampfpilot, Mike Horn, der Anfang der neunziger Jahre Einsätze auf dem bewährten Kampfbomber F-15 flog, erklärte freimütig: »Manchmal flogen wir so, daß wir sie provozierten, als erste auf uns zu schießen.«[693] Diese Feststellung entlarvt die Routineaussage aus dem Pentagon als reine Propagandalüge.

Insgesamt waren an dem Luftschlag am 16. Februar 2001 80 amerikanische und britische Flugzeuge beteiligt, die fünf Ziele im Norden und Süden von Bagdad zerstörten. Einen Tag zuvor hatte George W. Bush die Bombardierungen mit seiner Unterschrift abgesegnet.[694] Aber schon zuvor, nämlich auf BUSHS erster Kabinettssitzung am 30. 1. 2001, gerade einmal zehn Tage nach seiner Ernennung zum Präsidenten, stellten Sicherheitsberaterin RICE und Verteidigungsminister RUMSFELD den Antrag, »unsere militärischen Optionen zu prüfen«. Es war ganz offenbar ein abgestimmtes Vorgehen. Denn zwei Tage später fand der vormalige US-Finanzminister O'NEIL unter seinen Papieren einen »Politisch-Militärischen Plan für die Irak-Krise nach dem Sturz Saddams«, der als ›geheim‹ abgestempelt war.[695]

Die Luftangriffe waren ein eindeutiges politisches Signal. Die Angriffe waren nämlich die ersten nach zwei Jahren, die außerhalb der Flugverbotszonen erfolgten.[696] Außerdem hatte sich Bagdad in der Zwischenzeit an die Vereinten Nationen gewandt, in der Hoffnung, in New York endlich eine Aufhebung der Sanktionen zu erreichen. Diesbezügliche Gespräche sollten etwa zehn Tage nach dem 16. Februar stattfinden. Geplant war ein Zusammentreffen zwischen Kofi ANNAN und dem irakischen Außenminister Sayid AL-SAHAF. Außerdem sollte der neue US-Außenminister Colin POWELL kurze Zeit nach dem vorgesehenen Termin der Bombardierungen in den Mittleren Osten reisen. BUSHS Luftschlag machte dann alle diese Bemühungen hinfällig.[697]

Der letzte Luftangriff dieser Art war ein massiver Angriff im Dezember 1998 gewesen, den Präsident CLINTON den Israelis zuvor zugesagt hatte.[698] Der Paukenschlag der neuen Regierung im Februar 2001 kam zu einem Zeitpunkt, als sich die öffentliche Meinung in der arabischen Welt zunehmend gegen die Sanktionen der Vereinten Nationen richtete und in der Region der Wunsch lauter wurde, den Handel mit Bagdad wiederaufzunehmen.[699] Nicht nur Syrien und andere arabische Staaten, sondern auch Rußland und China sprachen sich für ein Ende des Boykotts aus.[700] Syrien, Jordanien und Ägypten hatten bereits wieder Handelsverträge mit Bagdad unterschrieben.[701] Delegationen von Dänemark bis zur Türkei gaben sich in Bagdad die Klinke in die Hand, um den Wirtschaftsverkehr wieder zu normalisieren. Das ägyptische Handelsvolumen mit dem Irak übertraf zu diesem Zeitpunkt bereits das russische. Sogar mit dem Erzfeind Syrien kam ein Abkommen über die Einrichtung gemeinsamer Freihandelszonen sowie über eine Ölpipeline zustande. Der Zugverkehr zwischen beiden Ländern rollte längst wieder normal. Selbst Saudi-Arabien hatte die Grenzübergänge wieder geöffnet.[702] Zwar hatte das Königshaus sein Mißtrauen SADDAM gegenüber nicht abgelegt, doch die Beziehungen zu Bagdad hatten sich mit den Jahren wieder deutlich verbessert.[703]

Syrien schloß Ende August 2002 Verträge über drei gemeinsame Industrieprojekte mit dem Irak ab, die zusammen ein Volumen von 500 Millionen Dollar umfaßten. Die Türkei verhandelte über Projekte in Milliardenhöhe. Auch Rußland stand in Verhandlungen über ein Geschäft im Gegenwert von rund 40 Milliarden Dollar.[704] Alle diese Geschäftsbeziehungen kamen zusätzlich zum alltäglichen Schmuggelhandel zustande, der sich zwischen dem Irak und der Türkei, Jordanien, dem Iran und Syrien entwickelt hatte. Die großen Verlierer bei alledem waren zweifellos die Amerikaner, da ihnen von Bagdad nach wie vor verboten wurde, Geschäfte im Irak zu tätigen.

Besonders Ägypten, neben Israel der wichtigste strategische Partner Washingtons in Nahost, fühlte sich durch den Angriff am 16. Februar düpiert, denn der Luftschlag fand fast zeitgleich mit dem Besuch einer hochrangigen äyptischen Wirtschaftsdelegation in Bagdad statt. Im Weißen Haus konnte dieser Besuch zwar als »unverhohlene Geste der Solidarität mit SADDAM« interpretiert werden, wie hinter vorgehaltener Hand zu hören war,[705] doch das machte die Sache nicht besser. Der Luftschlag war eine Provokation.

Daß sich die Koalition der Irak-Gegner unter den arabischen Ländern so gut wie aufgelöst hatte, bewies nicht zuletzt die Einladung einer irakischen Delegation zum Arabischen Gipfel im Oktober 2000. Zehn Jahre lang waren die Iraker dort ausgesperrt gewesen. Fast täglich flogen Geschäftsleute nach Bagdad, um lukrative Wiederaufbauverträge abzuschließen.[706] Und das große Ölgeschäft winkte erst noch. Anglo-amerikanische Untersuchungen ließen darauf schließen, daß die ergiebigsten Ölreserven der Welt noch unter dem Sand der irakischen Wüste auf ihre Erschließung warteten.[707]

Selbst enge Alliierte Washingtons waren um diese Zeit nicht mehr vom Zweck des strikt anti-irakischen Kurses der USA zu überzeugen. Sogar Kuwait, zehn Jahre zuvor Schützling Washingtons nach dem irakischen Überfall, ließ einige Tage vor dem elften Jahrestag der irakischen Invasion durch seinen Außenminister Scheich Muhammad AL-SABAH mitteilen, daß »das Emirat gegen einen US-Angriff auf den Irak ist«. Auf die Gefahr einer neuerlichen irakischen Aggression angesprochen, sagte der Außenminister: »Keiner wünscht dem brüderlichen Irak irgendwelche Schäden. Wir wünschen den brüderlichen Menschen des Iraks keinen Schaden.«[708] Diese Äußerung lief auf eine 180 Grad-Wendung der kuwaitischen Politik hinaus. Auch in dem schwerreichen Öl-Scheichtum setzte sich die Einsicht durch, daß ein Ausgleich mit dem irakischen Nachbarn die beste Lösung sei. Man würde sich nicht immer auf die Rückendeckung der Amerikaner verlassen können.

Die US-Streitkräfte waren bei ihrer Taktik der ständigen Nadelstiche auf ihre Luftwaffenstützpunkte in der Region angewiesen. Diese wurden in den betroffenen Ländern immer kritischer betrachtet. Sowohl in Kuwait als auch in Saudi-Arabien und in der Türkei waren die amerikanischen Luftwaffenbasen umstritten, zumal allgemein bekannt war, daß die Amerikaner von ihnen aus ihre Angriffe auf irakisches Territorium flogen. Saudis wie Türken unterhielten längst wieder Wirtschaftsbeziehungen mit dem Irak und sahen diese durch die amerikanischen Eigenmächtigkeiten nur ungern Belastungen ausgesetzt. Es war offensichtlich, daß Washington den Druck erhöhen mußte, um die Kuwaitis dazu zu bringen, die Stützpunkte auf ihrem Gebiet weiterhin zur Verfügung zu stellen. Schon der Ausfall der Saudis und die distanzierte Haltung der Türken, die keinen Krieg mit dem Irak wollten, bedeuteten herbe Rückschläge für die amerikanische Eskalationsstrategie. Washington mußte registrieren, wie unpopulär der neue Konfliktkurs bei den Betroffenen war.

Auch im Sicherheitsrat der Vereinten Nationen bröckelte die amerikanische Position. Denn die Russen weigerten sich, die Aufrechterhaltung der Sanktionen zu billigen. Zu guter Letzt schaltete sich sogar Saddam Hussein selbst wieder ins Geschehen ein, drehte den irakischen Ölhahn zeitweise ab und drohte, das irakische Öl von einem ohnehin unterversorgten Weltmarkt fernzuhalten.[709] Diese Geste konnte Washington schwerlich hinnehmen. Kein Geringerer als Präsident Bush hatte in der Öffentlichkeit die Tatsache angesprochen, daß die Vereinigten Staaten täglich 600 000 Barrel Öl aus dem Irak bezogen.[710]

Es zeichnete sich ab, daß die von den Neokonservativen zu verantwortende Außenpolitik Washingtons auf lange Sicht zum Scheitern verurteilt war. Denn sie erwies sich innerhalb kürzester Zeit als kurzsichtig und perspektivlos. Natürlich zweifelte niemand an den militärischen Fähigkeiten der Supermacht USA, die im Ernstfall alle Konkurrenten in der Region aus dem Feld schlagen konnte. Aber die Probleme würden immer erst nach dem Krieg beginnen. Jeder, der klar denken kann, konnte erkennen, daß Washington keine plausiblen Langfristkonzepte besaß. Schon das US-Engagement in Afghanistan begann innerhalb kürzester Zeit aus dem Ruder zu laufen. Die US-Truppen erwiesen sich als lediglich imstande, die Hauptstadt Kabul zu besetzen und notdürftig zu sichern, doch das restliche Land entzog sich ihrem Zugriff. Die amerikanischen Verluste am Hindukusch seit Ende der Luftangriffe sind hoch und schmerzhaft. Ein Ende des Guerillakrieges ist nicht abzusehen, und zu gewinnen ist dieser Kampf für die High-Tech-Weltmacht Nummer eins auch nicht. Ganz ähnlich verläuft die Entwicklung im Irak. Seit Ende des ›heißen‹ Krieges im Frühjahr 2003 kommt es dort im Schnitt jeden Tag zu bewaffneten Überfällen auf US-Soldaten. Jeden Tag kommt durchschnittlich ein Amerikaner ums Leben. Die Besatzungstruppen stehen den Anschlägen relativ hilflos gegenüber.

Hier wie dort, in Afghanistan wie im Irak, ist die Lage alles andere als sicher. Die Situation kann jederzeit eskalieren, doch das Pentagon verfügt nicht über Pläne für eine effiziente Befriedung der Krisenherde. Im übrigen gilt dieser Befund – mit anderen Vorzeichen – auch für Palästina, wo jeder Frieden illusorisch bleibt, ob mit oder ohne Beteiligung der USA.

Auch dort hält niemand mehr die USA für fähig, eine ernst zu nehmende Friedenslösung herbeizuführen.

Insofern war der Luftschlag vom 16. Februar 2001 auch mehr als nur eine militärische Maßnahme. Er war eine volltönende Absage an jede Form diplomatischer Konfliktbewältigung. BUSH jr. schwenkte auf den Konfrontationskurs seines Vaters ein. Nicht umsonst wird in der Washingtoner Szene erzählt, daß BUSH sen. seinem Sohn mit Erfahrung und Rat zur Seite steht. Einen Unterschied zwischen Vater und Sohn gibt es dennoch: BUSH jr. verfügt kaum über außenpolitische Kenntnisse.[711] Der US-Politikwissenschaftler Chalmers JOHNSON urteilt über George W. BUSH: »Der neue Präsident ist in Wahrheit eine Bauchrednerpuppe. Ihre Stimme gehört ehemaligen hohen Amtsinhabern aus der Administration seines Vaters. Er hat sie ernannt, weil ihre Erfahrung angeblich seinen eigenen Mangel ausgleicht und weil sein Vater es so wollte. . . Der Luftangriff auf Bagdad war George W.s erstes Geschenk als Präsident an Daddy, eines von vielen, die da wohl noch kommen werden.«[712] JOHNSON behielt recht.

Es ist im übrigen nicht so, daß sich die außenpolitischen Koordinaten gegenüber der CLINTON-Administration völlig verschoben hätten. Auch unter CLINTON hatte Washington der Welt bereits mehr als deutlich zu verstehen gegeben, daß die USA die Rolle des Weltpolizisten für sich beanspruchen. Es ist wenig bekannt, daß CLINTON während seiner Amtszeit im Durchschnitt jeden dritten Tag den Abschuß einer Cruise missile anordnete.[713]

Der Kosovo-Konflikt im Frühjahr 1999 mußte jeden unvoreingenommenen Beobachter davon überzeugen, wie aggressiv und kompromißlos Washington nach dem Ende der Blockkonfrontation seine vermeintlichen und tatsächlichen Sicherheitsinteressen verteidigen würde. Inzwischen ist hinlänglich bekannt, daß die US-Führung den Krieg gegen Jugoslawien zielstrebig herbeiinszenierte, um ihre hegemonialen Bestrebungen voranzutreiben. In seinem im Jahre 2000 erschienenen Buch *Das Kosovo-Komplott – Vom Balkankrieg zur US-Weltherrschaft* konnte der Autor darlegen, daß der Angriff auf Jugoslawien von den Vereinigten Staaten auch deshalb unternommen wurde, um einen kontinentaleuropäischen Brückenkopf zu den überaus öl- und erdgasreichen Regionen im Kaukasus herzustellen. Denn dort sind nach amerikanischen Expertisen die weitaus einträglichsten Geschäfte des 21. Jahrhunderts zu erwarten. Wenn Washington seinen Supermacht-Status aufrechterhalten und mögliche Konkurrenten auch in Zukunft niederhalten will, dürfen die USA dabei nicht abseits stehen.[714]

Allerdings gingen die USA nicht erst seit Amtsantritt der Regierung BUSH jr. ausgesprochen einseitigvor. Schon im Dezember 1998, als es zum heftigsten Luftüberfall auf den Irak seit dem zweiten Golfkrieg kam, hatten die USA die Vereinten Nationen nicht nur völlig ignoriert, sondern auch die NATO-Verbündeten erst von der Aktion in Kenntnis gesetzt, als über dem Irak bereits die Bomben fielen. Damals war Bill Clinton Amtschef im Weißen Haus. Seither hat sich der Ton noch um etliches verschärft, denn inzwischen konnten rechtskonservative ›Falken‹ eine Bastion nach der anderen erobern. Ihre ideologischen Stichwortgeber sind etwa Richard Perle und Paul Wolfowitz, die schon unter Bush sen. als Berater fungierten und diesem ständig rieten, im Irak einen Regimewechsel herbeizuführen, wenn nötig auch mit militärischen Mitteln. Mit Vorliebe machte sich diese Clique das Argument der angeblichen ›Massenvernichtungswaffen‹ zueigen, um ihren unverhohlen aggressiven Kurs zu legitimieren. Dieses Argument kam um so gelegener, als sich deutlicher herausstellte, daß alle Anschuldigungen aus dem Weißen Haus, Bagdad stehe mit dem Terrornetz Al-Qaida in Verbindung, ins Leere gingen. Aber auch die mutmaßlichen Massenvernichtungswaffen konnten einfach nicht gefunden werden. Dann sickerte noch durch, daß auch die ominösen Anthrax-Briefe nicht aus dem Irak kamen, sondern aus amerikanischen Militärlabors. Es war jedenfalls völlig offenkundig, daß Saddam nichts, aber auch gar nichts mit den Anschlägen vom 11. September 2001 zu tun hatte.[715] Doch da hatte sich Washington längst wieder einmal auf Krieg festgelegt.

Das zeigte sich später, als Außenminister Powell am 5. Mai 2001 in aller Öffenheit erklärte, die USA wollten Saddam möglicherweise auch dann beseitigen, wenn es zu einer Einigung wegen der Waffeninspektionen käme.[716] Im Vorangehenden wurde bereits des öfteren darauf hingewiesen, daß die einzigen biologischen und chemischen Waffen, über die Bagdad jemals verfügt hatte, von den USA selbst geliefert worden waren, ja, daß selbst nukleares Know-how von Washington bereitwillig zur Verfügung gestellt worden war.[717] Diese Zusammenhänge sind seit langem gut dokumentiert. Die ganze Kampagne um Saddams angebliche Massenvernichtungswaffen beruhte auf Propagandalügen aus dem Pentagon. Außerdem war der Irak spätestens seit dem zweiten Golfkrieg 1991 das am besten überwachte Land der Welt, hatten doch die Vereinten Nationen fast neun Jahre lang in jedem Winkel des Landes und mit aller Gründlichkeit nach den unterstellten Massenvernichtungswaffen gesucht. Natürlich war nichts außer rostigen Granathülsen und ein paar Fässern eingetrockneter Pestizide gefunden worden.[718]

Scheinheilig, ja zynisch waren auch die gebetsmühlenartigen Aufforderungen Washingtons, die Vereinten Nationen sollten die Inspektionen im Irak wiederaufnehmen. Denn die amerikanische Position zu Kontrollen durch die Vereinten Nationen war eine völlig gegensätzliche: In den USA ist es den Vereinten Nationen nämlich rundweg verboten, nach Massenvernichtungswaffen zu suchen (die es dort im Überfluß gibt). Ein entsprechendes Gesetz, das dem Präsidenten die Befugnis gibt, internationalen Inspekteuren den Zutritt in die USA zu verweigern, war bereits im Jahre

1997 erlassen worden. Die Scheinheiligkeit dieser ganzen Konstruktion mußten sogar amerikanische Politiker wie Amy Smithson einräumen, als sie 1998 verlauten ließen: »Wir verstoßen selbst gegen den Vertrag [der die Produktion von chemischen Waffen verbietet; d. Verf.], und es ist ironisch, daß wir dabei sind, wegen der Waffeninspektionen militärische Maßnahmen gegen den Irak einzuleiten.«[719]

Auch ein anderes, ungleich brisanteres Detail im Zusammenhang mit den UN-Waffeninspektionen hat sich längst herumgesprochen. Die Rede ist von der Tatsache, daß Mitarbeiter der Vereinten Nationen regelmäßig und in erheblichem Maße für amerikanische Geheimdienste gearbeitet haben und auf diesem Wege zum Beispiel dazu beitrugen, die Luftangriffe im Dezember 1998 vom Boden aus zu koordinieren. Dies war einer der Hauptgründe, warum die Vereinten Nationen Ende 1998 den Irak verlassen mußten. Danach berichteten britische IISS-Experten, »daß von über 800 russischen ›Scud‹-Raketen in Saddams Raketenarsenal nur noch ›zwei bis acht‹ geblieben seien, der Rest sei nachweislich zerstört«. Die rasch vorgeschobene Behauptung, der Irak sei nach wie vor eine ›Bedrohung‹ für die Region, entbehrte zu diesem Zeitpunkt bereits jeder Grundlage.[720] Selbst der ehemalige Verteidigungsminister William Cohen bezeichnete den Irak als ein Land, welches »nicht einmal in der Lage ist, ›seine Nachbarn ernsthaft zu bedrohen‹«.[721]

Wenn man alle Propagandabehauptungen abzieht, was bleibt dann von der irakischen Bedrohung? Nicht viel. Genaugenommen bleibt nur eines, und das hat mit dem Irak oder Saddam Hussein nicht das geringste zu tun: eine neuerliche Rezession in den Vereinigten Staaten, die ihre Schatten spätestens seit der Amtsübernahme von George W. Bush vorauswarf. In der Vergangenheit hatte Washington stets auf Kriegskurs umgeschwenkt, wenn im Inland der Wirtschaftsmotor stotterte.[722] Die amerikanische Wirtschaft ist einfach viel zu sehr vom militärisch-industriellen Komplex abhängig, als daß es anders sein könnte. Die vielfältigen Querverbindungen zwischen Industrie, Militär und Politik in den Vereinigten Staaten wurden oben bereits genauer unter die Lupe genommen. Es paßte ins Bild, daß die neue Bush-Regierung sogleich ankündigte, sie werde das Raketenabwehrsystem im Weltraum (NMD) bauen lassen. Erst kurz zuvor hatte Bush im Wahlkampf mit dem Hinweis Stimmung gemacht, daß die amerikanische Wirtschaft geschwächt sei. Dann zog auch noch der Einbruch der ›New Economy‹ seine Kreise – lange vor dem 11. September.

Wer angesichts solcher Zusammenhänge daran festhält, der neue Konfrontationskurs in Richtung Bagdad und die Ankündigung des Raketenabwehrsystems im All seien Zufälle gewesen, der will es vermutlich nicht anders wissen. Allein die Kosten der Raketenabwehr im Weltraum werden auf rund 100 Milliarden Dollar geschätzt – ein Riesengeschäft für die Rüstungskonzerne. Allerdings könnten sich die spendablen Rüstungsausgaben auch als Bumerang erweisen, denn die gigantischen Rüstungsaufträge belasten natürlich auch den Staatshaushalt erheblich. Das Nachrichtenmagazin *Der Spiegel* merkte Ende 2003 an: »Noch nie zuvor hat eine Regierung in so kurzer Zeit die Staatsfinanzen in solche Unordnung gebracht. . . einen Haushaltsüberschuß von 237 Milliarden Dollar binnen zweieinhalb Jahren in ein Minus von 400 Milliarden verwandelt(e)«. Der größte Teil des neuen Defizits geht auf das Konto der neuen Aufrüstungsmaßnahmen. »Nächstes Jahr [2004] wird die Neuverschuldung voraussichtlich sogar bei 480 Milliarden Dollar liegen;. . . Und das sind nur die offiziellen Zahlen. Wer sich die Mühe macht, all die Ausgaben zusammenzurechnen,. . . kommt noch auf weit höhere Defizitsummen.«[723] In dieser Rechnung sind die Ausgaben für den neuerlichen Waffengang im Irak im Frühjahr 2003 und für die anhaltende Besatzung noch gar nicht enthalten.

Namhafte Experten halten das vielgepriesene Raketenabwehrsystem für eine Mogelpackung. So beklagte Professor Ted POSTOL: »Das ganze Ding ist Schwindel, dieses System wird niemals funktionieren.« Um eine vorteilhaftere Außenwirkung zu erzielen, hat das »Pentagon. . . die Testergebnisse gefälscht«.[724] Im übrigen sehen nicht nur Russen und Chinesen die Gefahr eines neuen Wettrüstens, wenn das NMD Wirklichkeit wird. Denn die Raketenabwehr im All würde den USA einen bedeutenden Vorsprung in Sachen Offensivfähigkeit verschaffen. Auch etliche Verbündete Washingtons hielten mit ihrer Sorge nicht hinter dem Berg, denn die Gefahr ist nicht von der Hand zu weisen, daß es zu einem neuen Kalten Krieg kommt, diesmal zwischen den USA und dem Rest der Welt. Das NMD zwingt Atommächte wie Rußland und China geradezu, selbst zu einer offensiveren Atomwaffenpolitik überzugehen. Moskau und Peking reagierten bereits und schlossen einen Freundschaftsvertrag, der sich eindeutig gegen ein Überhandnehmen der US-Dominanz in den Interessensphären der beiden Länder richtet. Auch echte und vermeintliche ›Schurkenstaaten‹ müssen künftig mit dem Schlimmsten rechnen und gewärtig sein, von Washington atomar erpreßt zu werden. Auch sie werden gar keine andere Wahl haben, als selbst intensiv atomar aufzurüsten - und das alles, um die amerikanische Rüstungsindustrie über Wasser zu halten. Es ist ein gefährliches Spiel, das Washington spielt.

## Der 11. September 2001 – ein Glücksfall für Bush

Mit den Anschlägen vom 11. September 2001 begann ein neues Zeitalter. Die rechtskonservative Hintergrundelite hinter den Kulissen konnte jetzt den Weg in die Zielgerade einschlagen. Der ehemalige CIA-Berater Chalmers JOHNSON brachte es in einem Interview auf den Punkt: »Es gibt. . .

einflußreiche Persönlichkeiten in Washington, die die Militarisierung der internationalen Politik als glänzende Gelegenheit sehen, um ihre eigenen verdeckten Absichten zu verfolgen: Sie befürworten Angriffe auf den Irak, die Kontrolle über die Öl- und Gasvorkommen in Zentralasien und die Einkreisung Chinas. Der Aufbau eines Raketenschirms soll der erste Schritt auf dem Weg zur Zementierung der weltweiten US-Vorherrschaft sein.«[725]

Schon die ersten Solidarisierungseffekte auf seiten der Verbündeten waren für Washington Gold wert. Denn urplötzlich war die Bereitschaft wieder groß, sicherheitspolitisch mit den USA am gleichen Strang zu ziehen. Die kritischen Stimmen aus Europa verstummten. Niemand äußerte mehr Zweifel an der Raketenabwehr im All, die zuvor vor allem in Frankreich und Deutschland sehr kritisch betrachtet worden war.

Für die transatlantischen Beziehungen, die seit Bushs Amtsantritt harschen Belastungen unterworfen waren, bedeutete der 11. September eine Wende um 180 Grad. Plötzlich war das schwer gebeutelte Amerika wieder der Sympathieträger Nummer eins. Die Medien entfachten eine wahre Hysterie und bauschten die Anschläge auf das WTC und das Pentagon zu einem emotionalen Dauerfeuerwerk auf. Schlagartig verschwanden die Reibungspunkte zwischen den USA und Europa – und wie viele hatte es nicht gegeben: neben dem NMD zum Beispiel die Weigerung der Amerikaner, das Klimaschutzabkommen von Kyoto zu unterzeichnen, außerdem der Dauerstreit um die Verteidigungskosten innerhalb der NATO und über die künftige gemeinsame Sicherheitspolitik im eurasischen Raum; der Ausstieg Washingtons aus dem Internationalen Gerichtshof, die Nichtratifizierung des Verbots biologischer Waffen, die Ablehnung des internationalen Minenprotokolls, die Kündigung des ABM-Vertrags, die Distanzierung von der UN-Kinderrechtskonvention, um nur das Wenigste zu nennen. Auch die zahlreichen und häufigen Handelskonflikte zwischen beiden transatlantischen Partnern waren plötzlich kein Thema mehr. Alles wurde über Nacht durch den 11. September in den Hintergrund gerückt. Solidarität mit Amerika war das einzige Thema, das jetzt noch zählte.

Sogar ehemalige Gegner wie China und Rußland fanden sich jetzt veranlaßt, den Schulterschluß mit Washington zu suchen. Dabei kann nicht übersehen werden, daß die neue Doktrin vom ›Krieg gegen den Terror‹ den Russen nicht ungelegen kam, erlaubte sie es Moskau doch, den eigenen Krieg in Tschetschenien jetzt als Feldzug gegen den ›Terror‹ auszugeben. Auch China hat seit dem 11. September 2001 praktisch freie Hand im Kampf gegen die eigenen moslemischen Minderheiten.

Die Pläne für einen weiteren Krieg gegen den Irak lagen lange vor dem 11. September in den Schubladen der Pentagon-Planer. Auch dieses Vorhaben, für das es bislang kaum Unterstützung bei den NATO-Partnern gegeben hätte, stieg jetzt im Kurs. Die Drahtzieher hinter den Kulissen konnten, um es zynisch auszudrücken, über die Anschläge froh sein, denn für die Verwirklichung ihrer Pläne kamen sie wie gerufen. Neue Milliardenaufträge für die Rüstungsfirmen konnten im Windschatten der Anschläge ohne viel Gegenwind durchgedrückt werden. Auch der Überwachungsstaat konnte jetzt (beileibe nicht nur in den USA!), unbeeindruckt von jeder Kritik, die Zähne zeigen. Selbst so haarsträubende Maßnahmen wie die ständige Überwachung aller Internet-Benutzer und ihrer Aktivitäten gingen jetzt problemlos durch; die technischen Möglichkeiten dazu bietet ein Programm namens ›Carnivore‹. Das Magazin *Focus* ließ seine Leser wissen: »Im Kapitol stapeln sich bereits Gesetzesanträge, um Amerika in eine Festung und das Volk in eine gläserne Nation zu verwandeln. . . Justizminister John Ashcroft bläst zum Lauschangriff: Mithören bei Telefongesprächen ›verdächtiger Personen‹ soll künftig ebenso erlaubt sein wie das Abfragen von E-Mails.«[726]

Weniger Aufmerksamkeit widmeten die Medien dagegen anderen Einzelheiten. Eines dieser pikanten Details sind die Querverbindungen zwischen den ranghöchsten Mitgliedern der Bush-Administration und dem Megakonzern Carlyle Group. So ist Kahlid bin Mahfouz als finanzieller Unterstützer von Osama bin Laden und George W. Bush bekannt und obendrein Investor der Carlyle-Gruppe, die wiederum eine internationale Investitionsfirma im Besitz von George Bush sen. ist. Diese Gruppe unterhielt engste finanzielle Beziehungen zur Familie bin Laden. Bush sen. steht sogar als Berater des Bin-Laden-Konglomerats unter Vertrag. Carlyle ist Teilhaber an insgesamt 164 Firmen mit mehr als 70 000 Mitarbeitern und einem Umsatz von 16 Milliarden Dollar. Carlyle ist außerdem eine der größten Herstellerfirmen für das US-Militär und besitzt zudem eine ganze Reihe von anderen Firmen aus der Gesundheits-, Immobilien-, Medien- und Internetbranche. Fast zwei Drittel der Investitionen von Carlyle haben mit dem Militär und der Telekommunikation zu tun und werden daher erheblich von Regierungsausgaben und der Regierungspolitik beeinflußt. Bush jr. war selbst Investor und Vorstandsmitglied der Carlyle-Tochterfirma Caterair. Carlyle ist mit der derzeitigen Administration aufs engste verquickt. Alle Entscheidungen, die Präsident Bush im Zusammenhang mit dem Krieg gegen den internationalen Terrorismus traf und trifft, bereichern nicht nur ihn persönlich, sondern auch seinen Vater und alle Carlyle-Teilhaber.[727]

Es gibt ungeklärte Fragen, die mit Carlyle zusammenhängen. Das FBI verdächtigte die Carlyle-Gruppe, etwas mit den Anschlägen vom 11. September zu tun zu haben. Larry Klayman, Vorsitzender des Judicial Watch, sagte dazu: »Dieser Interessenkonflikt hat sich zu einem Skandal entwikkelt. Die Vorstellung, daß der Vater des Präsidenten, er selber ein Ex-Präsident, Geschäfte mit einer Firma macht, gegen die der FBI wegen der Anschläge des 11. September ermittelt, ist grauenhaft. Präsident Bush sollte nicht darum bitten, sondern verlangen, daß sein Vater aus der Carlyle-Gruppe austritt.«[728] Daß Carlyle auch BUSHS skandalöse Präsidentschaftswahl mit erklecklichen Summen unterstützte, versteht sich vor diesem Hintergrund von selbst.[729]

Die Ereignisse des 11. September entwickelten sich für den BUSH-Clan nicht nur zu einem Goldregen. Auch BUSHS Ansehen in der Öffentlichkeit schnellte jetzt nach oben. Nach den Anschlägen konnte er auf die Unterstützung von 91 Prozent der Amerikaner zählen.[730] Noch kurz zuvor hatten ihn die Medien als debil hingestellt. Zwei Wochen nach den Anschlägen war im *Spiegel* zu lesen: »Längst besitzt BUSH alle Vollmachten für eine Kriegserklärung. . . ›Das Land steht vereint hinter BUSH, weil ihm nichts anderes übrig bleibt‹, schreibt die *New York Times* über die Stimmung in Amerika.«[731] Ähnliche Töne auch im Konkurrenzmagazin *Focus*: »Die Terroranschläge auf das Pentagon und das World Trade Center in New York haben die Amerikaner zusammengeschweißt wie selten zuvor.«[732]

Man geht nicht fehl, Parallelen zu einem anderen Großereignis der jüngeren amerikanischen Geschichte zu ziehen, nämlich zum ›Überfall‹ der Japaner auf Pearl Harbor. Auch in diesem Fall pfeifen selbst in der Bundesrepublik inzwischen die Spatzen von den Dächern, daß der angebliche Angriff ein eiskalt kalkulierte Komplott war; denn Präsident ROOSEVELT war über den bevorstehenden Angriff der Japaner am 7. Dezember 1941 längst und bestens informiert. Er tat jedoch nichts, um ihn zu verhindern, suchte er doch beinahe verzweifelt nach einem Grund für den Kriegseintritt der USA. Tatsächlich verglichen Beobachter in den letzten Jahren den 11. September immer wieder mit den Ereignissen im Dezember 1941. Hier wie dort versagten angeblich die Geheimdienste.

Es muß auch zu denken geben, daß im Vorfeld der Anschläge - die BBC berichtete darüber in einem Beitrag vom 8. November 2001 - US-Geheimdienstexperten in aller Diskretion bei Hollywood-Filmemachern anfragten, wie sich Terrorangriffe am besten in Szene setzen ließen.[733] Hierzu paßt, daß Leonard WONG vor dem 11. September einen Artikel für das Institut für Strategische Studien der US-Army verfaßte, der sich mit der Frage auseinandersetzte, wie sich in Kriegszeiten am besten die öffentliche Unterstützung für militärische Operationen aufrechterhalten läßt. WONGS Befund: »›Die öffentliche Unterstützung für eine Militäroperation ist in gewisser Weise derjenigen vergleichbar, die dem Angriff auf Pearl Harbor folgte.‹«[734]

Man kann nur ein besonders zynisches Detail darin sehen, daß noch wenige Wochen vor den Anschlägen in den US-Kinos der Historienstreifen *Pearl Harbor* lief, ein patriotischer Schinken, der es mit der Wahrheit freilich nicht besonders genau nimmt und in Übereinstimmung mit der landläufigen Meinung den Japanern die Schuld dafür in die Schuhe schiebt, daß die Krise in Fernost eskalierte. Der Streifen erwies sich an den Kinokassen zwar als ausgemachter Flop, trug aber dazu bei, daß die US-Bevölkerung am 11. September schon patriotisch ›konditioniert‹ war.

Es gibt nicht wenige Stimmen, die nach wie vor davon überzeugt sind, daß das Weiße Haus um die Anschläge vom 11. September entweder wußte oder sogar darin verwickelt war. Eine davon gehört Oberst Steve Butler, einem Veteran der US-Luftwaffe. Er gab zu Protokoll, Bush habe gewußt, daß die Anschläge bevorstanden, habe aber nichts zu ihrer Verhinderung unternommen, »weil er diesen Krieg gegen den Terrorismus brauchte«. Butler erwähnte auch, daß Bush jr. Osama bin Laden in gleicher Weise für seine Zwecke benutzte, wie sein Vater zuvor Saddam Hussein und den Irak benutzt hatte. Butler ging mit solchen Informationen aber offenbar zu weit. Er wurde in den Ruhestand versetzt, und sein Auftreten wurde Gegenstand einer offiziellen Untersuchung.[735]

Dennoch: Die Spekulationen wollen nicht mehr verstummen, wonach der 11. September ein inszeniertes Spektakel der heimlichen US-Elite war. Auch ein ehemaliger Angehöriger des US-Marine-Geheimdienstes, Edward Vreeland, trat mit eindeutigen Aussagen an die Öffentlichkeit. Auf seiner Rückreise von Moskau wurde er von der US-Regierung des Kreditkartendiebstahls beschuldigt. Es stellte sich jedoch schnell heraus, daß diese Anschuldigung lediglich dazu dienen sollte, Vreeland als unglaubwürdig erscheinen zu lassen und ihn mundtot zu machen. Dennoch wurde Vreeland in Toronto verhaftet. Im August 2001 übergab er seinen Bewachern einen Umschlag mit der Bitte, ihn seinen Anwälten zuzustellen. Dies geschah jedoch nicht, und der Umschlag wurde erst am 14. September geöffnet. In dem Kuvert befand sich ein Brief, der besagte, daß am 11. September 2001 ein Anschlag auf das World Trade-Center Gebäude in New York, das Pentagon und andere denkwürdige US-Einrichtungen erfolgen würde. Der Brief wurde Teil der Beweisunterlagen des Gerichtes in Toronto. Die US-Regierung behauptete wenig später, Vreeland habe gar nicht für den amerikanischen Marine-Geheimdienst gearbeitet. Sein Anwalt konnte dies aber sehr wohl nachweisen.

Sowohl Vreeland als auch sein Anwalt Paul Slansky bekamen daraufhin zahlreiche Todesdrohungen per Telefon. Sie vermuteten, daß die US-Regierung dahintersteckte. Vreeland stand noch ein Gerichtstermin bevor. Doch acht Monate später, als er sich auf Bewährung auf freiem Fuß befand, verschwand Vreeland spurlos. Slansky erzählte dem Gericht, daß er sich in die Wohnung seines Mandanten begeben und Vreelands Apartment völlig durchwühlt vorgefunden habe. Besonders verdächtig erschien ihm die Tatsache, daß wichtige Beweismittel verschwunden waren – vor allem diejenigen, die das Vorwissen der US-Regierung dokumentieren konnten. Auch Vreeland selbst blieb verschwunden.[736] Ein Szenario wie aus einem schlechten Film. Der Verdacht ist geradezu mit Händen zu greifen, daß die US-

Regierung alle Beweismittel habe verschwinden lassen. Eigentümlicherweise wurde in den Medien über den brisanten Fall nur kurz und meist unvollständig berichtet.

Denkwürdig ist auch, was *Time Magazine* seinen Lesern am 11. September 2001 offenbarte. Auf dem Rückumschlag stand eine Schlagzeile zu lesen, die lautete: »Was wir brauchen, ist eine gemeinsame, einigende Art von patriotischer ›Pearl Harbor‹-Wut – ein durchschlagendes Entsetzen, das sich nicht nach einer oder zwei Wochen wieder verflüchtigt.«[737] Genau dies trat dann ja auch ein.

Der ›Krieg gegen den Terror‹ blieb nicht auf Afghanistan beschränkt. Washington suchte vielmehr weiter zwanghaft nach Gründen, um einen Krieg gegen SADDAM vom Zaun brechen zu können. Schon einen Tag nach den Anschlägen von New York und Washington sprach sich Verteidigungsminister RUMSFELD im Nationalen Sicherheitsrat für einen Angriff auf den Irak aus.[738] Doch auch der Irak war nur ein kleiner Ausschnitt aus einem viel größeren Spiel. Das zeigte sich etwa, als Verteidigungsminister RUMSFELD höchstpersönlich kurz nach den Anschlägen eine Anfrage an seine Geheimdienstleute richtete, in der er um schnellstmöglichen Aufschluß in der Frage bat, ob es statthaft sei, nicht nur gegen Osama BIN LADEN, sondern gleichzeitig auch gegen SADDAM HUSSEIN loszuschlagen. Wörtlich steht in RUMSFELDS knappen Anweisungen: »Macht es massiv. Schlagt überall zu. Dinge, die damit in Verbindung stehen und bei denen dies nicht der Fall ist.«[739]

RUMSFELD stand mit seinem Anti-Irak-Kurs nicht allein. Auch der Verteidigungspolitische Beirat forderte, wie die Medien wiederholt berichteten, schon am 19. September 2001, also nur eine Woche nach den Anschlägen »vehement Vergeltungsschläge gegen den Irak«. Unterstützung kam auch von den Initiatoren des umstrittenen ›Projekts für ein neues amerikanisches Jahrhundert‹ (PNAC), die einen offenen Brief herausgaben. Dort wurden »harte Vergeltungsmaßnahmen gegen den Irak und die Hisbollah, mögliche Maßnahmen gegen den Iran und Syrien, starker Druck auf die Palästinenserbehörde PA, hundertprozentige Unterstützung für Israel sowie eine erhebliche Steigerung der Verteidigungsausgaben«[740] gefordert.

Es ist nicht uninteressant, im Rückblick zu beobachten, wie alle diese Forderungen der amerikanischen Machtelite letztlich erfüllt wurden. RUMSFELD ging sogar so weit, noch während des laufenden Irak-Krieges im März 2003 Drohungen auch an Syrien und Iran zu richten, weil diese beiden Länder den Irak vor dem amerikanischen Angriff angeblich militärisch unterstützt hatten. Natürlich gab es auch für diese Anschuldigung nicht die Spur von Beweisen. Der Kreuzzugsstimmung in Gottes eigenem Land tat das aber keinen Abbruch. Wer sich im Kampf gegen das ›Böse‹ befindet, braucht sich um Kleinigkeiten wie einen plausiblen Kriegsgrund nicht zu bekümmern.

Der neuerliche Waffengang gegen Bagdad wurde in den Augen Washingtons immer dringlicher, da es immer augenscheinlicher wurde, daß sich der Irak mit Hilfe der Sanktionen nicht mehr in Schach halten ließ. Mit immer neuen Handelsverträgen war es Bagdad gelungen, das Embargo zumindest teilweise zu umgehen. Die Welt brauchte nun unbedingt ein besonders dramatisches Ereignis, das der Staatengemeinschaft schlagartig wieder die richtige Sicht der Dinge einschärfen und allen klarmachen würde, daß Saddams Irak unverändert eine handfeste Bedrohung für den Weltfrieden sei. Genau das hatten die prominenten ›Falken‹ schon 1998 in ihrem offenen Brief an Clinton geschrieben.

Das erwünschte Ereignis trat am 11. September 2001 ein. Für die Washingtoner Hardliner waren die Anschläge ein Geschenk des Himmels, denn für die meisten ihrer Wunschprojekte sah es schlecht aus. Das geplante Raketenabwehrsystem wurde auch von treuen NATO-Verbündeten kritisiert,[741] Rumsfelds Vorschläge für das Verteidigungsbudget, die auf massive Mehrausgaben hinausliefen, wurden vom Kongreß abgelehnt, und die von Washington gewünschte weltweite Allianz zur Bekämpfung des ›Terrors‹ wäre vor dem 11. September kaum mehrheitsfähig gewesen, weil auch die europäischen Verbündeten darin keinen Sinn sahen. Die Anschläge kamen mithin genau zum richtigen Zeitpunkt.

Auch die Bush-Administration hätte sich keinen besseren Augenblick wünschen können. Denn die Öffentlichkeit wartete mit Spannung auf das Ergebnis der fast zehn Monate währenden Untersuchungen der dubiosen Präsidentschaftswahl, die Bush ins Amt gebracht hatte. War Bush jr. überhaupt legitimer Amtsinhaber? Die führenden US-Medien hatten eine eigene Nachuntersuchung der Wahl im Staat Florida arrangiert. »Das Ergebnis sollte wenige Tage nach dem 11. September mit großem Brimborium bekanntgegeben werden. Doch still und leise verschoben die beteiligten Medienriesen die Veröffentlichung ›auf unbestimmte Zeit‹, so die *New York Times* in einem Nebensatz.« John MacArthur, Herausgeber von *Harpers Magazine,* kommentierte knapp und lakonisch: »Die etablierten US-Medien sind feige, das ist nie und nimmer ein Zufall.«[742] Die *New York Times* meinte: »Das Ergebnis, das eigentlich schon Mitte September bekanntgegeben werden sollte, sei nun ›irrelevant‹.«[743] Eine eigenwillige Umschreibung. Denn unter Insidern hatte sich längst herumzusprechen begonnen, daß Bush jr. die Präsidentschaftswahl in Wirklichkeit verloren hatte. Der legitime Sieger war Al Gore. Doch dieser hätte aller Wahrscheinlichkeit nach kein grünes Licht für das Nationale Raketenabwehrsystem und viele der anderen gigantischen Rüstungsprojekte gegeben. Auch wäre Gore ein Mann gewesen, der ›Big business‹ mit kritischer Distanz gegenüberstand.

Dieses Krisenszenario blieb dem militärisch-industriellen Komplex nun erspart, und Bush machte Donald Rumsfeld, einen altgedienten Pentagon-

Haudegen, zum Verteidigungsminister. Das Militär schien dennoch nicht zufrieden, denn auch Rumsfeld war unter den gegebenen politischen Umständen nicht in der Lage, die gewünschten Riesensummen für neue Projekte und die fällige Streitkräftereform locker zu machen.[744] Rumsfeld befand sich in einer Zwickmühle, denn die Gelder, die er im Haushaltsjahr 2002 für die geplante Armeereform brauchte, waren von der Bush-Regierung nicht zu bekommen, da sich der Kongreß wie eh und je heftig widersetzte. Rumsfeld konnte ›nur‹ eine Erhöhung der Verteidigungsausgaben um 18 Milliarden gegenüber dem aktuellen Haushalt herausschlagen; Militär und Industrie forderten aber 50 bis 60 Milliarden pro Jahr mehr.[745] Dann kam der 11. September, und alles wurde anders: Beinahe über Nacht flossen nun die Milliardensummen für mehr innere Sicherheit und Rüstung. Allein in den ersten beiden Jahren der Bush-Administration stiegen die Militärausgaben um stattliche 24 Prozent. Die CIA konnte ihr Budget sogar um ganze 42 Prozent aufstocken.[746] Kenner der Szene wußten, daß damit auch das Geld für die geplanten Waffengänge am Hindukusch und gegen den Irak vorhanden war.

Wer auch immer hinter den Anschlägen vom 11. September steckte, er tat dem Weißen Haus und der amerikanischen Rüstungslobby einen riesigen Gefallen. »Einmal bot sich die Möglichkeit, den Rüstungshaushalt wesentlich aufzustocken und hierfür zusätzliche Quellen aufzuschließen – wie z. B. Kriegsanleihen der Bevölkerung –, an die vorher gar nicht zu denken war. Zum anderen konnte nunmehr der ›revolutionäre‹ Paradigmenwechsel in der Militärpolitik und Militärökonomie zügig durchgesetzt werden.« Zudem entschied die US-Regierung am 26. Oktober 2001 »über den bislang größten Rüstungsauftrag in der Geschichte der USA«. Es ging um nichts Geringeres als um das Rückgrat der US-Luftwaffe im 21. Jahrhundert, einen Jäger mit revolutionären Flugeigenschaften, der bis weit ins neue Jahrhundert hinein bei der Air Force in Dienst stehen würde. Das Projekt wurde mit rund 200 Milliarden Dollar veranschlagt und würde der Rüstungsindustrie auf viele Jahre hinaus volle Auftragsbücher bescheren.[747] Auch in diesem Punkt erwies sich der 11. September als perfektes Timing. Die Bevölkerung war geschockt, der Kongreß stand unter Druck. Der ideale Zeitpunkt, ein derart gigantisches Rüstungsprojekt auf den Weg zu bringen.

Auch das globalstrategische Vakuum nach dem Ende des Kalten Krieges hatte jetzt mit einem Schlag ein Ende. Der neue Gegner war gefunden: der ›internationale Terrorismus‹. Das Nachrichtenmagazin *Focus* konnte bereits wenige Tage nach den Anschlägen melden: »Steigende Kurse lassen sich in diesen Tagen auch noch in einem anderen Bereich finden: der Rüstungsindustrie.« Der Wert der Raytheon-Aktie – es handelt sich um ein namhaftes US-Rüstungsunternehmen – stieg kurz nach dem 11. September so schnell, daß er unter die ersten fünf auf dem amerikanischen Börsenparkett kam.[748]

Der Rückenwind für die Rüstungsbranche bedeutete für die Bush-Regierung politische Pluspunkte. Auch können die Anschläge vom 11. September mehr oder weniger unverhohlen als Argument für das Raketenabwehrsystem im Weltall genutzt werden. Im Rückblick mutet es fast prophetisch an, was Senator Joseph Biden, der Sprecher des auswärtigen Senatsausschusses, noch kurz zuvor gesagt hatte: »Die wahre Bedrohung für unser Land wird im Laderaum eines Schiffes liegen oder im Bauch eines Flugzeuges, oder sie wird in einem Rucksack eingeschmuggelt.«[749]

Im Gefolge des 11. September konnte sich in den Vereinigten Staaten binnen wenigen Monaten ein beängstigender Überwachungsstaat etablieren. Immer neue Gesetze schränkten die Bürgerrechte ein, und gegenwärtig dürften die USA der perfekteste jemals existierende Polizeistaat sein. Interessanterweise wurden vergleichbare Gesetze bereits nach dem Bombenanschlag auf das Regierungsgebäude in Oklahoma City (1995) erlassen, und einige versierte Kenner der Materie zogen Parallelen zu Hitlers Ermächtigungsgesetz, das nach dem Reichstagsbrand durchgedrückt wurde und Hitlers Macht endgültig zementierte. 1933 war behauptet worden, die Kommunisten hätten den Brand im Reichstag gelegt, was inzwischen widerlegt ist. Nach dem 11. September müssen moslemische ›Terroristen‹ dafür herhalten, daß weltweit immer neue ›Ermächtigungsgesetze‹ auf den Weg gebracht werden.

Es ist kein Zufall, daß gewisse Einpeitscher im Westen geradezu einen neuen Kreuzzug gegen den Islam witterten. Bush selbst sprach unmittelbar nach den Anschlägen von einem Kampf des ›Guten‹ gegen das ›Böse‹. Dabei sollte man im Hinterkopf behalten, daß alle amerikanischen Kriege in einer Art Kreuzzugsmentalität geführt wurden. Schon während der Indianerkriege hielt sich die amerikanische Regierung aufgrund ihrer ›offenkundigen Bestimmung‹ (*manifest destiny*) und ihrer überlegenen Institutionen für ausersehen, den ganzen Kontinent zu übernehmen. Der Krieg gegen Mexiko wiederum (1846–1848) wurde mit der ›Faulheit‹ der Mexikaner begründet, die es nicht verdient hätten, auf Rohstoffen zu sitzen, die in den Händen amerikanischer Firmen viel besser aufgehoben seien. Auch alle anderen Kriege der USA wurden der Welt als Kreuzzüge für Demokratie, Freiheit und Menschenrechte verkauft. Ob Erster oder Zweiter Weltkrieg, Korea- oder Vietnamkrieg, Golfkrieg oder Kosovo-Krieg – stets zogen die Vereinigten Staaten angeblich für Freiheit und Demokratie ins Feld. Schon Präsident Wilson fand 1916 Gefallen daran, »die Welt sicher für die Demokratie zu machen«, weshalb die USA unbedingt in den Ersten Weltkrieg verwickelt werden mußten. Augenzwinkernd wurde dabei vergessen, daß der Krieg in Europa die USA zum Gläubiger der Alten Welt und Amerika zur neuen Weltmacht machte. Freiheit und ›Demokratie‹ gaben bei alledem immer nur die Propagandafolie für die Öffentlichkeit ab. Noch im Vietnamkrieg, als Laos im Schnitt alle acht bis neun Minuten von amerikanischen Maschinen bombardiert wurde, und das über Jahre hinweg, ging es angeblich nur um die Demokratisierung des Landes.

Auch die beiden umfassendsten Militäraktionen der USA in jüngster Zeit, der Golfkrieg 1991 und der Kosovokrieg 1999, bieten Paradebeispiele dafür, wie sich die US-Wirtschaft am Bombenregen gesundstieß. Der Golfkrieg vertrieb die zuvor herrschende Krisenstimmung an den Börsen innerhalb kürzester Zeit. »Innerhalb weniger Wochen holten Dow Jones und Dax die Kursverluste des vorangegangenen halben Jahres wieder auf.« Am ersten Kriegstag, dem 17. Januar 1991, schossen die Kurse in Frankfurt um fast acht Prozent nach oben. In den Wirtschaftskolumnen schämte man sich nicht, von einem »Kurs-Feuerwerk«, einer »Kriegs-Hausse«, einer »Bomben-Stimmung« zu schwärmen.[750] Der Kosovo-Krieg, der von Washington erzwungen wurde, führte ebenso zu erheblichen Börsengewinnen.[751]

Auch der ›Krieg gegen den Terror‹ begann sich bald auszuzahlen. Schon Ende Oktober 2001 berichtete die *Frankfurter Rundschau* über die lukrativen Geschäfte im Zusammenhang mit dem Krieg am Hindukusch und dokumentierte eine regelrechte Kriegspsychose in den USA: »Der Waffenhandel floriert wieder in den USA, Terror-Experten sind wieder gefragt, Sicherheitsdienste haben Hochkonjunktur, Gasmasken sind ausverkauft, selbst Fallschirme zum Absprung aus Hochhäusern finden guten Absatz. Der Terrorismus als hochmoderne Handlungsstrategie, die sich auf Erkenntnisse der Chaosforschung und Systemtheorie stützt, ist an solchen Wirkungen interessiert und kann dann als erfolgreich gelten, wenn es ihm gelingt, im mentalen Grundgefüge einer Gesellschaft nachhaltige Risse zu hinterlassen.«[752]

Wenn man das letzte Jahrzehnt des 20. Jahrhunderts Revue passieren läßt, mag man es nicht mehr für einen Zufall halten, daß zu den populärsten Thesen dieser Ära Samuel Huntingtons plakatives Bild vom *Kampf der Kulturen* gehörte. Huntington hatte seit Anfang der neunziger Jahre behauptet, dem Westen stehe eine langwierige Auseinandersetzung mit außereuropäischen Kulturräumen bevor, insbesondere mit dem Islam und dem Konfuzianismus. In gewissen Kreisen fielen solche Thesen auf fruchtbaren Boden. So gehörte zu den ersten Förderern Huntingtons das rechtsgerichtete American Enterprise Institute, eine Art Sammelbecken für die ›Falken‹ in den Reihen der Republikaner; dort kam es schon im Oktober 1992 zu einer Anhörung über Huntingtons Thema.[753] Auch der Zeitpunkt, der den *Kampf der Kulturen* populär machte, ist interessant. Im Dezember 1991 hatte sich die UdSSR aufgelöst, damit war dem militärisch-industriellen Komplex der jahrzehntelange Gegner abhanden gekommen. Zwar hatte Präsident Bush sen. noch eine Zeitlang versucht, den kommunistischen Teufel an die Wand zu malen, doch die Amerikaner wollten davon nichts mehr wissen. Ein neues Feindbild mußte her. Auch die Medien leisteten wichtige Vorarbeit, indem sie immer häufiger vor einem imaginären weltweiten Terrorismus warnten. Bücher und umfangreiche Untersuchungen erschienen, und selbst die Universitäten entdeckten den internationalen Terrorismus plötzlich als neue Bedrohung.

Noch im Februar 2001 hatte BUSHS Sicherheitsberaterin Condoleezza RICE verkündet, die USA bräuchten, da der Ostblock spätestens Ende der achtziger Jahre als Feindbild ausgedient habe, einen neuen Feind, um die amerikanische Wirtschaft in Gang zu halten. Diese These hatte eine lange Tradition. Schon in den sechziger Jahren hatte der *Report from Iron Mountain* festgestellt, daß es für die amerikanische Herrschaftselite am besten sei, ein Feindbild oder einen Krieg am Köcheln zu halten, um ihre Machtposition aufrechtzuerhalten.[754]

Samuel HUNTINGTON ist ein kluger Kopf. Als er sein dickleibiges Buch schrieb, war er Professor für Politische Wissenschaften an der Harvard-University. Mitte der neunziger Jahre machte er seine These vom *Krieg der Kulturen* einem breiteren Publikum bekannt. Eineinhalb Jahrzehnte später scheint sich seine Voraussage zu erfüllen. Allerdings war HUNTINGTON mit seiner Prophezeiung kein Einzelgänger. Eine Reihe einflußreicher Denkfabriken und Debattierzirkel hatten seine These beizeiten aufgegriffen und verbreitet. HUNTINGTON wurde zu einem der gefragtesten Köpfe in Talkshows und in den Feuilletonspalten der Zeitungen. Die Medien trugen ihren Teil dazu bei, daß die Öffentlichkeit der westlichen Welt früh auf den künftigen Krieg gegen den ›Terror‹ eingestimmt wurde.

Bezeichnenderweise ist HUNTINGTON Mitbegründer des *Foreign Affairs Journal,*[755] das als Sprachorgan des elitären Council on Foreign Relations (CFR) gilt. Diese Hintergrundorganisation lenkt und beeinflußt nicht nur die amerikanische Außenpolitik, sondern auch die Wirtschaftspolitik der USA. Fast alle US-Politiker von Rang gehören dem CFR an. Gegründet wurde der elitäre Zirkel kurz nach dem Ersten Weltkrieg von anglo-amerikanischen Kreisen, seither bestimmt er die amerikanische Außenpolitik maßgeblich mit. In einem Interview mit dem deutschen Nachrichtenmagazin *Focus* verriet HUNTINGTON übrigens, was seine elitären Gesinnungsgenossen von ihm erwarteten: »OSAMA hat dem Westen seine gemeinsame Identität zurückgegeben. Darüber hinaus müssen wir aber auch die westlichen Staaten Zentraleuropas, die baltischen Republiken, Slowenien und Kroatien in die Europäische Union und Nato integrieren. Die USA müssen die Verweltlichung Lateinamerikas vorantreiben und das langsame Abdriften Japans aufhalten.«[756]

HUNTINGTON gab damit durch die Blume zu verstehen, daß Osama BIN LADEN genau das war, was die amerikanische Hintergrundelite brauchte, um ihren globalstrategischen Plänen neuen Nachdruck zu verleihen. HUNTINGTON wörtlich: »Vor dem 11. September drifteten Europa und die USA in vielen Fragen auseinander – angefangen bei gentechnisch veränderter Nahrung bis hin zur Raketenabwehr oder einer europäischen Armee«. *Focus*: »Und das hat sich jetzt alles geändert?« HUNTINGTON: »Die Ereignisse des 11. September haben das völlig geändert. Nach den Attacken titelte die französische Zeitung *Le Monde*: ›Wir sind alle Amerikaner.‹ . . . OSAMA hat dem Westen seine gemeinsame Identität zurückgegeben.« Mehr hätten sich die Kalten Krieger im Weißen Haus und in den Denkzirkeln der Republikaner nicht erhoffen können. Vor allem seit dem Kosovokrieg, der die NATO anfangs noch einmal im Windschatten der USA hatte zusammenrücken lassen, hatten sich vermehrt transatlantische Gräben aufgetan.

Noch der Golfkrieg 1991 war formal ein Konflikt zwischen zwei Staaten. Schon auf dem Balkan begannen sich die Gewichte in Richtung Bürgerkrieg zu verschieben. Es ist keine Übertreibung zu behaupten, daß der Kosovo-Konflikt vor allem wegen der amerikanischen Einmischung nicht zur Ruhe kam.[757] Es schien, als sollten die Denkfabriken jenseits des Atlantiks recht behalten mit ihrer Prognose, daß die Kriege der Zukunft weniger zwischen Staaten als vielmehr im Inneren brüchiger oder auseinanderbrechender Staaten ausgetragen werden würden. Schon übertrafen sich die Medien mit der Forderung nach ›neuen Strukturen‹ innerhalb der NATO, die die Fähigkeit entwickeln sollten, solchen Herausforderungen künftig besser zu begegnen. Schnell kam die Diskussion auf zukünftige ›Out of area‹-Einsätze zu sprechen, mit denen der internationale Terrorismus auch außerhalb des NATO-Territoriums bekämpft werden sollte. Alles paßte plötzlich ausgezeichnet in das globalpolitische Konzept der BUSH-Regierung. Denn: »›Im Kampf der Kulturen‹, hatte Politologe HUNTINGTON prophezeit, ›werden Europa und Amerika vereint marschieren müssen, oder sie werden getrennt geschlagen.‹«[758] BUSH stellte die Staatengemeinschaft denn auch gleich zu Beginn seines Welt-Krieges gegen den Terror vor die Wahl: entweder mit uns oder gegen uns. BUSH wörtlich: »Wir werden die Verantwortlichen für diesen Massenmord jagen, bis wir sie finden. Und wir unterscheiden dabei nicht zwischen Terroristen, die die Attacken ausüben, und jenen, die sie schützen.«[759] Damit hatte das Weiße Haus die Keule des Kalten Krieges unversehens wieder aus der Schublade geholt, mit deren Hilfe es fast fünfzig Jahre lang gelungen war, astronomische Rüstungsausgaben und immer neue Rüstungsspiralen zu rechtfertigen. Ein Billionen-Geschäft, das nur funktionierte, solange sich die Menschen in Ost und West Angst einjagen ließen. Deshalb war das Terror-Gespenst jetzt so wertvoll.

Ein neuer Krieg gegen den Irak stand schon lange vor dem 11. September 2001 fest. Allerdings tat sich Washington schwer, passende und glaubhafte Kriegsgründe zu finden. Dieser Umstand spiegelte sich sogar einmal in einer amtlichen Meldung wider, die CBS am 4. September 2001 unter Berufung auf Pentagon-Mitarbeiter ausstrahlte: »Wenigstens in einem Stabsmanöver (›Unified Vision 2001‹) hatte man schon im Mai 2001 einen Angriff auf den Irak durchgespielt.«[760] Dabei blieb es aber nicht. Geheimdienstexperten erklärten unmittelbar nach den Anschlägen vom 11. September, eine Verbindung Saddams zu den Entführern der Maschinen könne nicht ausgeschlossen werden, da er angeblich Gründe, Erfahrungen und Ressourcen besitze, die den Entführern nützlich sein konnten. »Am 14. September 2001 sagte James Woolsey als ehemaliger CIA-Chef [1993–95], es gebe wesentliche Indizien dafür, daß Saddam Hussein in der Vergangenheit möglicherweise mit Osama bin Laden kooperiert habe, doch Woolseys Kommentare schienen nichts als Spekulationen zu sein.«[761] In der Tat waren solche Spekulationen unsinnig, denn jeder Nahost-Experte wußte, daß Saddam und Osama bin Laden nur durch ihre gegenseitige Todfeindschaft miteinander verbunden sind.[762] Aber es wurden noch weit absurdere Konstruktionen bemüht. So soll Ramzi Yousef, der von einem US-Gericht überführt worden war, 1993 den ersten Anschlag auf das World Trade Center ausgeführt zu haben, Verbindung zum irakischen Geheimdienst gehalten haben. Schon am 15. September ließ ein Berater Bushs verlauten, daß Ziele im Irak für eine Bombardierung in Erwägung gezogen würden. Zwei Tage später behauptete Woolsey, »daß Saddam das Ziel sein könnte, nach dem ›die Amerikaner Ausschau hielten‹«. Auch Woolsey erwähnte die angebliche irakische Komplizenschaft beim WTC-Anschlag im Jahre 1993, mußte aber selbst zugeben, daß es dafür kaum Beweise gab.[763]

Andere Spitzen der US-Administration hatten noch weniger Bedenken. Paul Wolfowitz, Vize-Verteidigungsminister, sprach sich unverhohlen dafür aus, Staaten, die den Terrorismus förderten, »ein Ende zu bereiten«, und natürlich stand der Irak auf seiner Liste ganz oben. Auch Donald Rumsfeld, ohnehin für seine Brachiallösungen bekannt, schlug unumwunden vor, »daß die USA die Gelegenheit des 11. September wahrnehmen sollten, um Saddam zu stürzen; sogar wenn er keine Rolle in den terroristischen Anschlägen gespielt hätte.«[764] Allmählich wurde das Muster des Spiels deutlich. Immer mehr führende Köpfe im Weißen Haus wollten den 11. September als Vorwand für einen neuen Irakkrieg nutzen. US-Geheimdienstler steuerten das reizvolle Detail bei, Mohammad Atta, der angebliche Führer der Anschläge, habe zu einem früheren Zeitpunkt im Jahre 2001 in Prag den irakischen Geheimdienstchef getroffen.[765] Auch dieses Gerücht entpuppte sich als Pentagon-Propaganda. Weit mehr spricht dafür, daß sich Atta zu dem behaupteten Zeitpunkt in Florida aufgehalten hatte.[766] Schließlich mußte selbst das Weiße Haus einräumen, daß es keinerlei Beweise für eine irakische Verstrickung in die Anschläge vom 11. September gab.[767]

Aber Saddam war nun einmal der ideale Bösewicht, und die Pläne für seinen Sturz lagen im Pentagon obenauf. Die nächste Gelegenheit, ihn der Weltöffentlichkeit als Schurken zu empfehlen, bot sich, als in den USA die ersten Anthrax-Briefe verschickt wurden. Wieder gehörte RUMSFELD zu den ersten, die apportierten: »Falls Beweise gefunden werden, die SADDAM mit den Anthrax-Anschlägen in Verbindung bringen, dann würden direkte Maßnahmen gegen den Irak unternommen.« Auch James WOOLSEY schloß sich wiederum an und behauptete, der Irak sei der Hauptverdächtige im Zusammenhang mit den Anthrax-Briefen. Erst später kam ans Tageslicht, daß WOOLSEY mehr oder weniger offiziell den Auftrag erhalten hatte, propagandistische Argumente für einen Angriff auf den Irak zu entwickeln.[768] Die ganze Anthrax-Geschichte stellte sich später als hausgemacht heraus, denn das Anthrax stammte, wie bereits erwähnt, aus einem US-Labor.[769]

Wie man weiß, war das erste Opfer Washingtons nach dem 11. September 2001 nicht der Irak, sondern Afghanistan. Auch dieses Land spielte im geostrategischen Kalkül der US-Elite eine herausragende Rolle, und die Anschläge ließen sich ebenso gut als Rechtfertigung gegen jedwedes andere ›Terrorregime‹ benutzen. Es ist in der Rückschau nicht ohne Pikanterie, daß schon BUSHS Vater – und zwar ausgerechnet am 11. September 1990, elf Jahre vor den Terroranschlägen – im US-Kongreß seine bekannte Rede über die ›Neue Weltordnung‹ gehalten hatte, die damals auf den bevorstehenden Krieg gegen SADDAM einstimmen sollte. Und wieder fällt es schwer, an Zufälle zu glauben: Beide Ereignisse fanden an einem 11. September statt.[770] Und beide Ereignisse stehen in direktem Zusammenhang mit dem Konstrukt einer von den USA dominierten ›Neuen Weltordnung‹.[771] Wurde das Datum zielbewußt ausgewählt? Und von wem?

Und wer wußte Bescheid? Für jeden Laien ist es nachvollziehbar, daß ein Großereignis wie die koordinierte Entführung mehrerer Passagierflugzeuge und ihre Verwendung im Rahmen einer beispiellosen Anschlagsoperation eines riesigen Vorlaufs an Planung und Koordination bedurft haben mußte. Dennoch behaupten die Medien bis heute, sämtliche US-Geheimdienste seien von der Anschlagsserie völlig überrascht worden. Das mag glauben, wer will.

Warnungen gab es zuhauf, zum Beispiel vom israelischen Geheimdienst. Dies behauptete jedenfalls die israelische Tageszeitung *Ha'aretz*: »›Aus operativer Sicht‹ habe die Schlußfolgerung nahegelegen, daß die Vereinigten Staaten erneut Ziel von Anschlägen werden könnten.«[772] Aber auch der ägyptische Nachrichtendienst Muhabarat, der saudische und der jordanische sowie europäische und asiatische Dienste verfügten unabhängig von Washington über Hinweise, denen zufolge Anschläge gegen amerikanische Einrichtungen vorbereitet wurden.[773] Mittlerweile weiß man sogar: »Die Taliban haben die USA nach einem Bericht des *Independent* vor einem Terrorangriff durch Osama BIN LADEN gewarnt.«[774] Schon seit 1998 gaben die US-Geheimdienste Warnungen vor Terroranschlägen mit Passagierflugzeugen gegen das Weiße Haus, das Pentagon und das World Trade Center heraus. »Schon im Juni 1998 erhielten die Geheimdienste aus verschiedenen Quellen Hinweise, wonach Bin Ladin Anschläge in den Vereinigten Staaten geplant habe, darunter in New York und Washington.«[775]

Beobachter wie Sandy Berger, vormals Sicherheitsberater unter Präsident Clinton, werfen Bush jr. vor, die Bedrohung durch Terroranschläge und das Al-Qaida-Netzwerk nicht ernst genommen zu haben. So soll die Bush-Administration Anfang 2001 Pläne der Vorgängerregierung zur Bekämpfung von Al-Qaida verschleppt haben, teilten US-Medienberichte mit.[776] Daß angesichts solcher ungeheuerlichen Versäumnisse niemand in den Chefetagen der CIA und des FBI entlassen wurde, ist verwunderlich. Im Gegenteil, die Chefs beider Dienste wurden auch noch von Bush rehabilitiert.

So oder so paßte es gut ins Konzept Washingtons, daß die NATO den ›internationalen Terrorismus‹ jetzt ausdrücklich als Bedrohung westlicher Interessen definierte. Und: Es gelang, die NATO-Partner mehr denn je zuvor ins amerikanische Boot zu holen. Denn im Gefolge des 11. September stehen die NATO-Verbündeten in der Pflicht, die USA militärisch zu unterstützen, wenn diese aus dem Ausland angegriffen werden. Dieser Beistands-Automatismus kommt einem Freibrief für Washington gleich: Die Verbündeten befinden sich sozusagen auf Knopfdruck im Kriegszustand, wenn der US-Präsident es will. Ein Freibrief für den ›Krieg der Kulturen‹.[777]

## ›Islamisten‹ und die angeblichen ›Beweise‹ des 11. September 2001

Die von der US-Regierung vorgebrachten ›Beweise‹, die die Verantwortung Osama bin Ladens für die Anschläge des 11. September belegen sollten, waren so dünn, daß das Weiße Haus sie der Öffentlichkeit gar nicht erst präsentierte. Auch dafür gibt es in Zeiten des Terrors einen guten Grund: die nationale Sicherheit, mit der sich alles und jedes rechtfertigen läßt; auch die Geheimhaltung der angeblich ›wasserdichten‹ Beweise gegen Osama bin Laden. Hätte Washington wirklich stichhaltige Beweise in Händen gehabt, so hätte die US-Regierung keine Sekunde gezögert, sie den Medien brühwarm aufzutischen. Statt dessen war die Informationspolitik der Regierung mehr als widersprüchlich. Immer wieder wurde der Öffentlichkeit eingeredet, alle US-Geheimdienste seien – trotz mehrfacher Warnung vor bevorstehenden Anschlägen auf US-Einrichtungen in aller Welt – von den Ereignissen überrascht worden; und das, obwohl diese Geheimdienste jährlich über Summen von 30 bis 40 Milliarden Dollar verfügen – mehr als jeder Geheimdienst irgendeines anderen Landes. Andererseits waren diese Geheimdienste wiederum so brillant, daß sie nur 48 Stunden nach den Terroranschlägen bereits verkünden konnten, Osama bin Laden und seine Al-Qaida-Organisation stecke hinter den Attacken.[778]

Es gibt eine ganze Reihe von ›Beweisen‹, die nach dem 11. September an die Öffentlichkeit lanciert wurden, bei denen es schwerfällt, zwischen Dichtung und Wahrheit zu unterscheiden. Im Zweifelsfall handelt es sich jedoch um Fiktionen der Geheimdienste, weil echte Beweise eben fehlen. So ist zum Beispiel immer wieder von eigenartigen Telefongesprächen die Rede, die als Beweise für die Urheberschaft BIN LADENS herhalten müssen; einmal soll BIN LADEN mit seiner Mutter gesprochen und ihr mitgeteilt haben, sie werde nun längere Zeit nichts mehr von ihm hören. Aber in keinem Rechtsstaat der Welt würde ein solches Gespräch als Beweis durchgehen, nicht einmal beim Bezirksgericht. Präsident BUSH wird jedenfalls seine Gründe haben, als er sagte, er würde Osama BIN LADEN lieber tot als lebending haben. Tote können zumindest nicht plaudern.

Zum Beispiel über die peinlichen Verbindungen zur CIA. Die französische Tageszeitung *Le Figaro* teilte mit, daß ein CIA-Agenten Osama BIN LADEN noch im Juli 2001 in Qatar in einem US-Krankenhaus besucht habe.[779] Es wäre interessant zu wissen, worum es dabei ging. Immerhin wollte Washington des angeblichen Top-Terroristen schon 1998 habhaft werden. Da wäre es doch eine Top-Gelegenheit gewesen, in Qatar zuzugreifen.

Doch man hatte vermutlich ganz andere Pläne mit BIN LADEN. So war es naheliegend, daß auch die Flugzeugentführer des 11. September über engste Verbindungen zu BIN LADEN verfügten. Kurz nach den Anschlägen wurde ein Mietwagen der Entführer in Boston aufgefunden. Folgt man den Medienberichten, so gab dieser Fund nicht nur brisante Details preis, sondern auch Täterprofile, die es in sich haben. So hinterließen die Täter in dem Wagen dankenswerterweise nicht nur einen Koran, sondern auch noch drei Fluganweisungen für das Fliegen von Passagierjets, die noch dazu in arabischer Sprache abgefaßt waren.[780] Diese Fundstücke waren ungeheuer praktisch. Hervorragend ins Bild gepaßt hätte auch noch ein persönlicher Brief BIN LADENS, der seinen Schützlingen viel Glück für ihre Aktion wünscht, möglichst handsigniert. Die Entführer sollen außerdem einen Tag vor ihren Untaten eine Nacktbar besucht, dort per Kreditkarte bezahlt und herumerzählt haben, sie seien Piloten der American Airlines. Wegen einer Rechnung von 50 Dollar kam es an dem fraglichen Abend beinahe zu einer Schlägerei in der Bar. Eine Obenohne-Tänzerin gab später über die mutmaßlichen Flugzeugentführer zu Protokoll, das Trinkgeld sei lausig gewesen. Diese hätten dann gesagt: »We'll do violence and bloodshed« – »Wartet nur, wir werden Gewalt anwenden und Blut vergießen.« Daraufhin verließen die drei Asse das Lokal.[781]

Muß man dieses Medienmärchen aus Tausendundeiner Nacht ernst nehmen? Vermeintliche islamisch-fundamentalistische Fanatiker, die sich am Tag vor ihrem großen Auftritt in einer Nacktbar vergnügen? Zeugen behaupteten außerdem, die ›Top-Terroristen‹ hätten nicht wenig gezecht –

auch das paßt nicht ganz in das islamistische Täterprofil. Vielleicht wollten sie sich auch nur Mut antrinken, denn das Unternehmen, zu dem sie am nächsten Morgen aufbrachen, steht ganz und gar einzigartig in der Geschichte der zivilen Luftfahrt da. Sie würden vier Großraumjets entführen - mit Teppichmessern! - und drei davon mit schlafwandlerischer Sicherheit in Gebäude steuern. Begreiflich, daß ihnen Todesangst ein Fremdwort war, im Gegenteil: Sie kündigten das Blutvergießen, das sie anrichten würden, auch noch unter Zeugen an - und zahlten alles brav mit der Kreditkarte, damit alle Transaktionen dokumentiert blieben.

Eigenartig mutet auch die Tatsache an, daß es nach den geglückten Entführungen keinerlei politische Forderungen gab. Keinerlei Solidaritätsadresse in Richtung Palästina, keinerlei Beschimpfung Israels oder der USA. Außerdem schienen die Entführer vollkommen die Konsequenzen ihrer Aktion übersehen zu haben. Wem würden die Anschläge nützen? Der arabischen Sache jedenfalls nicht.

Es würde den Rahmen dieser Ausführungen sprengen, alle offiziellen Verlautbarungen mit ihren offenkundigen Widersprüchen aufzulisten. Einige Einzelheiten sollen dennoch zur Sprache kommen. Wie ist beispielsweise zu erklären, daß einige der entführten Maschinen zwischen 45 Minuten und einer Stunde in der Luft waren, ohne daß irgendjemandem Unregelmäßigkeiten am Flugverlauf auffielen? Flug 77 flog sage und schreibe 80 Minuten, nachdem der Funkkontakt zur Bodenstation abgerissen gewesen war, weiter, und zwar über dichtbesiedeltem Gebiet. Warum wurden keinerlei Sicherheits- oder Abwehrmaßnahmen ergriffen? Das Flugsicherheitssystem NORAD, das jedes noch so kleine Objekt am Himmel und sogar im All genauestens unter die Lupe nehmen kann, hätte niemals derart plump getäuscht werden können. NORAD verfügt über die beste Technologie der Welt, um nicht nur den gesamten Luftraum über den USA, sondern auch noch über Kanada und Mexiko überwachen zu können. 1999 zum Beispiel kam es zu einem unbedeutenden Zwischenfall, der deutlich machte, wie präzise NORAD normalerweise funktioniert. Damals war ein kleiner Learjet, an dessen Steuer der Golfer Payne Stewart saß, vom Kurs abgekommen, und innerhalb kürzester Zeit stiegen F-15- und F-16-Kampfjets auf, die das Flugzeug abfingen und so lange eskortierten, bis es über sicherem Gelände abstürzte. Es wäre völlig problemlos gewesen, das verirrte Kleinflugzeug vom Himmel zu holen.[782] Doch nichts Derartiges ereignete sich am 11. September 2001.

Ein etwas fragwürdiges Verhalten legte auch Präsident Bush an den Tag, als er von den Ereignissen erfuhr. Bush befand sich gerade in einer Grundschule, wo er Schülern aus einem Buch vorlas. Als dem Präsidenten die Meldung zugeflüstert wurde, ließ er nicht etwa unverzüglich das Militär benachrichtigen, sondern fuhr fort, den Kindern vorzulesen. Als er dann endlich die Schule verließ, bestieg er seine ›Airforce Number One‹-Maschine und flog eine geschlagene Stunde herum, ehe er endlich - um 10 Uhr - Militär und Pentagon benachrichtigen ließ. Das war reichlich spät, denn das Pentagon war bereits um 9 Uhr 38 von der letzten der entführten Maschinen getroffen worden.[783] Der zweite Anschlag auf das World Trade Center, nach dem es keinen Zweifel mehr über einen terroristischen Anschlag geben konnte, war aber bereits um 9 Uhr 05 erfolgt. Das heißt, BUSH ließ fast eine ganze Stunde verstreichen, ehe er es für nötig befand, das Militär zu informieren.[784]

Ein Netz von Widersprüchen umgibt auch die 19 mutmaßlichen Terroristen, die Medienberichten zufolge alle Araber waren und fast sämtlich aus Saudi-Arabien stammten.[785] Niemals wurde geklärt, was die 19 eigentlich mit Al-Qaida zu tun hatten. Und warum bombardierten die USA - sofern man dies überhaupt für eine sinnvolle Maßnahme hält - nicht Saudi-Arabien statt Afghanistan?

Es ist in diesem Zusammenhang vielleicht zweckmäßig, sich an jene Aktion des Mossad zu erinnern, die im Jahre 1986 zu US-Bombenangriffen auf Libyen führten. Den Israelis gelang es, den US-Geheimdiensten zu suggerieren, GADDAFI habe einen Bombenanschlag auf eine Berliner Diskothek befohlen, bei der ein amerikanischer Soldat starb. Den tatsächlichen Hergang der Täuschungsoperation hat der ehemalige Mossad-Agent Victor OSTROVSKY in seinem bekannten Buch geschildert. Nun brachte sechs Tage nach den Ereignissen vom 11. September 2001 die israelische Tageszeitung *Ha'aretz* die brisante Meldung: »Fünf Israelis, die für eine Speditionsfirma in New Jersey arbeiteten, wurden im Zusammenhang mit dem Angriff auf das WTC in New York am vergangenen Dienstag laut FBI wegen ›verirrten Verhaltens‹, verhaftet... Die fünf arbeiteten für eine Firma, die einem Israeli gehört... Das FBI nahm die fünf fest, als sie die Katastrophe auf Video festhielten und dabei jauchzten, was als ›Jubel und Spott‹ interpretiert wurde.«[786] Beim *National Journal* war man ziemlich verblüfft, als man in Erfahrung brachte, daß die fünf Israelis an einem ganz normalen Arbeitstag ihre Videokameras zur Arbeit mitgebracht hatten. Man kann in diesem Fall nur außergewöhnliche hellseherische Fähigkeiten unterstellen, die es dieser Gruppe ermöglichten, zum richtigen Zeitpunkt genau am richtigen Ort zu sein.[787] Seltsamerweise wurden die fünf, die ein mehr als verdächtiges Verhalten gezeigt hatten, bald wieder auf freien Fuß gesetzt.

Amerikanische Militärberichte verwiesen auf die Tatsache, daß vor den Anschlägen der israelische Geheimdienst monatelang in den USA intensiv spioniert hatte. Bei der Heeresschule für fortgeschrittene Militärstudien wußte man sogar: »Der Mossad habe ›die Möglichkeit, US-Ziele anzugreifen und es nach einer arabischen Tat aussehen zu lassen‹«.[788] Diese Ansicht wurde 24 Stunden vor den Angriffen des 11. September geäußert. »Eine Quelle des US-Militärgeheimdienstes... enthüllte Einzelheiten aus einer internen Denkschrift, denen zufoge der israelische Mossad Verbindungen zu den Angriffen gegen das World Trade Center und das Pentagon habe.« Diese interne Denkschrift warnte ausdrücklich davor, berichtet der Experte für israelische Geheimdienstoperationen David Stern, daß »eine verdeckte israelische Operation auf US-amerikanischem Boden drohe. Diese bezwecke, die öffentliche Meinung gegen die palästinensischen Araber zu wenden, und zwar durch einen offensichtlichen terroristischen Angriff auf US-Interessen, der Israel grünes Licht geben würde, einen umfassend bemessenen militärischen Angriff gegen die arabisch-palästinensische Bevölkerung durchzuführen.«[789] Tatsächlich wurde ab dem 13. September 2001 massiv gegen die besetzten palästinensischen Gebiete vorgegangen. Es ist auch eine Erinnerung wert, daß Israel zum Zeitpunkt der Anschläge die schwerste Wirtschaftskrise seiner Geschichte durchmachte und daß die zweite Intifada zunehmend außer Kontrolle geraten war. Der Judenstaat brauchte amerikanische Unterstützung so dringend wie selten vorher; doch US-Präsident Bush hatte erst kurz zuvor erklärt, er werde einem palästinensischen Staat nicht im Wege stehen.

Die weitgehend gleichgeschalteten westlichen Medien unterschlugen auch eine wichtige Information, die Leser arabischsprachiger Zeitungen zum Beispiel sehr wohl erfuhren. Es geht um die Tatsache, daß nach den Anschlägen einige der mutmaßlichen Attentäter offenbar noch am Leben waren. Mindestens fünf der 19 vom FBI als Entführer bezeichneten Personen lebten nach dem 11. September noch. »Nach Veröffentlichung der Liste mit den angeblichen Selbstmordattentätern durch das FBI meldeten sich fünf der ›Täter‹ lebend bei ihren Botschaften bzw. der Polizei in Saudi-Arabien, Marokko und den USA.«[790]

Sogar CNN sah sich gezwungen, eine Darstellung vom 13. September zu korrigieren, wonach der Sender behauptet hatte, Adnan Bukhari sei einer der Entführer gewesen. Bukharis Anwalt kontaktierte das FBI, um zu beweisen, daß sein Klient noch quicklebendig und überdies bereit sei, sich interviewen zu lassen. Vor allem aber habe sein Mandant nicht das geringste mit den Flugzeugentführungen zu tun.[791] »FBI-Chef Robert Mueller mußte zweimal bei CNN zugeben, daß ›keine legalen Beweise existieren, um die Identität der selbstmörderischen Entführer nachzuweisen‹ (CNN, 20. und 27. September).«[792] CNN veröffentlichte im übrigen auch die Passagierlisten der vier entführten Maschinen im Internet. Auf keiner davon befand sich auch nur ein einziger Name der angeblichen arabischen Terroristen.[793] Nur ein einziger arabischer Name fand sich überhaupt auf den Listen, doch dieser Passagier, ein Mr. Khan, war US-Bürger.

Nachdenklich stimmt auch der Bericht der israelischen Zeitung *Yediot Aharanot*, der Inlandsgeheimdienst Shin Bet habe Premierminister Ariel Scharon, der am 11. September in die USA fliegen sollte, geraten, von dem Flug

*Seit den tragischen Ereignissen vom 11. September stellten einige Veröffentlichungen die offizielle Version der Anschläge in Frage. Inzwischen ist jeder dritte Bundesbürger davon überzeugt, daß die Terroranschläge vom 11. 9. ein selbstfabriziertes Vehikel der USA zur Weltdiktatur gewesen ist. Manche Autoren (u.a.* REISEGGER *und* MEYSSAN*) bezweifeln sogar, daß Großraumflugzeuge in die WTC-Türme und in das Pentagon gerast seien.*

Obige Bildreihe: *Erst auf den letzten Metern dreht sich scheinbar das Flugzeug sehr stark um die Längsachse, was eine Steilkurve anzeigen würde, für die aber aufgrund des möglichen Radius kaum mehr Gelegenheit zu sein scheint. Die Flugdauer vom ersten Bild bis zum WTC kann bei einer Geschwindigkeit von 500 km/h ungefähr 4 Sekunden betragen haben.*

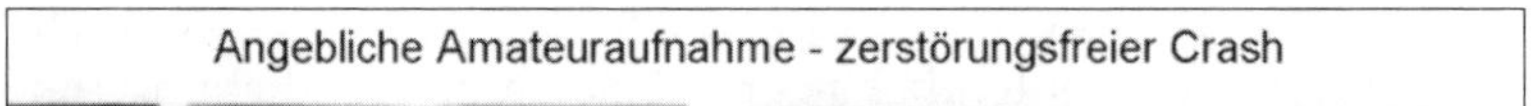


*Das Bild zeigt in der Vergrößerung des scheinbar gegen das WTC fliegenden Flugzeuges, daß dieses Flugzeug schlecht hineinkopiert wurde. Auf dem Monitor des PC sind die gröberen Pixel und die in vertikaler und horizontaler Richtung scharf abgegrenzten Farbsprünge gegenüber dem Bild der WTC-Fotographie deutlich erkennbar.*

*Maßstabsgetreues Bild der Boeing 757 – Spannweite ~38m. Die Markierungen zeigen, wo ein reales Flugzeug bei der gegebenen Lage des äußeren Einschlagloches auf das Gebäude des Pentagon treffen müßte. Das war aber nicht der Fall, wie man an den Nicht-Zerstörungen der Fassade und Fenster (!) unmittelbar erkennen kann.*

*Drei Schriften, die die offizielle Version der Ereignisse in Frage stellen:*

*Thierry* MEYSSAN, 11. September. Der inszenierte Terrorismus. Auftakt zum Weltbrand? *editio de facto, Kassel 2002*

*Gerhoch* REISEGGER, 11. September. Die Bildbeweise, *Hohenrain, Tübingen 2004*

*Gerhoch* REISEGGER, Wir werden schamlos irregeführt!, *Hohenrain, Tübingen 2003, [3]2004 – REISEGGER weist vor allem nach,* warum *der 11. September stattfand und stattfinden mußte.*

*Karte über »latente Gefahrenherde« – sprich aus US-Sicht: Gebiete von geostrategisch erster Bedeutung.*

*Zwei führende Ideologen des Weltmachtgedankens in den USA: Samuel* HUNTINGTON*, Verfasser von* Der Kampf der Kulturen, *und Zbigniew* BRZEZINSKI*. Letzterer schreibt in seinem Buch* Die einzige Weltmacht: *»Besondere Sicherheitsvorkehrungen im Persischen Golf, vor allem nach der kurzen Strafexpedition gegen den Irak im Jahre 1991, haben diese wirtschaftlich vitale Region in ein amerikanisches Militärgebiet verwandelt.« Das sagt alles.*

*Die Öl-Connection in der Bush-Regierung. Von eben links:*

*George W. Bush (Manager der Ölfirmen ›Arbusto/Bush-Exploration‹ (1978–1984) und ›Harken‹ (1986–1990).*

*Dick Cheney, Chef des Öl-Dienstleisters ›Halliburton‹ (1995–2000).*

*Condoleezza Rice, Sicherheitsberaterin, Aufsichtsrat von ›Chevron‹ (1991–2000).*

*Spencer Abraham, Energieminister, Senator von Michigan, von der Autoindustrie gesponsert.*

*Donald Evans, Handelsminister, Präsident der Ölgesellschaft ›Tom Brown‹ (1979–2000).*

*Gale Norton, Innenministerin, Anwältin und Beraterin von Energieunternehmen.*

*Informationen aus dem* Spiegel *(3/2003).*

Abstand zu nehmen, da es Attentatsdrohungen gebe.[794] Bei alledem bleibt die Frage im Raum: Wer profitierte von den Anschlägen? Die Frage beantwortet sich von selbst: Araber, Palästinenser und Al-Qaida jedenfalls nicht. Afghanistan wurde bombardiert. Als Reaktion auf die Anschläge schmiedeten die Großmächte USA, Rußland und China ein Bündnis zur Bekämpfung des internationalen Terrorismus. Der Terrororganisation Al-Qaida mußte klar sein, daß der amerikanische Militärkoloß zurückschlagen würde. Auch war ersichtlich, daß man mit einer Aktion vom Zuschnitt der Anschläge des 11. September den Amerikanern den idealen Vorwand lieferte, gegen Afghanistan militärisch vorzugehen, das ohnehin auf der Liste der US-Ziele ganz oben stand – die Ölpipeline der Firma Unocal war ein Top-Projekt Washingtons.

Die Massenmedien sehen in solchen Zusammenhängen entweder Zufälle oder Verschwörungstheorien. Manchmal läßt sich tatsächlich nicht entscheiden, was Zufall und was geplant war. Immerhin wurde auf einer Konferenz, die zwei Monate vor den Anschlägen in Berlin stattfand, ›zufällig‹ davon gesprochen, man werde Afghanistan bombardieren, falls die Taliban das Pipelinevorhaben nicht billigten. Ein außerordentlich praktischer Zufall war es auch, daß sich die Anschläge in New York und Washington gerade zu dem Zeitpunkt ereigneten, da in Israel fast täglich Bomben hochgingen und Tel Aviv dringend ein Ablenkungsereignis brauchte, um endlich gegen die Palästinenser vorgehen zu können. Und was ist mit den ›Zufällen‹ um die Attentäter selbst? Sollte der erwähnte Koran im gefundenen Leihwagen nicht eher eine gezielte Spur legen? Auch in der Tatsache, daß Ober-Attentäter Mohammad Atta in den neunziger Jahren schon einmal von Ägypten zu den Israelis übergelaufen war, mag einen Zufall sehen, wer will.[795] Zu allem Überfluß wurde auch noch ein selbstbekennendes Testament aufgefunden. *Der Spiegel* berichtete: »Daß das dreiseitige Papier samt Deckblatt erhalten ist, ist Zufall, sonst nichts. Attas Gepäck, eine Reisetasche, war in Boston nicht rechtzeitig umgeladen worden und blieb liegen... Ein paar Stunden nach dem Anschlag wurde die Tasche durchsucht, und neben Piloten-Uniformen und Flugvideos, notierte das FBI, sei auch ein ›Abschiedsbrief‹ gefunden worden. Es war der erste Hinweis darauf, daß radikale Islamisten hinter dem Anschlag stecken könnten.«[796] Angesichts solcher überwältigenden Beweise fehlte diesem Glückstreffer eigentlich nur noch ein persönlicher Brief von bin Laden, der seinen Schützligen noch viel Glück wünscht – am besten von bin Laden handsigniert, damit die US-Behörden ihre ›wasserdichten‹ Beweise bekommen.

Wer genauer hinsieht, findet auch in den optischen ›Beweisen‹, die der internationalen Öffentlichkeit präsentiert wurden, Unstimmigkeiten. Fachleute wunderten sich gelegentlich über die ausgesprochen gute Qualität der Bilder vom World Trade Center, auf denen die beiden Türme gestochen scharf zu erkennen sind. Aber auch das erste Flugzeug, das in einen der beiden Türme flog, ist auf allen Bildern so seltsam scharf zu sehen. Und noch so ein ›Zufall‹: Mehrere der mutmaßlichen Täter standen schon seit längerem auf den Observationslisten der Terrorfahndung. »Dennoch erhielten zwei von ihnen im März 2002 (!) ihr im Sommer 2001 beantragtes Aufenthaltsvisum vom Immigrationsbüro.«[797]

Es gibt mittlerweile zahlreiche Publikationen, die die offiziell verbreiteten Erkenntnisse zum 11. September nicht mehr kritiklos hinnehmen. Es konnten inzwischen zahlreiche Indizien zutage gefördert werden, die auf eine großangelegte Konspiration der geheimen Schattenregierung der USA schließen lassen, die einen passenden Vorwand für ihren weltweiten militärischen Interventionskurs brauchte.[798] So überrascht es zum Beispiel nicht, daß Oberst Steve Butler, ein US-Luftwaffenveteran, zu Protokoll gab, Präsident Bush habe von den bevorstehenden Anschlägen gewußt, jedoch vorsätzlich nichts zu ihrer Verhinderung getan, »weil er diesen Krieg gegen den Terrorismus brauchte«. Von Butler stammt auch der bedenkenswerte Vergleich, Bush jr. habe Osama bin Laden ebenso für sein Kalkül gebraucht wie Bush sen. Saddam Hussein. Butler wurde für diese Bemerkungen in den Ruhestand geschickt.[799]

Wer sich mit all den Ungereimtheiten, Widersprüchen und ›Zufällen‹, die den 11. September umgeben, rational auseinandersetzt, dem fällt es schwer, der offiziösen und von den Medien verbreiteten Version vom Hergang der Ereignisse Glauben zu schenken. Man muß sich auch der Tatsache stellen, daß die etablierten Medien Teil des Lügengeflechts sind und eher zur Vertuschung als zur Wahrheit beitragen. Eine freie, unabhängige Presse gibt es in unseren Breiten nicht. Die Medien sind Bestandteil des etablierten Machtkartells und hängen am wirtschaftlichen Tropf mächtiger Konzerne, die auch die Leitlinien der Berichterstattung vorgeben. Noch deutlicher gesagt: Die Machtelite finanziert die Medien nicht nur, sie besitzt sie. Das erklärt, warum die breite Öffentlichkeit über den 11. September bis heute in einem Umfang getäuscht werden konnte, der erschütternd ist und Orwell alle Ehre gemacht hätte. Aber es ist nun einmal so, daß 98 Prozent der Menschen ihre Informationen über den 11. September den Massenmedien verdanken. Und diese wiederum verbreiten, was ihnen von den Insidern vorgesetzt wird, von der CIA, dem FBI, dem Weißen Haus und dem Pentagon. Spätestens der 11. September 2001 führte das Märchen vom Medien-Pluralismus in unseren Gesellschaften *ad absurdum*.

## Kein Interesse an Osama bin Laden

Nach den Anschlägen vom 11. September bestritt der Hauptverdächtige, Osama bin Laden, sofort jede Beteiligung. Eine AIP-Meldung besagte: »Man zeige mit dem Finger auf ihn, ›aber ich sage kategorisch, daß ich es nicht getan habe. Wer auch immer es getan hat, hat es aus Eigeninteresse getan... Ich lebe in Afghanistan und habe Amir-ul-Momineen [Führer der Taliban; d. Verf.] Gehorsam geschworen, der derartige Aktivitäten nicht erlaubt‹.« Auch der ›Außenminister‹ der Taliban meldete sich zu Wort: Die Vereinigten Staaten seien »›in jedem Fall darauf aus, Afghanistan anzugreifen, ohne Rücksicht darauf, was wir über Osama denken‹«.[800]

Die Führung der Taliban signalisierte sogar ihre Bereitschaft, mit Washington zu kooperieren, denn die Taliban waren nicht so vermessen, die Konfrontation mit den Amerikanern zu suchen. »Im Bewußtsein ihres sicheren Endes haben Taliban-Führer sofort erklärt, sie wären bereit, den USA zu helfen, bin Laden auszuliefern oder gar zu töten, indem sie den Amerikanern die Positionen seiner Camps angäben, so daß diese ihre Cruise Missiles zum Ort schicken könnten. Dieselben Männer haben darüber hinaus gesagt, daß sie bin Ladens Computer und elektronische Ausrüstung, derer man sich bemächtigt habe, auf Wunsch auslieferten. Washington, so New Yorks linksintellektuelle *Village Voice*, habe sie aber abgewiesen.«[797] Genau eine Woche nach den Anschlägen in den Vereinigten Staaten stellten die Taliban Bedingungen für die Auslieferung bin Ladens: »Aufbebung der UN-Sanktionen, mehr Wirtschaftshilfe sowie einen Stopp der westlichen Unterstützung für die Opposition im Land.«[802] Diese Bedingungen waren durchaus nachvollziehbar, da Afghanistan das ärmste Land der Welt war und unter dem von den USA initiierten Wirtschaftsembargo litt. Erneut lehnte Washington ab.

Dieses merkwürdige Vorgehen der Bush-Regierung war aber keine Inkonsequenz des Weißen Hauses. Denn schon Bush-Vorgänger Bill Clinton hatte Osama bin Laden niemals ernsthaft verfolgt. Das mutet um so unverständlicher an, als es sich, folgt man amerikanischen Stimmen, mit bin Laden nachgerade um einen Weltbösewicht handelt. Immerhin beschuldigte ihn die US-Regierung schon 1998, amerikanische Botschaften in Afrika in die Luft gejagt zu haben. Auch Anschläge auf US-Militäreinrichtungen in Saudi-Arabien gingen angeblich auf sein Konto. Doch wann immer amerikanische Dienststellen die Möglichkeit hatten, den ›Paten‹ des internationalen Terrors in ihre Gewalt zu bekommen, zeigten sie demonstratives Desinteresse. Das gibt zu denken.

Insgesamt dreimal ließen die Amerikaner bin Laden einfach entwischen, und das, obwohl er ihnen praktisch auf dem Präsentierteller serviert wurde. Dies bestätigten sogar US-Zeitungen. So schrieb die *Washington Post* am 3. Oktober 2001, als sich bin Laden im Sudan aufhielt: »Im März 1996 bot Generalmajor Elfatih Erwa die Auslieferung bin Ladens entweder an Saudi-Arabien oder an die Vereinigten Staaten an. ›Die sudanesischen Geheimdienste, sagte er [Erwa], würden bin Laden für die Vereinigten Staaten gern unter Beobachtung stellen. Aber wenn dies nicht ausreichen sollte, sei die Regierung auch darauf vorbereitet, ihn zu inhaftieren und auszuliefern, wenn es auch unklar sei, an wen. An einer Stelle sagte Erwa, daß der Sudan jeden legitimen Antrag einer Strafanzeige gegen den beschuldigten Terroristen berücksichtigen würde.«

Völlig überraschend wiesen die amerikanischen Behörden das Auslieferungsangebot zurück. Sie argumentierten, eine Auslieferung bin Ladens, der bekanntlich saudischer Staatsbürger sei, würde die Beziehungen zu Saudi-Arabien verschlechtern.[803] Natürlich war diese Behauptung ein reines Ablenkungsmanöver, denn noch nie hatte sich Washington davon abhalten lassen, Staatsbürger fremder Länder festzunehmen. Um Panamas Präsidenten Noriega in die Hände zu bekommen - offiziell wegen Drogenschmuggels -, zettelten die USA sogar einen Krieg mit Panama an, der mit der Festnahme Noriegas durch die amerikanischen Streitkräfte endete.

Folgt man der *Washington Post,* verfolgte Washington im Fall bin Ladens einen anderen Kurs. »›[US-Beamte] sagten: Bitten Sie ihn, das Land zu verlassen. Lassen Sie ihn nur nicht nach Somalia‹, sagte der sudanesische General Erwa in einem Interview. Wir sagten, daß er nach Afghanistan gehen würde, und sie [die US-Beamten; d. Verf.] sagten: ›Lassen Sie ihn gehen.‹«[804] Am 12. Juli 2000 wurde die Kongreßabgeordnete Dana Rohrbacher bei einer Anhörung zum Thema ›Terrorismus in Südasien‹ sehr deutlich, als sie die Regierung Clinton beschuldigte, die Bemühungen um die Festnahme bin Ladens sabotiert zu haben.[805] Das ganze Taktieren ist um so unverständlicher, als man weiß, daß Washington noch 1996 erheblichen Druck auf die sudanesische Regierung ausgeübt hatte, um eine Ausweisung des dort seit 1991 lebenden bin Laden zu erwirken. 1996 setzte Khartum die USA dann erneut in Kenntnis, daß bin Laden vor seiner Ausweisung stehe - eine weitere Gelegenheit für Washington, seiner habhaft zu werden. Doch die Amerikaner lehnten wiederum ab. »Die Entscheidung, das nicht zu tun, kam nach Auskunft früherer Regierungsstellen von der obersten Spitze des Weißen Hauses.« Bin Laden, angeblicher Hauptfinanzier des internationalen Terrorismus, konnte demzufolge am 18. Mai in aller Ruhe nach Afghanistan reisen, um dort seinen Einfluß auf das Taliban-Regime geltend zu machen.[806]

Selbst nach dieser verpaßten Chance bot der Sudan bis zum 11. September 2001 dem FBI alle vorhandenen Geheimdienstinformationen über bin Laden an. Tatsächlich hätte das FBI die Unterlagen gern bekommen, doch das State Department ging dazwischen. Die Afrikaner behaupteten später nicht zu Unrecht, daß der 11. September zu verhindern gewesen wäre, wenn die USA ihre Hilfe angenommen hätten.[807] Gab es Kräfte, die kein Interesse daran hatten, eine furchtbare Bedrohung von den Vereinigten Staaten abzuwenden?

Washington verfuhr wieder einmal nach der Pearl Harbor-Strategie.[808] Es war schon die Rede davon, daß das Vorbild des angeblichen japanischen Überfalls am 11. September sogar buchstäblich zitiert wurde, und zwar auf dem Rückumschlag des *Time Magazine*.[809] Jetzt also war Afghanistan an der Reihe. Seit Mitte der neunziger Jahre hatte Washington immer wieder verlauten lassen, man werde mit Afghanistan nur verhandeln, wenn es dort eine zentrale Regierung gebe. Als sich BIN LADEN nach Afghanistan absetzte, hatten die Taliban, die zuvor von den USA unterstützt worden waren, das Land noch nicht gänzlich unter Kontrolle. BIN LADENS Übersiedlung an den Hindukusch bedeutete sogar ein Plus im Kalkül der Amerikaner, denn im Krieg gegen die Russen hatte BIN LADEN in den achtziger Jahren die US-Interessen in der Region zielstrebig gefördert. Nun rechnete sich Washington aus, BIN LADENS Eingreifen am Hindukusch würde dazu führen, daß die Taliban das gesamte Land in ihre Gewalt bringen. Für die Washingtoner Hintergrundelite war das überaus wichtig, da das erwähnte Pipelineprojekt nur in einem halbwegs befriedeten Land denkbar war. Und eine zentrale Regierung war ebenso wichtig, weil sie die verzinsten Kredite der Weltbank und des Internationalen Währungsfonds annehmen mußte.

## Die Drogen-Pipeline: Afghanistan – Kaukasus – Balkan

Ein Thema ging im Medienrummel um die Ereignisse des 11. September und den Krieg in Afghanistan völlig unter: das außerordentlich lukrative Drogengeschäft. Einer der Gründe, warum die Taliban von den westlichen Medien so abgrundtief verteufelt wurden, war mutmaßlich die Tatsache, daß sie im Jahre 2000 den Drogenanbau in Afghanistan fast vollständig beseitigt hatten. Dazu muß man wissen, daß die westlichen Geheimdienste, vor allem die amerikanischen wie etwa die CIA, tief in den illegalen Drogenhandel verstrickt sind. Die Gewinne aus dem Drogengeschäft stellen eine ihrer Haupteinnahmequellen dar. Hier liegt zum Beispiel einer der Gründe, warum die CIA den Vietnamkrieg am Kongreß vorbei illegal fortführen konnte, nachdem dieser die Finanzierung des Krieges gestoppt hatte. Die CIA transferierte nämlich riesige Mengen Drogen aus dem sogenannten ›Goldenen Dreieck‹ in den Westen, hauptsächlich in die USA.

Vom Volumen her ist das Drogengeschäft nur mit dem Ölgeschäft vergleichbar. Die UNO schätzt die Umsätze aus dem Drogenhandel auf rund 500 Milliarden Dollar.[810] auch der Afghanistankrieg gegen die Sowjets (1979–1989) wurde, nur verschämt kaschiert, durch die Drogenpolitik der CIA finanziert. So berichtete etwa der *Daily Telegraph*, daß der islamische Jihad Bestandteil der geheimen CIA-Strategie war und zu einem guten Teil aus Drogeneinnahmen finanziert wurde.[811]

Wegen der milliardenschweren Umsätze ist die geopolitische Kontrolle über den Drogenhandel ebenso wichtig wie die Kontrolle über die Ölpipelines. Nachdem die Taliban den Mohnanbau verboten hatten, übernahm die Nordallianz Produktion und Vermarktung des Rohopiums. 75 Prozent der weltweiten Heroinmenge stammen aus Afghanistan, der Wert der jährlichen Produktion aus dieser Region liegt bei 100 bis 200 Milliarden Dollar, eine ungeheure Summe. Die amerikanischen Geheimdienste waren lebhaft daran interessiert, daß dieses Geschäft nicht zum Erliegen kam.[812] Auch der Jugoslawienkrieg im Frühjahr 1999 hatte eine Drogen-Komponente. Das Land hatte sich bis dahin als NATO-resistent erwiesen. Im Gefolge der von den USA inszenierten NATO-Intervention brachte Washington diesen Teil der internationalen Drogenroute unter seine Kontrolle. Der Wirtschaftswissenschaftler Prof. Michael Chossudovsky beruft sich in diesem Zusammenhang auf Frank Cilluffo, den Kriminalitätsexperten des Washingtoner Zentrums für Strategische und Internationale Studien, der vor dem US-Repräsentantenhaus erklärte: »Albanien und Kosovo liegen im Herzen der Balkanroute, die das Drogendreieck von Afghanistan und Pakistan mit den Drogenmärkten in Europa verbindet. Diese Route hat einen Wert von geschätzten 400 Milliarden Dollar im Jahr und wickelt 80 Prozent des für Europa bestimmten Heroinhandels ab.«[813]

Es ist gelegentlich überraschend, wie eng die Ölpipeline-Politik mit der Drogenpolitik verquickt ist. So fällt zum Beispiel auf, daß die USA über viele Jahre hinweg das Phänomen des sogenannten islamischen ›Fundamentalismus‹ instrumentalisiert haben, um ihren Interessen im Kaukasus Nachdruck zu verleihen. Die Schlüsselrolle fiel - und fällt - dabei Tschetschenien zu. Die wichtigsten tschetschenischen Rebellenführer, Schamil Basajew und Emir Al-Khattab, werden von der CIA finanziert und wurden in Camps in Afghanistan und Pakistan ausgebildet. Weil die bedeutendsten Ölpipelines der Russen durch Tschetschenien und Dagestan verlaufen, verurteilt Washington den islamischen ›Terrorismus‹ zwar verbal aufs heftigste, verschweigt aber, daß die größten Nutznießer dieses Terrors, der sich gegen Rußland wendet, die anglo-amerikanischen Ölkonzerne sind, die um die Kontrolle der Ölbestände und Pipelines am Kaspischen Meer konkurrieren.[814]

Wenn es gelänge, Tschetschenien und Dagestan von Rußland abzutrennen, ließe sich ein Großteil des Territoriums zwischen dem Kaspischen und dem Schwarzen Meer unter den ›Schutz‹ des westlichen Militärbündnisses bringen. Das würde bedeuten, daß alle bereits bestehenden und noch geplanten Pipelinerouten und Öl-Transportwege der Region dem Zugriff der britisch-amerikanischen Ölkonzerne anheimfielen. Vor diesem Hintergrund wird erklärlich, warum Basajew den Auftrag erhielt, im ersten Tschetschenienkrieg 1995 die Truppen der Russischen Föderation anzugreifen. Seine Organisation war tief in illegale Machenschaften verstrickt: »Drogenhandel, Anzapfen und Sabotage russischer Pipelines« waren nur einige seiner speziellen ›Dienstleistungen‹ für seine Auftraggeber, die Rußlands Pipelinepolitik schwächen wollten, wo es nur ging.[815]

Nicht nur die Geheimdienste kooperierten. Auch auf wirtschaftlichem Terrain wirkten und wirken die USA und Großbritannien aufs engste zusammen. Es bedeutete eine strategische Entscheidung von großer Reichweite, als sich der britische Ölkonzern BP (British Petroleum) mit dem amerikanischen Konzern Amoco zu BP-Amoco zusammenschloß. Der neue Großkonzern ist das größte Ölunternehmen der Welt. Zu ähnlichen Kooperationen kam es im Rüstungssektor, als der britische Rüstungsgigant British Aerospace Systems zu hundert Prozent in der amerikanischen Rüstungsindustrie aufging.[816]

Geopolitisch ist und bleibt dabei die Kontrolle der Ölquellen von herausragender Bedeutung. Ein CIA-Experte formulierte es so: »Wer immer die Kontrolle über bestimmte Pipelines und bestimmte Investitionen in der Region hat, verfügt über ein gewisses Maß an geopolitischer Macht. Ein solcher Einfluß ist selbst eine Art Rohstoff.«[817] Das Gleiche gilt für das Drogengeschäft.

## Der Große Bruder schlägt zu

Nach den Anschlägen vom 11. September billigte der US-Kongreß Präsident BUSH ein Paket in Höhe von 40 Milliarden Dollar zur Unterstützung der Rüstungsindustrie zu.[818] Zur gleichen Zeit willigte das Repräsentantenhaus in ein Anti-Terror-Gesetz ein, das die Befugnisse von Polizei und Sicherheitsbehörden drastisch ausweitete.[819] US-Verkehrsminister Norman MINNETA verbreitete einen Vorgeschmack dessen, was seit diesem Zeitpunkt auf die US-Bürger zukommen sollte, indem er erklärte: »Eine ›deutlich stärkere Überwachung‹ soll es künftig auf US-Flughäfen geben: mehr Kameras, mehr Polizei, mehr Gepäck- und Personendurchsuchungen. . . ›aber diesen Preis müssen wir künftig für unsere Sicherheit zahlen‹.«[820]

Inzwischen weiß man, wie hoch dieser ›Preis‹ tatsächlich ist. Denn die USA sind heute faktisch ein Polizei- und Überwachungsstaat reinsten Wassers. Schon vorher standen die USA bei übelwollenden Kritikern im Ruf einer ›Gefängnis-Gesellschaft‹. Im Zeichen des ›Krieges gegen den Terror‹ ist das keine Unterstellung mehr, sondern eine Tatsache, die sich mit dicken Zahlen untermauern läßt. Gegenwärtig müssen die amerikanischen Steuerzahler jährlich die gigantische Summe von rund 40 Milliarden Dollar allein für die Gefängniskosten aufbringen. Zudem sind nicht nur die Bürgerrechte radikal beschnitten, zum Teil sogar aufgehoben worden, sondern ganz allgemein wurde das Strafrecht massiv verschärft. Experten weisen darauf hin, daß im Gefolge des 11. September für bestimmte Vergehen die Gefängnisstrafe zwingend vorgeschrieben ist, sogar bei Delikten ohne Gewaltanwendung. Dies erklärt, warum die Zahl der Inhaftierten in amerikanischen Justizvollzugsanstalten noch nie so hoch war wie derzeit.[821]

## Ein Geschenk namens Anthrax

Man weiß inzwischen, daß auch die Hysterie im Zusammenhang mit den Anthrax-Anschlägen hausgemacht war. Die verwendeten Milzbranderreger stammten nämlich keineswegs aus dem Ausland, sondern aus amerikanischen Militäreinrichtungen bzw. Forschungsinstituten. Das Magazin *Focus* berichtete: »›Der Täter war ein amerikanischer Mikrobiologe, der jetzt oder früher Zugang zu waffenfähigem Anthrax in einem US-Regierungslabor hatte‹, behauptet die Mikrobiologin Barbara Hatch ROSENBERG, New Yorker Professorin und ehemalige Biowaffen-Beraterin unter Präsident Bill CLINTON.« Die Behauptung der Frau ROSENBERG kann sich auf zahlreiche Indizien stützen, weshalb auch das FBI zu einem ähnlichen Schluß kam: »Die Milzbrand-Bakterien gehören zu einem Stamm, der in US-Labors verwendet wurde. Das spezielle Verfahren für ihre Präparierung wurde nur hier und im Irak angewandt. Der Gebrauch von Silica als Trockenmittel schließt jedoch den Irak als Quelle aus.«[822] Inzwischen hat die Öffentlichkeit die Wahrheit erfahren: Die Anthrax-Anschläge in den USA gingen auf das Konto eines abtrünnigen CIA-Mitarbeiters.

Aber es sickerten noch andere brisante Informationen durch. Nicht nur der Erreger selbst wurde in US-Labors hergestellt. Das einzige in den USA zugelassene Gegenmittel, das vor Milzbrand schützen soll, wird von einem Konzern produziert, der wiederum mit dem BUSH-Clan aufs engste verbandelt ist, der auf diese Weise auch an der Anthrax-Hysterie kräftig verdiente. Schon 1998 erhielt eine neugegründete Firma namens Bioport Corporation den Zuschlag des US-Verteidigungsministeriums, einen bis dahin kaum erprobten Anthrax-Impfstoff herzustellen. Gegründet wurde Bioport von einem gewissen Fuad EL-HIBRI, der ausgerechnet mit dem BIN LADEN-Clan gute Geschäftsbeziehungen unterhielt. Diese Zusammenhänge drangen im März 1999 an die Öffentlichkeit, als der ABC-Reporter Howard L. ROSENBERG herausfand: »Laut Aussagen des ehemaligen Militäranalytikers Patrick EDDINGTON könnte die auf einen Gegenwert von 60 Millionen US-Dollar geschätzte Menge an Anthrax-Impfstoff, wie sie von Bioport innerhalb der nächsten fünf Jahre für das Verteidigungsministerium hergestellt werden soll, nur den Anfang darstellen. Das Pentagon hat ein 322-Millionen-Dollar-Programm für zehn Jahre aufgestellt, das dazu dienen soll, mindestens drei, vielleicht aber auch bis zu einem Dutzend zusätzlicher Impfstoffe für den biologischen Krieg herzustellen . . . Sie wurden nie getestet.«[823]

Wer eins und eins zusammenzählen kann, dem müssen die Haare zu berge stehen angesichts der Tatsache, daß die BUSH-Administration schon vor geraumer Zeit alle US-Bürger aufforderte, sich mit einem neuen Impfstoff impfen zu lassen. Hinzu kommt, daß einer der größten Teilhaber von Bioport die schon früher erwähnte Carlyle-Group ist, also genau jenes Firmenkonsortium, über das die BUSH-Familie mit der einzigen amerikanischen Firma verbunden ist, die die Lizenz zur Herstellung Anthrax-Gegenmitteln besitzt. Man sieht, daß der sogenannte ›Krieg gegen den Terror‹ die BUSHS auf vielfältige Weise abkassieren läßt. Der Nutzen verteilt sich: Während in den USA der Überwachungsstaat wuchert, verdient sich der BUSH-Clan daran eine goldene Nase.[824]

Angst macht bekanntlich gefügig. Die amerikanische Bevölkerung wird systematisch eingeschüchtert, um sie für die Errichtung eines allumfassenden Überwachungsstaates empfänglicher zu machen. Es spricht für sich, wenn die Milzbranderreger, die eine landesweite Angstkampagne auslösten, aus Forschungslabors desselben Militärs stammen, das im Zuge derselben Kampagne mit gigantischen Milliardensummen für den angeblichen ›Kampf gegen den Terror‹ ausgestattet wird. Nur am Rande sei daran erinnert, daß sich die US-Regierung bekanntlich nach wie vor heftig dagegen wehrt, eine internationale Konvention zum Verbot biologischer Waffen zu unterzeichnen. Mit ihrer Weigerung haben die USA am 25. Juli 2001 endlose Verhandlungen über ein entsprechendes Abkommen und jahrelange Bemühungen zum Scheitern gebracht, die bereits 1972 unterzeichnete Konvention bis Ende 2001 um zusätzliche Kontrollbestimmungen zu ergänzen.[825] Zur Abrüstungskonferenz über Massenvernichtungswaffen in Zürich erschienen die amerikanischen Vertreter bezeichnenderweise erst gar nicht. In diesem Licht wird die ganze Heuchelei sichtbar: Während die BUSH-Regierung jahrelang Druck auf den Irak ausübte, um UN-Waffeninspektoren ins Land zu lassen, gestattet Washington selbst keinerlei UN-Inspektionen. Zudem war der Irak zu diesem Zeitpunkt bereits seit rund acht Jahren ausgiebigen Inspektionen ausgesetzt und hatte so gut wie keine Möglichkeit gehabt, sich neue ABC-Waffen zuzulegen. Man darf auch nicht vergessen, daß zentrale Komponenten der irakischen ABC-Produktion seit den achtziger Jahren von den USA selbst geliefert worden waren; dieser Transfer hielt bis in die neunziger Jahre an.

Der ehemalige australische UN-Chefinspektor Richard BUTLER verlieh in einer Fernsehdokumentation seinem Erstaunen über die amerikanische Haltung Ausdruck, als er feststellte, daß auch die amerikanischen Massenvernichtungswaffen abgerüstet werden müßten. Natürlich stieß BUTLER mit dieser Forderung beim amerikanischen Publikum auf taube Ohren. Offenbar konnten die Amerikaner nicht nachvollziehen, warum sich auch die USA dem Abrüstungsprozeß unterziehen sollten. BUTLER unternahm mehrere Anläufe und gab schließlich resigniert auf.

## Der Kreis schließt sich: Der Irak wird erneut zur Zielscheibe

Obwohl es keinerlei Beweise gab, unternahmen Medien und Politiker in den USA alle Anstrengungen, den Irak für die Milzbrand-Anschläge verantwortlich zu machen.[826] Dies verwundert nicht, denn die Bush-Administration hatte sich insgeheim längst auf Bagdad eingeschossen. Es begann mit unheilverkündenden Warnungen aus dem Weißen Haus, daß es Repressalien geben würde, wenn Bagdad nicht die UN-Inspekteure ins Land ließe. Im November 2001 richtete Bush sogar ein diesbezügliches Ultimatum an Saddam,[827] obwohl sich herumgesprochen hatte, daß einige der UN-Inspektoren für die CIA gearbeitet und unter dem Deckmantel der Rüstungskontrolle Ziele für die nächsten amerikanischen Luftangriffe ausgekundschaftet und markiert hatten. Als ein Reporter Präsident Bush fragte, was passieren würde, wenn sich Saddam Hussein weiterhin gegen die Inspektionen wehrte, lautete Bushs Antwort vielsagend: »Das wird er dann sehr bald herausfinden!«[828]

Zu diesem Zeitpunkt hing das Damoklesschwert der amerikanischen Drohungen über einer ganzen Reihe von Staaten. »Bush läßt keinen Zweifel, daß der Krieg gegen den internationalen Terrorismus auch auf andere Länder übergreifen wird. ›Afghanistan ist erst der Anfang‹, bekräftigte... er vor US-Soldaten in Fort Campbell...: ›Es gibt andere Terroristen und andere Staaten, die bereit sind, sie zu unterstützen. Amerika wird nicht sicher sein, solange diese Bedrohung existiert. Wir werden die Kräfte des Bösen bekämpfen – über die Jahre und überall auf der Welt.‹«[829] Bush bezeichnete seinen Schritt ausdrücklich als »eine Ausweitung des Krieges«. Und: »›Jede Regierung, die Terroristen Schutz bietet, sollte sehr nervös sein‹, warnt Rumsfelds Stellvertreter Paul Wolfowitz: ›Al-Qaida ist in 60 Ländern aktiv. Da gibt es noch eine Menge zu tun.‹« Diese Warnung war vor allem an die Adresse des Irak gerichtet.[830] Bushs Sicherheitsberaterin Rice sekundierte: »Der Irak ist eine Bedrohung für seine Nachbarn, sein eigenes Volk, für die Region wie für die USA.« Aber: »Wir werden mit dieser Situation auf absehbare Zeit fertig werden.«[831]

In Washington begannen die Planungen für die sogenannte ›zweite Phase‹ im Krieg gegen den Terror anzulaufen. Dabei ging es um einen neuerlichen Angriff auf den Irak. Eine Reihe von ›Falken‹ im Umfeld des Weißen Hauses hatte seit Jahren auf diese Weichenstellung hingearbeitet. Schon 1998 hatte es in dem schon erwähnten Appell an Präsident Clinton geheißen: »Wir raten Ihnen dringend zu einer Strategie, Saddam Husseins Regime zu entmachten. Wir sind uns der Schwierigkeiten einer solchen Politik bewußt. Aber wir glauben, daß die Gefahren weitaus größer sind, wenn uns dies nicht gelingt.« Bereits in diesen Zeilen hatten zwei der unnachgiebigsten Kriegstreiber in der nunmehrigen Bush-Regierung ihre Handschrift hinterlassen: Donald RUMSFELD, inzwischen Verteidigungsminister, sowie Paul WOLFOWITZ, sein Stellvertreter.[382] Von jeher wurden RUMSFELD wie WOLFOWITZ zur ›harten‹ Fraktion gerechnet, die lieber gestern als heute gegen Bagdad losschlagen wollte. Bei BUSH jr. stieß der Konfrontationskurs auf offene Ohren, vertrat doch der Präsident selbst die Haltung, daß der Krieg gegen den ›Terror‹ »noch Jahre« dauern könne.[833]

Im Vorfeld der Kongreßwahlen, die im November 2002 stattfanden, machte BUSH den Irak erneut zum Wahlkampfthema. Auch seine Kabinettsmitglieder CHENEY, PERLE, ARMITAGE, BOLTON und andere, von denen die meisten zu den Gründervätern des 1997 ins Leben gerufenen ›Project for A New American Century‹ (PNAC) gehörten, segelten längst auf Kriegskurs. Ausdrücklich war das PNAC mit dem Ziel aus der Taufe gehoben worden, »die globale US-amerikanische Vorherrschaft festzuschreiben«. Auch andere US-Denkfabriken hieben in die gleiche Kerbe: »Die Anti-Irak-Lobby in den USA wird besonders durch Analysen des Think Tank ›American Enterprise Institute‹ unterstützt.«[834]

Und schon 1998 hatten einige der späteren BUSH-Berater in einem Brief formuliert: »›Wir sind überzeugt, daß wir im Nahen Osten bald einer Bedrohung gegenüberstehen, die ernsthafter ist als irgendeine, die wir seit Ende des Kalten Krieges gekannt haben.‹ Irak werde Massenvernichtungswaffen einsetzen. Dagegen gebe es nur ein Mittel, nämlich ›die Entfernung SADDAM HUSSEINS und seines Regimes von der Macht.‹ 2002 gab dann noch Richard N. PERLE, der in Washington zeitweise über mehr Macht verfügte als manche Minister, die Parole aus: »Wir müssen die Kontrolle über das Land erringen und das Regime auswechseln. Und zwar schnell.«[835] Paul O'NEIL, der erste Finanzminister der BUSH-Regierung, bestätigte inzwischen, daß der Irak-Krieg von 2003 »schon seit BUSHS Amtsantritt im Januar 2001 geplant gewesen war«.[836]

Als deutlich wurde, daß die US-Truppen die Lage in Afghanistan würden stabilisieren können, wurden die Töne in Richtung Bagdad immer aggressiver. Die Irak-Krieger ließen auf allen Fernsehkanälen verbreiten, warum alle Sanktionen und UN-Inspektionen gegen SADDAMS Massenvernichtungswaffen nutzlos seien.[837] Wieder wurde SADDAM zum Weltbösewicht aufgebaut. Alle möglichen Schreckensszenarien wurden an die Wand gemalt, um alle Zweifler von der Notwendigkeit eines neuen Waffengangs gegen den Irak zu überzeugen. Diesmal war die Propaganda nötiger denn je. Denn außer den USA und Israel wollte niemand den Krieg.

## Gesucht: ein Kriegsgrund

Die BUSH-Administration mußte diesmal besonders tief in die Trickkiste greifen, um triftige Argumente für einen neuerlichen Irakkrieg hervorzukramen. Daß diese Argumente zum weitaus größten Teil gefälscht waren, störte weder in London noch in Washington. Die beiden Regierungen logen, daß sich die Balken bogen. Im Januar 2003 mußte selbst die CIA die Notbremse ziehen und gab bekannt, daß Bush in seiner Rede zur Lage der Nation mit »gefälschten Beweisen argumentierte«.

Die erste Lüge war die Behauptung, der irakische Geheimdienstler Ahmad al-Ani habe im April 2001 in Prag Mohammad Atta, den prominentesten der Flugzeugattentäter vom 11. September, getroffen.

Die zweite Lüge besagte, der Irak habe aus Niger Uran angekauft. Am 7. März 2003 konnte der Leiter der Internationalen Atomenergie-Behörde, Mohammed al-Baradei, nachweisen, daß alle diesbezüglichen Dokumente grobe Fälschungen seien. Auch die US-Regierung selbst mußte bereits am 9. Juli zugeben, daß sie sich bei den Vorwürfen gegen Saddam Hussein wissentlich auf ungesicherte Informationen berufen habe. Natürlich half dieses Eingeständnis niemandem mehr.

Die dritte Lüge betraf die angeblichen irakischen Massenvernichtungswaffen, auf die noch ausführlicher einzugehen sein wird. Bis Januar 2004 hatten weder die UN-Inspektoren unter Leitung von Hans Blix, die den Irak vor dem Krieg durchsucht hatten, noch die 1400 Mann starke Iraq Survey Group unter General Keith Dayton, die nach dem Krieg die Arbeit fortführte, Massenvernichtungswaffen oder auch nur Hinweise darauf gefunden.[838] Mittlerweile hat sogar Verteidigungsminister Rumsfeld zugeben müssen, daß es vor dem Irakkrieg keine neuen Erkenntnisse über etwaige Massenvernichtungswaffen des Saddam-Regimes gab.[839]

Die vierte Lüge war Blairs Behauptung, daß der Irak innerhalb von 45 Minuten chemische sowie biologische Waffen einsatzbereit machen könne. Blair behauptete dies am 29. September 2002 im Unterhaus, als auch er das irakische Regime beschuldigte, Massenvernichtungswaffen herzustellen.

Die fünfte Lüge setzte US-Außenminister Colin Powell am 5. Februar 2003 vor dem Weltsicherheitsrat in die Welt, als er sagte: »Saddam Hussein hat Forschungen an Dutzenden biologischen Erregern betreiben lassen, die Krankheiten wie Wundbrand, Pest, Typhus, Cholera, Pocken und Gelbfieber auslösen können.« Powell glaubte das offenbar selbst nicht. Denn als er das Skript der Rede las, soll er die Blätter in die Luft geworfen und erklärt haben: »Das werde ich nicht vortragen. Das ist Sch... Keines der Inspektoren-Teams hat im Irak Hinweise auf Biowaffen finden können.«

Die sechste Lüge verbreitete die amerikanische Regierung mit ihrer Behauptung, der Irak verstoße gegen die 1991 nach dem Golfkrieg auferlegte UN-Resolution 687, daß sich die Reichweite aller irakischen Raketen auf 150 Kilometer beschränken müsse. Erkenntnisse vom Juli 2003 besagten, daß die UN-Inspektoren alle Raketen, die über diese Reichweite hinausgingen, demontiert hatten. »Seither haben weder die UN noch Inspektoren der US-Armee Raketen, wie sie im Geheimdienstbericht genannt waren, finden können.«[840]

Diese Lügenliste, die keinen Anspruch auf Vollständigkeit erhebt, war aber nur ein Teil der amerikanischen Eskalationsstrategie. Washington unternahm nämlich bereits lange vor dem ›heißen‹ Krieg und unterhalb der Schwelle bewaffneter Auseinandersetzungen alles, um die Lage im Irak zu destabilisieren. Vor dem Krieg sickerte ein offizieller Plan an die Öffentlichkeit durch, der unter dem Titel ›End Game‹ (›Endspiel‹) abgefaßt war und zahlreiche Parallelen zum amerikanischen Vorgehen in Afghanistan erkennen ließ. Zentraler Bestandteil des Plans waren von den USA ausgebildete irakische Rebellen, die unter Mitwirkung der US-Luftwaffe sowie amerikanischer Spezialeinheiten die Creme der irakischen Armee auf ein offenes Schlachtfeld locken sollten, wo die Iraker dann vernichtet würden. Um die ganze Aktion auszulösen, sollten die Rebellen als offene Provokateure in Erscheinung treten: »Eine Streitmacht von etwa 5000 Kämpfern würde von Kuwait aus in den Irak einmarschieren und einen verlassenen Luftwaffenstützpunkt in der Nähe von Basra unter ihre Kontrolle bringen. Dies würde SADDAM HUSSEIN dazu verleiten, seine besten ›Hammurabi‹-Panzereinheiten in den Süden zu schicken, wo sie dann ein sicheres Ziel für die US-Bomber wären.«[841]

Angeblich war dieser Plan schon 1993 ausgeheckt worden.[842] Sonderlich originell war er nicht. Denn eine neuerliche Provokation Bagdads von Kuwait aus wäre nichts anderes gewesen als eine Fortschreibung der Ereignisse, die schon 1990/91 zum Krieg geführt hatten. Auch andere Winkelzüge des Weißen Hauses reichten bis Anfang der neunziger Jahre zurück. So sollen schon 1990, noch vor der irakischen Invasion in Kuwait, amerikanische Pläne existiert haben, ein Embargo gegen Bagdad zu verhängen.[843]

Washington meinte es diesmal zweifellos ernst mit einem Regimewechsel im Irak. Der *Guardian* informierte seine Leser darüber, daß für Mai 2002 eine großangelegte Konferenz der irakischen Opposition in Bonn geplant war. Das Treffen sollte dem Muster der deutschen Afghanistan-Konferenz folgen. Flankierend war beabsichtigt, den Druck auf Bagdad zeitgleich mit dem Beginn der auf sechs Monate angelegten Überprüfung der UN-Sanktionen im Sicherheitsrat zu erhöhen. Die sich daraus ergebende Konfrontation sollte dann als Auslöser der erwünschten amerikanisch-irakischen Konfrontation genutzt werden.[844] Der nächste Krieg gegen den Irak war in Washington beschlossene Sache.[845]

Der Buchautor Andreas VON RÉTYI steuert dazu folgende brisante Information bei: »Jim TUCKER, ein Journalist der *Washingtoner Freien Presse*, verfügt über eine dem zentralen Steuerungskomitee der Bilderberger sehr nahe und besorgte Quelle. Über ihn erfuhr TUCKER auch, daß die nächste Zusammenkunft für Ende Mai, Anfang Juni 2002 geplant worden war, für das

›Westfields Mariott‹ in Chantilly. Zum Schwerpunkt der geheimen Diskussionsrunde hatte man das Thema ›Irak unter Saddam Hussein‹ gewählt und ›die Frage, wie man den zögerlichen Westen überzeugen könne, eines der schwächsten Länder der Welt erneut anzugreifen‹ – so schreibt der Bilderberger-Beobachter Tony Gosling und ergänzt: ›Bereits gezeichnet von zehn Jahren an Sanktionen und von einer Kindersterblichkeit, die gegenwärtig fünf- bis zehntausend im Monat erreicht, wird eine Attacke auf den Irak nichtsdestoweniger von der Elite als ›notwendig‹ erachtet, um die fortgesetzte Entsendung westlicher Truppen und die Kontrolle der Ölreserven des Mittleren Ostens zu rechtfertigen.«[846]

Die Bilderberger-Konferenzen sind, wie weiter oben dargestellt, geheime Konferenzen, bei denen sich die geheime Machtelite des Westens trifft und versucht, den politischen Generalkurs für den Rest der Welt festzuklopfen.

Wie im Afghanistankrieg, so setzten die Pentagon-Planer auch bei ihren Irak-Szenarien zunächst auf einheimische Bodentruppen – Kurden im Norden, Schiiten im Süden –, die Saddams Truppen aus der Reserve locken und angreifen sollten. Dabei sollten sie von Luftschlägen der US-Navy und von Spezialtruppen unterstützt werden. »Diesmal wollen sie mit höchstens 200 000 GIs auskommen, die vornehmlich von Kuwait aus angreifen sollen.« Ein Hauptquartier wurde in Bahrain errichtet, wo schon das regionale Oberkommando der US-Navy seinen Sitz hat. Die Army erhält ihre Befehle aus einer Kommandozentrale in Kuwait. Augenscheinlich stellen für die amerikanische Machtpolitik auch die Staatsgrenzen im Nahen Osten keinerlei Hindernis mehr dar. Im Unterschied zum zweiten Golfkrieg, so sickerte durch, würde Washington diesmal »auch eine territoriale Neugliederung der Region in Kauf nehmen, um nur Saddam endlich loszuwerden«. »Lehnt Saddam, wie in Washington erwartet, neue Inspektoren zur Begutachtung seines atomaren, biologischen und chemischen Arsenals ab, liefert er den Anlaß zum Krieg.«[847]

Der Irak hatte zu diesem Zeitpunkt neuerliche Inspektionen durch den UN-Vizepräsidenten Taha Jassin Ramadan abgelehnt, mit dem Argument, daß es sich wiederum um Spione handeln würde, die für die Amerikaner Ziele im Irak ausspionierten. Wörtlich sagte Ramadan: »Man will die Waffeninspektoren nur deshalb zurück nach dem Irak schicken, damit man eine neue Krise anzetteln kann, die dann als Vorwand für einen neuen amerikanisch-britischen Angriff auf den Irak dienen soll. . . Nach der Abschiebung der Inspektoren durch die irakische Regierung 1998 hatten die USA Ziele im Irak bombardiert.«[848] Daß das Verwirrspiel um die UNO-Inspektoren tatsächlich nur einen Vorwand für Washington abgeben sollte, war sogar einer Meldung des ZDF-Videotexts am 17. 3. 2002 zu entnehmen. Dort wurde der Kurdenführer Dschalal Talabani mit den Worten zitiert: »Die US-

Regierung will den Irak. . . auch dann angreifen, wenn Bagdad der Rückkehr der UN-Waffeninspektoren zustimmt.« Dieses Zitat wurde von der arabischen Tageszeitung *Al-Hayat* übernommen und stellte sich als zutreffend heraus.[849]

Solche Indiskretionen, die die längst feststehenden Absichten Washingtons erkennen ließen, waren in den Monaten vor dem dritten Golfkrieg nicht selten. So berichtete Johannes MARTEN fast ein Jahr vor dem Angriff der USA: »Experten und Militärs sind aber sicher: Der Militärschlag gegen SADDAMS Schreckensregime ist längst beschlossen - der Beginn ist nur eine Frage der Zeit.«[850] Auch die Terminfrage wurde bereits in den Medien diskutiert: »Die Einschätzungen hochrangiger amerikanischer Militärs, daß mit einem militärischen Vorgehen gegen Irak nicht vor 2003 zu rechnen ist, dürfte zutreffen.«[851] Auch dies erwies sich als richtig.

Im nachhinein muß man sagen, daß die Iraker schlechterdings keine Chance hatten, die von Washington betriebene Eskalationsspirale an irgendeinem Punkt zu durchbrechen. Am 22. Dezember 2002 bot Bagdad an, alle Fragen, die in den Augen der US-Regierung noch der Klärung bedürften, zu beantworten. Die Iraker gingen sogar so weit, der CIA den Zugang zu allen verdächtigen Gebäuden anzubieten. Doch aus Washington verlautete nur, dies sei ein neuer Trick der Iraker.[852] Auch als Bagdad dem Sicherheitsrat der Vereinten Nationen das 12 000 Seiten starke Dokument über sämtliche nationalen Waffenbestände übergab, zeigte sich, daß die USA an einer sachgerechten Aufklärung über die angeblichen Massenvernichtungswaffen des Irak überhaupt nicht interessiert waren. Denn das voluminöse Dokument wurde sogleich unter Verschluß genommen und den anderen Mitgliedern des Sicherheitsrats vorenthalten. Diese mußten sich mit einer erheblich gekürzten Fassung zufriedengeben, die ihnen die Amerikaner später zukommen ließen. Die ›abgespeckte‹ Version umfaßte nur 8000 statt der ursprünglichen 12 000 Seiten. Natürlich wurde die Frage laut, welche Passagen die Amerikaner entfernt hatten. Und wie sollten die Waffeninspekteure an Ort und Stelle die vorgefundene Realität mit den Angaben im Text vergleichen können, wenn ihnen 4000 Seiten einfach vorenthalten wurden?[853] Beizeiten wurde eine Vermutung laut: Die fehlenden Abschnitte enthielten wahrscheinlich detaillierte Angaben darüber, wie die USA selbst den Irak vor Jahren mit Komponenten von Massenvernichtungswaffen aufgerüstet hatten.

Das Weiße Haus bohrte weiter, um endlich die gewünschte Provokation aus Bagdad zu bekommen. Eine sogenannte ›Forscherklausel‹ sollte jetzt weiterhelfen. Der *Spiegel* schrieb: »Als entscheidenen Hebel, den Irak an die Grenzen seiner Kooperationswilligkeit zu treiben, will US-Präsident George W. BUSH vielmehr die Forderung nutzen, irakische Wissenschaftler zur Befragung ins Ausland zu schaffen. Widerwillig und nur im Tauschgeschäft gegen noch weitergehende US-Pläne hat Blix nachgegeben und Bagdad zunächst aufgefordert, bis Ende des Monats eine vollständige Liste aller Biologen, Chemiker, Raketen- und Nuklearexperten vorzulegen, die an Saddams Waffenprogrammen beteiligt waren. . . Sollte die UNO, von den Bush-Kriegern unter Druck gesetzt, tatsächlich auf einer Vernehmung einzelner Wissenschaftler im Ausland bestehen, wäre dies für Bagdad wohl die ultimative Provokation. Manche der Kandidaten gehören zum engsten Umfeld von Präsident Saddam Hussein. Sie ziehen zu lassen und möglicherweise dem amerikanischen Geheimdienst auszuliefern, wäre vermutlich genau jener letzte Schritt, den das Regime nicht mitzumachen bereit ist. . . Washington will die Provokation und nicht ihre Verhinderung. Und Saddams innerer Machtzirkel habe diesen Punkt genau verstanden, sagen europäische und nahöstliche Diplomaten in Bagdad.«[854]

Hinzu kam, daß die UN-Inspekteure inzwischen hatten durchblicken lassen, sie würden »nach eigener Einschätzung noch mehrere Monate [brauchen], um ihre Untersuchungen abzuschließen«.[855] Dieser Einwand focht die Pentagon-Krieger nicht an. Denn: »Ohnehin erlaubt schon die vorliegende Resolution 1441 nach amerikanischer Lesart eine Intervention ohne neuen UN-Beschluß.«[856]

Schon 1990 hatte die Kriegspartei in Washington argumentiert, man müsse gegen den Irak in den Krieg ziehen, um Schlimmeres zu verhindern. Der ehemalige CIA-Chef James Woolsey hat dies längst bestätigt: »Saddam ist ein Sicherheitsproblem auch deshalb, weil er die Weltwirtschaft kurzfristig ruinieren kann. Entweder man betreibt Appeasement mit Folgen wie damals in Hitler-Deutschland, oder man schlägt rechtzeitig zu.«[857] Dieses Pseudo-Argument führten sowohl Präsident Bush sen. wie 12 Jahre später sein Sohn im Munde. Auch die beiden Außenminister redeten diesen Text. Die amerikanische Bevölkerung sollte in Angst versetzt und kriegsreif gemacht werden.

Woolsey gewährte aber in einem Interview noch viel tiefere Einblicke in die amerikanische Langfriststrategie. Der dritte Golfkrieg würde nicht das Ende vom Lied sein. Woolsey wurde gefragt: »Also geht es auch diesmal um Öl?« Woolsey antwortete: »Aber nicht nur um Amerikas Abhängigkeit vom Öl, sondern um die der ganzen Welt. Auf kurze Sicht liegt unsere grundlegende Verwundbarkeit darin, daß die Saudis die Fördermenge schnell drosseln oder steigern können, weil sie über die Hälfte der weltweiten ›swing capacity‹, insgesamt vier Millionen Barrel, verfügen. Damit haben die Saudis entscheidenden Einfluß auf den Ölpreis. Wir müssen dem Nahen Osten die Ölwaffe wegnehmen.«[858]

Das letztgenannte Argument war reine Heuchelei, das bewies die geheime Ölpreispolitik der USA seit den siebziger Jahren. Denn im Gegensatz zu den offiziellen Verlautbarungen waren es die USA selbst, die die Ölwaffe gegen den Rest der Welt einsetzten, um den eigenen ökonomischen Abstieg zu verhindern. Es ging überhaupt nicht darum, den Ölländern die Ölwaffe wegzunehmen. Es ging vielmehr darum, das Öl selbst unter Kontrolle zu bekommen. Bekanntlich hatte Henry Kissinger schon in den siebziger Jahren Szenarien für eine militärische Besetzung der Ölfelder in Saudi-Arabien ausarbeiten lassen. Und diese Pläne sind keineswegs Vergangenheit. Noch kürzlich nannte der Pentagonberater Laurent Murawiec in einer internen Beratung Saudi-Arabien kurzweg den »Kern des Bösen« und empfahl seiner Regierung: »Wir sollten uns zur Not auch überlegen, saudische Ölfelder zu besetzen.«[859]

Dieses Zitat kommt nicht von ungefähr: Seit etwa 1995 haben sich die Beziehungen zwischen Saudi-Arabien und den USA verschlechtert. Auch die Tatsache, daß Riad den USA die Benutzung saudischer Flughäfen im Irak-Krieg verweigerte und Washington aufforderte, seine 35 000 Soldaten mit einem Zeitplan abzuziehen, trug nicht gerade zur Normalisierung der Beziehungen zwischen beiden Ländern bei. Ferner drohte Saudi-Arabien sogar, den Öllieferungsvertrag mit den USA zu annulieren, falls Washington seine Truppen nicht abziehe - etwas, was niemand in den USA für möglich gehalten hätte. [860] Seitdem befürworten immer mehr Amerikaner eine Besatzung Saudi-Arabiens.

Auch James Woolsey ist nicht irgendwer. Heute fungiert er als Pentagon-Berater und steht in enger Zusammenarbeit mit Verteidigungsminister Rumsfeld. In dem genannten Interview räumte er freimütig ein, daß der neuerliche Krieg gegen den Irak nur der Anfang sei. Woolsey wörtlich: »Wir fangen jetzt mit dem Irak an, weil Saddam am tückischsten und gefährlichsten ist. Wir können ihn nicht an der Regierung belassen und statt dessen die Region von ihren Rändern her demokratisieren. Man muß im Zentrum des Problems beginnen.«[861]

Es erwies sich, daß Kuwait als Aufmarschbasis für die US-Streitkräfte nicht besonders geeignet war. Und die Saudis wollten ihre Stützpunkte nicht zur Verfügung stellen. Washington mußte umdisponieren. Die Wahl fiel auf das kleine Emirat Katar, das sich anders als die Saudis erstaunlich entgegenkommend verhielt. Den amerikanischen Truppen sollten bei ihren Einsätzen »keine Beschränkungen auferlegt« werden. Man wurde rasch handelseinig. Die Washingtoner Anwaltsfirma Patton Boggs, die über beste Kontakte zum Weißen Haus verfügt, beriet die Regierung von Katar. Dies machte sich schnell bemerkbar, als selbst der konservative *International Herald Tribune* Katar plötzlich »zum demokratischen Vorbild der Region hochjubelte«. Laut *Herald Tribune* würden in dem Mini-Staat Katar »amerikanische Werte hochgehalten«. Europäische Diplomaten dagegen fanden solche Lobeshymnen etwas »dick aufgetragen«.

Auch gegenüber der ortsansässigen Bevölkerung wurde die Stationierung und der geplante US-Militäreinsatz eher als Tabuthema behandelt.

Die Medien schwiegen. Denn niemand konnte ausschließen, daß es nicht auch in dem kleinen Vorzeige-Emirat zu antiamerikanischen Unruhen kommen würde. Die bedingungslose amerikanische Unterstützung für Israel und seine Palästinenserpolitik wurde in Katar als nicht weniger empörend empfunden als in der übrigen arabischen Welt. Auch in Katar herrschte keineswegs himmlischer Frieden. Erst im Jahr zuvor waren 19 Angeklagte wegen eines Putschversuchs zum Tode verurteilt worden. Der Anführer, immerhin ein Cousin des Staatsoberhaupts, galt als ausgesprochener Amerikahasser.[862]

Es war daher eine naheliegende Maßnahme, daß die neuen Gäste in aller Kürze den Kronprinzen auswechseln ließen, um so auszutesten, wie weit die Verbundenheit des Landes ging. Und ganz uneigennützig war das US-Engagement auch nicht, denn immerhin ist das winzige Katar im Besitz der drittgrößten Erdgasvorkommen der Welt nach Rußland und dem Iran.[863]

Nun konnte das Zentralkommando der US-Streitkräfte sein Hauptquartier »auf unbestimmte Zeit«, wie es hieß, von Tampa/Florida nach Katar verlegen. 4000 Soldaten bezogen ihre Quartiere auf der Al-Udeid-Luftwaffenbasis unweit der Hauptstadt Dohar. Dieser Stützpunkt galt als mögliches Drehkreuz im Irak-Krieg. US-Oberbefehlshaber Tommy Franks sollte bis zum Ausbruch des ›heißen‹ Krieges die Zeit nutzen, um am Computer den Feldzug schon mal zu simulieren. Codename der Übung war ›Internal Look‹.

In Kuwait wurde zur gleichen Zeit der Angriff der Bodentruppen vorbereitet. Innerhalb weniger Wochen verlegte das Pentagon bis zu 100 000 Soldaten aus den USA und Europa an den Persischen Golf. Die Türkei hingegen, die wegen ihrer strategisch wichtigen Luftwaffenbasen als Aufmarschbasis für die ›Nordfront‹ dienen sollte, fiel aus. Das türkische Parlament lehnte eine Stationierung von 62 000 US-Soldaten ab, und eine Umfrage unter der türkischen Bevölkerung ergab zwei Wochen vor Kriegsbeginn, daß 94 Prozent der Türken gegen den Waffengang der Amerikaner waren.[864] Auch alle 22 Mitglieder der Arabischen Liga lehnten einen Militärschlag gegen den Irak ab.[865] Aber diesmal waren auch die Europäer dagegen. Spaniens Bevölkerung war bekanntlich zu 90 Prozent gegen den Krieg. Unter der Überschrift »Das Volk sagt Nein« berichtete die *Frankfurter Rundschau*, daß in Holland 72 Prozent der Befragten einen Krieg gegen den Irak ablehnten, selbst wenn er mit einem UN-Mandat geführt würde. In Belgien waren es 67 Prozent. Frankreich führte die Front der Kriegsgegner mit 77 Prozent Neinsagern an, während in Großbritannien 86 Prozent der Meinung waren, man müsse den UN-Inspektoren mehr Zeit geben. In England ermittelte der bekannte Sender ›Channel 4‹ sogar, »daß die Befragten die USA für eine ›größere Gefahr für den Weltfrieden‹ hielten als Nordkorea oder den Irak.«[866]

Auch die Deutschen waren skeptisch. Am 10. Februar 2003 mahnte Bundeskanzler SCHRÖDER, die amerikanische Irak-Politik sei eine »historische Situation. . . mit langfristigen Auswirkungen in der Weltpolitik«, weshalb die Bundesrepublik sich nicht an amerikanischer Seite am Krieg beteiligen werde.[867] Zur gleichen Zeit rief auch die Gustav-Heinemann-Initiative (GHI) den Bundeskanzler und die Bundesregierung auf, »sich den Planungen für einen Krieg gegen den Irak zu verweigern«. Viele Prominente, unter ihnen der bekannte, im Oktober 2002 verstorbene Friedensforscher Dieter S. LUTZ, unterstützten die Heinemann-Initiative.[868] Bundesaußenminister FISCHER gab sich weitblickend, als er zu bedenken gab, die Allianz gegen den ›Terror‹ könne durch einen Militärschlag gegen den Irak gefährdet werden, ehe man in Afghanistan eine stabile demokratische Ordnung habe schaffen können. FISCHER ließ RUMSFELD wissen: »Er bezweifelt, daß die Amerikaner bereit seien, so lange im Irak zu bleiben, bis dort die Demokratie errichtet sei.«[869]

Die Planer des Pentagon gingen davon aus, die Luftbombardements würden vier Wochen dauern.[870] Dies war eine sehr genaue Prognose. Bei der UNO rechnete man mit dem Schlimmsten und befürchtete, es würde in der Anfangsphase des Krieges bis zu 500 000 Opfer unter der Zivilbevölkerung geben - was möglicherweise auch in den USA die Unterstützung für den Krieg des Präsidenten würde schwinden lassen.[871]

Karl-Heinz KAMP, Leiter der Planungs- und Grundsatzabteilung für internationale Zusammenarbeit in der CDU-nahen Konrad-Adenauer-Stiftung, machte auf eine gefährliche Eigendynamik im Krisenmanagement aufmerksam. KAMP kritisierte, daß die ständige Ankündigung militärischer Maßnahmen durch hochrangige US-Politiker Handlungszwänge schaffen könne, die kaum noch ohne erhebliche Glaubwürdigkeitsverluste durchbrochen werden könnten. Doch dies war womöglich allzu blauäugig gedacht. Denn seit dem 11. September hatten amerikanische Politiker ihre Ankündigungen zum großen Teil in die Realität umgesetzt.

Auch die psychologische Begleitmusik in den Medien klang unmißverständlich nach Krieg. SADDAM HUSSEIN wurde auf allen Kanälen unisono als Psychopath hingestellt. Dies vereinfachte die offizielle Haltung der US-Regierung erheblich, denn mit einem Psychopathen konnte man schließlich nicht verhandeln. Die Dinge nahmen ihren Lauf.

In den Medien kursierten fast täglich neue Zahlen. Aus einem Dossier ging hervor, daß eine Invasion im Irak Luft- und Landstreitkräfte in einer Größenordnung von etwa 200 000 Soldaten und etwa 700 bis 1000 Flugzeugen voraussetze. Weiter hieß es: »Aus politischen Gründen müßte aber eine Militäroffensive beginnen, solange die Erinnerung der amerikanischen Öffentlichkeit an die Anschläge von New York und Washington noch wach ist. Angesichts dieser. . . Anforderungen wird als mögliches Datum für eine Invasion Ende 2002/Anfang 2003 genannt.« Mit Blick auf die langfristige Hegemonialstrategie Washingtons ist auch noch die Feststellung interessant, daß in »Analysen der Handlungsoptionen gegenüber Irak . . anerkannt [wird], daß ein Militärschlag erst den Beginn eines lange andauernden Engagements der USA in der Region bedeuten würde«.[872]

Unterdessen versuchte Bagdad noch immer auf allen Ebenen, die Krise zu entschärfen. Bereits am 5. August 2002 war ein irakisches Angebot in Washington eingegangen, das eine Einladung an den US-Kongreß beinhaltete. Dieser solle, schrieb der irakische Parlamentspräsident Saadun HAMMADI, selbst nach Bagdad kommen und könne dort sämtliche Anlagen inspizieren, die in den Augen der US-Regierung zur Produktion von Massenvernichtungswaffen genutzt würden.[873] Auch von diesem Angebot wollte die amerikanische Seite nichts wissen. Verteidigungsminister RUMSFELD ließ die angebotene dreiwöchige Inspektionsreise rundheraus als »Witz« bezeichnen. Er fügte ergänzend hinzu: »Angesichts der Größe des Landes müßten sich die Abgeordneten ›für die nächsten fünfzig Jahre‹ dort aufhalten, um alle möglichen Waffenverstecke ausfindig zu machen.«[874]

Gesten wie diese, die sich nicht gut mit den Gepflogenheiten der internationalen Diplomatie vertragen, machen immer wieder deutlich, daß Washington nur eines im Sinne hatte: Krieg. Es war noch sehr zurückhaltend formuliert, als die *Frankfurter Rundschau* kommentierte: »RUMSFELD macht sehr deutlich, daß das neue Inspektionsregime, das die USA fordern werden, ›more intrusive‹ und mit mehr Inspektoren ausgestattet sein müßte als das alte. Die irakische Regierung soll keinerlei Kontrolle über Zeit, Ort und Umfang dessen haben, was die Inspektoren tun dürfen. . . Das scheint die Erwartung, ja Hoffnung in Teilen der BUSH-Administration zu sein. Die Ablehnung Iraks, solche Inspektionen zu akzeptieren, verliehe dann militärischen Optionen die international und innenpolitisch wünschenswerte Legitimität.«[875]

Wer es wissen wollte, konnte sich zu diesem Zeitpunkt längst über einige höchst pikante Einzelheiten aus RUMSFELDS Vergangenheit informieren. RUMSFELD war nämlich früher alles andere als der unnachgiebige Falke gewesen, als der er sich unter BUSH jr. der Öffentlichkeit gern präsentierte. Das Fernsehmagazin *Monitor* berichtete in seiner Sendung vom 26. September 2002: »Es war ausgerechnet jener Donald RUMSFELD, damals als Sonderbotschafter in Nahost unterwegs, der den Irak zu seinem Waffenarsenal verhalf. Das war Anfang der 80er Jahre, als der Irak als befreundete Nation galt.« *Monitor* legte ein Fernschreiben des US-Außenministeriums vom Januar 1984 vor, dessen Empfänger Sonderbotschafter RUMSFELD war. Es ging in dem Dokument um erleichterte Lieferungen von Rüstungsprodukten an den Irak. »Es war die US-Regierung selbst, die dem irakischen Diktator Atomtechnologie, Giftgas und B-Waffen in die Hand gab.« Der ehemalige US-Senator Donald RIEGLE steuerte im Zuge einer Senatsanhörung die brisante Information bei, »daß hochrangige US-Regierungsstellen 771 Exportgenehmigungen vergeben haben, für Rüstungsgüter, die in Saddam Husseins staatlichen Militäreinrichtungen gebraucht werden konnten. Spezielle Rüstungsgüter für das Atomwaffenprogram. Das ging bis eine Woche vor dem Einmarsch des Irak in Kuwait. Sogar tödliche Biowaffen lieferte die US-Regierung an den Irak.«

*Monitor* legte auch die Lieferliste vor. Sie umfaßte große Mengen tödliches Anthrax, das aus dem berüchtigten Fort Detrick stammte. Fort Detrick ist das geheime Forschungszentrum der US-Armee für B-Waffen. »Bislang unbekannt und hoch brisant: In diesen Hochsicherheitslabors wurden genau die Milzbranderreger gezüchtet, die später an den irakischen Diktator gingen und die heute die Welt beängstigen.« Ex-US-Senator Riegle bohrte nach: »Wir haben die Herkunft der Waffen, die die UN im Irak gefunden haben, zurückverfolgt. Woher kamen die Bestandteile, um diese Waffen zu bauen? Und die Datenlage ist sehr klar. Die Rüstungsgüter, die wir dem Irak geliefert haben, wurden in seine Kriegsmaschinerie eingebaut, und genau das fanden später die UN-Inspekteure heraus.«[876]

Aber es stellte sich noch mehr heraus: »In den Jahren 1985 bis 89... lieferten US–Firmen mit Zustimmung der Reagan-Administration und der von Bush sen. zahlreiche tödliche biologische Kulturen, darunter Anthrax, an den Irak. Acht solcher Lieferungen, die später von den Centers for Disease Control als ›für die biologische Kriegführung bedeutsam‹ klassifiziert wurden, waren vom Handelsministerium genehmigt worden. Insgesamt erhielt der Irak von den USA in diesen Jahren mindestens 72 Lieferungen von geklontem Zellmaterial, Bakterien und Chemikalien, die potentiell für chemische und biologische Kriegführung nutzbar waren.«[877]

Amerikanische Behörden schickten in den achtziger Jahren ganze Schiffsladungen tödlicher chemischer und biologischer Substanzen an den Irak. Wie aus Akten hervorgeht, lieferten sie 1986 Probepackungen Botulinumtoxid und Botulinumtoxoid – ein Impfstoff gegen Botulinumtoxid – direkt an den irakischen chemischen und biologischen Waffenkomplex in al-Muthanna.[878] Die USA setzten diese Lieferungen sogar noch fort, nachdem bekannt geworden war, daß die Chemikalien gegen die Kurden im Nordirak eingesetzt wurden.[879]

Vor diesem Hintergrund wird verständlich, warum sich die US-Regierung weigerte, den UNO-Inspekteuren genauere Anweisungen zu geben, wo und nach welchen Massenvernichtungswaffen sie fahnden sollten. Hätten die Inspekteure solche Waffen oder Komponenten gefunden, hätte dies vermutlich einen ungeheuren Skandal verursacht: Denn die hochgefährlichen Beweisstücke wären zum allergrößten Teil aus den Vereinigten Staaten geliefert worden. Die Bush-Regierung befand sich in einem Dilemma. Es war vernünftiger, die UN-Inspekteure gar nichts finden zu lassen.

Aber auch wenn die Inspekteure keine irakischen ›Massenvernichtungswaffen‹ fanden – an den amerikanischen Massenvernichtungswaffen, die es im Gegensatz zu den irakischen in furchtbaren Mengen gibt, kleben bereits genug Skandale. Die *Frankfurter Rundschau* enthüllte am 28. September 2002: »Die USA haben für ihr umstrittenes Chemiewaffen-Programm mit ›nichttödlichen‹ Giftgasen offenbar auch Versuche an Menschen vorgesehen. Ein Dokument des US-Verteidigungsministeriums... nährt zudem den Verdacht, daß das Programm weiter gediehen ist, als bisher vermutet. Experten sehen in dem Vorhaben einen groben Verstoß gegen das internationale Chemiewaffen-Verbot.«[880]

Die größte Sorge der Washingtoner Kriegsclique in den Wochen vor dem Krieg war, daß Bagdad auf alle amerikanischen Forderungen eingehen könnte. Eine bundesdeutsche Tageszeitung schrieb: »Trifft die Einschätzung eines nicht namentlich genannten ›top senate foreign policy aid‹ zu, dann ist ein mögliches Eingehen der irakischen Führung auf die Bedingungen eine große Sorge im Weißen Haus.«[881] So war es auch 1990 gewesen, als es darum ging, einen irakischen Rückzug aus dem besetzten Kuwait zu verhindern. Damals wie jetzt waren die Würfel aber längst gefallen. »Doch selbst wenn Irak die striktesten Bedingungen erfüllen sollte – bei der Durchführung der Inspektionen wären gewiß irakische Blockaden zu erwarten.«[882] Vize-Außenminister John Bolton wurde gegenüber der BBC noch deutlicher: »Selbst bei einer Rückkehr der Inspekteure strebten die USA weiter den Sturz Saddam Husseins an.«[883]

Das Weiße Haus blieb hart und gab sich unversöhnlich. »Die Regierung in Washington bekräftigte, daß sich durch das irakische Angebot nichts an der US-Politik verändert habe.«[884] Der frühere UN-Koordinator Hans Sponeck konnte dies aus eigener Erfahrung bestätigen. Er beschuldigte Washington und London der Vorbereitung eines Angriffskriegs, der mit einer ›systematischen Desinformationskampagne‹ inszeniert werde, aber offenbar nicht den gewünschten Erfolg zeige. »Als letzten ›Akt der Verzweiflung‹ bezeichnet Sponeck die jüngsten amerikanischen Vorwürfe, die irakische Führung arbeite mit Al-Qaida zusammen.« Er verwies auf die Tatsache: »Bagdad habe schon seit längerer Zeit das Gespräch mit den Vereinten Nationen gesucht. Verhandlungen seien aber vor allem auf Drängen Amerikas nicht zustande gekommen.« Sponeck betonte: »Wichtig sei jetzt, daß eine UN-Resolution verabschiedet werde, in die nicht von vornherein eine Provokation eingebaut sei – was dann den Vorwand für einen Krieg liefere.«[885]

Aber es durfte keine solche ›faire‹ UN-Resolution geben. Die Protagonistenrolle im Eskalationstheater hatte unterdessen der britische Premierminister Blair übernommen. Er wartete mit immer neuen Schreckensmeldungen auf. Fragwürdige Berühmtheit hat das sogenannte ›Blair-Papier‹

erlangt, dem zufolge der Irak imstande sein sollte, innerhalb von 45 Minuten Massenvernichtungswaffen einsatzbereit zu machen. Außerdem sei Bagdad auf dem besten Wege, in einem bis zwei Jahren Atomwaffen zu produzieren. BLAIR war sich nicht zu schade, seine Erkenntnisse, die allesamt Geheimdienstpropaganda waren, als ›good news‹, gute Nachrichten, zu verkaufen. BLAIR nahm es mit den Einzelheiten seiner angeblichen Beweisdokumente nicht sonderlich genau. Auf einem der Satellitenbilder, die er in die Kameras hielt, war eine Fabrik abgebildet, die in der Lage sein sollte, Chlorin und Phenol herzustellen. Diese beiden Stoffe werden von der zivilen Industrie benutzt, können aber auch für Giftgase verwendet werden. Doch mitnichten handelt es sich um die von BLAIR behaupteten »harte Beweise«, sondern bestenfalls um Indizien.[886]

Im übrigen ließ sich auch die britische Bevölkerung nicht durch die Regierungspropaganda zu beiden Seiten des Atlantiks einschüchtern. Die Briten wollten keinen Krieg. Rund 250 000 Bürger dokumentierten ihr Mißfallen an der offiziellen Londoner Politik und demonstrierten gegen BLAIRS Kriegskurs.[887] Rund sieben Monate später war es dann der Mikrobiologe David KELLY, der erhebliche Zweifel BLAIRS Darstellung des irakischen Bedrohungspotentials äußerte, insbesondere, was die angeblich in 45 Minuten einsatzbereiten Massenvernichtungswaffen anging. Die Regierung schlug zurück. Sie trieb KELLY offenbar so in die Enge, daß er Selbstmord beging. Der Fall KELLY ist für die Regierung BLAIR immer noch eine Zeitbombe. Wie die *Frankfurter Rundschau* mitteilte, wurde BLAIRS Büro inzwischen sogar unterstellt, »es habe die Raketengefahr aus Bagdad fahrlässig... aufgebauscht... Ohne diese bewußte Irreführung, bekundeten Meinungsumfragen, hätten sich die britische Nation und das Parlament dem Irak-Krieg entschieden widersetzt«.[888] Sogar aus den Reihen seiner eigenen Partei wurden in der Folge immer wieder Stimmen laut, die BLAIRS Rücktritt verlangten.

Ein weiterer Wendepunkt in der Chronologie der Ereignisse hätte eigentlich die Annahme der UN-Resolution 1442 durch Bagdad am 14. 11. 2002 sein müssen. Die UNO nahm sie mit Erleichterung zur Kenntnis, während Washington skeptisch und kühl blieb. US-Senator Sean MCCORMACK verlieh der offiziellen Washingtoner Position Ausdruck, als er den Journalisten in die Mikrophone diktierte: »Wir kennen den Irak, selbst wenn sie sagen, daß sie sich an Vereinbarungen halten, tun sie es nicht.« Die Resolution gestattete die Rückkehr der Waffeninspekteure, und zwar mit weitreichenden Befugnissen. Die vier übrigen Amerikaner im US-Sicherheitrat begrüßten das Einlenken der Iraker, ebenso die arabische Welt. UN-Generalsekretär Kofi ANNAN fordete die USA auf, »geduldig zu sein und keinen Vorwand für einen Krieg gegen Irak zu suchen«.[889] Tatsächlich sah die Resolution 1441 eine Einmischung in die inneren Verhältnisse im Irak in erheblichem Umfang vor. »Der Terminus ›additional authorities‹ in Paragraph

7 der neuen Resolution verleiht Unmovic auf seiner Waffensuche im Irak nahezu unbeschränkte Autorität. . . Noch weitreichender dürften die Vollmachten aus Paragraph 4 sein. . . nicht nur Falschaussagen, sondern sogar ›Auslassungen‹ stellen nach Paragraph 4 ›einen weiteren schweren Verstoß gegen Iraks Verpflichtungen dar und sind dem Sicherheitsrat. . . zu melden.« »Die Einschränkungen der territorialen Souveränität Iraks durch Resolution 1441 sind damit enorm.«[890]

Rolf Paasch faßt die Konsequenzen aus der Annahme der Resolution wie folgt zusammen: »Im Zweifel geht es hier gegen den Angeklagten. . . Am Ende erlaubt die Doppeldeutigkeit von Resolution 1441 jede Entscheidung, die den USA politisch opportun erscheint.«[891] Die Reaktion des Weißen Hauses kam auch prompt. Präsident Bush ließ durchblicken, daß sich für ihn durch den Schritt der Iraker nichts ändere: »Die Zeit für Verhandlungen mit Saddam Hussein sei ›lange abgelaufen‹, und die Vereinigten Staaten duldeten ›keine Täuschung, keine Verweigerung, keinen Betrug - punktum‹.«[892]

Scott Ritter, der die Waffeninspektionen zwischen 1991 und 1998 geleitet hatte, trat 1998 auch deshalb zurück, weil die Ergebnisse der Inspektoren von den USA für ihre Bombenangriffe genutzt worden waren, die unter dem Codenamen ›Desert Fox‹ erfolgten. »Die US-Politik zielt auf einen Regimewechsel«, bestätigte Ritter, um dann noch deutlicher zu werden: »Das letzte, was Bush will, sind funktionierende Inspektionen. Das würde die Aufhebung der Sanktionen bedeuten und die Rückkehr des Irak in die internationale Gemeinschaft mit Saddam Hussein weiter an der Macht.«

Das Gezerre ging weiter. Als alles entscheidender Stichtag wurde jetzt der 8. Dezember 2002 festgelegt. Bis zu diesem Tag wurde vom Irak eine erschöpfende Auskunft darüber erwartet, welche Waffen das Land überhaupt noch besaß. Für den Fall, daß diese Auskunft unterbliebe oder falsche Angaben gemacht würden, blieb den USA weiterhin die Möglichkeit eines Angriffs. Nach Ritters Angaben waren allerdings bereits bis 1996 mindestens 95 Prozent aller irakischen Massenvernichtungswaffen zerstört worden.[893]

Zusammen mit seinem Co-Autor R. W. Pitt merkte Ritter in dem Buch *Krieg gegen den Irak* an: »Die Begründungen, die die amerikanische Regierung für ihren Krieg gegen den Irak anführt, sind falsch. Es gibt keinerlei Beweise, daß der Irak über funktionstüchtige Atomwaffen oder biologische oder chemische Massenvernichtungswaffen verfügt, die eine Bedrohung für andere Länder darstellen. Ebenso kann eine Zusammenarbeit zwischen dem irakischen Präsidenten Saddam Hussein und der von Osama bin Laden geführten. . . Al-Kaida durch nichts belegt werden - in Wahrheit sind beide Todfeinde.«[894] Nicht weniger brisant ist Ritters Enthüllung, daß »die USA 1998 die Waffeninspektionen im Irak manipuliert und zum Scheitern gebracht haben«.[895] Diese Behauptung wirkt doppelt schwer, stammt sie doch von einem vormaligen BUSH-Wähler und gewesenen Marine, der bereits im zweiten Golfkrieg für die USA in den Krieg gezogen war.

Um noch einmal auf die vom Weißen Haus präsentierten ›Beweise‹ zurückzukommen: Keiner von ihnen ist das Papier wert, auf dem über ihn berichtet wird. Alle diese ›Beweise‹ sind Fälschungen. Es waren Mitarbeiter der CIA selbst, die aussagten, das Weiße Haus sei an sie herangetreten und habe um ›Beweise‹ gebeten, denen zufolge der Irak im Besitz von Massenvernichtungswaffen war. Als die CIA dann mitteilte, daß es für diese Annahme nun einmal keine Beweise gebe, hinderte das die BUSH-Regierung gleichwohl nicht daran, täglich weiter auf dieser Lüge herumzureiten.[896] Sogar der amtierende CIA-Chef sah sich gezwungen, die Behauptungen der Regierung, wonach der Irak eine »unmittelbare nukleare Bedrohung« für die USA darstelle, zu dementieren; er betonte, daß das Land frühestens in der zweiten Hälfte des Jahrzehnts genügend spaltbares Material zur Verfügung haben würde, um auch nur eine einzige Atombombe herzustellen. Und: »Nichts deute darauf hin, daß der Irak chemische und biologische Waffen für andere als Abschreckungszwecke entwickle; er werde wohl in der absehbaren Zukunft keine terroristischen Attacken sponsern, sofern die USA ihn nicht zuerst angreifen.«[897]

Noch eine Stimme meldete sich in diesen Wochen zu Wort: Senator Joseph LIEBERMAN, der eine Zeitlang als möglicher demokratischer Präsidentschaftskandidat für die Wahlen im Jahre 2004 gehandelt wurde. LIEBERMAN sagte wörtlich: »Die einzigartige Bedrohung der Sicherheit Amerikas durch HUSSEINS Regime ist so real, schwerwiegend und unmittelbar, daß wir, auch wenn keine andere Nation zu uns steht, bereit sein müssen, allein zu handeln.«[898] LIEBERMAN ging sogar so weit, daß er eine Blankovollmacht für BUSH forderte, die diesen ermächtigen sollte, auch ohne Vollmacht des Kongresses einen Krieg gegen den Irak vom Zaun zu brechen.[899] Natürlich waren LIEBERMANS Verlautbarungen völlig haltlos. Weder stellte der Irak eine Bedrohung dar, noch war es statthaft, BUSH eine Generalvollmacht zum Kriegführen in die Hand zu geben. Der Wahrheit näher kam der ehemalige US-Verteidigungsminister unter CLINTON, William COHEN, der als einer der wenigen den Irak als ein Land bezeichnete, das »nicht einmal in der Lage ist, ›seine Nachbarn ernsthaft zu bedrohen‹«.[900]

Im nachhinein weiß es die Weltöffentlichkeit besser. Denn kein Geringerer als der stellvertretende amerikanische Verteidigungsminister Paul WOLFOWITZ gab bereits wenige Monate nach dem erfolgreichen Waffengang zu, »daß man SADDAM HUSSEIN Massenvernichtungswaffen ›aus bürokratischen Gründen‹ als Motiv für den Feldzug vorgeschoben hatte«.[901] Der *Spiegel* schrieb über dieses ungeheuerliche Eingeständnis: »Über Monate hinweg haben Amerikaner und Briten damit die Welt und vor allem die eigenen

Verbündeten in einer Weise getäuscht, die ihresgleichen sucht.« Selbst Außenminister Colin Powell muß gelegentlich sein Entsetzen darüber bekundet haben, wie dünn das angebliche ›Beweismaterial‹ war, das er im Februar 2003 als Vertreter seiner Regierung vor dem Weltsicherheitsrat vorlegen mußte.[902] Die Frage stellt sich, wie viele US-Politiker die Wahrheit in jenen Monaten hinter vorgehaltener Hand kannten und dennoch auf Kriegskurs blieben. Noch im Oktober 2002 hatte Präsident Bush behauptet: »Saddam habe 30 000 Liter hochgiftiges Anthrax und andere Biowaffen herstellen lassen, mit denen man Millionen Menschen töten könne.« Bush hatte damit öffentlich wiederholt, was der übergelaufene irakische General Kamil 1995 behauptet hatte. Er hatte Kamil aber nur unvollständig wiedergegeben, denn dieser hatte seinerzeit hinzugefügt, daß alle B- und C-Waffen von den UNO-Inspekteuren vernichtet worden seien.

Sowohl in London als auch in Washington waren sich die Regierungen nicht zu schade - auch das weiß man mittlerweile -, das von den Geheimdiensten gelieferte Material einfach ›nachzubessern‹, wenn es den Propagandaanforderungen noch nicht genügte.[903] »Die Fakten wurden ans gewünschte Ergebnis angepaßt. Das Ziel rechtfertigte die Mittel - Manipulationen für die Mission. . .« Die Fälschungen waren bisweilen so plump und auffällig, daß selbst ehemalige Mitarbeiter der CIA nicht mit diesen Manipulationen in Verbindung gebracht werden wollten. Eine Gruppe von CIA-Veteranen verfaßte ein Memorandum an Präsident Bush, dessen vernichtetender Kernsatz lautete: »Auch in der Vergangenheit hat es Fälle gegeben, in denen Erkenntnisse der Geheimdienste aus politischen Gründen verdreht wurden. Doch nie zuvor hat es derart systematische Verzerrungen gegeben, um unsere gewählte Vertreter dazu zu bringen, einen Krieg zu autorisieren.«[904]

Auch bei den Streitkräften war man über die tatsächliche Situation im Bilde. Als es zur letzten Phase der Kriegsplanungen kam und das CENTCOM von der CIA eine Liste von Zielen im Irak anforderte, bei denen gefährliche Waffen vermutet wurden, machte sich rasch Ernüchterung breit. Ein CENTCOM-Planer kommentierte die Übergabe der Liste mit der vielsagenden Bemerkung: »Alles Schrott.« Denn alle Bilder zeigten »Ruinen von Gebäuden, die im Golfkrieg 1991 zerstört worden seien«. Als gefragt wurde, was sich in den Gebäuden befinde, kam die Antwort: »Das wissen wir nicht.«[905]

Aber auch im Rückblick läßt Bush keine Zeichen von besserer Einsicht erkennen. Für ihn bleibt der herbeigelogene Krieg vom Frühjahr 2003 so oder so ein Erfolg, frei nach dem Motto: Der Sieger schreibt die Geschichte. Seine neueste Argumentation ist entlarvend. Als er kürzlich von Reportern gefragt wurde, ob seine Irakpolitik nun doch falsch gewesen sei, da schließlich keine Massenvernichtungswaffen gefunden wurden, erwiderte er: »Was macht das denn für einen Unterschied?« Man fühlt sich an ADENAUERS berühmten Satz erinnert: »Was kümmert mich mein Geschwätz von gestern?«

Fünf führende deutsche Friedensforschungsinstitute, darunter das HSFK und das IFSH, schrieben im Jahre 2002 über die amerikanische Sanktionspolitik gegenüber dem Irak: »Tatsächlich waren 1991 die Abrüstungsauflagen an den Irak nicht auf Dauer als exklusive Vertragspflichten eines einzelnen Staates gedacht. Vielmehr sollten sie Schritte darstellen auf das langfristige Ziel ›einer ausgewogenen und umfassenden Kontrolle der Rüstungen in der Region‹ (UN-Resolution 687). Regionale Rüstungskontrolle fand jedoch im Mittleren Osten nie statt. Gerade die USA haben sie schon im Ansatz unterlaufen, indem sie ihre Militärpräsenz aus den Tagen des Golfkrieges beibehielten und ausbauten zu einem umfassenden Stützpunktsystem rund um die Arabische Halbinsel. Von dort aus attackieren sie periodisch den irakischen Kontrahenten.«[906]

Faktisch war die Sanktionspolitik Washingtons eine kaum kaschierte Kriegspolitik. Denn die militärische Aggression gegen das am Boden liegende Land ging weiter. Allein 1999 gingen rund 1000 alliierte Raketen auf mehr als 300 Ziele im Irak nieder. Dazu vermerkte der Jahresbericht der fünf Friedensforschungsinstitute: »Keine rechtliche Legitimierung deckt das selbstherrliche Vorgehen, kein politischer Protest behindert es.«[907]

Der dritte Golfkrieg war kein Zufall und auch keine späte Reaktion auf den 11. September, denn damit hatte SADDAM HUSSEIN, wie oben gezeigt wurde, nicht das geringste zu tun. Doch der 11. September paßte hervorragend in das amerikanische Langzeitkalkül. Das sah auch Präsident BUSH so, der unmittelbar nach den Anschlägen sagte: »Es geht hier nicht um schnelle Rache. . .: Dies wird ein sehr langer Feldzug, wie wir ihn noch nie zuvor unternommen haben.«[908] Diese Ankündigung fand die Zustimmung des mutmaßlich wichtigsten Kopfes im Hintergrund der US-Regierung, nämlich von Vizepräsident Dick CHENEY. Natürlich sprang er BUSH bei. Der *Ossietzky Report* vermerkt: »USA-Vizepräsident Richard CHENEY, das wohl einflußreichste Mitglied der Regierung, hatte laut *Washington Post* vom 19. Oktober vor Journalisten im Weißen Haus offen erklärt: ›Das hier ist anders als der Golfkrieg, und zwar in dem Sinne, daß es niemals zu Ende geht - zumindest nicht, so lange wir leben.‹«[909] Die *Washington Post* gilt als halboffiziöses Sprachrohr der amerikanischen Außenpolitik und ist deshalb auf der ganzen Welt Pflichtlektüre für Diplomaten. Auch deutsche Politiker können nicht sagen, sie hätten nichts gewußt, wenn noch auf lange Zeit hinaus deutsche Soldaten am Hindukusch oder sonstwo für amerikanische Interessen sterben. Denn das ist angesichts der offiziellen Linie Washingtons unvermeidbar.

TEIL IV

# Der dritte Golfkrieg: eine Flucht nach vorn

Die Rolle des 11. September 2001

## Das scheinheilige Argument der Massenvernichtungswaffen

Die Massenmedien haben seit Ende der achtziger Jahre stets darauf hingewiesen, daß der Irak eine Gefahr für die gesamte Region darstelle, ja sogar für die Welt, da er im Besitz von Massenvernichtungswaffen (MVW) sei. Dieses Argument ist bzw. war nichts als eine reine Propagandakampagne seitens der USA, um vor den Augen der Weltgemeinschaft einen Krieg gegen den Irak zu erzwingen. Bis heute haben die UN-Inspekteure im Irak keine neuen MVW gefunden - finden können.

Einen weiteren Rückschlag mußte die BUSH-Administration einstecken, als der von BUSH beauftragte US-Waffeninspekteur David KAY am 3. Februar 2004 in seinem umfassenden Abschlußbericht einräumen mußte, daß der Irak keinerlei MVW mehr besaß. Dieser Bericht stützt sich nicht nur auf die ›Unmovic‹ und ihre Vorgängerorganisation ›Unscom‹, sondern auch auf die Erkenntnisse der Besatzungsmächte, die vor Ort die Lage im einzelnen untersuchten. Der Bericht bestätigt: »Die chemischen und biologischen Waffen sowie die möglichen Produktionsstätten für Atombomben des Irak wurden demnach bis 1994 praktisch vollständig vernichtet. ›Was in der zweiten Hälfte der 90er Jahre noch von den UN-Inspektoren gefunden wurde, waren bloß Überbleibsel alter Programme und gab keine Hinweise auf verborgene Bestände‹, erläuterte der Sprecher von Unmovic, Ewen BUCHANAN.« Das bedeutet: »SADDAM HUSSEIN besaß schon vor zehn Jahren keine funktionsfähigen Massenvernichtungswaffen mehr.«[910]

Auch die von den USA eröffnete Diskussion über die Al Smud-Raketen, die laut BUSH-Regierung illegal hergestellt worden seien, stellte sich als erneute Irreführung der Öffentlichkeit heraus, da diese Raketen nicht die von BUSH angegebene Reichweite von etwa 600 Kilometern besitzen, sondern lediglich rund 150 Kilometer an Reichweite vorweisen, was den UN-Auflagen entspricht.

Diese Anschuldigungen, der Irak würde Massenvernichtungswaffen besitzen, erscheinen in ihrer ganzen Heuchelei, wenn man nicht nur bedenkt, daß die USA selber Atomwaffen 1945 in Japan, biologische Waffen im Koreakrieg und chemische Waffen im Vietnamkrieg zum Einsatz brachten,[911] sondern auch, daß US-Wissenschaftler Menschen für Versuche mit Senfgas sowie anderen chemischen Waffen mißbrauchten und andere mit radioaktivem Material bestrahlten. Dazu wurden auch Versuche mit anderen unbekannten Krankheitserregern durchgeführt.[912] Daß die USA auch weiterhin eine neue Generation von (Mini-)Atomwaffen, also Massenvernichtungswaffen, herstellen und eine ›Metal Storm‹-Kanone bauen, die eine Million Geschosse schwerer Artillerie pro Minute abfeuern kann (*The Times*, 15. Mai 2002), ist inzwischen bekannt. Außerdem verschweigen die Medien weitgehend, daß die USA behinderte Jungen im Rahmen radioaktiver Bestrahlungsexperimente mißbrauchten, ebenso die Tatsache, daß dieselbe Regierung an ihren eigenen nichtsahnenden Bürgern zahlreiche geheime Tests durchführte.[913] Ferner klärt uns Prof. Sheldon H. HARRIS darüber auf, daß trotz internationaler Verbote menschliche Experimente mit biologischen Waffen offenbar in den USA wieder aufleben.[914] Es wurde auch durch eine US-Behörde (NTI) nachgewiesen, daß die USA noch bis 2001 Indien tonnenweise nuklearen Brennstoff geliefert haben.[915] Somit haben die USA dazu beigetragen, den gefährlichen atomaren Konflikt zwischen Indien und Pakistan anzuheizen, der schon 1989 beinahe zu einem Atomkrieg zwischen beiden Rivalen führte.

Die letzten Monate zeigten außerdem, wie einseitig und selektiv die USA im Fall des Irak vorgingen. Daß Nordkorea im Besitz der Atombombe und der dazugehörigen Trägersysteme ist, um mehrere Staaten in der Region bedrohen zu können, ist längst nachgewiesen. Nordkorea ist auf offener See dabei ertappt worden, Raketen an Staaten der Dritten Welt zu liefern. Hätte es sich nicht um Nordkorea, sondern um den Irak gehandelt, kann man sich vorstellen, welche heftigen Reaktionen der Zwischenfall in Washington ausgelöst hätte. Es ist ganz offensichtlich, daß hier mit zweierlei Maß gemessen wird. Nordkoreas bedrohliches Verhalten wurde von Washington insofern sogar belohnt, als es Wirtschaftshilfe zugesagt bekam, wohingegen der Irak unter äußerst drakonischen Wirtschaftssanktionen leiden mußte und jahrelang UN-Waffeninspekteure im Land hatte.

Das Waffenarsenal an sogenannten MVW ist in Nordkorea eine Tatsache, die das diktatorische Regime nicht einmal dementierte, sondern bestätigte. Im Irak wurden alle bekannten MVW nach dem Golfkrieg 1991 zerstört; trotzdem bestanden die USA auf einem Krieg mit dem Irak, falls dieser nicht nachweisen könne, daß alle MVW dort beseitigt worden seien. Wie aber sollte ein Nachweis überhaupt erbracht werden, wenn die USA immer wieder behaupteten, es gäbe noch MVW, ohne dafür konkrete Beweise vorzulegen?

Sollten MVW im Irak irgendwann gefunden werden, wird man einem solchen Fund überaus kritisch gegenüberstehen müssen, da die US-Regierung bekanntlich vor dem Irakkrieg 2003 ›Beweise‹ vorlegte, die sich als gefälscht herausstellten. Es wäre daher alles andere als abwegig, wenn die USA beim Fund solcher Waffen etwas ›nachhelfen‹. So könnte die BUSH-Regierung unter öffentlichem Druck das dringende Bedürfnis empfinden, im Irak unbedingt solche Waffen – der eigentliche Grund für den Kriegszug – finden zu müssen, da bisher noch keine MVW im Irak gefunden wurden.

Es wäre demnach leicht, chemische oder biologische Waffen im Irak so zu plazieren, daß vermeintlich neutrale Dritte (etwa die Kurden) diese finden, um dann die Weltöffentlichkeit durch die vorwiegend US-beeinflußten Massenmedien darüber zu informieren. Aber selbst wenn dies nicht der Fall ist und die US-Streitkräfte wirklich MVW finden, so kann als sicher gelten, daß diese Jahre zuvor von den USA selbst geliefert wurden.

Es ist schon eine seltene Ironie der Weltgeschichte, wenn man bedenkt, daß die USA selbst genug Massenvernichtungswaffen besitzen, um die gesamte Welt zu zerstören: Nach eigenen Angaben haben die USA über 20 000 Tonnen chemischer Kampfstoffe aller Art[916] und 8876 nukleare Bomben und Sprengköpfe in ihrem atomarem Arsenal?[917] Hinzu kommt die neue sogenannte ›präventive Kriegführung‹, die sogar nichtatomaren Staaten mit einem nuklearen Angriff droht. Aber das ist noch nicht alles, denn die USA entwickeln derzeit neue Atomwaffen mit gigantischer Zerstörungskraft,[918] bauen einen Schutzschild gegen Nuklearwaffen auf,[919] haben Strahlenwaffen entwickelt, die selbst Artilleriegranaten abschießen können, und rüsten nach wie vor im Weltraum mit verschiedenen Strahlenwaffen auf.[920]

Dabei handelt es sich lediglich um die Waffensysteme und Technologien, die der Öffentlichkeit bekannt sind. Bei einem geschätzten ›schwarzen‹ Etat von über 30 Milliarden Dollar wird es noch viele Geheimwaffen und Projekte geben, die lange als unentdeckt gelten müssen. Ein solches ist zum Beispiel HAARP: Bei diesem in Alaska durchgeführten geheimen Militärprojekt sollen biologische menschliche Abläufe (Denken usw.) bis zu einer negativen Beeinflussung des natürlichen Wetterablaufs konditionierbar gemacht werden.[921] Während die Vereinigten Staaten von Amerika die meisten Massenvernichtungswaffen der ganzen Welt besitzen, wurde der Irak, wo bis heute keinerlei Massenvernichtungswaffen zu finden waren, als größte Bedrohung für den Weltfrieden hingestellt. Dies ist nicht nur eine Ironie, sondern auch schlicht eine Irreführung, mit der Washington von seinen eigenen, weitaus bedrohlicheren Massenvernichtungswaffen abzulenken versucht.

Zu guter Letzt fällt ebenfalls auf, wie scheinheilig die gesamte MVW-Kampagne der USA gegen den Irak war. So berichtete kein Geringerer als der RUMSFELD-Stellvertreter und Chefideologe der BUSH-Administration WOLFOWITZ: »›Aus stratregischen Gründen haben wir uns auf ein Thema festgelegt, auf Massenvernichtungswaffen, weil das der einzige Grund war, dem jeder zustimmen konnte.‹ Und Greg THIELEMANN, früherer ranghoher Mitarbeiter des US-Außenministeriums, gesteht jetzt, daß der Irak bei Kriegsbeginn ›keine unmittelbare Bedrohung‹ dargestellt habe.«[922]

In den USA prüft nun eine Art Untersuchungsausschuß, inwieweit die BUSH-Regierung zur Rechtfertigung eines Krieges falsche Geheimdienstinformationen über eine irakische Bedrohung verbreitete. Greg THIELEMANN, der bis September 2003 als Leiter des ›Büros für Information und Erkundung im US-Außenministerium‹ tätig war, wirft der US-Regierung vor, mit falschen »Beweisen« eine Rechtfertigung für den Krieg erlangt zu haben. »Einige Fehler hätten in der Arbeit der Geheimdienste gelegen, die meisten resultierten aber daraus, wie ranghohe Regierungsmitarbeiter die ihnen zur Verfügung gestellten Informationen mißbraucht hätten, sagte er. Und: ›Ich glaube, die BUSH-Regierung hat dem amerikanischen Volk kein zutreffendes Bild über die militärische Bedrohung durch den Irak geliefert.‹ Der Irak habe gar keine Bedrohung dargestellt – weder für seine Nachbarn und schon gar nicht für die USA.«[923] Mit anderen Worten: Eben weil keine echten Gründe für einen Krieg bestanden, griff Washington nach einem Täuschungsmanöver, mit dem die Massen rasch geblendet werden sollten.

## Wie der Vater, so der Sohn: die Skandale und Kriege des Bush-Clans

Es wird unter Historikern gern behauptet, daß sich die Geschichte wiederholt. In bezug auf die US-Politik ist dies geradezu augenscheinlich. Dieselbe Clique um George BUSH jr., CHENEY und POWELL drängte erneut zum Krieg gegen den Irak und Afghanistan und griff beide Länder auf Grund mehr als zweifelhafter Anschuldigungen an.

George BUSH sen. griff nicht nur als Oberkommandeur der US-Streitkräfte den Irak an, seine Harken-Aktien verkaufte sein Sohn bekanntlich schnell vor dem Einmarsch des Irak in Kuwait im August 1990, nachdem in elitären Kreisen klar war, daß SADDAM HUSSEIN Kuwait besetzen würde. George BUSH jr. war zu Beginn seiner Präsidentschaft in den Skandal um die Firma Enron, den siebtgrößten Energiekonzern der USA, tief verwikkelt, als dieser pleite ging.[924] »Enron legte am 2. Dezember [2001] die größte Pleite in der Geschichte des amerikanischen Kapitalismus hin. Seitdem ermitteln Staatsanwälte wegen des Verdachts auf Betrug und Bilanzfälschung.« Enrons rasanter Aufstieg war eine spekulative Luftblase. Der Konzern hantierte mit Derivaten: meist mit außerbörslich gehandelten Wertpapieren, die Wetten auf künftige Preisschwankungen bei Rohstoffen, Devisen oder Zinsen sind. Enrons Milliardenverluste wurden in den Bilanzen eigens gegründeter Partnerfirmen verborgen. »Binnen Wochen rutschte die ›heißeste aller heißen Aktien‹ (Höchstkurs: 89,94 Dollar) auf unter einen Dollar. . . Die Firmenbosse hatten ihre Aktienpakete rechtzeitig losgeschlagen, 600 Spitzenmanager bekamen noch im November, nur Tage vor dem Konkurs, Prämien in Höhe von insgesamt 100 Millionen Dollar« – während viele der 20 000 Angestellten der Firma einen Großteil ihrer privaten Altersversorgung in Enron-Papieren angelegt hatten. »Wegen einer Sperrklausel durften sie, anders als ihre Vorgesetzten, die Papiere beim Kursverfall nicht verkaufen.«[925] 6000 Angestellte verloren nicht nur ihren Job, sondern viele davon auch ihre Rente, da sie sich einem Enron-Pensionsplan angeschlossen hatten. Dieser war an die firmeneigenen Aktien gebunden, welche sich aber mit dem drastischen Verfall der Aktien des Unternehmens sozusagen in Luft aufgelöst hatten, da die Aktien innerhalb eines Jahres von rund 90 Dollar auf nur noch wenige Cents abstürzten.[17] Brisant an dem Skandal ist nicht nur, daß Enron BUSHS größter Wahlkampfspender war, sondern auch, daß der Chef des Energiekonzerns, ein gewisser LAY, schon lange mit BUSH jr. befreundet ist. Als innenpolitisch peinlich gilt die Tatsache, daß BUSH im letzten Jahr [2001] LAY zum Energieberater ernannte. Die Verbindungen zwischen der BUSH-Administration und dem Energiekonzern sind weitreichend. So ist bekannt geworden, daß BUSHS wirtschaftliche Hauptberater Lawrence LINDSY und Handelsvermittler Robert ZOELLICK ebenfalls für diesen Energiekonzern arbeiteten. Laut Journalist Bill PRESS läßt »der Enron-Fall Whitewater wie ein Kavaliersdelikt aussehen«.[927]

Inzwischen hat Handelsminister Donald EVANS zugegeben, daß der Enron-Chef die BUSH-Administration um Hilfe gebeten hatte, da der Konzern kurz vor dem Konkurs stand. Als Justizminister John ASHCROFT die Sache untersuchen sollte, mußte er sich bald für »befangen erklären, weil er 1999... 57 000 Dollar vom Energieriesen bekommen hatte«. Als ob dies nicht bedenklich genug wäre, platzte die nächste politische Bombe: Die Bilanzprüfer um Arthur Andersen, die seit Jahren die Firmenbücher der Firma Enron kontrollierten, mußten eingestehen, daß ihre zuständige Houstoner Filiale Tausende Dokumente und elektronische Dateien vernichtet hatte, als die Börsenaufsicht ihre Untersuchung beginnen wollte. Daraufhin wurde eine ganze Anwalts-Armada mit der Rekonstruktion der Skandal-Pleite beauftragt. Börsenaufsicht, Finanzministerium, Zentralbank und Justizministerium sowie Ausschüsse im Senat und Repräsentantenhaus ermitteln. Diese Sache enthält einiges an politischem Sprengstoff, da Enron vorsorglich alle großen Parteien unterstützt hatte.[928]

Nach letzten Erkenntnissen weigerte sich das Weiße Haus beharrlich, Auskunft über die Gespräche zu geben, die CHENEY und LAY über die Energiepolitik führten. Die Demokraten wollten hieraus politisches Kapital schlagen und auf gerichtlichem Weg Zugang zu den Gesprächen erzwingen. Die Weigerung des Weißen Hauses ist verständlich, da LAY enge Verbindungen zu Präsident BUSH, Vizepräsident CHENEY und anderen Kabinettsmitgliedern nachgesagt werden. LAY hat schon seit Jahren BUSHS politische Karriere gefördert und ihm über 600 000 Dollar gespendet. Ende Oktober 2001 bat LAY mehrfach um Unterstützung, sprich Subvention aus Washington.[929] Getreu dem Motto ›eine Hand wäschte die andere‹.

BUSH jr. hat den Nachweis erbracht, daß er seinem Vater in nichts nachsteht, wenn es darum geht, bei der Inszenierung von Kriegen mitzuwirken sowie Milliarden-Beträge zu unterschlagen oder zu veruntreuen. Auf dem kriegerischen Konto des Seniors sprechen der Panama-Überfall 1989 sowie der Golfkrieg des Jahres 1991 eine deutliche Sprache. Die Skrupellosigkeit der beiden in finanziellen Angelegenheiten dokumentieren Finanzskandale wie jene Plünderung der Sparkassen und Darlehensbanken im Jahre 1990, bei der ein unglaublicher Betrag in Höhe von rund 500 Milliarden Dollar verschwand,[930] oder der ›rechtzeitige‹ Verkauf der Harken-Aktien von BUSH sen. kurz vor der Golfkrise 1990.

BUSH jr. wollte diesbezüglich nicht zurückstehen. Trotz der lästigen Journalisten, die ihn am Anfang seiner nicht ganz legal gewonnenen Präsidentschaft als ›debil‹ bezeichnet hatten, zeigte er, daß die kriminelle Energie eines BUSH nicht zu unterschätzen ist. Gefälschte Wahlen konnten ihn ebenso wenig aufhalten wie die permanent kritischen Journalisten. Der 11. September ließ den Junior nun endlich zum Helden der Nation, zu einem echten Feldherrn wachsen - wenn man den gängigen Medien Glauben schenken darf. Aber vielleicht ist dies nicht ganz der Verdienst des Juniors, denn schon der Senior, dem die Medien vorgeworfen hatten, ein ›Wimp‹ (ein Weichling) zu sein, bewies durch den Golfkrieg, was für ein Mann er doch geworden war. Möglicherweise hatte diesbezüglich nur der Junior beim Senior kräftig über die Schulter geschaut. Egal, denn der Junior hatte es immerhin geschafft, alle kritischen Journalisten abzuschrecken. Als einer dreist behauptete, BUSH jr. habe während der Attacken des 11. September keine Führerqualitäten bewiesen, da dieser es vorgezogen habe, für einige Stunden mit seinem ›Airforce One-Jet‹ zu verschwinden, wurde er prompt mit der Begründung gefeuert, das sei kein patriotisches Benehmen.

»Jeden Tag stramm stehen« hieß von nun an die Devise. Präsident BUSH und Justizminister ASHCROFT sorgten mit neuen Gesetzesvorlagen schon dafür, daß die Pressefreiheit, auf die sich Amerika doch immer gern beruft, abgeschafft wurde. Auf außenpolitischem Terrain hat George W. BUSH nun auch schon seine zwei Kriege in Afghanistan und Irak geführt und kann daher mit seinem Vater gleichziehen, zumal seine Administration weitere Staaten im Visier hat. Syrien und Iran waren die letzten Staaten, die von Verteidigungsminister RUMSFELD offen bedroht wurden, da sie 2003 angeblich dem Irak militärisch halfen. Daß der sogenannte Kampf gegen den Terrorismus als reine politische Rhetorik zu verstehen ist, dürfte mittlerweile sogar die letzten Skeptiker überzeugt haben. Wenn der Junior von einem Feldzug gegen den internationalen Terrorismus spricht, dann handelt es sich, wie er selbst sagte, um einen langen Krieg. Daß weder Bösewicht Osama BIN LADEN noch Mullah OMAR gefangengenommen wurden, ist für die Pläne der Insider keineswegs ein Rückschlag (auch wenn es für die US-Militärs nicht gerade ruhmreich klingt, daß der einäugige Mullah dem massiven High Tech-Bombardement der USA auf einem Moped entkommen konnte.) Denn nun kann man einfach behaupten, daß die Mitglieder von Al-Qaida überall da sind, wo man sich vorgenommen hat, militärisch einzugreifen, sprich zu bombardieren, wenn der vermeintlich böse

Gegner nicht so will, wie Wallstreet und Washington es anordnen. Die Beweislast läßt die Machtelite völlig kalt, da Beweise der Öffentlichkeit nie präsentiert wurden. (Bitte vergessen Sie das manipulierte BIN LADEN-Video, falls überhaupt BIN LADEN darin zu sehen war.)[931] Die Beweislast liegt jetzt völlig bei den Angeklagten oder, besser gesagt, bei den vermeintlich terroristischen Schurkenstaaten bzw. den Staaten, die US-Angaben zufolge solche beherbergen. Das heißt im Klartext, ein Staat oder dessen Führung muß beweisen, daß keine Terroristen in seinem Land sind. Falls aber keine dort sind, kann man keinen solchen Beweis erbringen, ohne jeden Quadratmeter des Landes abgesucht zu haben, sprich von US-Behörden ausspionieren zu lassen. Dies ist eine Strategie, wie sie für eine imperialistische Politik nicht besser sein kann. In fast jedem Land lassen sich nämlich immer ein paar korrupte Politiker finden, die mit Versprechungen, sie an die Macht zu bringen und zu unterstützen, leicht zu bestechen sind, wenn sie nur behaupten, daß ihre politischen Gegner mit Terroristen in Verbindung stünden. Im Kosovokrieg wurde laut OSZE-Mitarbeitern eben diese Strategie angewandt, um in Ex-Jugoslawien Ziele für US-Bomber im bevorstehenden Kosovokrieg zu markieren.[932]

Dieselbe Strategie zeigte sich beim Bestreben der US-Regierung, Somalia gefügiger für US-Interessen zu machen. Der auf ironische Art treue US-Verbündete Hussein AIDID hat laut *FAZ* Briefe an die UNO und an Präsident BUSH geschickt, in denen seine Beschuldigungen, Somalia sei ein Terroristennetz, zeitlich stets mit den neuesten Beschuldigungen Äthiopiens gegenüber Somalia zusammenfallen. Aber selbst die UNO und der Vertreter der Europäischen Union in Mogadischu stellten fest, daß die angebliche Terrororganisation ›Al Ittihad Al Islamija‹ als bewaffnete Gruppe zu existieren aufgehört habe. Die somalische Übergangsregierung hat die USA vergeblich aufgefordert, ihre Beweise vorzulegen. Mittlerweile wurden US-Kriegsschiffe vor der somalischen Küste in Stellung gebracht. Die somalische Bevölkerung hat Angst, daß sie nach Afghanistan ebenfalls von den USA angegriffen wird. Ein westlicher Diplomat in Nairobi beschrieb die politische Situation nach dem 11. September so: »Das neue Spiel heißt: Ich nenne meinen Gegner einen Terroristen und hoffe, die Amerikaner schaffen ihn mir vom Hals.«[933]

US-Kriegsschiffe befinden sich auch vor Eritrea, einem von der Machtelite geschaffenen Staat, der Äthopiens wichtigen Ausgang zum Meer blockiert und diesen Staat daher zum Binnenland degradiert hat.[934] Eritrea ist für die Machtelite viel leichter zu kontrollieren, da es ein sehr kleiner afrikanischer Staat ist, der ohne Grundlage existiert und deshalb um so mehr von westlichen, sprich US- und Weltbank-Darlehen abhängig ist. Aber dieser kleine Staat ist geostrategisch wichtig, da er für US- und israelische Interessen essentielle Meerhandelsrouten öffnet.

Die US-Machtelite hat somit auch einen Präzedenzfall geschaffen, indem einem Staat einfach permanent unterstellt wird, daß dieser MVW besitze oder Terroristen beherberge. Dieser Staat muß dann, wie im Fall des Irak, den Beweis erbringen, daß er keine MVW besitzt, aber wie soll man endgültige Beweise für die Nichtexistenz von irgendetwas erbringen? Da die Massenmedien klar auf US-Seite sind, wird der Weltbevölkerung dann unaufhörlich eingeredet, daß man immer noch keine konkreten Beweise für die Unschuld der angeklagten Staaten habe. Dieses Spiel kann dann fast unendlich in die Länge gezogen werden, bis die Öffentlichkeit einer militärischen Abrüstung des vermeintlich äußerst bedrohlichen Staates zustimmt.

## Die systematische Versklavung der Nationen im Namen der Globalisierung

Sollte diese Variante nicht erfolgreich sein, hat Washington eine weitere langfristige Strategie parat. Diese entspricht dem Lehrplan einer US-Hochschule, wo künftige US-Politiker ausgebildet werden. Ein 20 Punkte-Plan »Wie man Kriege anzettelt und künstlich verlängert« beschreibt deutlich, was getan werden muß, um Staaten von der ›Neuen Weltordnung‹ der USA abhängig zu machen. Hier die einzelnen Punkte, nach denen akribisch vorgegangen wird. Der Leser wird schnell erkennen, daß seit dem Zweiten Weltkrieg in der gesamten Dritten Welt nach diesem Szenario verfahren wurde.

1. Zuerst bewaffnet man feindlich gesinnte Völker und unterschiedliche ethnische Volksgruppen. Dafür findet man in jedem Lager einen Anführer und ein paar korrupte Politiker: Irak-Iran-Krieg / Äthiopien gegen Eritrea / Afghanistan gegen UdSSR 1979–2003.

2. Diese werden dann gegeneinander aufgehetzt, was dank der Massenmedien leicht zu bewerkstelligen ist. In Fernseh-, Rundfunk- und Zeitungsberichten ist dann die Rede von »Spannungen«.

3. Durch Terroranschläge wird das Volk leicht eingeschüchtert und flüchtet vom Land in die Städte. Das hat zur Folge, daß das Land immer weniger landwirtschaftliche Produkte anbietet. Die Nahrung wird immer knapper, und Hungersnot tritt in den überbevölkerten Städten auf: Man denke unter anderem an El Salvador, Kambodscha, Uganda/Ruanda, Irak.

4. Nun entsendet der Westen ein paar Reporter und Fotografen. Bilder von verhungerten und verstümmelten Menschen gehen um die Welt: Somalia / Ruanda.

5. Die Bürger in den wohlhabenden Ländern sind nun geschockt und spenden Geld.

6. Mit dem gespendeten Geld werden Nahrungsmittel und Medikamente gekauft.

**7.** Dann werden humanitäre Organisationen (NGO), die auch Spione beauftragen, in die betroffenen Länder geschickt.

**8.** Diese werden von den sich bekämpfenden Parteien angegriffen; oft zum Schein, damit regelmäßige Medienmeldungen um die Welt gesendet werden, so daß die Krise nicht ganz aus der Öffentlichkeit verschwindet.

**9.** Die (westlichen) Retter, Missionare, Ärzte und Krankenschwestern in der Krisenregion müssen nun geschützt werden: Afghanistan / ›Shelter Now‹-Organisation.

**10.** Und schon hat man einen Vorwand, um UN-Truppen in das Gebiet zu schicken.

**11.** Diese werden dann auch ›dosiert‹ angegriffen und brauchen Verstärkung.

**12.** Somit schließt sich der Kreis. Der Krieg ist angeheizt und kann nach Belieben manipuliert und aufrechterhalten werden.

**13.** Nun laufen die verdeckten Waffenlieferungen an beide Seiten auf Hochtouren, während die Massenmedien hierzu schweigen.

**14.** Irgendwann kommt der Zeitpunkt, an dem die Sache langweilig wird und selbst die Medien ihr Interesse verlieren - wie zum Beispiel in Somalia.

**15.** Das Land ist nun ruiniert, die Truppen werden abgezogen und nach Hause geschickt.

**16.** Dann wird es Zeit, an den lukrativen Wiederaufbau zu denken: Kuwait 1991.

**17.** Da der Wiederaufbau aber sehr teuer ist und das zerstörte Land kein Geld hat, muß es sich dieses im Ausland mit horrenden Zinsen leihen.[935]

**18.** Geldgeber gibt es zuhauf. Nur die Konditionen müssen ›stimmen‹. So bleibt dem Land nichts anderes übrig, als sich massiv zu verschulden: Man tauscht Land, Bodenschätze, Volkseigentum, Transitwege, Öl und Wasser gegen Kreditgarantien der internationalen Banken. IMF und Weltbank lassen grüßen!

**19.** Somit schließt sich der verhängnisvolle Kreis zum zweiten Mal. Die Abhängigkeit von den Banken und von der verharmlosend klingenden ›internationalen Staaten- und Wertegemeinschaft‹ ist perfekt.

**20.** Die totale Versklavung kann beginnen, die auch unter dem Begriff ›Globalisierung‹ oder ›American way of life‹ stattfindet.

Wer von alledem enorm profitiert, dürfte klar sein: die Waffenindustrie, die Milliardengewinne macht; die US-kontrollierten Institutionen der Weltbank und des IWF durch die Vergabe von Milliarden-Krediten, sowie das Baugewerbe, das am Wiederaufbau Milliarden verdient.[936]

Kaum ein Staat in der Dritten Welt ist von diesem Szenario verschont geblieben, und wenn doch, kann man sicher sein, daß die Bankiers und die

US-Machtelite ihn ganz oben auf der Liste jener Staaten hatten oder haben, die noch systematisch zahlungsunfähig und ruiniert werden müssen. Bezeichnenderweise gehörte der Iran, gegen den die USA nun immer wieder vorgehen, 2002 zu den wenigen Staaten, die kaum Auslandsschulden hatten, also für diese Kreise absolute Priorität besitzen. Ebenso bemerkenswert war auch das Taliban-Regime, weil es kaum nennenswerte Auslandsschulden hatte und unter anderem auch deswegen auf der Abschußliste der US-Machtelite stand, da diese nur zu gut über seine riesigen Bodenschätze unterrichtet war. Auch Rumänien unter CEAUSCESCU soll kurz vor der phänomenalen Leistung gestanden haben, ein schuldenfreier Staat zu sein, bevor dieser in einer angeblichen ›Volksrevolution‹ beseitigt wurde. Argentinien wurde eines der letzten Opfer dieser Strategie.[937]

Da die Sanktionen gegen den Irak nicht den gewünschten Erfolg zeigten und die langfristige 20 Punkte-Strategie dort nie zum Einsatz kommen konnte, schmiedete die US-Regierung mit dem 11. September eine neue Koalition gegen den internationalen Terrorismus. Mit dem immer enger gezogenen Gürtel der Marinestreitkräfte kann Washington nun praktisch jedes Handelsschiff als verdächtig erklären und so den Handel zwischen den von den US-Sanktionen am meisten betroffenen Staaten der Region: Irak, Iran, Sudan und Libyen, zum Erliegen bringen. Seestreitkräfte benötigen auch keine diplomatische Anmeldung und Überflugrechte, somit können sie sich im hoheitsfreien Seeraum über längere Zeit aufhalten. Daß der Irak, der Iran, der Sudan, der Jemen und Libyen Staaten sind, die schon seit Jahren von der US-Regierung zu ›Schurkenstaaten‹ erklärt wurden, also zu Staaten, die angeblich terroristische Mittel anwenden und geographisch sowie politisch der US-Hegemonie im Weg stehen, ist kein Zufall, sondern langfristige Planung. In diese Planung paßt auch, daß diese Staaten reich an Bodenschätzen sind oder geostrategisch für die hegemonialen US-Ziele unentbehrlich sind.

Doch geben sich die USA mit der bloßen Erklärung zu ›Schurkenstaaten‹ noch lange nicht zufrieden. Hegemonie kennt bekanntlich keine Grenzen. So, wie der globale ›Krieg gegen den Terrorismus‹ nicht einfach in Afghanistan aufhört, so haben die USA unter dem bewährten Vorwand der Terrorbekämpfung inzwischen auch europäische Tiefseehäfen unter ihre Kontrolle gebracht. »Seit Juli 2002 unterhält Washington, was wenig bekannt ist, auf insgesamt 20 Häfen der Welt eine eigene Zollpolizei mit weitreichenden Befugnissen. In Europa stehen Rotterdam, Antwerpen, Le Havre, deutsche, italienische und spanische Häfen faktisch unter US-Kontrolle.«[938]

Wirtschaftlich sind diese Häfen von größter Bedeutung, da der Welthandel über sie getätigt wird: Die gigantische Gütertonnage in aller Welt wird nämlich größtenteils über Schiffswege und Häfen abgewickelt. Eine US-Kontrolle über die wichtigsten Häfen der Welt könnte laut Völkerrecht einer faktischen Kriegserklärung gleichkommen. Noch wird dieser Vorgang von den USA mit dem sogenannten ›Krieg gegen den Terrorismus‹ rhetorisch getarnt. Sollte es aber zu erheblichen Meinungsverschiedenheiten unter den Alliierten kommen, könnte Washington demnach nicht nur mit der ›Ölwaffe‹ Druck auf widerspenstige, stark exportabhängige Staaten wie Deutschland ausüben, und zwar auch durch eine restriktive Kontrolle über den Handel dieser ›verbündeten‹ Staaten.

In dieser Hinsicht ist der Irak ein Paradebeispiel im negativen Sinn. Historisch gesehen, haben die USA eine vergleichbare Aushungerungspolitik gegenüber Deutschland kurz vor Ende des Ersten Weltkriegs betrieben, die rund 800 000 Deutsche das Leben kostete. Es muß wohl kaum erwähnt werden, daß diese Embargopolitik völlig willkürlich umgesetzt wurde.

## Washingtons ›präventive‹ atomare Angriffsstrategie

Selbst das bis dahin von allen westlichen Verbündeten der USA abgelehnte Raketenabwehrsystem (NMD) wurde mit dem 11. September wieder salonfähig: Die Verbündeten, die zuvor behauptet hatten, ein solches Raketensystem würde den USA zur unangreifbaren Hegemonialmacht verhelfen, schweigen nun. So schrieb der *Spiegel* Anfang 2001: »Denn wenn die Supermacht USA als einziges Land der Welt über einen derartigen Abwehrschirm verfügte, würde sie unaufhaltsam zum alles dominierenden Weltherrscher aufsteigen.«[940]

Mittlerweile besitzen die USA einsatzbereite Mini-Atombomben. Offiziell beläuft sich deren Zahl auf 1700 bis 2000. In Wirklichkeit ist die Anzahl aber um das Sieben- bis Neunfache höher, da Sondervorräte in der amtlichen Aufzählung gar nicht vorkommen. Somit besitzen die USA mindestens 10 000 Mini-Atomsprengköpfe, die einsatzbereit sind: ein Skandal, da die Entwicklung solcher Waffen bekanntlich seit 10 Jahren verboten ist. Washington hat mit Tausenden dieser Waffen, von denen jede etwa ein Drittel der Sprengkraft der Hiroshima-Bombe besitzt, eine globale Erpressungsstrategie verwirklicht. Der UN-Vizegeneralsekretär DHANAPALA warnte daher mit Blick auf dieses US-Arsenal: »Wir befinden uns auf dem Weg nach Armageddon.«[941]

Brisant ist vor allem auch das neue und von den Russen unterzeichnete »Abrüstungsdokument«, das nach Auffassung Prof. Bernd W. KUBBIGS »eine Farce ist«. Dem Friedensforscher zufolge haben die USA mit der Umsetzung dieses Vertrags »den Freifahrschein für unbegrenzte Aufrüstung« insofern erlangt, als dieses am 24. Mai [2002] in Moskau unterzeichnete Dokument kein Datum für den Beginn der jeweiligen Abrüstungs- und Einlagerungsaktivitäten vorsieht. Ein weiterer Schwachpunkt ist, daß die Parteien ohne Angabe von Gründen binnen 3 Monaten aus dem Vertrag austreten können. Eine formale Benachrichtigung genügt hierfür schon. Ferner läßt der Vertrag »völlig offen, was die jeweilige Seite mit den Sprengköpfen macht - ob sie demontiert, auf lange Sicht eingelagert oder so in Reserve gehalten werden, daß sie im Bedarfsfall schnell einsatzbereit sind«.[941]

KUBBIG vom HIFK (Hessisches Institut für Friedens- und Konfliktforschung) faßte zusammen: »Das Ende des ABM-Vertrages bedeute im Rahmen der derzeit noch enormen Wirtschaftskraft der USA den Startschuß für eine unbegrenzte Aufrüstung in allen Bereichen. Vor allem der Bewaffnung des Weltraums sind nun Tor und Tür geöffnet.« KUBBIG befürchtet, daß die USA daher ein Wettrüsten im All auslösen werden, und vermerkt: »Die US-Regierung [hat]. . . ein insgesamt rüstungskontrollfeindliches Umfeld geschaffen. Seit dem Sieg der Republikaner in den beiden Häusern des Kongresses. . . sind sie im Rahmen der ›Konservativen Revolution‹ entschlossen. . ., die klassischen Rüstungskontroll-Institutionen in den USA abzuschaffen, um dann ausnahmslos alle multilateralen Verträge zu sabotieren, hinauszuzögern oder aber nicht umzusetzen.«[942]

Um ihre Hegemoniebestrebungen endgültig unter Beweis zu stellen, hat die US-Regierung nun den Einsatz von ›Mini‹-Atomwaffen - im Rahmen einer neuen Militärdoktrin gegen alle von ihr als ›Schurkenstaaten‹ bezeichneten Nationen - nicht mehr ausgeschlossen. Hierüber schrieb die *Frankfurter Rundschau*: »Mit Sorge und Empörung hat die internationale Gemeinschaft auf die neuen US-amerikanischen Atomwaffenpläne reagiert. China zeigte sich schockiert über die Enthüllung, wonach es zu den sieben Zielländern für einen möglichen Atomwaffeneinsatz der USA gehört.« Angeblich soll der Bericht des US-Militärs auf Weisung von Präsident George W. BUSH erstellt worden sein.[943] Die Studie wurde im Jahre 2000 in Auftrag gegeben und beinhaltet Pläne für einen möglichen atomaren Angriff auf den Irak, den Iran, Libyen, China, Nordkorea, Syrien und Rußland. Es wurde erläutert, die USA würden diese Waffen einsetzen, wenn sie selbst mit chemischen, biologischen oder nuklearen Waffen angegriffen würden oder im Falle überraschenden militärischer Entwicklungen.[944]

Über die neue Politik der präventiven atomaren Kriegführung hatte George W. BUSHS ehemaliger Parteifreund, UN-Chefinspekteur und Marine im 2. Golfkrieg Scott RITTER, in einem von William PITT geführten Interview Beängstigendes zu sagen:

»Sie brauchen nur in der *Nuclear Posture Review* zu lesen, was das Pentagon als Planungsstudie vorgelegt hat. Die sagen zwar, das sei alles nur hypothetisch, aber in einem der Szenarien geht man davon aus, daß Zehntausende von amerikanischen Soldaten in einem Krieg in Übersee feststekken und nicht nur das Risiko besteht, daß sie aufgerieben werden, sondern daß auch Massenvernichtungswaffen zum Einsatz kommen. . . Wenn 70 000 bis 100 000 Mann im Irak festsitzen, wenn der Nahe Osten explodiert und unsere Kommunikationsverbindungen bedroht sind und damit auch unsere Möglichkeit, diese Truppen zu versorgen, und die Iraker leisten anhaltend Gegenwehr - dann wird die Gefahr eines Einsatzes von Atomwaffen sehr real.«[945]

Daraufhin ging RITTER das Szenario des schlimmsten Falles, eines Krieges der USA mit dem Irak, durch:

PITT: »Sie haben das amerikanische Militär als die größte Tötungsmaschine der Geschichte bezeichnet.« RITTER: »Wir können wirkungsvoller töten als irgendwer sonst auf der Welt. Die Frage lautet: Was kann uns daran hindern? Wenn es um Kriegführung in Städten geht, darum, in bebauten, von Zivilisten dichtbevölkerten Gebieten bestimmte Leute aufzustöbern, sind unsere Handlungsmöglichkeiten sehr begrenzt. Das heißt, daß auch wir beträchtliche Verluste hätten. Unser Blutzoll wird in die Hunderte, wenn nicht sogar in die Tausende gehen.« PITT: »Und im denkbar schlimmsten Fall...?« RITTER: »Falls die ganze Sache schiefläuft und 70 000 Amerikaner abgeschnitten im Irak nur mehr darauf warten können, vernichtet zu werden, werden wir die Atombombe einsetzen. Daran gibt es keinen Zweifel. Wir werden die Atombombe einsetzen. An diesem Krieg ist alles schlecht. Dieser Krieg wird nicht gut enden.«[37]

Ergänzend fügte RITTER hinzu: »Falls entweder die USA oder Israel Atombomben gegen den Irak einsetzen sollten, würde ich meine Hand dafür ins Feuer legen, daß innerhalb von zehn Jahren die Vereinigten Staaten von Terroristen mit einer Atombombe angegriffen werden. . . Falls die USA oder Israel Atomwaffen gegen den Irak einsetzen, würden im Gegenzug Pakistan und der Iran den Terroristen den Bau von Atombomben ermöglichen. Das garantiere ich Ihnen. Das ist das Armageddon. Dieser Krieg gegen den Irak ist das Dümmste, was ich je gehört habe.«[947]

Wie sehr die BUSH-Regierung den Vorwand der MVW benutzt, um allen anderen potentiellen Atomnationen ihre Verteidigungsmöglichkeiten zu nehmen, zeigt ihre offensive Atomkriegspolitik, die lediglich eine weitere Etappe auf dem Weg zur Hegemonie darstellt. Folgendes Zitat bekräftigt es: »Die neue ›Nuclear Posture Review‹ (NPR) läßt befürchten, daß die USA nach dem Ende des Kalten Kriegs dabei sind, die Zusammensetzung und die Einsatzbereiche ihres nuklearen Arsenals dem Ziel anzupassen, ihre Stellung als einzige verbliebene Supermacht auf Dauer zu zementieren.«[948] Hierzu paßt auch, daß die BUSH-Doktrin äußerst verharmlosend als »vorbeugende Militäraktion« bezeichnet wird. Denn BUSH bestätigte mit seinem martialischen Kommentar, die USA »müßten. . . den Kampf zum Feind tragen, bevor sich die Bedrohung herauskristallisiere«. KUBBIG vom Hessischen Institut für Friedens- und Konfliktforschung kommentierte diese Aussage BUSHS mit den beunruhigenden Worten: »Diese Doktrin kommt einem Freifahrschein für unilaterale Waffengänge gegen Staaten gleich, die über Massenvernichtungswaffen verfügen und/oder den US-Forderungen nicht nachkommen, Terrorzellen zu bekämpfen.«[949]

Ivo DAALDER, US-Experte für Außen- und Sicherheitspolitik, kommentierte seinerseits die neue Atomwaffenpolitik Washingtons mit den Worten: »Wir haben unsere Politik auf den Kopf gestellt. . . Bisher waren Atomwaffen dazu da, Kriege zu verhindern, jetzt sollen sie zum Mittel der Kriegführung werden.«[950]

Der Politikwissenschaftler Jürgen WILZEWSKI äußerte sich in einem Interview unverblümt zu BUSHS Hegemonialpolitik: »Die USA beanspruchen für sich das Recht zu Präventivkriegen aus einer Art antizipatorischer Selbstverteidigung. Das steht natürlich in einem eklatanten Spannungsverhältnis zum allgemeinen Gewaltverbot der Charta der Vereinten Nationen. Der BUSH-Doktrin gemäß müssen die USA uneingeschränkt militärisch überlegen sein. Damit erteilen sie allen Abrüstungsbemühungen und multilateralen Lösungsansätzen eine klare Absage. Von Rüstungskontrolle ist gar nicht mehr die Rede.«

Auf die Frage: »Wie wollen die USA künftig agieren?« antwortete WILZEWSKI: »Im Grunde skizziert das Strategiepapier eine neue Weltordnung, in der Stabilität im internationalen System sehr unverblümt an die überlegene Stärke der USA und ihre Präventivoption geknüpft ist. BUSH spricht von einem ›ausgeprägten amerikanischen Internationalismus‹, der keinem Gewaltverbot mehr unterliegt. . . Die USA, die immer schon im Alleingang gehandelt haben, wechseln nun über zu einem unverhohlenen Unilateralismus, ja zu einem aggressiven Unilateralismus. . . Der Krieg kehrt als Mittel in die internationale Politik zurück.« Da BUSHS Zustimmungsraten zum Thema Irakkrieg im Juli 2002 rasch absackten, ging er zur UNO und verkündete dort: »Entweder gebt ihr mir ein Mandat, oder wir machen es ohne UN-Auftrag. Seine Zustimmungsraten stiegen wieder. Ein Irak-Krieg schien nun nahezu zwangsläufig. Ein Präventivkrieg gegen Bagdad wäre der Einstieg in die neue Strategie.«[951]

## Der 11. September dient Israels machtpolitischen Interessen

Es sei darauf hingewiesen, daß ein Kampf innerhalb der US-Machtelite ausgebrochen war, und zwar zwischen dem Ostküsten-Establishment und dem jüdischen Machtblock. Die jüdische Lobby in den USA hätte lieber Al GORE als Wahlsieger gesehen, da BUSH sen. nach dem 2. Golfkrieg nicht mehr im Interesse Israels gehandelt habe: Er hatte Israel eine Beendigung der Wirtschaftshilfe für den Fall angedroht, daß Tel Aviv seine Siedlungspolitik, die in den besetzten Gebieten die Palästinenser verdrängte, nicht aufgebe. Das hatte ihn innerhalb der US-israelischen Lobby so unbeliebt gemacht, daß für diese Kreise seine Wiederwahl nicht mehr in Frage kam. Da aber die BUSH-Fraktion das elitäre Ostküsten-Establishment politisch anführt, griff man 2000 zum Wahlbetrug, um BUSH jr. auf den Präsidentensessel zu bringen – was die jüdische Lobby auf keinen Fall hinnehmen wollte, da George W. BUSH – im Gegensatz zu Bill CLINTON, der ein gegenseitiges Verteidigungsabkommen mit Israel unterzeichnet hatte – nach seinem Amtsantritt den israelisch-arabischen Konflikt aus der amerikanischen Politik weitgehend auszuklammern versuchte. Zum Verdruß Israels forderte er sogar die Bildung eines unabhängigen palästinensischen Staates. Nach seinem ›Wahlsieg‹ stellte er eiligst sein Kabinett zusammen, das im Gegensatz zum vorigen CLINTONS keinen einzigen jüdischen Minister hatte. Prompt schrieb der jüdische Kolumnist Philip WEISS nach der Regierungsbildung: »Von Anfang an versuchte BUSH, das Jüdische im Establishment zurückzudrängen.«[952] BUSH mischte sich auch nicht in den israelisch-arabischen Konflikt ein und überließ somit Israel seinem Schicksal, mit dieser Problematik fertig zu werden. Die neue US-Politik wurde dafür verantwortlich gemacht, daß die jüdischen Verluste im Kampf gegen den palästinensischen Aufstand täglich stiegen.

Wie im 2. Golfkrieg würde ein erneuter Krieg gegen den Irak vor allem Israels Interessen dienen. Israel bereitete sich auf einen Irak-Krieg seit dem 1. November 2002 vor. Es wollte dieses Mal ›zurückschlagen‹, falls es angegriffen würde.[953] Wieder einmal sollen die USA den Krieg initiieren und führen, so daß Israel verdeckt als lachender Dritter zur unanfechtbaren Regionalmacht im Mittleren Osten aufsteigen könne. Zu erwähnen, daß der Mossad dabei massiv seine Hände im Spiel hat/hatte, erübrigt sich. Beobachter wiesen nach, wie der Mossad es in der Vergangenheit verstand, die Drecksarbeit anderen zu überlassen. Der Irak war aller Propaganda zum Trotz nie eine direkte Bedrohung für Israel gewesen. SADDAM HUSSEIN versuchte lediglich eine Art Parität zu den 200 bis 300 Atombomben Israels herzustellen, indem er ein ABC-Programm einleitete, das dem Irak höchstens eine Atombombe und die Möglichkeit zur Produktion chemischer/biologischer Waffen gegeben hätte. Doch durch den 2. Golfkrieg und die anschließenden drakonischen Wirtschaftssanktionen wurde dieses Bestreben zunichte gemacht.

Mittlerweile war die akute Gefahr für Israel aber längst in Israel selbst, da »Israel nicht nur unfähig war, die Intifada zu brechen, sondern auch dabei war, den Propagandakrieg zu verlieren«.[954] ARAFAT erreichte sogar kurzfristig, was zuvor als unmöglich galt: »die Araber aller politischen und religiösen Richtungen im Kampf um eine gemeinsame Sache zu einigen. Für sie alle war er der ›palästinensische Vorsitzende‹ geworden.« Es gelang ihm, Führer des Islamischen Dschihad sowie von Hamas zur Befreiung Palestinas zu vereinigen.[955] Je härter die israelischen Besatzungstruppen gegen die Palästinenser vorgingen, um so erbitterter wurde der Widerstand. Als praktisch täglich Bomben in Israel explodierten, waren sogar die Geheimdienste Israels überfordert und konnten die Lage nicht mehr unter Kontrolle bringen. Zusätzlich zeigten Fernsehsender das brutale Vorgehen israelischer Soldaten; dies schädigte Israels Ansehen in den USA sehr stark.[956]

Zu diesem Zeitpunkt riet die BUSH-Regierung Israel, eine Lösung für das Problem zu finden, und es ist anzunehmen, daß dies nicht rein rhetorisch gemeint war. Vor dem 11. September zeigte sich BUSH jr. nicht bedingungslos israelfreundlich - wie sein Vater. Selbst israelische Bürger protestierten massiv gegen die Regierungspolitik, die ihnen keine Sicherheit mehr bieten konnte. Die Politik des in Belgien wegen Kriegsverbrechen angeklagten Premierministers SCHARON schien zu diesem Zeitpunkt gescheitert. Israel stand sprichwörtlich mit dem Rücken zur Wand. Was nun dringend benötigt wurde, war ein dramatisches Ereignis, das zeigen sollte, daß Israel nicht gegen Menschenrechte verstoße, sondern sich nur verteidige, und mit dem man den Irak ausschalten könnte, da immer mehr arabische Staaten Handel mit diesem betrieben und wieder diplomatische Beziehungen aufnahmen. Dieses Ereignis war der 11. September, der bekanntlich vieles veränderte.

Als Israel sozusagen mit dem Rücken zur Wand stand und die globalen Sympathien auf die palästinensische Seite überschwangen, zerschmetterte der 11. 9. die Hoffnung in den besetzten Gebieten, daß sich eine politische Lösung finden lassen könnte. Die Anschläge des 11. September waren genau das, was Israel benötigte: etwas, was Amerika vereinte im Rausch eines Hasses gegen Israels Feinde. Als der frühere Premierminister Benjamin NETANYAHU gefragt wurde, was der Angriff für das Verhältnis zwischen den USA und Israel bedeute, antwortete er prägnant: »Es ist sehr gut«.[957] Sein Nachfolger Ehud BARAK erwiderte: »Es ist Zeit, einen Weltkrieg gegen den Terrorismus zu führen,... diese Anstrengungen dürfen sich nicht nur auf Leute beschränken, die wir alle kennen, wie BIN LADEN, Hisbollah, Hamas, Islamischer Dschihad und Personen aus ARAFATS Umgebung. Wir sollten jene Staaten und ihre Führer, die den Terroristen Schutz gewähren, einschließen: Afghanistan, Iran, Irak und, bis zu einem gewissen Grad, Nordkorea und Libyen. Sollte es Schwierigkeiten geben, die Drahtzieher auszumachen, Israel hat einige parat. *Die ganze Welt muß jetzt einen Weltkrieg gegen die Feinde Israels führen, nachdem was in New York und Washington passierte.*«[958] (Hervorhebung M. K.)

Es ist nicht schwer zu erkennen, daß dieser »Weltkrieg« Israel am meisten nützt. Die Staaten Iran und Irak gelten als Regionalmächte, die gegeneinander auszuspielen Israel seit seiner Existenz immer wieder versuchte. Beide wurden durch die von Israel ersehnten Golfkriege sehr stark geschwächt. Afghanistan muß auf Grund seiner geostrategischen Lage für Israel kontrollierbar sein, zumal es an Pakistan, die einzige islamische Atommacht, grenzt. Im schlimmsten Fall könnte es arabischen Staaten atomares Wissen vermitteln. Libyen war seit GADDAFIS Putsch im Jahre 1969 stets ein Gegner Israels, und das nicht nur im rhetorischen Sinne. Es hatte unter anderem in den siebziger und Anfang der achtziger Jahre versucht, über Pakistan an Atombombentechnologie zu kommen.[959]

Der US-Atomwaffenexperte Michael O'HANLON ging der Frage nach, ob der Irak mit Raketen Israel bedrohen könnte. Er fand heraus, daß der Irak bestenfalls ein bis zwei Dutzend Scud-Raketen besitze, die unpräzise sind und sich daher kaum für diese militärische Aufgabe eignen.[960] Washingtoner Experten fürchteten im Gegensatz zum Golfkrieg 1991 sogar, daß Israel bei einem irakischen Angriff Vergeltung mit Atomwaffen üben würde. Hierbei spekulierte man offensichtlich auf ein ähnliches Szenario, als der Irak 39 Scud-Raketen auf Israel feuerte; nur mit dem gravierenden Unterschied, daß dann Israel sich nicht mehr wie damals von den USA hätte zurückhalten lassen.[961]

Daß die zionistischen Elemente in den USA diese zum Angriff auf den Irak auffordern, ist sicher nichts Neues. Als Ideologe des neuen weltweiten Kriegs gegen den Terrorismus sprach Richard PERLE eindeutig für die proisraelische Fraktion in den USA, als er betonte: Würde BUSH den Irak nicht angreifen, dann verlöre er sein Ansehen. Dies war die verdeckte Warnung eines prominenten US-Zionisten, daß der Präsident die jüdische Unterstützung in Amerika verlieren würde, wenn er sich der Anti-Kriegsstimmung im eigenen Land beugte.[962] Eigentlich eine völlig unnötige Warnung, da BUSH und die Hardliner um ihn den Krieg ohnehin längst geplant hatten.

## Kriegsinszenierung zur Beherrschung der Golfregion

Die angeblich ›so‹ kritischen Massenmedien der westlichen Welt berichteten nur sporadisch darüber, daß sich die USA im Jahre 2002 schon längst mit dem Irak in einem dauernden Kriegszustand befanden. So drang am 19. Juli 2003 über die *Washington Post* an die Öffentlichkeit, daß US-General Michael T. MOSELEY während Einsatzbesprechungen der US-Luftwaffe verlauten ließ, US-Kampfjets hätten schon im Juni 2002 den Irak angegriffen. Das war wohlgemerkt drei Monate, bevor sich BUSH an die UNO wandte, um seinen Antrag auf eine Abrüstung des Irak zu präsentieren; fünf Monate, bevor die UN-Resolution 1441 dem Irak mit ernsthaften Konsequenzen drohte, falls dieser nicht abrüste, und ganze neun Monate, bevor der Krieg offiziell begann. MOSELEY enthüllte damit, daß die USA ganze 21 732 Einsätze gegen 391 Ziele im Irak geflogen hatten, noch bevor der Krieg offiziell angefangen hatte. Diese unprovozierten Luftangriffe beinhalteten Angriffe auf Schaltzentralen, wie Kommunikationsnetzwerke und Zivilflughäfen, alle unter dem scheinheiligen Vorwand, die illegalen ›Flugverbotszonen‹ schützen zu wollen.[963]

Damit provozierte die Bush-Regierung Bagdad immer wieder aufs neue und konnte sich sicher sein, daß keine friedliche Lösung für die Beilegung des Konflikts gefunden würde. Diese Politik der Provokation fing aber nicht erst mit der Bush-Regierung im Jahre 2000 an; sie war seit Ende des 2. Golfkrieges stets ein Mittel der USA gewesen, diesen Konflikt am Leben zu halten und manipulieren zu können. Schon wenige Wochen nach dem Krieg des Jahres 1991 waren die gesetzwidrigen ›Flugverbotszonen‹ eingerichtet worden, um durch Luftangriffe einen dauerhaften Kriegszustand aufrechtzuerhalten, der die Entwicklung des Irak zu einer unabhängigen Nation niederschlagen sollte. Die Vereinigten Staaten benutzen auch ihren NATO-Verbündeten Türkei dazu, im Nordirak einzufallen, um dort ›Stellungen‹ der Kurden anzugreifen. Dies lag schon immer im Interesse der Türkei, da diese das ›Kurden-Problem‹ bei sich zu Hause vor Ort hatte und immer besorgt war, daß die Kurden eines Tages entweder ihren eigenen Staat gründen oder eine Art Autonomie für sich fordern würden. Die (Luft)angriffe der USA gingen in die Tausende und waren gezielte Nadelstiche, nicht nur eine Provokation,[964] sondern sie dienten auch dem übergeordneten Ziel, den Weg im militärischen Sinne für eine US-Invasion vorzubereiten, die dann 2003 stattfand.

Der Vorwand, mit dem der Krieg inszeniert wurde, hatte mit dem diktatorischen Regime im Irak und dessen vermeintlichen Massenvernichtungswaffen (MVW) zu tun. Besonders bitter-ironisch ist die Tatsache, daß beides, die MVW sowie das Regime, nur durch die Unterstützung der USA existieren konnten. Es gilt als erwiesen, daß es genau die von den USA beabsichtigten Sanktionen waren, die die Bevölkerung so hungern und verarmen ließen, daß diese nicht im Stande war, einen Volksaufstand gegen Saddam Hussein zu wagen. Statt dessen stärkten sie nur das Regime im Irak. Dies war auch von Washington beabsichtigt worden, was die konformen Massenmedien zu diesem Thema auch immer von sich gaben. Die US-Regierung wollte alles, nur keinen Volksaufstand im Irak, denn dieser hätte bedeutet, daß das Volk die Bodenschätze des Landes für seine eigene Entwicklung nutzen würde – damit wären die Mega-Konzerne der USA leer ausgegangen. Schon aus diesem Grund brauchte die Bush-Regierung unbedingt einen Krieg mit dem Irak. Dieser Krieg würde zum einen der stark geschwächten US-Wirtschaft helfen, zum anderen es der Machtelite endlich ermöglichen, sich an den riesigen Ölreserven des Landes zu bereichern und am lukrativen Wiederaufbau zu verdienen.

Da die Bush-Regierung bereits durchblicken ließ, daß sie alles andere als ein völliges Einlenken in dieser Frage als Kriegsgrund betrachtete und ein Kapitulieren Saddam Husseins äußerst unwahrscheinlich war, kam es zum Krieg. Als die Iraker behaupteten, daß sie nichts zu verbergen hätten, ließ Präsident Bush, kaum hatten die UN-Inspekteure ihre Arbeit im Irak aufgenommen, rasch verlauten: »›Wir wissen, daß Mr. Saddam Hussein Massenvernichtungswaffen besitzt.‹ Die US-Geheimdienste hätten dafür wasserdichte Beweise.«[965] Dieses Argument kennt die Welt aber schon längst, da man beim 11. September auf die gleichen wasserdichten Beweise verwiesen hatte, ohne der Öffentlichkeit auch nur den Hauch eines solchen Beweises gezeigt zu haben. Daß die Inspektionen bis dahin keine härteren Beweise erbracht hatten, schien Präsident Bush nicht im geringsten zu stören. Gary Milhollin vom ›Wisconsin Project on Nuclear Arms Control‹ meinte dazu: »›Ich zweifele sehr an der Qualifikation der Waffeninspekteure. . . : Wir hätten hier in den USA sehr gute Leute, die sich bestens mit Waffentechnologie auskennen. Statt dessen hat man Anfänger in den Irak geschickt.‹«[966] Warum wohl? Wahrscheinlich, weil Washington sonst befürchten mußte, daß solche professionellen Inspekteure gleich die Hiobsbotschaft verkündet hätten, der Irak besitze solche Waffen nicht. Daher entschloß man sich in Washington, auf Zeit zu spielen; dies geht aber nur mit amateurhaften Inspekteuren.

Wie sehr die republikanische US-Regierung ihren Krieg haben wollte, zeigte sich auch bei deren Bestimmung der UN-Resolutionen. Laut UN-Resolution muß der Irak nicht nur nukleare, biologische und chemische Kapazitäten zur militärischen Nutzung offenlegen, sondern seine gesamten Einrichtungen auf diesen Gebieten. In einem Land, das chemische Dünger und Reinigungsmittel aller Art produziert, bedeutete das eine endlose Liste. Der ehemalige Chefkontrolleur Rolf Ekeus bestätigte, daß die Inspekteure mit ihren Aufgaben im Irak, wie die UN-Resolutionen es festlegten, überfordert waren. »Im Extremfall muß ein Inspekteur draußen vor Ort allein entscheiden: Bruch der Verpflichtungen oder nicht? Jeder Bruch kann zum Militärschlag führen. Denn wir wissen nicht, welches die genauen Kriterien für ein Go oder Stop des Militärs sind.«[967] Damit haben die USA stets die Möglichkeit, eine Bagatelle als Vorwand für einen Kriegsgrund gegen den Irak zu benutzen oder zu provozieren.

In Sachen Provokationen haben die Iraker schon jahrelang bittere Erfahrungen sammeln müssen. Immer wieder haben die USA und Großbritannien mit ihren Kampfflugzeugen Ziele im Irak angegriffen. Als die Iraker sich gegen diese völkerrechtliche Mißachtung durch Luftabwehrfeuer verteidigten, war dies für Bush Grund genug zu verkünden: »›Wer auf Militärmaschinen schießt, sieht mir nicht gerade wie einer aus, der seine Waffen niederlegen will.‹«[968] Nun sollte also Bagdad sogar auf sein Recht auf Selbstverteidigung verzichten und seine Bombardierung freiwillig akzeptieren.

Außerdem lassen offizielle US-Dokumente erkennen, daß die USA den Irak während der langjährigen Inspektionszeit mehrmals zielbewußt provozierten. Das zeigte unter anderen Milan Rai in seinem Buch *War Plan Iraq*. So war der Abzug der Inspekteure, den man den Irakern in die Schuhe schob, nicht von diesen verursacht, sondern von Washington provoziert, um dann einen Vorwand zu haben, den Irak im Dezember 1998 schwer zu bombardieren.[969]

## Der dritte Golfkrieg als Notlösung für die US-Rezession

Präsident Bush und seine Falken hatten mehrmals verlauten lassen, daß für sie nichts Geringeres als die Absetzung Saddam Husseins in Frage komme, wenn es um die Beilegung des jahrelang andauernden Konflikts mit dem Irak geht. Letztendlich sind sie aber nur ausführende Organe einer von Profit angetriebenen Machtelite, die in ihrer schier unendlichen Gier auf einer Welle des Machtrausches immer megalomanischere Züge aufweist. Dieselbe Machtelite, die im Besitz der US-Öl- und Gasindustrie, dem sogenannten ›Big Business‹, ist, finanzierte bekanntlich Bushs Präsidentschaftskampagne und will nun für ihre Investition die große Beute einfahren. Diese besteht aus den Öl- und Gasfeldern im Mittleren Osten und im Kaukasus.

Im Mittleren Osten liegen immer noch die reichsten Ölquellen, aber gerade hier hat die US-Machtelite seit 1958, als die irakische Revolution ihre Ölfelder verstaatlichte, nie Fuß fassen können: Die Ausbeutung dieser Ölfelder, die die zweitgrößten im Mittleren Osten darstellen, wurde vom Irak stets verhindert.

Nun, nach 12 Jahren gnadenloser Sanktionen, die über anderthalb Millionen Menschen getötet haben, wittert die mächtige US-amerikanische Öl- und Gasindustrie, daß die Zeit zum Machtwechsel im Irak gekommen ist, um sich endlich die langersehnten reichen Ölquellen anzueignen. Dies tat sie vor allem, weil es anderen Staaten schon längst gelungen war, lukrative Vorverträge im Irak zu ergattern. Da ihre Gier aber grenzenlos ist, hat sie schon längst auch die Einnahme der riesigen Öl- und Gasfelder im Kaukasus eingeplant, für die der 11. September als nahezu perfekter Vorwand dienen soll. Es geht daher um die äußerst wichtigen Energieressourcen des Nahen und Mittleren Ostens; »um den uneingeschränkten Zugriff auf. . . fast vier Fünftel der Weltölvorräte«.[970]

Auch sind die USA selbst in zunehmendem Maße von ausländischem Öl abhängig geworden. Dies wird offensichtlich, wenn man den täglichen Öl-Konsum der USA kennt. Dieser beträgt 17 972 000 Barrel, davon werden knapp über 60 Prozent, nämlich 10 885 000 Barrel, aus dem Ausland importiert. Dies ist etwa soviel, wie die weltweit größten Ölproduzenten Saudi-

Arabien (6 300 000 Barrel) und Rußland (4 533 000 Barrel) an einem Tag zusammen exportieren. Diese Abhängigkeit der USA, die immerhin 60 Prozent des benötigten Öls importieren müssen, hat dazu geführt, daß die Abhängigkeit von Saudi-Arabien, das als unsicher für die Zukunft gilt, durch den Irak kompensiert werden soll. Von einem erfolgreichen Irakkrieg erhofften sich die US-Strategen einen nahezu totalen Zugriff auf ein Land, das die zweitgrößten Ölreserven nach Saudi-Arabien besitzt.

Vor allem ist auch klar, daß das US-Militär in der Golfregion nicht mehr so weitermachen kann wie bis jetzt, da die USA ihre Truppenpräsenz am Golf teuer bezahlen müssen. Beobachter schätzen die Kosten dieser jährlichen Präsenz auf 30 bis 60 Milliarden Dollar.[971] Viel Geld für eine Supermacht, die wirtschaftlich ihren Zenit vor rund 50 Jahren überschritten hat und seither ökonomischen Einfluß in der Welt zunehmend einbüßt, zumal Washingtons Sanktionspolitik nicht den ersehnten Sturz des Regimes im Irak herbeiführen konnte.

Die amerikanische Kriegsgeschichte zeigt, daß Depressionen und Rezessionen immer mit Krieg bewältigt wurden.[972] Daß sich die US-Wirtschaft in einer Rezession befindet, ist unbestreitbar. Das untermauern sowohl die anhaltenden Firmen- und Bankenskandale als auch die steigende Arbeitslosigkeit, die im November 2002 den höchsten Stand seit acht Jahren erreichte.[973] (Mittlerweile sind offiziell rund 2 Millionen US-Amerikaner arbeitslos, was Bushs Wiederwahl gefährdet.) Hinzu kommen die wegen der geringeren Steuereinnahmen, der Steuersenkungsprogramme sowie der massiven Aufwendungen für Militärausgaben wiederkehrenden Haushaltsprobleme, die zu einer erneut erhöhten Verschuldung des Staates führen. Vor allem belastend für die US-Wirtschaft war die Tatsache, daß entgegen den Erwartungen das Vertrauen der Verbraucher weiter gesunken ist.[974] Diese Verbrauchsausgaben sind aber überaus wichtig für einen Aufschwung der US-Wirtschaft, da nach Expertenschätzungen diese im Jahre 2002 sogar rund vier Fünftel des Sozialprodukts der USA ausmachten.[975] Selbst US-Notenbankchef Alan Greenspan beschrieb die Lage noch Ende Dezember 2002 als düster. Seine Gründe: »Der Arbeitsmarkt bleibe schwach, die Firmen zögerten weiter, neue Leute einzustellen. Die Lage der öffentlichen Haushalte werde immer prekärer und sei vor allem in den Kommunen und US-Bundesstaaten. . . katastrophal.«[976]

Außerdem besteht die Gefahr, daß sich ein Wirtschaftstrend der letzten 12 Jahre wiederhole. Damals, in den achtziger Jahren, kam es zur Krise der Sparinstitute, die in die Rezession von 1990/91 einmündete. Heute besteht diese Gefahr ebenfalls, da die rekordverdächtig tiefen Zinsen viele Amerikaner dazu bewogen haben, langfristige Immobilien-Darlehen aufzunehmen. Nachdem zahlreiche Aktienanleger in der ›New Economy‹ viel Geld verloren haben, ist der Trend nun zu Immobilien als sichere Wertanlage übergegangen. Analysten warnen jedoch schon jetzt davor, daß der Immobilienmarkt überwertet ist; somit besteht die Gefahr, daß die ›Blase‹ platzt. Dann würden die Banken auf ihren faulen Krediten sitzenbleiben, genauso wie in jener Spar- und Darlehenskrise der Banken in den Jahren 1989/90.[977]

Zunehmend belastet wird die US-Wirtschaft außerdem durch den Umstand, daß »noch nie zuvor eine Regierung in so kurzer Zeit die Staatsfinanzen in solche Unordnung gebracht [hat],. . . einen Haushaltsüberschuß von 237 Milliarden Dollar binnen zweieinhalb Jahren in ein Minus von 400 Milliarden verwandelt[e]«. Und 2004 »wird die Neuverschuldung voraussichtlich sogar bei 480 Milliarden Dollar liegen«.[978] Dies sind nur die offiziellen Zahlen, die inoffiziellen dürften noch weit höher liegen. Auch der Irakkrieg und seine Besatzungskosten sind dabei nicht berücksichtigt. Die Rentenfrage wurde sogar vom *Wall Street Journal* als »nukleare Zeitbombe« beschrieben. Mittlerweile hat das Finanzministerium auch damit begonnen, Gelder aus den Sozialkassen zu nehmen, um das Haushaltsloch wenigstens einigermaßen aufzufüllen. Etwa 2,4 Billionen Dollar, die für die Alterssicherung vorgesehen waren, dienen nun dazu, laufende Kosten zu decken, wie zum Beispiel zusätzliche Militärkosten[979] oder die von BUSH verkündete Marsmission. Selbst ergebene Republikaner fragen sich nun, ob es eine gute Idee war, in Kriegs- und Krisenzeiten Steuererleichterungen in einem Umfang von 1,6 Billionen Dollar verkündet zu haben. Während die Staatsausgaben mittlerweile gut 20 Prozent des BIP ausmachen, sind die Staatseinnahmen auf 16 Prozent gesunken – den niedrigsten Stand seit 50 Jahren.

Die Zeiten, in denen die USA zwar finanziell von der Welt isoliert waren, trotzdem gute Wachstumsraten aufwiesen, sind längst vorbei. Inzwischen benötigen die USA jährlich zwischen 1,4 bis 1,7 Milliarden Dollar aus dem Ausland, um überhaupt zahlungsfähig zu bleiben. Somit sind die USA das mit Abstand kapitalhungrigste Land der Welt, und dies mit einer tiefroten Leistungsbilanz.[980]

Um dem entgegenzuwirken, hat Präsident BUSH nun sein Steuersenkungspaket in Höhe von 600 Milliarden Dollar verkündet. Aber im Gegensatz zu seiner Administration kritisierten viele Wirtschaftsfachleute in den USA diese Maßnahme, sie würde vornehmlich den Reichen im Land zugute kommen. Das stimmt, denn die umfangreiche Steuerkürzung (mit rund 300 Milliarden Dollar im kommenden Jahrzehnt) plant die Abschaffung der Abgaben auf Dividenden und wird somit der Wallstreet zugute kommen. Vom Wegfall der Dividendensteuer würden dann vor allem US-Bürger mit einem Einkommen über 350 000 Dollar profitieren, die gerade einmal ein Prozent der Bevölkerung ausmachen. Auf diese entfällt auch rund die Hälfte der Entlastungen. »Nur ein Zehntel des Geldes käme den 80 Prozent US-Haushalten mit Einkommen unter 75 000 Dollar zugute.« David ROSENBERG

*In seinem neuen Buch* (Mission Irak. *Droemer, München 2004) schildert der ehemalige Chef der UN-Inspekteure Hans* Blix, *wie die USA von vornherein auf Krieg setzten. Sie hielten die Waffenkontrollen für eine Falle. Rechts: irakische Drohne, die keineswegs als Massenvernichtungswaffe angesehen werden kann.*

*Seit der Absage an das irakische Abenteuer steht die Achse Paris–Berlin–Moskau, und sie steht erfreulicherweise noch nach Schröders auf-klärendem Tête-à-Tête mit Bush Ende September 2003. Der 3. Golfkrieg wird vorher nicht für möglich gehaltene Auswirkungen auf die internationale Beziehungen haben – eine politische Katastrophe für die einzige Weltmacht.*

*Auch bei der Neuauflage des Golfkrieges erfolgte der Aufmarsch der US-Truppen von Kuwait aus.*

*Der 3. Golfkrieg war für die USA ein willkommener Anlaß, der ganzen Welt – insbesondere Europa – ihre Militärstärke zu demonstrieren. Oben: Apache-Hubschrauber mit verheerenden Folgen; unten: Tarnkappen-Bomber. Gerade die Zeit nach dem Irak-Krieg hat aber auch die Grenzen der Militärmacht USA aufgezeigt. Mit Gewalt und modernster Waffentechnik allein ist selbst gegen ein schlecht gerüstetes Volk nicht alles zu erreichen. Das ist eine der Hauptlehren des vorerst letzten US-Krieges.*

*US-Marines im Kampfeinsatz in Sassirija (24. 3. 2003), wo sie in einen Hinterhalt gerieten und auf heftigsten Widerstand stießen. Der in Aussicht gestellte problemlose Blitzkrieg à la Wehrmacht stellte sich vorerst als große Illusion dar.*

von der Firma Merrill Lynch äußerte sogar die Auffassung, daß das Wirtschaftswachstum durch die Maßnahme lediglich »um ein oder zwei Zehntelpunkte steigen« werde.[981] Mit anderen Worten: Es handelt es sich eher um einen Tropfen auf den heißen Stein; eine Maßnahme, die fast ohne jede Wirkung auf die US-Wirtschaft bleiben wird. Daher sprach die demokratische Opposition nicht zu Unrecht von einer Steuersenkung für die Reichen.

Schon lange vor dem krassen Absturz der Börse in New York fragten sich Wirtschaftsleute, ob es ein ›soft landing‹ oder ein ›hard landing‹ (ein sanftes oder ein hartes Absacken der Börse) für die US-Wirtschaft geben werde. Selbst Alan Greenspan vom Zentralbanksystem der USA hat öfter angedeutet, daß ein ›hard landing‹ wahrscheinlicher sei. Ein Ausweg aus diesem globalen Wirtschaftsdesaster wäre eine Art (Welt-)Krieg sozusagen - die Flucht nach vorne. Der alte zynische Börsenspruch bleibt daher leider aktuell: »Wo Blut vergossen wird, sprudelt das Geld.«

Äußerst wichtig für die Weltpolitik ist die Tatsache, daß die US-Machtelite längst gemerkt hat, daß die USA finanziell schon seit Jahren bankrott sind und sich ihre Wirtschaft nur noch durch das Geld anderer Nationen und Anleger auf künstliche und prekäre Weise aufrechterhalten läßt.

Nachdem diese winzige Elite aus den USA infolge der von ihr inszenierten Balkankriege der neunziger Jahre den Balkan bereits unter sich aufgeteilt hat, will sie nun weitere Rohstoffe sowie geostrategische Schlüsselgebiete kontrollieren. Mit diesem strategisch und ökonomisch unerläßlichen Riesenareal könnte sie nicht nur die unangefochtene Weltmacht schlechthin werden, sondern sie würde auch die Hegemonie über die Welt erlangen. Dazu benötigt sie ein Areal, das im großen ganzen als ›strategisches Dreieck‹ bezeichnet werden kann: im Süden der Mittlere Osten, im Norden der Balkan sowie der gigantische Kaukasus. Prof. Hirsch schrieb in diesem Zusammenhang: »Es geht nicht nur um Öl. . ., sondern um sehr viel weiterreichende geostrategische und wirtschaftliche Interessen. Die globale Konfliktlinie des beginnenden 21. Jahrhunderts verläuft zwischen den USA und China, in gewissem Umfang auch Rußland, und in diesem Spiel kommt dem Mittleren Osten und Zentralasien eine besondere Bedeutung zu. . . Es geht darum, wer diese Region militärisch und wirtschaftlich kontrolliert. Dabei spielt. . . der Iran. . . eine wichtige Rolle. Ein Angriff auf den Irak würde sich auch und erneut gegen ihn richten.«[982]

Da die USA dank der Wallstreet immer noch die stärkste Wirtschaftsmacht der Welt sind, an der sich die Börsen in aller Welt orientieren, und zweifellos die effizienteste und mächtigste Militärmaschine der Welt besitzen, würde die US-Machtelite vorerst die Weltpolitik dominieren, da ein ernsthafter Rivale zu dieser Hegemonialmacht nicht in Sicht ist.

Bush jr. war schon in den Wahlkampf mit dem Versprechen der Rüstungsindustrie gegenüber eingetreten, das über 100 Milliarden Dollar teure

Raketenabwehrsystem zu installieren. Aber das war erst der Anfang seiner Hörigkeit gegenüber dem militärisch-industriellen Komplex (M.I.K.). Am 26. Oktober 2001 entschied nämlich seine Administration »über den bislang größten Rüstungsauftrag in der Geschichte der USA. 200 Milliarden [Dollar] sollten an eine der beiden Rüstungsschmieden Boeing oder Lockheed Martin vergeben werden«.[983] Hierbei handelt es sich mit dem Joint Strike Fighter F-35 um eine Generationsablösung in Sachen Hauptkampfflugzeug für die USA und ihre Verbündeten. Dieser neue Jet soll einen Stückpreis von rund 30 Millionen Dollar haben. Die USA und Großbritannien wollen 3000 dieser ›Super-Kampfflugzeuge‹ erwerben; eine gigantische Anzahl. Als weiterer Bonus für die Herstellerfirma entpuppt sich die Tatsache, daß alle Regierungen, die seinerzeit den Kampfjet F-16 von den USA gekauft haben, sich erneut in die Abhängigkeit von den USA begeben haben, da die F-35 das Nachfolgemodell für die veraltete F-16 darstellt. Lockheed Martin ist auch ohne diese Nachrüstung der Alliierten mit diesem Auftrag der größte Luftfahrt-Rüstungskonzern der Welt und rechnet für das laufende Jahr mit einem Umsatz von bis zu 24,4 Milliarden Dollar; davon sind mehr als 15 Milliarden Dollar Aufträge des Pentagon, also Rüstungsgüter.[984]

Laut der Fachzeitschrift *Airforce* ist die F-35 eine Art Tarnkappen-Flieger, also eine für gegnerisches Radar nahezu unsichtbare Maschine.[985] Diese Fachzeitschrift beschrieb ihn folgendermaßen: »Am Ende dieses Entwicklungsprogrammes wird die USAF einen Luftüberlegenheitsjäger mit phänomenalen Leistungen in ihrem Inventar vorweisen können, der bis weit ins 21. Jahrhundert seinen Dienst verrichten wird.«[986]

Überhaupt hat die Bush-Administration infolge des 11. September völlig freie Hand in Sachen Rüstung bekommen. War es für Bush zuvor kaum möglich, den Verteidigungsetat zu erhöhen, weil der Kongreß hier einfach nicht mitmachen wollte, so sind seit dem 11. September ganz neue kühne Pläne entstanden. Gedacht wird an einen Bomber, der binnen 30 Minuten an jedem Ort der Erde seine Waffen zum Einsatz bringen kann, an ein Transportflugzeug, das in 3 bis 4 Tagen das 17fache der Last des momentan größten Transportfliegers, der C-17, über 5000 Meilen transportieren wird; ebenso an ganze Armadas von unbemannten Aufklärungs- und Kampfdrohnen, an superschnelle militärische Großraumfrachtschiffe, an Luftbetankungsflugzeuge ungeahnter Leistungsfähigkeit, an konventionelle Langstreckenwaffen auf U-Booten, an Präzisionsgeschosse und neue computergestützte Kapazitäten der Kriegführung.[987] Dabei muß wohl kaum erwähnt werden, daß all dies ein enormer Segen für die Rüstungsindustrie ist.

Die Rüstungsindustrie der USA ist jedoch nicht der alleinige Grund für den erneuten Krieg am Golf. In der *New York Times* vom 28. Februar 2003 war diesbezüglich eine interessante Anzeige zu lesen. Dort schrieb Dr. med.

Matthias Rath in einem offenen Brief an George Bush: »Der Lipobay-Skandal war nur der Anfang eines ›Domino-Effektes‹. Innerhalb weniger Wochen sahen sich die meisten multinationalen Pharma-Konzerne Patientenklagen wegen schwerwiegender Nebenwirkungen anderer Pharmapräparate gegenüber... Kurz zusammengefaßt sah sich die Pharma-Industie demselben düsteren Schicksal gegenüber wie die Zigaretten-Industrie, die von ganzen Bundesländern und Staaten auf Entschädigungen in Milliardenhöhe verklagt wurde. Im August 2001 schien das Ende der Pharma-Industrie näher zu sein als je zuvor. All dies änderte sich mit einem einzigen Tag - dem 11. September 2001. Mit diesem Tag wurde das weltweite Medieninteresse von der Existenzkrise der Pharma-Industrie abgelenkt. Seitdem ist es das Ziel der Bush-Administration, das Überleben der Pharma-Industrie zu sichern... Der Krieg gegen den Irak wird nicht in erster Linie zur Bekämpfung des ›Terrorismus‹ oder zur Eroberung von Ölfeldern geführt. Er ist Teil einer langfristigen Strategie pharmazeutischer/petrochemischer Investment-Gruppen, um einen psychologischen Zustand der Angst zu erzeugen, als Voraussetzung, um ihre globale Kontrolle aufrechtzuerhalten. Langfristige internationale Konflikte, Krieg - der Einsatz von Massenvernichtungswaffen - können dazu benutzt werden, diese Ziele zu erreichen und jegliche Opposition auszuschalten. Dieser Krieg ist kein Zeichen von Stärke - sondern von Verzweiflung!«[988]

War der zweite Golfkrieg 1991 der Schlüssel für die US-Machtelite, um jegliche Rivalen aus dem Rennen um die Hegemonie zu werfen, so stellte der geplante neue Golfkrieg die vorerst letzte Stufe für die USA dar, um endgültig die Welt zu beherrschen, wie dies noch keine Macht dieser Erde tat. Im zweiten Golfkrieg 1991 schalteten die USA ihren Hauptrivalen, die Sowjetunion, aus, die es immerhin geschafft hatte, die hegemonialen Bestrebungen der USA fast ein halbes Jahrhundert lang in Schach zu halten. Mit diesem realpolitischen Zug beendete die US-Elite die Bipolarität schlagartig, die immerhin für stabile internationale Beziehungen gesorgt hatte. So wie damals, strebte die nach Macht lüsternde US-Führung nun einen weiteren Golfkrieg an, um den letzten realen Widersacher im Mittleren Osten, den Irak, zu zerschlagen, da dieser es auch nach einer verheerenden Niederlage wagte, der ›Pax Americana‹ die Stirn zu bieten. Mit der geplanten Eroberung oder besser gesagt: Mit der Unterwerfung des Irak ist die US-Machtelite sogar in der Lage, den drastischen Absturz der US-Wirtschaft aufzuhalten und so zunehmender Unzufriedenheit im eigenen Land entgegenzuwirken.

Was die Öffentlichkeit kaum weiß, ist, daß der Irak - so James Ridgeway von der *Village Voice* - 9 Prozent der Ölversorgung der USA deckt, und dies bei allem Gerede über die Sanktionen. »Bis zu diesem Frühjahr [2002] haben wir die Hälfte aller irakischen Ölexporte aufgekauft«, schrieb Ridge-

WAY folgerichtig.[989] Damit französische und russische Diplomaten im UN-Sicherheitsrat nicht gegen die USA stimmen, versprach Amerika den jeweiligen Ländern, im freien Irak nach SADDAM ihre Interessen zu schützen. So versicherte BUSH Präsident PUTIN mehrmals, daß Moskau für sein Irak-Darlehen in Höhe von 12 Milliarden Dollar sowie für die Beförderung irakischen Öls einen Ausgleich in Höhe von 4 Milliarden Dollar bekommen werde. Ebenfalls wurde den Franzosen versichert, daß sie ihre Ölkonzessionen im Irak nicht verlieren würden.

Damit Washington auch im Falle eines Krieges an das irakische Öl kommt, hat Ahmed CHALABIE, der für SADDAM HUSSEINS Ablösung als Favorit galt, versprochen, daß drei US-Ölkonzerne den ›Löwenanteil‹ an den riesigen Ölreserven des Irak bekommen würden. Es gibt deutliche Anzeichen dafür, daß die US-Strategie mit ihrem Krieg die Zerstörung des Ölkartells OPEC beabsichtigt, da dieses in den Augen der USA eine zu starke Unabhängigkeit und Koordination entwickle. Die Fähigkeit der OPEC, inzwischen eine gewisse Kontrolle über Produktion und Preise auszuüben, scheint Washington überhaupt nicht zu gefallen. In dieser Hinsicht beunruhigt offensichtlich eine weitere Entwicklung die USA: Saudi-Arabien als größter Ölproduzent der Welt und der Iran entwickeln zur Zeit eine balancierte Ölpolitik. Die USA wissen, daß diese beiden Ölgiganten mit einer koordinierten Ölpolitik äußerst einflußreich sein können. »Sie könnten Verwüstung anrichten, wenn sie dies wollten. Noch wichtiger ist aber eines: Sie wissen, daß Amerika eine verwerfliche Kampagne betreibt, um den ganzen Mittleren Osten zu dominieren. Falls Washington mit seiner Politik gegen den Irak Erfolg hat, dann finden sich Iran, Syrien oder Saudi-Arabien wieder im Visier der USA.«[990]

Und nun fing Israel auf einmal an, davon zu reden, daß der Iran eine noch »größere Bedrohung« darstelle als der Irak. Mittlerweile hat Ariel COHEN von der rechtsextremen ›Heritage Foundation‹, die aufs engste mit der BUSH-Administration verbunden ist, bereits Pläne zur Beherrschung der irakischen Ölindustrie vorgelegt, in denen US-Ölfirmen als die eigentlichen Nutznießer vorgesehen sind. Im auffallenden Widerspruch zu BUSHS (verlogenen?) Versprechungen schreibt COHEN, daß die US-Regierung aufpassen müsse, da Frankreich, Rußland und China ihre Ölverträge in einem US-dominierten Irak nicht einlösen könnten. Interessant ist auch die Tatsache, daß BUSH, CHENEY, RUMSFELD und WOLFOWITZ persönlich vom neuen Irakkrieg profitierten, da Firmen, bei denen sie entweder im Vorstand sitzen oder (Haupt-) Aktionäre sind, bereits umfangreiche Verträge mit US-Rüstungs- und Ölfirmen getätigt haben.[991] Man beginnt also zu begreifen, warum diese Personen so erpicht auf einen Irakkrieg waren und offenbar jedes Risiko auf sich nehmen wollten, um losschlagen zu können.

Würde Saudi-Arabien wirklich eine von den USA unabhängige Außenpolitik betreiben (höchstwahrscheinlich wegen eines Regierungswechsels), wäre dies ein herber Rückschlag für die gesamte US-Außenpolitik; da Saudi-Arabien nicht nur ein wichtiger Ölproduzent für Amerika ist, sondern auch weil Riad zusammen mit Japan zu den Hauptinvestoren in den USA zählt. Die saudischen Investitionen in den USA wurden auf bis zu 700 Milliarden Dollar geschätzt. Aus Sorge vor einem Einfrieren dieser riesigen Summe (wegen des 11. 9.) haben saudische Bürger längst begonnen, ihr Geld aus den USA abzuziehen. Ferner haben die USA Basen für über 200 Milliarden Dollar in Saudi-Arabien gebaut, um von dort aus AWACS-Flugzeuge zur Kontrolle der gesamten Region einzusetzen. Die US-Wirtschaft hat aber beides bitter nötig: das Öl und die Investitionen. Die USA sind auf diese Gelder angewiesen - nicht zuletzt, um die Zinsen für die Staatsschulden zu zahlen. Daher wäre ein Ausfall Saudi-Arabiens für die USA noch folgenschwerer als der Wegfall des Iran und würde das Land in eine neue Rezession stürzen. Daher setzte die US-Machtelite ganz auf einen schnellen Krieg im Irak, der die Öl- und finanziellen Probleme vorläufig lösen würde.

Nur mit einem Endsieg im Irak kann die US-Regierung ihre wichtigsten Wirtschaftskonkurrenten - die Europäische Union, angeführt von Deutschland und Japan, die beide nach den USA die größten Volkswirtschaften der Welt besitzen - mit der Ölwaffe enorm unter Druck setzen. Das BIP hängt zu etwa einem Drittel vom Energierohstoff Erdöl ab. Deutschland deckt 97% seines Ölbedarfs mit Importen, während Japan kein Öl besitzt und daher zu 100% auf Importe angewiesen ist.[992] Somit sind diese beiden Volkswirtschaften vom Erdölimport völlig abhängig. Die Ölmultis sind mit Ausnahme von Shell und BP allesamt US-amerikanische Konzerne, die den Welthandel dieses wertvollen Stoffs kontrollieren. Schon aus diesem Grund ist es angebracht, von einem verdeckten Wirtschaftskrieg der anglo-amerikanischen Machtelite gegenüber der Europäischen Union im allgemeinen und gegen die Bundesrepublik Deutschland und Japan im besonderen zu sprechen, vor allem, seitdem Bundeskanzler Schröder mutig und völlig zu Recht angekündigt hat, daß Deutschland sich militärisch und finanziell an einem Krieg gegen den Irak nicht beteiligen werde.

Der tatsächliche Hergang des Irakkrieges 2003 offenbart auch, wie sehr Washington auf das irakische Öl versessen war. Anstatt gegen die bedrohliche Anarchie (massive Plünderungen und Brandschatzungen in den irakischen Städten) anzukämpfen, besagte eine der ersten Meldungen nach der Einnahme Bagdads, daß US-Truppen die Ölraffinerien des Landes gesichert hätten. Die Prioritäten der US-Regierung zeigen allzu deutlich, daß nicht Demokratie, Freiheit und die Verbesserung des irakischen Lebensstandards, sondern vielmehr wirtschaftliche Interessen die wirkliche Motivation für Washington waren.

## Der Ölkrieg 2003

»›Hören wir auf, der Welt Blödsinn zu erzählen‹, schreibt der Pulitzerpreisträger und *New York Times*-Kolumnist Thomas FRIEDMAN. ›Ja, es geht ums Öl – das Verhalten von BUSHS Team ist anders nicht zu erklären.‹«[993] Dies wurde längst bestätigt. Die private Organisation ›Judicial Watch‹ in Washington veröffentlichte am 18. Juli 2003 einige aufschlußreiche Dokumente, die bestätigten, daß eine Arbeitsgruppe des US-Vizepräsidenten Richard CHENEY zwei Jahre lang detaillierte Informationen über die irakische Ölindustrie vor dem Golfkrieg sammelte. Der Vorsitzende von ›Judicial Watch‹ erklärte: »›Kriegsgegner werden in den Dokumenten Beweise dafür sehen, daß Präsident George W. BUSH bei den Kriegsvorbereitungen Öl im Sinn hatte.‹ In den Papieren vom März 2001 fanden sich eine Karte mit Ölfeldern, Raffinerien und Pipelines, eine Liste mit den Namen ausländischer Firmen, die Ölverträge mit SADDAM HUSSEIN abschließen wollten, und ein Dossier über die Ölfelder und Entwicklungsprojekte in Saudi-Arabien und den Vereinigten Arabischen Emiraten.« Zeitlich gut abgestimmt legte die CHENEY-Arbeitsgruppe im April 2001 dann ihren ›Bericht‹ über die Energiebedürfnisse der USA und Empfehlungen zu einer künftigen Energiepolitik vor.[994]

Die moderne Geschichte zeigt eindeutig, daß Erdöl immer wieder kriegsentscheidend war. Schon im Ersten Weltkrieg entschied der Faktor Öl über Sieg oder Niederlage. Im Oktober 1918 waren die Ölreserven der deutschen Armee erschöpft. Industrie, Luftwaffe und mechanisierte Truppen hatten für nur noch für zwei Monate ausreichend Treibstoff. Dies machte die deutsche Kapitulation am 11. November 1918 unvermeidlich. Auf der Interalliierten Konferenz konnte Lord CURZON daher erklären: »Der Sieg der Alliierten schwamm auf einer Welle von Öl.« Als die Franzosen im Dezember 1917 nur noch Öl für drei Tage besaßen, wurden sie von den USA gerettet: sie sprangen ein und lieferten bis zu vier Fünftel des benötigten Öls. Folgerichtig meinte der französische Industrielle Henri BÉRENGER, der im Krieg ›Öl-Kommissar‹ war: »Öl war das Lebensblut für den Sieg.«[995] »›Derjenige, der das Erdöl besitzt, wird die Welt besitzen, denn er wird das Meer duch die Schweröle beherrschen, die Luft durch die feinstraffinierten Öle und das Land durch Benzin und die Leuchtöle. Außerdem wird er seine Mitmenschen wirtschaftlich beherrschen auf Grund des phantastischen Reichtums, den er vom Erdöl herleiten wird.‹«[996]

Der Ölfachmann YERGIN schrieb in seinem Buch *Der Preis* über Öl: »Öl hat das ganze zwanzigste Jahrhundert hindurch Macht bedeutet.« Öl wurde in diesem Werk als Schlüssel zur Sicherheit, Wohlstand und zu all dem, was die Zivilisation ausmacht beschrieben. »Solange keine alternative Energiequelle gefunden ist, wird das Öl weiterhin tiefgreifende Auswirkungen auf die Weltwirtschaft haben; größere Preisbewegungen können das Wirtschaftswachstum anheizen oder, im Gegenteil, eine Inflation herbeiführen und Rezessionen auslösen.« Über den Zweiten Weltkrieg schrieb er: »Das Erdöl war entscheidend für den Verlauf und das Ergebnis des Zweiten Weltkrieges im Fernen Osten und Europa.«[997]

Aus diesen Gründen haben die USA Erdöl stets als lebenswichtig betrachtet. Nationale Sicherheit war zugleich auch Ölpolitik, da völlig klar war, daß Amerikas Energieverbrauch nur über die Sicherung der ausländischen Ölquellen als gesichert gelten konnte. Die Bush-Präsidenten wußten dies um so mehr, als sie selber aus der Ölbranche kommen. Wie schon erwähnt, sind die USA selber längst vom ausländischen Öl abhängig geworden. Knapp über 60 Prozent des täglichen Ölverbrauchs werden importiert[998] - wobei die USA rund 40 Prozent der Weltölproduktion verbrauchen.[999] Diese Abhängigkeit wird sich in naher Zukunft erheblich steigern. Expertenberechnungen gehen bis zum Jahre 2020 von einer annähernden Verdreifachung aus. Konkret bedeutet dies, daß sich der tägliche importierte Ölverbrauch von heutigen 9,1 Millionen Barrel in 16 Jahren auf 26 Millionen im Jahre 2020 erhöhen wird und daß die USA dann nur noch 35 Prozent ihres Bedarfs aus eigener Produktion werden decken können, im Gegensatz zu 44% heute.[1000]

Auch die Stromversorgung hängt größtenteils vom Öl ab. Im Jahre 2002 hatten die USA mit 12 524 Kilowattstunden den höchsten Stromverbrauch der Welt pro Kopf. Er war damit zweimal so hoch wie der deutsche und übertraf den nächsthöchsten Verbraucher Japan um fast 5000 Kilowattstunden.[1001] Erdöl ist der bedeutendste strategische Einzelfaktor, der die USA zu einer Intervention im Mittleren Osten motiviert. Dies leuchtet um so mehr ein, als die USA lediglich über 2 Prozent der bekannten Welterdölreserven verfügen, aber 25 Prozent der jährlichen Weltproduktion verbrauchen. Ferner motivierte die Tatsache, daß der Irak über 220 Milliarden Barrel an »wahrscheinlichen und möglichen« Reserven verfügt, Washington ungeheuer: Damit würde die geschätzte Gesamtmenge ausreichen, die Öleinfuhren der USA auf ihrem heutigen Niveau für die nächsten 98 Jahre zu decken.[1002] Daß diese Politik in Washington längst keine Spekulation mehr ist, bewies nicht zuletzt das angesehene *Wall Street Journal* vom 9. Oktober in seiner Überschrift: »Here's a Middle East Monopoly to Bust« (Laßt uns ein Monopol im Nahen Osten knacken!). Dabei geht es um das ganz große Geld. Da der Preis für Rohöl derzeit bei 25 Dollar pro Barrel liegt und rund 120 Milliarden Barrel im irakischen Boden vorhanden sind, beträgt dessen Wert unfaßbare 3 Billionen Dollar. »Selbst bei Förderkosten von 3 Dollar pro Faß (die Kosten liegen zwischen 1 bis 3 Dollar) würden den neuen Eigentümern der Ölquellen damit 2,6 Billionen Dollar zustehen. Das ist schon, für sich genommen, ein lohnendes Kriegsziel.«[1003]

»Es winkt aber mehr. Sind erst einmal im Irak Erdölförderung und -export privatisiert worden, kommen Saudi-Arabien, Kuwait und die übrigen Golfstaaten dran. Deren Enteignung kann dann ohne Krieg gelingen. Denn mit der Kontrolle der irakischen Ölfelder durch die Multis verliert das Ölexportkartell OPEC jegliche Preissetzungsmacht. . . Sogar das reiche Königshaus der Saudis könnte eine derartige Schrumpfung seiner finanziellen Ressourcen nicht lange durchhalten. Es wäre - ebenso wie die anderen Öl exportierenden Staaten - gezwungen, die Ölquellen zu privatisieren, sprich den ausländischen Ölkonzernen zu verkaufen. Es wäre enteignet. Ist das geschehen, könnte der Ölpreis wieder steigen, damit sich die von Exxon, Shell, BP und Texaco getätigten Investitionen lohnen.«[1004]

Wer dies als unrealistisch betrachtet, der möge sich an die Worte des früheren CIA-Chefs WOOLSEY bezüglich Saudi-Arabiens und des Irak erinnern. Der Tenor war eindeutig: ». . . wir fangen jetzt erst mit dem Irak an. . . Saudi-Arabien besitzt als ›swing producer‹ zuviel Einfluß auf den Ölpreis«. Das waren eindeutige Worte eines Insiders der US-Politik, der damit die gesamte Ölpolitik der USA im Mittleren Osten beschrieb. Was dies bedeutet, dürfte eindeutig sein: Haben die USA erst einmal das irakische Erdöl unter ihre Kontrolle gebracht, zusätzlich zum benachbarten saudischen und kuwaitischen Öl, das durch politische Abhängigkeit ebenso von den USA kontrolliert wird, so kann Amerika über einen Ölboykott seinen Erzfeind der Region, den Iran, schwer schädigen, ohne einen unpopulären Krieg führen zu müssen.[1005]

Der Irak steht längst unter US-Kontrolle; die »Executive Order 13303« enteignete das irakische Erdöl und übergab es US-Firmen. Die Macht, die von diesem strategischen Schachzug der USA ausgeht, ist keinesfalls zu unterschätzen. Betrachtet man nämlich alle Staaten, die von US-kontrolliertem Öl abhängig sind, so leben in ihnen 60 Prozent der Weltbevölkerung. Demnach übt die Ölpolitik der USA einen entscheidenden Einfluß auf diese Staaten und deren Gesellschaften aus.[1006]

Die von den USA vorgesehene beträchtliche Steigerung des Ölbedarfs kann aber nur durch eine hegemoniale Politik gesichert werden. Die US-Außenpolitik machte schon in den dreißiger Jahren mit Saudi-Arabien Geschäfte, die in den fünfziger Jahren durch ein Abkommen zwischen beiden Staaten besiegelt wurden. Laut diesem Abkommen würden die USA Saudi-Arabiens Sicherheit gewährleisten, sofern die Saudis ihr Öl zur Verfügung stellen. Dadurch entstand ein beiderseitiges Abhängigkeitsverhältnis. Seit den fünfziger Jahren wurde Saudi-Arabien zu einer unentbehrlichen Stütze der US-Ölversorgung, dies um so mehr, als der Iran 1979 zum ideologischen Gegner der USA in der Region wurde.

Cordell HULL, US-Außenminister unter ROOSEVELT, sagte schon 1943 über das saudische Öl: »Das Öl Saudi-Arabiens gilt als einer der größten Gewinne der Welt.« Der US-Ölmann Everette Lee DeGolyer bestätigte dies mit den Worten: »Das Öl in dieser Region ist die größte Belohnung in der gesamten Geschichte.« Und ein US-Regierungsbeamter schloß sich dem mit dem Kommentar an, als er das Öl der Region mit den Worten beschrieb: ». . . wahrscheinlich die lukrativste ökonomische Belohnung im Gebiet der ausländischen Investitionen«.[1007] Daher war es nicht überraschend, daß die US-Führung die Übernahme dieser Ölquellen im Mittleren Osten forderte. Henry Ickes, der eigentliche Ölminister der USA im Zweiten Weltkrieg, forderte dies genauso wie der Republikaner Henry Cabot Lodge 1943.[1008]

Wie schon erwähnt, hatten die Monopolherren der Ölindustrie in den USA stets ein gewisses Interesse an einem Ölpreis, der nicht zu niedrig war, damit ihre Profitmargen nie zu dünn werden. So kann es nicht überraschen, wenn Burchard Brentjes über den ersten Golfkrieg und Saddam Hussein feststellt: »Er war zu diesem Überfall von der internationalen Bankenoligarchie unter Führung amerikanischer Monopole ausdrücklich ermutigt worden.«[1009]

Wie zuvor erwähnt, waren die Ölkonzerne darüber besorgt, daß die neue Fördertechnik Ende der siebziger Jahre eine Ölschwemme verursachte und man daher mit einer Überproduktion an Öl zu kämpfen hatte, was natürlich den Ölpreis stark fallen ließ. Um diesem Profitproblem entgegenzuwirken, schien ein Krieg zwischen zwei der größten Ölproduzenten der Region, dem Irak und dem Iran, die nahezu ideale Lösung zu bieten – vor allem deshalb, weil ein Krieg zwischen beiden Nationen den Ölpreis auf Grund der Sorge an den Börsen in die Höhe treiben müßte. Ferner würden beide Staaten bei einem längeren Krieg Waffen vom Westen kaufen müssen – ein einträgliches Geschäft.

Als die OPEC im Juni 1980 in Algier zusammentraf, trat Saudi-Arabien als Hauptproduzent für eine Stabilisierung der Preise ein, die bei 32 Dollar lagen.[1010] Die monopolisierenden Ölkonzerne sahen in diesem OPEC-Treffen die Gefahr, daß die Preise diese Grenzmarke für längere Zeit nicht übersteigen und daher ihre Profite zu sehr einschränken würden. Als die OPEC zu einer erneuten Konferenz am 22. September 1980 einlud, wurde das Treffen durch den geplanten Angriff der Iraker auf den Iran bewußt sabotiert und kam nicht zustande. Wie zu erwarten, stiegen die Ölpreise daraufhin ziemlich rapide an, da der Weltölmarkt wegen allgemeiner Ungewißheit besorgt war und weil befürchtet wurde, daß mit dem Irak und dem Iran zwei wichtige Ölproduzenten möglicherweise für längere Zeit größtenteils ausfallen würden.

Für die Ölmonopole verlief jedoch nicht alles nach Plan: Der Irak und der Iran begannen, größere Ölmengen auf den Markt zu werfen, um ihren langen Krieg gegeneinander zu finanzieren.[1011] Dies und Saudi-Arabiens ›offenes Preissystem‹ führten dazu, daß der Ölpreis im November 1985 einen bedenklichen Tiefstand erreichte. In Texas erreichte das Öl einen Preis von

10 Dollar, während das Golföl sogar nur 6 Dollar pro Barrel kostete. Öl aus der Nordsee wurde für nur noch 10 Dollar angeboten gegenüber 20 Dollar zuvor. Die Ölwelt redete vom ›dritten Ölschock‹.

In dieser Situation zeigte sich, wie sehr die US-Regierung mit der Ölindustrie verbunden war und ist. Obwohl US-Präsident REAGAN alle Preiskontrollen aufhob, arbeitete der Ölmann und damalige Vize-Präsident George BUSH konsequent gegen ihn. 1986 flog er nach Saudi-Arabien und erzählte dort seinen Gesprächspartnern, daß die USA bei einem zu starken Preisverfall die Importzölle auf Öl erhöhen würden, um die eigene Ölindustrie zu schützen. Diese Reise sollte schwerwiegende Folgen für den weltweiten Ölmarkt haben. Als erstes wurde der saudische Ölminister YAMANI entlassen, der bis dahin die Ölpolitik Saudi-Arabiens 24 Jahre lang wesentlich mitbestimmt hatte. Im Dezember 1986 legte dann die OPEC den Ölpreis auf 18 Dollar je Barrel fest. Dem Irak und dem Iran überließ man es jedoch, den Preis selbst zu bestimmen.[1012] Damit wurde der Ölpreis um immerhin das Dreifache erhöht.

Nachdem es zum Golfkrieg 1991 gekommen war, hielten die US- und die britische Regierung den Ölpreis dadurch auf einem ziemlich hohen Niveau, indem sie das irakische Öl einfach mit den Sanktionen vom internationalen Markt hielten. Diese Strategie war sehr einträglich, vor allem für US-Ölfirmen, die damit billig an irakisches Öl kamen.[1013] Außerdem erwies sich dies auch für die restlichen OPEC-Mitglieder und sonstigen Ölproduzenten als vorteilhaft, da sie nun nicht mehr mit irakischem Öl auf dem Weltmarkt konkurrieren mußten. Auf diese Weise hielten die Sanktionen das irakische Öl zurück, so daß die Ölpreise gemäß dem Prinzip von Angebot und Nachfrage nicht so tief fielen, wie wenn irakisches Öl auch noch auf dem Weltmarkt angeboten worden wäre.

Wie ausschlaggebend der Ölpreis war, zeigte sich wieder einmal im Jahre 1997. Damals brach erneut ein weltweiter Konflikt im Ölgeschäft aus, da der Ölpreis um ein Fünftel gefallen war und drohte, die britischen Ölfelder in der Nordsee, die US-Felder in Alaska, die kanadische Ölsuche im Norden sowie das als krisensicher geltende Erdöl im Kaukasus unrentabel zu machen. Am Golf lagen die Produktionskosten für ein Barrel Öl (156,9 Liter) unter einem Dollar. Das Öl wirft auch bei einem Kampfpreis von nur 5 Dollar pro Barrel immer noch einen Profit von 400 Prozent ab, während Erdöl aus der Arktis und der Nordsee sowie die noch erforderlichen Investitionen im Kaukasus einen beträchtlich höheren Preis verlangen, der Anfang März 1998 zwischen 12 und 14 Dollar lag.[1014]

Der Ölpreis fiel erneut, als das von ANNAN zustande gebrachte (vorläufige) Abkommen von Bagdad zur Verhinderung eines neuen Krieges bekannt wurde. Die OPEC erwartete deswegen einen Verlust von 18 Prozent. Hinter den Kulissen war längst ein Kampf um die irakischen Ölfelder im Gange. ›Gazprom‹ aus Rußland, chinesische Firmen, ›Elf Aquitaine‹, ›Total‹, ›Agip‹ und ›Repsol‹ aus Frankreich, Italien und Spanien hatten alle schon Vorverträge mit dem Irak abgeschlossen. Die USA benutzten die UN-Sanktionen nur, um den Zugang zum irakischen Öl zu sichern, da die Sanktionen es dem Irak verboten, bedeutende Ölmengen zu verkaufen. Brentjes stellt daher fest: »Immerhin könnte der Irak nach Wiederherstellung seiner Industrie bis 600 Millionen Barrel täglich produzieren – umgehend würde der Ölpreis abstürzen.«

Dies zeigt, wie sehr Rußland und Frankreich auf der einen Seite ein Ende der Sanktionen forderten, während die USA diese möglichst lange beibehalten wollten und mit einem neuen Krieg drohten, der die irakischen Ölfelder wahrscheinlich völlig unter US-Kontrolle stellen würde.[1015] Nach der Invasion des Irak durch die USA 2003 wurde sehr bald offenbar, welche US-Konzerne das Sagen im Irak hatten. So bekamen genau die Firmen die lukrativen Wiederaufbauverträge, die Bushs Präsidentschaftswahl seinerzeit kräftig finanziert hatten. Es waren in erster Linie ›Halliburton‹ und deren Tochterfirma ›Kellogg, Brown & Root‹. Beide gehörten zu den sechs größten Firmen, die Bush die meisten Wahlspenden zukommen ließen. ›Halliburton‹ spendete mindestens 710 000 Dollar, ›Fluor‹ ihrerseits 483 000 Dollar. Letztere Firma hat Verbindungen zum militärisch-industriellen Komplex, und ihr Präsident war vor kurzem aktiver Assistent der US-Armee, wo er den Versorgungsetat in Höhe von 35 Milliarden Dollar vertrat.[1016]

Daß die USA die sogenannte ›Ölwaffe‹ gegen ihre Verbündeten erneut einsetzen, wäre historisch gesehen nichts Neues. Schon unmittelbar nach dem Zweiten Weltkrieg nutzte Amerika die Lage Westeuropas, um über ›Wirtschaftshilfe‹ seine Vormachtstellung auf dem europäischen Kontinent zu errichten. So gesehen, zielte der vielgelobte Marshall-Plan, der ab Juni 1947 verwirklicht wurde, so nebenbei auch darauf ab, die Kohleförderung in Westeuropa auszuschalten, um Westeuropa vom US-verwalteten Öl des Mittleren Ostens abhängig zu machen. Schon 1951 kamen 80 Prozent des ›europäischen‹ Öls aus dieser Region;[1017] was Westeuropas Folgsamkeit gegenüber den USA noch verstärkte.

Während der ersten Phase des Kalten Krieges mußten die USA aber kaum auf die Ölwaffe setzen, da die vermeintliche Bedrohung des Ostblocks eine transatlantische Allianz fast automatisch herstellte. Die strategische Anwendung der ›Ölwaffe‹ erfolgte erst zu Beginn der siebziger Jahre, als die USA ihren wirtschaftlichen Abstieg gegenüber Westeuropa und Japan deutlich spürten. Um ihren bevorstehenden Abstieg als Supermacht abzuwenden, mußten sie den schwächelnden Dollar, der inzwischen sogar dem Goldstandard weichen mußte, kraft des unentbehrlichen Rohstoffs Erdöl aufwerten, damit er wieder zur Leitwährung für die restliche Welt würde: Den USA war ein erstaunlicher Coup gelungen.

Nach dem Fall der Berliner Mauer und dem Zusammenbruch der Sowjetunion 1991 setzten die USA ihre ›Ölkarte‹ im globalen Machtpoker erneut effektiv ein, indem sie den Irak militärisch und wirtschaftlich ausschalteten und folglich Westeuropa noch abhängiger von der US-›Ölwaffe‹ machten. Die Hauptkonkurrenten der USA, die von Deutschland angeführte Europäische Union und Japan in Asien, waren nach dem Kalten Krieg noch anfälliger für die ›Ölwaffe‹ der USA geworden und somit gefügiger und besser für die USA zu kontrollieren. Was die US-Machtelite im Jahre 2003 mit dem Irakkrieg ölpolitisch machte, ist eigentlich eine glatte Nachahmung ihrer Strategie der siebziger Jahre, um in einer Zeit starker Rezession im eigenen Land noch einmal mittels der ›Ölwaffe‹ das Ruder herumzureißen und damit die Abhängigkeit der Welt vom US-kontrollierten Öl im Mittleren Osten zu verstärken.

## Der Irakkrieg 2003 – Krieg oder Komplott?

Nach 12 Jahren Sanktionen, intensiven und großräumigen UN-Inspektionen sowie Spionageaktivitäten seitens der USA, nach ständigen Luftangriffen der Anglo-Amerikaner auf irakische Flugabwehrstellungen war das technologische Kräfteverhältnis zugunsten der USA noch erheblich gestiegen. Der Irak war im Jahre 2003 ein noch hilfloserer Gegner, als er schon 1991 war. Damals, kurz nach dem Krieg, hatten die USA den Irak noch in drei Teile aufgeteilt, angeblich zum Schutz der Kurden im Norden und der Schiiten im Süden. Der Staat Irak mußte rund zwei Drittel seines Territoriums an ein von Amerika kontrolliertes Protektorat abgeben und war nunmehr nicht mehr souverän. Die US-gelenkten Massenmedien taten ihr übriges, damit der Irak als geächteter Staat diffamiert wurde. Ähnlich wie Afghanistan war das Land schon seit über 12 Jahren infolge der harschen UN-Sanktionen größtenteils vom Rest der Welt abgeschnitten. Die USA standen also einem hilflos verarmten Land der Dritten Welt gegenüber, das selbst für seine Nachbarstaaten keine Bedrohung mehr darstellte. Trotz dieses eindeutig zu Gunsten der USA bestehenden Kräfteverhältnisses war es diesen bei allen Attentats- und Putschversuchen nie gelungen, das irakische Regime zu stürzen. Statt dessen gestalteten sich einige Putschversuche Mitte der neunziger Jahre als echtes Fiasko für die CIA. Zwar sah es im direkten numerischen Waffen-Vergleich für die Iraker besser aus, aber dies konnte nicht darüber hinwegtäuschen, daß fast alle irakischen Waffensysteme gegenüber den amerikanischen hoffnungslos veraltet waren.

So sah das irakische Militär mit 2600 Panzern beeindruckend aus – doch nur zahlenmäßig. Es handelte sich um veraltete sowjetische Modelle der Typen T-55, T-62 und T-72. Der modernste von ihnen, der T-72G, wurde Anfang der siebziger Jahre in der Sowjetunion gebaut [1018] und galt in fast allen Armeen der Welt längst als überaltert. Schon im 2. Golkrieg 1991 bildete der T-72G das Rückgrat der irakischen Armee. Um zu veranschaulichen, wie unterlegen der Hauptpanzer der Iraker dem US-amerikanischen, dem M1A1 ›Abrams‹, war, sei auf den 2. Golfkrieg 1991 verwiesen. Damals setzten die USA nur 78 ›Abrams‹ mit verheerenden Folgen für ihre Gegner ein; sie zerstörten zahlreiche irakische Kampfpanzer auf Kampfentfernungen bis über 3500 m, wobei ihr Sensorensystem Panzerziele auf über 5000 m wahrnehmen konnte. Ferner konnte der ›Abrams‹ damals Feindstellungen und -fahrzeuge unter den schlechtesten Sichtverhältnissen erkennen: nämlich im dichten schwarzen Rauch der brennenden Ölfelder von Kuwait. Dem T-72 weit überlegen, konnte dieser Panzer mit seinem digitalen Fahrzeuginformationssystem verschiedene Ziele simultan erfassen und damit fast gleichzeitig beschießen. Auch seine Robustheit wurde eklatant unter Beweis gestellt, als mindestens 7 M1A1 Treffer der 125 mm-Bordkanone des T-72 erhielten, ohne jedoch ernste Schäden davonzutragen. Bei einem ›Abrams‹ sollen sogar 2 Direkttreffer eines T-72 aus 500 m Entfernung einfach von dessen Panzerung abgeprallt sein. Es soll damals auch kein M1A1 völlig zerstört worden sein; 9 wurden vor allem durch eigenes Feuer unbrauchbar gemacht, während weitere 9 wegen Minenschäden aufgegeben wurden.[1119]

Als noch unterlegener erwiesen sich die Kampfjets der Iraker 1991. Die britischen Fernsehjournalisten Brown und Shukman schrieben, daß selbst die besten dieser Jets, die F-1 ›Mirage‹ und die MiG-29s, nur in den ersten 48 Stunden des Krieges offensiv eingesetzt wurden, und zwar mit katastrophalen Folgen. Gegen die hochüberlegenen US-Kampfflugzeuge hatten sie nicht den Hauch einer Chance. Entweder sie wurden schon sehr frühzeitig vom US-Radar (der F-15s oder F-16s) erfaßt und abgeschossen, oder in seltenen Fällen schossen sie sich selber ab, was auf mangelnde Flugpraxis schloß. Nach 72 Stunden stieg kein irakischer Jet mehr auf, da dies einem Selbstmord gleichgekommen wäre. Statt dessen setzten sich sogar 100 bis 120 der modernsten irakischen Jets in den Iran ab, um sich vor US-Angriffen zu schützen.[1020] Das war wohlgemerkt 1991. In der Neuauflage 2003 ließ Saddam Hussein seine Luftwaffe mit rund 300 Jets lieber gleich am Boden verstecken,[1021] da er die vernichtende Alternative aus dem letzten Krieg mit den USA nur allzugut kannte.

Die wohl strengsten Sanktionen aller Zeiten degradierten die irakische Luftwaffe und Armee zu den am schlechtesten ausgerüsteten Streitkräften der Welt. Es fehlte überall an Ersatzteilen für die Waffensysteme. Der Kommentar des früheren US-Verteidigungsministers Cohen, der Irak sei ein Land, das sich nicht einmal selbst gegen seine Nachbarstaaten verteidigen könne, traf völlig zu. Entgegen der Pentagon-Propaganda war der Irak von 1991 bis 2003 ein Land, das kaum Offensivfähigkeit besaß. Schon im 2.

Golkrieg wurde die irakische Luftwaffe größtenteils zerstört. Die meisten der rund 310 übrigen Jets waren sowjetischer Herkunft; sie wurden in den siebziger Jahren gebaut und waren daher völlig veraltet. Lediglich 20 konnten als modern gelten.[1022] Die Luftwaffe war in einem solch desolaten Zustand, daß ihre Jets gerade eben noch abheben konnten.[1023]

Die Neuauflage des Krieges 2003 brachte gleich zum Vorschein, wie unbedeutend die irakische Luftwaffe war. Die US-Streitkräfte verfügten Anfang Februar 2003 über 430 einsatzbereite Flugzeuge, größtenteils moderne Typen wie die bewährten Kampfjets F-15 und F-16. Hinzu kamen die wohl schwersten Bomber aller Zeiten vom Typ B-52 sowie die technisch am weitesten entwickelten Bomber der Welt: die B-1B und die Tarnkappenbomber F-117 und B-2. Diese Bomber konnten sich nicht nur auf völlig exklusive Weltraumkomponenten für überlegene Aufklärung und Kommunikation verlassen, sondern besaßen auch noch Präzisionsmunition (laser- oder satellitengesteuerte Bomben, Marschflugkörper usw.). Gegen eine solche High-Tech-Armada waren die Iraker mit ihren 60 fest installierten Luftabwehrbatterien vom Typ SA-2 und SA-3, die hoffnungslos antiquiert waren, und den 10 mobilen Raketenwerfern vom Typ SA-6 und SA-8, die ebenfalls veraltet waren, sowie 2000 Flugabwehrkanonen und tragbaren Boden-Luft-Raketen aus dem letzten Golfkrieg praktisch hilflos.

Zu erwähnen ist, daß die Iraker im zweiten Golfkrieg 1991 fast die Hälfte ihres Arsenals verloren; eine irakische Marine gab es seit 1991 nicht mehr. Statt dessen waren kurz vor Kriegsbeginn 2003 68 US-Kriegsschiffe mit zwei Trägergruppen sowie zwei weitere Flugzeugträger vor Ort, um den Irak anzugreifen.[1024]

Der Militärexperte Anthony CORDESMANN beschrieb gegenüber Reportern des *Guardian* die kaum vorhandenen Streitkräfte des Irak: ». . . die Waffensysteme waren ›technologisch gesehen bestensfalls auf dem Niveau Mitte der achtziger Jahre, durch Krieg abgenutzt und viele davon veraltet‹. Bagdad konnte Panzerfäuste, Kalaschnikows, ein paar hundert mobile Raketenwerfer, zweitausend Panzer ohne Ersatzteile und eine Flotte von Kampfflugzeugen bereitstellen, die kaum abheben konnten, geschweige denn den Luftkampf gegen die Amerikaner aufnehmen«.[1025] Im Vergleich zu den US-Truppen waren die irakischen schlecht ausgebildet. Die Koalitionsstreitkräfte waren statt dessen für den Krieg bestens ausgerüstet. Sie bestanden aus 120 000 US-amerikanischen, 25 000 britischen und 2000 australischen Soldaten. 920 Panzer, 750 gepanzerte Mannschaftstransporter und 300 Angriffshelikopter, die nahezu alle zu den modernsten Produkten der Militärtechnologie gehörten. Die Luftwaffen konnten auf bewährte und vor allem moderne Kampfjets, wie die F-15, F-16, F-18 bei den USA und die ›Tornados‹ und ›Harriers‹ bei den Briten, zählen. Selbst auf den Meeren befanden sich 6 große Schlachtgruppen (5 US- und 1 britische). Allein die drei in den Golf gebrachten Flugzeugträger der USA konnten auf 2100 Ziele am Tag feuern, während die Flotte Abschußrampen für 1500 Marschflugkörper besaß. RUMSFELDS Truppen waren mit Satellitentechnologie ausgestattet, die es ihnen ermöglichte, in Echtzeit miteinander zu kommunizieren, Ziele äußerst exakt anzupeilen und den Feind zu überwachen.[1026] Die Iraker hatten nichts auch nur annähernd Vergleichbares zur Verfügung und kämpften mit Taktiken und Strategien, die eine Mischung aus Guerilla und Kampfhandlungen aus dem Ersten Weltkrieg darstellten.

Es war also ein klassisches Aufeinandertreffen – Goliath gegen David. Die einzige Strategie, die der Irak anwenden konnte, war die des klassischen Guerillakriegs: den US-Truppen so viele Verluste zuzufügen und ihren Vormarsch so weit hinauszuzögern, bis die Heimatfront in den USA die ganze Sache als zu kostspielig empfinden und ähnlich wie in Vietnam lautstark ihre Truppen zurückfordern würde. Im Gegensatz zum letzten Krieg mit Amerika bestand für die Iraker diesmal ein großer Vorteil darin, daß sich ein Landkrieg für die US-Truppen nicht vermeiden ließ.

Kurz vor den Kriegshandlungen, die am 20. März 2003 begannen, fragten viele Beobachter, ob der Krieg nicht zu einer Niederlage für die US-Amerikaner werden könnte. Militärs und Zivilisten in der westlichen Welt sprachen von einem möglichen ›mesopotanischen Stalingrad‹ beim entscheidenden Kampf um Bagdad; es wurde spekuliert, ob der Krieg nicht eskalieren könne, falls SADDAM HUSSEIN biologische oder chemische Waffen gegen US-Soldaten einsetzen würde. Es lag auch auf der Hand, daß dieser Krieg mit dem vorigen aus dem Jahre 1991 nicht viel gemein haben würde, denn es ging darum, den Irak vollständig zu besiegen und zu besetzen. Mit anderen Worten: Ein Landkrieg war unausweichlich; nur mit Luftangriffen war dieser Krieg für die USA nicht zu gewinnen. SADDAM HUSSEIN versprach den USA daher einen langen, verlustreichen Krieg, ein zweites Vietnam; doch nach nur drei Kriegswochen war alles vorbei und der Irak besiegt.[1027] Um das Vietnam-Szenario zu vermeiden, setzten neokonservative Strategen um RUMSFELD auf einen Blitzkrieg, der den Einsatz äußerst moderner Waffensysteme voraussetzte.

Am 19. März 2003, einen Tag vor dem Angriffskrieg der USA gegen den Irak, sollten diese High-Tech-Komponenten erstmals zur Geltung kommen. Die CIA behauptete, SADDAM HUSSEIN in einem Haus südlich von Bagdad aufgespürt zu haben. Auch den Aufenthaltsort seiner beiden Söhne wollte die CIA kennen. Dem Oberkommandeur General FRANKS wurde daher sofort mitgeteilt: »Plötzlich gibt es eine realistische Chance für einen ›Enthauptungsschlag‹, der den Krieg beenden könnte, bevor er richtig begonnen hat.«[1028] Dieser Überraschungsangriff schlug trotz aller Präzisionswaffen fehl, anscheinend konnte der Diktator knapp entkommen.

Nun mußte der Blitzkrieg reibungslos und planmäßig über die Bühne gehen, ansonsten drohte den Neokonservativen ein Debakel, zumal das US-Militär dem Krieg allgemein skeptisch gegenüberstand. Die leidenschaftlichsten Befürworter des Krieges waren in erster Linie unter den zivilen Entscheidungsträgern zu finden. Bedenkliches wurde in einem Interview offenbart, das William Pitt mit Scott Ritter führte. Als Pitt bemerkte: »Brent Scowcroft [Sicherheitsberater von George Bush sen.] hat vor kurzem von einem Armageddon gesprochen«, erwiderte Ritter: »Zu einem solchen könnte es werden. Diese Gefahr besteht wirklich. Wir müssen zwei Faktoren in den Griff bekommen: die Zeit und die Opfer in einem solchen Krieg. Wenn wir in den Irak einmarschieren, müssen wir auch schnell siegen. Wir werden keinen Spielraum für einen langen, ausgedehnten Feldzug haben. Falls die Iraker unseren Vorstoß eine Zeitlang aufhalten können – einen Monat oder zwei, falls Saddam sich halten kann –, wird es in der arabischen Welt dermaßen krachen, wie wir es noch nicht erlebt haben. Verglichen damit, wäre der 11. September nur ein Dummejungenstreich.«[1029]

Dies zeigt eindeutig, warum es für die US-Truppen ein erbarmungsloser Wettlauf mit der Zeit war, zumal die US-Truppen den Auftrag hatten, »möglichst schnell in die irakische Hauptstadt zu kommen«, während die Briten Basra einnehmen sollten.[1030]

Auf Pitts Frage: »Wie hoch wären die unmittelbaren Verluste an Menschenleben bei einem Krieg im Irak?«, antwortete Ritter: »Im Irak wird es keine Umwälzung geben. Ich glaube nicht, daß sich das irakische Volk gegen Saddam Hussein erheben wird, aber falls doch, wird man den Aufstand brutal niederschlagen. . . Die Vereinigten Staaten werden Bagdad ›schwächen‹ müssen, ein städtisches Gebiet mit fünf Millionen Menschen. Denken Sie nur an Grosny, als die Russen gegen die Tschetschenen losgezogen sind. Dies wird noch schlimmer werden, und wir werden 30 000 bis 40 000 Zivilisten töten.«[1031]

Dem entgegnete Pitt:

»Sie haben das amerikanische Militär als die größte Tötungsmaschine der Geschichte bezeichnet.« Ritter: »Wir können wirkungsvoller töten als irgendwer sonst auf der Welt. Die Frage lautet: Was kann uns daran hindern? Wenn es um Kriegführung in Städten geht und darum, in bebauten, von Zivilisten dicht bevölkerten Gebieten bestimmte Leute aufzustöbern, sind unsere Handlungsmöglichkeiten sehr begrenzt. Das heißt, daß auch wir beträchtliche Verluste hätten. Unser Blutzoll wird in die Hunderte, wenn nicht sogar in die Tausende gehen.« Pitt: »Und im denkbar schlimmsten Fall. . .« Ritter: »Falls die ganze Sache schief läuft und 70 000 Amerikaner abgeschnitten im Irak nur mehr darauf warten können, vernichtet zu werden, werden wir die Atombombe einsetzen.«[1032]

Zum letzten Teil dieser Voraussage ist nachträglich zu sagen, daß der Einsatz einer Atombombe selbst einer radikalen neokonservativen Bush-

Administration zu heikel gewesen wäre – heftigste Proteste in aller Welt gegen die US-Politik wären nicht ausgeblieben. Entgegen den Erwartungen eines schnellen, ›sauberen‹ Blitzkriegs zeigte sich, wie heftig der irakische Widerstand gegen die Invasoren war. In den ersten zwölf Kriegstagen gelang es den Invasoren nicht, eine einzige Großstadt einzunehmen. Weder auf dem Schlachtfeld noch fernab davon gab es einen Durchbruch; weder hochrangige Militärs noch Mitglieder der Baath-Partei ergaben sich, und bei aller Propaganda fanden die Invasoren keine chemischen oder biologischen Waffen. Die Einnahme der Städte und Dörfer, in denen zwei Drittel der 24 Millionen Iraker lebten, war aber notwendig für einen Sieg der Koalitionsmächte.[1033]

Obwohl ein Widerstand der regulären irakischen Truppen kaum vorhanden war, bereiteten die Fedajin den alliierten Truppen größere Probleme und ließen manche daran zweifeln, ob dieser Krieg wirklich zu gewinnen war. Dies gab selbst Pentagon-General William Wallace zu, der die Bodenoperation im Krieg mit vorantrieb, als er sagte: »Der Feind, mit dem wir kämpfen, ist ein anderer als der, gegen den wir Kriegssimulationsspiele durchgeführt haben.«[1034] Auch der Hauptstratege des Krieges, Wolfowitz, gab zu, daß man den Widerstand unterschätzt habe, und bedauerte, daß keine bedeutenden irakischen Einheiten übergelaufen seien.[1035]

Nun zeigte sich, wie sehr sich Rumsfeld und seine Pentagon-Planer verschätzt hatten, als die Bodentruppen zwar weltrekordverdächtig 300 Meilen eiligst zurücklegten, ihre Nachschublinien jedoch immer anfälliger wurden, was durch die irakische Guerilla-Taktik eindeutig bewiesen wurde, die die ganze Offensive fast zum Scheitern brachte.

Wie nutzlos auch die größte, stärkste, effizienteste und technisch fortgeschrittenste Militärmaschine der Welt sein kann, wurde kurzzeitig vor aller Welt offenbar, als ein Sandsturm die Alliierten zum Stillstand brachte.[1036] Die Natur verhinderte tagelang jegliches Weiterkommen der letzten Supermacht der Welt; alle teuren Errungenschaften der modernsten Technik wurden mit einem einzigen Sandsturm zur Bedeutungslosigkeit verurteilt. Da das Kriegsziel der US-Regierung aber unbedingt die Eroberung Bagdads voraussetzte und der Proviant (vor allem Wasser) immer knapper wurde, wurden die Kriegstreiber immer nervöser und frustrierter. Um den Weg nach Bagdad freizubomben, wurden sogar fortgeschrittene Napalmbomben vom Typ MK77 benutzt, die völkerrechtlich geächtet sind.[1037]

Die Truppenstärke, die General Franks ursprünglich für notwendig hielt, wurde von Rumsfeld immer wieder reduziert, da der Kriegsminister wähnte, mit einem Minimum an Soldaten den Feldzug blitzkriegmäßig gewinnen zu können. Bagdad hatte in diesem Kriegsszenario etwa den gleichen Stellenwert wie ein halbes Jahrhundert zuvor Moskau für Hitlers Armeen. Doch im krassen Gegensatz zur damaligen Situation schien eine Belagerung Bagdads zu risikant für die USA zu sein, weil zu viele Bewohner der Metropole verdursten, ja vielleicht verhungern würden – man denke an die vielen unerwünschten Bilder auf den Fernsehschirmen in aller Welt. Daher beriet das Oberkommando seit dem 22. März 2003 auch, ob man Basra angreifen oder belagern sollte.[1038] Da die Proteste gegen den US-Krieg weltweit nicht verstummen wollten, wäre ein direkter Angriff auf Basra ein weiterer Schlag gegen die vom Pentagon propagierte Version eines ›humanitären‹ Krieges gewesen – zumal der arabische Sender Al Jazihra eine Art Gegenpropaganda zum Pentagon lieferte. Diese war so erfolgreich, daß die USA den Sender, wie zuvor in Afghanistan, nur mit einem Bombenangriff beseitigten, jedoch nicht mundtot machen konnten.[1039]

In dieser zunehmend bedrohlichen Lage mußte dringend eine Lösung gefunden werden, sonst drohte eine Art Patt-Situation, in der die Verluste der USA auf ein unerträgliches Maß steigen würden. Dies bestätigte auch ein hochrangiger US-Offizier gegenüber dem *Guardian*-Reporter Rory McCarthy. In einer besonders pessimistischen Analyse des Kriegsgeschehens meinte er, es sei unrealistisch zu erwarten, daß Bagdad innerhalb von Tagen fallen werde.[1040] Die US-Truppen standen zwar 80 Kilometer vor Bagdad, dies jedoch mit dem Rücken zur Wand, weil ihre Lage immer aussichtloser wurde. Nur eine schnelle, wenig verlustreiche Einnahme der 5 Millionen Einwohner zählenden Hauptstadt würde den Irakern das Ende des Saddam-Regimes signalisieren. Nun kam es aber zu einer Lösung, die offenbar im letzten Augenblick wie aus heiterem Himmel den militärischen Sieg für die USA rettete.

Als die Menschen in aller Welt einen schweren Kampf um Bagdad erwarteten, stellte sich völlig überraschend heraus, daß die Amerikaner auf kaum nennenswerten Widerstand stießen und die Stadt fast problemlos einnehmen konnten. Obwohl von allen Beteiligten eine Art Endkampf um die wichtige Metropole erwartet wurde, da Militärexperten der Ansicht waren, daß Saddam Husseins größter Vorteil sein lange angekündigter Stadtkampf war, weil dort der wichtige technologische Vorteil für die US-Truppen praktisch nicht vorhanden gewesen wäre, wurde die Stadt von den irakischen Truppen praktisch wehrlos aufgegeben.[1041]

Für dieses merkwürdige Verhalten des irakischen Diktators fand sich in der arabischen Welt schnell eine Erklärung, die aufs erste vielleicht etwas spekulativ klingt, aber trotzdem einige merkwürdige Fragen zum Werdegang des Krieges beantwortet. Arabische Zeitungen ließen nur kurz nach dem Kriegsbeginn eine brisante Nachricht verbreiten: »Es gab ein Übereinkommen zwischen Moskau, den Amerikanern und Saddam.« So berichtete auch das Magazin *Focus* kurz nach dem Krieg: »›Als die US-Truppen vor Bagdad standen, regte sich sechs Stunden lang keine Waffe. In dieser Zeit verschwand Saddam mit seiner Familie über den Iran nach Rußland.‹ Statt heldenhaften Widerstand gegen die ›Ungläubigen‹ zu leisten, habe der irakische Diktator nach dem letzten Strohhalm gegriffen – ein Angebot, das ihm der russische Nahost-Unterhändler Jewgenij PRIMAKOW bei seinen Bagdad-Besuchen kurz vor Kriegsbeginn unterbreitet haben soll.«[1042] Abwegig ist dieses Angebot keineswegs, vor allem, wenn man sich daran erinnert, daß im letzten Golfkrieg die Russen der US-Machtelite versprachen, sich nicht in einen US-Krieg gegen den Irak einzumischen. Zwei spanische Autoren erwähnten damals auch, wie die politische Führung der USA und der damaligen Sowjetunion nur darauf warteten, daß die irakische Invasion Kuwaits stattfinde. Wahrscheinlich gab es daher schon 1991 ein geheimes kurzzeitiges Abkommen zwischen den beiden Supermächten, wonach der Irak von den USA besiegt, aber nicht besetzt und SADDAM HUSSEINS Regime überleben würde. Dies würde auch das abrupte Stoppen der US-Truppen auf dem Weg nach Bagdad im März 1991 erklären, als BUSH sen. damals Oberkommandeur SCHWARTZKOPF den umstrittenen Befehl gab, die Kriegshandlungen zu beenden.

Ein ähnliches geheimes Abkommen, das einem Komplott gleichkäme, soll 2003 folgendermaßen ausgesehen haben und zwischen SADDAM HUSSEIN, den USA und Rußland ausgemacht worden sein. »Freies Geleit für SADDAMS Clan«, wenn der Staatschef auf den Einsatz von Chemiewaffen verzichtet, die Hauptstadt ohne Häuserkampf preisgibt, die wichtigsten Ölfelder nicht anzündet und das Land den Siegern überläßt.«[1043]

Genau dies geschah auch: Chemiewaffen wurden nicht eingesetzt, der Häuserkampf um Bagdad fiel aus, und die Ölfelder blieben während des Krieges weitgehend verschont. Selbst der britische Verteidigungsminister HOON war durch das Verhalten Saddam HUSSEINS verblüfft, vor allem, weil der irakische Diktator keine einzige Chemiewaffe gegen die Koalitionstruppen eingesetzt hatte. In einem Interview mit dem *Guardian* meinte er über SADDAM HUSSEIN: »›Er vergrub und versteckte jede Menge außergewöhnlicher Militärgeräte, inklusive ziemlich hochentwickelter moderner Flugzeuge.‹«[1044]

Bis heute ist keine einzige chemische oder biologische Waffe gefunden worden, vermutlich auch deshalb, weil eine solche als US-Produkt für Aufregung sorgen würde. Auch die angeblich so modernen irakischen Kampfflugzeuge hatten es nicht einmal gewagt, gegen die weitaus überlegeneren US-Kampfjets anzutreten. Hier wiederholte sich das militärische Szenario des letzten Golfkriegs, als der Irak den USA militärtechnisch haushoch unterlegen war.

Zurück zur Komplott-Theorie. Der rund tausend Menschen umfassende SADDAM-Clan soll über den Iran nach Rußland geflohen sein; die Flucht sei mit Wissen der USA organisiert worden. Die russische Beteiligung an diesem Deal stützte der umstrittene russische Politiker Wladimir SCHIRINOWSKIJ mit dessen Behauptung ab: »›Wir haben uns über alles verständigt... SADDAM HUSSEIN lebt und hält sich in einem Bunker im Irak auf‹... Rußlands Interesse sei unter anderem gewesen, nach einer glimpflichen Niederlage des Irak und einer Phase der Stabilisierung die Schulden bezahlt zu bekommen, die das SADDAM-Regime aus alten Rüstungsgeschäften mit Moskau hat.«[1045]

Auch wenn bis zu SADDAMS Gefangennahme der als rechtsextrem geltende russische Politiker SCHIRINOWSKIJ als nicht vertrauenswürdig erschien, so kann dies nicht in gleicher Weise über den erfahrenen russischen Nahost-Sondergesandten Jewgenij PRIMAKOW gesagt werden. Dieser studierte Orientalistik, war zwischen 1966 und 1970 Korrespondent der *Prawda* im Nahen Osten und 1996 bis 1998 russischer Außenminister. Er gilt nicht nur als Nahost-Experte, sondern er kennt auch SADDAM HUSSEIN seit Jahrzehnten, reiste Ende Februar 2003 nach Bagdad und war der letzte ausländische Politiker, der SADDAM HUSSEIN lebend sah. Auch PRIMAKOW ist von einem geheimen Deal zwischen den Amerikanern und der irakischen Elite überzeugt.

Auf die Frage, ob es zwischen den USA und SADDAM HUSSEIN eine Absprache gab, antwortet er: »Nicht unbedingt mit ihm selbst, aber mit seiner Umgebung. Denn es gab von einem Tag auf den anderen nicht mehr den geringsten Widerstand von irakischer Seite. Niemand hatte das erwartet.« PRIMAKOW sagte über seinen Besuch bei SADDAM HUSSEIN als letzten Vermittlungsversuch der internationalen Diplomatie: »Er war außerordentlich ruhig. Ich dachte nach unserem Gespräch, entweder glaubt er nicht daran, daß die Amerikaner angreifen, oder aber er will zum Märtyrer werden. Aber letzteres sieht ihm gar nicht ähnlich. Jetzt, im nachhinein betrachtet, frage ich mich, ob er nicht etwas von geheimen Absprachen wußte – und deshalb so ruhig war?« Als PRIMAKOW gefragt wurde, ob SADDAMS Ruhe ihm verdächtig vorkam, antwortete er: »Ja. Ich hatte eine Botschaft für ihn von Präsident Wladimir PUTIN, die besagte, daß er zurücktreten und das Parlament beauftragen solle, demokratische Wahlen einzuleiten. Ich erwartete, daß er hochgeht.« Dem pflichtete der Interviewer mit den Worten bei: »Daß er beleidigt reagiert?« PRIMAKOW hierzu: »Genau. Er klagte zwar, daß Rußland den USA nach dem Mund rede, aber dann klopfte er mir freundlich auf die Schulter und ging.«

Wie die geheime Absprache hätte aussehen können, wollte der Interviewer dann von PRIMAKOW wissen. »Zum Beispiel so, daß die amerikanischen Truppen die Geheimdienstleute schonen werden, daß man SADDAM selbst nicht allzu aktiv suchen wird.« Zwar konnte PRIMAKOW dies nicht bestätigen, aber dennoch blieben viele offene Fragen unbeantwortet, wie zum Beispiel: »Warum sprengten die Iraker die Brücken nicht? Wo sind SADDAMS Panzer? Sehr viele wurden nicht vernichtet – wo ist der Rest? Wo ist die Luftwaffe?«[1046] Immerhin wurde derweil belegt, daß US-Militärs mit irakischen Geheimdienstleuten an deren Plänen für einen Umsturz im Iran zusammenarbeiten.

Mittlerweile verdichten sich die Indizien für ein stillschweigendes Abkommen zwischen der US-Regierung und der irakischen Elite. Und solche Argumente sind keineswegs abwegig; denn laut dem amerikanischen Star-Reporter Bob Woodward hat die US-Regierung schon im Afghanistankrieg Taliban-Chefs mit zweistelligen Millionenbeträgen bestochen. Dieses Schema haben sie im Irakkrieg 2003 offenbar wiederholt. So berichtete Hans Leyendecker in der *Süddeutschen Zeitung*, General Mahere Sufian Al-Tikriti, einer der engsten Vertrauten Saddam Husseins, habe gegen den Betrag von 25 Millionen Dollar die Verteidigung Bagdads aufgegeben. Auch der irakische Widerstand bestätigt solche Meldungen. Dieser besteht sogar darauf, daß sich viele hochrangige Militärführer von den Amerikanern bestechen ließen. Hierbei soll es sich auch um drei Befehlshaber der Republikanischen Garde gehandelt haben, die als die besten der besten unter Saddam Husseins Kampfeinheiten galten. Werner Pirker schrieb in diesem Zusammenhang: »Truppenteile wurden durch falsche Befehle an die Oberfläche gelockt, wo sie von den Amerikanern abgeschlachtet wurden.«[1047] Dies würde auch die völlig unerwartet schnelle Einnahme Bagdads durch US-Truppen erklären, die den Krieg dann auch praktisch ohne große weitere Bemühungen für die USA entschied.

Unwahrscheinlich ist diese Version nicht, denn wenn man davon ausgeht, daß das US-Militär sich ernsthaft bemühte, Saddam Hussein gleich am Anfang des Krieges mit Präzisionswaffen zu töten, dann taten sie dies, um den irakischen Widerstand zum Stillstand zu bringen. Ohne ihren Führer wären die irakischen Truppen dann auch ziemlich orientierungslos gewesen und hätten sich wohl schnell ergeben, was die US-Verluste drastisch reduziert hätte. Da das US-Militär Saddam Hussein aber nicht töten konnte und der verlustreiche Kampf um Bagdad immer näher rückte, war es für die US-Führung äußerst wichtig, daß dieser nie stattfinden würde. Mit anderen Worten: Ein Deal mußte her. Auch die Gefangennahme des Diktators am 13. Dezember 2003 spricht nicht gegen eine geheime Abmachung mit Saddam Hussein oder seinen hochrangigen Funktionären der Baath-Partei und den Amerikanern: Das Hauptinteresse der US-Regierung war es stets, daß ihre Truppen in keinen verlustreichen Zermürbungskrieg verstrickt würden, denn dies hätte in den USA für eine sofortige negative Stimmung gegen den Irakkrieg der Bush-Regierung gesorgt. Auch wenn dieser Deal hinter den Kulissen erst einmal zur Folge hatte, daß Saddam Hussein die Flucht ergreifen könnte, konnten sich die US-Streitkräfte im Irak sicher sein, den Diktator auch nach dem Krieg zu verfolgen. Auch die gegen den Diktator gerichteten Attentatsversuche stören ein solches Geheimabkommen nicht, da die US-Führung einem verlustreichen Krieg durch die Eliminierung Saddam Husseins aus dem Weg zu gehen hoffte. Als sich dies als nichtpraktikabel herausstellte, mußte dringend sichergestellt werden, daß die Einnahme Bagdads nicht mit einem Blutbad für die Amerikaner enden würde.

Saddam Husseins Bemerkung aus dem 2. Golfkrieg, Amerika sei eine Gesellschaft, die nicht 10 000 tote Soldaten verkraften könne, paßt zu den Ereignissen des letzten Krieges. Am 3. April 2003 standen die US-Truppen sechs Meilen von Bagdad entfernt und kämpften um den Flughafen. Am 5. April gelang es US-Panzern, erstmals die Stadtgrenzen zu überschreiten, dabei sollen 1000 irakische Verteidiger gefallen sein. Einen Tag später umzingelten US-Streitkräfte Bagdad. Am 7. April unternahm das US-Militär Streifzüge und Einfälle nach Bagdad mit Panzern und Mannschaftstransportern.[1048] Etwa zu diesem kritischen Zeitpunkt, als Saddam Hussein bei einem zweiten Angriff mit Präzisionswaffen am 7. April erneut nicht getötet wurde,[1049] soll das Fluchtangebot an den noch amtierenden irakischen Staatschef überreicht worden sein. Zuvor hatten US-Spezialeinheiten, ein irakischer Informant und das Abfangen einer Radiomeldung dazu beigetragen, Saddam Hussein in einem Restaurant im Bagdader Stadtteil Mansur zu lokalisieren. Die vielgepriesenen US-Präzisionswaffen verfehlten aber ihr Ziel, und der Diktator konnte fliehen.[1050] Einen Tag später fand ein Luftangriff auf Saddam Husseins Bunker statt, der ebenso erfolglos ausging wie der vorige. US-Truppen arbeiteten nun verstärkt auf die Einkreisung der Stadt hin und griffen Ziele im Zentrum Bagdads an. Siegreiche Szenen ereigneten sich schon am 9. April, als die Marines nach Ost-Bagdad vorrückten, um sich dem Tigris zu nähern. Der 11. April war der Anfang der anarchischen Zustände in Bagdad, die wochenlang anhielten; erfolglos versuchte das US-Militär einen Tag später, die Lage unter Kontrolle zu bringen.[1051]

In nur etwa 5 bis 6 Tagen war nahezu ganz Bagdad gefallen; das groß angekündigte und von den USA gefürchtete Häuserkampfszenario fand nie statt, obwohl es bei allen Militärexperten als die Trumpfkarte Saddam Husseins galt. Eine geheime Abmachung, die, wie gesagt, einem Komplott, vor allem gegenüber dem irakischen Militär, gleichkommt, liegt daher fast auf der Hand. Daß hierbei Verbindungen zwischen den USA und Saddam Hussein eine Rolle gespielt haben, sollte nicht unterschätzt werden. Immerhin hatte die CIA seine Machtergreifung ermöglicht, und bis zum Golfkrieg 1991 hatte er vieles im Interesse der US-Machtelite getan. Ähnlich wie mit im Falle bin Ladens war die US-Regierung nicht unbedingt an einer Gefangennahme Saddam Husseins interessiert, was durch die Attentatsversuche im Krieg bestätigt wurde. Beide, bin Laden und Saddam Hussein, hätten nämlich über ihre Verbindungen zur CIA brisante Aussagen machen können, was die US-Elite in ihrem Kampf gegen den internationalen Terrorismus immer unglaubwürdiger gemacht hätte, da beide in den USA als Top-Terroristen galten.

Es überrascht auch nicht, daß SADDAM HUSSEIN den Weg des Verräters ging. Er hatte sich am Eigentum des irakischen Volks schamlos bereichert und soll rund 200 000 Menschen umgebracht haben. Er war für die zunehmende Verarmung der Iraker mitverantwortlich, war selbst Multimilliardär und wußte, daß er ohne seinen repressiven Überwachungsstaat keinen Tag lang im Irak überleben konnte, weil sich zu viele Menschen an ihm rächen wollten. Die Flucht war für ihn und seinen Clan der einzige Ausweg, dem Tod zu entgehen. Auch sein eigenes Militär hatte er oft in den letzen beiden Golfkriegen dem Feind unnötig ausgeliefert, oftmals, weil er dessen Putschversuche fürchtete. Nicht zu Unrecht meinten viele irakische Militärs vor dem Irakkrieg 2003, daß der Golfkrieg 1991 kein richtiger Krieg gewesen sei und daß sie darauf gewartet hätten, in einem Landkrieg gegen US-Truppen zu kämpfen.

Das Fluchtszenario nach Rußland wird nicht unwahrscheinlicher durch die Wiederkehr von SADDAM HUSSEINS engsten Anhängern.[1052] Mit der Gefangennahme SADDAM HUSSEINS im Irak, nicht weit von Bagdad entfernt, hat sich auch bestätigt, daß dieser von dort aus den Widerstand kaum organisieren konnte, da er in einem kleinen Erdloch versteckt war und so gut wie überhaupt keine Verbindung mit der Außenwelt hatte. Damit sind auch die Behauptungen der BUSH-Regierung, SADDAM habe den Widerstand größtenteils organisiert, hinfällig. Mit der Gefangennahme ist auch eine Wiederauferstehung seines Regimes äußerst unwahrscheinlich. (Bezüglich SADDAMS Gefangennahme ist Skepsis angebracht: Daß sich Mensch in weniger als acht Monaten solch einen langen Bart wachsen lassen kann, ist zweifelhaft. Der irakische Diktator hatte bekanntlich sieben Doppelgänger. Möglicherweise entkam er mit Hilfe der USA , und nun hat man einen Doppelgänger inhaftiert, der zu heiklen Fragen nicht Stellung beziehen muß.) Statt dessen sind die (schiitischen) Moslems diejenigen, die zunehmend an Einfluß gewinnen und ironischerweise zum Hauptgegner der Amerikaner werden, galten sie doch noch vor dem Krieg zusammen mit den Kurden als die US-freundlichste Bevölkerungsgruppe im Irak.

Die geheime Abmachung zwischen Russen und Amerikanern 1991, die Züge einer Verschwörung hat, würde auch den erbitterten Druck der US-Elite auf den Irak nach dem 2. Golfkrieg erklären. Die US-Machtelite muß damals den Russen versprochen haben, nicht vom Irak Besitz zu ergreifen, das heißt, diesen nicht zu besetzen, wenn die Russen ins Kriegsgeschehen nicht einzugriffen; eine Besetzung wäre für die russischen Militärs nämlich unzumutbar gewesen. Die Elite hoffte zuerst durch Sanktionen und, wenn nötig, durch einen (CIA-) gesteuerten Putsch einen Machtwechsel im Irak herbeizuführen. Als der gewünschte Umsturz (Regimewechsel) nicht stattfand und auch die erbarmungslosen Sanktionen das Regime nicht in die Knie zwangen, mußte die US-Machtelite zunächst Clinton sowie Al Gore loswerden, da diese keinen Irakkrieg befürworteten. In Washington wurde nun immer klarer, daß nur ein Krieg den Regimewechsel ermöglichen konnte. Daher wurde mit den gefälschten US-Wahlen 2000 Bush in den Präsidentensessel gehievt, der durch seine Berater schon längst auf einen Irakkrieg eingestimmt worden war. Interessanterweise übten die Medien 1998 innenpolitischen Druck auf den seinerzeitigen Präsidenten Clinton aus, als dieser sich weigerte, einen Großangriff auf den Irak zu genehmigen. Die Umstimmung gelang dank der Affäre um Monica Lewinsky, die Clinton seine wohl größte politische Niederlage eintrug. Zur gleichen Zeit berichtete der ehemalige Chefinspektor der UNO und US-Marineveteran Scott Ritter, wie sehr der ehemalige UN-Inspektor Richard Butler die Iraker provoziert habe, um eine Rechtfertigung für einen US-Krieg zu erhalten. Dies geschah im Dezember 1998, als auch prompt der größte US-Angriff seit dem Golfkrieg 1991 auf den Irak erfolgte.[1053] Die Fakten sind eindeutig: Die US-Führung, in der damals schon immer mehr Neokonservative Einfluß hatten, erhoffte sich einen Krieg mit dem Irak, doch Clinton war zu einem solchen nicht bereit. Und da sein potentieller Nachfolger (Gore) ebenfalls keine kriegerischen Ambitionen hatte, mußte auch er ›aus dem Weg geräumt‹ werden.

Am Ende des Kriegs hatten die Koalitionskräfte 30 000 Einsätze geflogen, die Iraker wohl kaum einen einzigen, und 750 Marschflugkörper abgefeuert.[1054] Die USA benutzten die fortgeschrittensten Bomben der Welt, die JDAMs, die ihr eigenes Navigationssystem besitzen und Signale vom GPS-Satelliten erhalten. Laut militärischen Angaben wurden diese Bomben in 80 Prozent der Einsätze verwendet. Um zu veranschaulichen, wie heftig die Bombenangriffe waren, sei gesagt, daß die USA allein in den ersten 11 Tagen 5000 Bomben abwarfen, die zwischen 1000 und 2000 Pfund wogen.[1055] Seit dem Einmarsch der Alliierten im Irak starben bis Ende Juli 2003 6000 bis 7800 irakische Zivilisten;[1056] die Opfer unter den irakischen Soldaten dürften um ein Vielfaches höher sein. Eine der ersten Statistiken nach dem Krieg besagt, daß rund 20 000 Iraker während des dreiwöchigen Krieges Opfer der US-Aggression wurden.[1057] Parallel hierzu versuchte die Bush-Regierung wie in Afghanistan, ihre eigenen Verluste herunterzuspielen. Seit Ende Juli sollen 237 US-Soldaten getötet und 2000 verwundet worden sein.[1058] Entgegen den Behauptungen des Pentagon, Streubomben (Cluster Bombs) seien nur gegen Truppen zum Einsatz gekommen, wurde diese verheerende Waffe auch gegen Zivilisten eingesetzt, was laut Genfer Konvention illegal ist.[1059]

Auch äußerst umstrittene abgereichterte Uran-Geschosse (DU-Munition) wurden wie zuvor in Afghanistan (2001) und im Kosovo (1999) wieder benutzt.[1060] Major Douglas Rokke, ein ehemaliger Direktor vom DU-Projekt des US-Militärs warnte, daß die Verwendung von DU-Munition in zwei US-Kriegen gegen den Irak ein toxisches Desaster entfacht habe, das jene Giftgastragödie um ›Agent-Orange‹ im Vietnamkrieg noch übertreffen werde.[1061]

Der Krieg, der von der ganzen Welt heftig abgelehnt wurde, war von Bush am 1. Mai offiziell für beendet erklärt; er dauerte fünfeinhalb Wochen lang und war nur knapp kürzer als der vorige Golfkrieg der USA. Er kostete rund 65 Milliarden Dollar,[1062] während die USA bis dahin nur läppische 275 Millionen Dollar Wirtschaftshilfe an den Irak zahlten. Kurz nach dem Krieg wurden die Wiederaufbaukosten auf 100 Milliarden Dollar beziffert;[1063] einige Fachleute gehen sogar von 600 Milliarden Dollar aus.[1064] Damit ist der Irak, getreu dem Versklavungsprogramm der USA (Weltbank), dermaßen verschuldet, daß seine Entwicklung wohl für Jahrzehnte blockiert ist. Um die sich anbahnende humanitäre Katastrophe im Irak abzuwenden, forderte die UNO 2,2 Milliarden Dollar - einen Bruchteil der von den USA verursachten Kriegskosten.[1065]

Auch elf Monate nach Kriegsende warten die Iraker immer noch auf verläßliche Strom- und saubere Wasserversorgung.[1066] Und längst hat ein für Washington unangenehmes Zitat die Runden gemacht. Ausgerechnet US-Präsidentschaftskandidat Howard Dean verkündete am 24. 1. 2004, daß der Lebensstandard der Iraker nach Saddam Husseins Beseitigung »viel schlimmer als zuvor« sei.[1067]

Auch der US-geführte Irakkrieg 2003 glich einem regelrechten Komplott. »Der Sturz Saddam Husseins sei schon kurz nach Bushs Amtsantritt beschlossene Sache gewesen. ›Es ging nur noch darum, einen Weg dafür zu finden‹«[1068] - bestätigte der ehemalige Finanzminister der USA Paul O'Neil. Bush mußte inzwischen weitere Rückschläge hinsichtlich des Krieges einstecken, die seine Wiederwahl im November 2004 gefährden könnten. Denn sogar das ›War College‹ der US-Armee veröffentlichte eine Studie, aus der hervorgeht, daß der Feldzug gegen Saddam Hussein überflüssig war. Dort hören die Vorwürfe gegen den Präsidenten nicht auf, da der von Bush ausgerufene »Krieg gegen den Terrorismus« eine »unrealistische Aufgabenstellung« sei und das Risiko berge, die USA in Kriege gegen Staaten zu verwickeln, die keine wirkliche Gefahr darstellen. Auch das konservative ›Carnegie Endowment for International Peace‹ ließ verlauten: »Eine Verbindung zwischen Saddam und der Terrororganisation Al-Qaida habe es nie gegeben... Und schon gar nicht die Gefahr, daß über eine solche Verbindung Massenvernichtungswaffen gelangen könnten.«[1069]

## Einige offene Fragen zum Kriegsverlauf

Nur kurz nach dem siegreichen Krieg der US-Militärmaschine wurden von den Massenmedien zahlreiche Kriegsereignisse verschwiegen, die allesamt sehr merkwürdig erscheinen und viele Fragen zum Kriegsverlauf offen lassen. Es scheint, daß die Medien über die Zahl der toten und gefangenen Soldaten nicht richtig berichteten. Es war die Rede von nur 100 alliierten Gefallenen. Denen standen 10 tote Journalisten (Stand 20. 4. 2004: 16) gegenüber: eine sehr hohe Anzahl toter Journalisten im Vergleich zu den Soldaten. Und was war mit den angeblich 8000 irakischen Kriegsgefangenen der ersten Tage? Später war von nur noch 6000, dann gar von weniger als 4000 die Rede.

Auch die Verluste der US-Streitkräfte sind seltsam. Es gelang den USA anscheinend nicht, auch nur ein einziges irakisches Flugzeug abzuschießen. Statt dessen stürzten reihenweise US- und britische Helikopter über dem Irak ab. Hierzu wurde dann nur von »technischem Versagen« geredet.

Aber damit noch nicht genug der Ungereimtheiten; nachstehend eine Zusammenfassung:

- Am 3. Kriegstag ereignete sich im US-Hauptquartier in Katar, fernab und unerreichbar für irakische Raketen, eine Explosion. Hierüber wurde nur ein einziges Mal berichtet. Die Frage bleibt aber, wer konnte dort angreifen?
- Einer der extrem teuren B 2-Bomber zum Stückpreis von 1 Milliarde Dollar, von denen die USA nur 21 Stück besitzen, verschwand mit einer Eskorte von zwei F-117 A ›Nighthawk‹ Bombern nach Einflug in den Nordirak am 21. März. Von den Bombern hörte man nie wieder etwas.
- Wieso starteten die B 52-Bomber von England, und nicht von Kuwait aus? Warum nahmen sie damit einen Umweg über Spanien auf sich, verbunden mit einem mehrmaligen Auftanken in der Luft?
- Am 24. 3. 2003 kam es laut Nachrichtensender n24 zum Absturz einer B 52 bei Bagdad. Auf dem Bildschirm des Senders konnten mehrere ›seltsame Flugobjekte‹ gesehen werden.
- US-Militärquellen berichteten über zwei Kampfflugzeuge vom Typ F-18 ›Hornet‹, die über dem Südirak von zwei äußerst hellen Lichtern von oben angegriffen worden seien, diese seien dann als faustgroße Trümmer zwischen die erstaunten Augenzeugen gefallen.
- Am 13. 4. 2003 gab n24 bekannt, »alle vier B 52-Bomber« seien in die USA zurückgekehrt. Nur vier? Im Krieg wurden mindestens zehn gemeldet, die in Hartford/England stationiert waren.
- Außerdem wurde eine ›fliegende Plattform‹ am 29. 3. 2003 um 14 Uhr 10 über Bagdad gesichtet. Ein US-Offizier konnte dazu nur sagen, daß es

sich seiner Ansicht nach um eine US-Neuentwicklung für den Aufklärungsbereich gehandelt habe.

- Während in Bagdad nachts alle Lichter brannten, wurden die US-Flugzeugträger im Mittelmeer, also weit weg von allen Kriegsschauplätzen, verdunkelt. Ein Reporter meinte, man befürchtete Angriffe von Booten der Al-Quaida. Seit wann besitzt Al-Qaida eine Kriegsmarine, und warum fürchtet sich ein schwerbewaffneter Flugzeugträger vor dieser nichtexistierenden Marine?

Einer weiteren Meldung zufolge registrierte die seismische Station in der Antarktis ein starkes Beben, das nach Ansicht von Militärexperten nur von der Detonation einer starken Atombombe herrühren konnte. Weitere Explosionen folgten in den nächsten Tagen, sowie seltsame, langwellige Ausschläge bisher unbekannter Herkunft. Dann wurde die Datenübermittlung über Internet unterbrochen. Im ZDF-Teletext war kurze Zeit die Rede von »illegalen amerikanischen Atomtests in der Antarktis«, bis - wie durch Zensur - der Text verschwand.

Auch eine weitere Merkwürdigkeit trat nicht viel später zutage. So schrieb unter anderem das Nachrichtenmagazin *Der Spiegel* über das seltsame Verschwinden von ganzen irakischen Armeen. Untergetaucht oder spurlos verschwunden waren:

- 176 000 irakische Soldaten der regulären Armee mit 2500 Panzern,
- 100 000 Elitesoldaten der Republikanischen Garden sowie SADDAMS Fedajin,
- 14 000 Mudjahedin-Kämpfer samt ihren Waffen,
- eine unbekannte Zahl alliierter Kriegsgefangener,
- 150 der gefürchteten irakischen MiG-29 Kampfjets und mehrere Staffeln MiG-21 mit neuen Triebwerken, die Ende 2002 in China gekauft worden waren.

Ein Grund für die anhaltenden Anschläge gegen die US-Besatzer wird sicherlich im Verschwinden dieser großen Anzahl Soldaten und Waffen liegen. Merkwürdig ist auch, wie im Zeitalter von Satelliten und moderner Luftaufklärung dies alles geschehen konnte. Möglich ist, daß die fehlenden Truppen sich in gutgesicherte unterirdische Stellungen zurückgezogen haben und auf einen größeren Angriff warteten.

Der schwedischen Tageszeitung *Dagens Nyheter* zufolge haben mehrere US-Einheiten in Bagdad aktiv zum Plündern animiert. Somit konnten auch die dokumentierten Verbindungen der US-Geheimdienste mit SADDAM HUSSEIN vernichtet werden, die später die US-Regierung möglicherweise vielfach belastet hätten.

Letztendlich haben die Massenmedien die Menschen getäuscht, was die Einnahme des ›Saddam Airport‹ zur Kriegszeit betraf. US-Soldaten hatten große Probleme, diesen Flughafen zu besetzen, da die Iraker ihn fluteten und dann unter Strom setzten. Dabei sollen etwa 3000 Amerikaner gestorben sein. Augenzeugen haben berichtet, daß 36 Tiefkühlzüge (40-Tonner) die Leichen der US-Soldaten nach Kuwait gebracht hätten, um sie von dort in die USA zu fliegen. Der gesamte Ablauf wurde geheimgehalten.

Augenzeugen berichteten ferner von einem »Explosionsrauchpilz« ähnlich der »Hiroshima-Bombe«. Es wird daher vermutet, daß eine Neutronenbombe am Flughafen eingesetzt wurde. Direkte Beweise existieren nicht. Jedoch gibt es Indizien: Am selben Tag griffen US-Truppen das Hotel, in dem sich vorwiegend Journalisten aufhielten, an, so daß die Berichterstattung für einige Zeit lahmgelegt wurde. Man vermutete, daß damit Informationen über das Geschehen am Flughafen unterbunden werden sollten, was auch erfolgte. Bis heute bekommt keine Zivilperson zum besagten Flughafen Zugang, ebenso erging es Journalisten.[1070]

## Eine Dollar-Erdöl-Konspiration?

*Der Spiegel*, der nicht gerade für Verschwörungstheorien zu haben ist, stellte sogar die Frage: Hat die BUSH-Regierung den Irak-Krieg (2003) angefangen, weil sie befürchtete, daß SADDAM HUSSEIN den Euro zur neuen Ölwährung machen wollte? Was auf den ersten Blick abwegig erscheint, hat durchaus seine Berechtigung: da SADDAM HUSSEIN im November 2000 eine folgenschwere Entscheidung traf, die Washington keinesfalls kalt lassen konnte. Der Irak entschied sich nämlich damals, Öl für Euros zu verkaufen. Malaysia traf ebenfalls entsprechende Anstalten, und sogar Rußland, nach Saudi-Arabien der größte Ölproduzent der Welt, suchte eine strategische Allianz mit den Staaten, die diese neue Ölpolitik betrieben. Ein Erfolg jener Euro-Ölpolitik hätte schlicht das Ende des Reservewährungprivilegs des Dollars bedeutet, mit dem die USA seit dem Zweiten Weltkrieg die Welt erpressen konnten. Die Folgen einer solchen Euro-zentrierten Politik hätten das Ende des ›freien Öls‹ für die USA bedeutet. Daher behauptet der US-Historiker William CLARK, daß in den US-Medien der eigentliche Grund des Irakkriegs (2003) verschwiegen würde, weil es schlicht um den Bestand des Dollars im internationalen Ölgeschäft ging.

Wie schon erklärt, hat die US-Machtelite mindestens seit den siebziger Jahren intensiv daran gearbeitet, den schwächelnden Dollar durch eine US-gesteuerte Ölpolitik nicht nur zu stärken, sondern auch den Goldstandard, der für die USA nicht mehr aufrechtzuhalten war, durch eine Art Ölstandard zu ersetzen. Daher, so die These CLARKS, wollte die US-Regierung um jeden Preis verhindern, daß andere OPEC-Staaten dem Beispiel des Irak folgten und den Euro als Standard einführten. CLARK und Gerhoch REISEGGER behaupten daher: »Der einzige Grund, SADDAM zu stürzen, war seine

Entscheidung vom November 2000, statt Dollar in Zukunft Euro zu nehmen. Damit hatte er sein Schicksal besiegelt.« Denn der ohnehin schon angeschlagenen US-Wirtschaft drohte durch eine solche Politik der Todesstoß, wenn der Euro tatsächlich den Dollar als Ölwährung verdrängt hätte. Um so beunruhigter mußte Washington sein, als der Irak auch noch seine Reserven bei der UNO in Höhe von zehn Milliarden Dollar (vom Programm ›Öl-für-Nahrung‹) in Euro transferierte. Der Irakkrieg war daher dringend notwendig geworden, zumal der Irak sich für den Euro entschieden hatte, als dieser bei nur 80 Cents pro Dollar lag. Da nun der Wert des Euro gegenüber dem Dollar stark zugenommen hat und die ›grüne Note‹ gegenüber der europäischen Währung über 20% seines Wertes eingebüßt hat, ist der Euro noch um ein Vielfaches attraktiver geworden. Washington war sich dieser Gefahr nur allzu bewußt. Denn wäre die OPEC plötzlich auf Euro umgestiegen, hätte dies verheerende Folgen für den Dollar gehabt! Gerhoch REISEGGER beschrieb die Lage folgendermaßen: »Der Dollar würde sofort bis zur Hälfte seines Wertes verlieren - für die US-Wirtschaft mit den entsprechenden Folgen (u. a. ungeheurer Inflation), die ein derartiger Zusammenbruch der Währung nach sich zögen. Eine Flucht aller ausländischen Anlagen aus dem Dollar - den Aktien und auf den Dollar bezogenen Wertpapieren - würde einen Sturm auf die Banken wie in den dreißiger Jahren auslösen, das Außenhandelsdefizit wäre nicht mehr aufrechtzuerhalten, und der Staatshaushalt würde faktisch bankrott sein.«[1071]

Diese These macht auch verständlich, warum die BUSH-Regierung nun so viel Druck auf den Iran ausübt(e) und diesen zum nächsten Ziel machte: Die iranische Zentralbank sprach sich nämlich dafür aus, angesichts der momentanen Stärke des Euro gegenüber dem Dollar Öl gegen Euro zu verkaufen. Im Jahre 2002 tauschte sie übrigens den Großteil ihrer Reserven in Euro um. Auch Venezuela, der viertgrößte Ölproduzent der Welt und OPEC-Mitglied, hatte unter Hugo CHAVEZ begonnen, Bartergeschäfte mit seinen Nachbarländern zu tätigen, also Öl gegen andere benötigte Güter, womit der Dollar aus dem Transaktionszyklus wirksam ausgeschaltet wurde. Deswegen hatte BUSH im April 2002 den gescheiterten Putsch gegen CHAVEZ gutgeheißen, bei dem die CIA tüchtig die Drähte gezogen hatte. Und die Nordkorea-Politik der BUSH-Regierung wird ebenso verständlich, wenn man bedenkt, daß das asiatische Land am 7. Dezember 2002 anstelle des Dollars den Euro als Handelswährung einführte.

Auch der Leiter der OPEC-Abteilung ›Öl-Marktanalyse‹, Javad YARJANI, bestätigte Washingtons Befürchtungen in einer im April 2002 in Spanien gehaltenen Rede: Mehr als 80 Prozent der Währungstransaktionen und die Hälfte der Weltexporte würden in Dollar gehandelt. Ferner stelle der Dollar zwei Drittel der Weltwährungsreserven dar. Hiervon profitiert nur Washington, da die Abhängigkeit der Welt vom Dollar für ihren Handel an die USA gefesselt ist, die völlig außerhalb jedes Verhältnisses zu Amerikas Anteil an der Weltproduktion stehen. »Der Anteil des Dollars am Welthandel ist viel höher als der Anteil des US-Welthandels... Die Euro-Zone hat einen größeren Anteil am Welthandel als die USA, und während die USA ein riesiges Außenhandelsdefizit haben, hat die Euro-Zone eine ausgeglichene Position... Im übrigen ist zu bemerken, daß die Euro-Zone auch ein viel größerer Öl- und Ölprodukte-Importeur als die USA ist«. Trotzdem besteht weiterhin eine Gefahr für die US-Wirtschaft, da »die kommende EU-Erweiterung im Jahre 2004 - 450 Millionen Menschen und ein BIP von rund 9,5 Billionen - ein Anstoß für die OPEC sein [könnte], auf den Euro umzusteigen.« Seitdem diese Rede im April 2002 gehalten wurde, ist der Dollar noch weiter gefallen und wird, wie es aussieht, wohl noch weiter fallen. Man muß sich immer die Bedeutung dieser Fakten vor Augen führen. Denn das Ergebnis eines Zusammenbruchs des Dollars würde schließlich bewirken, daß die USA und die EU die Rollen in der Weltwirtschaft tauschen.[1072] Dies wäre dann seit Ende des Ersten Weltkriegs 1918 das erste Mal, daß die USA von Europa (der EU) wirtschaftlich überholt würden. Diese Gefahr ist sehr real. Der französische Historiker Emmanuel Todd, der schon 1976, also 15 Jahre vor dem tatsächlichen Untergang der Sowjetunion, diesen voraussagte, hat in ähnlicher Weise das gleiche für die USA prognostiziert. Hauptgründe werden ein zu hoher Ölpreis und eine starke Abwertung des Dollars sein. Letzteres ist ja schon seit einigen Jahren der Fall.

**1.** Einige Entwicklungen scheinen dies zu bestätigen. So hat der »Kampf gegen den Terrorismus« der US-Wirtschaft bereits riesige Defizite beschert.

**2.** Viele Entwicklungsländer folgen bereits dem Beispiel Venezuelas und Chinas und tauschen ihre Dollarreserven gegen Euro (und Gold) ein.

**3.** Die USA können nicht auf unbegrenzte Zeit ihr Handelsdefizit (5% des BIP) und auch den Krieg gegen den Terrorismus finanzieren.

Die US-Elite weiß längst, daß die verbleibende Stärke des Dollars nicht auf der Leistung der US-Volkswirtschaft basiert, sondern seit 1945 nur noch auf dem ausschließlichen Privileg, für die Welt die Reservewährung zu sein und damit auch als *fiat*-Währung für die globalen Öltransaktionen fungieren zu dürfen. Die USA drucken daher Hunderte von Milliarden dieser *fiat*-Petro-Dollars, die dann von den Staaten der Welt zum Kauf von Öl bei den OPEC-Produzenten verwendet werden. Diese Petro-Dollars werden dann von der OPEC zurück in die USA über Treasury-Bills oder andere auf den Dollar bezogene Werte wie US-Aktien oder Immobilien geleitet.[1073] Als dieses System dem US-Zukunftsforscher Herman Kahn beschrieben wurde, meinte dieser glatt, es sei der größte Betrug, der jemals an der Menschheit betrieben wurde. Hiermit wird klar, daß der Dollar das ultimative globale Instrument war und ist, um die US-Herrschaft weltweit zu sichern. Dies wird durch zweierlei ermöglicht.

**1.** Die Völker müssen das benötigte Öl und andere Lebensnotwendigkeiten auf Dollarbasis bezahlen.

**2.** Die *fiat*-Reservewährung für weltweite Öltransaktionen ist (und bleibt) der Dollar.

Aus diesen Gründen muß die US-Regierung auch weiterhin alles tun, um die Ablösung des Dollars als Ölwährung durch den Euro zu verhindern. Eben wegen dieses Umstands mußten die USA gegen den Irakkrieg führen, Saddam Husseins Regime stürzen und dann eine gigantische Ausweitung der irakischen Ölproduktion starten, um den Ölpreis für ihre kränkelnde Wirtschaft nach unten zu drücken, womit sie das OPEC-Kartell zu zerstören hoffen – und damit die Möglichkeit, das Ölgeschäft auf Euro umzustellen, verhindern.[1074] Interessanterweise betreibt die US-Machtelite zur Zeit eine Ölpolitik, die ihrer Ölpolitik der siebziger Jahre diametral entgegengesetzt ist. Damals führte eine Verteuerung des Öls zur Aufwertung des Dollars und traf die Hauptkonkurrenten (Japan und Deutschland) finanziell gleichzeitig schwer. Heute muß die US-Elite angesichts der schlechten Wirtschaftslage auf einen fallenden Ölpreis setzen, da sonst ihre eigene Wirtschaft zahlungsunfähig würde, was unweigerlich den Untergang des Dollars einleiten und das Ende jeglicher US-Hegemonie bedeuten würde.

## Der Versuch der US-Machtelite, den Irakkrieg als Flucht nach vorn zu benutzen

Zahlreiche Gründe könnten sogar für ein Scheitern der langfristigen US-Pläne im Irak sprechen, da sich einige Dinge für die USA seit dem zweiten Golfkrieg grundlegend geändert haben.

Erstens waren die Alliierten von damals – mit Ausnahme von Großbritannien – keineswegs von der Notwendigkeit eines neuen Krieges gegen den Irak überzeugt, um den ›Frieden‹ zu erhalten. Vielmehr setzten sie auf Diplomatie, um die Krise zwischen den USA und dem Irak zu lösen. Sie hatten sich gegen eine reine militärische Lösung ausgesprochen und wollten ohne eine Ermächtigung der UNO erst gar nicht in einen Krieg gegen den Irak eintreten.

Der britische Nahost-Experte Toby Dodge meinte, daß US-Verteidigungsminister Rumsfeld die Risiken eines Krieges herunterspielte, um die zwiespältige US-Bevölkerung für diesen zu gewinnen.

Außerdem sind die meisten der ehemaligen Verbündeten der USA weitaus mehr am Handel mit Bagdad interessiert, als dies den Amerikanern lieb ist. Für eine finanzielle Unterstützung der Kriegskosten wie 1991[1075] wird wohl kaum einer der an der damaligen Kriegskoalition beteiligten Staaten zu haben sein. Den Hauptanteil von rund 65 Milliarden Dollar wird die US-Regierung wohl selbst zahlen müssen.[1076] Konservative Schätzungen von Kriegs- und Besatzungskosten gehen von einer Bandbreite von 100 bis zu weit über 1000 Milliarden Dollar aus.[1077] Die Wiederaufbaukosten werden von US-Experten mit 25 bis 100 Milliarden Dollar beziffert,[1078] obwohl sie einer jüngsten Statistik zufolge bis zu 600 Milliarden Dollar gehen könnten.[1079] Laut BBC vom 7. 5. 2004 hat die BUSH-Regierung für den Irakkrieg bereits 260 Mrd. Dollar beantragt und ausgegeben; nun will BUSH weitere 25 Mrd. zur Deckung der Kriegskosten. Diese Quelle veranschlagt die Kriegskosten auf die gigantische Summe von 600 Milliarden Dollar.

Damit soll der Wiederaufbau das größte Aufbauprogramm seit dem MARSHALL-Plan Ende des Zweiten Weltkriegs werden. Washington will sich an diesem bereichern. US-Konzerne sollen wie in so vielen US-Kriegen solch lukrative Verträge erhalten,[1080]daß man sich eine Sanierung der US-Wirtschaft erhofft. Eine solche Sanierung wird wohl eine Illusion bleiben, da zahlreiche Anschläge und Sabotagen entsprechende Bestrebungen und Wiederaufbaumaßnahmen verhindern.

Als noch belastender für die US-Regierung und -Wirtschaft wird sich paradoxerweise der ›Sieg‹ der amerikanischen Streitkräfte erweisen. Denn im US-Kongreß wurden Szenarien für einen US-Sieg entworfen. Diesen zufolge müßten »über Jahre hinweg Zehntausende Soldaten einer amerikanischen oder internationalen Friedenstruppe im Irak stationiert bleiben. . . – mit geschätzten Kosten von bis zu 20 Milliarden Dollar pro Jahr«. Und in diesen Szenarien sind nicht einmal die nach allgemeiner Meinung erforderlichen ›MARSHALLplan‹-Kosten zum Wiederaufbau des von Krieg und Sanktionen zerrütteten Landes mitgerechnet. Daher bezeichnete US-Senator Richard LUGAR die zu erwartenden personellen und finanziellen Kosten auch gleich als »erschreckende Aussichten«.[1081]

Neueste Analysen von US-amerikanischer Seite ergeben sogar, daß die Stationierungskosten der US-Soldaten 3,9 Milliarden Dollar monatlich betragen, also im Jahre nicht, wie zuvor veranschlagt, 20, sondern rund 40 Milliarden Dollar betragen werden.[1082] Der US-Haushaltsexperte Kent CONRAD hatte vorgerechnet, daß nach einem längeren Krieg wohl nicht viel Beute übrigbleibt, da 3 Monate Krieg und 5 Jahre Besatzung 272 Milliarden Dollar kosten würden.[1083] Derzeit sprechen US-Beamte von einer 3- bis 5jährigen Stationierungszeit für ihre Truppen.[1084] Präsident BUSH hatte später von 50 Jahren Besatzung gesprochen, anscheinend vergaß er bei einer so unrealistischen Zahl die Null. Aus diesem Grund dürfte der Sprecher des Weißen Hauses, Arie FLEISCHER, die irakische Bevölkerung aufgerufen haben, SADDAM HUSSEIN zu stürzen: »Der Preis für eine Kugel ist wesentlich billiger als die Kosten für einen Krieg.«[1085] Hierbei vergaß er allerdings zu erwähnen, daß auch für Washington eine Kugel wesentlich billiger ist als ein kostspieliger Krieg. Über 10 Jahre lang versuchten die USA verzweifelt die irakische Regierung zu stürzen; daher die gemäßigten Töne des vormaligen Sprechers des Weißen Hauses kurz vor dem Krieg. Auch wenn die USA großzügig davon sprechen, daß die Iraker bereits im Juni 2004 das Wahlrecht erhalten sollen, so darf nicht übersehen werden, daß diese bevorstehende oder in Aussicht gestellte Maßnahme der BUSH-Administration regelrecht aufgezwungen wurde, da mit jedem weiteren Tod eines US-Soldaten BUSHS Wiederwahlchancen im Herbst 2004 sich verringern.

Der Besatzungszustand bleibt äußerst problematisch. Zwar haben die USA stolz verkündet, daß dreißig Staaten bereit seien, sie zu unterstützen, doch von diesen sind nur Frankreich und die Bundesrepublik Deutschland wirtschaftlich in der Lage, dies zu tun, während Indien und Pakistan sich militärisch dazu gesellen könnten. Alle diese Nationen haben aber ihre eigenen Probleme und wissen, daß die USA finanziell ziemlich geschwächt sind. Ähnlich wie in Afghanistan, sind die USA nicht mehr in der Lage, die Besatzung allein durchzuführen. Daher werden die polnischen Truppen mit rund 200 Dollar abgespeist, um im Süden Iraks »Wache zu schieben«. »Schon jetzt kostet die Amerikaner ihr Abenteuer am Golf pro Woche eine Milliarde Dollar, Tendenz steigend. Das gilt auch für die Stationierungsdauer der 150 000 US-Soldaten, deren Moral massiv unter der ›tödlichen Ungewißheit‹. . . leidet. . . Bis zu zwei Dutzend bewaffnete Attacken auf US-Soldaten werden täglich gemeldet« – wobei Fälle ohne Verletzte oder schwerere Sachschäden erst gar nicht mehr registriert werden.[1086] Zudem findet der Widerstand in allen Teilen der irakischen Bevölkerung statt, und nicht nur bei den Anhängern von SADDAM HUSSEIN, wie das Pentagon falsch verkündete. Die Anschläge auf die Invasoren werden immer komplexer organisiert und durchgeführt, teilweise sind die Sprengstoffattentate ferngesteuert und ferngezündet. Selbst Cola-Dosen wurden zu Sprengfallen umfunktioniert, die am Straßenrand oder in Schlaglöchern wie Minen deponiert sind. Auch wenn RUMSFELD und Konsorten es nicht wahrhaben wollen, ein Vietnam ähnlicher Zustand ist längst Realität, wobei mit dem Schlimmsten erst noch zu rechnen ist. Stellvertretend sagte daher ein SADDAM-Getreuer: »Wir stehen erst am Anfang, überall im Irak helfen uns Tausende – so lange, bis die Regierungen in Washington und London ihre Verluste leid sind und abziehen.« Dies sind keine leeren Worte; schon zuvor im Krieg hatten Zivilisten einen solchen Haß auf die Invasoren, daß sie ihre Autos immer wieder gegen US-Panzer fuhren, obwohl dies zu ihrem Tod führte. Es kommt die Tatsache hinzu, daß es im Irak jede Menge Verlierer und Unzufriedene gibt, mit einem enormen Stör- und Radikalisierungspotential. Auch die Demütigung vieler Iraker durch das US-Militär ist praktisch Suizid, da jeder getötete oder entehrte Iraker, ob schuldig oder nicht, in diesem harten

Land Teil einer Vendetta-Kultur ist, welche eine Familie besitzt – mit vielen potentiellen Rächern.[1087]

Mittlerweile zeigt sich auch, wie sehr die US-Regierung den potentiellen Widerstand nach dem Krieg unterschätzt hat. Die rund 140 000 US-Soldaten im Irak können die chaotische Lage nicht mehr unter Kontrolle bringen.[1088] Wegen der täglichen Angriffe haben die US-Truppen längst Schutz hinter der irakischen Polizei gesucht. So kommt es zu immer häufigeren Verlusten unter der irakischen Polizei, da der Widerstand nun seine Angriffe vordergründig gegen diese richtet.[1089] Seit dem 1. Mai, als Bush der Krieg für beendet erklärte, sollen nach offiziellen Quellen 706 US-Soldaten bei Anschlägen getötet worden und 1700 desertiert sein.[1090] Am 17. 4. 2004 wurden einer Pentagon-Quelle zufolge 130 US-Soldaten westlich von Falludja bei einem Gefecht mit Irakern getötet (www.sky.com/skynews/article/10n30000-1130577,00.html). Kriegsgegner sprechen dagegen von 3952 getöteten US-Soldaten (www.antiwar.com/casulties/). Diese Angaben sind in Zweifel zu ziehen, da, wie bereits erwähnt, 3000 US-Soldaten allein bei der Einnahme des Bagdader Flughafens umkamen. Die tatsächliche Zahl dürfte bei mindestens 10 000 bis 15 000 getöteten Soldaten liegen.

Womit die Pentagon-Planer wohl kaum gerechnet hatten, war, daß ausländische Guerillakämpfer an den Anschlägen gegen US-Truppen beteiligt sind. So fand man zum Beispiel im Norden Iraks Raketenantriebe, die mit Zeitzündern verdrahtet sind, wie sie sonst nur in Afghanistan gegen die US-Truppen verwendet wurden.[1091] Die Iraker sind trotz ihrer Armut zu stolz, wie einst ein US-Soldat behauptete, sprich, sie wollen sich von den Invasoren nichts gefallen lassen. Immerhin können sie auf eine 8000 bis 10 000 Jahre alte Kultur zurückblicken. Das Unvermögen der Invasoren wird offenbar, wenn es darum geht, die miserablen Lebensbedingungen im Irak zu verbessern. Für die fast täglichen Stromausfälle und die mangelnde Wasserversorgung im Irak werden die Amerikaner verantwortlich gemacht.[1092] Stratege und Ideologe des Irak-Krieges Paul Wolfowitz mußte seine Niederlage eingestehen, als er erklärte: »›Die Attentäter wollen unsere Erfolge beim Wiederaufbau des Landes vereiteln... Sobald wir irgendwo die Stromversorgung wiederherstellen, sprengen sie Kraftwerke in die Luft. Wenn ein neuer Stadtrat gewählt wird, versuchen sie dessen Mitglieder zu ermorden.‹«[1093] Doch diese Erklärung des stellvertretenden US-Verteidigungsministers ist nichts weiter als eine Art Schadensbegrenzung, da nach jedem Abschalten der Amerikaner, nach Zusammenstößen der US-Truppen in Stadtvierteln – auch wenn nur für Stunden – die irakische Bevölkerung ihren Zorn über die unerwünschten Ausländer entlädt.[1094] Das Argument, mit dem Washington Schadensbegrenzung zu betreiben versucht, heißt bei fast allen Anschlägen auf US-Truppen, die Aktionen würden ausschließlich von Sympathisanten Saddam Husseins ausgehen.

Auch Öl-Werke und Pipelines wurden seit Kriegsende Ziele von Anschlägen, die den US-Wiederaufbau systematisch sabotieren. Selbst die Exilgruppen, die sich vor dem Krieg für einen Angriff der USA auf ihr Land aussprachen, sind nun ausgesprochen antiamerikanisch eingestellt. So meinte einer der US-Favoriten, Scherif Ali bin HUSSEIN, gegenüber der arabischen Zeitung *Al-Hayat*: »Die Amerikaner sind nach Irak gekommen, um die Probleme des Landes zu lösen, und sind nun selbst zu einem Problem geworden.«[1095] Er erwähnte auch, daß der provisorische irakische Regierungsrat nicht gewählt sei, sondern von den USA eingesetzt wurde. Selbst Hans BLIX, der ehemalige Chef der UN-Waffeninspekteure für den Irak, bemerkte, daß die Bundesrepublik Deutschland und Frankreich am Wiederaufbau des Irak beteiligt werden müssen. Wörtlich sagte er: »Wir brauchen echte Zusammenarbeit, nicht etwas, was nur aus Washington oder London diktiert wird.«[1096] Auch in den USA wächst der Unmut im Zusammenhang mit dem Irakkrieg. »Man ist belogen worden. Gründe für den Irakkrieg wurden einfach herbeigefälscht. Diese Einsicht teilen mitterweile rund 60 Prozent der Amerikaner.«[1097]

Es zeigt sich nun auch politisch sowie finanziell, wie unhaltbar die Lage für die Invasoren ist, da Gefallene und Geld das Hauptproblem der US-Politik sind. Laut Pentagon finden täglich durchschnittlich zwölf Anschläge auf US-Truppen im Irak statt, was auch täglich Todesopfer bedeutet. Der Kommandeur der US-Truppen im Irak, General ABIZAID, warnte daher: »Wir haben es mit einem klassischen Guerillakrieg zu tun.« Dazu gesellt sich die Hiobsbotschaft: »Dieser Krieg ist zudem teuer. Rund vier Milliarden Dollar im Monat kosten allein die Militäroperationen im Irak. Vorige Woche meldete die Regierung für dieses Jahr zudem ein Rekorddefizit: 455 Milliarden Dollar. Auch unter den im Irak stationierten Truppen sinkt die Moral. ›Keinen Tag länger als notwendig‹ würden die US-Soldaten im Irak bleiben, hatte BUSH versprochen.«[1098] Spanien hat seine Truppen bereits abgezogen.

Mittlerweile ist im Irak eine Renaissance der Schiiten im Gange, also genau das, was Washington unter anderem vermeiden wollte, da diese Volksgruppe, die rund 60 Prozent der Gesamtbevölkerung ausmacht, sich viel eher mit dem Iran identifiziert als mit einem fremdgesteuerten Regime in Bagdad.[1099] Ein Aktivist der Opposition ist dort Muqtada AL SADR, der die passende Analogie aufstellt, daß der »Große Satan« (Washington) den »Kleinen Satan« (SADDAM) beseitigte und man nun den Islam gegen den Westen verteidigen müsse.

SADR ist nicht irgendwer; sein Vater wurde von SADDAM HUSSEIN getötet. Abgesehen davon, daß er Schiit ist, vertritt er vorwiegend die Armen im Irak. Sein Anhang, der in die Millionen geht, ist eindeutig antiamerikanisch.[1100] Das Lavieren zum US-Feind Iran muß ein herber Rückschlag für die US-Politik in der Region sein, da das ›Dual Containment‹ (doppelte

Eindämmung) stets eine Maßnahme war, die den Iran ausgrenzen sollte. Eine neue Bertelsmann-Studie zeigt, auf welche jämmerliche Weise den USA die Situation im Irak entgleitet. Am 29. Juli 2003 demolierten Saboteure im Irak erstmals eine wichtige Brücke, die die Städte Bakuba und Tikrit miteinander verband. Auf einem Floß unter der Brücke wurde eine Bombe gezündet, während Unbekannte in Bakuba eine US-Patrouille mit Panzerfäusten angriffen; dabei wurden Augenzeugenberichten zufolge mehrere US-Soldaten verletzt.

Zunehmend bedrohlich für die US-Truppen ist auch die Tatsache, daß nicht nur Iraker im Irak massiv gegen US-Soldaten vorgehen, sondern auch daß längst Flüchtlinge und Freiwillige aus den benachbarten Staaten den Kampf gegen die Invasoren aufgenommen haben. Die Bertelsmann-Studie kommt daher zu dem Schluß, daß die »US-Streitkräfte... noch mehrere Jahre in Irak bleiben, bis es dort eine legitimierte Regierung gibt. Allerdings werde eine andauernde Besatzung zunehmend zu Opposition und Widerstand führen... Das Unvermögen der USA, die Situation nach dem Sturz SADDAMS unter Kontrolle zu bringen, sei kein gutes Omen für den Aufbau einer alliierten Übergangsregierung.«[1101] Auch die Einbeziehung der UNO im Irak ist ein Rückschlag, da Washington zuvor befürchtete, daß die UNO sich zu sehr in die Angelegenheiten des Irak einmischen würde. Nun ist die BUSH-Clique jedoch so ratlos, daß sie sich entschlossen hat, auf die UNO zu setzen; dieselbe Organisation, die BUSH zuvor öffentlich als »Debattierklub« verspottet hatte.

Ferner ist kaum abzusehen, wie sehr das Desaster im Irak die ganze Region destabilisieren wird. Der sogenannte Präventivkrieg würde den ganzen Mittleren Osten in einen Abgrund von Gewalt und Haß hineinziehen. Selbst der frühere US-Sicherheitsberater und General Brent SHOWCROFT prophezeite, »daß im Falle einer US-Invasion des Irak eine große Katastrophe eintreten werde, eine ›Explosion der Empörung gegen die USA‹, die den ›gesamten Mittleren Osten in ein Armageddon‹... verwandeln könne.«[1102] Erste Anzeichen dafür boten die Anschläge in Saudi-Arabien. Genau zu dem Zeitpunkt, als Colin POWELL in diesem Land eintreffen sollte, kam es zu den schweren Anschlägen, die in diesem wichtigen Kernland nur als Ausdruck der allgemeinen Aversion gegen Amerika gelten können.

Ferner mahnte SHOWCROFT, »der Einmarsch ›könnte die ganze Region in einen brodelnden Kessel verwandeln‹«. Es bestehe zudem die Gefahr, daß es zu einem Gefecht zwischen Israel und dem Irak komme. »Die israelische Regierung hat bereits durchblicken lassen, daß sie darauf mit atomaren Waffen antworten könnte.«[1103] Laut *New York Times* baut Israel ein Raketenabwehrsystem namens »Pfeil« (Arrow) auf, dies werde zwei Jahre dauern und mehr als zwei Milliarden Dollar kosten. Damit werde Israel über den ersten nationalen Raketenschild der Erde verfügen. Die Raketenbatterie steht bereits, Abfangkörper und Radargeräte sollten folgen. Die USA beteiligten sich an der Finanzierung.[1104]

Davon einmal abgesehen, ist der Krieg in Afghanistan noch lange nicht beendet. Jeden Tag sterben dort US-Soldaten - wohlgemerkt Elitesoldaten. Da Berichte aus Afghanistan einer strengen Zensur unterworfen sind, ist über getötete US-Soldaten in der Öffentlichkeit kaum etwas zu vernehmen. Zahlreiche Kriegsflugzeuge der USA sind über Afghanistan abgeschossen worden, die westlichen Medien bezeichnen dies immer als ›Unfall‹. Es dürfte aber kein Geheimnis sein, daß die USA schon mehr als das Zehnfache an Flugzeugen verloren haben als im 2. Golf- und im Kosovokrieg. Die CIA ist immer noch sehr besorgt darüber, daß sich die ›Stinger‹ Boden-Luft-Raketen aus dem letzten Afghanistankrieg in den Händen der Taliban-Kämpfer befinden. Selbst lukrative Angebote führten nicht dazu, diese wiederzubekommen. Im Internet häufen sich Berichte über diese Vorfälle, die Leichen der US-Soldaten werden nach Quetta geflogen und von dort aus nach Kuwait. Ähnlich wie zur Zeit des sowjetischen Krieges in Afghanistan, ist dies ein verdeckter Krieg. Die Ironie des Ganzen ist dabei, daß zu Sowjetzeiten das Politbüro untersagte, über die Anzahl der gefallenen Soldaten zu reden; nun tut dies auch ein angeblich demokratisches Land, die letzte verbleibende Weltmacht USA.

In einer deutschen Fernsehsendung über militärisch geführte Trainingslager in den USA für ›erziehungsbedürftige‹ Jugendliche meinte ein US-Offizier, daß diese für das US-Militär wichtig seien, da in Afghanistan US-Soldaten sterben und nicht genügend Nachschub vorhanden sei. Es muß nicht betont werden, daß man keine GIs nach Afghanistan schicken kann, nur Eliteeinheiten haben dort Überlebenschancen. Überhaupt ist die ganze Lage für die USA dort sehr prekär geworden. Im Gegensatz zu Sowjetzeiten, als deren Militärs immerhin rund 80 Prozent der afghanischen Städte besetzt hatten, sind die Amerikaner nicht einmal in der Lage, Kabul unter Kontrolle zu halten, dort erfährt man von Bomben, die offenbar täglich explodieren. Die US-Militärs halten sich verschanzt, ihre groß angekündigte Operation zur Eliminierung der Taliban und Al-Qaida ist gescheitert. Die zahlreichen Warnungen, nicht militärisch in Afghanistan einzumarschieren, wurden ignoriert. Ein russischer General sagte voraus, daß der Vietnamkrieg im Vergleich zu Afghanistan den Amerikanern wie ein Kinderspiel vorkommen würde. Auf die Frage des Fernsehsenders CNN, wie lange die USA Truppen stationieren müßten, antwortete er: jahrelang. Da der Reporter meinte, sich verhört zu haben, wiederholte er, die USA müßten jahrelang Truppen in Afghanistan stationieren. Mittlerweile sprechen US-Beamte selbst über die Möglichkeit, zehn Jahre lang Truppen in Afghanistan zu stationieren. Ferner ist Staatsoberhaupt Karzai nicht nur mehreren Anschlägen nur knapp entkommen, er hat auch keinen Rückhalt in der afghanischen Bevölkerung. Die Lage ist für die US-Streitkräfte sogar so enttäuschend, daß der Oberbefehlshaber der US-Streitkräfte Tommy FRANKS kurz nach Afghanistan eingeflogen worden war, um seinen US-Boys Mut zu machen. Mittlerweile haben die Taliban und Hikmatyar eine Allianz gegründet.

Daß die US-Machtelite es so eilig hatte, den Irak anzugreifen, und fast jede propagandistische Maßnahme beim Schopf ergriff, um angreifen zu können, läßt auf keine echte Stärke schließen, sondern viel eher auf Schwäche. Ein so schnelles militärisches Vorgehen ist letztendlich nichts als eine Flucht nach vorn. Die Machtelite hat sich eindeutig übernommen; selbst US-Militärs warnten vor einem Angriff auf den Irak, der Bodentruppen mit einbezieht.

In seinem Bestseller *Rise and Fall of the Great Powers* (dt. Ausgabe: *Aufstieg und Fall der großen Mächte*) hatte Paul KENNEDY 1987 vor der imperialen Überdehnung (*imperial overstretch*) gewarnt. Damals waren aber der Afghanistankrieg und die Folgen des 11. September noch nicht abzusehen. Die USA sind ein militärischer Gigant, der aber auf tönernen wirtschaftlichen Füßen steht. Anstatt eine gesunde Wirtschaftspolitik zu betreiben, will die Elite ihre machtpolitischen Interessen mit militärischer Gewalt durchdrücken. Die angeblich lange Konjunkturphase von 1991 bis 2000 bekam ihren Auftrieb mit dem Golfkrieg 1990-91 und wurde vor einem vorzeitigen Absturz nur durch den Kosovokrieg 1999 aufgehalten. 2001 platzte dann die spekulative Börsenblase um so heftiger; sie erinnerte an jenen schwarzen Freitag im Jahre 1929. Die Wirtschaftskraft der USA hat seit den fünfziger Jahren ständig nachgelassen,[1105] was sich leicht an Fakten nachweisen läßt. Die USA haben ein Leistungsbilanzdefizit im laufenden Jahr von über 10 Prozent mit steigender Tendenz; ihre Netto-Vermögensposition hat sich seit mehr als 10 Jahren ins Negative verkehrt, und die USA sind im Ausland mit netto über 2200 Milliarden Dollar verschuldet.[1106]

Die gesamte Verschuldung der USA (Regierung, Unternehmen, Privathaushalte/Konsumenten) hat eine astronomische Höhe erreicht. Sie belief sich 1999 auf über 97 Billionen Dollar (97 Tausend Milliarden Dollar), eine Summe, die nicht mehr zurückgezahlt werden kann.[1107] Das BIP (Bruttoinlandsprodukt) der USA betrug im Jahre 2000 11,7 Billionen Dollar.[1108] Da von diesem Geld nichts übrig bleibt und die US-Regierung schon 1995 Probleme hatte, ihre eigenen Zinsschulden zurückzuzahlen (damals wurden US-Beamte teilweise nicht entlohnt), bleibt die Abzahlung der Schulden eine Illusion. Die US-Ökonomie würde sich mit einem weiteren Golfkrieg nur selbst belasten, prognostizierten Ökonomen in den USA, auf Grund des allgemeinen Kriegsrisikos im Irak und hoher Ölpreise als direkter Folge des Krieges.[1109]

Schlimm für die US-Wirtschaft ist vor allem folgende Nachricht: »Ein Irakkrieg wird sich lähmend auf Nachfrage nach Konsum- und Investitionsgütern der US-Ökonomie auswirken und zusätzlich den Dollar gegenüber ausländischen Währungen wie dem Euro belasten. Die bisherige Finanzierung des Haushalts- und Leistungsdefizits der USA durch ausländisches Kapital gerät unter Druck, wobei die Vorteile einer Dollarabwertung für die Exportwirtschaft diese Nachteile nicht werden aufwiegen können.«[1110] Die Dollarabwertung hat sich im Vergleich zum Euro schon bestätigt.

Da auf Grund des 11. September Klagen gegen Saudi-Arabien in Milliardenhöhe bevorstehen (laut US-Regierung sollen 15 der 19 Attentäter aus diesem Land stammen), haben saudische Investoren damit begonnen, Geld aus den USA abzuziehen. Einem *FAZ*-Artikel zufolge sollen rund 200 Milliarden Dollar an saudischem Kapital in den USA investiert worden sein. Die US-Wirtschaft benötigt dieses Geld dringend, da Saudis und Japaner zu den größten Investoren zählen und die US-Regierung ohne dieses Kapital ihre Zinsschulden nicht mehr bezahlen kann. Würden die USA aber den Abzug dieser Gelder verweigern, könnte es bald zu einer panikartigen Situation kommen, in der Investoren um ihre Gelder bangen und daher versuchen würden, dieses aus der USA abzuziehen.

Die hegemoniale Kriegspolitik der US-Machtelite ist daher nur ein dünn verdeckter Versuch, durch einen Vorwand - dieses Mal den 11. September - eine solche Situation durch einen Weltkrieg gegen den ›Terrorismus‹ zu kompensieren. Früher reichte ein normaler Krieg aus, heute aber benötigt die USA-A.G. eher massive oder längere Kriege zur Sanierung ihrer Wirtschaft. Dabei spielt vor allem die Beute, die sich die US-Banken und -Konzerne dabei aneignen, eine wesentliche Rolle. Da die US-Wirtschaftsmacht kontinuierlich geschwunden ist, setzt Washington inzwischen auf seine Militärmacht. Die Stiftung ›Heritage‹ verkündete im März 1999 vor dem Repräsentantenhaus, daß Aserbaidschan, Kasachstan, Turkmenistan und Usbekistan zusammen über 15 Milliarden Barrel an erwiesenen Ölreserven verfügen. Für diese Region sind 9 Billionen Kubikmeter Gasvorräte nachgewiesen. Wertmäßig ergibt dies laut einem US-Institut eine Summe von 3 Billionen Dollar, nach Preisen von 2001.[111] P. Escobar bezeichnet dieses Geschäft als ›Pipelinestan‹. Für ihn ist »›Pipelinestan‹ die goldene Zukunft: ein Paradies der Gelegenheiten in Form von 5 Billionen Dollar Öl und Gas im Kaspischen Bassin und den früheren Sowjetrepubliken Mittelasiens«.[1112] Damit soll nicht nur eine weitere Rezessionen/Depression abgewendet werden, da der völlig verschwenderische Lebensstil der US-Bürger mit heutigen Primärenergiequellen nicht zu sättigen ist. 2001 importierten die USA 9,1 Millionen Barrel Rohöl am Tag, das entspricht 51 Prozent ihres Landesbedarfs. Da die USA aber ihre Energiezufuhr fast verdreifachen wollen, müssen andere Gebiete ausgebeutet werden. Projektionen zufolge soll sich der Ölverbrauch auf 26 Millionen Barrel am Tag im Jahre 2020 erhöhen.[1113]

Für die kapitalistische Machtelite geht es aber um den Anteil an den Profiten, die auf den asiatischen Märkten latent existieren. Pipelineprojekte wurden bereits entworfen, um von Mittelasien aus sowohl nach Indien als auch nach China und nach Westen über Georgien in die Türkei und weiter über den Balkan nach Westeuropa, möglichst unter Umgehung Rußlands, diese Märkte zu erschließen und auszubeuten. Der Insiderpolitiker Z. Brzezinski schwärmte daher nicht ohne realistische Grundlagen von Mittelasien als einem Riesenmarkt und geopolitischen Interessenzentrum, das sich die USA als Beute aneignen sollten. »75 % der Weltbevölkerung, die meisten ihrer materiellen Reichtümer, 60 % des Welt-Sozialprodukts, 75 % der Energieressourcen und nach den USA die sechs am stärksten prosperierenden Volkswirtschaften und die sechs größten Militärbudgets,... keine andere Macht wird von diesem geopolitischen Raum Besitz ergreifen«,[114] warnt Brzezinski nur leicht verdeckt, auch die sogenannten Verbündeten.

Trotzdem kann die US-Regierung auf den Mittleren Osten nicht verzichten. Der Ölexperte Daniel Yergin brachte es in einem *Spiegel*-Interview auf den Punkt. Auf die Frage: »Glauben Sie, daß Rußland und das Kaspische Meer eine Alternative zum Persischen Golf werden könnten?«, antwortete er: »Wohl kaum... Der Persische Golf wird immer die Hauptölader der Welt bleiben. Doch für die westlichen Industriestaaten kann es nur von Vorteil sein, wenn die Abhängigkeit vom Nahen Osten abnimmt.«[1115]

Seit dem zweiten Golfkrieg 1991 blieb allein der Irak außerhalb des Zugriffs von US-Ölfirmen, Banken und Konzernen. Der irakische Ölreichtum gilt schon lange als Goldgrube. Es ist daher überhaupt kein Zufall, daß genau die anderen drei Mitglieder (außer Großbritannien) des UN-Sicherheitsrats starke Wirtschaftsinteressen im Irak verfolgen und sich deswegen keinen Krieg gegen den Irak wünschen. Diese drei – Frankreich, Rußland und China – sollten nach US-Vorstellungen im UN-Sicherheitsrat dazu bewogen werden, nicht gegen einen Irak-Angriff der USA zu stimmen (da ein Angriff Washington die Kontrolle über die enormen Ölreserven des Landes einbringen würde).

Die irakische Regierung hatte Verträge mit verschiedenen russischen, französischen, chinesischen und anderen Firmen entweder besiegelt oder bis zur Unterschriftsreife vorbereitet. Das bedeutet, die Verträge treten in Kraft, wenn Frieden herrscht, die UN-Sanktionen gegen den Irak aufgehoben sind (Iraks Hauptziel ist die Aufhebung der genozidartigen Sanktionen) und das Regime sich gegen auswärtige Feindschaft behaupten kann. In einer solchen Situation ist es offensichtlich, daß die US-Konzerne bei einem so einträglichen Geschäft nicht dabei sind. Deswegen setzte Washington völlig auf den Konfrontationskurs mit dem Irak. Mit dem militärischen Sieg kann die US-Regierung ein höriges Regime installieren, was natürlich Iraks Verträge mit den Wirtschaftskonkurrenten der USA gegenstandslos machen würde. Da nur Saudi-Arabien über mehr Rohöl als der Irak verfügt, sich aber die Beziehungen zwischen den USA und diesem Staat am Persischen Golf erheblich verschlechtert haben, versucht Washington, nicht nur im Kaukasus Öl zu erschließen, sondern vor allem auch im Irak, der sich seit der sozialistischen Revolution im Jahre 1958 dem Druck der USA nicht beugte.

Die ökonomischen Interessen im Irak liegen auf der Hand. Die russische Firma ›Lukoil‹ will dort in den kommenden 23 Jahren 3,5 Milliarden Dollar investieren; ›Jukos‹, eine weitere russische Großfirma, ist ihrerseits bestrebt, im irakischen Kurdistan nach Öl zu bohren. In Zentralirak vertritt ›Norinco‹ chinesische Interessen. Der Konzern ›Total-Fina-Elf‹ sicherte sich seinerseits für den Friedensfall sehr extensive Schürfrechte an anderen Orten im Irak; diese würden aber verfallen, wie Bagdad seit zwei Jahren droht, wenn Frankreich für die Irak-Politik der USA im UNO-Sicherheitsrat stimmt. Eine Angelegenheit, die die USA forcieren wollen, indem Paris sich bei der UNO in New York der Stimme enthalten soll. Es ist auch kein Zufall, daß der von der US-Regierung unterstützte ›Irakische Nationalkongreß‹ (INC) keines dieser Abkommen, die nicht zu Gunsten von US-Firmen sind, gelten lassen will.[1116] Der Vorvertrag des Großkonzerns ›Total-Fina-Elf‹ mit dem Irak über die Erschließung der Madschunun-Felder soll 20 Milliarden Barrel umfassen. Wagit Alekperow, Chef des Moskauer Ölkonzerns ›Lukoil‹, machte Präsident Putin klar, daß Öl die höchste Priorität bei den Verhandlungen mit den USA um die UN-Resolution habe. Putin garantierte Alekperow, »daß sein Unternehmen auch nach einem Sturz Saddam Husseins Zugang zum Ölfeld von West-Kurna erhalten würde, für das es schon jetzt eine Konzession hat und dessen Kapazität auf bis zu 15 Milliarden Barrel geschätzt wird«. Die Bank ›Export-Import Bank‹ unter Rockefeller-Regie scheint sich mit den Russen bezüglich Öllieferungen schon einig zu sein, da sie bereit ist, dem Konzern ›Lukoil‹ Kredite zu gewähren, damit dieser in Amerika Ausrüstungen und Dienstleistungen kaufen könne. Immerhin werden die Russen Ende Oktober 2002 18,4 Millionen Barrel pro Tag an die USA geliefert haben. Auch chinesische Firmen drängen darauf, Zugang zum irakischen Ölmarkt zu bekommen, um Chinas gewaltig steigenden Energiebedarf decken zu können.

George W. Bush, Richard Cheney (›Halliburton‹) und Condoleezza Rice (›Chevron Texaco‹), die bereits seit Jahren mit Ölfirmen eng zusammenarbeiten, bleiben in diesem lukrativen Geschäft nicht untätig. ›ChevronTexaco‹ zum Beispiel verhandelte mit dem INC, der bekanntesten irakischen Oppositionsgruppe im Exil, und der Kongreßvorsitzende Ahmed Schalabi führte Gespräche über die industrielle Infrastruktur in der Zeit nach Saddam Hussein.[1117] Bushs Ausspruch von der »Achse des Bösen« im Januar 2002 förderte einen beinahe unaufhaltsamen Anstieg des Ölpreises. Dieser lag nach einem milden Winter bei 17 Dollar pro Barrel. Aber schon Mitte September 2002 übersprang er die 30 Dollar-Marke. »Sie gilt Industriestaaten als Schmerzgrenze, denn von dort an tragen die Energiekosten zur Rezession bei. Der hohe Preis enthalte ›eine Art Angstprämie‹ von drei bis fünf Dollar«, bestätigt der Ölfachmann Daniel YERGIN, weil die Nachfrage vor Kriegen zunehme. Bei einem Kriegsausbruch im Irak stand zu befürchten, daß der Ölpreis mit großer Wahrscheinlichkeit anspringen könnte – voraussichtlich auf 35 bis 40 Dollar. »Das wäre eine schwere Bürde für die Weltwirtschaft, die seit anderthalb Jahren in der Dauerkrise steckt. . . Für die Industriestaaten ist ein Barrelpreis von allenfalls 18 bis 25 Dollar erträglich.«[1118]

Hierbei sollte erwähnt werden, daß Washington mit der Ölwaffe Druck vor allem auch auf die sogenannten Alliierten ausüben kann, besonders, wenn sich diese nicht fügen, wie dies die USA-A.G. gern hätte. Wie schon erwähnt, sind die Hauptwirtschaftskonkurrenten Japan und die Bundesrepublik Deutschland, welche zu 100% bzw. 97% auf Ölimporte angewiesen sind, um ihre Wirtschaft voranzutreiben. In Westeuropa ist nur Großbritannien unter anderem aufgrund des Nordseeöls von Ölimporten ziemlich unabhängig. Die USA hingegen sind weit abhängiger vom Öl des Persischen Golfs, aus dem sie gut 20% importieren. Aus Saudi-Arabien importieren sie rund 1,7 Millionen Barrel pro Tag – und etwa die Hälfte dieser Menge, man staune, aus dem Iran, nämlich 800 000 Barrel pro Tag. Das meiste Öl aber beziehen sie aus Kanada: 1,8 Millionen Barrel pro Tag.[1119]

Wie schon seit den siebziger Jahren versucht die US-Machtelite den schwächelnden Dollar mit der ›Ölwaffe‹ zu stärken, sozusagen noch einmal das Ruder herumzureißen, um nach dem Goldstandard einen Ölstandard für die US-Währung als letzte Rettung zu etablieren. Aber selbst dieser verzweifelte Versuch wird wohl zum Scheitern verurteilt sein. Denn die ungeheure US-Verschuldung läßt sich auf Dauer nur durch das Öl (des Irak) aufrechterhalten. Nach den US-Plänen würde die irakische Ölindustrie nach derzeitigem Ölpreis jährlich 15 bis 22 Milliarden Dollar abwerfen, falls 2 bis 3 Millionen Barrel pro Tag gefördert werden. »Doch solange in der Ölindustrie Chaos, Anarchie und Sabotage vorherrschen, ist daran nicht zu denken. Nach der Genfer Konvention ist die Besatzungsmacht für sämtliche Probleme im besetzten Land zuständig und muß folglich auch für die Kosten aufkommen.«[1120]

Seit dem 11. September benutzen die USA längst ihre militärische Macht zur Erlangung ökonomischer Vorteile. Wo ihre wirtschaftlichen Interessen auch immer liegen, wissen sie den Vorwurf und Vorwand des internationalen Terrorismus hervorragend zu nutzen. So drängte die Machtelite, verdeckt agierend durch Lobbyisten und Berater, die US-Regierung, den ölreichen Golf von Guinea vor der Küste Afrikas offiziell zu einer Zone strategischen

Interesses zu erklären.[1121] Durch den immer wieder angeführten Vorwand des internationalen Terrorismus will die US-Machtelite das militärische sowie finanzielle Eingreifen in lukrative und geostrategisch wichtige Regionen der Erde rechtfertigen.

Die Militärhaushaltskosten der USA sind mittlerweile durch die Aufrüstung infolge des 11. September auf rund ein Drittel der weltweiten Rüstungsausgaben gestiegen. Somit haben sich die USA endgültig auf weltweiten Militarismus und Imperialismus festgelegt.[1122] Die Rüstungskonzerne der USA entwickeln neue gefährliche Waffen und arbeiten an einer weltraumgestützten atomaren Verteidigung, die einen gefahrlosen atomaren Erstschlag ermöglichen soll. Der Verteidigungsetat ist um fast 15 Prozent auf 379 Milliarden Dollar gestiegen und läßt die Profite der MiK-Konzerne anschwellen.

Die *Süddeutsche Zeitung* berichtete Brisantes: »US-Rüstungsindustie boomt wie seit Reagan nicht mehr. Ein Krieg gegen den Irak würde Produktion weiter hochtreiben/ Aktienwerte der Branchenführer um 44 Prozent gestiegen.«[1123] Mittlerweile sind die Rüstungsausgaben so stark gestiegen wie seit einem halben Jahrhundert nicht mehr, als der Koreakrieg den Kalten Krieg einleitete, sie stiegen allein wegen des Golfkriegs 2003 um 44 Prozent.[1124] Vor dem Golfkrieg 1990 bestand noch Hoffnung, daß die sogenannte Friedensdividende die US-Wirtschaft ›zivilisieren‹ könnte, aber die Inszenierung des Golfkrieges diskreditierte die meisten Kritiker des MiKs. Daher ist die Machtelite und der MiK nach dem Kalten Krieg und dem 2. Golfkrieg ständig auf der Suche nach neuen Rechtfertigungen für den ungeheuer großen und weiter wachsenden Militäretat. Mittlerweile ist von einem Aufschwung in den USA die Rede; Europa hofft hiervon profitieren zu können, aber diese Konjunktur wird nur kurzfristig sein, da sie ein künstlicher, durch den Irakkrieg erzeugter Zustand ist. Die US-Aufträge, die der Wallstreet helfen, sind fast alle rüstungsrelevant, sie werden fast ausschließlich die Plutokratie in Amerika bereichern, während das Volk dafür mit erhöhten Steuern zahlt. Bushs Wirtschaftspolitik ist eine maßlos übertriebene Version der ›Reaganomics‹, zu einem noch viel ungünstigeren Zeitpunkt: die gleichzeitige Erhöhung von Steuern und Rüstungsausgaben, die verheerende Auswirkungen auf die Ökonomie der USA und große Teile der Welt haben wird.

In unserem Buch *Das Kosovo-Komplott* wurde nachgewiesen, daß das Zinssystem des Kapitalismus unter anderem zu Kriegen drängt, um die nichtrealen Werte, die es monetär kreiert, wieder zu zerschlagen. Im Grunde handelt es sich hierbei um eine zwangsläufige volkswirtschaftliche Korrektur im Finanzsystem, die auch von der Machtelite letztendlich nicht gestoppt werden kann. Krieg dient daher der Machtelite nicht nur als direkter Profit wegen (Auf-)Rüstung, der künstlich geschaffenen Nachfrage nach

Kriegserzeugnissen und des Wiederaufbaus der zerstörten Infastruktur durch die Siegermächte, sondern auch auf verdeckte Art, um von noch schwerwiegenden Börsen- und Wirtschaftszusammenbrüchen abzulenken. Der kurzzeitige Aufschwung ist daher nur eine minimale Verminderung an dem volkswirtschaftlichen Schaden, der früher oder später auf die Bevölkerung in Form von Arbeitslosigkeit, Inflation oder Deflation und vor allem einer enormen Verschuldung mit noch bittereren Folgen zurückfällt. Die ungeheuren volkswirtschaftlichen Kosten werden hierbei auf den kleinen Mann, sprich die breite Bevölkerung abgewälzt, während - neben den internationalen Bankiers und Megakonzernen - ein paar Investoren (meist mit Insider-Informationen) riesige Profite einkassieren. Deshalb war die von den USA ausgehende Konjunktur von 1991 bis 2000 nur durch zwei größere Kriege, den Golfkrieg (1991), der die Rüstungsindustrie in den USA vor der von ihr gefürchteten Friedensdividende rettete, und den Kosovokrieg 1999, der wiederum eine längst fällige Börsen- und allgemeine Rezession überwinden ließ, aufrechtzuerhalten. Mittlerweile hat die US-Wirtschaft einen Schwächezustand erreicht, bei dem selbst US-Kriege den rapiden Verfall der Wirtschaft nicht mehr aufhalten können, daher der verzweifelte Versuch, durch die Übernahme des irakischen Öls nochmals das maßlose Konsumverhalten und Schuldenmachen auszugleichen.

Der Kosovokrieg war nur die vorläufige Schlußphase geopolitischer Interessen Amerikas in Europa, mit dem den Europäern der EU und NATO vor Augen geführt wurde, daß sie militärisch von den USA stark abhängig sind. Versuchte die EU, zumindest primär, noch einer heftigen Militärisierung ihrer Nationen und der NATO aus dem Weg zu gehen, so war letztendlich der von den USA gewollte und forcierte Kosovokrieg eine Warnung, daß die EU- und NATO-Politik ohne die Führung der USA zum Scheitern verurteilt sein könnte. Die US-Regierung ist sich dessen völlig bewußt, daß sie ein militärischer Riese ist, der auf tönernen wirtschaftlichen Füßen steht. Völlig zielbewußt versucht sie daher, ihre militärische Stärke brachial zur Geltung zu bringen, was der EU und den europäischen NATO-Mitgliedern keine andere Chance läßt, als ebenfalls auf die militärische Karte im Machtpoker zu setzen.

Hier aber sind die USA allen anderen haushoch überlegen. In Hinsicht auf die europäischen Verbündeten entpuppt sich der Krieg gegen den sogenannten Terror als ein nur leicht getarnter Versuch der US-Machtelite, die Kontrolle über die EU und die europäischen NATO-Mitglieder zu erzwingen, vor allem beim erneuten Bestreben, die Ölwaffe erbarmungslos gegen die sogenannten Verbündeten zu verwenden, falls diese eine unabhängige, sprich eine von Washington abgekoppelte Politik zu betreiben wagten. Die Gründung der NATO 1949, fünf Jahre vor der des Warschauer Pakts, verfolgte genaue Ziele: die Russen herauszuhalten, die USA drin (in Europa) und Deutschland drunten zu halten. Um die Ölwaffe aber effektiv einzusetzen, müssen die USA den Irak besiegen oder zumindest kontrollieren. Mehr als zwölf Jahre grausamer Sanktionspolitik, verbunden mit jahrelangen Luftangriffen auf das Land, vermochten es nicht. Deshalb setzte man in Washington auf einen erneuten Krieg, der den Irak zum Vasallenstaat degradieren sollte.

Friedensinstitute in Deutschland warnten vor einem unvorhersehbaren Chaos, das ein erneuter Irakkrieg anrichten würde. Es wäre sicher das Ende eines Bündnisses gegen den sogenanten ›internationalen Terrorismus‹ in der arabischen Welt und würde die immerhin rund 1,2 Milliarden Menschen zählende islamische Welt gegen den Westen polarisieren. Diese Entwicklung sah bereits Scott Ritter im August 2002 voraus, als er die Nahost-Kriegspolitik der Bush-Administration heftig kritisierte: »... jetzt machen die Vereinigten Staaten daraus tatsächlich einen Krieg zwischen dem Westen und dem Islam. Und den werden wir nicht gewinnen. Es ist nicht so, daß unser Land plötzlich besetzt werden würde, aber wir werden verlieren, weil wir nicht gewinnen können. Es könnte für die USA eine demütigende Niederlage werden, eine entscheidende Niederlage, die den Verlust des amerikanischen Einflusses auf der ganzen Welt einläuten könnte. Sie könnte für unsere Wirtschaft verheerende Folgen haben.«[1125]

Ritter sah auch richtig, als er sich über die Auswirkungen des Irakkriegs auf die US-Innenpolitik äußerte – die immer wahrscheinlicher werden. So mahnte er: »... falls es auf unserer Seite Opfer gibt, werden wir hier in den USA ein politisches Desaster erleben. Wenn zur internationalen Ablehnung noch die Verärgerung der amerikanischen Bevölkerung hinzukommt, wird der Präsident enorm unter Beschuß geraten.«[1126]

Leider liegt Ritter falsch mit seiner Auffassung, die Bush-Administration reagiere mit ihrer Kriegspolitik nur auf bin Laden und dessen angeblichen Angriff vom 11. September. Er verkennt, daß diese ›Tragödie‹ nicht nur den Thesen und Prognosen eines gewissen Samuel Huntington in seinem Buch *Kampf der Kulturen* entspricht. Seine Thesen hatte Huntington der Weltöffentlichkeit nicht nur als wahrscheinliches Szenario präsentiert, sondern auch *den* zielbewußten Weg, den die US-Machtelite mit ihrem weltweiten Krieg gegen den ›internationalen Terrorismus‹ einzuschlagen gedenkt.

Nicht nur Huntington spielt bewußt die Rolle des politischen Provokateurs, sein eigentlicher Lehrmeister ist kein Geringerer als Bernard Lewis, der den Islam genauso darstellt wie einst den vermeintlichen Feind des Westens: den internationalen Kommunismus, dem auch unterstellt wurde, eine weltweite Verschwörung zu initiieren. Lewis, der als ›Experte‹ in Sachen Islamfragen gilt, stellt den Islam als homogenen monolitischen Block dar, genau so, wie einst die gleichen Leute den Kommunismus im Kalten

Krieg bezeichneten. Wie lächerlich eine solche Behauptung ist, zeigt sich schon an den Kriegen, die islamische Staaten gegeneinander geführt haben, wie zum Beispiel der Irak-Iran-Krieg. Man denke auch an die Unterstützung einiger arabisch-islamischer Staaten bei den Kreuzzügen der USA gegen den Irak 1991 und 2003; ferner an Pakistans unterstützende Maßnahmen zugunsten der USA im Afghanistankrieg 2001. Trotzdem will LEWIS den Menschen in aller Welt weismachen, daß der sogenannte fundamentalistische Islam die größte Bedrohung der Menschheit sei. Auch wenn diese These des ›Islam-Experten‹ abwegig erscheint, so ist es doch nicht zu unterschätzen, daß der Historiker aus Princeton nach dem 11. 9. aus dem Ruhestand zurück ins Weiße Haus berufen wurde, um die BUSH-Regierung zu beraten.[1127] Es wundert also nicht, daß LEWIS den USA riet, mit den Arabern und Moslems in aller Welt hart umzugehen und ihre Macht auf diese zu projizieren. Im November 2001, als der Afghanistankrieg in vollem Gange war, erhielt er einen Dauerposten in der beliebten Nachrichtensendung *Meet the Press* des Fernsehsenders CBS. Über seine Besuche im Weißen Haus schwieg er lieber – aus wohl verständlichen Gründen, war er doch einer der Hauptarchitekten des US-gelenkten und -entfachten Afghanistankriegs 1979–89, der den Untergang der Sowjetunion bekanntlich nach sich zog. Und diesen Untergang hatte er in geheimen Kreisen und Konferenzen lautstark befürwortet.[1128]

Der Weg für den »Kampf der Kulturen« wurde also schon lange von LEWIS vorbereitet, der als Agent für den britischen Geheimdienst gearbeitet und als sogenannter »Orientalist«[1129] dort ganze Arbeit verrichtet hatte, um den gesamten Mittleren Osten mit der altbewährten Strategie »teile und herrsche« aufzuspalten. LEWIS entwarf in erster Linie die Strategie, während HUNTINGTON die Aufgabe hatte, sie ideologisch über die Massenmedien zu propagieren. Insofern erfüllten beide die Anweisungen der anglo-amerikanischen Machtelite. Denn ohne ein Feindbild, ohne eine Bedrohung von außen – ob real oder imaginär, und sie ist im Endeffekt immer imaginär oder künstlich erzeugt – kann die Machtelite von ihren eigenen kriminellen Machenschaften, Verschwörungen, Bestechungsfällen und Skandalen nicht ablenken. Ebensowenig gelingt es ihr, ohne diese Täuschungsmanöver den finanziellen Betrug aufrechtzuerhalten, mit dem ihr kriminelles und ausbeuterisches System funktioniert. Das sieht man an den riesigen Finanzskandalen um die Firmen ›Enron‹ und ›Worldcom.‹, die nur die Spitze des berüchtigten Eisbergs darstellen. Hätte der Krieg gegen Afghanistan früher begonnen, hätten solche Skandale kaum im Mittelpunkt der Massenmedien gestanden.

## Der unaufhaltsame wirtschaftliche Niedergang der USA

Die US-Wirtschaft hat seit dem Zweiten Weltkrieg stetig an Kraft verloren. Dies läßt sich durch alle bekannten ökonomischen statistischen Daten belegen. Besaß die US-Wirtschaft gemessen am Weltbruttosozialprodukt im Jahre 1945 noch etwa die Häfte des gesamten Weltbruttosozialproduktes,[1130] so sank diese kontinuierlich im Vergleich zu den nächsten aufstrebenden Volkswirtschaften, allen voran der Bundesrepublik Deutschland und Japan. In den achtziger Jahren, als das Bruttosozialprodukt der USA nur noch rund 25 Prozent der Welt betrug, wurde klar, wie geschwächt die US-Ökonomie war. Mitte der achtziger Jahre wandelten sich die USA innerhalb eines Jahrzehnts von einer Gläubigernation zu einer Schuldnernation. Bezeichnend war in dieser Phase des relativen Niedergangs der US-Wirtschaft, daß Japan als Nation mit weniger als der Hälfte der US-Bevölkerung und nur einem Bruchteil an dessem Territorium zu dessen Hauptgläubiger aufgestiegen war. Es hielt nun einen Großteil der US-Staatsschulden.[1131] Mitte der neunziger Jahre sank das Bruttosozialprodukt der USA im Vergleich zum Rest der Welt auf 23 Prozent, was den bekannten Ökonomen Lester THUROW zu der Feststellung bewog, daß die USA nicht mehr als Weltmarkt für Entwicklungsländer gelten könnten und diese folglich mehr untereinander handeln müßten.[1132] Als sehr bedenklich muß auch gelten, daß die Schulden in den neunziger Jahren dreimal so schnell wie das Bruttoinlandsprodukt wuchsen.[1133] Auf jeden Dollar kamen daher 3,27 Dollar Schulden.[1134] Im Jahre 2003 liegt der Weltanteil des BIP der USA unter 20 Prozent, und die Industrieproduktion im Vergleich zum Rest der Welt beträgt nur 15 Prozent.[1135]

Mit dem BSP (Bruttosozialprodukt) oder dem BIP (Bruttoinlandsprodukt) läßt sich aber die Wirtschaftskraft einer Nation nicht mehr genau einschätzen. Einige Wirtschaftsexperten verlassen sich auf die genauere Meßweise der Handelsbilanz. Hierbei wurde schon Ende der siebziger Jahre deutlich, daß die USA Leistungsprobleme bekommen würden. Damals (1979) wies die Handelsbilanz der USA erstmals ein Defizit auf. Zwischen 1990 und 2000 erhöhte es sich von 100 auf 450 Milliarden Dollar - eine besorgniserregende Entwicklung. Inzwischen stieg es sogar auf 500 Mrd. Euro,[1136] das entspricht ungefähr 500 Milliarden Dollar. Um dieses negative Handelsbilanzdefizit auszugleichen, benötigen die USA Kapitalzufuhren in derselben Höhe, die größtenteils aus dem Ausland kommen. Das hat dramatische Folgen: »Zu Beginn des dritten Jahrtausends kann Amerika nicht mehr allein von seiner eigenen Produktion leben.«[1137] Außerdem hat die Mehrzahl der Waren und Dienstleistungen, die derzeit beim US-amerikanischen BIP einbezogen werden, Emmanuel TODDS Ansicht nach »keinen Wert und werden bei der Berechnung massiv überbewertet«.

Die Liste der Länder, mit denen die USA ein Handelsbilanzdefizit haben, wirkt schon deshalb beunruhigend, weil sie alle wichtigen Länder der Welt umfaßt: mit China ein Defizit von 83 Mrd. Dollar, mit Japan 60 Mrd. Dollar, mit der Europäischen Union 30 Mrd. Dollar. Selbst Mexiko werden 30 Mrd. Dollar geschuldet, Südkorea 13 Mrd. Dollar und Rußland immerhin 3,5 Mrd. Dollar.[1138] Im Jahre 2002 standen Einfuhren von Waren im Wert von 1,4 Billionen Dollar Ausfuhren von nur 974 Milliarden Dollar gegenüber. Mit anderen Worten: Zum erstenmal seit einem Jahrhundert mußten die USA im Jahre 2003 mehr Zinsen an den Rest der Welt zahlen, als sie selbst durch Kredite verdienten. Die Leistungsbilanz erreichte 2002 den Rekordstand von minus 481 Milliarden Dollar. Die US-Regierung deckte diese Lücke, indem sie auf die fehlenden Dollar Schuldscheine herausgab.[1139] In den achtziger Jahren war es der Staat gewesen, der Milliardenschulden machte, in den neunziger Jahren waren es die privaten Haushalte, die, vom Börsenboom geblendet, immer höhere Schulden machten. Unter der Bush-Administration sind es beide, die sich ihre Ausgaben auf Pump finanzieren lassen und damit in Finanzangelegenheiten immer abhängiger vom Ausland geworden sind.[1140]

Bedenklich ist auch die Tatsache, daß sich die USA handelsmäßig längst wie ein Land der Dritten Welt verhalten. So ist der Hauptgrund für das US-Defizit nicht der Import von Rohstoffen, wie bei hochentwickelten Staaten normalerweise der Fall. Zwar spielten Ausgaben für Erdölimporte in Höhe von 80 Milliarden Dollar gewiß eine Rolle im US-Handelsdefizit des Jahres 2001, doch ist dieser Anteil im Vergleich zum Restbetrag von 366 Milliarden Dollar verhältnismäßig gering und vor allem bezeichnend, denn das Defizit wurde in erster Linie für verarbeitete Produkte aufgebracht. Zwar hielten die USA ihre Spitzenposition in einigen industriellen Bereichen, wie in der Computerindustrie, der Luftfahrt oder der Biotechnologie, aber auch hier wird ihr Vorsprung immer geringer.[1141]

Gerade die vielgepriesene ›New Economy‹, die noch bis Anfang 2001 scheinbar für Aufschwung an den Weltbörsen sorgte, wurde seither von einem geradezu spektakulären und in der Geschichte beispiellosen Niedergang betroffen. In diese ›New Economy‹ hatten viele Anleger und Banken weltweit ihre Hoffnungen gesetzt, da die industrielle Wirtschaft der USA seit rund 30 Jahren ständig schrumpfte.

Ähnlich dominant wie sein Bruttosozialprodukt war Amerikas industrielle Produktion im Jahre 1929 gewesen. Am Vorabend der Weltwirtschaftskrise produzierten die USA 44,5 % der weltweiten Güter, während 11,6 % auf Deutschland, 9,3 % auf Großbritannien, 7 % auf Frankreich und 4,6 % auf die UdSSR entfielen. 70 Jahre später zeichnete sich ein mindestens genauso gravierender Niedergang wie beim BSP im Vergleich zum Rest der Welt, ab, da nun im 21. Jahrhundert die Industrieproduktion des erwirtschafteten Teils des amerikanischen BIP mit 15% leicht unter dem entsprechenden Wert der EU und geringfügig über dem japanischen lag.

Dieser massive Einbruch der Leistungskraft Amerikas kann auch nicht durch die Geschäftstätigkeit US-multinationaler Konzerne ausgeglichen werden. Seit 1998 fallen die Profite aus dem Ausland, die in die USA zurücktransferiert werden, geringer aus als die Gewinne, die ausländische Firmen in den USA machen und dann in ihre Heimatländer zurückfließen lassen.[1142] Die US-Wirtschaft wird durch die Sparquote, die jenseits des Atlantik praktisch bei Null liegt, zusätzlich belastet. Trotzdem importieren die USA mit jedem Boom immer mehr Güter aus aller Welt, was wiederum das Handelsdefizit erhöht. Es kommt zu einem Teufelskreis, aus dem es keinen normalen Ausweg gibt. Nur Imperialismus vermag die konsumsüchtige US-Gesellschaft vor ihrem absehbaren Abstieg und Niedergang zu retten.

Die Situation der US-Arbeiterschaft im Zeitraum 1970–1990 zeigt eine mehr oder weniger große Verelendung.[1143] Für europäische Verhältnisse ist es schockierend zu erfahren, daß in den USA »mehr als ein Drittel der Bevölkerung unterhalb der Armutsgrenze lebt und ein Großteil der arbeitenden Bevölkerung mehr als eine Beschäftigung benötigt, um über die Runden zu kommen«.[1144]

Selbst beim Lebensstandard, dem Pro-Kopf-Einkommen, das lange Zeit für die Überlegenheit des US-Wirtschaftssystems stand, haben die Europäer die Amerikaner überholt, was verstärkte Zweifel an dem US-Führungsanspruch hervorrief.[1145]

Auch der drastische Anstieg des benötigten Kapitals für die US-Ökonomie ist eine finanzielle Zeitbombe. 1990 stieg es von 88 auf 865 Milliarden Dollar im Jahre 2001. Dies beinhaltet nicht den Abfluß von Kapital aus den USA, der knapp die Hälfte dessen betrug.[1146] Diese Kapitalflucht drängt die US-Finanzelite immer mehr dazu, Kapital aus aller Welt abzusaugen und den Entwicklungsländern ihre Ressourcen zu entziehen.

Mittlerweile findet eine gefährliche Entwicklung für die Finanzelite und die gesamte Welt statt, da der Dollar als Leitwährung der Welt immer schwächer wird. Somit wächst in aller Welt die Angst vor einem plötzlichen Absturz der US-Wirtschaft. Der Dollar, der immer als sicherer Hafen für Anleger galt, verliert derart rapide an Wert, daß er in den letzten 12 Monaten um fast 20 Prozent fiel. Dies ist für eine Leitwährung, im Gegensatz zu Aktien, eine dramatische Entwicklung. Schon 1978 verlor er 15 Prozent, und nur der Golfkrieg von 1980 und die Hochzinspolitik der REAGAN-Jahre konnten seinen Wert stabilisieren.

Diesen Trend haben auch die meisten und vor allem die wichtigsten Nationalbanken der Welt erkannt und setzen nun zunehmend auf die Konkurrenzwährung, den Euro. Ein *Spiegel*-Bericht, der noch während des Irak-

*Die Zahl der beim Irak-Kreuzzug tatsächlich gefallenen US-Soldaten wird von Regierungsstellen bewußt nach unten gedrückt. Allein bei der Einnahme des Bagdader Flughafens sollen 3000 GIs den Tod gefunden haben. Schon vor Kriegsausbruch hatten das Weiße Haus und das Pentagon der Presse untersagt, über die Landung von Flügen mit US-Särgen auf den Militärstützpunkt Dover im Bundesstaat Delaware zu berichten. Die Bekanntgabe der Gefallenenzahl würde sich zweifelsohne verheerend auf die Zustimmung zum Krieg auswirken. Oben: Die Bush-Karikatur erschien in* The Guardian vom 4. 11. 2003.

*Der Krieg nach dem Krieg. Rechtes Bild hat Symbolcharakter: Die Besatzer geraten zunehmend in einen Sumpf. Fast die Hälfte der Amerikaner zweifelt bereits, daß ihre Armee die Probleme vor Ort jemals in den Griff bekommt; daher die Hoffnung auf eine Unterstützung seitens der UNO. Erinnerungen an Vietnam werden wach. Unten: Der Alltag der US-Boys.*

*Der starke Mann im heutigen Irak: Schiitenführer Muktada* AL-SADR. *Der Irak bewegt sich ins Ungewisse, vielleicht in Richtung eines schiitischen Gottesstaates nach iranischem Vorbild. Dann würde der Konflikt zu den im Norden des Iraks beheimateten Kurden (siehe nebenstehende* Spiegel-*Karte) wahrscheinlich in einen offenen Bürgerkrieg ausarten.*

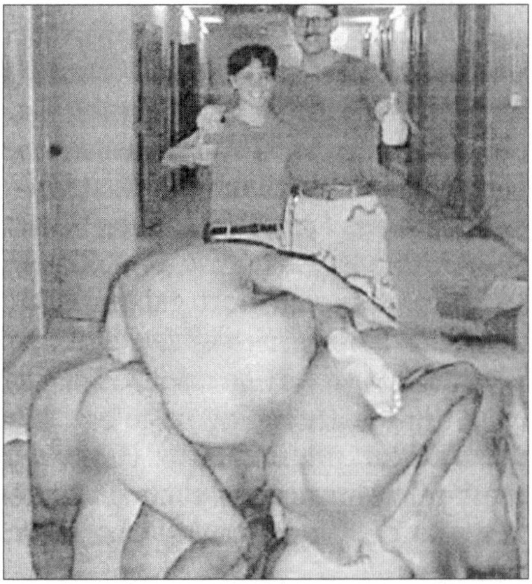

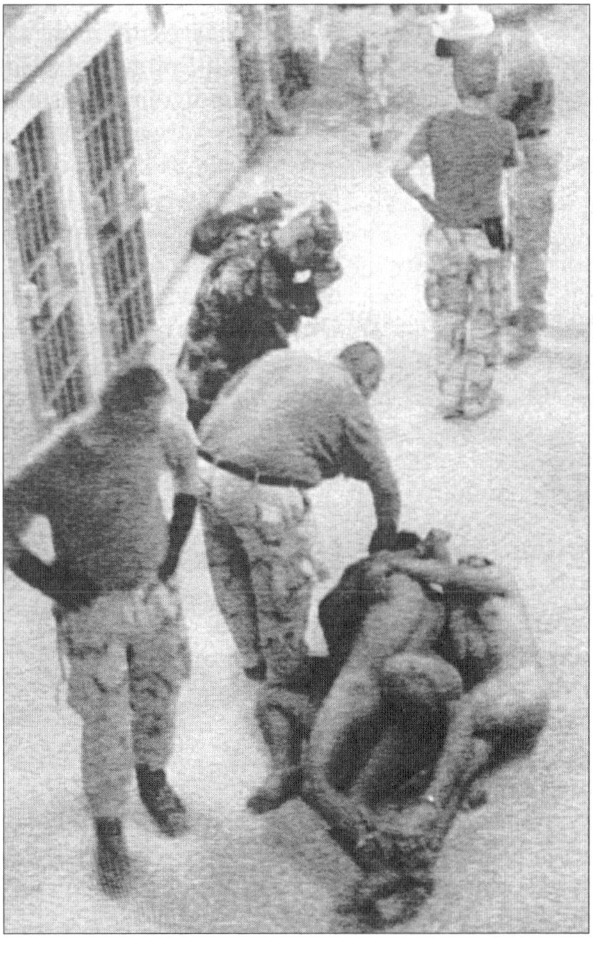

*Kurz vor der Drucklegung dieses Buches erschien ein Teil der Fotos, die die sadistischen Verbrechen der moralhütenden Nationen an Kriegsgefangenen dokumentieren. Noch abgrundtiefere Bilder sind vom Pentagon bislang nicht freigegeben worden. Von internationaler Strafgerichtsbarkeit wollen die USA bekanntlich nichts wissen. Auch ihre verbündeten Brüder jenseits des Kanals waren nicht untätig. Eine moralische Katastrophe für die westliche Wertegemeinschaft.*

krieges veröffentlicht wurde, warnt daher: »An den Börsen wachsen die Zweifel an der Weltmacht Amerika: nicht an der militärischen Stärke, wohl aber an der ökonomischen. Es wächst die Furcht, daß die US-Wirtschaft längst nicht so robust ist, wie alle lange glaubten - und daß der Aufschwung, den das Land auch jetzt wieder erlebt, plötzlich zusammenbricht... Denn der Wohlstand in den Vereinigten Staaten ist größtenteils auf Pump finanziert. Er speist sich... aus einem tiefroten Haushalt - und einer tiefroten Leistungsbilanz.«[1147]

Wegen Bushs massiver Militärausgaben sind die einstigen Haushaltsüberschüsse aus Clintons Regierungszeit, die sich auf 237 Milliarden Dollar beliefen, innerhalb von nur zweieinhalb Jahren zu einem Defizit von 400 Milliarden Dollar geworden.[1148] 2004 wird eine Neuverschuldung von sogar 521 Milliarden Dollar erwartet, während die Bundesverschuldung bei gigantischen 3,9 Billionen Dollar liegt - eine Summe so groß wie das Bruttosozialprodukt der Bundesrepublik Deutschland und Frankreichs zusammen.[1149] Defizite dieser Größenordnung bedeuten eine Dauerschädigung selbst starker Ökonomien, da sie wichtige Zukunftsinvestitionen behindern, Inflation begünstigen und letztendlich für den Anstieg von Zinsen sorgen, was wiederum für Wachstum und Beschäftigung schlimme Folgen hat. Und dies sind nur die offiziellen Zahlen, die nicht einmal die Kriegskosten berücksichtigen. Viele Ökonomen halten Bushs Steuersenkungen zu solch einem Zeitpunkt für eine verhängnisvolle Entscheidung. Nun hat auch noch das Finanzministerium damit begonnen, die Sozialkassen zu leeren, um das Haushaltsloch wenigstens teilweise zu stopfen. Rund 2,4 Billionen Dollar, die eigentlich für die Altersversorgung geplant waren, dienen nun dazu, die laufenden Kosten der Regierung zu decken. Noch etwas anderes ist bedenklich: »Während die Staatsausgaben inzwischen gut 20 Prozent vom Inlandsprodukt ausmachen,... sind die Staatseinnahmen auf 16 Prozent gesunken, den niedrigsten Stand in 50 Jahren.«[1150] Falls nicht ein Wunder geschieht, wird Bush als zweiter Präsident nach Herbert Hoover in die Geschichte eingehen, in dessen Amtszeit mehr Jobs verlorengingen, als dazukamen.[1151] Seit Bushs Regierungsantritt im Herbst 2000 verloren nämlich über zwei Millionen Amerikaner ihren Arbeitsplatz.[1152] Selbst während Reagans turbulenter Amtszeit gab es keine derart hemmunglose Finanzpolitik. Und Bush denkt erst gar nicht daran, seine Wirtschaftspolitik zu ändern. Im Gegenteil, völlig unbelehrbar will er im Jahre 2005 genau da weitermachen, wo er begonnen hat. Dem Kongreß teilte er bereits seine Absicht mit, im nächsten Jahr [2005] 2,4 Billionen Dollar für das US-Militär und den Kampf gegen den Terrorismus auszugeben.

Ferner wird die US-Ökonomie bald demographisch schwer belastet sein. Denn in sechs Jahren wird die erste Welle der sogenannten Baby-Boom-Generation in Rente gehen.[1153] Nach Auffassung einiger Ökonomen war es gerade diese Generation, die den größten Beitrag zum US-Wohlstand der Nachkriegszeit leistete. So erkannte der US-Wirtschaftswissenschaftler Harry S. DENT einen verblüffenden Zusammenhang zwischen der Entwicklung der US-Börse und dem Babyboom: Der Dow-Jones-Index zeige eine auffällige Übereinstimmung mit der Geburtenentwicklung in den Vereinigten Staaten auf. Dem Wirtschaftsguru zufolge werde die US-Börse noch bis 2008 stark an Wert zulegen, aber schon ab 2011–2013 abstürzen, und zwar wegen der ins Pensionsalter kommenden Babyboomer, die dann ihre Einkommen, Ersparnisse und Investitionen deutlich zurückhalten werden.

2008 wird außerdem die Zahl der US-Bürger, die sich aus dem Arbeitsleben zurückziehen, sprunghaft ansteigen.[1154] DENT steht mit seiner Analyse keineswegs allein da. Auch der ehemalige US-Finanzminister Robert RUBIN meinte, daß das Ausbleiben der Babyboomer-Generation einen Domino-Effekt mit verheerenden Folgen auslösen könnte.[1155] Angesichts der derzeitigen Wirtschaftslage in den USA könnte DENTS Prognose sogar als zu optimistisch empfunden werden. Der derzeitige, von den Medien gelobte Aufschwung in den USA ist angesichts dieser verheerenden Wirtschaftsdaten nur ein Tropfen auf den heißen Stein, ein Ablenkungsmanöver, um vor allem die vielen ausländischen Investoren, die Amerikas enormen Kapitalbedarf decken, nicht zu verschrecken. Ohne diese könnte die US-Wirtschaft ihren jetzigen maßlosen Konsum überhaupt nicht mehr finanzieren. Würden diese Investitionen ausbleiben, fiele die US-Ökonomie blitzartig in eine Rezession oder gar in eine Depression.

Durch die US-Finanzpolitik sind zwei Riesendefizite entstanden; weil die US-Verbraucher weitaus mehr konsumieren, als sie sich leisten und auch selbst produzieren können. Das gleiche gilt nach wie vor für die offenbar nicht zu bändigende Kreditsucht der Amerikaner. Da US-Bürger die niedrigste Sparquote im Westen haben, müssen die USA seit 30 Jahren Milliarden an Kapital importieren, um ihren Konsum finanzieren zu können:[1156] Die USA importieren täglich rund 2 Milliarden Dollar an ausländischem Kapital; das entspricht rund 80 Prozent aller grenzüberschreitenden Kapitalanlagen. Damit bleiben für den Rest der Welt gerade einmal 20 Prozent des internationalen Kapitals übrig.[1157]

500 Milliarden Dollar braucht die US-Gesellschaft also zur Finanzierung ihres abnormen Konsumverhaltens. Dieser Betrag macht 5 Prozent des Bruttoinlandsprodukts der USA aus. Das mag beim ersten Hinsehen nicht gravierend erscheinen, aber ein derart hohes Minus in der Leistungsbilanz hatten selbst die Tigerstaaten Ostasiens nicht, als die Geldgeber das Vertrauen verloren und die dynamischen asiatischen Volkswirtschaften deswegen abstürzten. Erst kollabierten die Tigerstaaten, die im Gegensatz zu den heutigen USA immerhin sehr hohe Wachstumsraten aufwiesen. Dann folgte prompt der Abschied Brasiliens und Argentiniens von der Dollar-

bindung, als der Druck auf deren längst nicht so dynamische Volkswirtschaften zu groß wurde.

Statt auf den Dollar zu setzen, decken sich immer mehr Zentralbanken und Anleger weltweit mit dem Euro ein, der so zu einer ernsten Konkurrenz zum Dollar herangewachsen ist. Der russische Zentralbank-Vizepräsident Oleg Wjugin meinte hierzu völlig offen: »Der Ertrag aus Dollar-Anlagen ist derzeit sehr niedrig, andere Währungen bringen mehr.«[1158] Japanische Anleger besitzen rund ein Drittel aller US-Schuldanleihen, und etwa 45 Prozent aller US-Bundesschulden sind in ausländischem Besitz.[1159] Peking verwaltet mit 271 Milliarden Dollar nach Japan die zweitgrößten Devisenreserven der Welt. Die chinesische Führung sagte, sie wolle künftig nicht mehr so viele Dollar horten und diese durch mehr Euro ersetzen. Ähnliche Ankündigungen kommen aus einer Vielzahl von Staaten: Taiwan, das ebenfalls über beträchtliche Devisenreserven verfügt, will sein Euro-Investment von 20 auf 35 Prozent erhöhen. Singapur hält schon ein Drittel seiner Währungsreserven in Euro, und selbst Kanada will als traditionelles Dollar-gesteuertes Land verstärkt auf den Euro setzen. Eine neue Studie von Goldman Sachs zeigt indes, wie groß die Veränderungen unter den Währungen sind. Anfang 1999 hatten die großen Zentralbanken noch 5,8mal so viele Dollar wie Euro in ihren Tresoren, drei Jahre später waren es nur noch 4,6mal so viele. Die Branche ist sich sicher, daß der neue Kursanstieg des Euro den Trend noch verstärken wird.[1160]

Teilweise ist auch die aggressive Außenpolitik der USA für diese Lage verantwortlich. So hatte schon im Herbst 2000 Saddam Hussein als einer der allerersten den Euro unterstützt. Sein Finanzminister kündigte damals an, den Euro gegenüber dem Dollar zu bevorzugen - und nicht mehr die »Währung des Feindes«. Im Gegensatz zur üblichen Handelsweise wurden sämtliche Rohölexporte des Irak in Euro, und nicht mehr in Dollar abgerechnet. Mittlerweile denkt der Iran als zweitwichtigster OPEC-Exporteur nach Saudi-Arabien auch über einen Währungswechsel nach und erwägt, sich seine Exporte teilweise in Euro auszahlen zu lassen. Als Reaktion auf Washingtons Einbeziehung des Iran in die »Achse des Bösen« hat der Iran bereits die Hälfte seiner Währungsreserven, von immerhin 7 Milliarden Dollar, in Euro umgetauscht.

Über nichts ist die Elite in den USA zur Zeit mehr besorgt als darüber, daß der Dollar ins finanzielle Abseits geraten könnte. Denn genau hier ist Washington am verwundbarsten. Sein Wohlstand beruht bekanntlich darauf, daß genügend Menschen in aller Welt Dollar kaufen. Nur so läßt sich nämlich das riesige Loch in der US-Handelsbilanz stopfen. Und nur solange Öl, der wichtigste Rohstoff der Welt, in Dollar - und nur in Dollar - gehandelt wird, bleibt die Nachfrage nach der US-Währung stabil.

Der US-Historiker William Clark - das sagten wir schon - behauptete deswegen nicht zu Unrecht in einem Essay, der wahre Grund für Amerikas Krieg gegen den Irak sei weder die Angst vor Massenvernichtungswaffen noch der Griff nach Iraks Ölreserven, sondern SADDAM HUSSEINS Sympathie für den Euro, der einen Präzedenzfall in der gesamten Öl-Währungsfinanzierung darstellt. Daher argumentiert er: Es geht Washington darum, den Dollar auf Dauer als einzige Ölwährung zu sichern. Indirekt gab sogar das angepaßte Nachrichten-Magazin *Newsweek* dem Historiker recht, als es etwas kaschiert von sich gab: »Vergeßt den Irakkrieg, vergeßt den transatlantischen Streit. Die Mutter aller Gefahren lauert an einer ganz anderen Front.«[1161] Schon der Oktoberkrieg im Jahre 1973 sowie der erste Golfkrieg (1980–88) waren größtenteils US-inszenierte Kriege, um den Dollar wieder aufzuwerten und Öl als Amerikas neue, das Gold ablösende Weltwährung einzuführen. Dies geschah genau wie heute zu Zeiten, als der Dollar gegenüber anderen Währungen massiv an Wert verlor.

Viel gefährlicher für die US-Wirtschaft und den Dollar ist aber der Umstand, daß der Hauptanteil der US-Staatsschulden in Fernost gehalten wird. Dort liegen die Nerven der Anleger derzeit blank. Was ist, fragen Wirtschaftsexperten, wenn die beunruhigten Investoren ihr Kapital aus den USA abziehen? Allein die japanische Zentralbank besitzt den gigantischen Wert von 363 Milliarden in US-Staatsanleihen, womit Japan größter Gläubiger der US-Schulden ist. China besitzt seinerseits über 102 Milliarden, meist in US-Schatzbriefen. Diese asiatischen Staaten haben die Hälfte aller weltweiten Währungsreserven – und fördern so den Boom ihres wichtigsten Handelspartners, der USA. Aber wie lange kann das noch gut gehen?, fragen sich immer mehr die Beteiligten. Irgendwann wird den Hauptfinanziers der US-Schulden in Tokio, Peking oder Hongkong das Risiko einfach zu groß werden. Hierzu meinte der US-Wirtschaftshistoriker Harold JAMES von der Universität Princeton unverblümt: »Dann kommt es zum großen Knall.« Der Dollar stürzt ab – und die US-Wirtschaft gleich mit. Jim O'NEIL von Goldman Sachs warnte, daß selbst eine Währungskrise dann möglich wäre.[1162]

Diese Sorgen und Ängste sind keineswegs übertrieben. Längst reden Wirtschaftsexperten davon, daß der Untergang der USA als Supermacht wahrscheinlich durch einen jähen Werteverfall des Dollars ausgelöst werden könne, der gleichzeitig die US-Börse mit in den Abgrund reißen würde. Das wäre das Ende der US-Wirtschaft als Weltwirtschaft.[1163]

Schon heute sind in den USA alle ›Werte‹ (alles, was einen realen Wert besitzt: Immobilien, Grundstücke, Anlagen, Fabriken, Rohstoffe, Gold usw.) verpfändet. »Um einen Dollar für das BIP zu schaffen, sind heute vier Dollar an frischem ›*fiat* money‹ nötig.«[1164] Außerdem sind die offiziellen US-Statistiken derart geschönt worden, daß man sie eigentlich nur noch als Fälschung bezeichnen kann. Gerhoch REISEGGER wies nach, wie sehr und oft alle möglichen Wirtschaftsdaten ›frisiert‹ worden sind. Angefangen bei der

Inflationsrate über Arbeitslosigkeit bis zum angeblichen Produktionszuwachs, zeigt sich, daß die Zahlen praktisch nur noch Phantasie-Vorstellungen einiger US-Bürokraten sind.[1165]

Auch die vielgelobte ›New-Economy‹ wurde seit 2000 zunehmend zur Misere. Es fing mit den Pleiten der großen US-Konzerne Xerox, Worldcom, Babcock sowie des Energieriesen Enron an und endete mit gigantischen Bilanzfälschungen dieser und ähnlicher US-Megakonzerne.[1166] Seit Beginn der Börsenkrise im März 2000 hatten die US-Aktien in nur einem Jahr gigantische 5,3 Billionen Dollar an Wert verloren, dies war mehr als die Hälfte des gesamten Bruttoinlandsprodukts der USA. Das bedeutete bereits seit Ende August 2001 (vor dem 11. 9.) einen fast senkrechten Absturz der US-Börse.[1167] *Die Welt* warnte sogar vor einer Depression, da der Gesamtwert aller US-Aktien seit März 2000 von 17 auf 10 Billionen Dollar abstürzte, dies war »die größte Vermögensvernichtung aller Zeiten«.[1168] Der Irakkrieg 2003 versetzte der US-Wirtschaft einen weiteren Schlag: Arabisch-islamische Staaten kauften nun bewußt immer weniger bei den USA ein und leiteten damit einen internationalen Boykott gegen US-Produkte ein, der die USA bisher satte 3 Billionen Dollar Einnahmen kosteten. Außerdem erlebt die einzige Weltmacht, wie es ist, wenn man als Nation einem Boykott ausgesetzt wird.

Die USA-Wirtschaft ist, wie gesagt, angeschlagen. Der einst größte Gläubiger der Welt besitzt mit knapp 3 Billionen Dollar die höchsten Auslandsschulden der Welt, was etwa einem Viertel des Bruttoinlandsprodukts entspricht. Und selbst der siegreiche Irakkrieg 2003 könnte sich für die US-Wirtschaft als schwere Bürde erweisen, denn Washington muß jährlich 50 Milliarden Dollar aufbringen, um seinen Zugang zum Öl am Persischen Golf sicherzustellen.[1169]

## Amerikas aggressive Kriegspolitik

Während der drohende Abstieg und letztendlich der Niedergang der USA immer offensichtlicher werden, ist es ziemlich verständlich, warum die US-Führung und -Elite so sehr auf einen Krieg mit dem Irak aus waren. Dem US-Historiker Bruce Porter zufolge »befinden sich die USA seit 1941 in einem dauernden Kriegsstadium. ›Historisch gesehen, haben Kriege eine Hauptrolle in der Steigerung der Macht, Größe und monetären Ausgaben gespielt, dies war besonders in Amerika der Fall‹«.[1170] Daran hat sich nichts geändert, und auch die von der Bush-Regierung betriebene Aufrüstung hat diesen Trend erheblich verstärkt. Mittlerweile wird in den USA rund ein Viertel des Bruttoinlandsprodukts zur Produktion militärischer Güter aufgewendet.[1171] Einen solch hohen Militäranteil am BIP hatte auch die Sowjetunion während des Kalten Krieges vorzuweisen, und bekanntlich ging sie unter anderem wegen dieser riesigen Bürde unter.

Schon im 1. und dann im 2. Golfkrieg 1991 konnten die USA ihren Abstieg noch einmal aufhalten und gar kurzfristig abwenden. Die Rezession von 1990 hatte genauso wie die von 2001 schlimme Auswirkungen auf die US-Wirtschaft. Beide lassen sich bezüglich der Entwertung der US-Ökonomie nur mit der Großen Depression von 1929 vergleichen.

Der Golfkrieg 1991 rettete nicht nur den größten Teil des militärisch-industriellen Komplexes (MiK), der seit dem Zweiten Weltkrieg die US-Wirtschaft bestimmend angetrieben hatte,[1172] sondern er gab der Wirtschaft den erhofften Auftrieb. Wie wir gesehen haben, hatte der fast zehn Jahre währende starke Aufschwung der US-Wirtschaft dem Golfkrieg von 1991 viel zu verdanken: Er gab den entscheidenden Schub für den Börsenboom der ›New Economy‹, der bis 1999 anhielt. Als sich in den USA erneut bedrohliche Anzeichen einer rezessionären Entwicklung bemerkbar machten, kam es zum passenden Zeitpunkt zum Kosovokrieg und somit zur schnellen Wiederbelebung des MiK in Amerika. Außerdem wird die US-geplante Osterweiterung der Europäischen Union dem MiK Waffengeschäfte im Wert von etwa 50 Milliarden Dollar einbringen. 2001 kam es dann mit dem Börsenabsturz zu einer der schwersten Rezessionen in der ganzen Geschichte der USA und folglich zu einem 3. Golfkrieg, von dem man sich wiederum erhoffte, daß er die Wirtschaft ankurbeln würde. Der MiK gilt seit dem Zweiten Weltkrieg als größter Auftraggeber der US-Wirtschaft und benötigt daher Kriege und Konflikte in aller Welt, um das Wirtschaftsleben in den USA auf hohem und verschwenderischem Niveau zu halten.

Die Aufrüstung der USA und die damit zunehmende Häufigkeit destruktiver Kriege läßt sich auch hervorragend empirisch nachweisen. Zwischen 1999 und 2001 leitete Amerika eine Remilitarisierung ein.[1173] In diesem sehr kurzen Zeitraum begann bereits im März 1999 der Kosovokrieg, der in Wirklichkeit ein US-Krieg war, geführt zu 80 Prozent mit US-Waffen und entsprechender Beteiligung. Ganze 18 Monate später kam es zum US-Angriffskrieg gegen das ärmste Land der Welt: Afghanistan. Wieder 18 Monate später starteten die USA 2003 ihren dritten Angriffskrieg in nur vier Jahren gegen einen völlig verarmten Irak. Und noch ist kein Ende vom sogenannten Krieg gegen den internationalen Terrorismus abzusehen, im Gegenteil: Schon mitten im Irakkrieg 2003 haben die USA Iran und Syrien direkt gedroht, Saudi-Arabien zumindest indirekt. Hatte es noch zwischen dem Golfkrieg 1991 und dem Kosovokrieg 1999 mehr als neun Jahre gedauert, bis die USA von einem großen Krieg zum nächsten schritten, so sind die Zeitabstände inzwischen immer kleiner geworden. Mittlerweile muß schon mit einem Zeitabschitt von nur noch anderthalb Jahren gerechnet werden, bis der nächste US-geführte Krieg stattfindet.

Was sagt uns dies über die Supermacht USA aus? Zum einen ist die US-Wirtschaft, wie schon angemerkt, gegenüber dem Rest der Welt immer schwächer geworden und benötigt wachsende Unterstützung durch Kriege und Aufrüstung. Deshalb muß die US-Führung die Welt immer unsicherer machen, damit genügend potentielle Erdteile für Kriege bereitstehen. Daraus ergibt sich auch eine politische Rolle für die USA, da sie weder wirtschaftlich noch politisch der Welt etwas anbieten können, was diese nicht schon selbst in einem gewissen Maße besitzt. Die USA müssen stets für Unordnung und Chaos sorgen, damit sie als Ordnungshüter und Weltpolizist auftreten können. Auf diese Weise gedenken sie, sich eine Art legitime Rolle der weltweit ordnenden Hand zu verschaffen.

Hierbei gehen die USA wie eine Feuerwehr vor, die besorgt mitansehen muß, daß in ihrem Bezirk schon seit Jahren kein Feuer mehr ausgebrochen ist. Die Bürger debattieren daher schon seit langem, ob es nicht besser wäre, die Feuerwehr entweder drastisch zu reduzieren oder gar ganz abzuschaffen, um sich statt dessen nur noch eine Art minimalste Institution zu erhalten, die die Aufgabe der teuren Feuerwehr übernehmen könnte. Dieses Argument stößt auf große Resonanz, da die Stadt schon längst seit Jahren hochverschuldet ist. Da die Feuerwehr aber immer großzügigere Gehälter und Zuschüsse von der Stadt bekam, sind ihre Mitarbeiter keineswegs gewillt, so einfach klein beizugeben, zumal der überwiegende Teil von ihnen arbeitslos wäre. Deswegen entwickelte man in den höchsten Etagen dieser Institution einen Plan, um sich vor den Bürgern der Stadt unentbehrlich zu machen. Die Chefs planen streng geheim und konspirativ, daß man einfach ein paar Feuer in der Stadt an wichtigen Gebäuden zu legen brauche, und schon könne man heldenhaft zu Rettung schreiten und den Bürgern zeigen, daß ihre Institution unentbehrlich sei. Und genau in dieser Art und Weise agieren die einzig verbleibende Supermacht und ihr Militär.

So läßt sich auch erklären, warum die US-Geheimdienste SADDAM HUSSEIN praktisch für seinen Werdegang als Diktator auserkoren hatten und stets unterstützten, als er ihren Interessen diente. Er bleibt, was ihr Vorgehen anbelangt, wahrlich kein Einzelfall. Es wäre daher nie im Interesse der US-Machtelite, alle Diktatoren in der Welt zu beseitigen oder gar einer Friedensdividende wie jener im Jahre 1989 zuzustimmen. Ironisch klingt in diesem Zusammenhang auch, daß die traditionellen Demokratien immer autoritärer werden. Man denke an die USA oder Großbritannien, wo seit dem 11. September immer mehr Notstandsgesetze verabschiedet worden sind, während die Bürgerrechte zunehmend verdrängt oder sogar beseitigt wurden und werden. Währenddessen werden die ehemals autoritären oder diktatorischen Staaten, wie zum Beispiel die Ostblockstaaten, immer demokratischer. Die gleiche Tendenz läßt sich auch in fast allen arabischen Staaten, wenn auch nicht im gleichen Maße, feststellen. Selbst wirtschaftlich können die USA diesen Staaten nichts Neues oder Nützliches mehr bringen. Im Gegenteil, in Rußland (mit seiner ökonomischen Schocktherаpie), in Argentinien, Mexiko und Lateinamerika wurde allgemein offenbar, daß der US-Kapitalismus für diese Länder nicht nur völlig ungeeignet ist, sondern auch, daß er die betroffenen Nationen schnell in die Armut trieb. Allein eine winzig kleine Elite profitierte von der sogenannten Privatisierung und Liberalisierung der Volkswirtschaften, und dieselbe Elite schickte meistens auch noch einen überwiegenden Teil ihres Vermögens ins westliche Ausland, anstatt ihre Heimatländer zu unterstützen. Spätestens nach der verheerenden Asienkrise 1997–98 zeigte sich, wie wenig tauglich das ganze anglo-amerikanische Wirtschaftsrezept für diese gesamte Region war. Was dort in rund drei Jahrzehnten mit viel Mühe aufgebaut worden war, machten gezielte Angriffe von Börsenhaien in wenigen Tagen zunichte.

Der Professor für Ökonomie Michel Chossudovsky hat in seinem ausführlichen und gut fundierten Buch *Global Brutal – Der entfesselte Welthandel, die Armut, der Krieg* eindrucksvoll nachgewiesen, daß die sogenannte Wirtschaftsreformen der Weltbank und des IMF, die, wie er zeigt, letztendlich nur Instrumente der US-Regierung sind, nur zu einer völligen Abhängigkeit der Dritten Welt-Länder von diesen Institutionen beitrugen. Einer völlig exklusiven Westelite fällt es dann um so leichter, diese Länder derart auszubeuten, daß sie nicht nur hoffnungslos verschuldet sind, sondern auch noch zu Armenhäusern degradiert werden. Letztendlich stellen Weltbank und IMF lediglich die moderne Version früherer viel rüderer Rekolonisierungsarmeen dar; sie gehen allerdings viel effizienter vor, als diese jemals dazu in der Lage waren.

Ferner versucht die US-Führung ihren Abstieg und Niedergang als Supermacht abzuwenden. Krieg ist hierzu ein probates Mittel, da die USA wirtschaftlich einfach nicht mehr in der Lage sind, die Weltordnung in ihrem Sinne aufrechtzuerhalten. Die rasche Vermehrung von US-geführten Kriegen unterstreicht außerdem, daß sich die Machtelite sehr wohl dessen bewußt ist, daß die Zeit gegen sie arbeitet. Um die Hegemonie noch zu erreichen, müssen die USA einerseits ständig sicherstellen, daß auch weiterhin die wichtigen Anleger und Banker der Welt auf den Dollar setzen. Zur gleichen Zeit muß jeder potentielle aufstrebende Gegner möglichst schon im Ansatz daran gehindert werden, sich den US-hegemonialen Plänen entgegenzustellen. Dazu benötigen die USA eine immer flexiblere, aufwendigere und umfangreichere Militärmaschine, was das Land selbst auf kurze Sicht unaufhaltsam in den Bankrott treiben wird.

Es kann keinen Zweifel mehr daran geben, daß die USA die Weltherrschaft für die Machtelite in Amerika übernehmen sollen, wenn nötig auch mit Krieg. So offenbarte Max Boot, Mitarbeiter des elitären ›Council on Foreign Relations‹ (CFR) in New York, völlig ungeniert: »Amerikas Bestimmung liegt in der Rolle des Weltpolizisten.«[1174] Aus kaum einem anderen Grund unterhält die wirtschaftlich kränkelnde Supermacht Truppen und Stützpunkte in 137 anderen Nationen dieser Welt. Wie aus gut informierten Quellen hervorgeht, bestimmt der CFR die US-Außen- und Wirtschaftspolitik. Es überrascht daher nicht, wenn dieselben Kreise inzwischen die Demokratisierung, sprich Amerikanisierung, des gesamten Mittleren Ostens fordern und sie auch für Afrika und Asien befürworten.[1175]

Überhaupt reiste Bush im Juli 2003 nach Afrika, um die weitere Ausbeutung dieses Kontinents für US-Konzerne sicherzustellen. Nigeria deckt zum Beispiel derzeit 16 Prozent des US-Ölbedarfs, während Angola und Mosambique nicht unbeträchtliche Ölreserven beherbergen. Daher wurde Jonas Savimbi von der CIA unterstützt, um einen Bürgerkrieg in Angola vom Zaun zu brechen, der US-Wirtschaftsinteressen sicherstellen sollte. Auch in der Republik Kongo (ehemals Zaire) finanzieren US-multinationale Konzerne weiterhin Stammes- und Bürgerkriege, um sich der Ressourcen dieses reichen Landes zu bemächtigen. Für Bush und die multinationalen Konzerne ist Afrika daher der letzte unverbrauchte Kontinent.[1176]

Was Bush derzeit in Sachen Aufrüstung betreibt, ist selbst für US- Maßstäbe beispiellos. Aber da eine ›Pax Americana‹, eine US-Herrschaft, wirtschaftlich im Gegensatz zu den fünfziger und sechziger Jahren einfach nicht mehr möglich ist, muß die Machtelite immer öfter auf militärische Mittel zurückgreifen. Daraus erwächst das Dilemma, das für die USA zum wahren Teufelskreis wird: Mehr Aufrüstung bedeutet zwar eine Zunahme an militärischer Macht, gleichzeitig aber ein noch größeres Abnehmen an Wirtschaftskraft, da die Aufrüstung nur durch erneute Schuldenmacherei zu finanzieren ist. Die stetig schwindende Wirtschaftsleistung macht die Anleger und Banken in aller Welt aber immer skeptischer und nervöser gegenüber dem Dollar. Ohne deren Finanzierung ist aber die Supermacht USA bald am Ende ihrer hegemonialen Träume. Dies zeigte sich bereits allzu deutlich im Golfkrieg 1991, als die Alliierten fast den gesamten Krieg für die USA bezahlten. Von 61,1 Milliarden Dollar übernahm die US-Regierung damals nur 7,4 Milliarden;[1177] wohlgemerkt, nicht weil die USA dafür zu geizig waren, sondern weil dieser Staat schon damals die höchste Verschuldung der Welt mit sich herumschleppte und bereits pleite war. Noch 20 Jahre zuvor konnten die USA den Vietnamkrieg allein führen und finanzieren, wenn auch die US-Verschuldung dadurch erheblich zunahm und die USA bereits vier Jahre nach Kriegsende erstmals eine negative Handelsbilanz aufwiesen. Von nun an waren die USA ökonomisch vom Ausland abhängig, was die Finanzierung ihrer schweren und stetig zunehmenden Verschuldung anbelangte. Damit war ihr Agieren in aller Welt stets auf das Wohlwohllen ihrer zunehmend ausländischen Anleger und Banken angewiesen.

Spätestens seit der Auflösung des Ostblocks büßte Amerika auch ständig an politischer Bedeutung ein. Die Ostblockstaaten wurden immer demokratischer, ohne daß sie die USA für den Demokratisierungsprozeß benötigten:

nach dem wirtschaftlichen Niedergang ein zweiter Schlag für Amerika. Eine Ironie der Geschichte war es ohnehin längst, daß Washington Diktatoren und Despoten bevorzugt behandelte, wie das aus offiziellen US-Dokumenten hervorgeht, die nach dem Kalten Krieg veröffentlicht wurden.[1178] In wirtschaftlicher und geostrategischer Hinsicht standen sie den US-Ambitionen nämlich kaum im Weg. Washingtons Behauptung, Amerika setze sich für Freiheit, Demokratisierung und Wohlstand in jenen Ländern ein, wurde immer unglaubwürdiger, so daß heute kaum noch Menschen in der Dritten Welt daran glauben.

Nachdem die USA an wirtschaftlicher wie an politischer Kraft und Einfluß zunehmend verloren haben, bleibt ihnen nur noch die krude militärische Macht, um ihre Ambitionen zu verwirklichen. Die Amerikaner beteuern gern, mit ihren Kriegen gegen Diktaturen und für die Demokratie zu kämpfen; das sind aber leere Versprechungen, wie die jüngste Geschichte hinlänglich zeigt. Panama (1989 erstes Opfer der USA nach dem Kalten Krieg) wurde nie demokratisch, Kuwait auch nicht durch die ›Befreiung‹ durch Amerika im Jahre 1991, Kosovo 1999 und Afghanistan 2001 ebensowenig. Mit dem Irak verhielt es sich 2003 nach dem Krieg nicht anders. Trotzdem ließ die BUSH-Regierung alle Welt wissen, sie sei bemüht, den gesamten Mittleren Osten zu demokratisieren, da dort lauter Regime-Wechsel beabsichtigt seien. Der Wahlbetrug im Jahre 2000 kann auch kaum als vielversprechendes Beispiel für den Rest der Welt dienen.

Die wirtschaftliche Schwäche der USA macht sie außenpolitisch immer aggressiver, ihnen bleibt nur noch die militärische Gewaltanwendung, vor allem in der Dritten Welt, als letzte Drohung allen Nationen gegenüber, die sich nicht dem Dollar-Diktat der Wallstreet unterwerfen wollen. Somit ist der Euro eine noch viel größere Gefahr für die US-Elite als jede noch so starke Militärmacht. Selbst mit dem ungeheuren militärischen Vernichtungspotential der ehemaligen Sowjetunion ist die US-Führung seinerzeit fertig geworden, aber was soll sie tun, wenn immer mehr Investoren und Anleger aus dem Dollar flüchten? Diese etwa bombardieren?

Außerdem wurde deutlich, daß die Militärmacht der USA zur Weltherrschaft nicht ausreicht. Seit Ende des Kalten Krieges hat die US-Führung nur gegen dritt- bis viertklassige Gegner Krieg zu führen gewagt. Dies war beim ersten Krieg, besser gesagt: beim ersten Überfall seit dem Kalten Krieg, schon der Fall gewesen, als BUSH sen. den Mini-Staat Panama überfiel. Schon dieser Krieg war völkerrechtswidrig. Auch der darauffolgende Golfkrieg 1991 konnte nicht darüber hinwegtäuschen, daß es sich hier ebenfalls um einen hilflos unterlegenen Gegner handelte. Der Ausgang bestätigte dies einwandfrei und brachte vor allem eine weitere militärische Schwäche der USA zutage: Sie sind nur in der Lage, Kriege zu führen, wenn ihre Verluste an Menschenleben auf ein absolutes Mindestmaß beschränkt bleiben.

Auch der Kosovokrieg im Jahre 1999 folgte dem gleichen Muster. Ein weiterer unterlegener Gegner mußte gegen die weitaus größte Militärorganisation der Geschichte antreten, als die NATO gegen Ex-Jugoslawien zu bomben anfing, in der Folge jedoch ein erstaunliches militärisches Unvermögen an den Tag legte: In immerhin 78 Tagen stärkster Bombenangriffe verlor MILOSEVIC höchstens ein Dutzend Panzer; eine völlig unbedeutende Zahl.

Der Afghanistankrieg war bis dato der ungleichste Krieg seit Ende des Kalten Krieges. Das ärmste Land der Welt wurde von der stärksten Militärmacht der Welt angegriffen. Die größte Überraschung dabei war, daß der vermeintlich schnell gewonnene Krieg ein Pyrrhussieg und eine Farce war; dieser Krieg ist noch nicht einmal beendet, und die USA müssen immer höhere Verluste gegen einen Zwerg von Gegner hinnehmen.

Es ist gut möglich, daß die USA gezwungen sein werden, hier ihre militärische Macht unter Beweis zu stellen, da sie sonst ohnehin wenig zu bieten haben, und sie wie ehemals die Russen eine schwere Niederlage erleiden, die zu ihrem wirtschaftlichen Untergang mit beitragen kann, wie dies einst den Sowjetrussen widerfuhr.

Der letzte unrühmliche Angriffskrieg der USA fand erwartungsgemäß gegen einen weiteren viertklassigen Gegner statt: gegen den Irak, der schon seit über zwölf Jahren unter drakonischen Sanktionen litt, von UN-Inspekteuren seit acht Jahren größtenteils entwaffnet worden war; ein Land, das die USA seit dem Krieg von 1991 an die tausend Male angegriffen und auch noch in zwei von ihnen teilweise kontrollierte Nord- und Südzonen aufgeteilt hatten. Angesichts solcher Vorteile für die US-Truppen muß man sich wirklich fragen, weshalb der Widerstand so schwer für diese zu überwinden war - zumal die regulären irakischen Streitkräfte kaum Gegenwehr leisteten.

Es ist aber kein Geheimnis, daß amerikanische Bodentruppen in Landkriegen immer schlecht abgeschnitten haben. Ob in Korea (wo sie fast von der gesamten Halbinsel gefegt wurden), in Vietnam oder selbst im Inselstaat Grenada, sie blieben stets unter den Erwartungen, die man an eine solch moderne und gut ausgerüstete Armee stellen konnte. Die Golfkriege konnten sie nur gewinnen, da ihre Luftwaffe alles, was sich ihnen an Truppen in den Weg stellen konnte, erbarmungslos bombardierte. Im Kosovokrieg verlief es nicht anders. Und wie gesagt, der Afghanistankrieg ist noch lange nicht gewonnen und kann noch in einer empfindlichen Niederlage für die Amerikaner enden. Trotzdem bleibt die US-Regierung in der wichtigen Golfregion militärisch stark vertreten. Seit dem Golfkrieg 1991 sind allein in Saudi-Arabien 35 000 US-Soldaten stationiert, ihre Präsenz führt zu Spannungen in den Beziehungen zwischen Riad und Washington. 1996 und 2003 kam es zu schweren Explosionen an US-Militäranlagen im Land.

William Pfaffs mahnende Worte in der *Los Angeles Times* überraschen nicht: »Wenn die gegenwärtige amerikanische und saudische Politik fortgesetzt wird, wird die saudische Monarchie innerhalb von längstens 15 Jahren gestürzt werden, und eine radikale antiamerikanische Regierung wird in Riad die Macht übernehmen.«[1179]

## Afghanistan und Irak: zwei potentielle ›Vietnams‹

Der größte Fehler der US-Hegemonialpolitik war der Angriff auf Afghanistan am 7. Oktober 2001; er war als Rache für den 11. 9. gedacht, zumindest für die von den Medien verführten Massen. Fast alle Alliierten und Verbündeten rieten den USA von diesem Angriff ab, selbst die US-Militärs waren äußerst skeptisch; nur die zivile Führung des Pentagon um Rumsfeld versprach sich einen ruhmreichen Sieg in Afghanistan und später im Irak.

Ein Sprichwort lautet: »Hochmut kommt vor dem Fall.« Die USA wollten den Afghanistankrieg praktisch im Alleingang führen. Selbst die Briten beteiligten sich nicht offiziell am Krieg. Schnell wurden die Taliban und ihr Regime für besiegt erklärt. Aber wie im Irak, ist der Krieg nach dem Krieg für die USA nicht mehr zu gewinnen, und dies im ärmsten Land der Welt. Dort haben sie allein in letzter Zeit fünf ihrer Hauptvorposten verloren, da ihre technisch hochüberlegenen Truppen angegriffen wurden und sich schwer geschlagen zurückziehen mußten. Woche für Woche steigern sich ihre Verluste[1180] an den besten Elitesoldaten, die die USA besitzen.

Nur 31 Monate, nachdem das Taliban-Regime beseitigt worden war, kam es für die US-Führung zu einer sehr peinlichen und praktisch undenkbaren Entwicklung, die von den so kritischen Massenmedien natürlich verschwiegen wurde: Amerika ist gezwungen, mit den Taliban zu verhandeln, damit es ohne demütigen Gesichtsverlust seine Soldaten aus dem Kriegsgebiet zurückziehen kann. Diese unterdrückte Nachricht stammt von der *Aisia Times Online* vom 14. Juli 2003. Schon am 13. November 2001, mitten im Krieg, verhandelten die USA mit den Taliban über deren Rückzug aus Kabul, damit der US-Krieg ohne zu große Verluste für Amerika ablaufen konnte. Das erinnert seltsamerweise an die nach dem Irakkrieg 2003 aufgekommenen Gerüchte, die US-Elite habe mit der irakischen Führung über die problemlose Einnahme Bagdads verhandelt. Heute befinden sich die USA in einer viel schlimmeren Lage, wie es ein Report auf den Punkt brachte: »Die Amerikaner sind verzweifelt, sie wollen, daß der ISI und das pakistanische Militär mehr tun, um sie vor den Angriffen der Taliban sowie anderen afghanischen und arabischen Kämpfern zu schützen, wie den Helfershelfern von Gulbuddin Hikmatyar und Osama bin Laden.«

Die Lage ist so besorgniserregend, daß selbst der elitäre ›Council on Foreign Relations‹ (CFR) in einem 24seitigen Dossier einräumte, daß man dabei sei, den »Frieden zu verlieren« - eine realpolitisch schönredende Formulierung; in Wirklichkeit wird dort der Krieg gerade verloren.

*Crescent International* berichtete in seiner Ausgabe vom Juli 2003: »Der nun hervorgetretene afghanische Widerstand ist stärker als im Dezember 1979, als die Sowjets in Afghanistan einmarschierten. Es besteht auch kein Mangel an Waffen; aus der Sowjetzeit befinden sich noch Tausende Tonnen einsatzbereiter Munition in den Berghöhlen; diese reichen für ein Jahrzehnt oder länger aus. Nach ihrem Rückzug vom 13. November 2001 überstanden die Taliban alles fast unversehrt... Für die Amerikaner ist die Nordallianz... ein unzuverlässiger Haufen... Die USA und ihre Alliierten müssen mit der wenig beneidenswerten Aufgabe fertig werden, an vielen Fronten zu kämpfen, wo zwischen Freund und Feind kaum unterschieden wird.«

Nicht nur US-Elitesoldaten sind inzwischen der Auffassung, daß die Lage in Afghanistan zunehmend der damaligen in Vietnam ähnlee; selbst RUMSFELD wirkt immer nervöser, wenn er auf das Q-Wort Quagmire (›Quagmire‹ im Englischen bedeutet soviel wie ›Sumpf‹ oder eine ›Verstrickung im Sumpf‹, was in Pentagon-Kreisen mit Vietnam gleichbedeutend ist) angesprochen wird. Die USA wollen daher, nach einer Absprache mit den Taliban, ihre Truppen so schnell wie möglich abziehen und durch 1800 kanadische Soldaten ablösen lassen. Diese Verzweiflungstat zeigt deutlich, wie sehr sich die Strategen des Pentagon verschätzt haben. Hinter verschlossenen Türen bitten sie nun jeden, der ihnen aus ihrer prekären Lage heraushelfen könnte: die Franzosen, die Deutschen - bezeichnenderweise jene Staaten, die sie zuvor so gescholten hatten.[1181]

Daß ausgerechnet BUSH Kanzler SCHRÖDER am 8. August 2003 lobte, spricht Bände: »BUSH hatte das deutsche Afghanistan-Engagement in engem Zusammenhang mit dem Drängen der USA gelobt, die NATO-Verbündeten müßten mehr Verantwortung im Irak übernehmen.« Erwogen wurde eine NATO-Mission in Afghanistan.[1182] Dies würde Deutschland förmlich in den chaotischen Morast Afghanistans hineinziehen, während es schlicht illusorisch wäre anzunehmen, das Land könne durch deutsche Truppen kontrolliert und befriedet werden. So berichtete die *Märkische Oderzeitung*: »Experten haben nämlich errechnet, daß über eine halbe Milllion Soldaten nötig wären, um die Lage im Lande zu kontrollieren. Die gegenwärtige in Kabul stationierte internationale Schutztruppe umfaßt jedoch nicht einmal 5000 Mann. Zu deren erheblicher Aufstockung fehlen sowohl der politische Wille als auch die materiellen und finanziellen Ressourcen. Deshalb wird wohl alles bleiben, wie es ist...«[1183]

Die 5000 Soldaten wagen es kaum, die Hauptstadt Kabul zu verlassen, obwohl sie nun unter NATO-Kommando stehen.[1184] Selbst die USA waren nie in der Lage, die benötigte halbe Million Soldaten dort zu stationieren, nicht nur aus finanziellen Gründen, sondern vor allem, weil sie selbst nicht so viele Elitesoldaten besitzen. Daher sollen nun die Deutschen bewerkstelligen, was den Amerikanern mit dem größten Militär der Welt zuvor nicht gelang. Die UNO hat nach einigen Anschlägen nun erklärt, daß sie ihre Arbeit im Süden Afghanistans aufgeben werde, während die Taliban von neuen Offensiven im Norden sprechen. Die Massenmedien schweigen zwar, aber die alternative Presse berichtet ab und zu, daß die US-Truppen in Afghanistan täglich angegriffen werden. Die Lage ist mittlerweile schon so unerträglich für die USA, daß sie einigen Berichten zufolge mit Taliban-Fraktionen Gespräche aufgenommen haben. Die US-Regierung wollte die Taliban sogar an der afghanischen Regierung beteiligen, wenn diese ihren Führer Mullah Omar beseitigten, US-Gefangene entließen, Nichtafghanen des Landes verwiesen, die den Djihad in Afghanistan praktizieren, und im Ausland, insbesondere in den USA, lebende Afghanen eine Rolle in der neuen Regierung Afghanistans spielen könnten. Die Gespräche scheiterten jedoch an der ersten Bedingung der Amerikaner.[1185]

Die Strategie der Taliban und der anderen antiamerikanischen Rebellen scheint die gleiche zu sein, mit der die Sowjets einst geschlagen wurden. Es ist beabsichtigt worden, die US-Streitkräfte lange Zeit im Land zu binden. Man wolle die USA zur Ausgabe größerer Summen Geld zwingen, um auf begrenzte Angriffe reagieren zu können. Ein Taliban-Führer namens Ibrahim meinte zuversichtlich , daß die USA durch einen solchen langsam geführten teuren Krieg geschwächt und zermürbt würden, so daß sie Afghanistan in zwei bis drei Jahren verlassen würden.[1186]

Eine ähnliche Lage zeichnet sich im Irak ab. Auch dort suchen die USA nun nach mehr Unterstützung von seiten der Deutschen und der NATO. Die Bundesrepublik will sich aber bekanntlich dort nur mit einem UN-Mandat militärisch engagieren.[1187] Nun versucht die Bush-Regierung, die UNO einzuschalten, um ihren Aktionen im Irak mehr Legitimität zu verleihen, doch die UNO will nicht in den Irak zurück.[1188] (Außerdem hassen die Iraker die UNO, da sie 1,5 bis 2 Millionen Menschen getötet habe.) Dort sterben täglich US-Soldaten, die von Irakern angegriffen werden; mit dem Unterschied, daß sich die US-Truppen nicht sofort aus dem Irak zurückziehen können, da dort mindestens die zweitgrößten Ölreserven der Welt vorhanden sind. Außerdem sind die meisten US-Truppen im Irak nicht auf gefährliche Stadtkämpfe vorbereitet, wie sie derzeit stattfinden. Daher ist die US-Führung der Verzeiflung nahe. Im *Spiegel* war hierüber zu lesen: »Eine zwölfköpfige US-Delegation. . . des Geheimdienstausschusses. . . ist in Kairo zu ›dringenden Gesprächen‹ eingetroffen. Die US-Parlamentarier haben nach einem ›äußerst deprimierenden‹ Irak-Besuch den Beschluß gefaßt, die ägyptische Staatsführung um politische und militärische Entlastungshilfe für die bedrängten amerikanischen Besatzungsbehörden zu bitten. Das Ansinnen. . .

stößt auf wenig Gegenliebe. Ägypten sei nicht bereit, sich in irgendeiner Form an der verworrenen Irak-Politik Washingtons zu beteiligen und sich durch proamerikanische militärische Unterstützungsaktionen in der arabischen Welt den Vorwurf der Kollaboration mit der BUSH-Administration einzuhandeln. Westliche Diplomaten sehen in dem Vorstoß der US-Volksvertreter den ›Akt der Verzweiflung‹ einer Großmacht, die aus dem selbst geschaffenen Irak-Dilemma nicht mehr herausfindet.«[1189] Das Dilemma der USA ist damit aber noch lange nicht beendet, denn diese wollen den Kuchen im Irak, sprich den lukrativen Wiederaufbau, für sich behalten. Die Bundesrepublik Deutschland hat einen Truppenbeitrag schon abgelehnt. Die US-Strategie, die militärische Last auf so viele Schultern wie möglich zu verteilen, ist damit schon zum Scheitern verurteilt. Der Abzug der Spanier im April 2004 bestätigt es – zumal Nikaragua, Hondura und Polen den gleichen Schritt in Erwägung ziehen.

Nicht nur der Blitzkrieg erwies sich als Trugschluß: Nun wird offensichtlich, daß das vor dem Krieg oftmals zitierte »Aufstehen und Jubeln« für die Befreiung durch die USA eine der größten Illusionen der US-Falken war. US-Kreise wiederholten einfach den Fehler, den sie im Afghanistankrieg machten: der bevölkerungs- und einflußreichsten Gruppe des Landes die zukünftige politische Gestaltung ihrer Nation einfach zu verweigern. Wurden in Afghanistan die Paschtunen, die immerhin rund 75 Prozent der Bevölkerung ausmachen, politisch ausgegrenzt, was deren starken Widerstand und Haß auf die US-Truppen nicht gerade dämpfte, so tat Washington genau das gleiche im Irak, indem es die historisch herrschenden Sunniten von der Macht vertrieb. Damit wurden beide ehemals herrschende Gruppen sozusagen über Nacht zu Verlierern degradiert; ein Schicksal, mit dem sich diese historisch bedeutsamen Volksgruppen niemals abfinden werden. Somit waren kriegerische Konflikte fast vorprogrammiert. Wie schwer sich die Falken verschätzten, zeigte sich alsbald, als selbst die Schiiten (60% der Iraker) ihre ›Befreier‹ immer öfter angriffen. Auch die Zerschlagung des effizienten Staatsapparates, der der größte Arbeitgeber war, verursachte die Entlassung von rund 400 000 größtenteils sunnitischen Soldaten, die sich nun hintergangen fühlen und in nicht unerheblichem Maße den antiamerikanischen Widerstand mit organisieren. Anhänger der aufgelösten Baath-Partei verfügen – ähnlich wie die Taliban-Kämpfer in Afghanistan – über Granatwerfer und tragbare Raketen, die nahezu ideale Waffen für Angriffe auf US-Truppen sind.

Daß den Amerikanern jegliches Verständnis für die Kultur und Sitten der Iraker fehlt, ist bedenklich, in einer Gesellschaft, in der Leibesvisitationen von Frauen mit Vergewaltigung gleichgesetzt werden. Blutrache ist die Konsequenz, wie für jeden getöteten Iraker. Ähnlich wie in Afghanistan, bilden sich hier Warlords heraus, die in den Gebirgslandschaften des Nordens leicht untertauchen können und sich eine islamische Ideologie angeeignet haben.[1190]

Wie damals im Vietnamkrieg, versuchen die USA mit einem harschen ›Aufspürungs- und Zerstörungsprogramm‹ den Widerstand zu zerschlagen und zu dezimieren. Mittlerweile haben sie Tausende Iraker interniert. Dies fördert den Widerstand aber um so mehr gegen die verhaßten und als arrogant empfundenen Invasoren.[1191] Zudem wird eine Analogie zu Vietnam auch an der Heimatfront immer offensichtlicher. Die Friedensbewegung jenseits des Atlantiks hat Auftrieb bekommen. Tausende Ansteck-Buttons sind mit der markanten Aufschrift »BUSH lies – Who dies?« (BUSH lügt – Wer stirbt?) verbreitet worden, darunter schon die in Vietnam bewährte Aufforderung: »Bringt die Truppen jetzt nach Hause!« Selbst bei Kriegsbefürwortern wachsen nun die Zweifel.[1192]

Die Lage wird für die US-Besatzer immer auswegloser; es vergeht kein Tag ohne Horrormeldung über getötete US-Soldaten. Seit dem offiziellen Kriegsende ist längst ein Guerillakrieg ausgebrochen, den die USA nicht mehr unter Kontrolle bekommen. In den ersten beiden Novemberwochen (2003) starben nach offiziellen Angaben 61 US-Soldaten bei Angriffen der Widerständler, so daß die Moral der Truppen auf einem Tiefpunkt angekommen ist. Im selben Zeitraum wurden vier US-Militärhubschrauber abgeschossen – ein entscheidender Schlag gegen die Besatzer, da diese auf ihre Helikopter angewiesen sind, um ihre Truppen und Proviant ins Land zu transportieren.[1193] Die Bilder von abgeschossenen Hubschraubern rufen Erinnerungen wach, die längst vergessen waren. In den Medien kursiert der Vergleich mit dem traumatischen Vietnamkrieg. Sogar BUSHS republikanischer Präsidentschaftskonkurrent sagte wörtlich: »Es ist das erste Mal. . ., daß ich Parallelen zu Vietnam sehe.« Senator Tom HARKIN kommentierte ähnlich: »Es mag nicht Vietnam sein, aber es stinkt verdammt danach.« Daniel ELLSBERG, der einst mit seinen Pentagon-Papieren die Lügen der Regierung im Zusammenhang mit dem Vietnamkrieg aufdeckte, beschrieb das US-Engagement im Irak mit den Worten: »Eine steckengebliebene, hoffnungslose Besatzung – das ist Vietnam sehr ähnlich.« Wie einst während des Vietnamkriegs, demonstrieren Tausende Amerikaner gegen BUSH und den Krieg; ihre Parole lautet: »BUSH lied, thousands died«, Bush log, Tausende starben. Die US-Medien schätzen diesen Krieg nicht richtig ein und reichen statt dessen Durchhalteparolen an die Bevölkerung weiter. John KERRY, Präsidentschaftskandidat und Vietnamveteran, erinnerte an die Einstellung des Weißen Hauses und der Militärs zur Vietnamzeit, als ständig behauptet wurde, es gebe ja Licht am Ende des Tunnels.[1194] Längst machen weitere Vietnam-Vergleiche die Runde: Die USA finden keine verläßlichen Partner mehr und müssen alles selbst tun, womit ihre Kräfte sich vorzeitig erschöpfen. Die irakische Bevölkerung resigniert zunehmend, da ihr vor Augen geführt wird, daß die fremden Truppen sie nicht vor Anschlägen schützen können, die jederzeit und an jedem Ort stattfinden können. Wie in Vietnam, schlagen die Aufständischen oft erbarmungslos zu und verschwinden dann spurlos. Dies frustriert die Besatzer ungemein, da sie die Angreifer nicht bezwingen können. Für die Angreifer scheint die Rekrutierung neuer Rebellen problemlos zu sein, hinzu kommen noch unzählige Kämpfer aus dem Ausland. Der oberste US-Verwalter Paul BREMER beklagte daher auch, gleich wer hinter den Anschlägen stecke – es bereitet der Besatzungsmacht und dem irakischen Regierungsrat ein »gewaltiges Problem«, zumal die Terroristen mittlerweile auf raffiniertere Methoden zurückgreifen. Auch Außenminister POWELL mußte längst zugeben, daß die Intensität und Zahl der Angriffe stärker seien, als von den USA erwartet.

Und selbst US-Militärs konnten nicht mehr leugnen, daß sie es im Irak mit einem Guerillakrieg zu tun haben, in dem noch kein Mittel gegen die Aufständischen gefunden wurde. Mit erstaunlicher Offenheit bestätigte dies der Sprecher der Invasionstruppen, Oberst William DARLEY, als er bekanntgab: »Wir befinden uns noch immer im Krieg. . . Wir sind in eine neue Phase der Auseinandersetzung eingetreten.«

Nur einen Tag, nachdem wieder einmal das Ende der Terroranschläge vorhergesagt worden war, als ob es eine Antwort auf diese wäre, flogen am 26. Oktober 2003 Raketen ins Rashid Hotel, wo sich Vize-Verteidigungsminister WOLFOWITZ aufhielt; er konnte dem Anschlag nur knapp entkommen.[1195] Schon am nächsten Tag starben 35 Menschen bei vier koordinierten Anschlägen auf das Rote Kreuz sowie drei Polizeistationen; 230 Menschen wurden verletzt.[1196] Wie verlogen die Siegesparolen der Regierung sind, offenbarte ein geheimer Report der CIA, wonach 50 bis 75 Angriffe auf US-Soldaten täglich stattfinden und 50 000 Iraker an den militärischen Aufständen gegen die Besatzer teilnehmen. Wie prekär die Lage mittlerweile ist, unterstrich der Kommentar, daß dem Pro-US-Regime im Irak der Kollaps drohe, falls Washington sein Auftreten nicht korrigiere.[1197]

Entgegen der Behauptung, daß den Rebellen die Waffen ausgingen, werden deren Waffen nicht dürftiger, sondern besser. Statt mit Kalaschnikows feuern sie inzwischen mit Boden-Luft-Raketen, anstelle von alten Panzerminen legen sie Sprengsätze mit Fernzündungen, die sie aus der Infrarottechnik von Autoschlüsseln basteln. Ein Aufständischer teilte diesbezüglich mit: »Unsere Waffentechniker sind Spezialisten des ehemaligen Rüstungsministeriums. . . Unsere Ingenieure arbeiten jetzt an Raketen mit automatischer Zielerkennung für Hubschrauber, dann müssen wir gar nicht mehr persönlich angreifen – so wie beim Rashid-Hotel.«[1198]

Die Eskalation zeigt eindeutig die Hilflosigkeit der US-Truppen, die mit den Briten 140 000 Soldaten im Irak haben[1199] – was immerhin die Hälfte der kampffähigen US-Streitkräfte darstellt.[1200] Und nun sind es merkwürdigerweise die Amerikaner, nicht die Iraker, denen auch noch die Leute ausgehen, da größere Teile der Truppenverbände demnächst in die Heimat zurückkehren, viele darunter nach mehrfach verlängertem Einsatz. Zusätzliche ausländische Truppen gibt es nicht; Washington wird wohl seine ermüdeten regulären Truppen durch Reservisten und Freiwillige der Nationalgarde ersetzen müssen. Dies sind sogenannte ›Wochenendsoldaten‹ – Famer, Ingenieure, Studenten oder Hausmeister[1201] –, die allesamt in keiner Weise über die Erfahrung und Kampfkraft der professionellen Truppen verfügen und somit wohl für noch höhere Verluste sorgen werden. Viele US-Soldaten haben längst die Ausweglosigkeit ihrer Lage erkannt. Eine Radiosendung berichtete über eine drastische Zunahme von Selbstmorden unter den US-Truppen, während gut ein Viertel der Soldaten sich von ihrer Regierung hintergangen fühlen, BUSH habe ihnen versprochen, daß sie gleich nach dem Ende des Krieges wieder zu Hause sein würden. Daß die Moral der US-Truppen schlecht sei, konnte nicht mehr verheimlicht werden. Im Oktober 2003 veröffentlichte die Militärzeitung *Stars and Stripes* eine bei 2000 im Irak und in Kuwait stationierten Soldaten durchgeführte Umfrage. Das Ergebnis war ähnlich wie im Vietnamkrieg ernüchternd: »Knapp die Hälfte der Befragten erklärte, daß die Stimmung ›schlecht bis sehr schlecht‹ sei.«[1202]

Mittlerweile sind nach offiziellen Zahlen mehr US-Soldaten im Irak gefallen als während des Kriegs. Die offizielle Zahl ist auf mehr als 419 gestiegen; täglich kommen neue dazu.[1203] In Vietnam starben insgesamt 58 000 US-Soldaten, das waren durchschnittlich 10 am Tag. Erstmals äußerte eine Mehrheit von Amerikanern unverblümt ihre Meinung, daß die BUSH-Regierung im Irak einen ›miesen Job‹ mache. Schon wie zu Vietnamzeiten ist Amerika gespalten, und auch damals schien es keine Ausstiegsstrategie zu geben.[1204]

Mehrere tausend arabische Freiwillige sind vor oder während des Krieges in den Irak gekommen, um gegen die ungläubigen US-Truppen zu kämpfen. Hier besteht durchaus das Potential einer pan-arabisch-islamischen Konfliktausweitung gegen die verhaßten Invasoren in einem historischen Kernland des Islam. Selbst mit den zuvor eher US-wohlgesonnenen Schiiten scheint es sich Washington zu verderben. Die US-Regierung warf diesen mehrmals vor, eine Komplizenschaft mit radikalen Kräften im Iran zu verfügen. Dies ist keine kluge Strategie: Den Führern der Schiiten ist nämlich bewußt, daß sich die Verhältnisse im Irak langfristig zu ihren Gunsten entwickeln können, da sie das demographische Übergewicht besitzen. Als schlechtes Omen ist anzusehen, daß kein Ayatollah bereit war, sich mit dem obersten US-Zivilverwalter des Irak, Paul BREMER, zu treffen. Ob die Schiiten nicht eine Art frontalen Guerilla-Krieg gegen die US-Truppen eröffnen, wie zur Zeit die Sunniten, hängt grundlegend davon ab, ob Washington einen Regimewechsel im Iran gezielt anstrebt. Sollte dies geschehen, würden die iranischen Machthaber nicht zögern, die schiitischen Glaubensbrüder im Irak zum Widerstand gegen die USA aufzufordern. Und sollten die katastrophalen Lebensverhältnisse anhalten, dann ist zu erwarten, daß sich die Kleriker an die Spitze einer Bewegung stellen, die dem Unmut der schiitischen Bevölkerung ein Ventil in Form eines heftigen Antiamerikanismus und Antiimperialismus bietet. Dann wäre nicht nur eine rapide Steigerung der Anschläge zu erwarten, sondern ein Massenaufstand wie einst im Iran 1979, als Hunderttausende Demonstranten die Amerikaner aus dem Land vertrieben.[1205]

Die Situation ist heute im Irak viel explosiver als einst im Iran, da fremde Geheimdienste die Proteste und Wut der Massen überhaupt nicht steuern können. Die Aversion gegen Amerika ist echt und gründet auf Demütigungen und Frustrationen der Araber seit 1949, als der arabische Nationalismus durch den Suez-Krieg 1956 erstmals in Bagdad, Kirkuk und Basra zu einer ernst zu nehmenden politischen Bewegung aufstieg,[1206] die es 1958 immerhin schaffte, Syrien und Ägypten, wenn auch nur für kurze Zeit, zu einem Land zu vereinigen. Das Pentagon sprach nun erstmals von einem Guerillakrieg im Irak[1207] - ein Umstand, der in RUMSFELDS Strategie nicht vorgesehen war. Selbst RUMSFELD, der sich schon immer für eine möglichst niedrige Truppenzahl aussprach, mußte eingestehen, daß möglicherweise mehr Soldaten für den Irak nötig seien.[1208]

Um all dem entgegenzuwirken, setzen BUSHS Berater voll auf die PR-Karte. In diesem Sinne ist auch BUSHS Blitzbesuch zum Erntedankfest zu verstehen, der kurzzeitig glamourös in den westlichen Medien zelebriert wurde. SADDAM HUSSEINS Festnahme wurde von den Medien ebenso ausgeschlachtet und als großer Sieg über die Tyrannei des Ex-Regimes gefeiert. Aber auch nach der Ergreifung des Diktators ließen die zahlreichen Anschläge auf US-Truppen nicht nach. Das zeigt, daß SADDAM HUSSEIN als möglicher Widerstandsorganisator nur eine belanglose Nebenrolle gespielt haben konnte. Somit konnte seine Festnahme letztendlich nichts am Tatbestand ändern, daß die BUSH-Regierung im Irak und in Afghanistan in Guerillakriege hilflos verstrickt ist, aus denen es derzeit außer der Kapitulation keinen anderen Ausweg gibt.

Damit befindet sich Washington in einer Falle: Einerseits muß es einen Guerillakrieg, auf den es nicht vorbereitet ist, führen; andererseits kann es sich nicht leisten, den Irak gleich zu verlassen, denn dies käme nicht nur einer militärischen und politischen Kapitulation gleich, sondern würde das Vertrauen der USA weltweit untergraben und damit den Dollar einer bedrohlichen Abwertung aussetzen.

# Ausblick – Eine neue Ära beginnt

Wie die Welt der Zukunft vielleicht aussehen könnte, wurde in einer Studie der Bundeswehr folgendermaßen beschrieben: »›Die großen Kriege des 20. Jahrhunderts fanden zwischen wohlhabenden Staaten statt. Im nächsten Jahrhundert werden die jetzt in Frieden miteinander lebenden wohlhabenden Staaten gegen die Völker der armen Staaten und Regierungen ihren Wohlstand verteidigen müssen... der Menschheit steht ein Jahrhundert des Mangels bevor. Um Dinge, die man einmal kaufen konnte, wird man Krieg führen müssen.‹ ... Dabei steht... fest: ›Das 21. Jahrhundert wird die Ära eines neuen Kolonialismus sein... Die Kolonien der Zukunft werden vor allem Ressourcenlieferanten und Absatzmärkte für die Kolonialmächte sein... Die Regierungen der reichen Staaten werden physische und digitale Sicherheitskorridore für den Abtransport von Bodenschätzen und den Handel sowie zu Informationszwecken errichten und überwachen.‹«[1209]

Auch wenn der Verfasser diese verhüllte Warnung, die als Zukunftsanalyse angeboten wird, als zu pessimistisch bewertet, so sieht man doch, worauf die Sache hinausläuft. In Wirklichkeit wird hier den Massen wieder ein neues Bedrohungsszenario verpaßt; Angst war schon immer das Mittel schlechthin, um die Menschen zu verunsichern, damit sie den herrschenden Eliten und ihren Plänen folgen. Es gibt wahrlich genug Studien, die nachweisen, daß die wichtigsten Energieträger (Öl und Gas) in außerordentlichen Mengen vorhanden sind. Nur das Vortäuschen und Angstmachen, daß diese knapp seien, läßt natürlich deren Preise und damit die Profite der Öl- und Gasgiganten steigen.[1210]

Ferner muß gefragt werden, ob diese Art Neokolonialismus nicht letztendlich auch für die neuen Kolonialmächte, zumindest auf lange Sicht, einfach zu teuer wird. Es ist davon auszugehen, daß sich die kolonialisierten Staaten nicht einfach wehrlos ergeben werden. So hatte bereits der Vietnamkrieg gezeigt, daß die koloniale Politik sich selbst für die damals viel stärkeren USA auch als volkswirtschaftlich unrentabel herausstellte, während Afghanistan vor Augen führte, daß nicht einmal der groß angekündigte Krieg gegen die Taliban und Al-Qaida ein Erfolg gewesen ist. Trotz der Propaganda eines angeblich gewonnenen Krieges in Afghanistan entwickelte sich dieser Krieg nach dem Vietnamkrieg (und dem US-Bürgerkrieg des 19. Jahrhunderts) zu einem der verlustreichsten in der Geschichte der USA. Das vorzeitige Abziehen zahlreicher US-Einheiten dort ist ein eindeutiger Beleg.

Der US-Machtelite geht es im Mittleren Osten um:

1. das Öl der arabischen Staaten, mit Blick auf die Ölfelder Südrußlands und die weitere Einkreisung Rußlands und Chinas,
2. um die Erzwingung des Zinses in der islamischen Welt, da er dort als verboten gilt,
3. um das Opium Afghanistans, das ein Multimilliarden-Geschäft ist,
4. um eine Entlastungsfront für Israel
5. und um die Vertuschung einer fiktiven, systembedingten Billionenverschuldung der USA.[1211]

Die US-Elite weiß, daß die europäische Elite diese Vertuschung kennt. Wenn die USA den Dollar als Leitwährung verlieren, würden sie jährlich tausend Milliarden Dollar arbeitslosen Einkommens einbüßen. Daher behaupteten die ehemaligen Chefs der Deutschen Bundesbank und der EZB Tietmeyer und Duisenberg unabhängig voneinander, es könne nicht mehr so weitergehen, daß die USA jedes Jahr durch Währungsmanipulationen mit dem Dollar sich von der übrigen Welt ihre Budjetdefizite und ihre Hochrüstungsindustrie finanzieren lassen.[1212]

Historisch gesehen, besitzen die USA (und ihre NATO-Verbündeten) eine beispiellose Militärmacht, die ausreicht, jedes Land zu zerstören. Hinzukommen eine wirtschaftliche und eine technologische Macht, die es ihnen ermöglichen, über Weltbank, IWF und WHO den Weltmarkt zu beherrschen und jedem Staat, der sich ihrem Diktat widersetzt, per Embargo die Existenzgrundlagen zu zerstören. Samir Amin nennt fünf Monopole, kraft derer der Imperialismus die Globalisierung bis heute bestimmt hat: »1. Das Monopol der neuen Technologien; 2. das der Kontrolle über die globalen Finanzströme; 3. die Kontrolle des Zugangs zu den Bodenschätzen des Planeten; 4. die Kontrolle der Kommunikationsmittel und Medien; 5. das Monopol der Massenvernichtungswaffen« (das ein Problem des Irak sein sollte!).

Diese fünf Monopole sind überaus wichtig, ja gar wesentlich, wenn die USA die Hegemonie anstreben wollen. Dennoch sind sie keineswegs eine Garantie für den Erfolg der geplanten US-Hegemonie, da die Erfolge des antikolonialen Befreiungskampfes nach dem Zweiten Weltkrieg bewiesen haben, daß Volksbewegungen über Kolonialherren durchaus siegen können, ohne militärtechnisch und wirtschaftlich genauso stark sein zu müssen wie diese.

Die von den Vereinigten Staaten angestrebte neue Kolonisierung der Welt wird seit längerem unter dem Schlagwort ›Globalisierung‹ gepriesen, für die Machtelite ist dies jedoch nur ein Synonym für die angestrebte ›Neue Weltordnung‹. Diese Plünderung ist historisch gesehen aussichtslos, denn die Völker, denen sie aufgezwungen werden soll, werden sie ebenso wenig hinnehmen wie jene Kolonisierung, von der sie sich einst kämpfend befreit haben. Das beste Beispiel, Palästina, dürfte hierfür als Warnung gelten, was bevorstehen könnte, wenn die USA versuchten, die Dritte Welt zu rekolonisieren.

Die israelische Militärmaschine ist dem palästinensischen Volk in jeder erdenklichen Hinsicht weit überlegen, trotzdem schaffte sie es zu keinem Zeitpunkt, die im Dezember 1987 in Gang gesetzte Intifada zu beseitigen. Letztere ist vielmehr verstärkt aus den Kämpfen mit dieser hervorgegangen. Ähnlich wie die demographische Entwicklung in Israel, die Palästinenser zunehmend zur Hauptbevölkerungsgruppe werden läßt, ist dieses Szenario auf alle arabisch-islamischen Staaten anwendbar. SCHARONS aggressive Politik ist daher nur der verzweifelte Versuch, mit brachialer Gewalt das Ruder noch einmal herumzureißen.

Heute weisen die arabischen und islamischen Staaten ein überdurchschnittliches Bevölkerungswachstum auf, das in Verbindung mit der hohen Arbeitslosigkeit in diesen Ländern für gewaltigen sozialen Sprengstoff sorgt. Hinzu kommt die Demütigung, die die aggressiven US-Invasoren – in der islamischen Welt oft als moderne Kreuzritter empfunden – in den Jahren 1991 und nun 2003 praktizierten. Nun eskaliert eine höchst brisante Lage, die den Volkszorn jederzeit zur Explosion bringen kann und die zur Abschaffung der illegitimen Regime in der arabischen Region führen könnte. Die aggressive antiarabische und antiislamische Außenpolitik der USA verstärkt diesen Trend, zumal alle diese Staaten seit dem 11. 9. als potentielle Unterstützer von Terroristen gelten. Daß die Islamisten in diesen Ländern zunehmend Auftrieb bekommen, kommt nicht von ungefähr.

Die BUSH-Regierung spielt also mit dem Feuer, ihre Bestrebungen, in der arabischen Welt einen Regimewechsel herbeizuführen, könnten ohne weiteres zur Entstehung eines islamischen, äußerst antiamerikanischen Nationalismus führen. Die iranische Revolution kann gewissermaßen als historischer Präzedenzfall gelten. Die USA würden jedenfalls ihren Status als Super- und Weltmacht einbüßen. Ferner wären die ökonomischen Auswirkungen für die USA derart folgenschwer, daß ein echter Umsturz oder ein Wandel der US-Gesellschaft nicht auszuschließen wäre. Die Opposition dort wird mit den Milita-Gruppen, zu denen auch der Attentäter von Oklahoma, Timothy MCVEIGH, gehörte, auf fünf Millionen Mitglieder gezählt, die die eigene Regierung stürzen wollen und die Machtelite im eigenen Land bestens kennen.

Auch der Versuch, den sogenannten internationalen Terrorismus für US-Machtinteressen zu mißbrauchen, ist ausgesprochen gewagt. Pikant ist ferner, daß die Hisbollah ausgerechnet im Irak, in einem bis dahin völlig säkularen Staat, ihren Ursprung hat. Das war damals in den sechziger und siebziger Jahren an den religiösen Fakultäten von Nadjaf. Junge Libanesen, die dort studierten, trugen maßgeblich dazu, daß die Hisbollah in den achtziger Jahren zu einem der wichtigsten Hauptgegner Israels wurde. Die Stärke dieser Bewegung sowie die ebenso engagierte Organisation ›Hamas‹ zeigen, wie effektiver Widerstand mit einfachen Mitteln zu organisieren ist und daß eine große Militärmaschine wie die israelische einen solchen Widerstand nicht beseitigen kann.

Die US-Machtelite zeigt sich zur Zeit ideenlos. Die kränkelnde Wirtschaft soll wieder durch Kriege und Rüstungsaufträge saniert werden. Ohne jedoch zu bemerken, daß das Finanzsystem in seiner größten Krise seit der großen Depression der zwanziger Jahre steckt, wird weiter aufgerüstet. Die ›New Economy‹ erwies sich als virtuelle Wirtschaft, die einfach zu schwach und unreal war, als daß sie ein echtes langfristiges und vor allem gesundes, nicht nur auf Konsum beschränktes Wachstum hätte fördern können.

Mittlerweile wird ein Viertel des Bruttoinlandsprodukts für militärische Güter ausgegeben. Die stetig schwindende Wirtschaftsleistung macht die Anleger und Banken in aller Welt aber immer skeptischer und nervöser gegenüber dem Dollar. Besonders der starke Niedergang der US-Aktienbörse, die seit März 2000 die unvorstellbare Wertauflösung von 17 auf 10 Billionen Dollar hinnehmen mußte, was wohl die »größte Vermögensvernichtung aller Zeiten« darstellte, beunruhigte Anleger in aller Welt, die für die US-Wirtschaft essentiell sind.[1213] Trotz dieser gigantischen Rüstungsausgaben würden die USA einen Krieg mit China oder gar Rußland nicht wagen, da dieser zu kostspielig, verlustreich und wohl nicht zu gewinnen wäre.

Da die Globalisierung vornehmlich von den USA ausgeht, sollte man diese Nation auch pragmatisch als Maßstab für die außerordentlichen Errungenschaften des ›American Way of Life‹ betrachten, der, so wird suggeriert, allen anderen Kulturen überlegen sei. In Wirklichkeit nimmt sich der ›American Way of Life‹ und daher die Globalisierung eher bedenklich, um nicht zu sagen: bedrohlich für die ganze Welt aus, wenn Amerika als Maßstab hierfür gelten soll – vor allem, wenn man bedenkt, daß die USA in folgenden Kategorien nach wie vor die Nummer eins in der Welt sind:

Sie sind Nr. 1 beim Militär. Nr. 1 bei den Todesopfern durch Feuerwaffen. Nr. 1 beim Energieverbrauch pro Kopf. Nr. 1 beim Ausstoß von Kohlendioxid. Nr. 1 bei der Produktion von kommunal entsorgtem Müll pro Kopf und absolut (720 kg pro Person und Jahr). Nr. 1 bei der Produktion von Risikomüll (das 20fache ihres größten Konkurrenten, der Bundesrepublik Deutschland). Nr. 1 beim Ölverbrauch. Nr. 1 beim Erdgasverbrauch. Nr. 1 beim Haushaltsdefizit. Nr. 1 beim täglichen Kalorienverbrauch pro Kopf. Nr. 1 bei geringer Wahlbeteiligung. Nr. 1 bei angezeigten Vergewaltigungen. Nr. 1. bei Verletzten und Toten durch Verkehrsunfälle. Nr. 1 bei Müttern unter 20. Nr. 1 bei der Anzahl nicht unterzeichneter Menschenrechtsabkommen. Nr. 1 bei der Hinrichtung straffällig gewordener Jugendlicher (BUSH jr. läßt grüßen) [Keine andere Industrienation richtet ihre Kinder hin – selbst China verbietet die Todesstrafe für Deliquenten unter 18]. Nr. 1 bei der Wahrscheinlichkeit, daß Kinder unter 15 durch Schußwaffen sterben. Nr. 1 bei der Wahrscheinlichkeit, daß Kinder unter 15 mit einer Schußwaffe Selbstmord begehen.[1214]

Bleibt diesbezüglich nur noch zu sagen: Rette sich, wer kann! Nachdem die USA also an wirtschaftlicher sowie politischer Kraft und Einfluß zunehmend verloren haben, bleibt ihnen nur noch die krude militärische Macht um ihre Bestrebungen zu verwirklichen. Es kann daher kaum überraschen, daß die USA im Inneren ein gewalttätiges Land sind, das dieses Profil auch zielbewußt auf die Außenwelt, sprich den Rest der Welt, überträgt.

Die jüngsten Nachrichten über die ekelhafte Mißhandlung von irakischen Kriegsgefangenen durch das US-Militär bestätigen es. Spätestens hiermit dürfte dann auch das rhetorischen, bis zum Erbrechen wiedergekaute Märchen der Menschenrechte und der Demokratie, die die USA, so wird lobhaft hervorgehoben, im Irak und in aller Welt verbreiten wollen, bedeutungslos sein. Es sollte noch daraufhin gewiesen werden, daß die veröffentlichten Fotos von irakischen Folteropfern nur die Spitze des berühmt-berüchtigten Eisbergs darstellen; ebenso die Tatsache, daß amerikanische Firmen die US-Soldaten und Söldner in Sachen Folterung trainiert haben. Eine Nation, die allen Ernstes als Supermacht für sich beansprucht, die Welt nach ihren Idealen zu gestalten, sollte sich wegen solch eines erbärmlichen und armseligen Vorgehens schämen. Statt dessen haben Rumsfeld und Konsorten nichts Besseres zu tun, als irgendwelche Ausreden zu erfinden. Da wird dann ständig von ›Söldnern‹ gesprochen, von Soldaten, die kein richtiges Training mit dem Umgang von Kriegsgefangenen bekamen usw. Das alles kann jedoch nicht darüber hinwegtäuschen, daß die Supermacht USA schon längst ein abschreckender Staat ist, der nicht nur alle völkerrechtlichen Normen mit den Füßen tritt, sondern selbst auch noch zu den erbärmlichsten Mitteln greift, um seinen Abstieg als Weltmacht noch einmal zu verhindern.

Auf kurze Sicht wird die US-Machtelite ein kontrolliertes Chaos fördern, um sich als einzige Instanz aufzuführen, die in der Lage ist, mit ihrer ›Neuen Weltordnung‹ dem Rest der Welt die angeblich alleinige Alternative zum Chaos anzubieten. Dabei verlieren die USA aber in fast der ganzen Welt erheblich an Ansehen. Das mag auf den ersten Blick nicht schlimm erscheinen, aber das täuscht. Denn auch in der eigenen Bevölkerung – und nur diese kann die US-Politik wirklich verändern – hat die US-Regierung spätestens mit den gefälschten Wahlen des Jahres 2000 an Vertrauen stark eingebüßt und ihre Legitimation verloren. Dasselbe geschah gleichzeitig in der Wirtschaft, die von zahlreichen großen Betrugsskandalen erschüttert wurde, wodurch das Vertrauen in die US-Wirtschaft weltweit stark ramponiert wurde. Eben auch aus diesem Grund war der 11. 9. für die Machtelite so wichtig. Die Wahlen im Jahre 2000 waren daher von kritischen Beobachtern auch zu Recht als ›Putsch‹ bezeichnet worden.

Hochinteressant ist, wie sehr Insider und Berater, etwa HUNTINGTON und BRZEZINSKI, jahrelang mit den sogenannten Denkfabriken fast drehbuchartig immer die Gefahr des internationalen Terrorismus heraufbeschworen haben. Ihre Prognosen glichen daher schon fast einer Art Erfüllungszwang, der mit dem 11. 9. schlagartig inszeniert wurde, und dies im wahrsten Sinne des Wortes. Die darauffolgenden Ankündigungen von US-Politikern über einen Krieg, der eine Generation dauern könne, decken sich auffällig mit den Studien und Szenarien, die die Machtelite schon einige Jahre vor dem Kalten Krieg in Auftrag gegeben hatte. Das einzig wirklich Neue ist die Tatsache, daß selbst die CIA, die keinen geringen Beitrag zu verschiedenen Studien leistete, nicht mehr so mitmachen wollte, wie dies die BUSH-Regierung forderte, als es um die Bereitstellung von manipulierten Beweisen ging, damit die Machtelite einen Vorwand für einen Angriffskrieg gegen den Irak 2003 bekam. Dies zeigt eindeutig, daß es selbst für zuvor verläßliche US-Behörden zu bunt wurde. Die Schlußfolgerung liegt nahe, daß die Machtelite diesesmal den Bogen einfach überspannt hat.

Auf lange Sicht gesehen, ist anzunehmen, daß die Welt sich zunehmend von den USA distanzieren wird. Die US-Politik gegenüber der UNO beweist dies, da noch im Golfkrieg 1991 die USA immerhin die Vereinten Nationen instrumentalisierten. Im Jahre 2003, beim nächsten Krieg gegen den Irak, bezeichnete BUSH die Weltorganisation verächtlich als »Debattierclub«. An diesem einen Beispiel erkennen wir einmal mehr, wie sehr die USA das Völkerrecht verachten und dagegen verstoßen. Schon die negative Handelsbilanz der USA mit nahezu jeder Nation der Welt zeigt, daß Amerika zu einem schwarzen Loch mutierte, das jegliche Ressourcen und Energie aus aller Welt an sich reißt, aber kaum etwas dafür zurückgibt. Ein solches parasitäres Verhalten kann nicht ewig aufrechterhalten werden. Dabei muß das Paradox berücksichtigt werden, daß die massive Verschuldung der USA wegen des Zentralbanksystems die Machtelite in Form von Zinsen ungemein bereichert, aber das Volk und auch den Rest der Welt in noch größerem Maße verarmt. Das ist sozial-politischer Sprengstoff, der wie eine Zeitbombe die Globalisierungsträume der Machtelite zunichte machen kann.

Daher ist der Irakkrieg 2003 ein weiteres Schlüsselerlebnis: eben die Flucht nach vorn für die unter Druck geratene Machtelite. Letztendlich dürfte dieser Krieg mit dem Afghanistankrieg der Anfang vom Ende der Supermacht USA sein, die schon fast verzweifelt versucht, ihre bösartigen Machenschaften zu verstecken. Einen herben Rückschlag bedeutet es auch, daß die Bundesrepublik Deutschland zum ersten Mal gegen die Interessen der USA vorgegangen ist. Daß einer der bedeutendsten Vasallenstaaten aufmuckte, damit hatte die US-Machtelite nicht gerechnet – der anschließende Streit war denn auch ziemlich heftig. Wie schon erwähnt, trieb dies Rußland förmlich in die Arme der Bundesrepublik und Frankreichs – eben das Szenario, das die USA während des gesamten Kalten Krieg zu verhindern versuchten.

Eine ähnliche Fehleinschätzung war auch im Irak nach dem destruktiven Krieg 2003 zu beobachten. Dort wollten die USA unbedingt das Saddam Hussein-Regime ablösen. Doch als ihnen dies gelang, etablierte sich allmählich ein von den Schiiten dominierter Irak; die zweite schwere Niederlage für die aggressive US-Außenpolitik nach dem Sturz des Schahs im Iran 1979. Damals verschätzten sich die Berater der US-Regierung gewaltig, als sie davon ausgingen, daß ein fundamentalistisches islamisches Regime sich nicht länger als fünf Jahre im Iran würde halten können. Inzwischen besteht diese Staatsform dort seit einem Vierteljahrhundert, und sie ist, was Wahlen betrifft, bestimmt demokratischer als die der USA. Es hat den Anschein, als würde sich eine Art Schiiten-Republik im Irak bilden; daher die verlogenen Warnungen aus Washington an den Iran, dieser produziere Atomwaffen, während alle Welt weiß, daß es die USA sind, die diese Waffen nicht nur tausendfach besitzen, sondern der Bush-Doktrin gemäß auch ›präventiv‹ einsetzen wollen. Wie sagte doch ein weitsichtiger US-Berater zu der von Huntington angeregten Politik gegenüber dem sogenannten internationalen Terrorismus? Dies ist ein Krieg, den die USA nicht gewinnen können. Er hob damit besonders die islamischen Länder hervor und warnte, daß höchstens ein weiterer Kreuzzug das Resultat sein würde. Wer von Geschichte etwas versteht, wird wissen, wie die Kreuzzüge ausgingen und daß die Menschheit der größte Verlierer war.

Die Fehleinschätzungen der USA und des Westens sind mit deren Unkenntnis des Islams und seiner historischen Entwicklung zu erklären, aber auch damit, daß der Westen die islamische Welt mit seinen begrenzten politischen Konzepten verstehen will. Es ist deshalb wichtig, die Geschichte des Irak zu berücksichtigen, will man eine Prognose wagen:

Der Irak war einer von zwölf Staaten, die die westlichen Mächte nach dem Ersten Weltkrieg ins Leben riefen. Alle zwölf Staaten waren künstliche Staatsgebilde und besitzen daher keine eigene Identität. Sogar der ›irakische‹ König Faisal, der von den Briten an die Macht gebracht worden war, erklärte 1921: »Ein irakisches Volk existiert im Irak nicht.« (»There is not an iraqi people in Iraq.«) Iraker sind Sunniten, Schiiten, Kurden, Türkmenen, Assyrier und kleinere Gruppen, die sozioökonomisch getrennt sind und außer dem Islam keine Gemeinsamkeiten besitzen. Diese Trennung, die dem strategischen Prinzip des ›Teile und herrsche‹ entspricht, haben die imperialen Mächte im gesamten Mittleren Osten stets gefördert: Alle künstlichen Staaten sollen vom Westen abhängig bleiben, und innerhalb der verschiedenen ethnischen Gruppen müssen Spannungen von außen erzeugt werden können.

Entgegen der weitverbreiteten westlichen Auffassung war die Entstehung des Irak das Ergebnis einer Verschwörung. Alle zwölf arabischen Staaten gehen mit Ausnahme Ägyptens auf eine Konspiration der westlichen Mächte (allen voran Großbritannien und Frankreich) zurück. Die arabische Revolution war eine anglo-hashemitische Verschwörung. Eine Volksrevolution fand dort niemals statt. Lediglich arabische Offiziere der türkischen bzw. osmanischen Armee waren Komplizen der Kolonialmächte und betrogen somit ihr eigenes Volk. Ende des 19. Jahrhunderts war das Osmanische Reich bereits von Freimaurern infiltriert. Sultan MURAT IV. (1876) war ein Freimaurer. Im Jahre 1863 wurde die Imperial Ottmanbank mit französisch-britischem Kapital gegründet. Der Generaldirektor war ein Franzose, der Stellvertreter eines Londoner Bankiers war. Das Osmanische Reich hatte die Grundsätze der Scharia verlassen und wurde daher geschwächt, da die Unterstützung der Ulema (der islamischen Gelehrten) fehlte.

Zwei Abkommen waren bei der Aufteilung des Mittleren Ostens maßgebend: das SYKES-PICOT-Abkommen und die BALFOUR-Erklärung. Die islamische Welt betrachtete diese Entwicklung als Verschwörung und Auslieferung an den zionistischen Imperialismus. Im November 1917 veröffentlichte die gerade gegründete Sowjetunion diese Kriegsgeheimverträge.

1921 entstand in Indien die Kalifat-Bewegung. Am 1. August 1921 wurde eine vom indischen Nationalen Kongreß und Mahatma GANDHI unterstützte Kalifat-Konferenz einberufen. Die Kalifat-Bewegung war eine Bündnis aus Hindus und Moslems gegen die britische Besatzung in Indien. In Ägypten entstand 1928 die Bewegung Al lkhwan Al-Muslemoon (Moslemische Brüderschaft). Ihr Gründer Hassan AL BANNA vertrat die Aufassung, daß die Moslems keine Sklaven im eigenen Land sein dürfen: »Wir sind Brüder, vereinigt im Islam.« Hassan AL BANNA wurde auf offener Straße ermordet. Der bekannte Ideologe Sayyid QUATB brach daraufhin sein Studium in den USA ab, kam nach Ägypten zurück, wo er gemeinsam mit den ›Freien Offizieren‹ (Oberst Gamal Abd AL-NASSER und Oberst Anwar el SADAT) die ägyptische Revolution von 1952 einleitete. QUATB war die intellektuelle Leitfigur, wurde von den Freien Offizieren jedoch nur benutzt. Ein Jahr vor dem Sechstagekrieg ließ ihn NASSER umbringen. Sein Buch *Milestones* wurde verboten. Trotzdem verbreitete sich die moslemische Brüderschaft über die ägypischen Grenzen hinaus, und zwar in siebzig Nationen. Aus dieser Bewegung gingen andere Bewegungen wie Hamas, Hisbollah, Al-Qaida, islamischer Dschihad usw. hervor.

1963 wurde Abdel Salam AREF zum Präsidenten des Irak gewählt. NASSER wollte mit ihm eine panarabische Vereinigung schaffen, doch bald stellte sich heraus, daß das neue irakische Oberhaupt ein Anhänger Sayyid QUATBS und somit für NASSER nicht mehr akzeptabel war. AREF ließ sich jedoch von seiner islamisch geprägten Politik nicht abbringen. Die islamische Brüderschaft ›Bewegung im Irak‹ besteht also schon seit langem und schaffte die Baathisten in nur neun Monaten ab. Im heutigen Irak beziehen sich sowohl die Schiiten als auch die Sunniten auf die Bewegung Sayid Quatbs. Und wegen dieses Glaubensbekenntnisses greifen die als ›Terroristen‹ bezeichneten Kombattanten im heutigen Irak gegen die USA ein.

Durch den Niedergang des Osmanischen Reichs entstanden Vasallenstaaten, deren Eliten vom Westen abhängig sind und die gegen ihr eigenes Volk mit dem Westen kollaborieren. Die Außenpolitik des Westens und heute vordergründig die der USA steckt schon aus diesem Grund in einem Dilemma: Einerseits müssen diese Eliten gegenüber dem eigenen Volk stark genug sein, um einen Volksaufstand zu verhindern. Andererseits dürfen diese Eliten wiederum nicht zu stark werden, da sie sonst eine zu eigenständige oder unabhängige Politik betreiben könnten. Besonders in Zeiten innenpolitischen Drucks müssen die auswärtigen Mächte daher viel Ressourcen investieren, um diese Eliten am Leben zu erhalten. Auch das Ausspielen dieser Eliten gegen andere potentielle nachfolgende läßt sich in Krisenzeiten kaum noch durchführen, da ein echter Volksaufstand diese beseitigen könnte, siehe die Entwicklung im Iran 1979.

Die westlichen Beobachter machen den Fehler, den überaus starken Einfluß der Umma (Bestrebung zur Vereinigung aller Moslems in einer Nation /Staat / Reich / föderalistischen Gemeinschaft) zu übersehen. Ihre Konzepte der Weltordnung sind zu begrenzt und zu statisch. Für die islamischen Völker sind Staatsgrenzen nur willkürliche auswärtige Eingrenzungen; aus dieser Sicht war Saddam Husseins Anspruch auf Kuwait durchaus legitim. Die Klage der USA, ausländische Terroristen (gemeint sind stets islamische Kämpfer aus anderen islamischen Staaten) würden sich in die Angelegenheiten des Irak einmischen, ist für Moslems in aller Welt lachhaft – sind es doch die Vereinigten Staaten selbst, die die größte und bedrohlichste auswärtige Macht im Irak sind. Die neuesten Ereignisse zeigen deutlich, daß der Dschihad, der Heilige Krieg gegen die Besatzungsmacht USA im Irak, längst ausgebrochen ist. Zu den täglich rund 40 Angriffen auf die Besatzungsmächte im Irak kommen zur Zeit im Schnitt drei schwerwiegende Angriffe auf essentielle Ölterminals (CNN. MEZ. 24. 4. 2004).

Theoretisch besteht längst die Gefahr, daß der gesamte Mittlere Osten explodiert. Israel als einzige Atommacht könnte die gesamte Region und folglich die Welt in einen Dritten Weltkrieg mitreißen. Aus realpolitischer Sicht treffen hier drei Mächte aufeinander: die Supermacht USA, die im Irak nicht locker lassen will, die islamischen Massen, die über den Imperialismus der USA und Israels empört sind, und letztlich Israel unter einem kriegstreibenden Führer, der offenbar mit dem Rücken zur Wand steht. Dies sind äußerst bedenkliche Konstellationen, die einer geballten Ladung Sprengstoff beinhalten. Falls diese hochexplosive Mischung gezündet wird,

wird die Welt wahrscheinlich einen Krieg erleben, der weitaus verheerender als der Zweite Weltkrieg sein wird.

Israel besitzt seinerseits mindestens 200 bis 300 Atomwaffen. Die USA des George W. BUSH haben solche Waffen nicht nur tausendfach, sie haben auch amtlich erklärt, daß sie sich nicht werden davon abhalten lassen, sie einzusetzen. Wenn es also zu einem nuklearen Angriff auf arabisch-islamische Staaten kommt, ist eine Eskalation kaum noch zu verhindern: Pakistan besitzt bekanntlich nukleare Waffen. Pakistans Staatsoberhaupt MUSCHAREF könnte über Nacht durch einen Art Volksturm beseitigt werden. Die sogenannte Allianz mit den USA wäre dann nicht einmal das Papier mehr wert, auf dem sie steht. Ein Krieg gegen die Amerikaner im Land wäre vorprogrammiert. Der Krieg der USA in Afghanistan wäre damit abrupt beendet. Keiner könnte die nuklearen Waffen mehr kontrollieren, da sie in den Händen einer revolutionären Bewegung in Pakistan wären. Vor allem Indien wäre durch die Entwicklung höchst besorgt. Im Irak würde der Krieg gegen die USA erheblich verstärkt werden, durch Hunderttausende freiwillige Kämpfer, da der Dschihad nun Realität wäre. Ölterminals- und Routen in der ganzen Region würden sabotiert und lahmgelegt werden. Saudi-Arabien, das schon äußerst labil ist, würde durch einen blutigen Volkssturm beseitigt werden. Das dringend benötigte Öl für den Westen wäre nur noch bedingt erhältlich, und die Ölpreise würden in kurzer Zeit in astronomische Höhe emporschnellen. Die Weltwirtschaft, vor allem die anfällige des Westens, würde wie noch nie zuvor abstürzen. Würde Israel oder US-Amerika wirklich atomare Waffen gegen arabisch-islamische Nationen einsetzen, wäre es kein großes Problem für eine radikale Gruppe, mit Verbindungen zu Pakistan, in New York einen nuklearen Sprengsatz zu zünden. Daneben würde der 11. September wie ein Dummejungenstreich aussehen. Die Welt würde in ein Chaos gestürzt werden, was bezeichnenderweise auch das Credo der Freimaurerei ist (»Aus Chaos schaffen wir Ordnung!« - wohlgemerkt: die Neue Welt-Ordnung). Dieses Szenario ist keinesfalls abwegig! Die BUSH- und SCHARON-Regierungen sollten wissen, daß sie mit dem Feuer spielen.

Die augenblickliche (Mai 2004) Lage im Irak offenbart, wie sehr sich die BUSH-Regierung verschätzte und wie konfus und konzeptionslos ihre Politik in Wirklichkeit ist:

**1.** der unrealistische Glaube an einen schnellen siegreichen Krieg, der inzwischen in einen Guerillakrieg auf unbestimmte Zeit ausgeartet ist und BUSHS Wiederwahl im Herbst 2004 erheblich belasten wird. Wiederwahl ist vielleicht nicht das richtige Wort, da BUSHS Machtergreifung im Jahre 2000 eigentlich ein ›Putsch‹ war.

**2.** Die hohen Verluste an Soldaten sind für die US-Gesellschaft unakzeptabel.

**3.** Washington befürchtet nun einen Aufstand der Schiiten. Um die Sympathie der Sunnis zu gewinnen, gegen die man den Krieg erst überhaupt führte, werden führende Mitglieder der Baath-Partei wieder ins Land gebracht.

**4.** Der Wiederaufbau (wenn auch nur in der Ölindustrie) ist bislang gescheitert, Sabotage, Anschläge auf und Entführungen von Bauunternehmern und Ingenieuren machen die meisten Wiederaufbaumaßnahmen zunichte.

**5.** Anschläge auf die irakische Ölförderung stellen eine ständige Bedrohung dar.

**6.** Die spanischen Truppen wurden abgezogen; Polen, Honduras und Nicaragua erwägen, dasselbe zu tun.

**7.** Die USA versuchen nun, die UNO, die ursprünglich keine realpolitische Rolle spielen sollte, in den Irak zurückzuführen.

**8.** Alle Versuche der USA, sich mit Hilfe einer irakischen Armee und Polizei Rückendeckung zu verschaffen, scheitern, da diese äußerst unzuverlässig sind.

**9.** Die zunehmenden Anschläge der sogenannten islamischen Terroristen destabilisieren immer mehr die Region und wichtige US-Verbündete. So explodierte am 21. 4. 2004 ein Sicherheitsgebäude in Saudi-Arabien; der Anschlag soll von Dissidenten und sogenannten islamischen Terroristen verübt worden sein.

Die meisten islamischen revolutionären Bewegungen hatten pikanterweise im stark säkuleren Irak ihren Ursprung. Ein weiterer wichtiger Grund für den Kampf der Machtelite gegen den Islam ist die Tatsache, daß der Islam den Zins verbietet und ihn als schlimmste aller Sünden bezeichnet. Schon allein deswegen sehen sich die Eliten gezwungen, den Islam (als Ideologie) zu zerstören.

Denn das Aktiengesellschaftssystem eignet sich hervorragend für die Machtelite, die über Strohmänner von den Massenmedien Besitz ergreift. Diese verwischt diese Verbindungen zwischen der Machtelite und ihren Massenmedien, zumindest kurzfristig. Daher war das Szenario Samuel HUNTINGTONS nicht zufällig von diesem gewählt, noch war sein Buch zufällig von den Massenmedien mit Lob und breiter Promotion unterstützt worden. Es war ein Versuch, der schon vor Ende des Kalten Krieges ein neues Feindbild plausibel erscheinen lassen sollte, um eine Bedrohung zu erfinden, damit die Machtelite eine Rechtfertigung für ihren geplanten Krieg gegen den sogenannten ›internationalen Terrorismus‹ hat – damit die Bürger in der westlichen Welt einen Überwachungsstaat akzeptieren und im Zuge dessen ihre Freiheit im Rahmen der Demokratie für die angeblich bitter nötige Sicherheit, die der Staat nun zu gewähren verspricht, aufgeben.

Soziologische und psychologische Studien, die im Auftrag der Institutionen der elitären Kreise durchgeführt worden waren, haben nachgewiesen, daß Menschen sogar bereit sind, ihre Freiheit aufzugeben, wenn ihnen weisgemacht wird, daß dies der Preis sei, den sie zahlen müssen, um in Sicherheit zu leben. Nicht ganz ohne Ironie ist die Tatsache, daß die Bürger des Westens rhetorisch aufgefordert werden, einen ›Weltkrieg‹ zu unterstützen, der im Namen von Freiheit, Demokratie und Bürger- und Menschenrechten geführt wird, während im Westen diese Werte und Errungenschaften ausgehöhlt werden und das, wofür der Westen zu kämpfen vorgibt, den Bürgern langsam, aber sicher durch einen Überwachungsstaat weggenommen wird.

Angst ist das Spiel der Machtelite. Es ist das Mittel zur Fernsteuerung der Massen. Um die gesamte Menschheit in Schach zu halten, bedarf es eines kontinuierlichen Schubs allgegenwärtiger Ängste, die die Massenmedien durch ihre fast nur negativen Nachrichten täglich ausstrahlen. Das Fernsehen dient als Volksempfänger und Hypnosekiste für die permanente Berieselung mit ›Nachrichten‹, die allesamt Lügen und Halbwahrheiten verbreiten über Themen wie: Kriege, Wirtschaftskrisen, Kriminalität, Katastrophen, neue ›Krankheiten‹, Drogenmißbrauch und alle Arten anderer sozialer Probleme, die den Willen der Menschen brechen und von düsteren Machenschaften der Machtelite ablenken sollen. Die elitären Beherrscher der Geschichte wußten schon von jeher, daß nur ein Bedrohungsszenario und eine dazugehörige unsichere Umgebung die menschliche Versklavung vorantreiben können. Dies lenkt die Menschen von den echten verborgenen Verbrechen ab, die gegen sie selbst gerichtet sind. Eine wichtige altbewährte Methode hierzu ist die Strategie des ›Teile und herrsche‹, die nicht nur in der internationalen Politik zur Anwendung kommt. So läuft es in fast jeder Gesellschaft darauf hinaus, daß zwei oder mehr Gruppierungen oder Bewegungen gegründet und gefördert werden, die im Prinzip gegeneinander kämpfen. Innenpolitisch sind es die Rechten gegen die Linken, oder umgekehrt, oder die Moderaten gegen beide Gruppen, die fast immer politischen Parteien angehören. Das alte Sprichwort: »Wenn zwei sich streiten, freut sich der dritte« kommt dabei voll zur Geltung, wobei der Dritte immer die Machtelite ist oder ihr dient.

Auch der Feminismus funktioniert nach demselben Prinzip für die Machtelite, da er die Gesellschaft in zwei verfeindete Lager aufspaltet. Die Feministen, vor allem die radikalen, gegen die Männer; wohlwissend, daß Frau und Mann eine Einheit bilden können, die der Gesellschaft einen Halt gibt. Auch die Jugend wird in diese Strategie mit einbezogen, der Generationskonflikt zwischen Alt und Jung, den in diesem Land vor allem die Anhänger der ›Frankfurter Schule‹ förderten und fördern, stellte eine weitere bedeutsame Spaltung der Gesellschaft dar. Denn die Machtelite ist nur stark, solange sie die Menschen in aller Welt voneinander trennen und die Gesellschaft in verschiedene Klassen und Kategorien aufsspalten kann: arm und reich, gebildet und ungebildet, aristokratisch und pöbelhaft, arbeitende und nichtarbeitende (Sozialhilfeempfänger). Sie weiß, die Massen werden nur dann aufstehen, wenn das Verbindende über das Trennende steht; wenn die Völker sich nach einer besseren Welt in Freundschaft sehnen und verbinden.

Die geheimen Herrscher der Welt haben das ›Wir bringen der Welt Demokratie‹-Prinzip von einem ihrer Altmeister der Massenmanipulation, Edward Bernays, übernommen und benutzen es sozusagen als Allheilmittel für alle sozialen Probleme, obwohl sie wissen, daß Demokratie nicht funktioniert und nur die Scheinherrschaft des Volkes eben diesem vorgaukeln soll. Die Machtelite benutzt ein ganzes Repertoire der psychologischen Kriegführung nicht nur gegen den vermeintlichen Feind von außen, sondern vor allem gegen die eigene Bevölkerung, und zwar in Gestalt der bewährten Massenmedien. »Der psychopolitische Originaltext nennt die ›Degradierung eines freien Geistes zu einem Reiz-Reaktion-Tier‹ den wichtigsten Schritt bei der Versklavung.«[1215] Geld wird oft künstlich knapp gehalten, damit die Menschen immer mehr Energie und Zeit aufbringen, um über die Runden zu kommen, und dabei gar keine Zeit mehr für andere Dinge haben. Die Angst vor Arbeitslosigkeit läßt die Jugend politisch völlig verstummen und hält für die Plutokratie stets billige Arbeitskräfte bereit. Dabei sollen die Menschen in aller Welt gar nicht merken, daß die Demokratie nur eine Illusion ist, eine Fassade, hinter der die Plutokratie die wahre Macht ausübt.

Aber all dies kann die Wahrheit nicht verdrängen. Denn die Wahrheit siegt letztendlich über die Lüge, es ist nur eine Frage der Zeit. Der Wunsch nach echter Freiheit ist nicht zerstörbar. Und trotz des riesigen Propagandaaufwands der Elite wachen immer mehr Menschen auf und entdecken deren Lügen und Täuschungen. Außerdem ist die sogenannte kritische Masse, die zur Auslösung einer Revolte nötig ist, nicht sehr hoch: Sie liegt bei nur rund 10 Prozent. Sobald also 10 Prozent der Menschen (einer Gesellschaft) das Täuschungsmanöver erkannt haben, wird es eng für die Kriegstreiber und die Hintergrundmächte, die diese zur Verwirklichung ihrer ›Neuen Weltordnung‹ benutzen. Beobachter schätzen die derzeitige ›kritische Masse‹ auf 7 bis 8 Prozent[1216] – also nicht weit von der Revolte entfernt. Daher wohl auch das überhastete Handeln der US-Machtelite in immer kürzeren Zeitabständen, in Form von Konflikten und Kriegen, die auch nur ein Ablenkungsmanöver darstellen sollen.

Zunächst wird es weltweit eher schlimmer werden als besser. Es dürfte sich für die Bush-Administration jedoch als bittere Ironie herausstellen, daß ihr vermeintlicher Krieg gegen den sogenannten internationalen Terrorismus nicht nur außer Kontrolle geraten ist, sondern genau die Art Terrorismus erzeugt, die sie zu bekämpfen vorgibt. Die zeitgleichen Explosionen und Attacken in Saudi-Arabien, als US-Außenminister Powell dort landete, zeigen eindeutig, was die unterdrückten Menschen dort von der gesamten US-Politik halten. Saudi-Arabien ist schon lange eine Gesellschaft, die wie eine Zeitbombe tickt;[1217] ein blutiger Bürgerkrieg gegen das dortige tyrannische Regime rückt immer näher. Auch dort wollen die USA einen Umsturz, da sich das Regime nicht mehr dem US-Diktat unterwirft, aber ähnlich wie im Irak wird die Wut der Massen auch hier keine hörige Regierung nach US-Vorstellungen zustande kommen lassen.

Die US-Machtelite wird wohl weitere Kriege in der Dritten Welt inszenieren. Iran, Syrien und Saudi-Arabien stehen ganz oben auf der Liste der Regierungen, die ›ausgewechselt‹ werden sollen. Nordkorea und Pakistan sollen auch nach US-Vorstellungen unter Kontrolle gebracht werden, da sie Nuklearmächte sind. Pakistan befindet sich in einer prekären Lage, da zum einen das Land offiziell der Koalition gegen den internationalen Terrorismus angehört, zum anderen die Bevölkerung jedoch äußerst antiamerikanisch eingestellt ist. Letztendlich wird der gesamten islamischen Welt aber wenig übrigbleiben, als ihre diktatorischen Regime zu beseitigen und eine Föderation zu schaffen, da der Druck von außen kaum andere Alternativen als die Sklaverei für die Bevölkerungen übrig läßt. Dies geschieht zur Zeit auch zunehmend in der Europäischen Union, in der die führenden Staaten (Bundesrepublik und Frankreich) sich Rußland annähern und sich von einer US-Hegemonie in Europa wegzubewegen versuchen. Somit erreichen die USA eigentlich das Gegenteil dessen, was sie beabsichtigen, und isolieren sich weltpolitisch immer mehr.

Mittlerweile ist auch durchgesickert, warum die USA weltweit so aggressiv vorgehen. Eine Studie, die schlicht mit *2025* überschrieben ist, gibt darüber Auskunft. Dieser zufolge haben sich die US-Strategen ein präzises Zeitfenster offengehalten. Bis etwa 2025 muß die globale US-Hegemonie sichergestellt sein, denn danach sei mit einer verstärkten geostrategischen Konkurrenz Chinas zu rechnen. Diese Studie ist keine alltägliche, sie wurde bereits 1996 von amerikanischen Luftwaffenplanern erstellt. Sie umfaßt mehrere tausend Seiten und rund 30 Kapitel. Mit anderen Worten: *2025* ist nichts anderes als das unbekannte Drehbuch der US-Machtelite, nach dem die US-Außenpolitik abzulaufen hat.[1218]

Die gewaltigen globalen Zusammenhänge werden erst verständlich: die ganze Bedeutung des 11. September; Bushs Krieg gegen den internationalen Terrorismus, der seiner Ansicht nach ein langer Krieg sein wird; der erzwungene Irakkrieg 2003, mit dem die gigantischen Ölressourcen des Irak unter US-Herrschaft fallen sollen, und der Afghanistankrieg, mit dem der Versuch unternommen wurde, im Kaukasus endlich eine langjährige militärische US-Präsenz zu etablieren, da diese Region für die US-Hegemonie von größter geostrategischer Bedeutung ist. Die US-Machtelite hofft mit dem irakischen Öl China an seiner schwächsten Stelle getroffen zu haben. Der Insider Brzezinski verriet bereits, daß die Ölversorgung Chinas Schwachpunkt sei. China habe für einen Aufstieg zur Supermacht eben nicht genug eigenes Öl, und genau an diesem Punkt, so Brzezinski, könnten die USA China in die Mangel nehmen. Brzezinski wörtlich: »Die Abhängigkeit von Importen wird nicht nur Chinas Finanzen aufgrund höherer Kosten belasten, sie machen das Land auch wehrlos gegen den Druck von außen.«[1219]

Zudem haben die USA mit dem Afghanistankrieg China praktisch eingekreist: Afghanistan, Pakistan, Tadschikistan sowie Kirgisistan und Kasachstan sind alles Staaten, die im Westen eine Grenze mit China und US-Truppen oder US-Militärberatern haben. Während im Osten Taiwan (seit jeher ein Staat, der ohne US-Militärhilfe und -Sicherheitszusagen kaum existieren kann), Südkorea und Japan eindeutig unter starkem (Militär-)Einfluß der USA stehen und durch Druck aus Washington eine entsprechende antichinesische Politik betreiben. Es zeigt sich also, daß die US-Machtelite unter einem gewissen Zeitdruck steht, um die Weltherrschaft an sich zu reißen und alle Konkurrenten aus dem Rennen zu werfen. Aber der Plan ist bereits jetzt im Verzug: Der Irak und Afghanistan wurden zwar offiziell schnell erobert, sie sind aber für die USA nicht kontrollierbar. Zu dem gesellt sich ein größeres Problem, nämlich die kranke und labile US-Wirtschaft, die sich kaum noch aus eigener Kraft erholen kann.

Wie schon erwähnt, zeugt der überstürzte und hastige Versuch der amerikanischen Machtelite, die Welt im Sturm zu erobern, nicht von Stärke, sondern in Wirklichkeit von Schwäche, da sie erkannt hat, daß ihre Zeit abläuft. Jeder aufgedeckte Skandal und jedes Verbrechen entlarven sie ein wenig mehr, und sie weiß, daß die Massen nicht mehr zu stoppen sind, wenn ihre Empörung einen bestimmten Grad erreicht hat. US-Präsident Abraham Lincoln, der wie Kennedy das US-Banksystem verändern wollte und von der anglo-amerikanischen Bankelite deshalb beseitigt wurde,[1220] meinte: »You can fool some of the people some of the time, but you can't fool all the people all the time.« Auf deutsch: »Man kann einen Teil der Menschen eine Zeit lang täuschen, aber man kann nicht alle Menschen die ganze Zeit täuschen.«

# Anmerkungen

[1] HARENBERG, Karl-Heinz, u. Marc FRITZLER (Hg.), *No War – Krieg ist nicht die Lösung, Mr. Bush!*, Knaur, München 2003, S. 81.

[2] HATFIELD, James H., *Das Bush-Imperium – Wie George W. Bush zum Präsidenten gemacht wurde*, Atlantik, Bremen 2002, S. 385–404: »Postscript – Ursurpation: Der Putsch von 2001. . .« und: »Sonderbericht. . .«, S. 405-416.

[3] PITT, William Rivers, u. Scott RITTER, *Krieg gegen den Irak – Was die Bush-Regierung verschweigt*, KiWi, Köln 2002, S. 68.

[4] BRÖCKERS, Mathias, *Verschwörungen, Verschwörungstheorien und die Geheimnisse des 11.9.*, Zweitausendeins, Frankfurt/M. [14]2002, S. 129.

[5] PITT, William River, u. Scott RITTER, aaO. (Anm. 3), S. 3, 14 u. 67 ff.

[6] CNN, Fernsehsendung »Breaking News«, 16. 2. 2001, 20 Uhr 30.

[7] TYLER, Patrick, »U.S. Strategy Plan Calls for Insuring No Rivals Develop, in: *New York Times*, 8. März 1992, A1, zitiert aus: CLARK, Ramsey, *The Fire this Time – U.S. War Crimes in the Gulf*, Thunder's Mouth Press, New York. 1992, S. 3 f. Vgl. CLARK, Ramsey, *Wüstensturm - U.S.-Kriegsverbrechen am Golf*, Lamuv, Göttingen 1995, S. 29 f.

[8] Siehe die ausgezeichnete Fernsehdokumentation »Die wahre Geschichte des Golfkrieges« von Gérard UNGERMANN u. Audrey BROHY, ca. 60 min. / Original: »The Hidden Wars of Desert Storm«, ausgestrahlt am 17. 1. 2001, ARTE, 20 Uhr 45. Vgl. CHOMSKY, Noam, *Rogue States – The Rule of Force in World Affairs*, Pluto Press, London 2000, S. 32 f.

[9] COLEMAN, John, *Diplomacy by Deception - An Account of the Treasorous Conduct by the Governments of Britain and the United States*, Bridger House Publishers Inc., Carson City NV 1993, S. 154 f.

[10] KHAN, Mansur, *Die geheime Geschichte der amerikanischen Kriege. Verschwörung und Krieg in der US-Außenpolitik*, Grabert, Tübingen [3]2003, S. 194–223.

[11] BRUHN, Jürgen, *Schlachtfeld Europa oder Amerikas letztes Gefecht*, Dietz, Bonn 1984, S. 53.

[12] DESCHNER, Karlheinz, *Der Moloch – Eine kritische Geschichte der USA*, Heyne, München 1994, S. 243.

[13] JACOBS, Paul, Saul LANDAU u. Eve PELL, *Brüder, sollen wir uns unterwerfen? Die verleugnete Geschichte Amerikas*, dtv, München 1975, S. 51 f. TINDALL, George Brown, *America – A Narrative History*, Bd. 2, New York 1988, S. 765 f.

[14] HOGGAN, David L., *Das blinde Jahrhundert – Erster Teil: Amerika*, Grabert, Tübingen 1992, S. 245.

[15] RAEITHEL, Gert, *Geschichte der Nordamerikanischen Kultur – Vom Puritanismus bis zum Bürgerkrieg 1600–1870*, Bd. 1, Zweitausendeins, Frankfurt/M., 1997, S. 264.

[16] KHAN, Mansur, *Die geheime Geschichte*, aaO. (Anm. 10), S. 38.

[17] BARNES, Harry Elmer (Hg.), *Entlarvte Heuchelei (Ewig Krieg für Ewigen Frieden) Revision der amerikanischen Geschichtsschreibung*, Karl Priester, Wiesbaden 1961, S. 2 f.

[18] DEGLER, Carl N., *Out of Our Past – The Forces that shaped Modern America*, New York 1984, S. 6 f.

[19] WINDERS, Richard Bruce, *Mr. Polk's Army – The American Military Experience in the Mexican War*, Texas A & M University Press, Texas 1997, S. 6. DEGLER, Carl N., ebenda, S. 117.

[20] COMBS, Jerald A., *The History of American Foreign Policy*, New York 1986, S. 78. WINDERS, Richard Bruce, ebenda, S. 6 f., zitiert aus: KHAN, Mansur, *Die geheime Geschichte. . .*, aaO. (Anm. 10), S. 40 f.

[21] HERTNECK, Friedrich, *Kampf um Texas*, Goldmann, Leipzig 1941, S. 237.

[22] DEGLER, Carl N., *Out of Our Past*, aaO. (Anm. 18), S. 117 f.

[23] HERTNECK, Friedrich, *Kampf um Texas*, aaO. (Anm. 21), S. 233 f.

[24] GORDON, Helmut, *Zions Griff zur Weltherrschaft - Amerikas unbekannte Außenpolitik 1789–1975,* Druffel, Leoni am Starnberger See 1985, S. 55 u. 68.
[25] DESCHNER, Karlheinz, *Der Moloch,* aaO. (Anm. 12), S. 100 u. 102.
[26] ZINN, Howard, *A People's History of the United States, 1492 - Present,* Harper Perennial, New York 1995, S. 147 ff.
[27] DESCHNER, Karlheinz, *Der Moloch,* aaO. (Anm. 12), S. 102.
[28] ANDERSON, Jack, u. George CLIFFORD, *The Anderson Papers,* Ballantine Books, New York 1974, S. 256.
[29] ZINN, Howard, *A People's History. . .,* aaO. (Anm. 26), S. 149 f.
[30] CHOMSKY, Noam, u. Joel BEININ, *Die Neue Weltordnung und der Golfkrieg,* Trotzdem, Grafenau 1992, S. 46 f.
[31] KHAN, Mansur, *Die geheime Geschichte. . .,* aaO. (Anm. 10), S. 90–93.
[32] Ebenda, S. 94–105.
[33] CARMIN, E. R., *Das schwarze Reich,* Heyne, München 1997, S. 208.
[34] GARRATY, John, *The American Nation - A History of the United States,* New York 1995, S. 671.
[35] CHOMSKY, Noam, *Deterring Democracy,* Vintage Books, London 1992, S. 21 f.
[36] GOULDEN, Joseph, *Korea - The Untold Story of the War,* New York 1982, S. 30 f.
[37] GUNTHER, John, *The Riddle of MacArthur,* Hamish, London 1951, S. 150.
[38] BLUM, William, *Killing Hope - U.S. Military and CIA Interventions since World War II,* Common Courage Press, Maine 1995, S. 47. GROEHLER, Olaf, *Der Koreakrieg 1950–1953,* Berlin 1980, S. 13 f.
[39] BLUM, William, ebenda, S. 47.
[40] KHAN, Mansur, *Die geheime Geschichte. . .,* aaO. (Anm. 10), S. 246 ff.
[41] *Die Wahrheit über Korea,* Dietz, Berlin 1952, S. 210, 57 f. u. 204.
[42] STONE, Ian F., *The Hidden History of the Korean War,* Monthly Review Press, New York 1952, S. 348.
[43] WINTER, Rolf, *Gottes Eigenes Land? Werte, Ziele und Realitäten der Vereinigten Staaten von Amerika,* Goldmann, München 1991, S. 280.
[44] KHAN, Mansur, *Die geheime Geschichte. . .,* aaO. (Anm. 10), S. 265–288.
[45] Ebenda, S. 298–308.
[46] Ebenda, S. 308-312.
[47] Ebenda, S. 298–308.
[48] ABURISH, Said K., *A Brutal Friendship - The West and the Arab Elite,* Victor Gollancz, London 1997, S. 135 f.
[49] Ebenda, S. 109–143.
[50] Ebenda, S. 140.
[51] KHAN, Mansur, *Die geheime Geschichte. . .,* aaO. (Anm. 10), S. 333–350.
[52] ABURISH, Said K., *Ölscheichs und Tyrannen - Der märchenhafte Aufstieg und Verfall des saudiarabischen Königshauses,* Knaur, München 1995, S. 255–258.
[53] BULLOCH, John, u. Harvey MORRIS, *Saddams Krieg,* Rowohlt, Reinbek bei Hamburg 1991, S. 34.
[54] STOCKWELL, John, *The Praetorian Guard - The U.S. Role in the New World Order,* South End Press, Boston 1991, S. 136.
[55] KHAN, Mansur, *Die geheime Geschichte. . .,* aaO. (Anm. 10), Kapitel 10 u. 11.
[56] SALINGER, Pierre, u. Eric LAURENT, *Krieg am Golf - Das Geheimdossier - Die Katastrophe hätte verhindert werden können,* Hanser, München-Wien 1991, S. 48. Das Dokument wird vollständig im Anhang (C) dieses Buches wiedergegeben. Vgl. auch: CLARK, Ramsey, *The Fire this Time - U.S. War Crimes in the Gulf,* Thunder's Mouth Press, New York 1992, S. 15 f. Die deutsche Ausgabe erschien unter dem Titel: *Wüstensturm,* aaO. (Anm. 7).
[57] SALINGER, Pierre, u. Eric LAURENT, ebenda, S. 16.

58 CHOMSKY, Noam, u. Joel BEININ, *Die Neue Weltordnung...*, aaO. (Anm. 30), S. 68–72. Laut HULET berichtete die *New York Times* im 1990 über den Task Force-Bericht.

59 RUITER, Robin de, *Die 13 satanischen Blutlinien – Die Ursache vielen Elends und Übels auf Erden*, Anton A. Schmid, Durach 1999, S. 22.

60 *The Israeli-Palestinian Issue, Task Force Report* 38, aka 212-661-1180, Washington D.C. April 1990, zitiert aus: RUITER, Robin de, ebenda, S. 22.

61 Aus einem Interview von Joseph FITCHEET mit Claude CHEYSSON, *International Herald Tribune*, 11. 3. 1991, S. 2, zitiert aus: SISINA (Hg.): *Midnight Oil – Arbeit, Energie, Krieg – MigrantInnen in den Ölregionen, Klassenzusammensetzung und der zweite Golfkrieg*, Sisina, Berlin 1993, S. 137. Siehe bezüglich der US-Verschwörung vor allem auch die ausgezeichnete Dokumentation: *Die wahre Geschichte des Golfkrieges*, von Audrey BROHY u. Gérard UNGERMANN, aaO. (Anm. 8).

62 Interessanterweise vertrat FISCHER einen sehr ähnlichen Standpunkt bezüglich der US-Absichten im Kosovo-Krieg 1999. In einem vertraulichen Gespräch mit MILOSEVIC riet er diesem, eine friedliche »europäische« Lösung für die Krise zu finden, da sonst die Amerikaner die Sache in die Hand nehmen würden. MILOSEVIC gegenüber meinte FISCHER: »Und was das bedeuten würde, wissen Sie.« Siehe diesbezüglich mein Buch: *Das Kosovo-Komplott – Vom Balkankrieg zur US-Weltherrschaft*, Hohenrain, Tübingen 2000, S. 109.

63 *Crescent International*, February 1–15, 1996: »Pax Americana dawns on the shaikhdoms of the Middle East«, S. 7.

64 *Focus*, Nr. 9 / 24. 2. 2001: »Strafaktion gegen den Diktator«, S. 239.

65 Siehe diesbezüglich vor allem: GÜNTHER, Siegwart-Horst, *Uran-Geschosse: Schwergeschädigte Soldaten, mißgebildete Neugeborene, sterbende Kinder*, Ahriman, Freiburg ²2000. CATALINOTTO, John, u. Sara FLOUNDERS (Hg.), *Metal of Dishonor – Depleted Uranium – How the Pentagon Radiates Soldiers & Civilians with DU Weapons*, International Action Center, New York ²1999.

66 *Der Spiegel*, Nr. 37/ 9. 9. 2002: »Der Weg nach Bagdad«, S. 114.

67 *Irak Krieg – Das angekündigte Verbrechen*, Marxistische Blätter, Special, 1-2003, Neue Impulse Verl., Essen 2003: »Die imperialen Ambitionen der USA und der Irak«, S. 5 f.

68 MAGDOFF, H., *Age of Imperialism*, S. 43, zitiert in: *Irak Krieg...*, ebenda, S. 6.

69 THUROW, Lester, *The Future of Capitalism*, Nicholas Brealey Publishing, London 1996, S. 143.

70 MACRIDIS, Roy C. (Hg.), *Foreign Policy in World Politics – States and Regions*, Prentice Hall, New Jersey 1989, S. 126.

71 ENGDAHL, William F., *Mit der Ölwaffe zur Weltmacht – Der Weg zur neuen Weltordnung*, Böttiger, Wiesbaden ³1997, S. 210 u. 270.

72 MACRIDIS, ROY C. (Hg.), *Foreign Policy...*, aaO. (Anm. 70), S. 126.

73 ENGDAHL, William F., *Mit der Ölwaffe zur Weltmacht*, aaO. (Anm. 71), S. 206 f.

74 RUPP, Rainer, Burchard BRENTJES u. Siegwart-Horst GÜNTHER, *Vor dem Dritten Golfkrieg – Geschichte der Region und ihrer Konflikte. Ursachen und Folgen der Auseinandersetzungen am Golf*, Edition Ost, Berlin 2002, S. 101.

75 MELISCH, Richard, *Pulverfaß Nahost – im Rückblick und Ausblick*, Hohenrain, Tübingen 2003, S. 217 f.

76 BLACKWOOD, Peter, *Das ABC der Insider*, Diagnosen, Leonberg 1992, S. 372.

77 Ebenda.

78 ENGDAHL, William F., *Mit der Ölwaffe zur Weltmacht*, aaO. (Anm. 71), S. 207 u. 211.

79 KRONBERGER, Hans, *Blut für Öl – Der Kampf um die Ressourcen*, Uranus, Wien 1998, S. 78.

80 MULLINS, Eustace, u. Roland BOHLINGER, *Die Bankierverschwörung – Die Machtergreifung der Hochfinanz und ihre Folgen*, Verlag für ganzheitliche Forschung und Kultur, Struckum 1987, S. 227.

[81] ENGDAHL, William F., *Mit der Ölwaffe zur Weltmacht,* aaO. (Anm. 71), S. 211.
[82] MULLINS, Eustace, u. Roland BOHLINGER, *Die Bankierverschwörung,* aaO. (Anm. 80), S. 227 f.
[83] ENGDAHL, William F., *Mit der Ölwaffe zur Weltmacht,* aaO. (Anm. 71), S. 209 f.
[84] Ebenda, S. 212 u. 216.
[85] Ebenda, S. 238 ff.
[86] MULLINS, Eustace, u. Roland BOHLINGER, *Die Bankierverschwörung,* aaO. (Anm. 80), S. 229 f.
[87] Ebenda, S. 234.
[88] ENGDAHL, William F., *Mit der Ölwaffe zur Weltmacht,* aaO. (Anm. 71), S. 240.
[89] Ebenda, S. 266.
[90] Ebenda, S. 276 f.
[91] Ebenda, S. 267 f.
[92] BLACKWOOD, Peter, *Die Netzwerke der Insider. Ein Nachschlagewerk über die Arbeit, die Pläne und die Ziele der Internationalisten,* Diagnosen, Leonberg 1986, S. 271 f. u. 266.
[93] Ebenda, S. 270 f. u. 274.
[94] ENGDAHL, William F., *Mit der Ölwaffe zur Weltmacht,* aaO. (Anm. 71), S. 268 u. 287.
[95] Ebenda, S. 270.
[96] MULLINS, Eustace, u. Roland BOHLINGER, *Die Bankierverschwörung,* aaO. (Anm. 80), S. 230.
[97] ENGDAHL, William F., *Mit der Ölwaffe zur Weltmacht,* aaO. (Anm. 71), S. 270.
[98] Ebenda, S. 271 f.
[99] BLACKWOOD, Peter, *Die Netzwerke der Insider,* aaO. (Anm. 92), S. 181.
[100] RUPP, Rainer (u.a.), *Vor dem Dritten Golfkrieg,* aaO. (Anm. 74), S. 107.
[101] Ebenda, S. 105 u. 107.
[102] BLACKWOOD, Peter, *Das ABC der Insider,* aaO. (Anm. 76), S. 378 f. u. 293.
[103] Ebenda, S. 303 f.
[104] ENGDAHL, William F., *Mit der Ölwaffe zur Weltmacht,* aaO. (Anm. 71), S. 265 f.
[105] BLACKWOOD, Peter, *Die Netzwerke der Insider,* aaO. (Anm. 92), S. 183.
[106] RUPP, Rainer (u.a.), *Vor dem Dritten Golfkrieg,* aaO. (Anm. 74), S. 133.
[107] SCHULZ-VOBACH, Klaus-Dieter, *Mohammeds Erben - Die Fundmentalisten auf dem Weg zum Gottesstaat,* Goldmann, Müchen 1994, S. 53.
[108] RUPP, Rainer (u.a.), *Vor dem Dritten Golfkrieg,* aaO. (Anm. 74), S. 133.
[109] BLACKWOOD, Peter, *Das ABC der Insider,* aaO. (Anm. 76), S. 296.
[110] RUPP, Rainer (u.a.), *Vor dem Dritten Golfkrieg,* aaO. (Anm. 74), S. 128.
[111] Ebenda, S. 129.
[112] Ebenda. Siehe auch: HIRO, Dilip, *The Longest War – The Iran-Iraq Military Conflict,* Routledge, New York 1991, S. 35.
[113] BULLOCH, John, u. Harvey MORRIS, *Saddams Krieg,* aaO. (Anm. 53), S. 130.
[114] *Irak Krieg,* aaO. (Anm. 67), S. 23.
[115] BULLOCH, John, u. Harvey MORRIS, *Saddams Krieg,* aaO. (Anm. 53), S. 37 ff.
[116] CLARK, Ramsey, *The Fire this Time. . .,* aaO. (Anm. 56), S. 6.
[117] CLARK, Ramsey, *Wüstensturm. . .,* aaO. (Anm. 7), S. 32. Vgl. ders., *The Fire this Time,* ebenda, S. 6.
[118] ROTH, Jürgen, *Die Mitternachtsregierung – Wie westliche Geheimdienste internationale Politik manipulieren – Ein schonungsloser Report,* Goldmann, München 1992, S. 188.
[119] BLACKWOOD, Peter, *Die Netzwerke der Insider,* aaO. (Anm. 92), S. 180.
[120] RUPP, Rainer (u.a.), *Vor dem Dritten Golfkrieg,* aaO. (Anm. 74), S. 129.
[121] Ebenda, S. 108.
[122] Ebenda, S. 187 f.
[123] Ebenda, S. 129.
[124] WARSI, Khursheed, *The Cobweb – World-Wide Designs of Satan,* Warsi Publications, Karachi 1992, S. 21.

[125] CLARK, Ramsey (u.a.), *War Crimes – A Report on United States War Crimes Against Iraq – Reports to the Commission of Inquiry for the International War Crimes Tribunal and the Tribunal's Final Judgment,* Maisonneuve Press, Washington D.C. 1992, S. 64.
[126] SALINGER, Pierre, u. Eric LAURENT, *Krieg am Golf,* aaO. (Anm. 56), S. 50.
[127] RUPP, Rainer (u.a.), *Vor dem Dritten Golfkrieg,* aaO. (Anm. 74), S. 188.
[128] BEIT-HALLAHMI, Benjamin, *Schmutzige Allianzen – Die geheimen Geschäfte Israels,* München 1988, S. 29, zitiert aus: ROTH, Jürgen, *Die Mitternachtsregierung,* aaO. (Anm. 118), S. 289 f.
[129] *Washington Post,* 16. 8. 1987. *South,* London, Mai 1987, zitiert aus: ROTH, Jürgen, *Die Mitternachtsregierung,* aaO. (Anm. 118), S. 290 f.
[130] *In These Times,* 27. 2.–19. 3. 1991, S. 7; zitiert aus: DILIP, Hiro, *Desert Shield to Desert Storm – The Second Gulf War,* Paladin, London 1992, S. 121.
[131] DILIP, Hiro, *The Longest War,* aaO. (Anm. 112), S. 71.
[132] CLARK, Ramsey, *The Fire this Time. . .,* aaO. (Anm. 56), S. 5 f. Vgl. DILIP, Hiro, ebenda
[133] DILIP, Hiro, *The Longest War,* aaO. (Anm. 112), S. 75 ff.
[134] RUPP, Rainer (u.a.), *Vor dem Dritten Golfkrieg,* aaO. (Anm. 74), S. 129.
[135] BULLOCH, John, u. Harvey MORRIS, *Saddams Krieg,* aaO. (Anm. 53), S. 127. Vgl. auch: CLARK, Ramsey (u.a.), *War Crimes,* aaO. (Anm. 125), S. 63 f.
[136] GÖBEL, Rüdiger, Joachim GUILLIARD u. Michael SCHIFFMANN (Hg.), *Der Irak – Ein belagertes Land,* PappyRossa, Köln ²2001/02, S. 34.
[137] SMITH, Jean Edward, *George Bush's War,* Henry Holt and Company Inc., New York 1992, S. 43.
[138] SCHOENMAN, Ralph, »How the U.S. Set Up Iraq's Invasion of Kuwait«, in: *Socialist Action Magazine,* Dezember 1990, S. 4., zitiert in: CLARK, Ramsey (u.a.), *War Crimes,* aaO. (Anm. 125), S. 63.
[139] RUPP, Rainer (u.a.), *Vor dem Dritten Golfkrieg,* aaO. (Anm. 74), S. 133.
[140] DILIP, Hiro, *The Longest War,* aaO. (Anm. 112), S. 75.
[141] ABURISH, Said K., *Ölscheichs und Tyrannen. . .,* aaO. (Anm. 52), S. 203.
[142] Ebenda, S. 203 f.
[143] NEUBERGER, Günter, u. Michael OPPERSKALSKI, *CIA im Iran – Die Geheimdokumente aus der Teheraner US-Botschaft,* Lamuv, Bornheim-Merten 1982, S. 48.
[144] BENEDICT, Hans, *Kirschen aus Sidon – Der Nahost-Konflikt in der Darstellung eines Augenzeugen,* Goldmann, Wien-München ²1991, S. 454. Vgl. KRONBERGER, Hans, *Blut für Öl. . .,* aaO. (Anm. 79), S. 120 f.
[145] DILIP, Hiro, *The Longest War,* aaO. (Anm. 112), S. 72.
[146] Ebenda, S. 72 f.
[147] GÖBEL, Rüdiger (u.a.), *Der Irak – Ein belagertes Land,* aaO. (Anm. 136), S. 35.
[148] Ebenda.
[149] Ebenda, S. 36.
[150] ABURISH, Said K., *A Brutal Friendship. . .,* aaO. (Anm. 48), S. 90, zitiert von CHALABI, Fadhel, Leiter des Centre for Global Energy Studies, Vortrag vom November 1995.
[151] BLACKWOOD, Peter, *Die Netzwerke der Insider,* aaO. (Anm. 92), S. 181.
[152] SIMPSON, John, *From the House of War – John Simpson in the Gulf,* Arrow Books, London 1991, S. 40.
[153] KRONBERGER, Hans, *Blut für Öl. . .,* aaO. (Anm. 79), S. 115 u. 118.
[154] BENEDICT, Hans, *Kirschen aus Sidon,* aaO. (Anm. 144), S. 454.
[155] BLACKWOOD, Peter, *Die Netzwerke der Insider,* aaO. (Anm. 92), S. 181 ff.
[156] COOLEY, John, *Payback, America's Long War in the Middle East,* Brassey's, New York 1991, S. 141 f.
[157] BLACKWOOD, Peter, *Die Netzwerke der Insider,* aaO. (Anm. 92), S. 183.
[158] Ebenda, S. 176 f.

[159] Ebenda, S. 184.
[160] Ebenda, S. 185 f.
[161] ABURISH, Said K., *Ölscheichs und Tyrannen. . .,* aaO. (Anm. 52), S. 205.
[162] DARWISH, Adel, u. Gregory ALEXANDER, *Unholy Babylon – The Secret History of Saddam's War,* St. Martin's Press, New York 1991, S. 66 ff. u. 141.
[163] WARSI, Khursheed, *The Cobweb. . .,* aaO. (Anm. 124), S. 27.
[164] SAMPSON, Anthony, *The Seven Sisters – The 100-year Battle for the World's Oil Supply,* Bantam Books, New York-London-Toronto-Sydney-Auckland 1991.
[165] ABURISH, Said K., *Ölscheichs und Tyrannen. . .,* aaO. (Anm. 52), S. 204.
[166] SAMPSON, Anthony, *The Seven Sisters,* aaO. (Anm. 164), S. 386.
[167] DILIP, Hiro, *The Longest War,* aaO. (Anm. 112), S. 250 f.
[168] *Le Nouvel Observateur* (Frankreich), 15.–21. 1. 1998, S. 76; zitiert aus: BLUM, William, *Rogue State – A Guide to the World's Only Superpower,* Common Courage Press, Monroe, Maine, 2000, S. 4.
[169] Ebenda, S. 4 f.
[170] OSSIETZKY, *Mord-Report, Staatsterrorismus der USA, vom US-Senat dokumentiert, von George W. Bush wieder legalisiert,* Sonderdruck, Ossietzky, Hannover 2001, S. 4.
[171] SUTTON, Anthony C., *Trilaterals over Washington,* CPA Book Publishers, Boring OR 1995, S. 217.
[172] Ebenda, S. 93. SCHOLL, Heinz, *Bilderberger & Trilaterale – Internationale Cliquen in der Strategie der US-Hochfinanz,* VZD, Euskirchen 1977, S. 13 f.
[173] *Neue Solidarität,* Nr. 41, 13. 10. 1999: »Eine ›ölige‹ Familie: Die Brzezinskis und das ›Große Spiel‹ im Transkaukasus«, S. 6.
[174] Ebenda.
[175] BRZEZINSKI scheute sich auch nicht, am 3. 2. 1980, also während des Afghanistankriegs, zum Khyber-Paß zu gehen. Vor Fernsehkameras hielt er dort mit einer Kalaschnikow in der Hand antisowjetische Reden und brachte seine Unterstützung für die Mujahedin deutlich zum Ausdruck. Siehe: BONOSKY, Phillip, *Washington's Secret War against Afghanistan,* International Publishers, New York 1985, S. 143. Als der Krieg zwischen Moskau und Tschetschenien 1999 wieder eskalierte, verfaßte BRZEZINSKI mehrere Artikel, die sich allesamt für die Unabhängigkeit dieser russischen Republik aussprachen, ohne jemals zu erwähnen, daß er selber für ein großes anglo-amerikanisches Ölkartell in Beraterposition arbeitete, das sich zu Ziel setzte, die ergiebigen Öl- und Gasquellen dieser Region auszubeuten.
[176] BLACKWOOD, Peter, *Das ABC der Insider,* aaO. (Anm. 76), S. 303.
[177] Für eine genauere Analyse dieser US-Geopolitik siehe u.a.: KHAN, Mansur, *Das Kosovo-Komplott. . .,* aaO. (Anm. 62), S. 199–232.
[178] SCHULZ-VOBACH, Klaus-Dieter, *Mohammeds Erben,* aaO. (Anm. 107), S. 53 f.
[179] BLACKWOOD, Peter, *Das ABC der Insider,* aaO. (Anm. 76), S. 303 f.
[180] *Irak Krieg,* aaO. (Anm. 67), S. 16.
[181] OSTROVSKY, Victor, *Geheimakte Mossad – Die schmutzigen Geschäfte des israelischen Geheimdienstes,* Goldmann (Taschenbuchausgabe) München 1996, S. 151 f.
[182] Ebenda, S. 152 f.
[183] Ebenda, S. 154.
[184] Ebenda, S. 155 f.
[185] KHAN, Mansur, *Die geheime Geschichte. . .,* aaO. (Anm. 10), S. 308–312.
[186] OSTROVSKY, Victor, *Geheimakte Mossad,* aaO. (Anm. 181), S. 156.
[187] Ebenda, S. 156 f.
[188] COLEMAN, John, *Diplomacy by Deception,* aaO. (Anm. 9), S. 154 f.
[189] Ebenda, S. 155.
[190] HALLIDAY, Fred, *Arabia Without Sultans - A Political Survey of Instability in the Arab World,* Vintage Books, New York 1975, zitiert aus: CLARK, Ramsey, *Wüstensturm. . .,* aaO. (Anm. 7), S. 35.

[191] CLARK, Ramsey, *The Fire this Time...*, aaO. (Anm. 56), S. 8 f. Vgl. CLARK, Ramsey, *Wüstensturm...*, ebenda, S. 35 f.
[192] OSTROVSKY, Victor, *Geheimakte Mossad*, aaO. (Anm. 181), S. 312 f.
[193] Ebenda, S. 313.
[194] Ebenda, S. 314.
[195] Ebenda, S. 316 f.
[196] Ebenda, S. 318 f.
[197] Ebenda, S. 319.
[198] Ebenda, S. 320 f.
[199] Ebenda, S. 321 f.
[200] GRAUBARD, Stephen R., *Mr. Bush's War – Adventures in the Politics of Illusion*, I. B. Tauris, London–New York 1991, S. 118.
[201] CLARK, Ramsey (u.a.), *War Crimes*, aaO. (Anm. 125), S. 79. Vgl. auch KHAN, Mansur, *Die geheime Geschichte...*, aaO. (Anm. 10), S. 353.
[202] CLARK, Ramsey, *The Fire this Time...*, aaO. (Anm. 56), S. 19 f.
[203] KHALID, bin, Sultan, *Desert Warrior – A Personal View of the Gulf War by the Joint Forces Commander*, HarperCollins, London 1995, S. 159.
[204] CLARK, Ramsey (u.a.), *War Crimes*, aaO. (Anm. 125), S. 79.
[205] MACKEY, Sandra, *Der arabische Traum – Geschichte, Politik, Wirtschaft, Kultur und Religion der Araber*, Bastei Lübbe, Bergisch Gladbach 1995, S. 513.
[206] AMBROSE, Stephen, *Rise to Globalism – American Foreign Policy since 1938*, New York 1993, S. 382; zitiert aus: HACKE, Christian, *Verdammt zur Weltmacht – Die amerikanische Außenpolitik von Kennedy bis Clinton*, Propyläen, Berlin 1997, S. 464.
[207] Spotlight, 316 Independence Ave, S. E. Washington, D.C., 2003; zitiert aus: STICH, Rodney, *Defrauding America – A Pattern of Related Scandals*, Diablo Western Press, Alamo [2]1994, S. 425.
[208] STICH, Rodney, ebenda, S. 425.
[209] SALINGER, Pierre, u. Eric LAURENT, *Krieg am Golf*, aaO. (Anm. 56), S. 7. Die Schulden des Irak vor dem Golfkrieg sind in der Golfkriegsliteratur nicht eindeutig angegeben: Einige Quellen gehen von einer irakischen Verschuldung in Höhe von 80 Milliarden Dollar aus, während andere Autoren von 100 bis 120 Milliarden sprechen. Der Autor dieser Zeilen hält ebenfalls eine Größe zwischen 100 und 120 Milliarden Dollar für realistisch.
[210] SALINGER/LAURENT, ebenda.
[211] STORK, Joe, u. Ann M. LESCH, »Background to the Crisis: Why War?«, in: BLUMBERG, Herbert H., u. Christopher C. FRENCH, *The Persian Gulf War – Views from the Social and Behavioral Sciences*, University of America Press, Lanham–London 1994, S. 23.
[212] SISINA (Hg.), *Midnight Oil...*, aaO. (Anm. 61), S. 144.
[213] CLARK, Ramsey (u.a.), *War Crimes*, aaO. (Anm. 125), S. 68 f.
[214] STICH, Rodney, *Defrauding America*, aaO. (Anm. 207), S. 429.
[215] *San Francisco Examiner*, 26. 7. 1993, zitiert aus: STICH, Rodney, ebenda, S. 426.
[216] STICH, Rodney, ebenda.
[217] Ebenda, S. 428.
[218] Ebenda.
[219] Ebenda, S. 432.
[220] *Spy Magazine*, »Inside the Shadow«, September 1992; zitiert aus: ICKE, David, *Alice in Wonderland and the World Trade Center Disaster – Why the official Story of 9/11 is a monumental Lie*, Bridge of Love Pub., MO 2002, S. 47 f.
[221] ICKE, David, ebenda.
[222] YANT, Martin, *Desert Mirage – The True Story of the Gulf War*, Prometheus Books, Buffalo, N.Y. 1991, S. 70 f.

223 RUPP, Rainer (u.a.), *Vor dem Dritten Golfkrieg*, aaO. (Anm. 74), S. 125 f.
224 ABURISH, Said K., *A Brutal Friendship...*, aaO. (Anm. 48), S. 137–141.
225 BOWEN, Russell S., *The Immaculate Deception – The Bush Crime Family Exposed*, America West Publishers, New York 1991, S. 162 ff.
226 MILLER, Judith, u. Laurie MYLROIE, *Saddam Hussein and the Crisis in the Gulf*, Times Books / Random House, New York 1990, S. 143. Vgl. auch: MACKEY, Sandra, *Der arabische Traum*, aaO. (Anm. 205), S. 514.
227 ENGDAHL, William F., *Mit der Ölwaffe zur Weltmacht*, aaO. (Anm. 71), S. 332 f.
228 *Financial Times* (London), 21. 2. 1991, S. 3; zitiert aus: BLUM, William, *Killing Hope*, aaO. (Anm. 38), S. 324.
229 JACKSON, Devon, *Conspiranoia! – The Mother of All Conspiracy Theories*, A Plume Book, New York 2000, S. 245 f.
230 PETROSCH, Martin: »Die Geschichte wiederholt sich«, in: *CODE*, Nr. 4, April 1991, S. 52.
231 BLUMBERG, Herbert H., u. Christopher C. FRENCH, *The Persian Gulf War*, aaO. (Anm. 211), S. 130.
232 CLARK, Ramsey, *The Fire this Time...*, aaO. (Anm. 56), S. 13 f. SALINGER, Pierre, u. Eric LAURENT, *Krieg am Golf*, aaO. (Anm. 56), S. 8.
233 SALINGER, Pierre, u. Eric LAURENT, ebenda, S. 7 f.
234 CHAND, J. C. Shri, *Gulf Crisis Pre-War & Post-War Scenario*, Ramnager, New Delhi. 1991, S. 2, 39 f. CLARK, Ramsey, *The Fire this Time...*, aaO. (Anm. 56), S. 14. SIMPSON, John, *From the House of War*, aaO. (Anm. 152), S. 98. SIMPSON nennt die Einnahmen des Irak für das Jahr 1989 mit 13 Milliarden Dollar; der Autor geht von etwa 10 Milliarden Dollar aus. Außerdem schätzt SIMPSON die Auslandsverschuldung des Irak auf 80 Milliarden Dollar.
235 CLARK, Ramsey, *The Fire this Time...*, ebenda S. 14.
236 SHOENMAN, Ralph, »How the U.S. Set Up Iraq's Invasion of Kuwait«, aaO. (Anm. 138), S. 4.
237 PETROSCH, Martin: »Die Geschichte wiederholt sich«, in: *CODE*, Nr. 4, April 1991, S. 52.
238 ABURISH, Said K., *Ölscheichs und Tyrannen...*, aaO. (Anm. 52), S. 255.
239 Ebenda, S. 255 f.
240 Ebenda, S. 83.
241 RIDGEWAY, James, *The March to War – From Day One to War's End and Beyond, Four Walls Eight Windows*, New York 1991, S. 147.
242 ABURISH, Said K., *Ölscheichs und Tyrannen...*, aaO. (Anm. 52), S. 256.
243 Ebenda, S. 256.
244 SCIOLINO, Elaine, *The Outlaw State: Saddam Hussein's Quest for Power and the Gulf Crisis*, John Wiley & Sons, New York 1991, S. 196; zitiert aus: CLARK, Ramsey (u.a.), *War Crimes*, aaO. (Anm. 125), S. 252 f.
245 ABURISH, Said K., *Ölscheichs und Tyrannen...*, aaO. (Anm. 52), S. 256 f.
246 CLARK, Ramsey (u.a.), *War Crimes*, aaO. (Anm. 125), S. 253.
247 ABURISH, Said K., *Ölscheichs und Tyrannen...*, aaO. (Anm. 52), S. 257.
248 COLEMAN, John, *Diplomacy by Deception*, aaO. (Anm. 9), S. 155.
249 STOCKWELL, John, *The Praetorian Guard...*, aaO. (Anm. 54), S. 136.
250 SALINGER, Pierre, u. Eric LAURENT, *Krieg am Golf*, aaO. (Anm. 56), S. 37 u. 43. AGGARWAL, J. C., *Gulf Crisis*, 1991, S. 2. HÜBSCHEN, Jürgen, *Der Irak-Kuwait-Krieg: Chronologie einer programmierten Katastrophe*, Pfungstadt 1992, S. 61.
251 AGGARWAL, J. C., ebenda, S. 5.
252 HIRO, Dilip, *Desert Shield to Desert Storm...*, aaO. (Anm. 130), S. 112 f.
253 CLARK, Ramsey, *The Fire this Time...*, aaO. (Anm. 56), S. 18. SALINGER, Pierre, u. Eric LAURENT, *Krieg am Golf*, aaO. (Anm. 56), S. 76.
254 VIORST, Milton, »A Reporter at Large: After the Liberation«, in: *The New Yorker*, 30. 9. 1991, S. 37–73, zitiert aus: CLARK, Ramsey, *Wüstensturm...*, aaO. (Anm. 7), S. 43.

[255] CLARK, Ramsey, *Wüstensturm...*, ebenda S. 44. Vgl. CLARK, Ramsey, *The Fire this Time...*, aaO. (Anm. 56), S. 15 f.

[256] ABURISH, Said K., *Ölscheichs und Tyrannen...*, aaO. (Anm. 52), S. 256.

[257] EMERY, Michael, »Wie Mr. Bush seinen Krieg bekam: Irreführung, Doppelmoral und Desinformation«, zitiert aus: CHOMSKY, Noam, u. Joel BEININ, Joel (u.a.), *Die Neue Weltordnung...*, aaO. (Anm. 30), S. 86.

[258] Ebenda, S. 86 f.

[259] SALINGER, Pierre, u. Eric LAURENT, *Krieg am Golf*, aaO. (Anm. 56), S. 48. Auf den Seiten 221 ff. dieses Buches wird das richtungsweisende 8 Punkte-Dokument wiedergegeben; Punkt 5 wurde im Text zitiert.

[260] Brief von Tariq AZIZ an den UN-Generalsekretär vom 24. 10. 1991, zitiert in: SALINGER, Pierre, u. Eric LAURENT, ebenda, S. 219 f.; der Brief wird wie das wichtige Dokument vom 22. 11. 1989 im Anhang des Buches in voller Länge wiedergegeben.

[261] LARDNER, George Jr., »Iraqi Charges Alleged Kuwaiti Memo Proves a CIA Plot Against Baghdad«, in *Washington Post*, 1. 11. 1990, A 30, zitiert aus: CLARK, Ramsey, *Wüstensturm...*, aaO. (Anm. 7), S. 44.

[262] EMERY, Michael, »Wie Mr. Bush seinen Krieg bekam...«, in: CHOMSKY, Noam , u. Joel BEININ, (u.a.), *Die Neue Weltordnung ...*, aaO. (Anm. 30), S. 87.

[263] CLARK, Ramsey, *Wüstensturm*, aaO. (Anm. 7), S. 44 f. Vgl. CLARK, Ramsey, *The Fire this Time...*, aaO. (Anm. 56), S. 16.

[264] EMERY, Michael, »Wie Mr. Bush seinen Krieg bekam...«, zitiert aus: CHOMSKY, Noam, u. Joel BEININ, *Die Neue Weltordnung...*, aaO. (Anm. 30), S. 83.

[265] *Los Angeles Times*, »Kuwaiti Document«, 1. 11. 1990, S. 14.

[266] EMERY, Michael, »How the U.S. Avoided Peace«, in: *Village Voice*, 3. 3. 1990, S. 22. Die deutsche Version dieses Artikels ist abgedruckt in: CHOMSKY, Noam, u. Joel BEININ, *Die Neue Weltordnung...*, aaO. (Anm. 30) unter dem Titel »Wie Mr. Bush seinen Krieg bekam: Irreführung, Doppelmoral und Desinformation«, S. 81–100.

[267] Ebenda.

[268] EMERY, Michael, »How the U.S. Avoided Peace«, aaO. (Anm. 266), S. 22.

[269] Ebenda.

[270] VIORST, Milton, »A Reporter At Large: After the Liberation«, in: *The New Yorker*, 30 September 1991, S. 66.

[271] SALINGER, Pierre, u. Eric LAURENT, *Krieg am Golf*, aaO. (Anm. 56), S. 71, 76 u. 78, zitiert in: EGGERT, Wolfgang, *Israels Geheimvatikan*, Edition Hermetika, München 2001, Bd. 3, S. 357.

[272] EMERY, Michael: »Wie Mr. Bush seinen Krieg bekam: Irreführung, Doppelmoral und Desinformation«, zitiert in: CHOMSKY, Noam, u. Joel BEININ, *Die Neue Weltordnung...*, aaO. (Anm. 30), S. 92 f.

[273] BLUM, William, *Killing Hope*, aaO. (Anm. 38), S. 323, zitiert aus: *Washington Post*, 19. 8. 1990, S. 19.

[274] CHOMSKY, Noam, u. Joel BEININ, *Die Neue Weltordnung...*, aaO. (Anm. 30), S. 90; siehe den wichtigen Beitrag von Michael EMERY, »Wie Mr. Bush seinen Krieg bekam: Irreführung, Doppelmoral und Desinformation«.

[275] ENGDAHL, William F., *Mit der Ölwaffe zur Weltmacht*, aaO. (Anm. 71), S. 336.

[276] FLOTTAU, Heiko, *Die Bande der Clans – Die arabische Welt besser verstehen*, Herder, Freiburg-Basel-Wien 1992, S. 43.

[277] *Aviation Week and Space Technology*, 24. 9. 1990, S. 21 f., zitiert aus: COOLEY, John, *Payback...*, aaO. (Anm. 156), S. 222.

[278] BULLOCH, John, u. Harvey MORRIS, *Saddams Krieg*, aaO. (Anm. 53), S. 34.

[279] VANKIN, Johnathan, *Conspiracies, Cover-Ups and Crimes – From JFK to the CIA Terrorist Connection*, Dell Books, New York 1992, S. 241.

[280] GRAHAM, Helga, »Exposed: Washington's role in Saddam's Oil Plot«, in: *London Observer*, 21. 10. 1990, S. 2, zitiert aus: BOWEN, Russell S., *The Immaculate Deception*, aaO. (Anm. 225), S. 148 f. VANKIN, Johnathan, ebenda, S. 241. CLARK, Ramsey (u.a.), *War Crimes*, aaO. (Anm. 125), S. 64, Fußnote Nr. 72.

[281] BRESHEETH, Haim, u. Nira YUVAL-DAVIS, *The Gulf War and the New World Order*, Zed Books, London–New Jersey 1991, S. 58.

[282] BOWEN, Russell S., *The Immaculate Deception*, aaO. (Anm. 225), S. 148.

[283] SISINA (Hg), *Midnight Oil...*, aaO. (Anm. 61), S. 132.

[284] VANKIN, Johnathan, *Conspiracies, Cover-Ups and Crimes*, aaO. (Anm. 279), S. 241.

[285] Siehe u.a. diesbezüglich den US-Kontrollausschuß für die Nachrichtendienste des Kongresses, der die irakischen Angebote zur Darlegung der Krise untersuchte, und im Januar 1991 zu dem Entschluß kam, daß eine seriöse Kenntnisnahme dieser Angebote einen Krieg verhindert hätte: PARRY, Robert, »The Peace Feeler That was«, in: *The Nation*, S. 480–482, zitiert in: CLARK, Ramsey, *Wüstensturm...*, aaO. (Anm. 7), S. 65. Vgl. auch: CLARK, Ramsey, *The Fire this Time...*, aaO. (Anm. 56), S. 33.

[286] SCOTT, Peter Dale, »U.S. Hungry for Kuwaiti Petrodollars - Not Just Oil«, in: *Pacific News Service*, 24. 12. 1990, zitiert aus: RIDGEWAY, James (Hg.), *The March to War*, aaO. (Anm. 241), S. 161 ff.

[287] NELSON-PALLMEYER, Jack, *Brave New World Order - Must We Pledge Allegance?*, Orbis Books, Maryknoll, New York [4]1993, S. 85 f.

[288] HIRO, Dilip, *Desert Shield to Desert Storm...*, aaO. (Anm. 130), S. 292 f., aus: *Independent*, 31. 12. 1990; *Guardian*, 5. 1. 1991.

[289] KELLNER, Douglas, *The Persian Gulf TV War*, Westview Press, San Francisco 1992, S. 424 ff. HÜBSCHEN, Jürgen, *Der Irak-Kuwait-Krieg...*, aaO. (Anm. 251), S. 182.

[290] MULLINS, Eustace, u. Roland BOHLINGER, *Die Bankierverschwörung*, aaO. (Anm. 80), S. 130.

[291] WINTER, Rolf, *Gottes Eigenes Land?*, aaO. (Anm. 43), S. 259.

[292] GRÄSSLING, Jürgen, *Lizenz zum Töten? - Wie die Bundeswehr zur internationalen Eingreiftruppe gemacht wird*, Knaur, München 1997, S. 76.

[293] KEMPF, Wilhelm (Hg.), *Medienkrieg oder »Der Fall Nicaragua« - Politisch-psychologische Analysen über US-Propaganda und psychologische Kriegsführung*, Argument, Berlin–Hamburg 1990.

[294] WINTER, Rolf, *Gottes Eigenes Land?*, aaO. (Anm. 43), S. 267.

[295] Ebenda, S. 268.

[296] Ebenda, S. 269 f.

[297] *Washington Post*, 13. 1. 1990, S. 11; *Washington Post*, 8. 2. 1990.

[298] STOCKWELL, John, *The Praetorian Guard...*, aaO. (Anm. 54), S. 18 f. STOCKWELL spricht diesbezüglich aus eigenen Erfahrungen, da er Mitarbeiter der CIA war und mit George BUSH damals zusammenarbeitete.

[299] *Washington Post*, 12. 2. 1990; *Washington Post*, 16. 6. 1990, S. 6.

[300] *Los Angeles Times*, 11. 7. 1990, S. 1.

[301] *The Gallup Poll: Public Opinion 1990*, Wilmington, Del. 1991.

[302] STOCKWELL, John, *The Praetorian Guard...*, aaO. (Anm. 54), S. 14.

[303] Ebenda, S. 14 f.

[304] *In These Times*, November 21, 1990, S. 5.

[305] *Sydney Morning Herald*, October 9, 1990, zitiert in: KELLNER, Douglas, *The Persian Gulf TV War*, aaO. (Anm. 289), S. 107.

[306] *Los Angeles Times*, 19. August 1990, zitiert in: KELLNER, Douglas, ebenda, S. 107.

[307] HÜBSCHEN, Jürgen, *Der Irak-Kuwait-Krieg...*, aaO. (Anm. 251), S. 270 u. 282.

[308] GRAUBARD, Stephen R., *Mr. Bush's War*, aaO. (Anm. 200), S. 165.

[309] KELLNER, Douglas, *The Persian Gulf TV War*, aaO. (Anm. 289), S. 38 f.

[310] Ebenda. Vgl. WINTER, Rolf, *Gottes Eigenes Land?*, aaO. (Anm. 43), S. 258.

[311] BAINERMAN, Joel, *The Crimes of a President,* New York 1993, S. 275. NÖLLING, Wilhelm, *Unser Geld – Der Kampf um die Stabilität der Währungen in Europa,* Ullstein, Berlin-Frankfurt/M. 1993, S. 84. Vgl. auch: PIZZO, Stephen, Mary FRICKER u. Paul MUOLO, *Inside Job – The Looting of America's Saving and Loans,* McGraw-Hill Publishing Company, New York 1989, S. 308.

[312] *Neue Solidarität,* Nr. 10, 8. März 2000, »Wie George W. Bush zu seinen Millionen kam«, S. 11.

[313] ICKE, David, *Alice in Wonderland. . .,* aaO. (Anm. 220), S. 82.

[314] Ebenda.

[315] *Neue Solidarität,* aaO. (Anm. 312), S. 11.

[316] Associated Press, 7. 9. 2000, zitiert aus: ICKE, David, *Alice in Wonderland. . .,* aaO. (Anm. 220), S. 82.

[317] CLARK, Ramsey, *The Fire this Time. . .,* aaO. (Anm. 56), S. 10 f.

[318] BAINERMAN, Joel, *The Crimes of a President,* aaO. (Anm. 311), S. 220 f., zitiert aus: *Mother Jones,* November-Dezember 1991.

[319] CLARK, Ramsey (u.a.), *War Crimes,* aaO. (Anm. 125), S. 67.

[320] Siehe diesbezüglich den hervorragenden Dokumentar- Film: »Die wahre Geschichte des Golfkrieges« (Original »The Hidden Wars of Desert Storm«, USA 2000) von Audrey BROHY u. Gérard UNGERMANN, aaO. (Anm. 8). Hier nimmt ein US-Marineinfanterist kurz Stellung zu den verheimlichten militärischen Übungen 2 Jahre vor der Golfkrise.

[321] BRESHEETH, Haim, u. Nira YUVAL-DAVIS, *The Gulf War and the New World Order,* aaO. (Anm. 281), S. 52. Vgl. auch: SCHWARTZKOPF, Norman H., u. Peter PETRE, *It Dosn't Take a Hero – the Autobiography,* Bantam Books, New York 1993, S. 295.

[322] CLARK, Ramsey, *The Fire this Time. . .,* aaO. (Anm. 56), S. 10 f. Zitiert aus den Quellen: *Triumph Without Victory – The Unreported History of the Persian Gulf War,* U.S. New & World Report, New York 1992, S. 28 ff.; sowie Kapitel 2, zitiert aus: MATHEWS, Tom (u.a.), »The Road to War«, in: *Newsweek,* 28. 1. 1991, S. 54, 57 f. u. 60 f.

[323] CLARK, Ramsey, *The Fire this Time. . .,* ebenda S. 11 f.

[324] CLARK, Ramsey (u.a.), *War Crimes,* aaO. (Anm. 125), S. 71.

[325] BLACKWELL, James (Major), *Thunder in the Desert – The Strategy and Tactics of the Persian Gulf War,* Bantam Books, New York 1991, S. 86 f.

[326] CLARK, Ramsey (u.a.), *War Crimes,* aaO. (Anm. 125), S. 67.

[327] FRIEDMAN, Alan, *Spider's Web – The Secret History of how the White House illegally armed Iraq,* Bantam Books, New York 1993, S. 166 f. CLARK, Ramsey, *The Fire this Time. . .,* aaO. (Anm. 56), S. 21 f.

[328] BRESHEETH, Haim, u. Nira YUVAL-DAVIS, *The Gulf War and the New World Order,* aaO. (Anm. 281), S. 65.

[329] CLARK, Ramsey (u.a.), *War Crimes,* aaO. (Anm. 125), S. 67.

[330] WINES, Michael, »CIA Sidelines Gulf Cassandra«, in: *New York Times,* 24. 1. 1991, D: 22.

[331] RAVI, Dan, u. Yossi MELMAN, *Die Geschichte des Mossad – Aufstieg und Fall des israelischen Geheimdienstes,* Heyne, München 1990, S. 472.

[332] Ebenda, S. 473.

[333] BRESHEETH, Haim, u. Nira YUVAL-DAVIS, *The Gulf War and the New World Order,* aaO. (Anm. 281), S. 63.

[334] BLUM, William, *Killing Hope,* aaO. (Anm. 38), S. 324. BRESHEETH, Haim, u. Nira YUVAL-DAVIS, ebenda, S. 65. Vgl. auch: CLARK, Ramsey (u.a.), *War Crimes,* aaO. (Anm. 125), S. 67.

[335] SMITH, Jean Edward, *Mr. Bush's War,* aaO. (Anm. 137), S. 53.

[336] Ebenda

[337] Ebenda, S. 58.

[338] CHOMSKY, Noam, u. Joel BEININ, *Die Neue Weltordnung. . .,* aaO. (Anm. 30), S. 70. HÜBSCHEN, Jürgen, *Der Irak-Kuwait-Krieg. . .,* aaO. (Anm. 251), S. 60 u. 96.

[339] BLUMBERG, Herbert H., u. Christopher C. FRENCH, *The Persian Gulf War. . .*, aaO. (Anm. 211), S. 444, u. 175 f. CLARK, Ramsey, *The Fire this Time. . .*, aaO. (Anm. 56), S. 212.

[340] GILLING, Tom, u. John MCKNIGHT, *Trial & Error – Vanunu, Mordechai and Israel's Nuclear Bomb*, HarperCollins, London 1995 (Neuauflage), S. 57. HERSH, Seymour M., *Atommacht Israel – Das geheime Vernichtungspotential im Nahen Osten*, Knaur, München 1994.

[341] CHOMSKY, Noam, u. Joel BEININ, *Die Neue Weltordnung. . .*, aaO. (Anm. 30), S. 68. RIDGEWAY, James (Hg.), *The March to War*, aaO. (Anm. 241), S. 57 f. Vgl. auch BRITTAIN, Victoria (Hg.), *The Gulf Between Us – The Gulf War and Beyond*, Virago Press, London 1991, S. 15. Zu viele Bücher über den Golfkrieg bestätigen diese Information, um sie alle auflisten zu können.

[342] BULLOCH, John, u. Harvey MORRIS, *Saddams Krieg*, aaO. (Anm. 53), S. 34.

[343] CHOMSKY, Noam, u. Joel BEININ, *Die Neue Weltordnung. . .*, aaO. (Anm. 30), S. 67 f.

[344] RAVI, Dan, u. Yossi MELMAN, *Die Geschichte des Mossad*, aaO. (Anm. 331), S. 472.

[345] SIMPSON, John, *From the House of War*, aaO. (Anm. 152), S. 47.

[346] GRAUBARD, Stephen, *Mr. Bush's War*, aaO. (Anm. 200), S. 111.

[347] HÜBSCHEN, Jürgen, *Der Irak-Kuwait-Krieg. . .*, aaO. (Anm. 251), S. 96.

[348] CHOMSKY, Noam, u. Joel BEININ, *Die Neue Weltordnung. . .*, aaO. (Anm. 30), S. 123.

[349] Ebenda, S. 68 f.

[350] Ebenda, S. 68 ff.

[351] Ebenda, S. 69 f. Laut Craig HULET soll die *New York Times* im April 1990 über diese Konferenz berichtet haben.

[352] RUITER, Robin de, *Die 13 satanischen Blutlinien. . .*, aaO. (Anm. 59), S. 22.

[353] *The Israeli-Palestinian Issue*, Task Force Report 38, aka 212-661-1180, Washington D.C. April 1990, zitiert aus: RUITER, Robin de, ebenda, S. 22.

[354] Aus einem Interview von Joseph FITCHEET mit M. Claude CHEYSSON, *International Herald Tribune*, 11. 3. 1991, S. 2, zitiert aus: SISINA (Hg.), *Midnight Oil. . .*, aaO. (Anm. 61), S. 137.

[355] STOCKWELL, John, *The Praetorian Guard. . .*, aaO. (Anm. 54), S. 13.

[356] EGGERT, Wolfgang, *Israels Geheimvatikan. . .*, aaO. (Anm. 271), S. 355, Fußnote 789.

[357] BOWEN, Russell S., *The Immaculate Deception*, aaO. (Anm. 225), S. 145 f. KEITH, Jim (Hg.), *Secret and Suppressed – Banned Ideas & Hidden History*, Feral House, Venice CA 1993, S. 181. Vgl. auch: KARSH, Efraim, u. Inari RAUTSI, *Saddam Hussein – A Political Biography*, Futura Books, London 1991, S. 215. FREEDMAN, Lawrence, u. Efraim KARSH, *The Gulf Conflict 1990–1991 – Diplomacy and War in the New World Order*, faber and faber, London–Boston 1993, S. 53. KHADDURI, Majid, u. Edmund GHAREEB, *War in the Gulf 1990–91 – The Iraq-Kuwait Conflict and its Implications*, Oxford University Press, Oxford–New York 1997, S. 250. HYBEL, Alex Roberto, *Power Over Rationality – The Bush Administration and the Gulf Crisis*, State University of New York Press, New York 1993, S. 114. BROWN, Ben, u. David SHUKMAN, *All Necessary Means – Inside the Gulf War*, BBC Books, London 1991, S. 3 f.

[358] SALINGER, Pierre, u. Eric LAURENT, *Krieg am Golf*, aaO. (Anm. 56), S. 49–63. BOWEN, Russell S., *The Immaculate Deception*, aaO. (Anm. 225), S. 145 f.

[359] BOWEN, Russell S., ebenda, S. 146.

[360] STICH, Rodney, *Defrauding America*, aaO. (Anm. 207), S. 432.

[361] CLARK, Ramsey, *The Fire this Time. . .*, aaO. (Anm. 56), S. 23.

[362] Ebenda, S. 23. Vgl. auch: CLARK, Ramsey (u.a.), *War Crimes*, aaO. (Anm. 125), S. 250 f.

[363] CLARK, Ramsey (u.a.), *War Crimes*, ebenda, S. 251.

[364] SISINA (Hg.), *Midnight Oil. . .*, aaO. (Anm. 61), S. 139, Fußnote Nr. 112.

[365] TOWFIK, Ali, *The Prearranged Gulf War*, Ali Towfik Publications, Los Angeles 1991, S. 7.

[366] FRIEDMAN, Thomas, »Envoy to Iraq, Faulted in Crisis, Says She Warned Hussein Sternly«, *New York Times*, 31. März 1991, zitiert in: CLARK, Ramsey, *Wüstensturm. . .*, aaO. (Anm. 7), S. 54.

367 SISINA (Hg.), *Midnight Oil...*, aaO. (Anm. 61), S. 139.

368 *New York Times*, 13. 7. 1991: »U.S. Messages on the July Meeting of Saddam Hussein and American Envoy«. Vgl. auch BLUMENTHAL, Sydney, »April's Bluff: The Secrets of Ms. Glaspies's Cable«, in: *The New Republic*, 5. 8. 1991, zitiert in: CLARK, Ramsey, *Wüstensturm...*, aaO. (Anm. 7), S. 54.

369 CLARK, Ramsey, *Wüstensturm...*, ebenda, S. 54.

370 ABURISH, Said K., *Ölscheichs und Tyrannen...*, aaO. (Anm. 52), S. 258.

371 CLARK, Ramsey (u.a.), *War Crimes*, aaO. (Anm. 125), S. 253.

372 Ebenda, S. 255.

373 KEITH, Jim (Hg.), *Secret and Suppressed...*, aaO. (Anm. 357), S. 182.

374 BOWEN, Russell S., *The Immaculate Deception*, aaO. (Anm. 225), S. 147 f.

375 TOWFIK, Ali, *The Prearranged Gulf War*, aaO. (Anm. 365), S. 6. Vgl. auch *San Fransisco Chronicle*, 13. 2. 1991: »How Ambassador Was Muzzled«.

376 WOLTERSDORF, Hans Werner, *Hinter den Kulissen der Neuen Weltordnung – Zeitkritik ohne Tabus*, Grabert, Tübingen 2001, S. 169.

377 Developments in the Middle East, Juli 1990. Report of the subcommittee on Europe and the Middle East of the Committee on Foreign Affairs, House of Representatives (Washington, D.C.: U.S. Government Printing Office, 31. 7. 1990), S. 14. Vgl. EMERY, Michael, *Open Magazine Pamphlet* Series Nr. 9 , Westfield N.J. April 1991, zitiert in: CLARK, Ramsey, *Wüstensturm...*, aaO. (Anm. 7), S. 54 f.

378 BEININ, Joel, »Die Ursprünge des Golfkriegs«, S. 63, sowie HULET, Craig: »Die geheime Tagesordnung der USA im Golfkrieg«, S. 68, beide zitiert in: CHOMSKY, Noam, u. Joel BEININ, *Die Neue Weltordnung...*, aaO. (Anm. 30). SALINGER, Pierre, u. Eric LAURENT, *Krieg am Golf*, aaO. (Anm. 56), S. 70.

379 HULET, Craig: »Die geheime Tagesordnung der USA im Golfkrieg«, S. 68, zitiert in: CHOMSKY, Noam, u. Joel BEININ, ebenda.

380 CLARK, Ramsey (u.a.), *War Crimes*, aaO. (Anm. 125), S. 67.

381 Developments in the Middle East, Juli 1990, aaO. (Anm. 377), S. 14.

382 STICH, Rodney, *Defrauding America*, aaO. (Anm. 207), S. 210 f.

383 Ebenda, S. 433.

384 Ebenda, S. 210 f.

385 Ebenda, S. 433.

386 CLARK, Ramsey, *Wüstensturm...*, aaO. (Anm. 7), S. 210. Vgl. CREMER, Uli, *Neue NATO – neue Kriege? Zivile Alternativen zur Bundeswehr*, VSA, Hamburg 1998, S. 29.

387 STOCKWELL, John, *The Praetorian Guard...*, aaO. (Anm. 54), S. 136 f.

388 BROWN, Ben, u. David SHUKMAN, David, *All Necessary Means...*, aaO. (Anm. 357) , S. 44, u. 43. Dieses Buch beschreibt im Kapitel »Thunder & Lightning« die starke Unterlegenheit der irakischen Piloten im kurzen, beinahe selbstmörderischen Kampf gegen die US-Kampfjets.

389 *Focus*, Nr. 15/12. 4. 1999: »Die Akte Milosevic, Krieg ist gut für Boeing – Der Kosovo-Einsatz verringert Amerikas Waffenbestände schnell und wirft NATO-Wehretats über den Haufen«, S. 299.

390 ATKINSON, Rick, *Crusade – The Untold Story of the Gulf War*, HarperCollinsPublishers, London 1993, S. 491. Die offiziellen US-Verluste bleiben aber umstritten, da die Vereinigung der Golfkriegsveteranen eine Zahl angibt, die 25mal höher liegt als die offizielle. Hierzu mehr im Kapitel »Wie viele US-Soldaten starben im Golfkrieg wirklich?«

391 CLARK, Ramsey, *The Fire this Time...*, aaO. (Anm. 56), S. 35 f.

392 HIRO, Dilip, *Desert Shield to Desert Storm...*, aaO. (Anm. 130), S. 124 f. WOODWARD, Bob, *The Commanders*, Pocket Books, New York. 1991, S. 260.

393 CARMIN, E. R., *Das Schwarze Reich – Geheimgesellschaften und Politik im 20. Jahrhundert*, München 1997, S. 510.

[394] Ebenda, S. 510.

[395] HAQUE, Haseeb A., M. Javed SHAV u. Suhir A. AHMAD, *Target Islam*, Quranic Open University, Inc. U.S.A. & Pakistan Foundation for Strategic Studies Islamabad, Zavia Books, Lahore 1994, S. 33.

[396] BLUM, William, *Killing Hope*, aaO. (Anm. 38), S. 323. Vgl. *Christian Science Monitor*, 5. 2. 1991.

[397] CLARK, Ramsey (u.a.), *War Crimes*, aaO. (Anm. 125), S. 41.

[398] BRESHEETH, Haim, u. Nira YUVAL-DAVIS, *The Gulf War and the New World Order*, aaO. (Anm. 281), S. 15.

[399] CLARK, Ramsey (u.a.), *War Crimes*, aaO. (Anm. 125), S. 251 u. 41.

[400] ABURISH, Said K., *A Brutal Friendship...*, aaO. (Anm. 48), S. 102.

[401] Foreign Broadcast Information Service, April 17, 1990, zitiert in: CLARK, Ramsey (u.a.), *War Crimes*, aaO. (Anm. 125), S. 251 u. 41.

[402] EGGERT, Wolfgang, *Israels Geheimvatikan...*, aaO. (Anm. 271), S. 360.

[403] BRÜCKMANN, Helmut, *Die kopernikanische Wende in der Politik – Vorder- und Hintergründiges zu politischen Gegenwartsfragen*, Lühe, Süderbrarup 1991, S. 37, zitiert in: EGGERT, ebenda.

[404] ENGDAHL, William F., *Mit der Ölwaffe zur Weltmacht*, aaO. (Anm. 71), S. 336.

[405] HEIKAL, Mohamed, *Illusions of Triumph – An Arab View of the Gulf War*, HarperCollins, London 1993, S. 158 f. HIRO, Dilip, *Desert Shield to Desert Storm...*, aaO. (Anm. 130), S. 72 f. SIMPSON, John, *From the House of War*, aaO. (Anm. 152), S. 67. AMOS, Deborah, *Lines in the Sand – Desert Storm and the Remaking of the Arab World*, Simon & Schuster, New York–London–Toronto–Sydney–Tokyo–Singapore 1992, S. 79 f.

[406] KELLNER, Douglas, *The Persian Gulf TV War*, aaO. (Anm. 289), S. 59 f.

[407] *Newsweek*, 3. 9. 1990, zitiert aus: KELLNER, Douglas, ebenda, S. 65.

[408] *Washington Post*, 7. 8. 1990 & *Newsweek*, 20. 10. 1990; zitiert aus: KELLNER, Douglas, ebenda, S. 63.

[409] ROSENTHAL, A. M., in: *New York Times*, 9. 8. 1990, zitiert aus: KELLNER, Douglas, ebenda.

[410] *New York Post*, 7. 8. 1990, zitiert aus: KELLNER, Douglas, ebenda.

[411] LAMAY, Craig (u.a.), *The Media at War*, Gannett Foundation Media Center, New York 1991, S. 42, zitiert aus: KELLNER, Douglas, ebenda.

[412] BLEIFUSS, Joel, »The First Stone«, in: *These Times*, 20.–26. 3. 1991, S. 4, zitiert aus: KELLNER, Douglas, ebenda, S. 66.

[413] KELLNER, Douglas, ebenda, S. 73.

[414] GEHRING, Heiner, *Versklavte Gehirne – Bewußtseinskontrolle und Verhaltensbeeinflussung*, Kopp, Rottenburg a. N. 1999, S. 58, zitiert aus: EGGERS, S., *So lügt das Fernsehen – Die 100 größten Betrugsfälle auf dem deutschen TV-Bildschirm*, FZ, München 1996.

[415] EGGERT, Wolfgang, *Israels Geheimvatikan...*, aaO. (Anm. 271), S. 361.

[416] GEHRING, Heiner, *Versklavte Gehirne*, aaO. (Anm. 414), S. 42, zitiert aus: RUSHKOFF, D., *Media Virus – Hidden persuaders in the multi-media world*, Ballantine Books, New York 1994, u. EGGERS, S., *So lügt das Fernsehen...*, aaO. (Anm. 414).

[417] *Kölner Sozialistische Zeitung*, Nr. 9, 29. 4. 1999, S. 7.

[418] *Sozialistische Zeitung* vom 19. 3. 1998, S. 1, Leitartikel.

[419] GEHRING, Heiner, *Versklavte Gehirne*, aaO. (Anm. 414), S. 43.

[420] STEIN, Georg (Hg.), *Nachgedanken zum Golfkrieg*, Heidelberg 1991, S. 236 ff.

[421] *In These Times*, 13. 2. 1991, S. 5, zitiert aus: KELLNER, Douglas, *The Persian Gulf TV War*, aaO. (Anm. 289), S. 240.

[422] KELLNER, Douglas, ebenda, S. 239–242.

[423] Ebenda, S. 79.

[424] Ebenda, S. 79 f.

[425] GOTTLIEB, John, in: *The Progressive*, April 1991, S. 39, zitiert aus: KELLNER, Douglas, ebenda, S. 66.

[426] KELLNER, Douglas, ebenda, S. 70 f.
[427] Ebenda, S. 68.
[428] MÜLLER-ULLRICH, Burkard, *Medienmärchen - Gesinnungstäter im Journalismus*, Siedler, München 1998, S. 152.
[429] RUFFINI, Gene, »Press Fails to Challenge the Rush to War«, in: *Washington Journalism Review*, März 1991, S. 21 ff., zitiert aus: KELLNER, Douglas, *The Persian Gulf TV War*, aaO. (Anm. 289), S. 68.
[430] MÜLLER-ULLRICH, BURKARD, *Medienmärchen. . .*, aaO. (Anm. 428), S. 150.
[431] DANNHÄUSER, K., »Bomben auf den Irak - und kein Ende!«, in: *Deutschland Schrift Für Neue Ordnung*, Folge 5/6 1999, VGP, Remscheid 1999, S. 35.
[432] RUFFINI, Gene, aaO. (Anm. 429), zitiert aus: KELLNER, Douglas, *The Persian Gulf TV War*, aaO. (Anm. 289), S. 68.
[433] Ebenda, S. 67 ff.
[434] MÜLLER-ULLRICH, Burkard, *Medienmärchen. . .*, aaO. (Anm. 428), S. 151.
[435] Ebenda, S. 152.
[436] KELLNER, Douglas, *The Persian Gulf TV War*, aaO. (Anm. 289), S. 68 f.
[437] MACARTHUR, John R., *Die Schlacht der Lügen - Wie die USA den Golfkrieg verkauften*, dtv, München 1993, S. 86.
[438] BURKARD, Müller-Ullrich, *Medienmärchen. . .*, aaO. (Anm. 428) S. 153.
[439] KELLNER, Douglas, *The Persian Gulf TV War*, aaO. (Anm. 289), S. 70 f.
[440] YANT, Martin, *Desert Mirage*, aaO. (Anm. 222), S. 54.
[441] So der Journalist Peter SCHOLL-LATOUR am 15. 3. 1999 in der TV-Sendung »Beckmann« (ARD, 23 Uhr), zitiert in: EGGERT, Wolfgang, *Israels Geheimvatikan. . .*, aaO. (Anm. 271), S. 362.
[442] ULFKOTTE, Udo, *Verschlußsache BND*, Heyne, München 1998 (aktualisierte Auflage), S. 98.
[443] MÜLLER-ULLRICH, Burkard, *Medienmärchen. . .*, aaO. (Anm. 428), S. 152. Die Frage der Brutkästen warf als erster Alexander COCKBURN in einem Artikel für die *Los Angeles Times*,17. 1. 1991, auf.
[444] ULFKOTTE, Udo, *Verschlußsache BND*, aaO. (Anm. 442), S. 98.
[445] STRONG, Morgan, in: *TV Guide*, 22. 2. 1992, S. 13, zitiert aus: KELLNER, Douglas, *The Persian Gulf TV War*, aaO. (Anm. 289), S. 69.
[446] KELLNER, Douglas, ebenda.
[447] BEHAM, Mira, *Kriegstrommeln - Medien, Krieg und Politik*, dtv, München 1996, S. 109.
[448] RIDGEWAY, James (Hg.), *The March to War*, aaO. (Anm. 241), S. 241.
[449] *Triumph without Victory*, aaO. (Anm. 322), S. 22 f.
[450] BULLOCH, John, u. Harvey MORRIS, *Saddams Krieg*, aaO. (Anm. 53), S. 19.
[451] ABURISH, Said K., *A Brutal Friendship. . .*, aaO. (Anm. 48), S. 140 f.
[452] HOFMANN, Michael, *Siegen ist nicht gleich Frieden*, Ullstein, Frankfurt/M.-Berlin 1992, S. 36.
[453] VANKIN, Johnathan, *Conspiracies, Cover-Ups and Crimes*, aaO. (Anm. 279), S. 244.
[454] NELSON-PALLMEYER, Jack, *Brave New World Order*, aaO. (Anm. 287), S. 74. Vgl. auch: ABURISH, Said K., *Ölscheichs und Tyrannen. . .*, aaO. (Anm. 52), S. 263.
[455] HIRO, Dilip, *Desert Shield to Desert Storm. . .*, aaO. (Anm. 130), S. 106 f.
[456] HOFMANN, Michael, *Siegen ist nicht gleich Frieden*, aaO. (Anm. 452), S. 36.
[457] SMITH, Jean Edward, *Mr. Bush's War*, aaO. (Anm. 137), S. 175 f. Vgl. HIRO, Dilip, *Desert Shield to Desert Storm*, aaO. (Anm. 130), S. 219 u. 110. Vgl. auch *University of Maryland Reader - The Persian Gulf Crisis*, 1991, S. 338. WOODWARD, Bob, *The Commanders*, aaO. (Anm. 392).
[458] *Wall Street Journal*, 7. 12. 1990, zitiert aus: NELSON-PALLMEYER, *Brave New World Order*, aaO. (Anm. 287), S. 77.

[459] HIRO, Dilip, *Desert Shield to Desert Storm. . .,* aaO. (Anm. 130), S. 114.
[460] HEIKAL, Mohamed, *Illusions of Triumph. . .,* aaO. (Anm. 405), S. 265.
[461] Ebenda, S. 317.
[462] HIRO, Dilip, *Desert Shield to Desert Storm. . .,* aaO. (Anm. 130), S. 114.
[463] RIDGEWAY, James (Hg.), *The March to War,* aaO. (Anm. 241), S. 60.
[464] SIMPSON, John, *From the House of War,* aaO. (Anm. 152), S. 137 f.
[465] CLARK, Ramsey, *The Fire this Time. . .,* aaO. (Anm. 56), S. 25 f.
[466] BLUM, William, *Killing Hope,* aaO. (Anm. 38), S. 328. Vgl. *The Nation,* 15. 4. 1991: »The Peace Feeler That Was«, S. 480 ff. *Newsweek,* 10. 9. 1990, S. 17. *Los Angeles Times,* 20. 10. 1990, S. 6.
[467] SMITH, Jean Edward, *Mr. Bush's War,* aaO. (Anm. 137), S. 126.
[468] BRESHEETH, Haim, u. Nira YUVAL-DAVIS, *The Gulf War and the New World Order,* aaO. (Anm. 281), S. 16.
[469] SMITH, Jean Edward, *Mr. Bush's War,* aaO. (Anm. 137), S. 142 f. RIDGEWAY, James (Hg.), *The March to War,* aaO. (Anm. 241), S. 63.
[470] SMITH, Jean Edward, ebenda, S. 193.
[471] HIRO, Dilip, *Desert Shield to Desert Storm. . .,* aaO. (Anm. 130), S. 315.
[472] BRITTAIN, Victoria (Hg.), *The Gulf Between Us,* aaO. (Anm. 341), S. 160.
[473] CLARK, Ramsey (u.a.), *War Crimes,* aaO. (Anm. 125), S. 205. Vgl. KELLNER, Douglas, *The Persian Gulf TV War,* aaO. (Anm. 289), S. 93.
[474] ABURISH, Said K., *Ölscheichs und Tyrannen. . .,* aaO. (Anm. 52), S. 262 f.
[475] Ebenda, S. 263.
[476] HIRO, Dilip, *Desert Shield to Desert Storm. . .,* aaO. (Anm. 130), S. 178 f.
[477] Ebenda, S. 254.
[478] SMITH, Jean Edward, *Mr. Bush's War,* aaO. (Anm. 137), S. 222.
[479] Ebenda, S. 222 f.
[480] Ebenda, S. 231.
[481] WINTER, Rolf, *Gottes Eigenes Land?,* aaO. (Anm. 43), S. 263.
[482] TIMMERMAN, Kenneth R., *The Death Lobby – How the West armed Iraq,* Bantam Books, London 1992, S. 525.
[483] CLARK, Ramsey (u.a.), *War Crimes,* aaO. (Anm. 125), S. 63–71.
[484] HIRO, Dilip, *Desert Shield to Desert Storm. . .,* aaO. (Anm. 130), S. 108–111.
[485] Ebenda, S. 111.
[486] Ebenda, S. 121.
[487] Ebenda, S. 111 u. 120. Einen weiteren »Nichtangriffspakt« hatten die Saudis im Jahre 1936 mit dem Irak abgeschlossen, den sie ebenso mit dem Golfkrieg 1991 brachen. Siehe: COLEMAN, John, *Diplomacy by Deception,* aaO. (Anm. 9), S. 43.
[488] COLEMAN, John, ebenda, S. 51.
[489] *Triumph Without Victory,* aaO. (Anm. 322), S. 98 f.
[490] CLARK, Ramsey, *The Fire this Time. . .,* aaO. (Anm. 56), S. 28 f.
[491] SALINGER, Pierre, u. Eric LAURENT, *Krieg am Golf,* aaO. (Anm. 56), S. 119 f.
[492] ABURISH, Said K., *Ölscheichs und Tyrannen. . .,* aaO. (Anm. 52), S. 261 f.
[493] Ebenda, S. 262.
[494] COLEMAN, John, *Diplomacy by Deception,* aaO. (Anm. 9), S. 51.
[495] Ebenda.
[496] *New York Times,* 17. 8. 1990, zitiert in: HIRO, Dilip, *Desert Shield to Desert Storm. . .,* aaO. (Anm. 130), S. 120.
[497] Ebenda.
[498] Ebenda, S. 120.
[499] RECORD, Jeffrey, *Hollow Victory – A Contrary View of the Gulf War,* New York 1993, S. 36 f. Sultan KHALID, bin, *Desert Warrior. . .,* aaO. (Anm. 203), S. 160 f.

[500] KUBBIG, Bernd W., u. Gert KRELL, *Krieg und Frieden am Golf – Ursachen und Perspektiven,* Fischer, Frankfurt/M. 1991, S. 124. MATTHEWS, Ken, *The Gulf Conflict and International Relations,* Routhledge, London 1993, S. 74–77.
[501] CLARK, Ramsey, *The Fire this Time. . .,* aaO. (Anm. 56), S. 37 u. 169.
[502] BULLOCH, John, u. Harvey MORRIS, *Saddams Krieg,* aaO. (Anm. 53), S. 31.
[503] HÜBSCHEN, Jürgen, *Der Irak-Kuwait-Krieg. . .,* aaO. (Anm. 251), S. 69 u. 98.
[504] SMEETS, Maarten, »Economic Sanctions Against Iraq«, in: BLUMBERG, Herbert H., u. Christopher C. FRENCH, *The Persian Gulf War,* aaO. (Anm. 211), S. 149.
[505] BROWN, Ben, u. David SHUKMAN, *All Necessary Means. . .,* aaO. (Anm. 357), S. 18.
[506] *Z Magazine,* April 1991, S. 53, zitiert aus: NELSON-PALLMEYER, Jack, *Brave New World Order,* aaO. (Anm. 287), S. 75.
[507] STEIN, George (Hg.), *Nachgedanken zum Golfkrieg,* aaO. (Anm. 420), S. 23 f.
[508] Ebenda, S. 73 f.
[509] Ebenda, S. 74 f.
[510] EGGERT, Wolfgang, *Israels Geheimvatikan. . .,* aaO. (Anm. 271), S. 359.
[511] Ebenda.
[512] SISINA (Hg.), *Midnight Oil. . .,* aaO. (Anm. 61), S. 145.
[513] ICKE, David, . . . *and the truth shall set you free – The most explosive book of the 20th century,* Bridge of Love Communications, Cambrigde [3]1998, S. 346. Zitiert aus: ANDREWS, George C., *Extra-Terrestial Friends And Foes,* S. 288.
[514] HORNUNG, Klaus, *Krisenherd Naher Osten – Geschichte und Gegenwart einer konfliktreichen Region,* Heyne, München 1993 (erweiterte Auflage), S. 245.
[515] TOFFLER, Alvin u. Heidi, *Überleben im 21. Jahrhundert,* DVA, Stuttgart 1994, S. 102 f. u. 82 f.
[516] BROWN, Ben, u. David SHUKMAN, *All Necessary Means. . .,* aaO. (Anm. 357), S. 37.
[517] KRONBERGER, Hans, *Blut für Öl. . .,* aaO. (Anm. 79), S. 129. BLUM, William, *Killing Hope,* aaO. (Anm. 38), S. 320. Vgl. auch: MITTMANN, Beate, u. Peter PRISKIL, *Kriegsverbrechen der Amerikaner und ihrer Vasallen gegen den Irak und 6000 Jahre Menschheitsgeschichte,* Ahriman, Freiburg 1992, S. 78.
[518] KHELLA, Karam, *Sie kommen wieder. . . Golf und der 200jährige euroamerikanische Krieg gegen die Araber,* Theorie und Praxis, Hamburg [2]1991/92, S. 206.
[519] Ebenda, S. 207. Diese Zahl scheint zu hoch zu sein; der Autor gibt diesbezüglich keine Quelle an.
[520] ARKIN, William M., Damian DURRANT u. Marianne CHERNI, *On Impact: Modern warfare and the Environment – A Case Study of the Gulf War,* Washington D.C.: Greenpeace, 1991, S. 160, Fußnote 377, zitiert aus: CLARK, Ramsey (u.a.), *War Crimes,* aaO. (Anm. 125), S. 85.
[521] FRENCH, Christopher C., »The Gulf War: Psychological Perspectives«, in: BLUMBERG, Herbert H., u. Christopher C. FRENCH (Hg.), *The Persian Gulf War,* aaO. (Anm. 211), S. 216.
[522] OTTOSEN, Rune, »The Media and the Gulf War Reporting: Advertising for the Arms Industry?«, in: ebenda, S. 339. Zitiert aus: Paul F. WALKER u. Eric STAMBER, ». . . and the Dirty Little Weapons«, in: *Bulletin of Atomic Scientists,* Mai 1991.
[523] WALKER, Paul F., »U.S. Bombing – The Myth of Surgical Bombing in the Gulf War«, in: CLARK, Ramsey (u.a.), *War Crimes,* aaO. (Anm. 125), S. 85.
[524] CATALINOTTO, John, u. Sara FLOUNDERS (Hg.), *Metal of Dishonor,* aaO. (Anm. 65), S. 14. CLARK, Ramsey (u.a.), *War Crimes,* ebenda, S. 14 f.
[525] CAPACCIO, Tony, »McPeak: Unclear If Air War has Sapped Iraqi Will«, in: *Defense Week,* 4. 2. 1991, zitiert in: CLARK, Ramsey (u.a.), *War Crimes,* ebenda, S. 87. FRENCH, Christopher C., »The Gulf War: Psychological Perspectives«, in: BLUMBERG, Herbert H., u. Christopher C. FRENCH, *The Persian Gulf War,* aaO. (Anm. 211), S. 216.

[526] Greenpeace Report, »Modern Warfare and the Environment«, London 1991, zitiert aus: OTTOSEN, Rune, »The Media. . .«, in: BLUMBERG, Herbert H., u. Christopher C. FRENCH, *The Persian Gulf War,* aaO. (Anm. 211), S. 339. Einem anderen Bericht zufolge verfehlten 10 Prozent dieser Bomben ihr Ziel. Siehe im selben Buch: FRENCH, Christopher C., »The Gulf War - Psychological Perspectives«, S. 216.

[527] OTTOSEN, Rune, ebenda, S. 339; zitiert aus: WALKER, Paul W., u. Eric STAMBLER, ». . . and the Dirty Little Weapons«, in: *Bulletin of Atomic Scientist,* Mai 1991.

[528] FRENCH, Christopher C., »The Gulf War: Psychological Perspectives«, in: BLUMBERG, Herbert H., u. Christopher C. FRENCH (Hg.), *The Persian Gulf War,* aaO. (Anm. 211), S. 216.

[529] CAPACCIO, Tony, »McPeak. . .«, aaO. (Anm. 525), zitiert in: CLARK, Ramsey (u.a.), *War Crimes,* aaO. (Anm. 125), S. 87.

[530] NOBLE, David, »Professor of Terror« (Pengan, Malaysia), in: *Third World Resurgence,* 18/19 Februar–März 1992, S. 34. Zitiert aus: CLARK, Ramsey, *The Fire this Time. . .,* aaO. (Anm. 56), S. 44. Vgl. auch WOLF, Winfried, *Bombengeschäfte - Zur politischen Ökonomie des Kosovo-Kriegs,* Konkret Literatur, Hamburg 1999, S. 103.

[531] MORROCCO, John, »Looming Budget Cuts Threaten Future of Key High-Tech Weapons«, in: *Aviation Week & Space Technology,* 22. 4. 1991, S. 66 f. Zitiert aus: CLARK, Ramsey (u.a.), *War Crimes,* aaO. (Anm. 125), S. 86.

[532] CLARK, Ramsey (u.a.), ebenda, S. 88.

[533] Zeugenaussage von Paul William ROBERTS vor dem Untersuchungsausschuß in Montreal, 16. 11. 1991, S. 54–58. Zitiert aus: CLARK, Ramsey, *The Fire this Time. . .,* aaO. (Anm. 56), S. 75.

[534] CLARK, Ramsey (u.a.), *War Crimes,* aaO. (Anm. 125), S. 103. Vgl. MITTMANN, Beate, u. Peter PRISKIL, *Kriegsverbrechen der Amerikaner,* aaO. (Anm. 517), S. 78.

[535] ALLEN-DOUCOT, Christopher, »For These Things I Weep«, in: CLARK, Ramsey (Hg.), *Metal of Dishonor Depleted Uranium. . .,* aaO. (Anm. 524), S. 191 f.

[536] BLUMBERG, Herbert H., u. Christopher C. FRENCH, *The Persian Gulf War,* aaO. (Anm. 211), S. 187.

[537] CLARK, Ramsey (u.a.), *War Crimes,* aaO. (Anm. 125), S. 14 f.

[538] Ebenda, S. 15.

[539] MITTMANN, Beate, u. Peter PRISKIL, *Kriegsverbrechen der Amerikaner,* aaO. (Anm. 517), S. 85 f. Vgl. auch: HILLS, Frank, *Eine Welt des Bösen - Geschichte des Schreckens,* Anton A. Schmid, Durach 2001, Bd. 1, Teil 2, S. 360.

[540] HILLS, Frank, *Eine Welt des Bösen,* ebenda, S. 361.

[541] MITTMANN, Beate, u. Peter PRISKIL, *Kriegsverbrechen der Amerikaner,* aaO. (Anm. 517), S. 64.

[542] Ebenda, S. 63.

[543] Ebenda, S. 58.

[544] GÖBEL, Rüdiger (u.a.), *Der Irak - Ein belagertes Land,* aaO. (Anm. 136), S. 42, im Beitrag von Ramsey CLARK, »Feuer und Eis - Die Zerstörung des Irak durch Krieg und Sanktionen«.

[545] MITTMANN, Beate, u. Peter PRISKIL, *Kriegsverbrechen der Amerikaner,* aaO. (Anm. 517); siehe hierzu vor allem die Kapitel III u. IV über die Zerstörung der irakischen Zivilbevölkerung und Infrastruktur des Landes.

[546] GÖBEL, Rüdiger (u.a.), *Der Irak - Ein belagertes Land,* aaO. (Anm. 136), S. 172.

[547] CLARK, Ramsey (Hg.), *Challenge to Genocide - Let Iraq Live,* New York 1998, S. 33.

[548] Ebenda, S. 66, 25 u. 86.

[549] HILLS, Frank, *Eine Welt des Bösen,* aaO. (Anm. 539), S. 361.

[550] CALDICOTT, Helen, »A New Kind of Nuclear War«, in: CATALINOTTO, John, u. Sara FLOUNDERS (Hg.), *Metal of Dishonor,* aaO. (Anm. 65), S. 18.

[551] Ebenda, S. 19.

552 WOLF, Winfried, *Bombengeschäfte...*, aaO. (Anm. 530), S. 107. CATALINOTTO, John, u. Sara FLOUNDERS (Hg.), *Metal of Dishonor*, aaO. (Anm. 65), S. 26.

553 CLARK, Ramsey (Entwurf), »An international Appeal to Ban the Use of Depleted Uranium Weapons«, in: CATALINOTTO, John, u. Sara FLOUNDERS (Hg.) ebenda, S. 21.

554 »U.S. Army Environmental Policy Institute (AEPI=, Health and Environmental Consequences of Depleted Uranium Use in the U.S. Army«, in: *Technical Report,* Juni 1995, S. A-10, zitiert aus: FAHEY, Dan, »Collateral Damage: How U.S. Troops were Exposed To Depleted Uranium During the Persian Gulf War«, in: CATALINOTTO, John, u. Sara FLOUNDERS (Hg.), ebenda, S. 27.

555 Dies bezieht sich auf ein Feuer, das im kuwaitischen Doha ausbrach und wodurch erhebliche Mengen an DU verlorengingen. Siehe: CATALINOTTO, John, u. Sara FLOUNDERS (Hg.) ebenda, S. 145.

556 LOPEZ, D., *Friendly Fire: The Link Between Depleted Uranium Munitions and Human Health Risks,* 1995, S. 3, zitiert aus: FAHEY, Dan, »Collateral Damage...«, in: CATALINOTTO, John, u. Sara FLOUNDERS (Hg.) ebenda, S. 28.

557 Ebenda, S. 145. Die holländische LAKA-Foundation schätzt die Menge sogar auf 800 metrische Tonnen.

558 AZIS, Barbara Nimri, »Gravesites: Environmental Ruin in Iraq«, in: ebenda, S. 158.

559 »Note from the Permanent Mission of Iraq to the UN Center for Human Rights – Geneva Switzerland 21 May 1996«, in: ebenda, S. 173.

560 KAU, Michio, »Depleted Uranium: Huge Quantities of Dangerous Waste«, in: ebenda, S. 113.

561 CALDICOTT, Helen, »A New Kind of Nuclear War«, in: ebenda, S. 19.

562 GÜNTHER, Siegwart-Horst, *Uran-Geschosse,* aaO. (Anm. 65), S. 17.

563 *P.M. Magazin,* 5/1991, 19. 4. 1991: »Das entscheidende Duell am Golf: Patriot gegen Scud«, S. 32–38. Die anfangs sehr positiven Berichte – wie dieser im *P.M. Magazin* – erwiesen sich später als unberechtigt, da argumentiert wurde, daß die Patriot-Raketen beim Abfangen der alten Scuds eher mehr Schaden anrichteten, als zu erwarten gewesen wäre. Auch war die Trefferrate maßlos übertrieben worden, um dieses Raketensystem dann besser nach dem Krieg verkaufen zu können, was verschiedene Zeitungsberichte später bestätigten.

564 JACKSON, Devon, *Conspiranoia!,* aaO. (Anm. 229), S. 283 f. Siehe die wichtigen Bücher zum Thema ›PROMIS‹: KOCH, Egmont R., u. Jochen SPERBER, *Die Datenmafia – Computerspionage und neue Informationskartelle,* Rowohlt, Reinbek bei Hamburg 1996. CALVI, Fabrizio, u. Thierry PFISTER, *PROMIS. Das Auge Washingtons,* Unionsverlag, Zürich 1998.

565 KOCH, Egmont R., u. Jochen SPERBER, *Die Datenmafia,* ebenda, S. 145.

566 FRIEDMAN, Alan, *Spider's Web,* aaO. (Anm. 327), S. 110.

567 KOCH, Egmont R., u. Jochen SPERBER, *Die Datenmafia,* aaO. (Anm. 564), S. 65.

568 Ebenda, S. 145 f. u. 72.

569 Ebenda, S. 66.

570 NICHOLS, Preston B., u. Peter MOON, *Das Montauk Projekt – Experimente mit der Zeit,* E.T. Publishing Unlimited, Fichtenau 1994, S. 142 f., Anhang C: »Bewußtseinskontrolle und der Golfkrieg.« Zu den Büchern, die sich mit diesem wichtigen Thema befassen, gehören: HEERD, Ulrich (Hg.), *Das HAARP-Projekt über Mobilfunk zur Strahlenwaffe über Wetterveränderung zur Bewußtseinskontrolle,* Edition HAARP, Michaels, Peiting 1998. VASSILATOR, Gary, *HAARP ist Mehr,* Edition HAARP, Michaels, Peiting 1999. FREE, B., u. Dr. HYNAAR, *HAARP Mindcontrol und wissenschaftlicher Irrsinn – Auch die Dunkelheit macht Musik,* CTT / Pantha Rhei, 1999 Wadern.

571 *Crescent International*, December 1–15, 2002: »America's Kurdich ›allies‹ fearful of consequences of war in Iraq«, S. 3.

[572] *Crescent International,* April 16–30, 1997: »The 1991 post-Gulf War uprising in southern Iraq revisited«, S. 4.
[573] *Magazin 2000plus,* Extraheft 2/183: *Globalisierung und Weltherrschaft* – »Unangenehme Zahlen«, S. 71 f.
[574] SALINGER, Pierre, u. Eric LAURENT, *Krieg am Golf,* aaO. (Anm. 56), S. 63.
[575] PARRY, Robert, »The Peace Feeler That Was«, in: *The Nation,* 15. 4. 1991, S. 480 ff. *Newsweek,* 10. 9. 1990, S. 17. *Los Angeles Times,* 20. 10. 1990, S. 6. Zitiert aus: BLUM, William, *Killing Hope,* aaO. (Anm. 38), S. 328.
[576] SALINGER, Pierre, u. Eric LAURENT, *Krieg am Golf,* aaO. (Anm. 56), S. 74. AGGARWAL, J. C., *Gulf Crisis,* aaO. (Anm. 250), S. 2. CLARK, Ramsey, *The Fire this Time. . .,* aaO. (Anm. 56), S. 32 f.
[577] CHOMSKY, Noam, *Was Onkel Sam wirklich will,* Pendo, Zürich 1993, S. 74.
[578] GERVASI, Tom, *Soviet Military Power – The Pentagon's Propaganda Document, Annotated and Corrected,* Vintage Books, New York 1988, S. 5.
[579] CHOMSKY, Noam, *Deterring Democracy,* aaO. (Anm. 35), S. 199.
[580] Bericht über Golfkriegs-Anhörung in: *Frieden* 2000, Nr. 12/91, S. 3, zitiert aus: MECHTERSHEIMER, Alfred, *Friedensmacht Deutschland – Plädoyer für einen neuen Patriotismus,* Ullstein Report, Ullstein, Frankfurt/M.-Berlin 1993, S. 49.
[581] Ebenda.
[582] HÜBSCHEN, Jürgen, *Der Irak-Kuwait-Krieg. . .,* aaO. (Anm. 251), S. 244.
[583] DARWISH, Adel, u. Gregory ALEXANDER, *Unholy Babylon. . .,* aaO. (Anm. 162), S. 52 f.
[584] STEIN, George (Hg.), *Nachgedanken zum Golfkrieg,* aaO. (Anm. 420), S. 41.
[585] FRENCH, Christopher C., »The Gulf War: Psychological Perspectives«, in: BLUMBERG, Herbert H., u. Christopher C. FRENCH (Hg.), *The Persian Gulf War,* aaO. (Anm. 211), S. 215.
[586] YANT, Martin, *Desert Mirage,* aaO. (Anm. 222), S. 107.
[587] STEIN, George (Hg.), *Nachgedanken zum Golfkrieg,* aaO. (Anm. 420), S. 152.
[588] BAINERMAN, Joel, *The Crimes of a President,* aaO. (Anm. 311), S. 128 f.
[589] ABURISH, Said K., *Ölscheichs und Tyrannen. . .,* aaO. (Anm. 52), S. 253.
[590] JACKSON, Devon, *Conspiranoia!,* aaO. (Anm. 229), S. 293.
[591] Ebenda, S. 291.
[592] *Time,* 20. 8. 1990: »Read my Ships«, S. 11, zitiert aus: CREMER, Uli, *Neue NATO – neue Kriege?,* aaO. (Anm. 386), S. 30.
[593] MITTMANN, Beate, u. Peter PRISKIL, *Kriegsverbrechen der Amerikaner,* aaO. (Anm. 517), S. 90 f.
[594] RIDGEWAY, James (Hg.), *The March to War,* aaO. (Anm. 241), S. 234.
[595] Ebenda, S. 180.
[596] BLUMBERG, Herbert H., u. Christopher C. FRENCH, *The Persian Gulf War,* aaO. (Anm. 211), S. 357.
[597] DARWISH, Adel, u. Gregory ALEXANDER, *Unholy Babylon. . .,* aaO. (Anm. 162), S. 294. Siehe ebenfalls zu dieser Thematik: FINDLEY, Paul: *They Dare to Speak out – People and Institutions Confront Israel's Lobby,* Lawrence Hill Books, Chicago 1989 (*Die Israel-Lobby,* VGB, Leoni). BLUMBERG, Herbert H., u. Christopher C. FRENCH, ebenda, S. 120 f. KÖGEL, E. G., »Zufälle über Zufälle«, in: *Die Diktatur der Humanität – Beiträge zum Kosovo-Konflikt aus nonkonformer Sicht,* VGP, Remscheid 1999, S. 18 ff.
[598] KÖGEL, E. G., »Zufälle über Zufälle«, in: ebenda, S. 18 ff. FINDLEY, Paul: *They Dare to Speak out,* ebenda.
[599] *New York Newsday,* 29. 5. 1992, S. 30, zitiert aus: CLARK, Ramsey, *The Fire this Time. . .,* aaO. (Anm. 56), S. 93.
[600] SCHULZ, Paul, *Der Waffentest am Golf als Vorbereitung für den Dritten (atomaren) Weltkrieg,* Edition Wissenschaft Kultur und Politik, Berlin 1991, S. 34.

[601] Siehe bezüglich der Gedankenkontrollwaffen, u. a. NICHOLS, Preston B., u. Peter MOON, *Das Montauk Projekt,* aaO. (Anm. 570), S. 142, ff. Daß Gedankenkontrollwaffen keine reinen ›Science Fiction‹-Erfindungen sind, wird u. a. bei: LAMMER, Helmut u. Marion, *Verdeckte Operationen,* Heyne, München 2000, nachgewiesen. Vgl. auch MARKS, John, *The Search for the ›Manchurian Candidate‹ – The CIA and Mind Control,*sowie die Bücher von KEITH, Jim, *Mass Control: Engineering Human Consciousness,* GA 1999, u. *Mind Control – World Control,* Illinois 1997.

[602] *Los Angeles Times,* 11. 7. 1990, S. 1. *The Gallup Poll: Public Opinion 1990* (Wilmington, Del. 1991), zitiert aus: BLUM, William, *Killing Hope,* aaO. (Anm. 38), S. 320.

[603] HÜBSCHEN, Jürgen, *Der Irak-Kuwait-Krieg. . .,* aaO. (Anm. 251), S. 270 u. 282.

[604] Ebenda, S. 272.

[605] Ebenda, S. 232 u. 234.

[606] BLUMBERG, Herbert H., u. Christopher C. FRENCH, *The Persian Gulf War,* aaO. (Anm. 211), S. 357.

[607] Ebenda.

[608] HIPPLER, Jochen, *Die Neue Weltordnung,* Konkret Literatur, Hamburg 1991, S. 161.

[609] BULLOCH, John, u. Harvey MORRIS, *Saddams Krieg,* aaO. (Anm. 53), S. 150 f.

[610] Ebenda, S. 278 u. 162.

[611] Ebenda, S. 141 f.

[612] Ebenda, S. 47.

[613] Ebenda, S. 233 u. 52. DARWISH, Adel, u. Gregory ALEXANDER, *Unholy Babylon. . .,* aaO. (Anm. 162), S. 294.

[614] HORNUNG, Klaus, *Krisenherd Naher Osten,* aaO. (Anm. 514), S. 226.

[615] ODELL, Peter, »International Oil: A Return to American Hegemony«, in: *World Today,* Vol. 50, No. 11, November 1994. Zitiert in CURTIS, Mark, *The Great Deception – Anglo-American Power and World Order,* Pluto Press, London–Sterling / Virginia 1998, S. 122. Vgl. ABURISH, Saik, *The Rise, Corruption and Coming Fall of the House of Saud,* Bloomsbury, London 1994, S. 177.

[616] ODELL, Peter, in: CURTIS, Mark, ebenda, S. 123.

[617] HIRST, David, »Jordanians told to uphold peace pact«, in: *Guardian,* 17. 11. 1994. Zitiert in: CURTIS, Mark, ebenda, S. 124.

[618] ROSSI, Lorenza, *Who Shall Guard the Guardians Themselves? An Analysis of U.S. Strategy in the Middle East Since 1945,* Diss., Berlin–Frankfurt/M.–New York–Paris–Wien 1998, S. 291.

[619] ZINN, Howard, *A People's History. . .,* aaO. (Anm. 26), S. 583.

[620] WOLF, Winfried, *Bombengeschäfte. . .,* aaO. (Anm. 530), S. 75.

[621] BULLOCH, John, u. Harvey MORRIS, *Saddams Krieg,* aaO. (Anm. 53), S. 214. Das Buch gibt unterschiedliche Zahlen an: Auf Seite 214 wird das von den USA importierte Golföl mit 5 Prozent, auf Seite 165 wiederum mit 11,5 % angegeben.

[622] DIETZ, H., G. HARTMANN u. J. WÜST, *Zeitbombe Nahost – Vom Golfkrieg zur Neuen Weltordnung?,* Schulte & Gerth, Asslar 1991, S. 17.

[623] BULLOCH, John, u. Harvey MORRIS, *Saddams Krieg,* aaO. (Anm. 53), S. 165.

[624] SHAPIRO, Andrew L., *Die Verlorene Weltmacht – Amerika im Vergleich zum Rest der Welt,* C. Bertelsmann, München 1993, S. 203.

[625] MECHTERSHEIMER, Alfred, »Antiamerikanisch – weshalb eigentlich nicht?«, in: THIELEN, Helmut (Hg.), *Der Krieg der Köpfe – Vom Golfkrieg zur Neuen Weltordnung,* Horlemann, Unkel–Bad Honnef 1991, S. 113.

[626] MASSARRAT, Mohssen (Hg.), *Mittlerer und Naher Osten – Geschichte und Gegenwart, Eine problemorientierte Einführung,* Agenda, Münster 1996, S. 294.

[627] Ebenda, S. 295.

[628] *Die Tageszeitung* vom 13. 8. 1991, zitiert aus: MASSARRAT, Mohssen (Hg.), ebenda, S. 296.

[629] *Der Spiegel* Nr. 34/1990, S. 119 f, zitiert aus: MASSARRAT, Mohssen (Hg.), ebenda.

[630] SARKIS, Nicolas, »1993: L'inquiétante baisse des revenus du pétrole«, in: *Le monde diplomatique,* Nr. 467, Februar 1992, Paris, zitiert aus: MASSARRAT, Mohssen (Hg.), ebenda 1996, S. 296.

[631] BARNES, Jack, u. Mary-Alice WATERS (Hg.), »Washington's assault on Iraq - Opening Guns of World War III«, in: *New International - A Magazine of Marxist Politics and Theory,* New York 1991, S. 113.

[632] WOLF, Winfried, *Bombengeschäfte...,* aaO. (Anm. 530), S. 74.

[633] CHOMSKY, Noam, *Deterring Democracy,* aaO. (Anm. 35), S. 81 u. 21 f. *Der Spiegel,* 1/1994: »Bitte um Hilfe«, S. 112 f. BECKER, Richard, »Weapons of Mass Destruction«, in: CLARK, Ramsey (Hg.), *Challenge to Genocide,* aaO. (Anm. 547), S. 45 f. Siehe diesbezüglich auch: KHAN, Mansur, *Die geheime Geschichte...,* aaO. (Anm. 10).

[634] BLUMBERG, Herbert H., u. Christopher C. FRENCH, *The Persian Gulf War,* aaO. (Anm. 211), S. 277.

[635] Diese Zahl stammt von einem Report, der u.a. von der Arabischen Liga und der OPEC erstellt wurde, vgl. *taz* vom 10. 9. 1992, zitiert aus: MECHTERSHEIMER, Alfred: Friedensmacht Deutschland - Plädoyer für einen neuen Patriotismus, Ullstein Report, Ullstein, Frankfurt am Main / Berlin 1993, S. 48.

[636] KRONBERGER, Hans, *Blut für Öl...,* aaO. (Anm. 79), S. 129.

[637] *The Independent,* 20. 7. 1988, zitiert in: DILIP, Hiro, *The Longest War,* aaO. (Anm. 112), S. 251.

[638] RUPP, Rainer (u.a.), *Vor dem Dritten Golfkrieg,* aaO. (Anm. 74), S. 140.

[639] MASRI, Rania, »Sanctions are Criminal«, in: CLARK, Ramsey (Hg.), *Challenge to Genocide,* aaO. (Anm. 547), S. 33.

[640] CLARK, Ramsey, »The Devastations of Iraq by War and Sanctions«, MASRI, Rania, »Sanctions are Criminal«, MOOREHEAD, Monica, »Demonizing Oppressed Nations«, BECKER, Brian, »An Act of Real Solidarity«, in: CLARK, Ramsey (Hg.), ebenda, S. 25, 35, 66 u. 86.

[641] GRAHAM-BROWN, Sarah, *Sanctioning Saddam - The Politics of Intervention in Iraq,* I.B. Tauris, London–New York 1999, S. 161. Vgl. ALNASRAWI 1994, S. xv.

[642] BAROUD, Ramzy, »Ten years of sanctions and ten years of betrayal by Iraq's Arab neigours«, in: *Crescent International,* Vol. 29, no. 5, May 16–31, 2000, S. 12.

[643] HUSSEIN, al-Nadeem, »Neuer Irak-Krieg in Vorbereitung?« in: *Neue Solidarität,* Nr. 8, 23. 2. 2000, S. 6.

[644] BECKER, Brian, »An Act of Real Solidarity«, in: CLARK, Ramsey (Hg.), *Challenge to Genocide,* aaO. (Anm. 547), S. 86.

[645] MOOREHEAD, Monica, »Demonizing Oppressed Nations«, in: ebenda, S. 67.

[646] CLARK, Ramsey, »The Devastations of Iraq by War and Sanctions«, in: ebenda, S. 12.

[647] ALLEN-DOUCOT, Christopher, »For These Things I Weep«, in: ebenda, S. 190 f.

[648] BULLOCH, John, u. Adel DARWISH, *Water Wars - Coming Conflicts in the Middle East,* Victor Gollancz, London 1996, S. 139 f.

[649] *Monitor*-Sendung vom 26. 9. 2002, ARD, 20.15–21 Uhr, mit Sonia MIKICH u. Jo ANGER.

[650] CLARK, Ramsey, »The Devastations of Iraq by War and Sanctions«, in: CLARK, Ramsey (Hg.), *Challenge to Genocide,* aaO. (Anm. 547), S. 15.

[651] RUPP, Rainer (u.a.), *Vor dem Dritten Golfkrieg,* aaO. (Anm. 74), S. 139.

[652] KHELLA, Karam, *Sie kommen wieder...,* aaO. (Anm. 518), S. 208.

[653] MASSARRAT, Mohssen (Hg.), Mittlerer und Naher Osten, aaO. (Anm. 626), S. 298 f.

[654] KLARE, Michael T., »How we Armed the Middle East«, in: BLUMBERG, Herbert H., u. Christopher C. FRENCH, *The Persian Gulf War,* aaO. (Anm. 211), S. 252.

[655] KRAMER, Mark, »The Global Arms Trade after the Persian Gulf War«, in: BLUMBERG, Herbert H., u. Christopher C. FRENCH, ebenda, S. 292, zitiert aus: FRIEDMAN, Thomas L., Selling Arms to Keep Jobs: The Signals It Sends Abroad«, in: *The New York Times,* 20. 9.

1992, Section 4 (Week in Review), S. 4; GORDON, Michael R., »In Election Year, Politics Greases Arms Decisons, in: *The New York Times*, 3 . 9. 1992, S. 1–12; *Business Week*, 14. 9. 1992: »An Arms Deal That Suits Everyone But Beijing«, S. 30; SCHMITT, Eric, »Jet Sales to Saudis and Taiwan Weighed, in: *The New York Times*, 25. 8. 1992, S. A-14.

656 KLARE, Michael T., »How we Armed the Middle East«, aaO. (Anm. 654), S. 252.

657 CUSTER, Peter, »The Gulf Crisis and the World Economy«, in: BLUMBERG, Herbert H., u. Christopher C. FRENCH, *The Persian Gulf War*, aaO. (Anm. 211), S. 145.

658 JOFFÉ, George, »Oil, Wealth and Wealth Distribution«, von George JOFFÉ, in: ebenda, S. 167.

659 KRAMER, Mark, »The Global Arms. . .«, aaO. (Anm. 655), S. 292.

660 KRAMER, Mark, »The Global Arms Trade. . .«, ebenda S. 292 f.

661 THIELEN, Helmut, »Momentaufnahmen aus dem Alltag der werdenden ›Neuen Weltordnung‹«, in: THIELEN, Helmut (Hg.), *Vom Golfkrieg zur Neuen Weltordnung*, aaO. (Anm. 625).

662 *New York Newsday*, 29. 5. 1992, S. 30, zitiert aus: CLARK, Ramsey, *The Fire this Time. . .*, aaO. (Anm. 56), S. 93.

663 BAHADIR, Sefik Alp, »Saddam Hussein und der ›Club der Reichen‹« in: NIRUMAND, Bahman (Hg.), *Sturm im Golf – Die Irak-Krise und das Pulverfaß Nahost*, Rowohlt, Hamburg bei Reinbek 1991 (erweiterte Auflage), S. 101.

664 HORNUNG, Klaus, *Krisenherd Naher Osten*, aaO. (Anm. 514), S. 167 f.

665 *FAZ*, Nr. 263, 12. November 2002: »Die hohe Kunst des Gesprächs«, S. 12.

666 HORNUNG, Klaus, *Krisenherd Naher Osten*, aaO. (Anm. 514), S. 168.

667 *FAZ*, aaO. (Anm. 665).

668 *Crescent International*, April 1–15, 2003, Vol. 32, no. 2, S. 2.

669 *Der Spiegel*, Nr. 15/7. 4. 2003: »Das Ende der Dollar-Herrschaft«, S. 146.

670 SIMONS, Geoff, *Targeting Iraq – Sanctions and Bombing in US Policy*, Saqi Books, London 2002, S. 33.

671 Ebenda, S. 25.

672 Ebenda, S. 65 f.

673 Ebenda, S. 207.

674 Ebenda, S. 220.

675 Ebenda, S. 23 f.

676 Ebenda, S. 24.

677 Ebenda.

678 *Der Spiegel*, Nr. 4/2001: »Reagans Erbe tritt an«, S. 134.

679 *Der Spiegel*, ebenda, S. 135.

680 *Der Spiegel*, Nr. 52/25. 12. 2000: »Ein schwieriger Lernprozeß«, S. 140.

681 GRUBER, Peter, »Dablju mag's keimfrei«, in: *Focus*, Nr. 5/29. 1. 2001, S. 212.

682 *Der Spiegel*, Nr. 4/19. 1. 04: »Markt für die Wahrheit«, S. 88. Vgl. *Focus*, Nr. 4/19. 1. 2004, S. 163.

683 *The Daily Telegraph*, 17. 2. 17, 2001: »Bush determined to finish the job«, S. 17.

684 *Crescent International*, Vol. 32, no. 7, June 16–30, 2003: »An early analysis of the Iraq war«, S. 9.

685 *Frankfurter Rundschau*, 17. 2. 2001, Nr. 41/7: »USA bombardieren Ziele nahe Bagdad«, S. 1.

686 *Der Spiegel*, aaO. (Anm. 677), S. 138.

687 *Focus*, Nr. 9/24. 2. 2001: »Strafaktion gegen den Diktator«, S. 238.

688 *The Daily Telegraph*, 17. 2. 2001: »US launches air strikes on Baghdad«, S. 1.

689 *The Daily Telegraph*, 17. 2. 2001: »Bush determined to finish the job«, S. 17.

690 ADAM, Werner, »Ohne Konzept gegen Saddam«, in: *Frankfurter Allgemeine Sonntagszeitung*, 18. 2. 2001, Nr. 7, S. 4.

[691] *Der Spiegel,* Nr. 9/24. 2. 2001, S. 137.
[692] SIMONS, Geoff, *Targeting Iraq,* aaO. (Anm. 670), S. 191.
[693] Ebenda, S. 188.
[694] *Financial Times,* 17.–18. 2. 2001: »No policy change, just a shot across Saddam's bows«, S. 4.
[695] *Der Spiegel,* Nr. 4/19. 1. 2004: »Markt für die Wahrheit«, S. 90.
[696] HOYOS, Carola, »Raid may deepen split within UN«, in: *Financial Times,* 17.–18. 2. 2001, S. 4.
[697] CNN-Fernsehsendung, 16. 2. 2001, 20 Uhr 30. HOYOS, Carola, ebenda.
[698] KHAN, Mansur, »Vom Wüstensturm zum Wüstenfuchs - Amerikas langer Krieg im Mittleren Osten«, in: *Deutschland in Geschichte und Gegenwart,* 1999/1, S. 4–10. Dieser Artikel beweist, daß die Angriffe nie dem besagten Ziel galten, die sogenannten Massenvernichtungswaffen des Irak abzuschaffen, da nur die USA solche Waffen besitzen und auch mehrmals eingesetzt haben. Der Angriff wurde vielmehr ausgeführt, um die Abhängigkeit des Irak (der über große Ölreserven verfügt) gegenüber den USA zu festigen und um von CLINTONS damaliger Amtsenthebung abzulenken, die ›zufälligerweise‹ am Tag der Bombenangriffe angesetzt war, aber wegen dieser verschoben werden mußte. Ein Journalist nannte das Ganze auch prompt »Operation Monica«, nach jener Praktikantin, die CLINTON seinen schwersten politischen Skandal bescherte.
[699] FIDLER, Stephen, u. Roula KHALAF, »No policy change, just a shot across Saddam's bows«, in: *Financial Times,* 17.–18. 2. 2001, S. 4.
[700] *The Daily Telegraph,* 17. 2. 2001: »US launches air strikes on Baghdad«, S. 1.
[701] *Financial Times,* 17.–18. 2. 2001, S. 4.
[702] *Focus* Nr. 9/24. 2. 2001: »Strafaktion gegen den Diktator«, S. 238.
[703] *Der Spiegel,* Nr. 9/24. 2. 2001: »Breitseite ins Bündnis«, S. 137.
[704] *FAZ,* Nr. 200, 29. 8. 2002: »Saddam lockt - Mit lukrativen Verträgen wirbt Bagdad um Unterstützung«, S. 3.
[705] *Der Spiegel,* Nr. 9/24. 2. 2001, S. 136.
[706] *The Daily Telegraph,* 17. 2. 2001: »Bush determined to finish the job«, S. 17.
[707] KHAN, Mansur, *Die geheime Geschichte. . .,* aaO. (Anm. 10), S. 359. *U.S.-Iraq Business Bulletin,* New York, August 1989, zitiert aus: ENGDAHL, William F., *Mit der Ölwaffe zur Weltmacht,* aaO. (Anm. 71), S. 332.
[708] *Crescent International,* August 16–31, 2001, Vol. 30, no. 11: »Eleven years after Saddam Hussein's attack on Kuwait, little change in US-Iraq relations«, S. 3.
[709] Ebenda.
[710] *Focus,* Nr. 24, 11. 6. 2001: »Energie sparen ?«, S. 243.
[711] *Der Spiegel,* Nr. 7/12. 2. 2001: »Transatlantische Querelen - Zackige Begegnung«, S. 23.
[712] JOHNSON, Chalmers, »Das Vorgaukeln einer Strategie«, in: *Der Spiegel,* Nr. 9 / 24. 2. 2001, S. 141.
[713] *Der Spiegel,* Nr. 52 / 27. 12. 1999: »Der weltweite Hegemonieanspruch der letzten Supermacht«, S. 134.
[714] KHAN, Mansur, *Das Kosovo-Komplott. . .,* aaO. (Anm. 62), Kapitel 6: »Verdeckte Kriegsziele werden sichtbar«.
[715] SIMONS, Geoff, *Targeting Iraq,* aaO. (Anm. 670), S. 40 f., 44 f. u. 57.
[716] Ebenda, S. 61.
[717] KHAN, Mansur, *Die geheime Geschichte. . .,* aaO. (Anm. 10), S. 427 f. u. 467 f.
[718] SIMONS, Geoff, *Targeting Iraq,* aaO. (Anm. 670), S. 59.
[719] VULLIAMY, Ed, »US law blocks weapons inspectors«, in: *The Guardian,* 13. 2. 1998, zitiert in: SIMONS, Geoff, *Targeting Iraq,* aaO. (Anm. 670), S. 58.
[720] KHAN, Mansur, »Vom Wüstensturm zum Wüstenfuchs«, aaO. (Anm. 698), S. 5. *Cre-*

*scent International*, , 1–15. January 1999: »Clinton's Ramadan gift for Muslims: blood, death and destruction in Iraq«, S. 11, 1. *Frankfurter Allgemeine Zeitung*, Nr. 5/1R, 7. 1. 1999: »Hilflos«, S. 12.

721 *Der Spiegel*, Nr. 9/24. 2. 2001: »Breitseite ins Bündnis«, S. 139.

722 Anzeichen für militärische Lösungen für wirtschaftliche Probleme gab es schon im allerersten Krieg der USA, im sog. Unabhängigkeitskrieg 1775–76. Spätestens im Krieg gegen Mexiko (1846–48) suchte Washington bewußt eine Eskalation, um von einer Rezession im eigenen Land abzulenken und sich fremdes Territorium anzueignen. Auch dem Ersten und Zweiten Weltkrieg liefen Rezessionen in den USA voraus, diese Kriege dienten, von diesen abzulenken und die Wirtschaft anzukurbeln. Dieses Phänomen ereignete sich auch im Korea-, Vietnam- und dem zweiten Golfkrieg. Siehe meine ausführliche Dokumentation in: *Die Geheime Geschichte der amerikanischen Kriege*, aaO. (Anm. 10).

723 *Der Spiegel*, Nr. 39/22. 9. 2003: »Die Schuldenfalle«, S. 138 f.

724 *Focus*, Nr. 24/2000: »Anfällig für Täuschungsmanöver«, S. 244 f.

725 *Der Spiegel*, Nr. 42/2001: »Kein Rezept für den Frieden«, S. 206.

726 *Focus*, Nr. 39/24. 9. 2001: »Ein Leben in ständiger Angst«, S. 274.

727 ICKE, David, *Alice in Wonderland. . .*, aaO. (Anm. 220), S. 83–86 u. 89.

728 Ebenda, S. 86 f.

729 Ebenda, S. 93.

730 *Focus*, Nr. 39/24. 9. 2001, S. 272.

731 *Der Spiegel*, Nr. 39/24. 9. 2001: »Zehn Jahre Krieg?« S. 151.

732 *Focus*, Nr. 39/24. 9. 2001: »Ein Leben in ständiger Angst«, S. 272.

733 RUITER, Robin de, *Der 11. September 2001 – Osama bin Laden und die okkulten Kräfte hinter den terroristischen Anschlägen auf die USA*, Anton A. Schmid, Durach 2002, S. 83.

734 MEYSSAN, Thierry, *11. September 2001 – Der inszenierte Terrorismus – Auftakt zum Weltenbrand?*, editio de facto, Kassel 2002, S. 147.

735 *Monterey County Herald*, 26. 5. 2002, zitiert in: ICKE, David, *Alice in Wonderland. . .*, aaO. (Anm. 220), S. 317.

736 *Crescent International*, Vol. 32, no. 16, January 2004: »Terror alerts«, S. 14 f.

737 »Armageddon launched – Attack on America – September 11, 2001«, in: *National Journal*. Deutsche Ausgabe: »Der amerikanische Traum zerstört – Die ›Zwillingstürme von Babylon‹ nur ein Haufen Schutt«, S. 5, vom 30. 9. 2001. Website im Internet: http:www.globalfire.tv/nj/d2001/politik/angriff-auf-amerika.htm

738 *Der Spiegel*, Nr. 37/9. 9. 2002: »Das Dossier Saddam«, S. 114.

739 RAMESH, Randeep (Hg.), *The War we could not Stop – The real Story of the Battle for Iraq*, The Guardian with Faber and Faber, London 2003, S. 18.

740 *Washington Insider*, Nr. 40/4. 10. 2001, zitiert in: RUITER, Robin de, *Der 11. September 2001*, aaO. (Anm. 733), S. 72.

741 *Der Spiegel*, Nr. 7/ 12. 2. 2001: »Zackige Begegnung«, S. 23.

742 *Der Spiegel*, Nr. 44/ 2001: »Patriotisches Schweigen?«, S. 105.

743 *Der Spiegel*, Nr. 46/ 2001: »Jeden Tag strammstehen?«, S. 122.

744 *Der Spiegel*, Nr. 50/ 2001: »Highnoon«, S. 172.

745 SAUERMANN, Ekkehard, *Neue Welt Kriegsordnung – Die Polarisierung nach dem 11. September*, Atlantik, Bremen 2002, S. 50.

746 MEYSSAN, Thierry, *11. September 2001*, aaO. (Anm. 734), S. 181.

747 Ebenda, S. 53.

748 *Focus*, Nr. 38, 15. 9. 2001: »Schockwellen an der Börse«, S. 252.

749 *Focus*, ebenda: »Der Neue Krieg«, S. 34.

750 *Focus*, ebenda: »Anschlag mit Spätfolgen«, S. 257.

751 KHAN, Mansur, *Das Kosovo-Komplott. . .*, aaO. (Anm. 62), S. 176 f.

[752] *Frankfurter Rundschau,* Nr. 248/25. 10. 2002: »Innehalten im Kriegslärm«, S. 19.

[753] *Crescent International,* Vol. 32, No. 16, January 2004: »›The Clash of Civilizations‹: an alternative Understanding«, S. 29.

[754] KHAN, Mansur, »Der Islam als Feindbild der westlichen Gesellschaft«, in: BENOIST, Alain de (Hg.), *Die Welt nach dem 11. September - Der globale Terrorismus als Herausforderung des Westens,* Hohenrain, Tübingen 2002, S. 207-211.

[755] *Focus,* Nr. 44/29. 10. 2001: »Bin Ladens Popularität wächst«, S. 294.

[756] Ebenda, S. 296.

[757] »Doppeltes Spiel - Wie die USA ihre Verbündeten im Bosnien-Krieg betrogen«, Dokumentation, Dtl. 2002, ARD, 8. Januar 2003, 0.00 - 0 Uhr 45. Vgl. KHAN, Mansur, *Das Kosovo-Komplott...,* aaO. (Anm. 62).

[758] *Focus,* Nr. 38/15. 9. 2001: »Der Neue Krieg«, S. 30.

[759] Ebenda, S. 28.

[760] *Frankfurter Rundschau,* Nr. 207/6. 9. 2002: »Washingtons Dilemma«, S. 2.

[761] SIMONS, Geoff, *Targeting Iraq,* aaO. (Anm. 670), S. 32.

[762] PITT,William Rivers, u. Scott RITTER, *Krieg gegen den Irak,* aaO. (Anm. 3), S. 67 f.

[763] SIMONS, Geoff, *Targeting Iraq,* aaO. (Anm. 670), S. 33.

[764] Ebenda, S. 34.

[765] Ebenda.

[766] PITT, William Rivers, u. Scott RITTER, *Krieg gegen den Irak,* aaO. (Anm. 3), S. 68. SIMONS, Geoff, *Targeting Iraq,* aaO. (Anm. 670), S. 44.

[767] SIMONS, Geoff, ebenda, S. 35.

[768] Ebenda, S. 38 f.

[769] *Focus,* Nr. 49/3. 12. 2001: »Immer mysteriöser - Die Spur zum Anthrax-Täter führt in staatliche US-Labors, und ein Mikrobiologe verschwindet«, S. 294.

[770] Die 11 gilt als eine wichtige Zahl in der Freimaurerei, sie kam während der Anschläge auf das WTC so oft vor, daß man das Wort ›Zufall‹ in diesem Zusammenhang lieber nicht verwenden sollte.

[771] HILL, Enid, »The New World Order and the Gulf War«, Beitrag: »Towards a New World Order«, aus: Address by President Bush before a joint session of Congress, 11 September 1990, U.S. Dept. of State Dispatch, S. 218; zitiert in: ISMAEL, Tareq Y. u. Jacqueline S., *The Gulf War and the New World Order,* University Press of Florida, Gainsville Florida 1994, S. 185.

[772] *Frankfurter Rundschau,* Nr. 213/13. 9. 2001: »Experten sprechen von einem Fiasko für die US-Geheimdienste«, S. 4.

[773] ULFKOTTE, Udo, »Reich an Daten, arm an Voraussicht«, in: *Frankfurter Allgemeine Zeitung,* Nr. 213/13. 9. 2001, S. 16.

[774] *Frankfurter Rundschau,* Nr. 209/9. 9. 2002: »11. September - Zeitung: Taliban warnten USA vor Terroranschlag«, S. 7. Vgl. *Independent* vom 7. 9. 2002.

[775] *FAZ,* Nr. 291/20. 9. 2002: »Senatoren werfen den Geheimdiensten ›beispielloses Versagen‹ vor«, S. 7.

[776] *Frankfurter Rundschau,* Nr. 180/6. 8. 2002: »Anti-Terror-Plan lag offenbar vor«, S. 1.

[777] *FAZ,* 13. 9. 2001: »Die Nato stellt den Verteidigungsfall fest«, S. 1.

[778] SAUERMANN, Ekkehard, *Neue Welt Kriegsordnung,* aaO. (Anm. 745).

[779] *Le Figaro,* 31. 10. 2001: »Juillet 2001: Ben Laden rencontre la CIA à Dubai«, S. 1.

[780] ICKE, David, *Alice in Wonderland...,* aaO. (Anm. 220), S. 297.

[781] Ebenda, S. 289.

[782] Ebenda, S. 215 ff.

[783] Ebenda, S. 259 f.

[784] Ebenda, S. 180.

[785] Ebenda, S. 272–277.

[786] *Ha'aretz* (Israel), 17. 9. 2001.
[787] *National Journal:* »Armageddon launched«, aaO. (Anm. 737).
[788] *Washington Times,* 10. 9. 2001: »US troops would enforce peace under Army study«, S. A1, 9, zitiert in: EGGERT, Wolfgang, *Angriff der Falken,* Beim Propheten!, München 2002, S. 158 f.
[789] EGGERT, Wolfgang, ebenda, S. 159.
[790] BRÖCKERS, Mathias, *Verschwörungen. . .,* aaO. (Anm. 4), S. 89.
[791] *Crescent International,* Vol. 30, no. 15, October 16–31, 2001: »Hundreds dying as US missiles and bombs hit Afghan cities and villages«, S. 11.
[792] Ebenda.
[793] MEYSSAN, Thierry, *11. September 2001,* aaO. (Anm. 734), S. 60 f.
[794] *Crescent International,* Vol. 30, no. 14, October 1-15, 2001: »Musharraf's indecent haste to surrender to US pressure bodes ill for Pakistan«, S. 4.
[795] Ebenda.
[796] *Der Spiegel,* Nr. 40/2001, S. 30.
[797] BRÖCKERS, Mathias, *Verschwörungen. . .,* aaO. (Anm. 4), S. 89.
[798] Siehe die Bücher von EGGERT, Wolfgang, *Out of the Blue - Spuren des Terrors in Amerika,* München 2001, u. *Angriff der Falken,* aaO. (Anm. 788). RUITER, Robin de, *Der 11. September 2001,* aaO. (Anm. 733). PECCATOR, Hues, *Trümmer für den Feldherren - Hintergründe zu den Anschlägen vom 11. September,* Hörgenau 2001. ICKE, David, *Alice in Wonderland. . .,* aaO. (Anm. 220).
[799] ICKE, David, ebenda, S. 317.
[800] PECCATOR, Hues, *Trümmer für den Feldherrn,* aaO. (Anm. 798), S. 24 f.
[801] EGGERT, Wolfgang, *Out of the Blue?,* aaO. (Anm. 798), S. 53.
[802] *Frankfurter Rundschau,* 19. 9. 2001: »Auslieferung reicht den USA nicht«, S. 1.
[803] EGGERT, Wolfgang, *Angriff der Falken,* aaO. (Anm. 788), S. 76.
[804] Ebenda.
[805] Capitol Hill Hearing, Headline: »Hearing of the House International Relations Committee, Subject: Global Terrorism and South Asia, 12. 7. 2000, zitiert in: EGGERT, Wolfgang, *Angriff der Falken,* aaO. (Anm. 788).
[806] EGGERT, Wolfgang, ebenda, S. 78.
[807] Ebenda, S. 80.
[808] Siehe KHAN, Mansur, *Die geheime Geschichte. . .,* aaO. (Anm. 10), S. 166–233.
[809] *National Journal:* »Armageddon launched«, aaO. (Anm. 737).
[810] CHOSSUDOVSKY, Michael, *Global Brutal - Der entfesselte Welthandel, die Armut, der Krieg,* Zweitausendeins, Frankfurt/M. 2002, S. 364.
[811] *The Daily Telegraph,* 14. 9. 2001, zitiert in: CHOSSUDOVSKY, Michael, ebenda, S. 361.
[812] CHOSSUDOVSKY, Michael, ebenda, S. 364.
[813] US Congress, Aussage von Frank J. CILLUFFO vor dem House Judiciary Committee, 13. Dezember 2000, zitiert in: CHOSSUDOVSKY, Michael, ebenda, S. 381.
[814] Ebenda, S. 384 f.
[815] Ebenda, S. 385 f.
[816] Ebenda, S. 389.
[817] Ebenda, S. 395.
[818] *Frankfurter Rundschau,* 25. 10. 2001: »Der Schulfrieden ist gestört«, S. 7.
[819] Ebenda: »USA warnen Bürger vor Terror«, S. 1.
[820] *Focus,* Nr. 38/15. 9. 2001: »Der Neue Krieg«, S. 32.
[821] *Frankfurter Rundschau,* Nr. 174/29. 7. 2003: »Häftlingszahl steigt auf zwei Millionen«, S. 6.
[822] *Focus,* Nr. 49/3. 12. 2001: »Immer mysteriöser - Die Spur zum Anthrax-Täter führt in staatliche US-Labors, und ein Mikrobiologe verschwindet«, S. 294.

823 Rétyi, Andreas von, *Die unsichtbare Macht – Hinter den Kulissen der Geheimgesellschaften,* Kopp, Rottenburg 2002, S. 176 f.
824 Ebenda, S. 177.
825 *FAZ,* 26. 7. 2001: »Washington blockiert Abkommen über biologische Waffen«, S. 5.
826 *Newsweek,* 5. 11. 2001: »What Can Iraq Do?«, S. 42 f.
827 *Focus,* Nr. 50/10. 11. 2001: »Voller Ungewißheit«, S. 276.
828 Ebenda.
829 *Focus,* Nr. 48/26. 11. 2001: »Wir finden Bin Laden«, S. 274.
830 Ebenda.
831 Ebenda, S. 276.
832 *Focus,* aaO. (Anm. 827), S. 276.
833 *Focus,* aaO. (Anm. 829), S. 276.
834 *Sozialismus,* Dezember 2002, Heft Nr. 12: »Republikanischer Triumph und demokratisches Wundenlecken«, S. 45.
835 Ebenda.
836 *Der Spiegel,* Nr. 7/9. 2. 2004, »Die Kriegsschuld-Debatte«, S. 101.
837 *Der Spiegel,* Nr. 50/10. 12. 2001: »Highnoon«, S. 172.
838 Franz, Angelika, »Irak-Krieg: 10 Lügen«, in: *Stern,* Nr. 30/17. 7. 2003, S. 54.
839 *National-Zeitung,* Nr. 31/25. 7. 2003: »USA mit Lug und Trug – Fälschungen für den Krieg«, S. 5.
840 Franz, Angelika, »Irak-Krieg«, aaO. (Anm. 838), S. 54 f.
841 Borger, Julian, »Plan revealed for attack on Saddam«, in: *The Guardian* (Europe), 28. 12. 2001, S. 6.
842 Ebenda.
843 Simons, Geoff, *Targeting Iraq,* aaO. (Anm. 670), S. 233.
844 Whitaker, Brian, »Search begins for a Saddam successor«, in: *The Guardian* (Europe), 13. 3. 2002, S. 6.
845 Siehe diesbezüglich: Marten, Johannes, »USA gegen Saddam Hussein – Der beschlossene Krieg«, in: *Bild am Sonntag,* 17. 3. 2002, S. 4.
846 Rétyi, Andreas von, *Die unsichtbare Macht,* aaO. (Anm. 823), S. 57.
847 *Der Spiegel,* Nr. 8/18. 2. 2002: Titel: »Die Herren der Welt«, S. 158 f.
848 *Frankfurter Rundschau,* Nr. 59/11. 3. 2002: »Irak lehnt ›Spione‹ der UN ab«, S. 2.
849 ZDF (Video)Text – Nachrichten: heute, (Seite) P 122, vom 17. 3. 02, 22 Uhr 44
850 Marten, Johannes, »USA gegen Saddam Hussein«, aaO. (Anm. 845), S. 4.
851 Rudolf, Peter, »Die größte Gefahr für die USA und die Menschheit«, in: *Frankfurter Rundschau,* Nr. 181/7. 8. 2002, S. 7.
852 *Crescent International,* Vol. 31, no. 20, Jan. 1–15, 2003: «US moves closer to war with unilateral declaration of Iraq's ›material breach‹«, S. 1 u. 4.
853 Ebenda, S. 4.
854 *Der Spiegel,* Nr. 52 / 21. 12. 2002, »Irak – Den Machtwechsel im Visier«, S. 103 f.
855 *FAZ,* Nr. 6/8. 1. 2003: »Atomenergiebehörde: UN-Inspektion im Irak dauert noch mehrere Monate«, S. 4.
856 *FAZ,* Nr. 1/5. 1. 2003, »Die Suche nach dem letzten Ausweg«, S. 3.
857 *Der Spiegel,* Nr. 3/13. 1. 2003, »Der Treibstoff des Krieges«, S. 95.
858 *Der Spiegel,* Nr. 4/20. 1. 2003, »Wir fangen mit dem Irak an«, S. 109.
Im Internet wurde am 9.11. 2003 ganz offen dargestellt, wie sehr die Bush-Clique den Krieg mit dem Irak vorantrieb. Unter der Überschrift »USA schlugen weitgehende Angebote aus – Geheime Kontaktversuche des Irak vor dem Krieg«, berichtete Knut Mellenthin über die kriegstreiberische Politik des Falkenkabinetts der Bush-Administration. Hier war wortwörtlich zu lesen: »Die irakische Führung hat zwischen Spätherbst 2002 und März dieses Jahres [2003] versucht, geheime Kontakte zum

Pentagon anzuknüpfen, um durch weitgehende Zugestädnisse den Krieg abzuwenden. Die schon längst zu Angriff entschlossene US-Regierung war nicht einmal bereit, die Vorschläge zu prüfen.« MELLENTHIN weiter: »Den USA sollte gestattet werden, mehrere tausend Experten und Soldaten in den Irak zu schicken, um zu überprüfen, daß das Land tatsächlich - wie inzwischen fest steht - über keine biologischen oder chemischen Waffen mehr verfügte.
- Amerikanische Konzerne sollten einen privilegierten Status bei der Ausbeutung der Ölvorkommen erhalten.
- Die irakische Regierung versprach volle Zusammenarbeit bei der Bekämpfung des Terrorismus zu. Der in irakischer Haft sitzende Abdul Rahman JASIN, dem in den USA Beteiligung am Bombenattentat auf das World Trade Center 1993 vorgeworfen wird, sollte ausgeliefert werden.
- Die Durchführung freier Wahlen innerhalb der nächste zwei Jahre wurde in Aussicht gestellt.«
Um diese wichtigen Zugeständnisse dem Pentagon zu überreichen, setzte der irakische Geheimdienst auf den Beiruter Geschäftsmann Imad el-HAG, der sowohl die US- als auch die libanesische Staatbürgerschaft besitzt. HAG wandte sich an MICHAEL MALOOF, der zum engen Mitarbeiterskreis von Richard PERLE gehörte. MALOOF arbeitete damals in einer geheimen Arbeitsgruppe, die Verbindungen zwischen dem Irak und Al-Qaida ›nachzuweisen‹ bestrebt war. HAG gelang es, mehrere Treffen mit Richard PERLE zu arrangieren, das letzte davon im März 2003, kurz vor Kriegsbeginn. PERLE behauptete, er wäre grundsätzlich bereit gewesen, Treffen zwischen beiden Parteien stattfinden zu lassen, jedoch hätten US-Regierungsstellen dies abgelehnt. In Medienberichten gab es jedoch von PERLE hierzu verschiedene Erklärungsgründe, die nicht überzeugend wirken. Zum einen ist die Äußerung von ihm, die CIA hätte solche Treffen angeblich abgelehnt. Die CIA jedoch wieder ›auf Kurs zu bringen‹ wäre ein Leichtes für das BUSH-Kabinett gewesen, so daß diese Erklärung höchstens als Täuschung der Tatbestände gelten kann. Da der Kontakt über das Pentagon kam, hätte PERLE sich diesen sicher nicht von der CIA verbieten lassen. Die US-Regierung tat die ganze Sache sehr lapidar mit dem Argument ab, »es habe damals viele solcher Vorstöße von verschiedenen Seiten gegeben, aber nichts davon sei interessant gewesen. Das Minimum war für Washington schon Monate vor dem Krieg der Sturz SADDAM und die unbefristete Besetzung Iraks durch amerikanische Truppen«. (www.anachie_de.-Geheime Kontaktversuche des Irak vor dem Krieg.htm) Eine derart völlig kompromißlose Einstellung, die nichts als ein verdecktes Ultimatum ist, empfanden viele Beobachter der internationalen Beziehungen als reine Provokation, mit dem Ziel, einen Feldzug gegen den Irak um jeden Preis zu erzwingen.

[859] *Der Spiegel,* aaO. (Anm. 857), S. 101.

[860] MELISCH, Richard, *Pulverfaß Nahost,* aaO. (Anm. 75), S. 222.

[861] *Der Spiegel,* aaO. (Anm. 858), S. 109.

[862] Ebenda.

[863] *FAZ,* Nr. 180/6. 8. 2003: »Neuer Kronprinz in Qatar berufen«, S. 5.

[864] *Frankfurter Rundschau,* Nr. 52/3. 3. 2003: »Türkei bremst US-Aufmarsch«, S. 1, sowie: »Befreit vom Ruch der Käuflichkeit - Viele Türken freuen sich über die Ablehnung der Stationierung von US-Truppen, aber die Regierung wirkt ratlos«, S. 3.

[865] NÜSSE, Andrea, »Vom Arabischen Gipfel hat Irak nichts zu befürchten«, in: ebenda, S. 6.

[866] *Frankfurter Rundschau,* Nr. 37/13. 2. 2003: »Das Volk sagt Nein«, S. 2.

[867] *Frankfurter Rundschau,* Nr. 36/12. 2. 2003: »Ernstfall Irak«, S. 3.

[868] Ebenda, Anzeige, S. 2.

[869] *Frankfurter Rundschau,* Nr. 34/10. 2. 2003: »Das erste Opfer des Krieges«, S. 3.

[870] *Der Spiegel,* Nr. 3/13. 1. 2003: »Krieg kann sofort beginnen«, S. 93.

[871] Ebenda.
[872] *Frankfurter Rundschau,* Nr. 137/17. 6. 2002: »Der enorme Erwartungsdruck zum Losschlagen ist selbst geschaffen«, S. 6.
[873] *Frankfurter Rundschau,* Nr. 180/6. 8. 2002: »Bagdads Parlament lädt US-Kongreß ein«, S. 2.
[874] *Frankfurter Allgemeine Zeitung,* Nr. 181/7. 8. 2002: »UN-Sicherheitsrat lehnt irakische Offerte ab«, S. 1.
[875] RUDOLF, Peter, »Die größte Gefahr für die USA und die Menschheit«, aaO. (Anm. 851), S. 7.
[876] *Monitor*-Sendung vom 26. 9. 2002, aaO. (Anm. 649).
[877] Senate Committee on Banking, Housing and Urban Affairs, United States Dual-Use Exports to Iraq and their Impact in the Health of the Persian Gulf War Veterans, 103rd Congress, 2nd sess., 25. 5. 1994, S. 264–275; *Buffalo News,* 23. 9. 2002.
[878] *Irak Krieg,* aaO. (Anm. 67), S. 19.
[879] Ebenda, S. 9.
[880] *Frankfurter Rundschau,* Nr. 226/28. 9. 2002: »Hinweise auf Tests mit Giftgas«, S. 6.
[881] *Frankfurter Rundschau,* Nr. 181/7. 8. 2002.
[882] Ebenda.
[883] *Frankfurter Rundschau,* Nr. 179/5. 8. 2002: »Blix schlägt Bagdads Offerte aus«, S. 5.
[884] Ebenda.
[885] RÖSSLER, Hans-Christian, »Es fehlen die Beweise«, in: *Frankfurter Allgemeine Sonntagszeitung,* Nr. 40/6. 10. 2002, S. 9.
[886] *Monitor*-Sendung vom 26. 9. 2002, aaO. (Anm. 649).
[887] Die Schätzungen variierten: Die Polizei redete von 100 000, die Veranstalter von 300 000, siehe u.a. *Frankfurter Rundschau* vom 30. 9. 2002 u. *FAZ* vom 30. 9. 2002.
[888] *Frankfurter Rundschau,* Nr. 191/18. 8. 2003: »Das Interesse des Landes«, S. 3.
[889] *Frankfurter Rundschau,* Nr. 266/15. 11. 2002: »Geteiltes Echo auf Iraks Zusage«, S. 1.
[890] »Die Analyse«, in: ebenda, S. 2.
[891] »Im Zweifel gegen Saddam«, in: ebenda, S. 3.
[892] *FAZ,* Nr. 266/15. 11. 2002: »Zurückhaltung in Washington«, S. 1.
[893] Yahoo! Schlagzeilen, 14. 11. 2002, 21 Uhr 36.
[894] PITT, William Rivers, u. Scott RITTER, *Krieg gegen den Irak,* aaO. (Anm. 3), S. 3.
[895] Ebenda.
[896] ARTE Fernsehsendung vom 11. 1. 2003, 20.45–23 Uhr; diese ausführliche Dokumentation bewies, u.a. mit CIA-Angestellten, wie sehr die BUSH-Regierung bezüglich der angeblichen irakischen Massenvernichtungswaffen gelogen hatte.
[897] *Irak Krieg,* aaO. (Anm. 67), S. 8 f.
[898] *FAZ,* Nr. 13/16. 1. 2002: »Lieberman: Sturz Saddams nötig«, S. 5.
[899] RÜB, Matthias, »Bush steht mit seinen Irak-Plänen derzeit alleine da«, in: *FAZ,* Nr. 181/7. 8. 2002, S. 2.
[900] *Der Spiegel,* Nr. 9/24. 2. 2001: »Breitseite ins Bündnis«, S. 139.
[901] *Der Spiegel,* Nr. 24/7. 6. 2003: »Reigen der Lügen«, S. 22.
[902] Ebenda.
[903] Ebenda, S. 26.
[904] *Der Spiegel,* Nr. 25/16. 6. 2003: »Die Suche nach der Wahrheit«, S. 138.
[905] *Der Spiegel,* aaO. (Anm. 901), S. 26 u. 29.
[906] MUTZ Reinhard, »Wo Solidarität endet und das Abenteuer beginnt - Die deutsche Außenpolitik entdeckt ihren militärischen Arm, in: *Frankfurter Rundschau,* Nr. 129/7. 6. 2002, S. 16.
[907] Ebenda.
[908] *Focus,* Nr. 2/7. 1. 2002: »USA - Amerika ist tief beeindruckt«, S. 165.
[909] OSSIETZKY, *Mord Report,* aaO. (Anm. 170), S. 8.

[910] *Frankfurter Rundschau*, 4. 3. 2004: »Saddam besaß nur noch alte Waffenprogramme«, S. 7.

[911] WILLIAM, Peter, u. David WALLACE, *Unit 731*, Hodder and Stoughton, London 1989, Kapitel 17. ENDICOTT, Stephen, u. Edward HAGERMAN: *Biological Warfare – Secrets of the Early Cold War and Korea*, Indiana University Press 1998, Bloomington–Indianapolis, Kapitel 1, beide zitiert aus: SIMONS, Geoff, *Targeting Iraq*, aaO. (Anm. 670), S. 57.

[912] HARRIS, Sheldon H., *Factories of Death – Japanese Biological Warfare, 1932–45, and the American Cover-up*, London–New York 1994, S. xi., zitiert aus: SIMONS, Geoff, ebenda, S. 57.

[913] GILLIGAN, Andrew, u. Rob EVANS, »City dwellers exposed to biological warfare tests«, in: *The Sunday Telegraph*, London, 22. 2. 1997, zitiert in: SIMONS, Geoff, ebenda, S. 58.

[914] SIMONS, Geoff, *Targeting Irak*, ebenda, S. 58.

[915] *Crescent International*, Vol. 33, no. 1, March 2004, S. 10.

[916] RUPP, Rainer (u.a.), *Vor dem Dritten Golfkrieg*, aaO. (Anm. 74), S. 142.

[917] *Der Spiegel*, Nr. 12/18. 3. 2002: »Den Knüppel herausgeholt«, S. 135.

[918] *Frankfurter Rundschau*, Nr. 194/21. 8. 2003: »Neuartige US-Nuklearwaffe könnte Kriegführung revolutionieren«, S. 1.

[919] *Der Spiegel*, aaO. (Anm. 917), S. 135.

[920] *Der Spiegel*, Nr. 51/16. 12. 2002: »Meisterschuß mit dem Laser«, S. 161.

[921] MANNING, Jeane, u. Nick BEGICH, *Löcher im Himmel – Der geheime Ökokrieg mit dem Ionosphärenheizer HAARP*, Zweitausendeins, Frankfurt/M. 1996, S. 23. LAMMER, Helmut u. Marion, *Schwarze Forschungen – Geheime Versuche unter Ausschluß der Öffentlichkeit*, Herbig, München 1999.

[922] *National-Zeitung*, aaO. (Anm. 839), S. 5.

[923] Ebenda.

[924] *The Guardian*, 11. 1. 2002: »Threat to Bush in Enron inquiry«, S. 1.

[925] *Der Spiegel*, Nr. 3/14. 1. 2002: »USA – Kennyboy im Weißen Haus«, S. 118 f.

[926] *The Guardian*, aaO. (Anm. 924), S. 1.

[927] Ebenda.

[928] *Der Spiegel*, aaO. (Anm. 925), S. 118.

[929] *FAZ*, Nr. 13/16. 1. 2002: »Ein Netz aus Vertuschung und Schieberei«, S. 3.

[930] BAINERMAN, Joel, *The Crimes of a President*, aaO. (Anm. 311), S. 27–30. NÖLLING, Wilhelm, *Unser Geld*, aaO. (Anm. 311), S. 84. Vgl. auch PIZZO, Stephen (u.a.), *Inside Job*, aaO. (Anm. 311), S. 308.

[931] Siehe hierzu: RUITER, Robin de, *Der 11. September 2001*, aaO. (Anm. 733), S. 85 ff.

[932] KHAN, Mansur, *Das Kosovo-Komplott. . .*, aaO. (Anm. 62), S. 96.

[933] *FAZ*, Sonntagszeitung, Nr. 2/13. 1. 2002: »Die Lüge auf zwei Beinen wittert Morgenluft – Terrorismus als Vorwand. . .«, S. 10.

[934] *Marco Polo Weltatlas*, Mairs Geographischer Verlag, Ostfildern 1997, S. 9, 76 u. 85.

[935] Länder der sogenannten Dritten Welt bekommen wegen ihrer schlechten Bonität Kredite zu 27% Zinsen, was nur als Wucherzins bezeichnet werden kann. Quelle: REISEGGER, Gerhoch, *Wir werden schamlos irregeführt! – Vom 11. September zum Irak-Krieg*, Hohenrain, Tübingen 2003, S. 26.

[936] *Unabhängige Nachrichten*, November 1999, K 3618, UN 11/99: »UNO-Blauhelme: Wie man Kriege anzettelt und künstlich verlängert«, S. 5.

[937] *Michael Kents wöchentlicher Depeschendienst*, Nr. 100, 15. 5. 2003, S. 12.

[938] RICHTER, Karl, »Globalisierung als Raubzug – Die asoziale Weltmacht«, in: *Nation & Europa*, 52. Jahrgang, Heft 9, Sept. 2002, S. 22.

[939] *Der Spiegel*, Nr. 7/12. 2. 2001: »Zackige Begegnung«, S. 23.

[940] RICHTER, Karl, *Tödliche Bedrohung USA – Waffen und Szenarien der globalen Herrschaft*, Hohenrain, Tübingen 2004, S. 12.

941 KUBBIG, Bernd W., »Jetzt haben die USA den Freifahrschein für unbegrenzte Aufrüstung«, in: *Frankfurter Rundschau,* Nr. 135/14. 6. 2002, S. 7.
942 Ebenda.
943 *Frankfurter Rundschau,* Nr. 60/12. 3. 2002: »US-Atompläne lösen weltweite Empörung aus«, S. 2.
944 *Guardian,* (Europe), 11. 3. 2002, S. 8 u. 11.
945 PITT,William Rivers, u. Scott RITTER, *Krieg gegen den Irak,* aaO. (Anm. 3), S. 87.
946 Ebenda, S. 89.
947 Ebenda, S. 88 f.
948 *Der Spiegel,* aaO. (Anm. 917), S. 135.
949 KUBBIG, Bernd W., aaO. (Anm. 941), S. 7.
950 *Focus,* Nr. 12/18. 3. 2002: »Angriff unter der Erde«, S. 294.
951 *Frankfurter Rundschau,* 2./3. 10. 2002: »Der Einstieg für die Bush-Doktrin«, S. 2.
952 *The New York Observer,* 22. 1. 2001, S. 1.
953 *Frankfurter Rundschau,* Nr. 205/4. 9. 2002: »Israel rüstet sich für Irak-Krieg«, S. 1.
954 THOMAS, Gordon, *Die Mossad-Akte - Israels Geheimdienst und seine Schattenkrieger,* Knaur, München 2001, S. 229.
955 Ebenda, S. 229 f.
956 Ebenda, S. 228.
957 *New York Times,* 12. 9. 2001, S. A 22., zitiert aus: *National Journal:* »Armageddon launched«, aaO. (Anm. 737).
958 *Le Monde,* 13. 9. 2001, zitiert aus *National Journal,* ebenda.
959 Siehe hierzu: WEISMANN, Steve, u. Herbert KROSNEY, *The Islamic Bomb - The Nuclear Threat to Israel and the Middle East,* Times Books, New York 1981, S. 53–65.
960 *Monitor*-Sendung vom 26. 9. 2002, aaO. (Anm. 649).
961 *Der Spiegel,* Nr. 40/30. 9. 2002, S. 130. Einigen Berichten zufolge übte Israel 1991 Vergeltung mit seiner Luftwaffe.
962 *Crescent International,* December 1–15, 2002: »International and oil politics behind America's plans for Iraq and the region«, S. 4.
963 *Crescent International,* Vol. 32, no. 10, August 1–15, 2003, Editorial: »The hypocrisy of Western debates on the Iraq War«, S. 1.
964 PITLIK, Herbert, *Die ›Protokolle‹ der Weisen von Zion - Aus der Sicht 100 Jahre danach,* Tim Schatowitz, Burg im Dithm. 1999, S. 43–72.
965 *Focus,* Nr. 50/9. 12. 2002: »Irak - Wasserdichte Beweise«, S. 214.
966 Ebenda.
967 Ebenda, S. 216.
968 Ebenda.
969 *Crescent International,* Dec. 1–15, 2002: »Best available critique of the West´s plans for war against Iraq«, S. 9.
970 SIEBER, Rolf, »Republikanischer Triumph. . .«, in: *Sozialismus,* Dezember 2002, Heft Nr. 12, S. 46.
971 RUPP, Rainer (u.a.), *Vor dem Dritten Golfkrieg,* aaO. (Anm. 74), S. 12.
972 Siehe u.a. mein Buch: *Die geheime Geschichte der amerikanischen Kriege,* aaO. (Anm. 10).
973 *FAZ,* Nr. 1/2. 1. 2003: »Amerikas Verbraucher ohne Vertrauen«, S. 11.
974 Ebenda.
975 *Frankfurter Rundschau,* Nr. 9/11. 1. 2003: »US-Konjunktur steht auf einem wackeligen Fundament«, S. 9.
976 Ebenda.
977 Ebenda.
978 *Der Spiegel,* aaO. (Anm. 723), S. 138 f.
979 Ebenda, S. 139.

[980] Ebenda, S. 139 f.
[981] *Frankfurter Rundschau*, Nr. 6/ 8. 1. 2003: »Opposition nennt Bushs Konjunkturpaket unsozial«, S. 6.
[982] HIRSCH, Joachim, »Irak-Krieg: um was es eigentlich geht«, in: *Sozialismus*, Dez. 2002, Nr. 12, S. 37 f.
[983] SAUERMANN, Ekkehard, *Neue Welt Kriegsordnung*, aaO. (Anm. 745), S. 53.
[984] Ebenda, S. 54.
[985] *Airforce – Militärluftfahrt heute* (Special), Nr. 2, 2000–02, »Stealth-Kampfjet – F22 ›Raptor‹ startklar!«, S. 34.
[986] Ebenda, S. 33.
[987] SAUERMANN, Ekkehard, *Neue Welt Kriegsordnung*, aaO. (Anm. 745), S. 49.
[988] RATH, Matthias, »Herr Bush – dieser Krieg ist kein Zeichen von Stärke, sondern von Verzweiflung!«, in: *Frankfurter Rundschau*, Nr. 54/5. 3. 2003: »Herr Bush – dieser Krieg ist kein Zeichen von Stärke, sondern von Verzweiflung!«, S. 5.
[989] *Crescent International*, Dec. 1–15, 2002, vol. 31, no. 18, S. 4.
[990] Ebenda.
[991] Ebenda.
[992] ABRAHAMS, Eddie (Hg.), *The New Warlords – From the Gulf War to the Recolonisation of the Middle East*, Larkin Publications, London 1994, S. 23.
[993] *Der Spiegel*, Nr. 3/13. 1. 2003: »Der Treibstoff des Krieges«, S. 95.
[994] *Frankfurter Rundschau*, Nr. 167/21. 7. 2003: Altes Dossier belegt Interesse an Iraks Öl«, S. 6.
[995] ENGDAHL, William F., *Mit der Ölwaffe zur Weltmacht*, aaO. (Anm. 71), S. 66.
[996] RUPP, Rainer (u.a.), *Vor dem Dritten Golfkrieg*, aaO. (Anm. 74), S. 74 f.
[997] YERGIN, Daniel, *Der Preis – Die Jagd nach Öl, Geld und Macht*, S. Fischer, Frankfurt/M. 1991, S. 10 ff.
[998] CONERT, Hansgeorg, »Das amerikanische Imperium – Der ›Krieg‹ gegen den Terrorismus als Etappe der Neuen Weltordnung«, in: *Sozialismus* 6/2002, VSA, Hamburg 2002, S. 15 u. 27.
[999] GROBE-HAGEL, Karl, *Irakistan – Der Krieg gegen den Irak und der ›Kreuzzug‹ der USA*, ISP, Köln 2003, S. 182.
[1000] Ebenda. Siehe auch: CONERT, Hansgeorg, »Das amerikanische Imperium«, in: *Sozialismus* 6/2002, Hamburg 2002, S. 17 u. 27.
[1001] *Der Spiegel*, Nr. 34/18. 8. 2003: »Weltmacht ohne Strom«, S. 107.
[1002] *Irak Krieg*, aaO. (Anm. 67), S. 10.
[1003] Ebenda, S. 14.
[1004] Ebenda, S. 14 f.
[1005] GROBE-HAGEL, Karl, *Irakistan. . .*, aaO. (Anm. 999), S. 184.
[1006] Ebenda, S. 186.
[1007] CURTIS, Mark, *The Great Deception*, aaO. (Anm. 615), S. 120.
[1008] RUPP, Rainer (u.a.), *Vor dem Dritten Golfkrieg*, aaO. (Anm. 74), S. 88.
[1009] Ebenda, S. 108.
[1010] Ebenda, S. 107.
[1011] Ebenda, S. 110.
[1012] Ebenda, S. 110 f.
[1013] SIMONS, Geoff, *Targeting Iraq*, aaO. (Anm. 670), S. 19.
[1014] RUPP, Rainer (u.a.), *Vor dem Dritten Golfkrieg*, aaO. (Anm. 74), S. 144.
[1015] Ebenda, S. 144 f.
[1016] *Crescent International*, Vol. 33, no. 1, March 2004, S. 25.
[1017] RUPP, Rainer (u.a.), *Vor dem Dritten Golfkrieg*, aaO. (Anm. 74), 90 f.
[1018] RUSSELL, Alan K., *Moderne Kampfpanzer*, Motorbuch, Stuttgart 1997, Bd. 3, S. 64.

1019 Ebenda, S. 132.
1020 BROWN, Ben, u. David SHUKMAN, David, *All Necessary Means...*, aaO. (Anm. 357).
1021 RAMESH, Randeep (Hg.), *The War we could not Stop...*, aaO. (Anm. 739), S. 239 u. 270.
1022 HARENBERG, Karl-Heinz, u. Marc FRITZLER (Hg.), *No War...*, aaO. (Anm. 1), S. 142 ff.
1023 RAMESH, Randeep (Hg.), *The War we could not Stop...*, aaO. (Anm 739), S. 239.
1024 HARENBERG, Karl-Heinz, u. Marc FRITZLER (Hg.), *No War...*, aaO. (Anm. 1), S. 144 f., u.142.
1025 RAMESH, Randeep (Hg.), *The War we could not Stop...*, aaO. (Anm. 739), S. 239.
1026 Ebenda, S. 239 f.
1027 Ebenda, S. 174.
1028 *Der Spiegel*, Nr. 30/21. 7. 2003: »Der endlose Blitzkrieg, Titel - American Way of War, S. 113.
1029 PITT, William Rivers, u. Scott RITTER, *Krieg gegen den Irak*, aaO. (Anm. 3), S. 85.
1030 *Der Spiegel*, aaO. (Anm. 1028), S. 113.
1031 PITT, William Rivers, u. Scott RITTER, *Krieg gegen den Irak*, aaO. (Anm. 3), S. 88.
1032 Ebenda, S. 88 f.
1033 RAMESH, Randeep (Hg.), *The War we could not Stop...*, aaO. (Anm. 739), S. 122.
1034 Ebenda, S. 108.
1035 *Crescent International*, Vol. 32, no. 10, August 1–15, 2003: »Warmongers Bush and Blair caught in their own web of lies over Iraqi weapons of mass destruction«, S. 3.
1036 *Der Spiegel*, Nr. 32/4. 8. 2003 - Irak-Krieg III: Der Kampf um Basra - »Die dunklen Tage kommen«, S. 78 f.
1037 *Frankfurter Rundschau*, Nr. 183/8. 8. 2003: »USA warfen in Irak Napalm ab«, S. 1.
1038 *Der Spiegel*, aaO. (Anm. 1036), S. 79.
1039 RAMESH, Randeep (Hg.), *The War we could not Stop...*, aaO. (Anm. 739), S. 171.
1040 Ebenda, S. 122.
1041 Ebenda, S. 133 u. 136 f.
1042 *Focus*, Nr. 20/12. 5. 2003: »Irak-Ticket in den Orkus«, S. 222.
1043 Ebenda.
1044 RAMESH, Randeep (Hg.), *The War we could not Stop...*, aaO. (Anm. 739), S. 270.
1045 *Focus Magazin*, aaO. (Anm. 1042), S. 222 f.
1046 *Focus*, Nr. 33/11. 8. 2003: »Seine Ruhe kam mir verdächtig vor«, PRIMAKOW interviewt von Boris REITSCHUSTER, S. 169.
1047 PIRKER, Werner, »US-Besatzer in Bedrängnis: Wer leistet Widerstand im Irak?«, in: *Junge Welt*, 22. 7. 2003.
1048 RAMESH, Randeep (Hg.), *The War we could not Stop...*, aaO. (Anm. 739), S. 282 f.
1049 Ebenda, S. 168 u. 246 f.
1050 Ebenda.
1051 Ebenda, S. 284 f.
1052 Eines der festgenommenen Mitglieder von SADDAM HUSSEINS Führungselite war im Besitz eines weißrussischen Passes.
1053 KHAN, Mansur, »Vom Wüstensturm zum Wüstenfuchs«, aaO. (Anm. 698), S. 4–10. PITT, William Rivers, u. Scott RITTER, *Krieg gegen den Irak*, aaO. (Anm. 3), S. 97 f.
1054 RAMESH, Randeep (Hg.), *The War we could not Stop...*, aaO. (Anm. 739), S. 273.
1055 Ebenda, S. 241 f.
1056 *Frankfurter Rundschau*, Nr. 173/28. 7. 2003: »Widerstand in Irak nimmt zu«, S. 1.
1057 *Crescent International*, Vol. 32, no. 11, August 16–31, 2003: »The broad base and many causes of Iraqi resistance to US occupation«, S. 3.
1058 *Crescent International*, aaO. (Anm. 1035), S. 3.
1059 RAMESH, Randeep (Hg.), *The War we could not Stop...*, aaO. (Anm. 739), S. 247 f.
1060 Ebenda, S. 249.

[1061] Crescent International, Vol. 32, no. 10, August 1-15, 2003, »Occupied Iraq«, S. 2.
[1062] *The Economist,* 16.-22. 8. 2003: »Show me the way to go home«, S. 9.
[1063] RAMESH, Randeep (Hg.), *The War we could not Stop...,* aaO. (Anm. 739), S. 273.
[1064] *The Economist,* aaO. (Anm. 1062), S. 9.
[1065] RAMESH, Randeep (Hg.), *The War we could not Stop...,* aaO. (Anm. 739), S. 273.
[1066] *The Economist,* aaO. (Anm. 1062), S. 9.
[1067] *Crescent International,* Vol. 33, no. 1, March 2004, S. 7.
[1068] *Focus,* Nr. 4/19. 1. 2004: »Blinder unter Tauben«, S. 163.
[1069] *Der Spiegel,* Nr. 4/19. 1. 2004: »Markt für die Wahrheit«, S. 88.
[1070] *Deutschland - Schrift für Neue Ordnung,* Folge 5/6 - 2003, S. 56-61.
[1071] REISEGGER, Gerhoch, *Wir werden schamlos irregeführt!,* aaO. (Anm. 935), S. 293-296.
[1072] Ebenda, S. 296-298.
[1073] Ebenda, S. 298-300.
[1074] Ebenda, S. 301 f.
[1075] Eine Statistik für den Beitrag der Alliierten geht von 80 Milliarden Dollar aus, siehe: TODENHÖFER, Jürgen, »Die Schlacht der Lügen«, in: *Frankfurter Rundschau,* Nr. 233/8. 10. 2002, S. 7.
[1076] *The Economist,* aaO. (Anm. 1062), S. 9.
[1077] *Sozialismus,* Heft 3 (März)/2003: »Der Irak-Konflikt und die Strategie der USA«, S. 9.
[1078] *Focus,* Nr. 20/12. 3. 2003: »Irak - Dividende für Freunde«, S. 215.
[1079] *The Economist,* aaO. (Anm. 1062), S. 9.
[1080] *Focus,* aaO. (Anm. 1078), S. 215.
[1081] *FAZ,* Nr. 181/7. 8. 2002: »Bush steht mit seinen Irak-Plänen derzeit alleine da«, S. 2.
[1082] *Der Spiegel,* Nr. 30/21. 7. 2003: »Die Rache der Besiegten«, S. 107.
[1083] GROBE, Karl, »Treibstoff des Krieges«, in: *Frankfurter Rundschau,* Nr. 231/5. 10. 2002, S. 3.
[1084] *Crescent International,* aaO. (Anm. 1035), S. 3.
[1085] GRUBER, Peter, »Neue Töne aus Amerika«, in: *Focus,* Nr. 41/2002, S. 234.
[1086] *Der Spiegel,* Nr. 32/4. 8. 2303, S. 108.
[1087] Ebenda, S. 108 f.
[1088] *Frankfurter Rundschau,* Nr. 173/28. 7. 2003: »Widerstand in Irak nimmt zu«, S. 1.
[1089] *Crescent International,* Vol. 33, no. 1, March 2004, S. 12.
[1090] *Focus,* Nr. 31/28. 7. 2003: »Irak - Wolf und Schlange«, S. 152. Das Datum des 1. Mai ist keinesfalls ein Zufall, es stimmt mit der Gründung der Geheimgesellschaft der Illuminaten 1776 überein; 1776 wurden auch die USA fast ausschließlich von Freimaurern gegründet.
[1091] *Frankfurter Rundschau,* 31. 7. 2003: »Pentagon dämpft Hoffnungen auf eine baldige Festnahme Saddams«, S. 6.
[1092] *Frankfurter Rundschau,* aaO. (Anm. 1088), S. 1.
[1093] *Focus,* aaO. (Anm. 1090), S. 152.
[1094] *Der Spiegel,* Nr. 32/4. 8. 2003: »Schlinge um den Hals«, S. 109.
[1095] *Frankfurter Rundschau,* Nr. 178/2. 8. 2003: »Saddam ruft Iraker angeblich zum Widerstand auf«, S. 6.
[1096] Ebenda.
[1097] *National-Zeitung,* aaO. (Anm. 839), S. 5.
[1098] GRUBER, Peter, »Unter falschen Vorzeichen«, in: *Focus,* Nr. 30/21. 7. 2003, S. 157.
[1099] *Focus,* Nr. 22/26. 5. 2003: »Irak - Land ohne Führung«, S. 208 f.
[1100] *FAZ,* Nr. 174/30. 7. 2003: »Gefährlich«, S. 10.
[1101] *Frankfurter Rundschau,* Nr. 175/30. 7. 2003: »US-Soldaten nehmen Leibwächter Saddams gefangen«, S. 6.
[1102] SIEBER, Rolf, »Republikanischer Triumph...«, aaO. (Anm. 970), S. 46.
[1103] TODENHÖFER, Jürgen, »Die Schlacht der Lügen«, aaO. (Anm. 1075), S. 7.

[1104] Yahoo! Schlagzeilen - »New York Times: Israel baut Raketenabwehrsystem gegen Irak auf (AFP). Der Irak-Konflikt, 6. 10. 2002, 11 Uhr 25 Uhr, www.yahoo.de

[1105] BIERMANN,Werner, *Die Herren der Welt - Die Weltmachtpolitik der USA nach 1945,* PapyRossa, Köln 2000.

[1106] *Sozialismus,* Juni 2002, 6/2002: »Anti-Amerikanismus?«, S. 3.

[1107] *Neue Solidarität,* Nr. 46/17. 11.1999: »US-Wirtschaft unter Schuldenlawine begraben«, S. 2.

[1108] CONERT, Hansgeorg, »Das amerikanische Imperium«, in: Supplement *Sozialismus* 6/ 2002, S. 31.

[1109] *Frankfurter Rundschau,* Nr. 6/8. 1. 2003: »Opposition nennt Bushs Konjunkturpaket unsozial«, S. 6.

[1110] *Sozialismus,* aaO. (Anm. 1077), S. 9.

[1111] CONERT, Hansgeorg, »Das amerikanische Imperium«, aaO. (Anm. 1108), S. 26, zitiert in: Ranjit DEVRAJ, »The Oil behind Bush and Son's compaigns«, *Asia Times Online,* 6. 10. 2001.

[1112] Ebenda, zitiert in: P. ESCOBAR, »The Rules of the Game«, Part I a. II, *Asia Times Online,* 25. u. 26. 1. 2002.

[1113] Ebenda, S. 27, zitiert in: Sitaram YECHURY, »America, Oil, and Afghanistan«, in: *The Hindu* (Indien), 13. 10. 2001.

[1114] Ebenda, P. ESCOBAR, aaO. (Anm. 1112), Teil I.

[1115] *Der Spiegel,* Nr. 41/7. 10. 2002: »Das Große Spiel ist ein Geschäft«, Interview: Alex FROHN, Gerhard SPÖRL, S. 149.

[1116] GROBE, Karl, »Treibstoff des Krieges«, aaO. (Anm. 1083), S. 3.

[1117] SPÖRL, Gerhard, »Geschacher vor der Schlacht«, in: *Der Spiegel,* Nr. 41/7. 10. 2002, S. 145 u. 148.

[1118] Ebenda, S. 146.

[1119] Ebenda, S. 145.

[1120] *Der Spiegel,* aaO. (Anm. 1082), S. 107.

[1121] Vgl. *Der Spiegel,* Nr. 41/7. 10. 2002, S. 145.

[1122] P. ESCOBAR, aaO. (Anm. 1112), Teil I, S. 35 f. Eine weitere Statistik gibt sogar 42 Prozent an.

[1123] BERGMANN, Theodor, »Imperialismus - ohne Grenzen?«, in: *Süddeutsche Zeitung* vom 20./21. 4. 2002, zitiert in: *Sozialismus,* Juni 2002, S. 43.

[1124] *Frankfurter Rundschau,* Nr. 177/1. 8. 2003: »Rüstungsausgaben beschleunigen US-Wachstum«, S. 15.

[1125] PITT, William Rivers, u. Scott RITTER, *Krieg gegen den Irak,* aaO. (Anm. 3), S. 86 f.

[1126] Ebenda, S. 86.

[1127] WILL, George, »Afghans willing to change«, in: *Chicago Sun-Times,* October 26, 2001, zitiert in: Abu KHALIL, *As'ad: Bin Laden, Islam and America's New ›War on Terrorism‹,* Seven Stories Press, New York 2002, S. 18 f.

[1128] LEWIS, Bernard, »Did you say ›American imperialism‹?« in: *National Review,* 17. 12. 2001, zitiert in Abu KHALIL, ebenda, S. 18.

[1129] Die sogenannten Orientalisten verfolgen eine imperialistische Strategie des ›Westens‹ gegenüber Asien und dem Mittleren Osten; ihr Ziel ist die Unterwanderung jeglichen nicht›westlichen‹ Staates bzw. Region. Sie beanspruchen sogar die Re-Kolonisierung dieses Kontinents durch verdeckte Maßnahmen. Siehe hierzu das Standardwerk von Edward W. SAID, *Orientalism - Western Conceptions of the Orient,* Penguin Books, London 1995.

[1130] TODD, Emmanuel, *Weltmacht USA - Ein Nachruf,* Piper, München-Zürich 2003, S. 29.

[1131] BIERMANN, Werner, u. Arno KLÖNNE, *Ein Kreuzzug für die Zivilisation? Internationaler Terrorismus, Afghanistan und die Kriege der Zukunft,* PapyRossa, Köln 2002, S. 98.

[1132] THUROW, Lester, *The Future of Capitalism,* aaO. (Anm. 69), S. 133.
[1133] REISEGGER, Gerhoch, *Wir werden schamlos irregeführt!,* aaO. (Anm. 935), S. 188.
[1134] Ebenda, S. 200.
[1135] *Frankfurter Rundschau,* Nr. 124/30. 5. 2003: »Hegemonie auf Dauer«, S. 12.
[1136] *Der Spiegel,* Nr. 15 / 7. 4. 2003: »Mutter aller Gefahren«, S. 146.
[1137] TODD, Emmanuel, *Weltmacht USA,* aaO. (Anm. 1130), S. 30.
[1138] Ebenda, S. 88 f.
[1139] FREY, Eric, *Schwarzbuch USA,* Eichborn, Frankfurt/M. 2004, S. 365 f.
[1140] Ebenda, S. 367.
[1141] TODD, Emmanuel, *Weltmacht USA,* aaO. (Anm. 1130), S. 88 f. u. 249.
[1142] Ebenda, S. 89 f.
[1143] Ebenda, S. 99.
[1144] BIERMANN, Werner, u. Arno KLÖNNE, *Ein Kreuzzug für die Zivilisation?,* aaO. (Anm. 1131), S. 104.
[1145] TODD, Emmanuel, *Weltmacht USA,* aaO. (Anm. 1130), S. 215.
[1146] Ebenda, S. 121 f.
[1147] *Der Spiegel,* aaO. (Anm. 1136), S. 146.
[1148] *Der Spiegel,* aaO. (Anm. 723), S. 138 f.
[1149] *Der Spiegel,* aaO. (Anm. 836), S. 102.
[1150] *Der Spiegel,* aaO. (Anm. 723), S. 138 f.
[1151] *Der Spiegel,* aaO. (Anm. 836), S. 102.
[1152] *Focus,* Nr. 7/9. 2. 2004: »USA - Stark sein um jeden Preis«, S. 168.
[1153] Ebenda, S. 166.
[1154] TICHY, Roland u. Andrea, *Die Pyramide steht Kopf - Die Wirtschaft in der Altersfalle und wie sie ihr entkommt,* Piper, München-Zürich 2001, S. 109 ff.
[1155] *Focus,* aaO. (Anm. 1152), S. 168.
[1156] FREY, Eric, *Schwarzbuch USA,* aaO. (Anm. 1139), S. 217.
[1157] Ebenda, S. 367.
[1158] *Der Spiegel,* aaO. (Anm. 1136), S. 146 f.
[1159] REISEGGER, Gerhoch, *Wir werden schamlos irregeführt!,* aaO. (Anm. 935), S. 291.
[1160] *Der Spiegel,* aaO. (Anm. 1136), S. 147 f.
[1161] Ebenda, S. 148.
[1162] Ebenda.
[1163] Siehe diesbezüglich u.a. die Werke von: TODD, Emmanuel, *Weltmacht USA,* aaO. (Anm. 1130), u. Paul KENNEDY.
[1164] REISEGGER, Gerhoch, *Wir werden schamlos irregeführt!,* aaO. (Anm. 935), S. 292.
[1165] Ebenda, S. 202.
[1166] MELISCH, Richard, *Pulverfaß Nahost,* aaO. (Anm. 75), S. 155.
[1167] REISEGGER, Gerhoch, *Wir werden schamlos irregeführt!,* aaO. (Anm. 935), S. 212.
[1168] MELISCH, Richard, *Pulverfaß Nahost,* aaO. (Anm. 75), S. 155.
[1169] Ebenda, S. 401.
[1170] BENOIST, Alain de (Hg.), *Die Welt nach dem 11. September - Der globale Terrorismus als Herausforderung des Westens,* Hohenrain, Tübingen 2002, S. 208.
[1171] MELISCH, Richard, *Pulverfaß Nahost,* aaO. (Anm. 75), S. 402.
[1172] PORTER, Bruce D., *War and the Rise of the State,* Macmillan, New York 1994.
[1173] TODD, Emmanuel, *Weltmacht USA,* aaO. (Anm. 1130), S. 114.
[1174] *The Economist,* 16.-22. 8. 2003, Special Report - America and Empire »Manifest destiny warmed up?«, S. 18.
[1175] Ebenda, S. 18 f.
[1176] *Crescent International,* Vol. 32, no. 10, August 1-15, 2003: »Bush avoids Africa on five-day visit to continent«, S. 12.
[1177] SAUERMANN, Ekkehard, *Neue Welt Kriegsordnung,* aaO. (Anm. 745), S. 565.

1178 MATTES, Norbert (Hg.), »*Wir sind die Herren und ihr unsere Schuhputzer!*« - *Der Nahe Osten vor und nach dem Golfkrieg,* Dagyeli, Frankfurt/M. 1991, S. 92 f.
1179 MELISCH, Richard, *Pulverfaß Nahost,* aaO. (Anm. 75), S. 402.
1180 DAEHNHARDT, Rainer, »Unangenehme Zahlen«, in: *Magazin 2000,* Extra 2/183, S. 71.
1181 *Crescent International,* Vol. 32., no. 8, July 1-15, 2003: »Opposition forces put US on the defensive in Afghanistan«, S. 1 u. 4.
1182 *Frankfurter Rundschau,* Nr. 185/11. 8. 2003: »Struck für Nato-Mission in Irak«, S. 1.
1183 *FAZ,* Nr. 183/9. 8. 2003: »Über eine halbe Million Soldaten«, S. 2.
1184 *The Economist,* aaO. (Anm. 1174), S. 20.
1185 *Crescent International,* October 2003, Vol. 32, Nr. 13: »Evidence emerging of talks between the US and Taliban factions«, S. 14.
1186 Ebenda.
1187 *Frankfurter Rundschau,* aaO. (Anm. 1182), S. 1.
1188 *Frankfurter Rundschau,* Nr. 15/19. 1. 2004, S. 3.
1189 *Der Spiegel,* Nr. 29/14. 7. 2003: »Ägypten - Washingtons Hilferuf«, S. 93.
1190 *Frankfurter Rundschau,* Nr. 183/8. 8. 2003: »Irakische Verhältnisse«, S. 2.
1191 *Crescent International,* Vol. 32, no. 11, August 16-31, 2003, S. 3 u. 11.
1192 *Frankfurter Rundschau,* Nr. 183/8. 8. 2003: »Aufschwung für Kriegsgegner«, S. 2.
1193 *Crescent International,* Vol. 32, no. 15, December 2003, S. 12.
1194 *Der Stern,* Nr. 38/20. 11. 2003: »Irak - das neue Vietnam?«, S. 36 f.
1195 Ebenda, S. 37.
1196 *Der Spiegel,* Nr.45/2003, S. 150 f.
1197 *Crescent International,* Vol. 32, no. 15, December 2003, S. 12.
1198 *Der Spiegel,* Nr.45/2003, S. 37 f.
1199 Ebenda, S. 150 f.
1200 *Le Monde diplomatique* (deutsche Ausgabe), Oktober 2003, S. 12
1201 *Der Stern,* Nr. 38/20. 11. 2003: »Irak das neue Vietnam?«, S. 42.
1202 Ebenda, S. 40.
1203 Ebenda, S. 39.
1204 Ebenda, S. 40.
1205 *Frankfurter Rundschau,* aaO. (Anm. 1190), S. 2.
1206 RAMESH, Randeep (Hg.), *The War we could not Stop. . .,* aaO. (Anm 739), S. 96.
1207 DALKA, Karin, »Formel mit Widersprüchen«, in: *Frankfurter Rundschau,* Nr. 165/18. 7. 2003, u.: »Pentagon spricht erstmals von Guerilla-Krieg in Irak«, ebenda, S. 6.
1208 *The Economist,* aaO. (Anm. 1174), S. 20.
1209 *Irak Krieg,* aaO. (Anm. 67), S. 26.
1210 Siehe u. a. PECCATOR, Hues, *Trümmer für den Feldherrn,* aaO. (Anm. 798) S. 93 ff.
1211 *Deutschland - Schrift für Neue Ordnung,* Folge 3/4 - 2003, S. 69.
1212 Ebenda, S. 66 f.
1213 Vgl. MELISCH, Richard, *Pulverfaß Nahost,* aaO. (Anm. 75), S. 155.
1214 Vgl. *Besser Leben - Michael Kents wöchentlicher Despeschendienst,* Nr. 100 Jubiläumsausgabe / 15. 5. 2003, S. 3.
1215 Ebenda, S. 12 u. 10.
1216 Ebenda, S. 26.
1217 Siehe u. a. ABURISH, Said K., *Ölscheichs und Tyrannen. . .,* aaO. (Anm. 52).
1218 RICHTER, Karl, »Amerika - die apokalyptische Weltmacht«, in: *Euro-Kurier,* Dezember 2003, S. 6 f.
1219 REISEGGER, Gerhoch, *Wir werden schamlos irregeführt!,* aaO. (Anm. 935), S. 124.
1220 MULLINS, Eustace, u. Roland BOHLINGER, *Die Bankierverschwörung,* aaO. (Anm. 80), S. 196.

# Literaturverzeichnis

## Monographien


ABRAHAMS, Eddie (Hg.), *The New Warlords - From the Gulf War to the Recolonisation of the Middle East,* Larkin Publications, London 1994.

ABURISH, Said K., Ölscheichs und Tyrannen - Der märchenhafte Aufstieg und Verfall des saudiarabischen Königshauses, Knaur, München 1995.

ABURISH, Said K., *A Brutal Friendship - The West and the Arab Elite,* Victor Gollancz, London 1997.

AMBROSE, Stephen, *Rise to Globalism - American Foreign Policy since 1938,* New York 1993.

AMOS, Deborah, *Lines in the Sand - Desert Storm and the Remaking of the Arab World,* Simon & Schuster, New York-London-Toronto-Sydney-Tokyo-Singapore 1992.

ANDERSON, Jack, u. George CLIFFORD, *The Anderson Papers,* Ballantine Books, New York 1974.

*Angriff der Falken - Die verschwiegene Rolle von Mossad und CIA bei den Anschlägen vom 11. September,* München 2002.

ATKINSON, Rick, *Crusade - The Untold Story of the Gulf War,* HarperCollinsPublishers, London 1993.

BAINERMAN, Joel, *The Crimes of a President,* New York 1993.

BARNES, Harry Elmer (Hg.), *Entlarvte Heuchelei (Ewig Krieg für Ewigen Frieden) Revision der amerikanischen Geschichtsschreibung,* Karl Priester, Wiesbaden 1961.

BEHAM, Mira, *Kriegstrommeln - Medien, Krieg und Politik,* dtv, München 1996.

BENEDICT, Hans, *Kirschen aus Sidon - Der Nahost-Konflikt in der Darstellung eines Augenzeugen,* Goldmann, Wien-München [2]1991.

BENOIST, Alain de (Hg.), *Die Welt nach dem 11. September - Der globale Terrorismus als Herausforderung des Westens,* Hohenrain, Tübingen 2002.

Biermann, Werner, *Die Herren der Welt - Die Weltmachtpolitik der USA nach 1945,* PapyRossa, Köln 2000.

*Bin Laden, Islam and America's New »War an Terrorism«,* Seven Stories Press, New York 2002.

BLACKWELL, James, *Thunder in the Desert - The Strategy and Tactics of the Persian Gulf War,* Bantam Books, New York 1991.

Blackwood, Peter, *Das ABC der Insider,* Diagnosen, Leonberg 1992.

BLACKWOOD, Peter, *Die Netzwerke der Insider - Ein Nachschlagewerk über die Arbeit, die Pläne und die Ziele der Internationalisten,* Diagnosen, Leonberg 1986.

BLUM, William, *Killing Hope - U.S. Military and CIA Interventions since World War II,* Common Courage Press, Maine 1995.

BLUM, William, *Rogue State - A Guide to the World's Only Superpower,* Common Courage Press, Monroe Main 2000.

BLUMBERG, Herbert H., u. Christopher C. French, *The Persian Gulf War - Views from the Social and Behavioral Sciences,* University of America Press, Lanham-London 1994.

BOWEN, Russel S., *The Immaculate Deception - The Bush Crime Family Exposed,* America West Publishers, New York 1991.

BRESHEET, Haim, u. Nira YUVAL-DAVIS, *The Gulf War and the New World Order,* Zed Books, London–New Jersey 1991.

BRITTAIN, Victoria (Hg.), *The Gulf Between Us – The Gulf War and Beyond,* Virago Press, London 1991.

BRÖCKERS, Mathias, *Verschwörungen, Verschwörungstheorien und die Geheimnisse des 11.9.,* Zweitausendeins, Frankfurt/M. [14]2002.

BROWN, Ben, u. David SHUKMAN, *All Necessary Means – Inside the Gulf War,* BBC Books, London 1991.

BRUHN, Jürgen, *Schlachtfeld Europa oder Amerikas letztes Gefecht,* Dietz, Bonn 1984.

BULLOCH, John, u. Harvey HORRIS, *Saddams Krieg,* Rowohlt, Reinbek bei Hamburg 1991.

CALVI, Fabrizio, u. Thierry PFISTER, *PROMIS. Das Auge Washingtons,* Union, Zürich 1998.

CARMIN, E. R., *Das schwarze Reich – Geheimgesellschaften und Politik im 20. Jahrhundert,* Heyne, München 1997.

CATALINOTTO, John, u. Sara Flounders (Hg.), *Metal of Dishonor – Depleted Uranium: How the Pentagon Radiates Soldiers & Civilians with DU Weapons,* International Action Center, New York [2]1999.

CHAND, J. C. Shri, *Gulf Crisis Pre-War & Post-War Scenario,* Ramnager, New Delhi 1991.

CHOMSKY, Noam, Joel BEININ u.a., *Die Neue Weltordnung und der Golfkrieg,* Trotzdem, Grafenau 1992.

CHOMSKY, Noam, *Deterring Democracy,* Vintage Books, London 1992.

CHOMSKY, Noam, *Rogue States – The Rule of Force in World Affairs,* Pluto Press, London 2000.

CHOSSUDOVSKY, Michel, *Global Brutal – Der entfesselte Welthandel, die Armut, der Krieg,* Zweitausendeins, Frankfurt/M. 2002

CLARK, Ramsey (Hg.), *Challange to Genocide – Let Iraq Live,* New York 1998.

CLARK, Ramsey (u. a.), *War Crimes – A Report on United States Crimes Against Iraq,* Maisonneuve Press, Washington D.C. 1992.

CLARK, Ramsey, *The Fire this Time – U.S. War Crimes in the Gulf,* Thunder's Mouth Press, New York 1992.

CLARK, Ramsey, *Wüstensturm – US-Kriegsverbrechen am Golf,* Lamuv, Göttingen 1995.

COLEMAN, John, *Diplomacy by Deception – An Account of the Treasonous Conduct by the Governments of Britain and the United States,* Bridger House Publishers Inc., Carson City NV 1993.

COMBS, Jerald A., *The History of American Foreign Policy,* New York 1986.

COOLEY, John, *Payback, America's Long War in the Middle East,* Brassey's, New York 1991.

CURTIS, Mark, *The Great Deception – Anglo-American Power and World Order,* Pluto Press, London–Sterling (Virginia) 1998.

DANNHÄUSER, K., »Bomben auf den Irak – und kein Ende!« in: *Deutschland Schrift für Neue Ordnung,* Folge 5/6 1999, VGP, Remscheid 1999, S. 35.

DARWISH, Adel, u. Gregory ALEXANDER, *Unholy Babylon – The Secret History of Saddam's War,* St. Martin's Press, New York 1991.

DEGLER, Carl N., *Out of Our Past – The Forces that shaped Modern America,* New York 1984.

DESCHNER, Karlheinz, *Der Moloch – Eine kritische Geschichte der USA,* Heyne, München 1994.

*Developments in the Middle East,* July 1990. Report of the subcommittee on Europe and the Middle East of the Committee on Foreign Affairs, House of Representatives (Washington, D.C.: U.S. Government Printing Office, July 31, 1990), S. 14.

*Die Wahrheit über Korea,* Dietz, Berlin 1952.

DIETZ, H., G. HARTMANN u. J. WÜST, *Zeitbombe Nahost – Vom Golfkrieg zur Neuen Weltordnung?,* Schulte u. Gerth, Asslar 1991.

EGGERT Wolfgang, *Angriff der Falken – Die verschwiegene Rolle von Mossad und CIA bei den Anschlägen vom 11. September,* Beim Propheten!, München 2002.

EGGERT, Wolfgang, *Israels Geheimvatikan – Als Vollstrecker biblischer Prophetie,* Bd. 3, Beim Propheten!, München 2001.

EGGERT, Wolfgang, *Out of the Blue – Spuren des Terrors in Amerika,* Beim Propheten Verlag!, München 2002.

ENGDAHL, William F., *Mit der Ölwaffe zur Weltmacht – Der Weg zur neuen Weltordnung,* Dr. Böttiger, Wiesbaden [3]1997.

FINDLEY, Paul, *They Dare to Speak out – People and Institutions Confront Israel's Lobby,* Lawrence Hill Books, Chicago 1989.

FLOTTAU, Heiko, *Die Bande der Clans – Die arabische Welt besser verstehen,* Herder, Freiburg–Basel–Wien 1992.

FREEDMAN, Lawrence, u. Efraim Karsh, *The Gulf Conflict 1990–1991 – Diplomacy and War in the New World Order,* faber and faber, London–Boston 1993.

FREY, Eric, *Schwarzbuch USA,* Eichborn, Frankfurt/M. 2004.

FRIEDMAN, Alan, *Spider's Web – The Secret History of how the White House illegally armed Iraq,* Bantam Books, New York 1993.

GARRATY, John, *The American Nation – A History of the United States,* New York 1995.

GEHRING, Heiner, *Versklavte Gehirne – Bewußtseinskontrolle und Verhaltensbeeinflussung,* Kopp, Rottenburg/N. 1999.

GERVASI, Tom, *Soviet Military Power – The Pentagon's Propaganda Document, Annotated and Corrected,* Vintage Books, New York 1988.

GILLING, Tom, u. John MCKNIGHT, *Trial & Error – Vanunu, Mordechai and Israel's Nuclear Bomb,* HarperCollinsPublishers, London 1995.

GÖBEL, Rüdiger, Joachim GUILLIARD u. Michael SCHIFFMANN (Hg.), *Der Irak – Ein belagertes Land,* Köln [2]2001/02.

GORDON, Helmut, *Zions Griff zur Weltherrschaft – Amerikas unbekannte Außenpolitik 1789-1975,* Druffel, Leoni am Starnberger See 1985.

GOULDEN, Joseph, *Korea – The Untold Story of the War,* New York 1982.

GRAHAM-BROWN, Sarah, *Sanctioning Saddam – The Politics of Intervention in Iraq,* I. B. Tauris, London–New York 1999.

GRÄSSLING, Jürgen, *Lizenz zum Töten? – Wie die Bundeswehr zur internationalen Eingreiftruppe gemacht wird,* Knaur, München 1997.

GRAUBARD, Stephen R., *NU. Bush's War – Adventures in the Politics of Illusion,* I. B. Tauris, London–New York 1991.

GROBE-HAGEL, Karl, *Irakistan – Der Krieg gegen den Irak und der »Kreuzzug« der USA,* ISP, Köln 2003.

GROEHLER, Olaf, *Der Koreakrieg 1950–1953,* Berlin 1980.

GUNTHER, John, *The Riddle of MacArthur,* Hamish, London 1951.

GÜNTHER, Siegwart-Horst, *Uran-Geschosse: Schwergeschädigte Soldaten, mißgebildete Neugeborene, sterbende Kinder,* Ahriman, Freiburg [2]2000.

HACKE, Christian, *Verdammt zur Weltmacht –Die amerikanische Außenpolitik von Kennedy bis Clinton,* Propyläen, Berlin 1997.

HAQUE, Haseeb A., M. Javed SHAH u. Suhir A. AHMAD, *Target Islam,* Quranic Open University, Inc. U.S.A. & Pakistan Foundation for Strategic Studies Islamabad, Zavia Books, Lahore 1994.

HARENBERG, Karl-Heinz, u. Marc Fritzler (Hg.), *No War - Krieg ist nicht die Lösung Mr. Bush!,* Knaur, Müchen 2003.

HATFIELD, James H., *Das Bush Imperium - Wie George W. Bush zum Präsidenten gemacht wurde,* Atlantik, Bremen 2002.

HEERD, Ulrich (Hg.), *Das HAARP-Projekt über Mobilfunk zur Strahlenwaffe über Wetterveränderung zur Bewußtseinskontrolle,* Michaels, Peiting 1998.

HEIKAL, Mohamed, *Illusions of Triumph - An Arab View of the Gulf War,* HarperCollins, London 1993.

HERSH, Seymour M., *Atommacht Israel - Das geheime Vernichtungspotential im Nahen Osten,* Knaur, München 1994.

HERTNECK, Friedrich, *Kampf umTexas,* Goldmann, Leipzig 1941.

HILLS, Frank, *Eine Welt des Bösen - Geschichte des Schreckens,* Bd. 1, Teil 2, Anton A. Schmid, Durach 2001.

HIPPLER, Jochen, *Die Neue Weltordnung,* Konkret Literatur, Hamburg 1991.

HIRO, Dilip, *Desert Shield to Desert Storm - The Second Gulf War,* Paladin, London 1992.

HOFMANN, Michael, *Siegen ist nicht gleich Frieden - Die bitteren Lehren aus dem Golfkrieg,* Ullstein, Frankfurt/M.-Berlin 1992.

HOGGAN, David L., *Das blinde Jahrhundert* - Erster Teil: *Amerika,* Grabert, Tübingen 1992.

HORNUNG, Klaus, *Krisenherd Naher Osten - Geschichte und Gegenwart einer konfliktreichen Region,* Heyne, München 1991.

HÜBSCHEN, Jürgen, *Der Irak-Kuwait-Krieg: Chronologie einer programmierten Katastrophe,* Pfungstadt 1992.

HYBEL, Alex Roberto, *Power Over Rationality - The Bush Administration and the Gulf Crisis,* State University of New York Press, New York 1993.

ICKE, David, *Alice in Wonderland and the World Trade Center Disaster - Why the official Story is a monumental lie,* Bridge of Love Books, MO 2002.

»Irak Krieg - Das angekündigte Verbrechen«, in: *Marxistische Blätter,* Special, 1-2003, Neue Impulse, Essen 2003.

ISMAEL, Tareq Y. u. Jacqueline S., *The Gulf War and the New World Order,* University Press of Florida, 1994 Gainsville (Florida).

JACKSON, Devon, *Conspiranoia! - The Mother of All Conspiracy Theories,* A Plume Book, New York 2000.

JACOBS, Paul, Saul LANDAU u. Eve PELL, *Brüder, sollen wir uns unterwerfen? Die verleugnete Geschichte Amerikas,* dtv, München 1975.

KARSH, Efraim, u. Inari RAUTSI, *Saddam Hussein - A Political Biography,* Futura Books, London 1991.

KEITH, Jim (Hg.), *Secret and Suppressed - Banned Ideas & Hidden History,* Feral House, Venice CA 1993.

KELLNER, Douglas, *The Persian Gulf TV War,* Westview Press, San Francisco 1992.

KEMPF, Wilhelm (Hg.), *Medienkrieg oder »Der Fall Nicaragua« - Politisch-psychologische Analysen über US-Propaganda und psychologische Kriegsführung,* Argument, Berlin-Hamburg 1990.

KHADDURI, Majid, u. Edmund GHAREEB, *War in the Gulf 1990-91 - The Iraq-Kuwait Conflict and its Implications,* Oxford University Press, Oxford-New York 1997.

KHALID, Bin, Sultan, *Desert Warrior – A Personal View of the Gulf War by the Joint Forces Commander,* HarperCollins, London 1995.
KHAN, Mansur, *Das Kosovo-Komplott – Vom Balkankrieg zur US-Weltherrschaft,* Hohenrain, Tübingen 2000.
KHAN, Mansur, *Die geheime Geschichte der amerikanischen Kriege, Verschwörung und Krieg in der US-Außenpolitik,* Grabert, Tübingen ³2003.
KHELLA, Karam, *Sie kommen wieder... Golf und der 200jährige euroamerikansiche Krieg gegen die Araber,* Theorie und Praxis, Hamburg ²1991/92.
KOCH, Egmont R., u. Jochen SPERBER, *Die Datenmafia – Computerspionage und neue Informationskartelle,* Rowohlt, Reinbek bei Hamburg 1996
KRONBERGER, Hans, B*lut für Öl – Der Kampf um die Ressourcen,* Uranus, Wien 1998.
KUBBIG, Bernd W., u. Gert KRELL, *Krieg und Frieden am Golf – Ursachen und Perspektiven,* Fischer, Frankfurt/M. 1991.
LAMMER, Helmut u Marion, *Schwarze Forschungen – Geheime Versuche unter Ausschluß der Öffentlichkeit,* Herbig, München 1999.
MACARTHUR, John R., *Die Schlacht der Lügen – Wie die USA den Golfkrieg verkauften,* dtv, München 1993.
MACKEY, Sandra, *Der arabische Traum – Geschichte, Politik, Wirtschaft, Kultur und Religion der Araber,* Bastei Lübbe, Bergisch Gladbach 1995.
MACRIDIS, Roy C. (Hg.), *Foreign Policy in World Politics – States and Regions,* Prentice Hall, New Jersey 1989.
MANNING, Jeane, u. Nick Begich, *Löcher im Himmel – Der geheime Ökokrieg mit dem Ionosphärenheizer HAARP,* Zweitausendeins, Frankfurt/M. 1996.
MASSARRAT, Mohssen (Hg.), *Mittlerer und Naher Osten – Geschichte und Gegenwart – Eine problemorientierte Einführung,* Agenda, Münster 1996.
MATTES, Norbert (Hg.), *»Wir sind die Herren und ihr unsere Schuhputzer!« – Der Nahe Osten vor und nach dem Golfkrieg,* Dagyeli, Frankfurt/M. 1991.
MATTHEWS, Ken, *The Gulf Conflict and International Relations,* Routhledge, London 1993.
MELISCH, Richard, *Pulverfaß Nahost – im Rückblick und Ausblick,* Hohenrain, Tübingen 2003.
MECHTERSHEIMER, Alfred, *Friedensmacht Deutschland – Plädoyer für einen neuen Patriotismus,* Ullstein, Frankfurt/M.-Berlin 1993.
MEYSSAN, Thierry, *11. September 2001 – Der inszenierte Terrorismus – Auftakt zum Weltenbrand?,* editio de facto, Kassel 2002.
Meyssan, Thierry, *Pentagate,* editio de facto, Kassel 2003.
MILLER, Judith, u. Laurie MYLROIE, *Saddam Hussein and the Crisis in the Gulf,* Times Books/Random House, New York 1990.
MITTMANN, Beate, u. Peter PRISKIL, *Kriegsverbrechen der Amerikaner und ihrer Vasallen gegen den Irak und 6000 Jahre Menschheitsgeschichte,* Ahriman, Freiburg 1992.
MÜLLER-ULLRICH, Burkard, *Medienmärchen – Gesinnungstäter im Journalismus,* Siedler, München 1998.
MULLINS, Eustace, u. Roland BOHLINGER, *Die Bankierverschwörung – Die Machtergreifung der Hochfinanz und ihre Folgen,* Verlag für ganzheitliche Forschung und Kultur, Struckum 1987.
NEUBERGER, Günter, u. Michael OPPERSKALSKI, *CIA im Iran – Die Geheimdokumente aus der Teheraner US-Botschaft,* Lamuv, Bornheim-Merten 1982.
NICHOLS, Preston B., u. Peter MOON, *Das Montauk Projekt – Experimente mit der Zeit,* E.T. Publishing, Michaels, Peiting 1994.

NIRUMAND, Bahman (Hg.), *Sturm im Golf - Die Irak-Krise und das Pulverfaß Nahost,* Rowohlt, Reinbek bei Hamburg 1991 (erweiterte Auflage).

NÖLLING, Wilhelm, *Unser Geld - Der Kampf um die Stabilität der Währungen in Europa,* Ullstein, Berlin-Frankfurt/M. 1993.

*Ossietzky - Mord-Report,* Sonderdruck, Ossietzky, Hannover 2001.

OSTROVSKY, Victor, *Geheimakte Mossad - Die schmutzigen Geschäfte des israelischen Geheimdienstes,* Goldmann, München 1996 (Taschenbuchausgabe).

PALLMEYER-NELSON, Jack, *Brave New World Order - Must We Pledge Alligiance?,* Orbis Books, Maryknoll, New York Oktober [4]1993.

PECCATOR, Hues, *Trümmer für den Feldherren - Hintergründe zu den Anschlägen vom 11. September 2001,* Extrem, Hörgenau 2001.

PITLIK, Herbert, *Die »Protokolle« der Weisen von Zion - Aus der Sicht 100 Jahre danach,* Tim Schatowitz, Burg 1999.

PITT, William Rivers, u. Scott RITTER, *Krieg gegen den Irak - Was die Bush-Regierung verschweigt,* KiWi, Köln 2002.

PIZZO, Stephen, Mary FRICKER u. Paul MUOLO, *Inside Job - The Looting of America's Saving and Loans,* McGraw-Hill Publishing Company, New York 1989.

PORTER, Bruce D., *War and the Rise of the State,* Macmillan, New York 1994.

RAEITHEL, Gert, *Geschichte der Nordamerikanischen Kultur - Vom Puritanismus bis zum Bürgerkrieg 1600–1870,* Bd. 1; *Vom Bürgerkrieg bis zum New Deal,* Bd. 2, Zweitausendeins, Frankfurt/M. [3]1997.

RAMESH, Randeep (Hg.), *The War we could not Stop - The real Story of the Battle for Iraq,* The Guardian/faber and faber, London 2003.

RAVIV, Dan, u. Yossi MELMAN, *Die Geschichte des Mossad - Aufstieg und Fall des israelischen Geheimdienstes,* Heyne, München 1990.

RECORD, Jeffrey, *Hollow Victory - A Contrary View of the Gulf War,* New York 1993.

REISEGGER, Gerhoch, *Wir werden schamlos irregeführt! - Vom 11. September zum Irak-Krieg,* Hohenrain, Tübingen [3]2004.

REISEGGER, Gerhoch, *11. September. Die Bildbeweise,* Hohenrain, Tübingen 2004.

RETYI, Andreas von, *Die unsichtbare Macht - Hinter den Kulissen der Geheimgesellschaften,* Kopp, Rottenburg/N. 2002.

RICHTER, Karl, *Tödliche Bedrohung USA - Waffen und Szenarien der globalen Herrschaft,* Hohenrain, Tübingen 2004.

RIDGEWAY, James, *The March to War - From Day One to War's End and Beyond,* Four Walls Eight Windows, New York 1991.

ROSSI, Lorenza, *Who Shall Guard the Guardians Themselves? An Analysis of U.S. Strategy in the Middle East Since 1945*, Diss., Berlin-Frankfurt/M.-New York-Paris-Wien 1998.

ROTH, Jürgen, *Die Mitternachtsregierung - Wie westliche Geheimdienste internationale Politik manipulieren - Ein schonungsloser Report,* Goldmann, München 1992.

RUITER, de Robin, *Die 13 satanischen Blutlinien - Die Ursache vielen Elends und Übels auf Erden,* Anton A. Schmid, Durach 1999.

RUITER, Robin de, *Der 11. September 2001 - Osama bin Laden und die okkulten Kräften hinter den terroristischen Anschlägen auf die USA,* Anton A. Schmid, Durach 2002.

RUPP, Rainer, Burchard BRENTJES u. Siegwart-Horst GÜNTHER, *Vor dem dritten Golfkrieg - Geschichte der Region und ihrer Konflikte. Ursachen und Folgen der Auseinandersetzungen am Golf,* Edition Ost, Berlin 2002.

RUSSELL, Alan K., *Moderne Kampfpanzer,* Bd. 3, Motorbuch, Stuttgart 1997.

SALINGER, Pierre, u. Eric LAURENT, *Krieg am Golf - Das Geheimdossier - die Katastrophe hätte verhindert werden können,* Hanser, München-Wien 1991; Neuauflage: Kopp, Rottenburg/N. 2003.

SAMPSON, Anthony, *The Seven Sisters - The 100-year Battle for the World's Oil Supply,* Bantam Books, New York-London-Toronto-Sydney-Auckland 1991.

SAUERMANN, Ekkehard, *Neue Weltkriegsordnung - Die Polarisierung nach dem 11. September,* Atlantik, Bremen 2002.

SCHOLL, Heinz, *Bilderberger und Trilaterale - Internationale Cliquen in der Strategie der US-Hochfinanz,* VZD, Euskirchen 1977.

SCHULZ-VOBACH, Klaus-Dieter, *Mohammeds Erben - Die Fundamentalisten auf dem Weg zum Gottesstaat,* Goldmann, München 1994.

SCHWARTZKOPF, Norman H., u. Peter PETRE, *It Dosen't Take a Hero - The Autobiography,* Bantam Books, New York 1993.

SCHWILK, Heimo, *Was man uns verschwieg. Der Golfkrieg in der Zensur,* Ulstein, Frankfurt 1991

SCIOLINO, Elaine, *The Outlaw State: Saddam Hussein's Quest for Power and the Gulf Crisis,* John Wiley & Sons, New York 1991.

SHAPIRO, Andrew L., *Die verlorene Weltmacht - Amerika im Vergleich zum Rest der Welt,* Bertelsmann, München 1993.

SIMONS, Geoff, *Targeting Iraq - Sanctions & Bombing in US Policy,* Saqi Books, London 2002.

SIMPSON, John, *From the House of War - John Simpson in the Gulf,* Arrow Books, London 1991.

SISINA (Hg.), *Midnight Oil - Arbeit, Energie, Krieg - Migrantlnnen in den Ölregionen, Klassenzusammensetzung und der zweite Golfkrieg,* Sisina Satz Druck, Berlin 1993.

SMITH, Jean Edward, *George Bush's War,* Henry Holt and Company Inc., New York 1992.

STEIN, Georg (Hg.), *Nachgedanken zum Golfkrieg,* Palmyra, Heidelberg 1991.

STICH, Rodney, *Defrauding America - A Pattern of Related Scandals,* Diablo Western Press, Alamo 1994 (erweiterte Auflage).

STOCKWELL, John, *The Praetorian Guard - The U.S. Role in the New World Order,* South End Press, Boston 1992.

STONE, Jan F., *The Hidden History of the Korean War,* Monthly Review Press, New York 1952.

SUTTON, Anthony C., *Trilaterals over Washington,* CPA Book Publishers, Boring OR 1995.

*The Israeli-Palestinian Issue,* Task Force Report 38, aka 212-661-1180, Washington, D.C., 1990.

THIELEN, Helmut (Hg.), *Der Krieg der Köpfe - Vom Golfkrieg zur Neuen Weltordnung,* Horlemann, Unkel-Bad Honnef 1991.

THOMAS, Gordon, *Die Mossad-Akte - Israels Geheimdienst und seine Schattenkrieger,* Knaur, München 2001.

THUROW, Lester, *The Future of Capitalism,* Nicholas Brealey Publishing, London 1996.

TICHY, Roland u. Andrea, *Die Pyramide steht kopf - Die Wirtschaft in der Altersfalle und wie sie ihr entkommt,* Piper, München-Zürich 2001.

TIMMERMAN, Kenneth R., *The Death Lobby - How the West armed Iraq,* Bantam Books, London 1992.

TINDALL, George Brown, *America - A Narrative History,* Bd. 2, Norton, New York [2]1988.

TODD, Emmanuel, *Weltmacht USA - Ein Nachruf,* Piper, München-Zürich 2003.

TOFFLER, Alvin u. Heidi, *Überleben im 21. Jahrhundert,* DVA, Stuttgart 1994.
TOWFIK, Ali, *The Prearranged Gulf War,* Ali Towfik Publications, Los Angeles 1991.
*Triumph Without Victory - The Unreported History of the Persian Gulf War,* U.S. New & World Report, New York 1992.
ULFKOTTE, Udo, *Verschlußsache BND,* Heyne, München 1998 (erweiterte Auflage).
UNGERMANN, Gérard, u. Audrey BROHY, »Die wahre Geschichte des Golfkrieges« (Original: »The Hidden Wars of Desert Storm«), Fernsehdokumentation, ausgestrahlt am 17. 1. 2001 auf ARTE.
VANKIN, Johnathan, *Conspiracies, Cover-Ups and Crimes - From JFK to the CIA Terrorist Connection,* Dell, New York 1992 (erweiterte Auflage).
VASSILATOR, Gary, *HAARP ist mehr,* Michaels, Peiting 1999.
WARSI, Khursheed, *The Cobweb - World-Wide Designs of Satan,* Warsi Publications, Karachi 1992.
WINDERS, Richard Bruce, *Mr. Polk's Army - The American Military Experience in the Mexican War,* Texas A & M University Press, Texas 1997.
WINTER, Rolf, *Gottes Eigenes Land? - Werte, Ziele und Realitäten der Vereinigten Staaten von Amerika,* Goldmann, München 1991.
WOLF, Winfried, *Bombengeschäfte - Zur politischen Ökonomie des Kosovo-Krieges,* Konkret Literatur, Hamburg 1999.
WOLTERSDORF, Hans Werner, *Hinter den Kulissen der Neuen Weltordnung - Zeitkritik ohne Tabus,* Grabert, Tübingen 2001.
WOODWARD, Bob, *The Commanders, Pocket Books,* New York. 1991
YANT, Martin, *Desert Mirage - The True Story of the Gulf War,* Prometheus Books, Buffalo, New York 1991.
YERGIN, Daniel, Der Preis - Die Jagd nach Öl, Geld und Macht, S. Fischer, Frankfurt/M.1991.
ZINN, Howard, *A People's History of the United States - 1492–Present,* HarperPerennial, New York 1995 (überarbeitete Auflage).

## Wichtige Zeitungs- und Zeitschriftenbeiträge:

GRAHAM, Helga, »Exposed: Washington's role in Saddam's Oil Plot«, in: *London Observer,* 21. 10. 1990, S. 2.
VIORST, Milton, »A Reporter at Large: After the Liberation«, in: *The New Yorker,* S. 30.
SHOENMAN, Ralph, »How the U.S. Set Up Iraq's Invasion of Kuwait«, in: *Socialist Action Magazine,* Dezember 1990, S. 4.
PETROSCH, Martin, »Die Geschichte wiederholt sich«, in: *CODE,* Nr. 4, April 1991, S. 52.
»Unangenehme Zahlen«, in: *Globalisierung und Weltherrschaft,* Extraheft von *Magazin 2000plus,* 2/183, S. 71 f.

# Personenverzeichnis

# Quellenhinweise

Agentur Focus, S. 48 (a)
AP, 305 (a), 360, 361 (a, b)
Chronik des 20. Jahrhunderts (Chronik-Verlag), S. 49 (b), 50 (c), 52 (b), 97 (a, b), 149
Brzezinski, Zbigniew, *Die einzige Weltmacht*, S. 252
*Der Spiegel*, S. 51 (a, b), 96 (a, b, c), 98, 203, 253, 305 (c), 308
E-Lance-Media, S. 361 (c)
Garatty, John A., *American Nation*, S. 51 (c, d), 150
Getty Image, S. 50
Reisegger, Gerhoch, *11. September. Die Bildbeweise*, S. 250, 251
Studio X, S. 52
Sygma, S. 50 (a)
Time, *Desert-Storm*, S. 99, 148 (a, b), 151 (a, b), 200, 201 (a, b)